山辺昌彦15年戦争関係論文集

1

15年戦争展示にみる平和博物館の経緯と課題

山辺昌彦［著］

アテネ出版社

はじめに

本書は私が執筆した一五年戦争関係論文集である。私は日本の近現代史を学び、一五年戦争史を研究してきた。実際は博物館に学芸員として勤めるようになり、やがて一五年戦争史を展示や研究の対象とする様になった。その立場から学会や研究会で平和博物館や一五年戦争史について、報告させていただいたり、論文を執筆する機会をいただいた。それらの主なものを今回本にまとめることにした。

今まで書いてきたものは、具体的に一五年戦争を対象とする平和博物館の展示や研究活動、東京空襲、などを取り上げて研究しまとめたものである。それを「平和博物館」「東京空襲」「その他」の三つに分け、全三巻にすることにした。第一巻の「平和博物館」は一九八五年に豊島区立郷土資料館で戦争展示を担当して以来、現在まで取り上げてきたものである。ただし平和博物館を全面的に研究するものではなく、一五年戦争に関連した取り組みに絞ったものである。第二巻の「東京空襲」は立命館大学を定年退職後、二〇〇六年に「公益財団法人政治経済研究所」の研究員、その後付属の「東京大空襲・戦災資料センター」の学芸員になり、東京空襲の展示や研究に携わるようになってから執筆したものである。第三巻はそれ以外の、兵士の問題や戦時下や戦後の文化活動について書いてきたものである。これには国立博物館歴史民俗博物館の共同研究に参加し、そこでの研究成果、平和博物館に関連して、戦時下の博物館などの戦争展示や戦後の戦争展運動に関するもの、さらには豊島区立郷土資料館での地域の文化活動、特に秋田雨雀について書いたものなどがある。

第一巻の本書では一五年戦争を扱った日本の平和のための博物館関係のものを収録した。内訳は最近のまとめとして書いた論文三本、これまでのその時々に書いた過去の論文一四本と関連の表七点、合計二四点である。

山辺　昌彦

◎解説

[1]わだつみ会連続講座で報告した「日本の平和博物館の歴史と現状」を文章化したものである。一九八五年以降二〇二二年までの一五年戦争を扱った日本の平和のための博物館の歴史の概略を書いたもの。平和のための博物館は、平和博物館と歴史博物館などで平和問題に積極的に取り組んできた博物館を指す。日本の戦争を批判的に取り上げているものを指し、日本の戦争を肯定的に讃えるように扱う戦争博物館などは省く。

[2]「日本の平和のための博物館における一五年戦争―常設展示の現状を見る（上）」は『前衛』編集部の依頼を受けて書いたものであるが、日本の平和のための博物館の一五年戦争関係の館の理念、目的や常設展を紹介したものの前半で、後半の「日本の平和のための博物館における一五年戦争―常設展示の現状を見る（下）」は[3]である。[1]を書いてる時に執筆依頼を受けたが、[1]で常設展を取り上げられなかったのでこのテーマで書いた。平和のための博物館の展示写真は省略した。

[4]「平和のための博物館と戦後七〇年」は『政経研究』第一〇七号二〇一六年一二月刊に発表したもので、戦後七〇年にあたる二〇一五年に開かれた平和のための博物館の一五年戦争関係の企画展・特別展を種類別に紹介。リストは資料編[2]に含まれるので省略した。

[5]日本史研究会二〇一三年大会での横山篤夫報告「市民運動と歴史研究―ぴーすおおさかと一五年戦争研究会」へのコメント「平和博物館における一五年戦争についての取組の変遷」を文章化したもの。一九九〇年代から二〇一三年までの平和のための博物館の一五年戦争についての取組の概略を書いた。二〇〇六年から二〇一三年の一五年戦争関係の企画展・特別展リストは資料編[2]に含まれるので省略した。

[6]「NHKアーカイブスに見る「平和のための博物館」・「平和のための戦争展」」は、NHKアーカイブストライアル研究「放送における「空襲」認識の歴史学的研究」のうち山辺昌彦担当部分の研究成果の発表。平和のための博物館と平和のための戦争展と地方自治体の平和展における空襲などの戦争展示を伝えるNHKの取組を紹介。

7「平和のための博物館と歴史学」は『歴史学研究』八五四号二〇〇九年六月刊に発表したもので、平和のための博物館と歴史学との関係を、展示と歴史認識と博物館の管理運営を中心に論じたもの。

8「地域歴史博物館の戦争関係特別展と平和博物館の開設」は『政経研究』九〇号二〇〇八年五月刊に発表したもので、二〇〇七年に開館した平和博物館と継続的に一五年戦争関係特別展を開催した地域歴史博物館の展示の歴史と二〇〇七年に新たに一五年戦争関係特別展を開催した地域歴史博物館について紹介。

9「「平和のための博物館」の今」は『歴史評論』六八三号二〇〇七年三月刊に発表したもので、平和のための博物館の二〇〇六年の一五年戦争関係の展示の現況と平和のための博物館の展示以外の取組の二〇〇六年までの歴史を紹介。大学文書館の学徒出陣の調査研究と展示も紹介。平和のための博物館の交流の歴史や平和のための博物館と平和運動との関係にも触れている。

10「戦後六〇年と歴史博物館・平和博物館の戦争展示」は、『戦争責任研究』五一号二〇〇六年刊に発表したもので、戦後六〇年あたった二〇〇五年における平和のための博物館の一五年戦争関係特別展・企画展を紹介。リストは資料編2に含まれるので省略した。

11「平和博物館における戦争展示について―立命館大学国際平和ミュージアムにおける現代戦争の展示とリニューアルを中心に」、『歴史科学』一七九・一八〇合併号二〇〇六年六月刊に発表したもので、立命館大学国際平和ミュージアムのリニューアル前展示と二〇〇五年四月の展示リニューアルを紹介している。

12「歴史博物館・平和博物館での十五年戦争関係の取組」は『史海』五二号二〇〇五年六月刊、所収。東京学芸大学の史学会の二〇〇四年度大会報告を文章化したもの。二〇〇四年の時点での一五年戦争関係の平和のための博物館の展示と調査研究の現状を紹介した。

13「立命館大学国際平和ミュージアムの現状と課題」は『歴史学と博物館』創刊号に発表したもので、二〇〇四年段階の立命館大学国際平和ミュージアム全般の現状と課題を書いたもの。

14「日本の平和博物館の到達点と課題」は『新版　平和博物館戦争資料館ガイドブック』二〇〇四年八月刊所収。二〇〇四年段階での平和のための博物館の歴史と到達点と課題を書いたもの。

15「平和博物館の侵略・加害展示に対する攻撃」は『南京事件をどうみるか』一九九八年七月刊所収。一九九六年から一九九八年までの平和のための博物館の一五年戦争関係展示の侵略・加害展示に対する攻撃を紹介。

16「地域の歴史博物館における戦後五〇年関係の特別展・企画展の概観」は『歴史科学』一四七号一九九六年一二月刊に発表したもので、地域歴史博物館における戦後五〇年に当たる二〇〇五年の一五年戦争関係特別展・企画展を紹介。

17「平和博物館の現状と課題」は『歴史学研究』六六四号、一九九四年一〇月増刊号に発表したもので、一九九四年歴史学研究会大会報告を文章化したもの。一五年戦争を扱う平和のための博物館の一九九四年段階の現状と課題を書いたもの。

〈資料編〉

資料編1「一五年戦争関連平和博物館リスト」は、2・3の「日本の平和のための博物館における一五年戦争―常設展示の現状を見る」のために作ったリストで種類別に作成、独立させた。
資料編2「平和博物館などの一五年戦争展示会リスト」は、1を書きながら作ったリストで、1に収められなかったので、独立したリストにした。二〇二一年まで収録した。
資料編3「二〇二三年平和のための博物館企画展・特別展リスト」は、資料編2を二〇二一年までとしたので二〇二三年リストを別につくった。
資料編4「平和博物館の一五年戦争関係研究紀要論文リスト」は、主な平和博物館の紀要に発表された一五年戦争関係論文リスト
資料編5「歴史博物館の一五年戦争関係研究紀要論文リスト」は、主な歴史博物館の紀要に発表された一五年戦争関係論文リスト
資料編6「平和博物館の一五年戦争関係刊行物リスト」は、主な平和博物館の一五年戦争関係刊行物リスト
資料編7「歴史博物館の一五年戦争関係刊行物リスト」は、主な歴史博物館の一五年戦争関係刊行物リスト

◎目　次

山辺昌彦15年戦争関係論文集

1

15年戦争展示にみる 平和博物館の経緯と課題

〈本編〉

1

『わだつみのこえ　第一五七号』（二〇二二年一二月　日本戦没学生記念会）

〈わだつみ会　オンライン連続講座報告（二〇二二年九月一〇日）〉

日本の平和博物館の歴史と現状
――日本の一五年戦争を中心に

はじめに

私が一五年戦争の展示に関わるようになった一九八五年以降、特に平和博物館について考えるようになった一九九〇年代前半は日本の平和博物館が本格的に成立する時期である。それから現在までの平和博物館の一五年戦争に関する展示や研究活動の主な歴史を紹介したい。

1　報告の課題と限定

平和博物館は、狭義では平和問題専門の博物館をさすが、本稿では広義の平和博物館である歴史博物館などで平和問題に熱心に取り組んでいる博物館を平和博物館に含めている。ただし、本稿では、日本の一五年戦争を取り上げている博物館に限定し、その中で平和のための博物館として、日本の戦争を批判し、日本の戦争の悲惨さを伝え、平和の大切さを考えさせるもののみを取り上げる。したがって、現代の戦争、明治時代の戦争のみを取り上げるもの、戦争を取り上げないで、構造的暴力のみを取りあげるものは除く。本稿では戦争の反対概念としての平和を考え、反戦・不戦・非戦、抵抗と弾圧、和解と被害者への補償を取り上げる。平和問題と人権問題・民主主義問題との違いと関連を踏まえて考えていく。平和を名乗っていても日本の戦争を賛美し日本の将兵をたたえ、日本の兵器の性能を誇るような戦争博物館とみな

すべきものは除く。戦争博物館には、靖国神社・護国神社・自衛隊の付属の博物館や飛行場・軍隊・軍艦・特攻隊・遺族会の関係の博物館が含まれる。文書館、図書館、公民館などの博物館類似施設も博物館に含めて考える。博物館など以外の地方自治体の平和展・原爆写真展や市民団体の戦争展は除く。本来は取り上げるべきだが、分量の関係で、美術館・美術展示や大学文書館・大学史の博物館の展示は除く。なお、平和博物館全体については、福島在行さん、山根和代さん、安斎育郎さんらの研究があるので参照されたい。

2　一九八五年以降、一九九〇年代はじめの平和博物館の本格的成立

まず、平和博物館が本格的に成立する前史として、地域歴史博物館の戦争関係企画展のはじまりを紹介したい。それには、一九七五年の北海道開拓記念館の「昭和二〇年―その時あなたは」、一九七五年と一九八五年の八王子市郷土資料館の八王子空襲展、一九七八年と一九八五年の平塚市博物館の平塚海軍火薬廠の展示、一九八〇年の北九州市立歴史博物館の企画展「戦争と人々の暮らし展」、一九八一年の上田市立博物館の特別展「戦争と庶民」などがある。

戦後四〇年の一九八五年に、市民団体による大阪・京都・東京の平和のための戦争展の影響を受けて地域歴史博物館の戦争展示が本格的に始まった。これ以降日本の平和博物館が本格的に成立する時期にあたる。

豊島区立郷土資料館は、一九八五～一九八九年に連続して、一九八五、一九八六年に第一回、第二回「戦中戦後の区民生活展」を開き、一九八七、一九八八年に「学童疎開展」を開き、一九八九年に第三回「戦中戦後の区民生活展」を開催した。これら連続した展示会は、日本の戦争の悲惨さを伝え、平和の大切さを考えさせる趣旨を明確に掲げ、研究機関・社会教育機関・資料所蔵機関としての博物館が行うことを意識し、地域に根ざした博物館として区内の資料所在調査の成果を生かして、戦争動員体制と戦争による生活破壊を示す資料を展示し、図録を刊行している。特に第三回「戦中戦後の区民生活展」では図録に、反戦運動への弾圧として、「治安維持法による豊島区内関係検挙者名簿」と区内にあった東京拘置所の「治安維持法による入所者名簿」を掲載している。

そのほか、品川歴史館が一九八五年に「学童疎開展」を開き、一九九一年に「復興期の品川」を開き、学童疎開資料集を刊行している。大田区立郷土博物館は一九八六年に「戦時生活資料展」を開き、埼玉県立博物館は一九

八五年に「激動の昭和」を開き、熊谷市立図書館郷土資料展示室は一九八五年に「熊谷空襲展」を開いている。

町田市立自由民権資料館は一九八七〜一九八九年に連続して「戦争と民衆」の展示会を開催している。一九八七年に第一回「兵士の見た中国戦線の記録展」を、一九八八年に第二回「ボクラ少国民展」を、一九八九年に第三回「戦争色の雑誌展」を開いている。これらの展示資料目録と講演録を館発行の研究紀要『自由民権』に掲載している。町田市立自由民権資料館の取り組みは豊島区とともに、先駆的なものであった。

一九九〇年代はじめ、一九九一年に大阪国際平和センター（ピースおおさか）が、一九九二年に立命館大学国際平和ミュージアムが開館し、総合的・全国的な平和博物館ができた。被害、加害、反戦運動をも取り上げ、自国の戦争を批判的にとらえていた。大阪国際平和センター、立命館大学国際平和ミュージアムは研究紀要を発行し、戦争・平和に関する論文を掲載している。一九八七年開館で一九九四年に新館になった堺市立平和と人権資料館、一九九二年開館の吹田市立平和祈念資料室、一九九二年開館の川崎市平和館、一九九三年開館の埼玉県平和資料館、一九九五年開館の高松市平和記念室などでも加害展示が行われた。

3　平和博物館の課題について

私が本格的な平和博物館が成立した一九九四年段階で考えた平和のための博物館の課題は、次のようなことであった。物にまつわる情報・エピソードとともに現物資料を展示すること。現物資料や写真の内容を正確に伝えること。武器・兵器や加害を批判なく展示することの危険性。平和維持にとっての民主主義の大切さ。博物館としての確立、特に、学芸員の配置と専門職・研究職としての保障を含む研究体制の確立。

その後二〇〇九年に考えた平和博物館の課題は以下のようであった。平和のための博物館は、第二次世界大戦の悲惨な体験が風化してきて、それを若い世代に伝えることの必要性が痛切に感じられるようになってつくられた。戦争の悲惨さ、むごさ、非人道性を伝え、戦争を賛美し、戦死者をたたえ、兵器の性能を誇ることをしない。

日本の戦争がアジア諸国などに与えた被害も伝えることや、日本が起こした戦争によって日本人の被害がもたらされたことを示すことが重要である。博物館にとって、実物資料の展示が基本である。被災品や遺品がどういう状況でどういう人が受けた戦災なのかを説明で補うことは効果的である。

　文献的な資料も、実物資料である。翻刻された文章を読むのとは違って、本人が書いたそのものを読むことによって多くのことが伝わってくる。文献資料の内容を読ませる展示は効果的である。読みにくい場合は翻刻を添えることも必要である。資料保存を優先する立場から、複製品の展示に換えることも必要である。

　写真は戦争の悲惨さを伝える上で大きな力を持っている。写真を展示する場合、厳密な考証をし、正確な説明を付けることが当然必要である。写真には間違った説明が付けられて、一人歩きする場合がある。状況を再現する模型は精巧に作られたものは効果が大きい。写真資料と同様に厳密な考証が必要である。写真資料が限られており、絵画資料が大きな意味を持っている。被災直後に描かれたものもあるが、限られており、その後、空襲や原爆の体験画を描く取り組みがなされた中で描かれたものが多い。絵に描かれたことが、事実を反映したものかどうかが問題になる。体験者の証言の場合も同じであるが、体験以外に調べたことが入る場合がある。その場合は描かれた時点での研究成果の反映であり、それが間違っていることもありうる。その意味でも資料批判が必要である。


　日本の侵略戦争とその遂行過程で、戦闘や事件の加害・被害・反戦抵抗に関わって国内国外で形成された遺構・遺跡の保存運動が重要である。戦争や軍隊に対する批判的な視点の弱まりが見られるが危険である。そうなると戦争遺跡が戦争賛美、新たな戦争への動員に役立ちかねない。戦争の加害の問題点が明確に見えるような戦争文化財とともに、空襲被災品、犠牲者の遺品を文化財として考え、その保存と公開をしていくことも、平和のための博物館に課せられた大きな課題である。

　図録が展示品の写真と解説の文章や図表の収録のみでなく、関連の論文、関係資料の翻刻を掲載することもよいことである。もちろん、図録に収めるだけでなく、研究紀要のような論文集、研究書、ブックレットのような読みやすい本、資料集などの発行も重要である。

　博物館は市民運動や平和運動に支えられているが、学術研究機関・社会教育機関としての博物館は研究による確かな実証に裏付けられた事業展開が求められるのであり、運動との相対的独自性が必要である。これまでの平和博物館が果たしてきた研究や展示での成果を記録することが重要となっている。

　一九九四年に広島平和記念資料館、大阪国際平和センター、立命館大学国際平和ミュージアム、埼玉県平和資料館、川崎市平和館、沖縄県立平和記念資料館、長崎国際文化会館など規模の大きい平和博物館によって日本平和博物館会議が結成された。年一回研修交流会を開き、日本平和博物館ニュースを発行し、加盟博物館の前年度の事業報告と当該年度の事業計画を掲載するなどの共同の取り組みを行っている。

一九九八年には平和博物館関係者個人により「平和のための博物館・市民ネットワーク」が結成され、年二回通信「ミューズ」を発行し、年一回交流会が開かれている。当初は広義の平和博物館である公立の歴史博物館の学芸員も参加していたが、その後ほとんど民間の狭義の平和博物館関係者のみの参加となっている。平和博物館は設置形態や、平和と平和博物館についての考え方が多様であり、その違いを尊重した平和博物館の交流が必要であり、他館に考え方を強要したり、他館のあり方を非難してはならない。

4　一九九五年の戦後五〇年の取組

戦後五〇年の一九九五年には約一三〇館の地域博物館などで戦争関係特別展が開催され、地域での戦時動員体制など地域史研究・資料研究をふまえた展示が多かった。図録・資料集を発行した館も多い。

地域歴史博物館の展示でも、かなりの館で、加害展示の努力がなされ、沼津市明治史料館、豊島区立郷土資料館、葛飾区郷土と天文の博物館、行田市郷土博物館、伊丹市立博物館、小野市立好古館、龍野市立歴史文化資料館、平塚市博物館、釧路市立博物館、北上市立博物館、岩手県立博物館、江戸東京博物館、八潮市立資料館、板橋区立郷土資料館などで見られた。特に和歌山市立博物館や徳島県立博物館は地域から加害の事実を掘り起こした。

地域歴史博物館の展示で、龍野市立博物館での三木清、和歌山市立博物館での加藤一夫、江戸東京博物館の反戦ビラ、葛飾区郷土と天文の博物館での在華日本人民反戦同盟のビラ、岐阜市歴史博物館での弾圧など、反戦・抵抗・弾圧の展示がなされた。

5　第三次教科書攻撃と連動して、写真・映像の不適切な使用を口実にした公立の平和博物館の加害展示への攻撃

右派勢力から、平和博物館の加害展示を攻撃し、撤去を求める動きが一九九六年に起きた。攻撃に際して、平和博物館の研究調査の不十分さによる、展示写真の不正

確な説明や不適切な写真の選定などをつく形がとられた。

最初に一九九六年に長崎国際文化会館を建て替え、改称して開館した長崎原爆資料館の南京大虐殺の展示写真「虐殺直前連行された中国の人々」が実写でない映像を含む映画「ザ・バトル・オブ・チャイナ」から取ったことが攻撃された。それに対して長崎原爆資料館は写真を「避難民にまぎれ逃亡をくわだてた約五、六千名の正規兵」に差し替えた。これにより攻撃は勢いづいて全国の平和博物館へと攻撃を広め、大阪国際平和センター、堺市平和と人権資料館、吹田市平和祈念室、川崎市平和館、広島平和記念資料館、沖縄県立平和祈念資料館、埼玉県平和資料館などの加害展示が攻撃された。

攻撃は大阪国際平和センターに集中していった。そこでは「北間島における虐殺事件」「防毒マスクをつけて上海に突入する日本軍」「重慶爆撃」などの写真が特に問題にされた。大阪国際平和センターは一九九七年七月に、基本理念を堅持し事実に基づいて展示を直した。「北間島における虐殺事件」の写真は事実関係の確認ができないため撤去し、「防毒マスクをつけて上海に突入する日本軍」は「防毒マスクをつけた上海市内の日本海軍陸戦隊」と変え、「重慶爆撃」の写真は、階段の死体は防空洞での惨事の死者であると説明を直した。また大阪国際平和センターは一九九八年四月に「上海爆撃のあとで泣き叫ぶ子ども」の写真を不自然な写真であるとして撤去するなどの追加展示修正をした。このように当初、大阪国際平和センターなどの平和博物館は設立理念を守って、展示更新をした。

また、新たな平和博物館の建設も攻撃された。沖縄県立平和祈念資料館は計画どおり、新館の沖縄県平和祈念資料館になった。しかし、地域によっては内容が後退した平和博物館が多い。東京など平和博物館の建設自体が中止になったところもある。名古屋はやっと二〇一五年に開設された。しかし、民間のピースあいちの方が展示内容、事業活動が充実している。

平和博物館はやがて攻撃に屈し、加害展示を撤去する博物館が増える。二〇〇六年に堺市立平和と人権資料館はリニューアルしたが、それまであった総合的な加害展示がすっかり撤去された。二〇一三年に埼玉県平和資料館のリニューアルで加害展示が削除された。二〇一五年に大阪国際平和センターがリニューアルし、加害展示がすっかり撤去され、大阪空襲を伝える博物館になった。

6　二〇〇五年の戦後六〇年の取組

戦後六〇年の二〇〇五年でも多くの地域博物館で一五年戦争関係の展示会が実施された。その数は約一〇〇館で、戦後五〇年の時には及ばない。戦後五〇年にも開催したところについて前回と比較した場合、テーマを絞り、規模も縮小したものが多い。特に加害展示は戦後五〇年の時より後退している。その中でも、鎌ヶ谷市郷土資料館の「戦争の記録と記憶in鎌ヶ谷」や津南町農と縄文の体験実習館の「津南郷から見える戦争」や君津市立久留里城跡資料館の「平和六〇年　戦時下の記憶」などで、日本の加害を紹介していた。

7　二〇〇〇年代　民間の平和博物館の設立と充実

早くから作られたひめゆり平和祈念資料館、静岡平和資料センターなどに加えて、二〇〇〇年代になって、新たな民間の平和博物館が設立され、また既存の民間の博物館も充実した。

二〇〇二年に東京大空襲・戦災資料センターが開館した。当初は加害展示が全くなかった。二〇〇六年に親組織の財団法人政治経済研究所に戦争災害研究室を立ち上げ、文部科学省指定の学術機関の利点を生かし、科学研究費の交付をうけ、研究活動を活性化した。東京大空襲の実相、世界の無差別爆撃の歴史、平和博物館での空襲展示の歴史、日本の空襲記録の歴史などに関するシンポジウムを開催し、その報告書を刊行した。岩波DVDブック『東京・ゲルニカ・重慶―空襲から平和を考える』やビジュアルブック『語り伝える東京大空襲』を刊行し、わかりやすく研究成果を伝える努力もした。二〇〇七年のリニューアルで常設展示を充実させ、世界の空襲の歴史も取り上げるようになり、日本軍による重慶爆撃や、強制連行の朝鮮人が東京大空襲によって一〇〇人以上が死んだことなどの展示も始めた。また、資料センターに寄贈された、陸軍の対外宣伝グラフ雑誌『FRONT』の制作で知られる東方社撮影のネガフィルムを整理し、その撮影内容を明らかにし、東方社の写真そのものの意義を明らかにする研究をし、その成果を公表する報告書を刊行し、特別展を開催した。

二〇〇五年に日本軍の性奴隷問題を専門に扱う「女たちの戦争と平和資料館」が開館した。常設展はないが、毎年、調査研究にもとづく特別展を開催し、図録を刊行した。巡回展も開いた。

二〇〇五年に立命館大学国際平和ミュージアムは常設展をリニューアルした。テーマ一の一五年戦争関係の展示については、軍隊と兵士では戦場における日本軍の加害も取り上げるようにし、植民地と占領地、平和への努力、戦後補償問題でも、扱う問題を拡げ、現物資料も充実させた。ミニ企画展も開催するようになり、多様なテーマの展示を行うようになった。

二〇〇六年にわだつみのこえ記念館が設立され、戦没学生の遺稿を読み込む常設展や企画展などを開催した。企画展の資料集や図録も刊行した。

二〇〇七年にピースあいちと山梨平和ミュージアムが設立された。加害も含む総合的な常設展示を作り、多彩な企画展を開催している。

二〇一〇年に明治大学平和教育登戸研究所資料館が設立された。陸軍の秘密研究所という加害を伝える戦争遺跡を保存して開館したものである。大学の博物館であり、研究成果の発表として、刊行物を出し、企画展を開催している。

二〇一三年に満蒙開拓平和記念館が長野県阿智村の協力により開館した。満蒙開拓を批判的にとらえている。

8　二〇〇〇年代　狭義の公立平和博物館

沖縄県平和祈念資料館、広島平和記念資料館、埼玉県平和資料館などでは、継続的に企画展を開催し、重要なものについては図録を刊行している。姫路市平和資料館も継続的に企画展を開催しているが、図録を刊行していない。

新しい充実した平和博物館が開館している。二〇一二年に滋賀県平和祈念館が開館した。豊富な収蔵資料や体験記を使った展示を展開し、学芸スタッフも充実している。同じく二〇一二年に岡山空襲展示室が開館した。空襲研究者の学芸員を配置していた。これらの博物館はいずれも学芸員の雇用が不安定であることが問題である。二〇一二年に吹田市立平和祈念資料室が移転し、吹田市立平和祈念資料館になった。

内部に専門研究者を雇用できない、神戸市戦災記念資料室、岐阜市平和資料室、仙台市戦災復興記念館、長岡戦災資料館などの公立の平和博物館も、外部の研究者や市民団体の協力で研究や展示を充実させている。加害展示がなくなった平和博物館も、戦争の悲惨さを伝え、平和の尊さを考えるという理念は維持している。戦争・軍隊への批判が希薄で、戦争での住民の被害にほとんど触れていない博物館の設立や企画展の開催もみられた。地域の戦争遺跡を取り上げた展示会も多かったが、中には軍に対する批判が弱いものも見られた。二〇一一年、釜石市戦災資料館が津波のため閉館した。

9 二〇〇〇年代の歴史博物館

広義の平和博物館である公立の歴史博物館では戦争による日本人の被害は取り上げられたが、日本がアジアの諸民族に与えた被害については取り上げるのが困難になり、実際ほとんど取り上げられなかった。常設展や企画展などのテーマには空襲、軍需工場、戦争遺跡、学徒勤労動員、学童疎開、戦時下の教育、戦時下の暮らし、戦時体制などがある。

常設展で日本の一五年戦争に関する充実した常設展を行っている博物館には以下のような博物館がある。北海道博物館、福島県立博物館、栃木県立博物館、群馬県立歴史博物館、埼玉県歴史と民俗の博物館、江戸東京博物館、神奈川県立歴史博物館、長野県立歴史館、石川県立歴史博物館、岐阜県博物館、大阪歴史博物館、和歌山県立博物館、徳島県立博物館、香川県立ミュージアム、高知県立歴史民俗資料館、鹿児島県歴史・美術センター黎明館、沖縄県立博物館、室蘭市民俗資料館、釧路市博物館、北上市立博物館、仙台市歴史民俗資料館、土浦市立博物館、睦沢町歴史民俗資料館、港区立郷土歴史館、文京ふるさと歴史館、すみだ郷土文化資料館、品川歴史館、めぐろ歴史資料館、白根記念渋谷区郷土博物館・文学館、杉並区立郷土博物館、中野区立歴史民俗資料館、豊島区立郷土資料館、板橋区立郷土資料館、石神井公園ふるさと文化館、荒川ふるさと文化館、足立区立郷土博物館、葛飾区郷土と天文の博物館、東大和市郷土博物館、福生市郷土資料室、武蔵村山市歴史民俗資料館、平塚市博物館、沼津市明治資料館、岐阜市歴史博物館、名古屋市博物館、四日市市立博物館、吹田市立博物館、市立伊丹ミュージアム、和歌山市立博物館、南風原文化センター。

毎年のように継続して一五年戦争関係の展示会を開催している博物館には、次のような博物館がある。本別町歴史民俗資料館、釜石市郷土資料館、蕨市立歴史民俗資料館、入間市博物館、ふじみ野市立上福岡歴史民俗資料館、ふじみ野市立大井郷土資料館、昭和のくらし博物館、八王子市郷土資料館、福生市郷土資料室、平塚市博物館、揖斐川歴史民俗資料館、豊川市桜ヶ丘ミュージアム、豊橋市中央図書館、四日市市立博物館、栗東歴史民俗博物館、浅井歴史民俗資料館、向日市文化資料館、亀岡市文化資料館、宇治市歴史資料館、箕面市立郷土資料館、奈良県立図書情報館戦争体験文庫、岡山シティーミュージアム、多度津町立資料館、福岡市博物館、大牟田市立三池カルタ・歴史資料館、長崎市歴史民俗資料館、薩摩川内市川内歴史資料館、うるま市立石川歴史民俗資料館。

そのいくつかを紹介したい。本別町は一九四五年七月一五日に空襲があって、十勝で最大の被害をうけており、戦争の悲惨な体験を語り継ぎ、平和への願いやいのちの大切さを子どもたちに伝えるために、本別歴史民俗資料館は特別展「わが町の七月十五日展」を二〇〇一年から毎年開催している。本別空襲以外の資料を借用し、展示することもしている。

蕨市立歴史民俗資料館は開館した一九九〇年から毎年戦争関係の企画展を「時代—一五年戦争の記憶」から「平和祈念展」へ名前を変えたが、戦争を二度と繰り返さない、平和の尊さを考える立場から、「戦争」を風化させることなく次の世代へ伝える趣旨で開催してきた。この企画展を開始し、継続した理由は、埼玉県下第二の規模の空襲があったこと、小規模館として特色を出したいことにあった。継続する中で、テーマ性を立てた企画展になった。ほぼ毎年リーフレットを刊行している。

福生市郷土資料室は一九九八年から毎年、企画展「平和のための戦争資料展」を開催しているが、趣旨は、残っている資料を通じて、近代戦争と福生の歴史を見つめなおし、もう一度現在の尊い平和について再認識することにある。

八王子市郷土資料館は早くから八王子空襲の展覧会を開催してきた。二〇〇一年からほぼ毎年八王子空襲など、戦争関係の展示会を開催している。継続開催の理由は、八王子空襲が大きかったこと、子どもたちが学習に来るので、展示会を開催する方がよいと判断したことがある。開催の趣旨は、戦争への反省と平和の大切さを後世に語り伝えること、身近な「八王子空襲」という出来事を通して、改めて平和の意味を考えることにある。

昭和のくらし博物館（東京都大田区）は民間の博物館であるが、戦争の傷跡はこんなにも長く、大きく残ることを忘れないように、「戦争はいけない」と言いつづけるために、一九九九年の開館以来毎年八月に「小泉家に残る戦争展」を開催している。

平塚市博物館は地域に根ざした市民の活動する博物館で、基本的な原則がしっかり確立している博物館である。寄贈品コーナーで平塚空襲の展示を一九九〇年、一九九三年と開催し、一九九五年には大規模な特別展を開催し図録も刊行している。平塚空襲の実態を市域に残る資料やアメリカ軍の記録を通して紹介し、平和の尊さを訴えている。以後毎年寄贈品コーナー展示で平塚の空襲と戦災を取り上げている。二〇一〇年、二〇二一年にも大規模な特別展を開催し図録を刊行している。

豊川市桜ヶ丘ミュージアムは一九三九年に建設され「東洋一の兵器工場」と謳われた豊川海軍工廠について知り、私たちの街にもあった戦争について考えるために、二〇〇二年から毎年夏の時期に「豊川海軍工廠展」を実施している。

四日市市立博物館の学習支援展示「四日市空襲と戦時下の暮らし」は二〇〇一年から続けているもので、平和学習の支援を目的に、四日市が空襲に遭ったことや戦時中の暮らしのようすを実物資料や写真パネル・模型などで紹介している。

栗東歴史民俗博物館の「平和のいしずえ」展は、栗東町の「心をつなぐふるさと栗東」平和都市宣言をうけて、一九九一年から毎年夏に戦争と平和をテーマとして開催、市民などから提供された資料を中心に地域の視点から人びとが経験した戦争や戦時下の生活をたどり、戦争と平和について考えるものである。ほぼ毎年パンフレットを刊行していたが、現在はホームページに展示目録を公開している。

浅井歴史民俗資料館が二〇〇三年に終戦記念展を始めたきっかけは、コレクターの薦めである。開催して、地元の身近な問題を取り上げて感動を与えることができてよかったと評価し、それ以降続けている。地域の地元の人の戦争体験を伝えることに徹しており、親子で見て興味を持てるテーマを設定している。

向日市文化資料館は一九九四年から夏の文化資料館ラウンジ展示を開催している。名前は「戦時下のくらし展」から「くらしのなかの戦争」へと変わった。市民から寄贈された身近な地域の資料によって、戦争と平和について考える趣旨で、戦時下の人びとくらしをたどるものである。旧村の区有文書を使った展示もしている。ほぼ毎回、リーフレットを作成している。

大山崎町歴史資料館の小企画展「平和のいしずえ」は、一九九九年から毎年開催されている。平和の尊さを語り合う契機にするために、町民からよせられた戦争時の資料を展示している。

福岡市博物館の「戦争とわたしたちのくらし」展は、常設展示室の部門別展示室で、六月一九日の福岡空襲の日の前後に、館蔵の戦時資料を展示するシリーズである。博物館開館の翌年の一九九一年から、二〇〇〇年を除いて毎年開催している。開催ごとに毎回、リーフレットを作成している。

節目ごとなどに、日本の一五年戦争に関する企画展などを開催する主な博物館には、室蘭市民俗資料館、水戸市立博物館、熊谷市立図書館郷土資料展示室、港区立郷土資料館、新宿歴史博物館。台東区下町風俗資料館、板橋区立郷土資料館、葛飾区郷土と天文の博物館、川崎市市民ミュージアム、各務原歴史民俗資料館、沼津市明治史料館、知立市歴史民俗資料館、鳥取県立博物館、米子市立山陰歴史館、徳島県立博物館などがある。

節目の年に限らず複数の、日本の一五年戦争に関する企画展などを開催した主な博物館には、仙台市歴史民俗資料館、土浦市立博物館、八潮市立資料館、すみだ郷土文化資料館、品川歴史館、中野区立歴史民俗資料館、豊島区立郷土資料館、東村山ふるさと歴史館、東大和市立郷土博物館、愛川町郷土資料館、長野県立歴史館、安城市歴史博物館、多気郷土資料館、南丹市日吉町郷土資料館、南丹市文化博物館、伊丹市立博物館、和歌山市立博物館、広島市郷土資料館、那覇市歴史博物館などがある。

このうち豊島区立郷土資料館は一九八五年以来、学童疎開を中心に戦争関係の特別展・企画展の開催、史料集刊行、講座開催などの取組を継続している。特別展は一九九五年、一九九七年～二〇〇一年、二〇〇三年、二〇〇五年、二〇〇七年～二〇一二年、二〇一四年、二〇一五年、二〇一八年に開催し、一九九五年、二〇〇三年、二〇〇五年には図録を刊行している。また、すみだ郷土文化資料館は空襲体験の記憶と空襲体験画について、継続的な取り組みを続けている。

歴史博物館の研究成果発表では、豊島区立郷土資料館が集団学童疎開の資料集を一九九〇年から二〇一〇年にかけて第一〇集まで刊行し、完結している。さらに、資料集を編集した青木哲夫さんはまとめの論文を二〇一二年から現在まで継続して執筆し、研究紀要『生活と文化』に掲載し、さらに疎開や空襲関係の論文も一三本、一九九〇年から二〇一〇年にかけて『生活と文化』に掲載している。

仙台市歴史民俗資料館は学芸員が主導して、地域の研究団体「みやぎの近現代史を考える会」との共同研究を進め、順次成果を『調査報告書　足元から民俗』などに発表している。平塚市博物館も学芸員が主導して市民とともに一九八九年に「平塚の空襲と戦災を記録する会」を結成し、資料収集、体験者の聞き取り調査を行い、『市民が探る平塚空襲資料編』や『炎の証言』などを継続して刊行している。それ以外の博物館の学芸員らも博物館の紀要に地域の戦時下について研究論文を発表している。

新井勝紘さんを中心に、国立歴史民俗博物館による軍事郵便と陸軍墓地についての共同研究が行われ、二〇〇三年に研究成果が『国立歴史民俗博物館研究報告』第一〇一、一〇二集として刊行された。北海道開拓記念館の寺林伸明さんを研究代表者とする科学研究費による共同研究「日本の博物館における明治以降の戦争関係史展示の現況と国際関係認識の課題について」が二〇〇一年度から二〇〇四年度にかけて実施され、二〇〇二年には平和博物館や戦争博物館の訪問調査などのアンケート調査を行い、二〇〇四年三月にその調査結果を刊行し、二〇〇六年に共同研究全体の報告書を刊行した。

10　二〇一五年の戦後七〇年の取組

戦後七〇年の二〇一五年には約二六〇の博物館などで企画展・特別展を開催した。この数は一九九五年の戦後五〇年、二〇〇五年の戦後六〇年をはるかに超える大きな数であった。その中では、継続して一五年戦争関係の展示会を開催している博物館が多いが、二〇一五年に初めて一五年戦争関係の展示会を開催したところもある。必ずしも節目にこだわらずに何回か目の展示会を開催した博物館も多い。中には戦後五〇年以来の開催となった博物館もあった。一方では、節目の年を外して、何年か毎に一五年戦争関係の展示会を開催していて、二〇一五年には一五年戦争関係の展示会を開催しない博物館もあった。

内容的にも、地域での戦時下の暮らしや空襲等の被害を総合的に展示しているものもあれば、テーマを絞った展示会もあった。地域の歴史博物館や平和博物館以外の、特定のテーマを主題としている博物館でも、一五年戦争関係の展示会を開催したところもあった。

東京大空襲・戦災資料センター編『決定版　東京空襲写真集―アメリカ軍の無差別爆撃による被害記録』が二〇一五年一月二〇日に勉誠出版から発行された。これは、戦時中公然と撮影された東京空襲被害記録写真をほぼ網羅的に収録した写真集である。

二〇一五年に狭義の平和博物館では、愛知・名古屋戦争に関する資料館、熊谷平和資料展示室が開館し、世田谷区立平和資料館が移転開館した。

二〇一五年に開館した広義の平和博物館の三重県総合博物館、武蔵野ふるさと歴史館とともに、奈良県立民俗博物館、日立市郷土博物館、宇都宮城址公園清明館歴史展示室も、このころから毎年日本の一五年戦争に関する

展示会を開催するようになった

11　その後の平和博物館

二〇一五年以降、現在の状況を見ていこう。いくつかの平和博物館では一五年戦争の展示会を毎年のように開催している。また、いくつかの広義の平和博物館である地域の歴史博物館で地域の空襲被害などの戦争の悲惨さを伝え平和の尊さを考える趣旨で企画展などを継続して開催している。横浜市史資料室は二〇一六年三月三一日刊行の『横浜市史資料室紀要』第六号で展示会「戦後七〇年　戦争を知る、伝える―横浜の戦争と戦後」の記念シンポジウムの記録を「特集／空襲の記録―証言・写真・米軍資料」として掲載した。

二〇一六年に高松市平和記念館が移転開館した。二〇一八年に豊川海軍工廠平和公園・豊川市平和交流館、各務原空襲資料室、江戸川区平和祈念展示室が開館した。二〇一九年に矢臼別平和資料館が開館した。

二〇二〇～二〇二二年には平和博物館はコロナ禍による打撃を受けた。休館、特別展・企画展の中止、団体見学の取りやめ、特に修学旅行の取りやめにより、来館者が激減し、入館料が減収し、経済的にも被害を受けた。

二〇二〇年六月に大阪人権博物館が休館した。大阪市が市有地の明け渡しと賃料相当損害金を大阪人権博物館に求めた裁判の和解によるものであるが、新しい場所で再出発をめざしている。二〇二〇年に笹の墓標展示館（北海道雨竜郡幌加内村）が雪の重みで倒壊した。

二〇二〇年に人権平和センター豊中・平和展示室が開館し、甲州市中央公民館内歴史民俗資料室わだつみ平和文庫常設展示が開設され、中野区平和資料展示室が移転、再開館した。二〇二一年に似島平和資料館（広島市南区）が開館した。二〇二二年に北九州市平和のまちミュージアム、被爆遺構展示館（広島市平和記念公園内）、ウトロ平和祈念館（京都府宇治市）、飯田市平和祈念館が開館した。

いくつかの平和博物館では常設展示のリニューアルが行われた。その方向性は様々であり、現物資料の展示を強化した館もあるが、現物資料を減らし、体験証言、体験画を増やした館もある。戦争末期の空襲や戦闘ではなく、戦時下であっても平和な暮らしがあったことを強調した展示もつくられるようになった。（この報告は当日のレジメを文章化し、加筆したものです。）

『前衛　第一〇二八号』（二〇二三年七月　日本共産党中央委員会）

2

〈シリーズ　戦争と平和の岐路に問う〉

日本の平和のための博物館における一五年戦争
——常設展示の現状を見る（上）

はじめに

　本稿では日本の平和のための博物館における一五年戦争についての現在の館の理念、目的や常設展示を紹介したい。前稿[1]では日本の平和のための博物館における一五年戦争について取り組みの歴史を書いたが、その際には博物館の新設やリニューアルそして企画展・特別展を中心に紹介し、二〇二二年までの企画展・特別展のリスト[2]を付録に付けた。また戦後七〇年の二〇一五年にはその年の企画展・特別展を概観した[3]。平和のための博物館にとって常設展示の持つ意味は大きく、一五年戦争がもたらした悲惨さ、生活の困難を伝え、そこから日本が二度と戦争を起こしてはならないことを呼び掛けることが重要であり、それを地域に密着して地域史研究の成果をふまえて着実に常に行っているのが、平和のための博物館となっている地域博物館の常設展示である。

　前稿では現在の常設展示は取り上げられなかったので、それをうめる必要がある。本稿の課題はそこにある。展示紹介は博物館などのホームページ、刊行物によるとともに、博物館を見学して知った内容も含めている。なお、博物館の研究成果としての刊行物の紹介も必要であるが、それは今後の課題としたい。

　平和のための博物館で私が知り得たものを以下種類分けして主な博物館を紹介する。1は平和専門の博物館で一五年戦争を扱っている平和博物館である。このうち大きな平和博物館は「日本平和博物館会議」に加盟していて、一〇館ある。公立の総合的な平和博物館は二〇館、空襲関係の公立平和博物館は七館ある。その他個別のテーマを扱った公立平和博物館は九館、個別のテーマを扱った国立平和博物館は二館、民間の総合的な平和博物館は七館だ。民間の空襲関係の平和博物館は二館、民間のその他個別のテーマを扱った平和博物館は一七館ある。（表1－1）

2の歴史博物館の平和関係常設展には、公立の歴史博物館で平和問題に熱心に取り組む平和のための博物館には常設展で一五年戦争を取り上げている館が四七館ある。公立の歴史博物館で平和問題に熱心に取り組む平和のための博物館には、常設展にはないが、継続的に企画展・特別展で一五年戦争を取り上げている館が多数あるが、これらは今回紹介していない。（表1－2）

1　平和専門の博物館の紹介

■日本平和博物館会議加盟の平和博物館

日本平和博物館会議加盟の平和博物館は以下の一〇館である。

埼玉県平和資料館（埼玉ピースミュージアム）の目的は風化しつつある戦争の体験を次の世代に引き継ぎ、県民に戦争の悲惨さと平和の尊さを伝えることにより、平和に対する意識の高揚を図り、平和な社会の発展に寄与することにある(*)。

神奈川県立地球市民かながわプラザ（あーすぷらざ）の目的は次の三つである。

「①こどもたちが未来に向かって、「地球市民」の一員として成長していくように、感受性や創造力を育んでいきます。②地球市民意識の醸成：世界の文化や暮らしについての国際理解や、国際平和、地球規模の課題についての認識を深め、地域から行動する「地球市民」としての意識を培っていただけるよう学習の場を提供します。③国際活動の支援：県民のみなさんの国際交流や国際協力活動に対して、情報や活動の場の提供、人材育成などの支援を行って、自主的な活動の輪を広げていくお手伝いをします(*)」。

川崎市平和館の目的は以下の様である(*)。

川崎市平和館は、「市民の平和に対する理解を深めるとともに、平和を希求する市民相互の交流及び平和活動を推進し、もって平和都市の創造と恒久平和の実現に寄与するために設置する」（川崎市平和館条例第一条）との条文のもとに、設置運営されている。

「平和館の基本的テーマは、『平和』であることは言うまでもありませんが、『平和』の意味は、私たちにとって極めて重要であるにもかかわらず、具体的に理解し把握することが難しい抽象的な内容ではないでしょうか。『平和』をより現実的で具体的なかたちとして捉え、『平和』と『戦争』をいろいろな方法で示しながら、市民・見学者の理解を深めるようにしていくのも役割の一つと考えています。また、戦争以外でも『平和』の実現を阻む要因として、人権・飢餓・貧困・環境などの問題を捉え、市民・見学者がこれらを見つめることにより、『平和』についてより深く理解でき、未来に向かって一人ひとりが何をなすべきか、その展望を投げかけてまいりたいと考えています(*)」。

大阪国際平和センター（**ピースおおさか**）の目的は以下の様である。

「大阪空襲の犠牲者を追悼し、平和を祈念するとともに、空襲を中心に大阪の人々の戦争体験に関する情報及び資料の収集、保存、展示等を通じて、戦争の悲惨さ及び平和の尊さを次の世代に伝え、平和を願う豊かな心を育み、もって世界の平和に貢献する(*)」。

広島平和記念資料館では被爆の実相が理解できる館をめざしている(*)。常設展示には、本館に被爆の惨状、放射線による被害、被爆者があり、東館には戦時下の広島と戦争がある。

長崎原爆資料館は被爆の惨状を示す写真や資料を収集・展示する(4)。

沖縄県平和祈念資料館の設立理念には以下の様なことが書かれている。

「私たちは、戦争の犠牲になった多くの霊を弔い、沖縄戦の歴史的教訓を正しく次代に伝え、全世界の人びとに私たちのこころを訴え、もって恒久平和の樹立に寄与するため、ここに県民個々の戦争体験を結集して、沖縄県平和祈念資料館を設立いたします(*)」。

沖縄県平和祈念資料館の常設展は以下の室がある。第1室（沖縄戦への道）、第2室（住民の見た沖縄戦『鉄の暴風』）、第3室（住民の見た沖縄戦『地獄の戦場』）、第4室（住民の見た沖縄戦『証言』(*)）。

対馬丸記念館の目的は「対馬丸事件の犠牲者の鎮魂と、子供たちに平和と命の尊さを教え、事件を正しく後世へ伝える」ことにある(*)。

立命館大学国際平和ミュージアムは休館中である。

ひめゆり平和祈念資料館の設立にあたっての文章は以

下の様である。

「あれから四〇年以上たちましたが、戦場の惨状は、私たちの脳裏を離れません。私たちに何の疑念も抱かせず、むしろ積極的に戦場に向かわせたあの時代の教育の恐ろしさを忘れていません。戦争を知らない世代が人口の過半数を超え、未だ紛争の絶えない国内・国際情勢を思うにつけ、私たちは一人ひとりの体験した戦争の恐ろしさを語り継いでいく必要があると痛感せざるをえません。

平和であることの大切さを訴え続けることこそ亡くなった学友・教師の鎮魂と信じ、私たちはこの地にひめゆり平和祈念資料館を建設いたしました(*)」。

■一般公立の総合的な平和博物館

一般公立の総合的な平和博物館には以下の館がある。

水戸市平和記念館の説明は、以下の様に書かれている。「水戸市平和記念館は戦争の悲惨さと平和の尊さを後世に伝え、市民の平和に関する活動を推進し、あらゆる世代における平和への意識の醸成に資するため、つくられました。水戸市の戦災資料や第二次大戦当時の写真、過去に使用していた物など平和関係資料を常設展示しています(*)」。

熊谷市平和資料展示室の説明は以下の通りに書かれている。

「熊谷市平和資料展示室は二〇一五年四月熊谷市スポーツ・文化村『くまぴあ』の創作展示棟一階に開設し、熊谷空襲とその前後の時代をテーマとして、戦前・戦中の生活の様子、熊谷空襲及び戦後の復興の様子を展示しています。大きな犠牲をだした熊谷空襲の体験を次の世代に引き継ぎ、戦争の悲惨さと平和の尊さを知っていただく展示室です(*)」。

世田谷区立平和資料館の概要は、「大きな犠牲と悲劇を生んだ太平洋戦争の体験や記憶を後世に伝えるとともに、区民の皆様が主体となり、未来に続く恒久平和の実現に向けた活動を展開していくことができるよう、区民の交流・実践の場となるように取り組んでいます(*)」である。常設展では軍装、戦地に向かう兵士、庶民の生活、戦争と子どもたち、学童集団疎開、戦争への動員、空襲、沖縄、広島、長崎、世田谷の戦跡、平和と戦争などを展示している。特に日本の軍隊では資源の搾取、皇民化政策、日本語教育、勤労奉仕団の結成を展示している。また日本軍は何をしたのかでは、南京事件、三光作戦、慰安婦、七三一部隊、占領地での残虐行為を教科書の叙述を参考に展示している(5)。

中野区平和資料展示室は、「区民のみなさんから寄贈いただいた、戦争中の貴重な資料を展示する施設として、二〇二〇年一一月六日に新施設として開設しました。東京を焼き尽くした焼夷弾の破片、空襲のために変形してしまった時計や家族にあてたはがきなど、当時の人々がどのような思いで暮らしていたのかを伝えてくれる品々を見ることができます。戦争による被害の実相等を伝え、平和の意義の普及、区民のみなさんの平和で豊かな生活の維持向上のため」に展示を中心として運営している。中野区平和資料展示室の主な展示は中野の空襲、人々の暮らし、中野の学童疎開の三つである。(*)

江戸川区平和祈念展示室について、「一九四五年三月一〇日未明の大空襲で、一夜にして都内では推定一〇万人、区内でも約八〇〇人の尊い命が失われました。私たちは、この日を忘れることなく、平和への想いを新たに今後も戦争の悲惨さと平和の大切さを次の世代に伝えていかねばなりません。このたび戦争の悲惨な経験を風化させず、平和への想いをさらに確かなものとすることを祈念して、二〇一八年三月一〇日に常設の平和祈念展示室を設けました。」とホームページに書かれている。(*)

飯田市平和祈念館は、「戦争の悲惨さや、平和の大切さを学び、戦争の現実を語り継ぐことにより、平和な社会が続くことを切望する、多くの市民の願いによって開館されました。」(*)とホームページにある。常設展の主な内容は、戦争への道・軍国主義への抵抗では、軍事教育反対運動、二・四事件、草の根の軍国主義としての信州郷軍同志会、満州移民、満蒙開拓青少年義勇隊、戦争の恐ろしさでは、七三一部隊、南京事件、平岡ダム・飯島発電所での強制動員を含む朝鮮人、連れてこられた中国人、連合国軍の捕虜の過酷な労働、陸軍登戸研究所、戦時下のくらしでは空襲、学童疎開した子どもたちの生活、松根油生産、軍隊生活も取り上げている。(6)

岐阜市平和資料室の案内には「ひと晩で街が焼け野原と化した『岐阜空襲』として語り継がれています。以来、年月を経て各方面のご努力により『岐阜空襲』当時を色濃く残す品々を集め展示することができました。生々しい戦争の痕跡を感じていただける資料の数々です。ぜひ多くの方にご覧いただき平和への願いを新たにするきっかけになることを願っております」とある。(7)岐阜市平和資料室には、焼夷弾（実物・模型）、戦時下のくらしと子どもたち、岐阜空襲戦災遺品、戦時中の代用品（陶貨、ガラス製水筒）などが常設展示されている。

愛知・名古屋　戦争に関する資料館の常設展示は以下の様である。

「『県民の戦争体験』と『戦争に関わる地域史』を軸とする地域性を重視した展示コーナーを配し、資料を通じて来館者自らが平和や戦争について考えていただく展示としています。

戦争に関わる地域史：このコーナーでは、名古屋空襲を中心に、戦前の都市化・工業化、戦中の動向など、この地域で起こった出来事の資料を展示しています。

県民の戦争体験Ⅰ（銃後のくらし）：このコーナーでは、戦時体制下のこの地域における県民の生活や学校教育などの資料を展示しています。戦争が人々の暮らしに及ぼした影響を紹介します。

県民の戦争体験Ⅱ（軍隊・戦地）：このコーナーでは、県民の軍隊生活や戦場体験などの資料を展示しています。当時の人々にとって軍隊に入ることや戦場に立つことがどのようなものであったかを紹介します。

戦後地域史：このコーナーでは、戦後改革、戦地からの復員、復興とまちづくりなどの資料を展示しています。終戦後の地域の様子や名古屋の街の変遷を紹介します[*]」。

滋賀県平和祈念館の基本理念は「モノと記憶の継承、自らできることのきっかけづくり、県民参加型の運営の三つである」。基本展示は地域展示コーナーと滋賀県と戦争コーナーに分かれている[*]。

堺市立平和と人権資料館（フェニックス・ミュージアム）の常設展示の平和ゾーンは、「体験型防空壕（模型）があり、戦時中の家庭防空壕の入壕体験ができます。空襲時に狭くて暗い場所で一時的に避難していた当時の様子を体験することで、戦争の悲惨さや平和の尊さを考えるきっかけとしていただきます。非核平和のまちへでは広島、長崎の原爆被害などの写真、核弾頭の保有数と世界の核実験場を示す地図、世界の非核兵器地帯を示す地図、堺市議会の非核平和都市宣言に関する決議文、自治体の非核宣言運動に関する展示など、また、『遺品は語る』ものとして被災した三輪車、弁当箱（広島平和記念資料館蔵複製）や被災瓦などを展示し、非核平和を訴えています。ジオラマ・ファンタビュー〜ミヨちゃんの家族の一日〜は模型と映像を組み合わせた映像装置で、多くの方の空襲体験談をもとに再現した堺大空襲の悲劇が臨場感あふれる中で、追体験できるようになっています。また、このジオラマ周辺では、戦時その当時の服装や市民が描いた戦災の絵画などを展示しています。ここでは特に、戦争の悲惨さを訴えています」とある[*]。

人権平和センター豊中・平和展示室の常設展示は「現代史年表や、終戦直後と現在の豊中市を比較した航空写真、空襲の歴史や豊中空襲の被害状況などを解説したパネル、空襲体験画や当時の写真、また市民から寄贈いただいた戦争遺品や生活用品などを展示しています。

展示室一には約三メートルの米軍戦闘機P51の主翼（右翼）の一部（豊中に墜落した機体の一部）や豊中空襲で使用された全長二メートル以上の一トン爆弾の実物大の模型も展示しています。また旧日本軍軍用機の下に取り付けるために作成されたと思われる追加の燃料タンク「落下増槽」も期間限定で展示しています。このほか、終戦直後と現在の豊中市の地図を比較したり、当時、出征を見送った旗や空襲警報の木札、鶏卵やかまぼこなどの配給台帳（見本複製）などの実物資料もたくさん展示しています。

展示室二には「映像室」を設けています。豊中空襲の被災体験や広島・長崎での被爆体験、戦後混乱期の証言などを聞くことができます。展示室の壁には、豊中空襲や大阪大空襲の被災の様子を写した写真をタペストリーとして展示。当時の被害の状況を感じることができます。豊中空襲の被災体験や広島・長崎での被爆体験、戦後混乱期の証言の映像はご覧いただくことができます」となっている。(*)

吹田市立平和祈念資料館は、「戦争の惨禍及び平和の尊さを後世に伝えるとともに、平和に対する市民の意識の高揚を図り、平和で明るく住みよい社会を実現するための施設です」とある。展示コーナーには「戦時中の国民生活や軍隊に関する実物資料、写真パネルのほか、生活再現展示があります」(*)。

枚方市平和資料室は「禁野火薬庫爆発当時の様子が分かる写真パネルや軍服など、戦争に関する資料を展示しています」(8)。

西宮市平和資料館は「西宮でも空襲があったことをご存知でしょうか。重要工業都市西宮（当時の鳴尾村を含む）では1945年3月から8月にかけて、10回の空襲を受け、多くの方が亡くなりました。このような西宮での戦争被害について、風化させないよう次の世代に語り継いでいく役割を果たすとともに、市民が戦争の悲惨さと平和の大切さを学ぶ場とすることを目的として、２００2年に『西宮市平和資料館』を開設しました」。「当館で展示しているものは、市民の方から寄贈していただいた資料が中心となっています。その中には、遺書や軍服、千人針のほか、遺骨が戻らぬ骨壺もありました。ご遺族が託された遺品を中心とした展示をご覧いただき、戦争による悲劇について学び、平和の大切さ・尊さを考えていただく機会として、ぜひご来館ください」とホームページに書かれている。(*)

姫路市平和資料館の常設展示コーナーについての説明は以下の様である。

「常設展示は『美しい城下町・姫路』、『覆われた姫路城』、『炎の中の姫路城』、『よみがえる姫路城』、『平和を祈って』の五つのテーマに分かれています。空襲や市民生活の様子などが写真パネルや展示品、模型を通してリアルに再現され、映像、音響、振動、ジオラマで空襲を再現した疑似体験装置で戦争の恐ろしさを体験できます。

展示内容（テーマ）二　覆われた姫路城：日本全体が戦時体制に入り、迷彩のため姫路城に黒い網をかけるなど、姫路の街に戦争の影響が見られるようになりました。その当時の街の様子や市民生活を立体模型のジオラマやパネルで再現します。もんぺ、国民服、鉄兜といった日常品をはじめ、血液証明書や米穀購入通帳、配給物資内訳簿など戦争中配布された書類などを展示し、窮乏を強いられた市民生活の様子が窺えます。触れて体験できる展示コーナーでは、防空頭巾を実際に着用することもできます。戦時下の学校教育を表す写真パネルには、軍事訓練や救護活動をする学生の姿が、また太平洋戦争当時の戦況を地図や年表で紹介します。

三　炎の中の姫路城：姫路は一九四五年六月二二日と翌七月三日深夜から四日早朝にかけて二度の空襲に見舞われ、大きな被害を受けます。ここでは民家・防空壕復元のほか、映像、音響、振動、ジオラマで空襲を再現した疑似体験装置で、空襲の恐ろしさを体験できます。戦争中と空襲後の変わり果てた姫路市街の様子を大模型で再現します。しかし、最後まで空襲の被害を受けることがなかった姫路城は市民の心の支えになったのです。当時の実物資料として、焼夷弾や焼けた金庫、焼け焦げた米のかたまりなどを展示、空襲の凄まじさが伝わってきます。

一九四五年八月一五日終戦：大空襲による被害を乗り越え、歩みだした姫路市民の復興への軌跡を追います。また広島・長崎原爆投下直後、被爆者の治療、調査に力を注いだ故都築正男医学博士の業績を紹介します。姫路市初の名誉市民である都築博士は被爆者の治療のほか、原爆禁止国際会議に出席するなど原子放射能症の権威者として国際的に活躍しました(*)」。

明石市平和資料室の説明は、「二〇二一年一月一九日、戦時中の様子や戦争の悲惨さ、平和の大切さを次世代に伝え、広く啓発するために平和資料室を文化博物館二階にオープンしました。終戦の年にあたる一九四五年に、明石市内では六回にわたり空襲がありました。一月一九日には、兵庫県内で最初の本格的な空襲があり、当時戦闘機などを生産していた川崎航空機明石工場が標的にされました。六月九日の空襲では、明石公園周辺と明石市西部が被災し、犠牲者数が最も多い空襲になりました。戦争体験者の高齢化が進むなか、当時の記憶を風化させることなく次の世代に継承していくことが大切です。戦争や平和のことを考えてみませんか(*)」と書かれている。

福山市人権平和資料館の業務は以下の様である。

「(一)人権、平和等に関する資料の収集、保存及び展示に関すること。(二)資料の調査研究及び知識の普及に関すること。(三)その他人権・平和意識の高揚に役立てるため必要な事業に関すること(*)」。

福山市人権平和資料館の「平和部門」では「福山空襲の実相と戦時下のくらし」を常設展示しています(9)。

高松市平和記念館は「『良い戦争はない、悪い平和はない』という理念を伝え、幅広い世代の市民が戦争を通し平和について考えるきっかけの場とするため、高松空襲を中心とした戦争遺品などを展示している(*)」「戦前の高松から始まり、空襲、終戦、復興、平和への取り組みへと至る展示を見学することで、歴史の時間の流れを学ぶとともに、未来の平和を考えるきっかけを作ることができる記念館です(10)」。

高松市平和記念館の常設展示は以下の三つがある。

「出征の朝・戦争への道・戦時下の苦しい生活・統制下の世相・防空偽装・おばあちゃん‥お話しして出征する兵士を見送る家族の場景を中心に、太平洋戦争に至るまでの経緯、配給制・代用品・金属回収などの物不足の生活実態や当時の貧しい食事、町内会・隣組・勤労奉仕など戦争へ向けての総動員体制、学童集団疎開、徴兵制、防空偽装など、戦前・戦時下の様子を紹介しています。

高松空襲と焦土の街・高松空襲・高松空襲六人の証言・高松市のジオラマ‥高松空襲を受けて焦土と化した街にぼう然と立ちすくむ家族の場景を中心に、焼夷弾の原寸大模型、焼夷弾の頭部・弾筒部や空襲被災硬貨など実物資料、模型に映像を投影し高松空襲の様子を再現する高松市のジオラマやマジックビジョンなどで、高松空襲の被害の状況を明らかにしています。

再開の日・終戦と民主化・焼け跡の暮らし・戦争がもたらした惨禍と労苦・よみがえる高松市‥復員してきた兵士を迎える家族の喜びの場景を中心に、太平洋戦争終結までの経緯や戦後の日本の民主化、広島・長崎の原爆被害、闇市など戦後の苦しい市民生活、戦争の犠牲者、復員・引揚げ、シベリア抑留、中国残留孤児、本市の復興など、終戦・戦後の様子を紹介しています(10)」。

北九州市平和のまちミュージアムの常設展示は以下の

様な構成である。

「戦争と市民の暮らし：当時の一般的な家庭の暮らしが分かる再現展示や、子どもたちの生活等が分かる実物資料を展示しています。日々の暮らしが戦争と隣り合わせにあったことを実感することができます。

広がる戦争と空襲：広がりを見せる戦争被害や、市民を襲う空襲にまつわる資料などを展示しています。当時の写真をはじめ、焼夷弾の実物大の複製など貴重な資料を実際にご覧いただけます。

戦前の北九州：旧五市の特色や、活気のあった市民の暮らし、戦前の北九州の繁栄、小倉と軍の関わりを紹介。小倉陸軍造兵廠をリアルに再現するプロジェクションマッピングは必見です。

終戦の混乱と戦後復興：旧五市が復興の歩みを進める姿を映像等で紹介。再び発展し、北九州市が誕生する〝まち〟の移り変わりを知ることができます。

運命の一九四五年八月八日・九日：ダイナミックな三六〇度シアター。一九四五年八月八日の八幡大空襲、翌九日原爆を搭載した爆撃機が小倉上空に飛来した後、長崎に向かった出来事を、今までにない臨場感で追体験することができます[11]」。

碓井平和祈念館の常設展示は以下の様である。

「正面入口前には八女郡星野村（現八女市）から分火された『平和の火』が恒久の平和を願い灯されています。常設展では武富登巳男さんが収集したアジア太平洋戦争の資料をベースに、地元をはじめ全国から寄せられた歴史資料をもとにさまざまな人々が体験した戦争の記録を展示しています。

常設展示している戦時資料には、出兵や動員などに関わる文書資料、兵士の所持品、情報統制を受けた娯楽品、陶器製の代用品などさまざまなものがあり、戦争に突き進む当時の日本の姿を垣間見ることができます。

中でも裏地に犬の毛皮が用いられた兵士の防寒コート、陶器製の手榴弾や地雷、内地の女性が兵士に宛てた慰問文などは、外《ほか》ではなかなか見ることのできない貴重な資料です[*]」。

■空襲を中心にした公立の平和博物館

空襲を中心にした公立の平和博物館には以下のようなものがある。

青森市中央市民センター内にある**青森空襲資料常設展示室**では、「空襲を伝える約五十枚の写真パネルのほか、焼夷弾を始め、戦争遺品、当時の生活用品など」を常時展示している[*]。

仙台市戦災復興記念館は、「仙台空襲と復興事業の記録を保存し、仙台市の今日の発展の蔭にあった戦災と復興の全容を後世に伝えるとともに、あの悲劇を二度と繰り返さないための平和の殿堂としていくものです(*)」。

東京都復興記念館の説明は以下の様である。

「東京都復興記念館の展示のうち、二階の回廊には、被災した日用品や焼夷弾などの実物資料、写真資料、図表、絵画等の東京空襲および戦災復興に関する資料を展示しています。展示品はいずれも、当時の実物がほとんどです。単に『古びたもの』と思わずに、被災した方、救援、復興に尽力した方、当事者の方々の実像を表すものとしてご覧いただければ幸いです(*)」。

長岡戦災資料館の説明は以下の様である。

「二〇〇三年七月、長岡空襲の惨禍を記録・保存し、伝えていくため、長岡戦災資料館を開設しました。

ここは、長岡空襲を語り継いでいくための市民活動の場です。長岡空襲を体験された市民と、戦争を知らずに育った戦後世代の市民とが、それぞれに力を出し合い、平和のために一緒になって活動し、次の世代に平和の尊さを伝えていきます(*)」。

各務原空襲資料室（各務原市歴史民俗資料館・木曽川文化史料館）の常設展示は以下の様である。

「郷土の先人たちがかつて経験した各務原空襲と戦時下の暮らしについて、残された当時の資料や写真から学び、語り、伝えます。資料は、五つのテーマに分けて展示されています。それぞれのテーマの歴史的背景や、展示されている資料などをご紹介します。

一　戦時下のくらし：一九三七年の日中戦争、そして一九四一年の太平洋戦争の勃発により、国民生活のすべてにおいて戦争が第一優先され、人々の生活はどんどん苦しくなっていきました。このコーナーでは、衣料や陶磁器で作られたさまざまな代用品、当時の食事を再現した食品サンプルなど、戦時下で生きる人々の生活を垣間見ることができる資料を展示しています。

二　戦時下のこどもたち：一九四一年四月から、小学校は『国民学校』となり、子どもたちには授業のほかに、軍人援護や銃後奉公などの活動が課されました。当時の子どもたちが使用した教科書やカバンのほか、雑誌や漫画、おもちゃなどの資料から、戦時下でたくましく生きた子どもたちの姿を見つめます。

三　空襲に備える：第一次世界大戦以降、各国で軍事目的の飛行機開発が行われる中、日本では一九三七年に『防空法』が制定され、空襲による火災などを想定した防空訓練や指導が行われるようになりました。いつ襲ってくるか分からない空襲に備え、各家庭で使われていた灯火管制用の電球やカバー、『国民防空読本』などの手引書、防空頭巾などを展示しています。

四　空襲の痕跡：一九四五年の各務原空襲では、各務原市域の広い範囲がその被害を受けました。戦後七〇年以上を経て、空襲を受けた地区の畑などからは、今もなお銃弾や爆弾の破片などの金属片が見つかることがあります。

このコーナーでは、各務原空襲の証人として、爆撃を受けた施設の窓ガラスの破片や、弾痕の残る床柱、機銃弾や焼夷弾などの資料を見ることができます。

五　戦後復興：一九四五年八月一五日の終戦後、人々の新たな生活がスタートしました。戦地から戻った兵士たちは新たな土地を開拓し、各務ヶ原飛行場には米軍が進駐しました。引揚・復員証明書や俘虜郵便などのほか、進駐軍にまつわる資料を展示し、戦後の混乱の中、復興に向けて歩みだした人々の姿をとらえます。

『昭和二十年諸通知書綴』：一九四五年に那加町役場から各町内会長宛に出された通知文書を綴ったものです。終戦間際と終戦直後には、物資の供出、戦勝祈願の祭礼、占領軍の進駐についてなど、さまざまな通知が出されました」。(*)

浜松復興記念館の展示は以下の様である。

「一階フロアには事務室、展示スペースがあります。

○戦時体制下の浜松：一九三一～一九四五　一九四一年一二月、太平洋戦争が勃発。戦争が長期化する中で、浜松市は一九四四年一二月一三日から二七回にも及ぶアメリカの爆撃機B29の空襲および海からの艦砲射撃に見舞われ死者三五〇〇人以上、全半壊家屋約三万戸という、当時の地方中都市の中で最大の犠牲があったことが記録されています。特に一九四五年六月一八日の『浜松大空襲』で浜松市街は一夜のうちに焼け野原と化しました。このコーナーでは、こうした戦時中の街の様子や市民の姿を写真と模型で表現し、当時の生活用品や爆弾の破片の実物を展示しています。戦争の悲惨さ、平和の尊さを再確認するための展示空間です。

○立ち上がる浜松：一九四五～一九六二　完全に焦土と化した浜松市にあって、戦後の市民生活は大変厳しく、市内各所に『ヤミ市』や『バラック』が乱立していました。こうした中、一九四七年浜松市は戦災復興記念事業に着手し、市民と共に浜松の再建に立ち上がりました。このコーナーでは、終戦から高度経済成長期までの復興期の浜松の様子を伝えています。公共施設も次第に整備され、少しずつゆとりを取り戻し始めた市民生活の様子を、生活用品、模型等により紹介するとともに、積極的な街づくりを展開する浜松市の復興の様子を写真で伝えます(*)」。

岡山空襲展示室の説明は以下の様である。

「一九四五年六月二九日、岡山市街地はアメリカ軍による大規模な空襲を受けました。ティニアン島を飛び立ったB－29の最初の一機が岡山市上空にあらわれたのが午前二時四三分。それから午前四時七分までの一時間二四分にわたって、一三八機のB－29により約八九〇トンの焼夷弾が投下されました。この空襲で当時の市街地の約六三％が焦土と化し、少なくとも一七三七人以上の犠牲者が出ました。終戦から七五年が経過した今、薄れつつある岡山空襲の記憶を決して風化させず、後世に伝えていくために、岡山シティミュージアムの五階フロアに常設の『岡山空襲展示室』を設けています(*)」。

■テーマを絞った公立の平和博物館

テーマを絞った公立の平和博物館には以下のものがある。

北上平和記念展示館について～戦争体験、七〇〇〇通の軍事郵便など貴重な資料を後世に～には以下のようにある。

「北上平和記念展示館は、藤根地区交流センターに隣接する藤根生活センター内に開設され、同館には戦時中、同地区で長く教師を務めた故高橋峯次郎さんに戦地の教え子から寄せられた軍事郵便や銃、衣服、教科書など戦時資料約四〇〇点が展示されています。

心のささえ故郷通信『眞友』：高橋峯次郎さんは戦時中(日中、太平洋戦争)、戦地の教え子たちを励ますため故郷通信『眞友』を送り続けました。返信として高橋さんに届いた軍事郵便は七〇〇〇通にも上っています。田畑の作柄を心配する気持ち、戦況や友の戦死報告、特攻隊員として出撃を待つ気持ちなど内容はさまざまです。

なぜ、岩手の一農村、一教師のもとに農民兵士からこれだけたくさんの軍事郵便が届いたのか。若き農民兵士が厳しい戦地で過ごした青春時代、彼らの生の声を聞いて下さい(*)」。

江東図書館内の**学童集団疎開資料室**のご案内には、「江東区では、太平洋戦争による空襲の被害を避けるために山形県・新潟県の各地に集団疎開した子どもたちの様子を物語る資料を展示する『学童集団疎開資料室』を二〇〇〇年八月に区立第四砂町小学校内に設置し、展示を行ってきました。二〇〇九年八月からは江東図書館内に移転し、疎開当時の文書、生活用品、手紙、写真等を展示・公開しています」と書かれている(*)。

豊川海軍工廠解説展示(多目的室)は「豊川海軍工廠に

ついて、その時代を振り返りながら、関係資料・写真・体験者の証言などをまじえ紹介しています。歴史の生き証人である園内の戦争遺跡も含め、豊川海軍工廠とかつての戦争について学ぶことができます」とホームページにある(*)。

国立広島原爆死没者追悼平和祈念館は、「原爆死没者を追悼し、原爆で多くの人々が亡くなった事実を伝えるため、原爆死没者のお名前と遺影(写真)を登録しています。お寄せいただいたお名前と遺影(写真)は、国立原爆死没者追悼平和祈念館で公開するとともに、永久に保存いたします」とホームページに書かれている(*)。

被爆遺構展示館の説明は、「被爆の実相を直接見て肌で感じていただけるよう、原子爆弾による被害の痕跡が残る住居跡やアスファルト舗装された道路跡などを露出展示しています。被爆当時の町並みの遺構を通じ、平和記念公園を訪れる人々に、『この地』にはかつて多くの人が暮らす町があったこと、そして『この地』に暮らしていた人々の日常がたった一発の原子爆弾により一瞬にして失われてしまったこと、そして被爆後の先人たちのたゆまぬ努力により『この地』が平和の象徴としての公園として整備され、平和で美しい町として復興を遂げたことをご覧いただけます」となっている(*)。

本川小学校平和資料館の説明は以下の様である。

「爆心地から四一〇メートルで被爆し、その後いく度か補修・改修され、一九八八年に平和資料館として開館しました。被爆の実相を後世に伝えるため、原爆の被害を受けた校舎の一部がそのまま保存されており、この建物自体が戦争の悲惨さと平和の大切さを直接訴えています。かつての教師が被爆地から集めた展示品などを見学することができます。広島平和都市記念碑(原爆死没者慰霊碑)の中央の石室に刻まれた碑文の元となった書(当時の広島市長浜井信三氏の依頼により、広島大学文学部教授・雑賀忠義氏が書いたもの)や被害の様子を写した写真や被爆した遺物などを展示するほか、被爆前から平和資料館としての保存までの様子などをパネル等で紹介しています。地下一階には、平和記念資料館本館に展示されていた被爆時の広島の様子を再現した模型が移設されています」(*)。

袋町小学校平和資料館の主な展示品は、「被爆してまもなくの西校舎地下(写真パネル)、伝言文字が記載されている壁(写真パネル)、家族や知人の消息を伝える伝言(実物・黒板の裏側にあったため残りました)、被爆により壊れた扉と窓(実物)、炭化した木れんがとコンクリート壁(実物)」である(*)。

大久野島毒ガス資料館の説明は以下の様である。

「戦争の悲惨さを　平和の尊さを　生命の重さを　この島で毒ガスを製造した過程で多くの犠牲者を出すに至ったこと、この痛ましい事実を今に伝えるため、関係各位からよせられた当時の資料を展示して毒ガス製造の悲惨さを訴え、毒ガス兵器をこの地から絶滅させ、平和な世界の確立を希求しています」。

大久野島毒ガス資料館展示室は「工員手帳、男子・女子用作業服、液体毒ガス製造装置（冷却器部分）、あか筒の外筒、パネル写真など」を展示している(*)。

長崎原爆死没者追悼平和祈念館では、「原爆の惨状を多くの人に伝えるために、被爆体験記を集めています。お寄せいただき、公開のご承諾をいただきました被爆体験記は製本した上で長崎の原爆死没者追悼平和祈念館に展示し、来館者がお手にとってご覧になれるようにします」とある(*)。

八重山平和祈念館常設展示構成は次の六点である。

「一、アジア・太平洋戦争に起因する沖縄戦
二、沖縄戦と八重山
三、戦争マラリアの悲劇
四、マラリア根絶に向かって
五、戦争マラリア援護会の活動
六、八重山地域における平和発信拠点を目指して」

「太平洋戦争の最中、マラリア無病地から有病地へ退去させられる等して、多くの人がマラリアの犠牲者となりました。当館では、写真や資料等をとおして、八重山地域の戦争マラリアの実相や戦後のマラリア防遏《ぼうあつ》の様子を紹介しています」。

「第二次世界大戦中、石垣島や波照間島の住人が強制的に西表島などに移住させられ、その場所がマラリア有病地帯であったために、八重山諸島全体で三六四七人もの方々がマラリアによって命を落とされてしまいました。このような戦争マラリアの実情と、戦後のマラリア撲滅までの道筋を写真や資料、関連番組のビデオなどによりわかりやすく説明・展示されています(*)」。

■民間の総合的な平和博物館

民間の総合的な平和博物館には以下の館がある。

山梨平和ミュージアムの展示紹介は以下の様である。

「二階常設展示は甲府空襲の実相・甲府連隊の歴史・戦時下の暮らしがある。

一、甲府空襲の実相：一九四五年七月六日の空襲で、甲府市の中心街は灰燼《かいじん》と帰し、一一二七人の市民が犠牲になった。空爆に参加するローランド・ボールさんと空襲下奇蹟的に助かった諸星廣夫さん。二人の交流。甲府

空襲犠牲者のパネル（名前だけでなく死因なども記載されている）。甲府を空襲したＢ29の模型。焼夷弾の実物。

二、甲府連隊の歴史：甲府連隊についてのパネル。戦地からの手紙と戦場日記（コピー）。

三、戦時下の暮らし：戦時下の教科書（戦後黒塗りされた箇所あり）。寄せ書きのある日章旗」。

山梨平和ミュージアムは一五年戦争など戦争と平和に関わる資料を収集・保存・展示して、戦争の事実と実相等を県民に広く提供し、ふたたび戦争の惨禍に巻き込まれることのない平和な社会の維持・発展をはかり、もって、県民の生活の安定に寄与することを目的とする。(12)

静岡平和資料センターの紹介の文章は以下の様に書かれている。

「静岡平和資料センターの展示には所蔵資料展示『静岡の戦争と空襲』と企画コーナー展示があり、静岡・清水の空襲をメインテーマとした戦時資料・体験画・解説パネルを展示しています(＊)」。

ピースあいちの紹介文は以下の様に書かれている。

「『ピースあいち』は、あの戦争を忘れないように資料を集め、記憶をつなぎ、それらを展示している資料館です。後世の人たちがあの戦争から教訓を学び、二度と再び戦争をしないように、平和のために行動するきっかけとなるように願って運営しています。

『ピースあいち』は三階建て、二階と一階の一部が常設展示場で、三階では企画展を行います。一階は市民の交流スペースにもなっています。常設展示は、『愛知県下の空襲』『一五年戦争の全体像』『戦時下のくらし』『現代の戦争と平和』の四つのテーマで構成されています(＊)」。

高知の**平和資料館・草の家**は以下の様な館である。

「平和資料館・草の家は、平和と教育、環境問題を考える民立民営の施設です。平和と民主主義を守り発展させ、東アジアの人々との友好を深め、共有できる歴史像の構築を目指しています。常設展示と空襲展などの特別展示をしています（無料）」。

平和資料館・草の家の館内案内で常設展を説明している。

「戦争時の様々な実物を展示し、アジアへの加害の事実、そして侵略戦争に対する抵抗の記録を伝えています。日清戦争から平和憲法誕生までをまとめた年表もあります。旧日本軍兵士の外套、また防空ずきんや食器など、当時の人々の生活がわかる様々な実物を展示しています。ガラスケースの中は、召集令状や紙幣などを展示、高知空襲で投下された焼夷集束弾や、墜落したＢ29の機体の一部、米軍が投下した二五〇キロ爆弾などを入口横に展示しています(*)」。

福岡県にある**兵士・庶民の戦争資料館**の説明は以下の様に書かれている。

「三代にわたり従軍した武富家に残る遺品と、全国から寄せられた遺品を通して『本当の戦争の姿』を伝える、全国でもめずらしい私設の資料館が『兵士・庶民の戦争資料館』です。わずか約三〇平方メートルの館内に並べられた遺品の数々。その手触り、重さ、硬さ。実際に触れてみてはじめて辿れる戦争の記憶と、物が静かに語り継ぐ平和への願いとは(*)」。

岡まさはる記念長崎平和資料館は「強制連行・強制労働・虐待・酷使・軍隊慰安婦・朝鮮人被爆者……こうした「負」の事実を正しく伝えること、侵略された人々の痛みを知ること、そうした視点から」展示は構成されています(*)。

ナガサキピースミュージアムは以下の様な館である。

「美しい自然や子どもたちの笑顔、音楽等を通し、平和の素晴らしさを心豊かに味わうことのできる「平和文化型ミュージアム」です。現在、世界では紛争、飢餓、貧困、環境破壊など多くの問題をかかえています。子どもたちが笑顔で生きることが出来るよう、平和への一歩を提案していきます(*)」。

注

(1)「日本の平和博物館の歴史と現状—日本の一五年戦争を中心に」『わだつみのこえ』第一五七号二〇二二年一二月。本書①に収録。
(2)「平和博物館などの一五年戦争展示会リスト　第三版作成者　山辺昌彦」本書資料編②に第四版を収録。
(3)「平和のための博物館と戦後七〇年」『政経研究』第一〇七号二〇一六年一二月。本書④に収録。
(4)『長崎原爆資料館学習ハンドブック』
(5)二〇二三年三月三一日見学
(6)二〇二二年一一月一六日見学
(7)岐阜市平和資料室リーフレット
(8)枚方市平和啓発冊子
(9)福山市ホームページ
(10)リーフレット
(11)パンフレット
(12)山梨NPO情報ネットのNPO法人山梨平和ミュージアム紹介による
(*)各施設のホームページより

3

『前衛 第一〇二九号』（二〇二三年八月　日本共産党中央委員会）

〈シリーズ　戦争と平和の岐路に問う〉

日本の平和のための博物館における一五年戦争

——常設展示の現状を見る（下）

1　平和専門の博物館の紹介（続き）

■テーマを絞った私立の平和博物館

テーマを絞った私立の平和博物館には以下のものがある。

ノーモア・ヒバクシャ会館の「わたしたちにできること」には「語り伝えたい、受け継ぎたい―被爆者の思いを受け継ぐために私たちにできることはなんだろうか。戦争と被爆から七五年、その記憶は次第に忘れ去られようとしている。しかし、核戦争の危険や原子力災害、気候変動は私たちのごく近い未来の問題である」とある。展示は「ノーモア・ヒバクシャ会館の二階は原爆資料館となっている。被爆者から寄贈された遺品、広島・長崎の原爆資料館から寄託された被爆資料、市民運動の中で集められた被爆の実相を示す品々、そして原爆パネル。これら展示品のひとつひとつが持っている物語に思いをはせたい。そして被爆者が描く原爆の絵に、原爆のむごさを感じとり、核兵器のない世界を思い描きたい」と説明されている(*)。

太平洋戦史館の願いは以下の様である。

「特定非営利活動法人太平洋戦史館は、平和のための資料館です。

・忘るまじ

・語り継ごう次の世代へ
・そしてプラスの国際交流を
この三つの柱をもとに、太平洋戦争の激戦地、西部ニューギニア方面（インドネシア共和国パプア州及び西パプア州）で、今も残されたままの兵士たちの遺骸捜索活動を続けています」。

「常設展示：展示室の一部を紹介。遺留品は、しばしば白骨化した戦没者の遺骸の側らで発見されています。遺留品が日本軍の官給品であれば、その遺骸が日本兵である可能性が高くなります」。

遺留品には、認識標、軍服がある。銃弾、手榴弾、ガラス瓶、弾薬、毒ガスマスク、ガラス破片、など戦場に残された危険物、水筒、飯ごうなど名前がわかるもの、日本軍が発行した軍票もある。絵画には、「サラワケット山頂にて」大調和会所属山崎歳夫画伯筆、山崎さんは、東部ニューギニア（現在のパプアニューギニア）のウェワクから復員。佐々木仁朗画伯筆「重き回想」、作者は、ビアク島から奇跡的に生還した佐々木仁朗さん、がある。[*]

花岡平和記念会は「第二次世界大戦中にひき起こされた中国人強制連行による「花岡事件」をとおして、加害の地である大館の市民が、この事件を風化させることなく、この地に在住する人々が自ら積極的に平和を希求し、それを具現化する「花岡記念館」を建設し、そこでの活動を基調として日中の平和と交流に寄与することを目的とする」会である。[13]「**花岡平和記念館**は花岡事件を後世に伝える資料展示館です。二度とこのような事をおこしてはいけない、事件を風化させてはいけないと、日本人が加害者の立場で事実を隠す事なく表し展示する、おそらく日本唯一の施設です。NPO法人花岡平和記念会が全国から集めた寄付金によって建設しました」[14]。記念館には、「当時、強制連行された中国人労働者たちが受けた残酷で非人道的な待遇を記録した詳細な資料や絵が展示されている」[15]。

NPO・中帰連平和記念館とは、「記念館では彼らの自費出版や著作、また証言映像などの資料を収集管理し、平和を愛し求める市民をはじめ学者や学生・院生、NHKなど報道機関やジャーナリストなどにも資料を提供し、多くの人にこの『中帰連』と『撫順と太原戦犯管理所』で何があったかを知り学び生かして欲しいと思います。中帰連に限らず七三一部隊やアジア各地の日本の侵略戦争の資料も収集しております[*]」。

八王子平和・原爆資料館のごあいさつは「戦争の記憶が風化しつつある今日、ぜひ一度八王子平和・原爆資料館に来館されて、あらためて、戦争と原爆の悲惨さ、平和の尊さを実感してください」と書かれている。八王子平和・原爆資料館は「ヒロシマ・ナガサキに触れる　原爆瓦や溶けた皿を実際に手に取ることができます。また特筆すべき原爆の遺品として、被爆死した中学生の服がありますI「ヒロシマ・ナガサキを感じる　広島在住の美術家から寄贈されたオブジェなどを展示しています(*)」。

高麗博物館とは「市民がつくる日本とコリア交流の歴史博物館です。『高麗』は世界の共通語『コリア』の意味、つまり韓国と朝鮮をひとつにとらえた言葉です。

高麗博物館の目的は三つあります。

1、高麗博物館は、日本とコリア（韓国・朝鮮）の間の長い豊かな交流の歴史を、見える形であらわし、相互の歴史・文化を学び、理解して、友好を深めることを目指します。

2、高麗博物館は、秀吉の二度の侵略と近代の植民地支配の罪責を反省し、歴史の事実に真向かい、日本とコリアの和解を目指します。

3、高麗博物館は、在日韓国朝鮮人の生活と権利の確立を願いながら、在日韓国朝鮮人の固有の歴史と文化を伝え、民族差別のない共生社会の実現を目指します(*)」。

アクティブ・ミュージアム「女たちの戦争と平和資料館」（wam）は、「日本で初めて戦時性暴力、とりわけ日本軍性奴隷制（日本軍『慰安婦』制度）に焦点をあてた記憶と活動の拠点として、二〇〇五年八月にオープンしました」。

wamは、「日本軍性奴隷制の責任者を裁いた「女性国際戦犯法廷」（二〇〇〇年、東京）を発案し、実現に奔走した故松井やよりさんの遺志を受け継ぎ、①ジェンダー正義の視点で戦時性暴力に焦点をあて、②被害と同時に加害責任を明確に、③平和と非暴力の活動の拠点を目指し、④民衆運動として、⑤国境を越えた連帯活動を推進する、という五つの基本理念を持って運営しています」。常設展は「日本軍『慰安婦』基本のキです(*)」。

わだつみのこえ記念館は「日本戦没学生の遺稿集『きけわだつみのこえ』に収録された日記、書簡をはじめ第二次世界大戦などで亡くなった高等教育機関の学生や卒業生の遺稿・遺品・遺影・書籍・資料を取集、整理し、展示、公開しています[16]」。

明治大学平和教育登戸研究所資料館には以下の展示室がある。

「第一展示室　全景ジオラマ：登戸研究所の活動の全体像と歴史

第二展示室　風船爆弾：研究所のなかでも風船爆弾や電波兵器など、主に物理学を利用した兵器の開発をおこ

なっていた第一科の活動内容

第三展示室　技術有功章：化学を応用した生物化学兵器やスパイ用品などを開発していた第二科の活動内容

第四展示室　偽札：主に中国大陸で展開された経済謀略活動のために偽札を製造していた第三科の活動内容

第五展示室　濾過筒：本土決戦体制下の登戸研究所と所員の戦後などについて　暗室　当時の実際の暗室の様子を再現　レストスペース　登戸研究所が活動した時代背景を明治大学と川崎市の風景をまじえて写真で概観、登戸研究所に関する映像資料の放映[*]」。

満蒙開拓平和記念館の事業目的は「日中双方を含め、多くの犠牲者を出した満蒙開拓の史実を通じて、戦争の悲惨さ、平和の尊さを学び、次世代に語り継ぐと共に国内外に向けた平和発信拠点とする」ことにある。

常設展の案内は以下の様である。

「一　序章　時代を知るタイムトンネル：現代から戦前・戦中へ、日本から『満州』へといざなうタイムトンネル。左壁面では日本が戦争へ向かう足どりを年表と戦時中ポスターで辿り、右壁面では満蒙開拓が国策として推進され人々が満州へ渡っていく背景を資料などで伝えます。

二　大陸へ　映像で見る満州：二・五×五メートルの壁に映し出される赤い夕陽と広大な大地。満州の風景と開拓団の人々の様子を当時の映像と写真で紹介します。映像は元川路村（現飯田市）の開拓団の様子を撮影した一九四〇年当時のものです。

三　新天地満州　希望の大地：開拓団の住居の一部を再現した模型を正面に配し、各開拓団が入植した地点を表示した地図を大きくパネルにしました。青少年義勇軍のコーナーには、学校から送り出される様子や内原訓練所の写真、教本、満州から送られたハガキなど寄贈資料が並んでいます。

四　敗戦と逃避行　絶望の彷徨：凄惨を極めた逃避行や収容所生活などを、絵画を交えて伝えます。回転型地図装置のソ連侵攻ルートや関東軍の戦略地図などが、開拓団が置かれた状況をものがたっています。

五　証言　それぞれの記憶：満蒙開拓体験者が語るそれぞれの記憶の一部を文章にしました。年表にも教科書にも載っていない一人ひとりの歴史に向き合い寄り添う空間です。

六　引揚げ・再出発　失意の帰還：終戦の翌年、一九四五年から始まるコロ島からの引揚げの様子を、飯山達雄氏の写真15枚で紹介しています。そのほか、シベリア抑留体験のスケッチや国内での再入植など、戦後も続いた苦労を知ることができます。

七　望郷　山本慈昭と残留孤児：中国残留孤児の帰国支援事業を国に先駆けて推進した、地元阿智村長岳寺の元住職、故山本慈昭の活動の記録を紹介したコーナーです。残留孤児からの手紙を展示しています。今日まで続く満蒙開拓の歴史、戦争が人々の人生に残した傷跡を見つめます(*)」。

丹波マンガン記念館の展示は以下の様である。「丹波マンガン記念館は徒歩で約三〇〇mを実際に坑道(穴)に入り実体験で地質(断層、褶曲、放散虫)などを学べる自然史博物館でもあり資料館ではマンガンが産業に、どのように利用されたか学べる産業博物館であり、日本による強制連行、植民地・戦争の加害の歴史により、マンガン鉱山で従事した朝鮮人や被差別部落の人々が過酷な採掘をして、じん肺などの職業病になった事を遺す歴史博物館でもあります(*)」。

ウトロ平和祈念館には以下の様に書かれている。「京都府宇治市ウトロ。ここに日本と朝鮮半島の歴史、日本で生きてきた在日コリアンの歴史、そしてさまざまな困難を乗り越え、ともに歩んできた日韓市民、それらの記憶と思いを伝えて未来へとつないでいくために『ウトロ平和祈念館』が建設されます(*)」。

戦没した船と海員の資料館の説明は以下の様である。「日本は周りを海に囲まれた国です。その上資源の少ない国土ですので、食料品から石油燃料、鉄の原料など、さまざまな物資を外国から輸入して経済を維持していま す。

一九四一年から一九四五年にかけて、日本がアメリカ・イギリス・オランダ・中国など、世界の多くの国と戦った第二次世界大戦は、こうした認識を忘れた無謀な戦争だったのです。

このためたくさんの船が、戦争の犠牲になりました。

下記は戦争が終わった時政府が発表した被害の総数です。官・民一般汽船三五七五隻、機帆船二〇七〇隻、漁船一五九五隻、合計七二四〇隻。この資料館には、これらの船の在りし日の写真を展示しております。あの戦争は何のためのものだったか、そういった反省を含めて平和について考える場所となっております。

第一展示室には戦没した船の写真約一四〇〇隻と説明のみの戦没船約一五〇〇隻、合計二九〇〇隻を展示しております。

第二展示室には寄贈された観音像・船舶画・船舶図面と資料館が収集した史料を保管しております(*)」。

似島歴史資料館の説明は以下の様である。

「一九四五年八月六日に投下された一発の原子爆弾によって広島の街は地獄絵図と化しました。被害者となった方々の内、似島まで搬送され、陸軍検疫所に収容された負傷者は一万有余と言われています。収容された時点で亡くなった方も多く、また応急手当の甲斐もなく次々と亡くなったために火葬する手間もなくなり、身元不明のままで多くの遺体を埋葬せざるを得ませんでした。戦後、亡くなった方々の遺骨は発掘され、広島市平和記念公園の原爆供養塔に納骨されました。発掘場所となった地は現在『慰霊の広場』となっています。

その『慰霊の広場』に『似島歴史ボランティアガイドの会』が中心になり、ご協力者の援助のもと『似島歴史資料館』を建設することができました。資料館には似島と戦争との関わり、とりわけ原爆投下時の当時の状況やその後の遺骨発掘、その際に発掘された遺品等を展示し、来訪者の方々に原爆被害を含む似島の歴史を学んでいただき、平和の問題に意識を深めていただくものです(*)」。

ヌチドゥタカラの家「ここは、戦後、土地返還闘争と平和運動に尽力した阿波根昌鴻さんが開いた反戦平和資料館です。戦争中の生活品や遺品、米軍の銃弾などが展示されています(17)」。

■民間の空襲関係の平和博物館

民間の空襲関係の平和博物館には以下のものがある。

東京大空襲・戦災資料センターの常設展示は以下の様である。

「二階　常設展示室：二階に続く階段の天井付近にはB二九の模型が展示してあります。常設展示室は、東京の空襲をメインテーマとして、『戦時下の日常』・『空襲の実相』・『空襲後のあゆみ』・『証言映像の部屋』という四つのコーナーで構成されています。空襲前(関東大震災後)から現代までを射程に入れた内容です。モノ(実物)・写真・体験(体験記、体験画)・映像・証言などの資料に、再現・模型の展示などを組み合わせ、空襲にあう前の人びとの暮らしはどのようなものだったのか、空襲で人びとはどのような体験をしたのか、空襲後、人びとはどう生き、日本社会は空襲や被害者のことをどう受け止めてきたのか、展示しています。

別館　映像講話室：室内には、空襲による焼失地域などを示した被災地図、空襲のことを描いた絵画、焼け跡の写真などのほか、焼夷弾がかすめたピアノなどを展示しています。また、東京の空襲だけでなく、世界や日本各地の空襲も取りあげ、現在まで続く空襲の歴史の概要を年表形式で展示しています[*]」。

佐世保空襲資料室の説明には、「佐世保空襲犠牲者遺族会では、毎週土曜日及び日曜日に「佐世保空襲資料室」を開場されています。資料室では、当時の貴重な写真や資料等をご覧いただけます」と書かれている[18]。

2 歴史博物館の平和関係常設展

北海道博物館は第四テーマ一「アジアの戦争と北海道」で以下の様な展示をしている。

「軍教事件・普通選挙と治安維持法：第一次世界大戦における被害の大きさから、軍縮や民主主義、共産主義の思想が世界に広がりました。日本でも労働運動や軍縮世論がさかんになり、普通選挙も実施されますが、治安維持法のもとで特別高等警察が共産主義者や労働者、学生の運動を激しく弾圧していきます。一九二五年、小樽高等商業学校で行われた軍事教練が問題となり、学生は『全国の学生諸君に檄す』と反対をよびかけました」。

「木製戦闘機用に試作された主翼・補助燃料タンク：中央の天井からさがる翼（右主翼三分の二）と補助燃料タンクは、一九四三～四四年に、北海道立工業試験場が試作した木製戦闘機の機体部分です。このころはアジア太平洋戦争の末期で、資源も乏しいなか、日本が戦争を続けようとした姿勢がうかがえます。この戦争で、多くの人びとが傷つき、亡くなりました。日本が関わったアジア太平洋の地域、人びとについても想像しながら、この時代の移り変わりをご覧ください」。

「第一次世界大戦でヨーロッパの物流がとだえ、北海道の産物が世界に進出すると、貿易港の小樽は急成長しました。港では働く人びとによる労働組合などの活動もさかんになります。一九二七年、小樽の港などで続いたストライキには、全国から応援が寄せられました。作家の小林多喜二は、彼らの労働や生活を描きます。しかし、普通選挙のはじまりに合わせて治安維持法が定められ、特別高等警察がこうした運動を激しく弾圧して、戦争の時代へと向かっていきました。

日本は一九三一年に『満洲事変』を起こし、一九三七年には中国との全面戦争になります。前年の一九三六年には、二・二六事件が起こり、北海道では石狩平野などで陸軍の特別大演習が行われるなど、新たな戦争の兆しがありました。日中戦争が長びくなかで、一九四〇年、国内では政党が解散し、大政翼賛会ができ、国民は隣組に組織されました。学校や職場、地域のすみずみまでが戦争一色になっていきます。

戦争は、東南アジア、西太平洋に広がり、複数国との大戦になりました。このころ、北海道からは多くの人びとが『満洲』へ送られ、道内の炭鉱や土木工事に朝鮮人が連れてこられました。アッツ島が陥落して、周辺では潜水艦による船舶被害が相次ぎます。一九四五年、沖縄が陥落すると、本州や北海道もアメリカ軍の空襲にさらされました[*]」。

釧路市博物館は常設展でくらし・戦争・簡易軌道などを展示している。「終戦となる一ヶ月前の一九四五年七月一四、一五日の二日間、北海道各地はアメリカ軍による空襲を受けました。釧路では計八回の攻撃を受け、主要な工場や学校、漁船、鉄道などが標的にされました。まちの中心部が激しく攻撃されたのは、市民の戦う気持ちをなくすためだと言われています。まちが受けた被害では、室蘭、根室に次いで釧路は大きな被害を受けました。死者一九三名のうち、六割が空襲による火災が原因で亡くなりました。展示している資料は、釧路川にかかる幣舞橋が攻撃を受けた際に弾丸が貫通した跡です。厚さ十数㎜の鉄板にいくつもの穴があいており、無残な姿を残しています。また、当館の入口横に展示している親柱もこの時に倒壊し、川底から引き揚げられたものです[*]」。

室蘭市民俗資料館は「常設展で戦争中の市民生活について展示し、軍装・非常時用品・千人針・日の丸国旗など、一九四五年七月一五日室蘭市内に撃ち込まれた艦砲弾の破片を展示している[*]」。

仙台市歴史民俗資料館の旧四連隊コーナーでは、「当館の建物が、旧日本陸軍第二師団歩兵第四連隊兵舎だった当時の内務班のようすを復元展示しています。このコーナーは『平和のための戦争展示』として、軍事資料とあわせ、戦争と庶民のかかわりを示すさまざまな戦時関連資料を紹介しています。このコーナーを常設していることが、当館の特色のひとつとなっています[*]」。

福島県立博物館は「一五年戦争下の生活を展示で表している。出征兵士を送る幟旗、ボンネット型の木炭バス（復元）が目を引く[*]」。

水戸市立博物館の歴史部門、常設展示のテーマ2、戦争と水戸のまちは次の様である。

「中国及びアメリカ・イギリスとの一五年にも及ぶアジア・太平洋戦争が始まると、国民の生活も軍事一色に染められ、まちでは空襲への備えが叫ばれることとなりました。そして、一九四五年八月二日の水戸空襲によって、水戸のまちは焼け野原とされてしまいます。本テーマでは、戦争と深く結びつく水戸のまちの姿を、軍隊・

空襲に注目しながら紹介します。空襲への備えに用いられた資料、水戸空襲の様子をまとめた地図を展示している(*)」。

群馬県立歴史博物館の常設展の説明には「昭和の戦争末期は、温泉地などは疎開地となり、中島飛行機など軍需工場が置かれた都市部は空襲の被害を受けました」と書かれている(*)。

埼玉県立歴史と民俗の博物館は休館中であるが、第九展示室 明治時代~現代で次の展示をしていた。「昭和恐慌を契機にやがて長い戦争の時代へと突入していき県民県土は疲弊していった(*)」。

江戸東京博物館は休館中であるが、空襲と都民―戦時下のすまい、空襲と都民―風船爆弾(復元模型)、よみがえる東京―新宿―夜のヤミ市―などを展示していた(*)。

港区立郷土歴史館の常設展示室で以下の展示がある。「テーマⅢ ひとの移動とくらしでは港区の近現代の歴史を、国際化、教育、交通・運輸、生業・産業、災害・戦争の五つのテーマをとおして紹介している。災害・戦争のテーマでは軍事施設の第一師団、近衛師団の第一連隊・第三連隊を紹介し、一九四一年からのアジア太平洋戦争では学徒徴兵猶予廃止、戦地へ、女性子どもの厳しい生活、空襲を扱い、戦地へ戦地からでは、抽選の廃止、徴兵年齢の一歳引下げ、学生の徴兵猶予廃止、軍事郵便葉書、現役兵証書、ゲートル、軍靴、日の丸寄せ書きを展示している。

銃後の暮らしでは女性が婦人会・隣組の戦時体制に組み込まれること、子どもの学童疎開、教育の軍国化、国防婦人会のたすき・バッチ、学童疎開の日記、どんぶりバチを展示している。空襲では五月二四日の被害が大きかったこと、防空訓練が役に立たないこと、死者は一〇五一人、罹災者が一四四四二五人であり、焼夷弾、灯火管制電球、防毒面、消火道具、防空頭巾、モンペを展示している。教育に見る近現代で災害・戦争と教育を取り上げて、アジア太平洋戦争で教育内容が軍国主義化し、勤労動員され、空襲で多くの学校が被災し、戦時中に児童が動員され、一九四一年から学校内の空土や校外空地が耕地になり国民学校高等科の生徒は食糧増産や工場へ勤労動員され、高輪台国民学校などは迷彩塗装され、終戦直後の学校のうち九校が全焼失し、三校が一部焼失したことや芝浦国民学校の一九四五年五月の焼失写真が展示されている[19]」。

新宿区立新宿歴史博物館の常設展示のご案内では、「六・戦中から戦後・平成新宿のうつりかわりは『戦時下のこどもたち 学童集団疎開』『戦災と新宿』『戦後か

ら平成　新宿のうつりかわり』の三つのパネルから構成されています。『戦時下のこどもたち　学童集団疎開』では、区内の国民学校の児童たちの集団疎開の様子、『戦災と新宿』では、一九四五年の空襲を中心に、区内の被災状況を地図で展示しています[*]」。

文京ふるさと歴史館には戦災と学童疎開のコーナー[20]があって、戦災は一九四二年四月一八日、一九四五年二月二五日、三月四日、三月一〇日、四月一三—一四日、五月二四日、五月二五—二六日の空襲被害を紹介している。

すみだ郷土文化資料館は常設展示「東京空襲の体験画」があるが、期限をかぎって展示している[*]。

品川歴史館は休館中であるが常設展で学童疎開を展示していた。

めぐろ歴史資料館の常設展示「目黒の歴史」で、近代から現代までの目黒も取り扱い、学童疎開、戦時下の暮らし、空襲、出征などの平和関連資料を展示している[21]。

世田谷区立郷土資料館の常設展示の概要で「一九三九年三月二八日、国民精神総動員委員会が官制公布、翌年、国民生活新体制要綱が発表され、『ぜいたく全廃』運動が開始されました。そしてこの運動のために組織されたのが『隣組』で、これは、『向こう三軒両隣』の六軒を一単位として組織され、戦争遂行のための国民総動員の末端組織になりました。そして、政府の方針伝達・日常生活物資の配給・公債消化・貯蓄奨励・防空防火・防諜などの任務がすべて隣組の連帯責任で行われるようになりました。隣組湯飲み茶碗は、こうした隣組結束の意識高揚のために作られたのでしょう。灯火管制屋内電灯遮光具は空襲に備えて、光が外に漏れることを防ぐために考案されました」の解説をして、隣組湯飲み茶碗三点、世田谷愛国婦人会活動風景写真（複製）一点、鉄かぶと一点、灯火管制用電球一点、灯火管制屋内電灯遮光具一点、東京市隣組回報（一九四二年）一点、大日本国防婦人会の襷一点、ラジオ一点、暮らしの手帳—特集・戦争中の暮らしの記録—（一九六八年）一点、たばこ手巻器・巻紙一点を展示している[*]。

白根記念渋谷区郷土博物館・文学館の常設展の「ｚｏｎｅ.〇五　ターミナル化による繁栄と戦禍からの復興—昭和初期から東京オリンピックまで」で「地下鉄銀座線が開通すると、渋谷は郊外や都心から人の集まる『ターミナル』としての性格が強まりました。やがて戦争、そして終戦。荒廃した渋谷が復興し、東京オリンピックが開かれるまでの過程を検証します」の解説をし、パネルには戦時下渋谷の人々の暮らし、子どもたちの疎開先と暮らし、渋谷の被災状況がある[*]。

中野区立歴史民俗資料館の常設展では中野の戦災と中野の学童疎開を展示している。[22]

杉並区立郷土博物館の常設展示室の「杉並と戦争」では戦時下の暮らし、学童疎開、空襲を展示している。[23]

豊島区立郷土資料館の常設展の「語り継ぐ・戦争」では戦中・戦後の生活資料や空襲直後の写真、被災資料などを展示している。[24]

板橋区立郷土資料館の常設展示室の「いたばしと戦争」では「いたばしでは、アメリカ軍の空襲から将来の戦力とみなされていた子供を守るため、一九四四年八月九日から一九校の国民学校全てが疎開をしました。板橋区からは、群馬県沼田市を中心とする利根郡と榛名町へ向かいます。一連の疎開では、六三〇〇人もの子どもが親元を離れ、生活を送りました。疎開先の児童は親を想って不安な日々を過ごし、空腹が続き、病死したり空襲で両親を亡くした児童もいました。一九四五年三月までは、アメリカ軍のB29による空襲は高高度から軍需工場や軍事施設を目標に空襲がおこなわれます。三月一〇日の東京大空襲以後は、低高度から面的に焼夷弾等を落とす方針に変わります。根ノ上遺跡の発掘調査では、多くの焼夷弾が見つかり、一九九六年の都立大山高校の建替え工事では不発弾が見つかるなど、これからも戦争に関するモノが地中から見つかるかもしれません」と解説している。[*]

荒川ふるさと文化館の常設展の四「あらかわの近現代」では「戦時下のあらかわ」の解説パネルがあって「一九四一年一二月の太平洋戦争突入は国民を総動員する悲痛な戦争へと発展しました。市民生活では町会・隣組が中心に動き、防空演習や物資の配給、思想統制にいたるまで強い力を発揮し、国民が戦争遂行に協力する体制が整えられました。また本区は軍需工場があるため、早くから攻撃目標となり、空襲を受けました。空襲の激化と戦局の悪化する頃、児童たちは集団疎開が始まっていきます」と書かれており、空襲や出征の写真や戦時下の暮らし関係の資料を展示している。[25]

足立区立郷土博物館の二階ギャラリーの「東郊の近代的発展」では解説パネルに「東郊は東京の工場地帯として発達した。そのため、太平洋戦争では、米軍の空襲目標ともなりました」と書かれており、B29の爆撃、高射砲陣地、足立区域の空襲、学童疎開を展示している。[26]

葛飾郷土と天文の博物館の常設展で「かつしかと戦争」を取り上げ、ドーリットル空襲と葛飾、葛飾区内の空襲、学童疎開の状況を展示している。[27]

武蔵野ふるさと歴史館の常設展では「かつて武蔵野市

域には中島飛行機の武蔵製作所がありました。軍で用いる航空機のエンジンを作る工場のため、一九四四年一一月二四日以来九回にわたり爆撃をうけました。工場内に落とされた爆弾により、多くの方々が亡くなりました。もちろん、敷地外に落下した爆弾により市民に多くの犠牲者が出たことも忘れてはならないことです」と説明している。(*)「軍需工場の進出と爆撃被害」と「戦時下の国民生活」のパネル、一トン爆弾模型、木製プロペラ、鉄帽、軍隊手帖などを展示している。(28)

東村山ふるさと歴史館の常設展「『再発見』みちでつづる東村山の歴史」で「帰らなかった人々」の部分の解説は「昭和になると、日本と大陸との緊張関係は盧溝橋事件などを引き起こし、ついには第二次世界大戦へと拡大していきました。赤紙と呼ばれる召集令状によって、多くの人々が戦地へおもむいて行き、残された人々の生活も、『ぜいたくは敵だ』というスローガンのもと、日用品の切符制や米の配給制がしかれ、厳しく統制されました。そのような状況下で両者をつなぐものは、検閲をくぐり抜けた、軍事郵便や慰問袋だったのです」とある。(*)戦争の常設展は「戦争に行く人々、残された人々、両者をつなぐもの」である。(29)

神奈川県立歴史博物館の常設展の【テーマ五】現代・民俗「現代の神奈川と伝統文化」の中の「戦時体制と敗戦」では「一九三一年の満州事変以降、日本は戦争への道を歩みはじめます。首都に隣接する神奈川県は軍事的な要衝として、横須賀や相模原周辺に多くの軍事施設が設置されました。さらに、京浜工業地帯は軍需物資を生産する国内有数の工業地帯となり、『軍都神奈川』が生まれました」と書かれている。見どころは「戦時体制は人びとの生活にも暗い影を落としました。供出、配給、納税、貯蓄など、生活の細かな部分にまで統制が及んだのです。展示資料の素材やデザインに注目して、生活の変化について考えてみてください」とある。(*)

平塚市博物館の常設展二階の「一九　昭和のくらし」は「平塚市は、一九四五年七月一六日から一七日の未明にかけ、米軍のＢ29爆撃機一三二機による大規模攻撃を受けます。このとき、Ｂ29から投下された焼夷弾は四四万本を超え、一夜の投弾数としては全国で二番目といわれます。ここでは戦時下の平塚と平塚空襲の実像を、市域に残る戦中・戦後の資料から紹介して、平和の尊さや平塚の近現代史を明らかにしています」と書かれている。(*)展示は「軍都への道」「戦争への道・戦争協力」「平塚大空襲」となっている。(30)

新潟県立歴史博物館の常設展の「近現代の新潟」のと

ころに「戦争と県民」の展示がある。その解説は「一九四五年八月一日、長岡では夜一〇時半前後に突如空襲警報が鳴り響き、同時にアメリカのB29爆撃機による街の周辺部への空襲が始まりました。やがて中心部に大量の焼夷弾が投下され、空襲は夜中の零時過ぎまで続きました。この十数万発の焼夷弾投下によって、市長をはじめ一五〇〇人近くの尊い人命が失われたのです。長岡が焼ける炎は赤く空を焦がし、遠くの町や村からも見えたのです。戦争は、人々の命と生活の破壊という悲劇以外の何ものも生みださないことを、事実が示しているのです」とある。そのコーナーには「満州移民」「長岡空襲」の展示がある。[31]

石川県立歴史博物館の常設展の6、「戦争の時代と民衆」の解説は「戦争の長期化は県民にさまざまな影響を与えました。一九四〇年の贅沢品の製造・販売禁止をうたう七七禁令が施行され、繊維産業や伝統工芸が主体の県下の産業は大打撃を受けます。一方人的被害は兵士だけにとどまらず、県外の軍需工場に徴用された人びとにもおよびました。空襲への備えとして金沢、小松、七尾で家屋の強制疎開が行われましたが、県下は空襲による被害はほとんどなく終戦を迎えました」と書かれている。主な展示品には千人針、防毒マスク、空襲警報看板がある。[*]

長野県立歴史館の常設展示室の近現代の中の「昭和恐慌と満州移民」の部分の解説には「県は十五年戦争のさなか満州移民を積極的にすすめ、移民者や兵士たちの尊い命が奪われ、『銃後』の県民も苦しんだ」と書かれている。[*]展示には「満蒙開拓更級郷スケッチ」「十五戦争下の県下戦争跡」「長野県出身の戦没者」などがある。[32]

岐阜市歴史博物館の総合展示の「一〇、近現代」の解説は「明治時代になると、憲法や教育制度などが整えられる一方、日清・日露戦争から太平洋戦争に至る対外戦争を経て、社会構造が大きく変化していきます。また、濃尾震災のような自然災害も人々の暮らしに大きな影響を与えました。変わりゆく社会と人々の暮らし、文化をご覧ください[*]」と書かれている。

沼津市明治史料館の常設展の「近現代の沼津」のコーナーの説明は「昭和の戦時下には多くの軍需工場が置かれ、空襲の被害をうけました。そして戦後の復興から現在の発展へと続きます。」と書かれている。[*]

名古屋市博物館の常設展の「一四　戦争と市民」の解説は「一九三一年の柳条湖事件で始まった日中間の戦争は、三七年の盧溝橋事件で本格化した。翌年、戦争遂行に必要な資源・労働力を優先的に使用するため、国家総動員法が定められ、国民は戦争協力体制に組み込まれていった。一九四一年には太平洋戦争が始まり、一九四四年には本格的な本土空襲が始まった」と書かれている。細目の一四の説明と主な展示品は以下の様である。

「一四―一　召集　名古屋には、歩兵第六連隊をはじめとする第三師団が置かれていたが、一九三七年に日中戦争がぼっ発したので、中国大陸へ派遣された。戦争が本格化するとともに、兵役適齢者はつぎつぎと召集をうけた。さらに、兵役年令の拡大や、学徒の徴兵猶予を停止することにより、兵士の不足を補った。愛知県出身者の全戦没者数は、約一〇万人といわれている。」「展示品　充員召集令状」

「一四―二　戦時下のくらし　戦争遂行のための軍需工業が優先されるにともない、市民の消費生活は次第に圧迫されていった。一九三八年民間用綿製品の製造・販売が禁止されたのに続き、生活物資の切符・配給制が順次導入され、代用品も現われた。一方、戦争協力のために町内会は行政組織の末端とされ、また翼賛壮年団・婦人会などの戦争協力組織が職場・地域に幾重にもつくられた。」「展示品　回覧板、湯のみ、たすき」

「一四―三　空襲　一九四四年一二月、東区の三菱重工業発動機製作所がB29に爆撃され、名古屋でも本格的な空襲が始まった。空襲の目標は当初軍需工場であったが、翌年からは市街地にも広がった。空襲による名古屋市の被害は、建物面積の四〇%を焼失、死者約八〇〇〇人であった。空襲から児童を守るため学童疎開も実施され、地方に親戚などがないものは、集団で疎開させられた。」「展示品　焼夷弾」

「一四―四　復興する名古屋　一九四五年八月一五日、日本の無条件降伏によって戦争は終わった。空襲で家を失った市民は焼け跡にバラックを建て、市内各所にはヤミ市が開かれた。この頃、名古屋市は思い切った戦災復興の都市計画を実施した。防災上の理由で五〇m・一〇〇m道路を造り、また計画に必要な土地を確保するため、市内の墓地を平和公園に集めた。」「名古屋市復興都市計画図」ワークシート一「戦争の時の子どもたちの生活について調べよう」とワークシート二「戦争に対する人々の気持ちを考えてみよう」もある。(*)

四日市市立博物館は「戦災からの復興と都市の創造」で「産業の都市四日市は、太平洋戦争でアメリカ軍の空襲を受け、市街地や臨海工業地域は焼け野原となりました」と紹介し、四日市空襲、第二海軍燃料廠、模擬原子爆弾、集束焼夷弾、防空壕、焼けた人形、焼け野原の写真、焼け跡のスケッチ、「戦時下のくらし・出征兵士・開戦

と終戦」、「戦時下のくらしの工夫」の展示もある。(*)

大阪歴史博物館の常設展の「地域のなかの戦争」の解説で「十五年戦争では、地域の人々を巻き込んで戦争が行われ、青年は兵士として出征し、女性やこども、壮年以上の男性たちは地域に作られた銃後の団体で戦争を支えた。戦争末期には空襲で多く人人が犠牲になった」と書かれている。大阪大空襲一覧、焼夷弾の仕組み、日の丸寄せ書き、本と雑誌、焼夷弾、防空頭巾、大阪大空襲体験画、戦災焼失地図を展示している。(*)

和歌山県立博物館の常設展の「人々と戦争」の解説は「日中全面戦争以降、戦争に総力を結集する目的に、戦時動員や貯蓄奨励や贅沢禁止が命じられるようになった」とある。(*)

徳島県立博物館の常設展の「6　近現代の徳島」では「近現代は、一九世紀後半以降を指し、社会や国民の生活は大きく変化しました。明治、大正、昭和時代には戦争がくり返し行われ、戦禍は徳島県にも及びました。敗戦後の復興、高度経済成長を経て今日に至るまで、人びとが豊な生活を営むことができるよう努力が続けられています」と解説されている。明治時代以後の徳島県の歴史を紹介している。とくに、県民のくらしや徳島水平社、徳島大空襲などに関する資料を展示している。

眉山から見た徳島大空襲後の徳島市街の写真で「一九四五年七月四日の徳島大空襲により、徳島市域の約六〇%が焼け野原になりました」と説明している。(*)

香川県立ミュージアムの常設展の「近現代」では「文明開化が起こり、新しい文化が花開いた時代。明治に入り、香川県が誕生する際の資料や、戦時中の資料、二十四の瞳の教室の再現、復元した戦後の家などを展示していいます」と説明している。(*)

鹿児島県歴史資料センター黎明館の常設展の中の「近・現代のかごしま」の中の「大正から昭和へ」では「一九三一年の満州事変の勃発は、デモクラシーの流れを止め、歩兵第四五連隊も満州・その他に出動した。その後の太平洋戦争の悪化により、県内各地は激しい空襲を受けた」と書いている。奉公袋、千人針、衣料切符、陶器製手榴弾を展示している。(*)

南風原文化センターの常設展示室の南風原の沖縄戦の展示室は以下の様である。「沖縄戦は、沖縄陸軍病院南風原壕の再現、奉安殿、忠魂碑、学童疎開、移民と戦争、県内の戦争遺跡、南風原平和の礎等を中心に紹介しています。壕では、体験寝台や手術台、壕の遺物、それに黄金森の壕の地形模型、壕関係年表等もあり、当時の様子がより理解しやすいように工夫されています。奉安殿や忠魂碑も模型で紹介しています。特に実物の『穴の空いた砲弾の塀』は圧巻です。その他、砲弾に打ち抜かれ穴の開いた着物、焼けただれたガラス瓶、それにオリジナルの映像コーナーもあります。また、南風原だけでなく県内の資料も数多く紹介し、沖縄戦の動きを広く理解できるようにしています(*)」。

おわりに

以上平和のための博物館の理念、目的、常設展を紹介してきたが、日本の戦争の悲惨さや戦争、戦時体制の問題点を伝えており、平和のための博物館を訪ね、常設展示を見学し、それから学んでいくことの必要性を改めて強調したい。

注

(13) NPO法人ポータルサイト
(14) 建築設計事務所アトリエ一〇五のホームページ
(15) 「中国網日本語版」の記事
(16) 文の京平和マップ
(17) 伊江村観光ポータル
(18) 佐世保市ホームページ
(19) 二〇二三年一〇月一四日見学
(20) 解説シートによる
(21) 二〇二三年九月一四日見学
(22) 二〇二一年八月三日見学
(23) 二〇二三年八月一二日見学
(24) リーフレットによる。
(25) 二〇二一年八月一一日見学
(26) 二〇二三年八月一六日見学
(27) 二〇二三年一〇月二七日見学
(28) 二〇二三年四月一〇日見学
(29) 二〇二三年四月一二日見学
(30) 二〇二一年八月二一日見学
(31) 二〇二〇年八月八日見学
(32) 二〇一二年六月二四日見学
(＊) 各施設のホームページより

4

平和のための博物館と戦後七〇年

『政経研究　第一〇七号』（二〇一六年一二月　公益財団法人政治経済研究所）

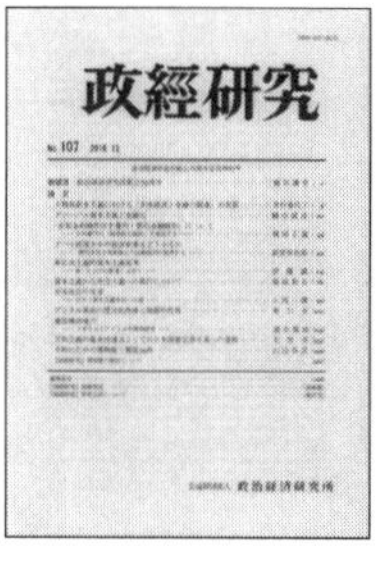

はじめに

戦後七〇年の二〇一五年は日本各地域の約二六〇か所の平和のための博物館[1]などで一五年戦争関係の展示会が開かれた。この数は一九九五年の戦後五〇年[2]の約一一〇、戦後六〇年[3]の約六〇をはるかに超える大きな数であった。展示会の解った限りでの一覧は稿末に表（本書では省略）で示したので見ていただきたい。その中では、二〇一五年に初めて一五年戦争関係の展示会を開催したところもある。また、毎年継続して一五年戦争関係の展示会を開催している博物館もある。また、節目の年毎など、間隔を置いて開催している博物館もある。中には戦後五〇年以来の開催となった博物館もあった。一方では、節目の年を外して、何年か毎に一五年戦争関係の展示会を開催していて、二〇一五年には一五年戦争関係の展示会を開催しない博物館もあった。必ずしも節目にこだわらずに何回か目の展示会を開催した博物館も多い。内容的にも、地域での戦時下の暮らしや空襲等の被害を総合的に展示しているものもあれば、テーマを絞った展示会もあった。地域の歴史博物館や平和博物館以外の、特定のテーマを主題としている博物館でも、一五年戦争関係の展示会を開催したところもあった。また、美術館、文学館などでも、さらに、博物館以外の、公文書館、図書館などでも一五年戦争関係の展示会が開催された。地域だけでなく、大学でも文書館、博物館、図書館などで一五年戦争関係の展示会が開かれた。最後に博物館での研究活動は困難になっているが、研究成果を展示以外の、書籍や論文などで発表している博物館もあるので、紹介した。もちろん、考察はこのように博物館や類似施設の展示会に限定しており、市民による平和のための戦争展や地方自治体による平和施策としての戦争展示は広範囲に開催されたが、これらは考察外としている。これら博物館におけるさまざまな取り組みを展示会の開催を中心に、研究成果の発表にも触れつつ、以下順次紹介して、考察していきたい。

1　毎年継続して一五年戦争関係の展示会を開催している博物館

毎年継続して一五年戦争関係の展示会を開催している博物館で二〇一五年も開催した博物館には、以下の所がある。

北海道の本別歴史民俗資料館は特別展「七月一五日本別空襲を伝える」を毎年開いている。岩手県の釜石市郷土資料館は東日本大震災があった二〇一一年を除きほぼ毎年、一九四五年七月一四日と八月九日の艦砲射撃による被害を中心に戦争関係の企画展を開催している。二〇一〇年八月九日に釜石市戦災資料館が開館したが、二〇一一年三月一一日の大震災による津波で展示品が流され、閉館せざるをえなかった。それで釜石市郷土資料館の戦災関係の展示会が継続しているのである。宮城県の仙台市戦災復興記念館は毎年七月一〇日の仙台空襲の日前後に「戦災復興展」を開いている。埼玉県平和資料館「埼玉ピースミュージアム」も毎年一五年戦争関係の展示会を開催している。埼玉県の入間市博物館「アリット」は、毎年平和祈念資料展を開いている。埼玉県のふじみ野市立上福岡歴史民俗資料館は市内にあった陸軍造兵廠についての調査、研究を進め、二〇〇五年、二〇〇七年と企画展を開き、二〇一三年以降も毎年開催している。二〇一五年は同じふじみ野市立の大井郷土資料館にも巡回して展示会を開催した。埼玉県の蕨市立歴史民俗資料館は一九九〇年以来毎年平和祈念展を開いている。

東京大空襲・戦災資料センターは二〇〇七年以来特別展を開いている。東京都新宿区にある女たちの戦争と平和資料館は二〇〇五年の開館以来、「慰安婦」関係の特別展を毎年開催している。東京都の世田谷区立平和資料館は前身のせたがや平和資料室の時代から、「特別展」を世田谷区立教育センターで開催してきた。東京都のすみだ郷土文化資料館は二〇〇七年、二〇〇九年、二〇一〇年、二〇一一年、二〇一三年、二〇一四年と毎年のように東京大空襲の体験画などの企画展を開催している。東京都の豊島区立郷土資料館は一九八五年以来一五年戦争関係の取り組みを継続している。東京都の大田区にある昭和のくらし博物館は毎年特別展「小泉家に残る戦争」展を開いている。東京都の八王子市郷土資料館はほぼ毎年のように一五年戦争関係の展示会を開いている。例年は展示ケース一つの展示が多かったが、二〇一五年は館内を広く使い大規模に特別展「戦後七〇年　昭和の戦争と八王子」を開催し、図録を作成している。福生市郷土資料室は毎年企画展示「平和のための戦争資料展」を開いている。東京都の武蔵村山市立歴史民俗資料館は、一九九五年、二〇〇八年に一五年戦争関係の展示会を開催し、二〇一一年からは毎年ミニ企画展「武蔵村山の戦争資料」を開いている。

神奈川県の川崎市平和館は毎年「川崎大空襲記録展」を開いている。明治大学平和教育登戸研究所資料館は二〇一〇年以来、毎年登戸研究所関係の企画展を開催しているが、二〇一五年は第六回企画展を開いた。長野県の松本市立博物館は市内の博物館と共に二〇一一年以来「戦争と平和展」を開いている。山梨平和ミュージアムは二〇〇七年の開館以来、岐阜市平和資料室は二〇〇六年以来、静岡平和資料センターは一九九五年以来、ピースあいちは二〇〇七年の開館以来、それぞれ毎年のように一五年戦争関係の展示会を開いている。愛知県の豊川市桜ヶ丘ミュージアムは一九九五年と二〇〇五年、そして二〇〇七年から毎年「豊川海軍工廠展」を開催している。三重県の四日市市立博物館は一九九五年に四日市空襲を中心とする一五年戦争関係の特別展を開催したが、その後二〇〇七年から毎年、学習支援展示「四日市空襲と戦時下の暮らし」を開催している。

滋賀県平和祈念館は二〇一二年以来、毎年一五年戦争関係の企画展示を行っている。滋賀県の長浜市浅井歴史民俗資料館は二〇〇三年以来企画展「終戦記念展」を毎年、大津市歴史博物館は二〇〇九年に企画展「戦争と市民」を開催し、一五年戦争関係のミニ企画展を二〇一〇年以来毎年、栗東歴史民俗博物館は一九九〇年度から戦争と平和をテーマとする「平和のいしずえ」展を毎年、それぞれ開催している。京都府の立命館大学国際平和ミュージアムは平和創造や現代の戦争関係の特別展が多いが、一五年戦争関係の展示会も開催している。京都府の大山崎町歴史資料館は一九九九年以来毎年「平和のいしずえ展」を開催し、二〇一五年は「第一七回平和のいしずえ展」を開いた。京都府の亀岡市文化資料館は二〇〇七年に第四三回企画展「戦争平和展――戦争遺跡と亀岡」を開催し、二〇〇九年以降一五年戦争関係のロビー展を毎年開いているが、二〇一五年はロビー展ではなく大きな規模の、第五九回企画展「戦争平和展二〇一五」を開催した。京都府の南丹市立文化博物館は、二〇〇五年、二〇一〇年、二〇一二年、二〇一四年、二〇一六年と「戦争と南丹市」という特別展を開いている。京都府の南丹市日吉町郷土資料館は二〇〇四年と二〇一二年から毎年「戦争と南丹市」という特別展を開いている。京都府の向日市文化資料館は一五年戦争関係のラウンジ展示などの小展示会を毎年開催している。大阪国際平和センター「ピースおおさか」、堺市立平和と人権資料館「フェニックス・ミュージアム」、吹田市立平和祈念資料館は、毎年特別展や企画展を開催している。大阪府の箕面市立郷土資料館は一九八九年の開館以来毎年「戦時生活資料展」を開催している。姫路市平和資料館は開館以来毎年、一五年戦争関係の企画展を開催している。兵庫県の尼崎市立文化財収蔵庫は二〇一四年から毎年一五年戦争関係の企画展を開催している。奈良県立図書情報館は二〇〇六年の開館以来、戦争体験文庫企画展示を年数回開催している。奈良県立民俗博物館は二〇一三年以来毎年「戦時下のくらし」を開催している。

岡山市は一九七八年から毎年岡山空襲が行われた六月二九日頃に「岡山戦災の記録と写真展」を開催しているが、二〇〇六年からは岡山デジタルミュージアムで開くようになり、岡山デジタルミュージアムは二〇一三年に岡山シティミュージアムと改称した。国立広島原爆死没者追悼平和祈念館は二〇〇二年の開館以来毎年企画展を開いている。多度津町立資料館は二〇〇八年以来毎年夏季企画展「戦争資料展」を開催している。

福岡市立博物館は福岡大空襲が行われた六月一九日前後に一九九一年からほぼ毎年企画展示「戦争とわたしたちのくらし」を開催してきた。二〇一五年は「戦争とわたしたちのくらし二四」を「戦時のくらしを振り返る」をキー・ワードとして、開いている。福岡県の飯塚市歴史資料館は毎年一五年戦争関係の企画展を開催している。福岡県の大牟田市立三池カルタ・歴史資料館は毎年「平和展」を開催し、大牟田空襲に関する資料や写真の展示を通じて、空襲の実態や被害状況を紹介している。国立長崎原爆死没者追悼平和祈念館は二〇一〇年から毎年企画展を開いている。長崎市歴史民俗資料館は二〇一一年から毎年企画展「戦時中のくらし展」を開いている。鹿児島県薩摩川内市の川内歴史資料館は二〇〇七年から毎年ミニ企画コーナー「終戦記念展示」を二階通路で開催してきたが、二〇一五年は戦後七〇年企画展「語り継ぐ戦争の記憶」を二階企画コーナー一・二で開いている。沖縄県平和祈念資料館は毎年一回沖縄戦関係などの特別企画展を開催し、年数回の子ども・プロセス企画展なども開いているが、二〇一五年は第一六回特別企画展を開催した。沖縄県の那覇市歴史博物館は二〇〇八年からほぼ毎年一五年戦争関係の企画展を、うるま市立石川歴史民俗資料館は毎年「平和資料展」を、宜野湾市立博物館は毎年沖縄戦関係の企画展を、名護博物館は毎年「名護・やんばるの戦争展」を、宮古島市総合博物館は毎年慰霊の日関連特別展示を、それぞれ開催している。

以上、見てきたように、多くの平和博物館では一五年戦争の展示会を毎年のように開催している。また、いくつか地域の歴史博物館で地域の空襲被害などの戦争の悲惨さを伝え平和の尊さを考える趣旨で企画展などを継続して開催している。規模は岡山のように複数の展示室を使うような大規模なものから、ラウンジを使ったり、展示室の一コーナー、一ケースの小展示までさまざまであり、内容も毎年基本は同じで重点を変えるところや展示品を全く変えるところまでさまざまである。しかし、これらは平和の趣旨で戦争を伝えることを館の特徴としており、二〇一五年に、さらに二〇一六年にも開いており、継続開催が定着している。この中には、八王子市郷土資料館や亀岡市文化資料館のように、例年にない大きな規模で開催したところもあった。

なお、かつては毎年開催していて、その後止めていたが、しばらくぶりに二〇一五年に開催した博物館も見られた。これは滋賀県の近江日野商人館で二〇〇七年まで毎年二〇回にわたり、「日野と太平洋戦争展」を開催してきたが、[4]二〇一五年に久し振りに戦後平和七〇年記念企画展「近江鉄道改札口から見る日野町と太平洋戦争」を開いた。

2　節目の年毎などに数回にわたって、一五年戦争関係の展示会を開催している博物館

①節目毎などに開催している博物館

北海道の室蘭市民俗資料館（とんてん館）は一九九五年、二〇〇五年に空襲や艦砲射撃による被害などを中心とする一五年戦争関係の企画展を開催してきた。青森県の三戸町歴史民俗資料館は二〇一〇年に「近代戦史資料展」を、八戸市博物館は二〇〇五年に特別展「戦争と八戸市民――苦難とともに」を開いている。山形県の酒田市立資料館は二〇一〇年に第一六四回企画展「戦争と市

民生活」を開いている。茨城県の水戸市立博物館は一九九五年、二〇〇〇年、二〇〇五年、二〇〇九年と一五年戦争関係の企画展を開催してきた。茨城県の日立市郷土博物館は一九九五年、二〇〇五年に日立空襲関係の展示会を開催している。埼玉県の熊谷市立熊谷図書館の中に郷土資料展示室があるが、二〇〇五年、二〇一〇年などに熊谷空襲を中心とする一五年戦争関係の企画展を開催してきた。埼玉県の八潮市立資料館は一九九五年と二〇一一年に一五年戦争関係の企画展を開催してきた。千葉県の睦沢町立歴史民俗資料館は二〇〇〇年、二〇〇五年、二〇一〇年に、館山市立博物館は二〇〇五年に、鎌ケ谷市郷土資料館は二〇〇五年に、一五年戦争関係の企画展を開催している。鎌ケ谷市郷土資料館は二〇一五年の展示会はミニ展示と名乗っているが、実態は二〇〇五年と同様に二階展示室を使った大規模なものであった。

東京都の板橋区立郷土資料館は一九九五年と二〇一〇年に、新宿歴史博物館は一九九五年と二〇〇五年に、台東区立下町風俗資料館は一九九五年と二〇〇五年に、中野区立歴史民俗資料館は一九九五年と二〇一二年に、練馬区立石神井公園ふるさと文化館の前身の練馬区郷土資料室は二〇〇五年に、港郷土資料館は二〇〇五年に、めぐろ歴史資料館は二〇一〇年に、青梅市郷土博物館は二〇一〇年に、それぞれ一五年戦争関係の企画展などを開催してきた。東大和市立郷土博物館は一九九五年に「東大和と戦争」を開催し、二〇〇六年から二〇一〇年にかけて、「多摩の戦跡パネル展」を開いてきた。

神奈川県の平塚市博物館は平塚空襲を中心とする一五年戦争関係の企画展を一九九五年、二〇〇五年、二〇一〇年、二〇一三年と開催した。山梨県の中央市豊富郷土資料館は二〇一〇年に企画展「戦争を語る」を開いた。各務原歴史民俗資料館は一九九八年、二〇〇五年に一五年戦争関係の特別企画展を開催した。静岡県の沼津市明治史料館は一九九五年、二〇〇五年に一五年戦争関係の企画展を開催した。愛知県の安城市歴史博物館は一九九五年、二〇〇四年、二〇一一年に一五年戦争関係の企画展を開催した。愛知県の知立市歴史民俗資料館は一九九五年、二〇〇五年に一五年戦争関係の特別企画展を開催した。京都府の宇治市歴史資料館は一九九五年、二〇〇〇年、二〇〇五年に一五年戦争関係の特別企画展を開催した。和歌山市立博物館は一九九五年、二〇〇五年、二〇〇九年、二〇一二年と和歌山大空襲を中心とする一五年戦争関係の展示会を開催した。鳥取県立博物館は二〇〇五年に「戦争中のくらし展」を開催している。鳥取県の米子市立山陰歴史館は一九九五年、二〇〇九年、二〇一一年に一五年戦争関係の企画展を開催した。広島市郷土資料館は一九九五年、二〇〇三年、二〇〇五年に一五年戦争関係の企画展を開催した。広島城は二〇一〇年には企画展「広島城壊滅！――原爆被害の実態」を開催した。徳島県立博物館は一九九五年、二〇一〇年、二〇一二年に一五年戦争関係の展示会を開催した。

福岡県の筑紫野市歴史博物館は二〇〇五年に「戦後六〇年・ふるさとの戦時資料庫展」を開催した。大分市歴史資料館は二〇〇五年に「歩兵連隊　日中戦争写真展」を開き、二〇一五年はテーマ展「おおいた戦時中のくらしと戦後復興」を開催した。

以上見てきたように、多くは従来の節目の年の企画展などと同じ規模で継承しつつ新たな視点や資料を加えたものが多かったといえよう。中には大分市歴史資料館のようにはじめて本格的な展示会となったところや、逆に新宿歴史博物館や和歌山市立博物館のように開催したが、規模・内容が小さくなったところもあった。また、中野区立歴史民俗資料館のようにテーマを絞った展示会を開いたところもあった。

②戦後五〇年以来の開催の博物館

戦後五〇年に一五年戦争関係展示会を開催して、今度二〇一五年に開催した博物館は、北海道の釧路市立博物館、茨城県の土浦市立博物館、埼玉県の戸田市立郷土博物館、東京都の白根記念渋谷区郷土博物館・文学館とくにたち郷土文化館と日野市郷土資料館、新潟市歴史博物館（みなとぴあ）、岐阜市歴史博物館、愛知県の豊橋市美術博物館、兵庫県の明石市立文化博物館、小野市立好古館、たつの市立龍野歴史文化資料館、福崎町立神崎郡歴史民俗資料館がある。

新潟市歴史博物館（みなとぴあ）は前身の博物館が一九九五年に開催しており、日野市郷土資料館は一九九五年には今とは違う建物で開催している。

③必ずしも節目ではなく、既に何回か一五年戦争関係展示会を開催している博物館

北海道の名寄市北国博物館は二〇一二年に、宮城県の登米市歴史博物館は二〇〇八年に、福島県立博物館は二〇一〇年、二〇一二年、二〇一四年にポイント展を、茨城県の龍ケ崎市歴史民俗資料館は二〇一三年に沖縄戦の写真パネル展を、東京都の千代田区立日比谷図書文化館は前身の館も含めて、一九九五年、二〇一二年に、東京都の東村山ふるさと歴史館は二〇〇七年、二〇一二年、二〇一一三年に、神奈川県のアースプラザは二〇一〇年、

二〇一三年に、愛川町郷土資料館は二〇一〇年、二〇一一年、二〇一三年に、川崎市市民ミュージアムは一九九五年、二〇〇六年に、長野県立歴史館は一九九五年、二〇〇六年、二〇一二年に、岐阜県の揖斐川歴史民俗資料館は二〇一一年、二〇一二年に、三重県の多気町多気郷土資料館は二〇一〇年、二〇一一年、二〇一三年に、京都市学校歴史博物館は、二〇一〇年、二〇一一年、二〇一二年に、城陽市歴史民俗資料館（五里ごり館）は二〇〇七年に、備前市歴史民俗資料館は二〇〇九年に、鳥取市歴史博物館（やまびこ館）は二〇一三年に、山口県の太翔館（下関市立豊北歴史民俗資料館）は二〇一四年に、熊本県の玉名市立歴史博物館は二〇〇九年、二〇一四年、二〇一六年に、沖縄県のひめゆり平和祈念資料館は一九九〇年、一九九九年、二〇〇一年、二〇〇三年、二〇〇五年、二〇〇九年、二〇一二年に、那覇市歴史博物館は二〇〇八年、二〇〇九年、二〇一〇年に、それぞれ一五年戦争関係の企画展などを開催している。兵庫県の柿衛文庫は二〇〇三年、二〇〇九年、二〇一〇年、二〇一一年にも日本画家の前田美千雄の絵手紙の展示会を開いている。

宮城県の仙台市歴史民俗資料館は節目の年を外して、二〇〇一年、二〇〇二年、二〇〇八年、二〇一〇年、二〇一二年、二〇一四年というように、最近はほぼ二年ごとに企画展「戦争と庶民のくらし」を開催しているが、二〇一五年は開催しなかった。

3　二〇一五年に初めて一五年戦争関係展示会を開催した博物館

初めて開催した博物館は多くあるが、これを、地域の戦時下の暮らしや空襲等の被害を総合的に展示しているものと、テーマを絞った展示会に分けて紹介する。

①総合的な展覧会

北海道の岩内町郷土館、登別市郷土資料館・文化伝承館、北斗市郷土資料館、青森県の中泊町博物館、岩手県のもりおか歴史文化館、秋田市油谷これくしょん、茨城県の那珂市歴史民俗資料館、栃木県の小山市立博物館、日光市歴史民俗資料館、群馬県のみどり市岩宿博物館、千葉県の佐倉市和田ふるさと館、松戸市立博物館、東京都の江東区中川船番所資料館、杉並区立郷土博物館分館、文京ふるさと歴史館、小金井市文化財センター、武蔵国分寺跡資料館、小平市小平ふるさと村、ふるさと府中歴史館、武蔵野ふるさと歴史館、神奈川県の茅ヶ崎市文化資料館、新潟県の三条市歴史民俗産業資料館、山梨県のミュージアム都留、長野県の伊那市創造館、大桑村歴史民俗資料館、静岡市文化財資料館、静岡県の島田市博物館、愛知県のあま市美和歴史民俗資料館、田原市博物館、東浦町郷土資料館「うのはな館」、三重県総合博物館、大阪府のいずみの国歴史館、兵庫県の加西市埋蔵文化財整理室、島根県の出雲弥生の森博物館、益田市立歴史民俗資料館、佐賀県の小城市立歴史資料館、香川県立ミュージアム、宮崎県の都城歴史資料館、鹿児島県の姶良市加治木郷土館、種子島開発総合センター「鉄砲館」、沖縄県の八重瀬町立具志頭歴史民俗資料館などがある。

このうち、東京都の武蔵野ふるさと歴史館や三重県総合博物館は二〇一六年にも開催している。また、江東区中川船番所資料館と杉並区立郷土博物館分館は東京空襲の資料を新たに収集して、展示していた。

②テーマを絞った展示会1　戦争遺跡

地域歴史博物館でのテーマを絞った展示会には、戦争遺跡、雑誌、個人史などがある。

戦争遺跡をテーマとした展示会は、北海道の江別市郷土資料館、宮城県の仙台市博物館、福島県の南相馬市博物館、千葉県の鴨川市郷土資料館、木更津市郷土博物館金のすず、山武市歴史民俗資料館、神奈川県立歴史博物館、福井県の鯖江市まなべの館、山梨県立考古博物館、霧島市立隼人歴史民俗資料館、沖縄県の諸見民芸館などで開かれた。初めての開催館のみならず、全体に戦争遺跡を扱った展示会は多かった。特に千葉県で目立った。(5)

③テーマを絞った展示会2　雑誌

戦時下の雑誌を紹介する展示会には「戦時下のアサヒグラフ」を取り上げた千葉県の我孫子市杉村楚人冠記念館と「同盟写真ニュース」「同盟写真特報」を取り上げた兵庫県のたつの市立埋蔵文化財センターがある。

④テーマを絞った展示会3　個人史を取り上げた展示会

時計屋さんの昭和日記を紹介した神奈川県の横浜都市発展記念館、兵庫県の宝塚市立手塚治虫記念館、福岡県の北九州市立松本清張記念館が、個人の戦争体験やその表現などを取り上げていた。

⑤テーマを絞った展示会4　その他のテーマ

山形県の米沢市上杉博物館が山本高樹ジオラマを、神奈川県の小田原市郷土文化館が戦傷病者の療養所であった箱根療養所を、愛知県の蒲郡市博物館やのこのしまアイランドパークが戦地からの手紙を、それぞれ取り上げていた。

⑥地域歴史博物館以外の博物館での展示会

地域歴史博物館以外の博物館では、館が取り上げているテーマと一五年戦争との関連をあつかった展示会が開かれた。東京都の相撲博物館の「大相撲と戦争」、旧多摩聖蹟記念館の「戦時下の多摩聖蹟記念館と多摩市」、長野県松本市にある日本ラジオ博物館の「ラジオと戦争」、愛知県の名古屋城の「天守にかける夢――戦災焼失から七〇年」、滋賀県の東近江大凧会館が日本独楽博物館との共催で開催した「戦時中のおもちゃ」、京都市にある紫織庵の「「ボンチ」のきものが映すＷａｒ Ｐｒｏｐａｇａｎｄａと戦前の昭和史」、茨城県つくば市にある国土地理院地図と測量の科学館の「戦災からの復興――地図や写真でたどる復興の道のりと国土の変貌」、福岡県北九州市にあるゼンリン地図の資料館の「地図に刻んだ戦災。地図に描いた希望。」などがあった。

4　美術館、文学館での展示会

①美術館

美術館の展示では個人の作品展で、戦時下の作品も展示するようなものが多くあったが、これらは省略し、戦時下の作品を歴史的に取り上げたような展示会のみを取り上げる。これらには、青森県の八戸クリニック街かどミュージアム、栃木県立美術館、東京都の板橋区立美術館、神奈川県の横浜美術館、静岡県のＩＺＵＰＨＯＴＯ ＭＵＳＥＵＭ、愛知県の名古屋市美術館、鳥取県の日南町美術館、広島県立美術館、泉美術館、長崎県美術館などがあった。この中には、戦中戦後の記録写真を取り上げた展覧会もあった。

②文学館

青森県近代文学館、東京都の世田谷文学館、広島県のふくやま文学館、徳島県立文学書道館などで一五年戦争関係の展示会を開催した。

5　博物館以外の施設の展示会

博物館以外の、公文書館、図書館などでも一五年戦争関係の展示会が開催された。しかし、図書館については一五年戦争関係の図書を並べた展示会が多く開かれたが、これらは省略し、現物資料や写真資料なども展示し、博物館に準じるような展示会を、図書館を会場として開いたようなもののみを取り上げる。

①文書館

北海道立文書館、群馬県立文書館、東京都公文書館、国立公文書館、神奈川県の横浜市史資料室、鳥取県立公文書館、徳島県立文書館、香川県の三豊市文書館、福岡共同公文書館、熊本県の天草アーカイブス、宮崎県文書センターなどで一五年戦争関係の展示会が開かれた。このうち、国立公文書館はこれまでも一五年戦争関係の展示会がよく開かれていた。その他、東京都公文書館は二〇一四年から継続して、横浜市史資料室は二〇〇八年、二〇一二年、二〇一四年に、徳島県立文書館は二〇〇五年にも、それぞれ開いている。

②図書館など

岩手県の野田村立図書館、群馬県の大泉町立図書館、長野県立長野図書館、静岡県の菊川市立図書館菊川文庫、愛知県の蒲郡市立図書館、三重県立図書館、兵庫県の西宮市の鳴尾図書館、山口県立山口図書館、福岡県立図書館、福岡県久留米市六ツ門図書館、宮崎県立図書館などで、一五年戦争を現物資料や写真資料などにより伝える展示会や戦時下の図書館の歴史を扱った展示会が開かれた。

公会堂では東京都の三鷹市公会堂さんさん館で展示会が開かれている。

6　大学の博物館・文書館・校史編纂機関などの展示会

ここで、地域ではなく、大学の中での展示会を見ていきたい。多かったのは大学文書館・校史編纂機関などによる、戦時下の大学の歴史をあつかった展示会であった。これは研究機関として大学の特徴をいかした展示会であった。それ以外では、大学博物館による一五年戦争関係の展示会や、博物館が取り上げているテーマと一五年戦争との関連をあつかった展示会が大学博物館でも開かれた。

①大学の博物館・文書館・校史編纂機関の展示会

慶応義塾福沢研究センター、上智大学四谷キャンパス中央図書館、東京外国語大学、拓殖大学創立百年史編纂室、中央大学、法政大学、明治大学博物館、立教学院展示館、早稲田大学大学史資料センター、専修大学大学史資料課、桃山学院大学学院史料展示コーナー、神戸大学付属図書館大学文書史料室、熊本大学五高記念館などの展示会があった。

このうち、慶應義塾の「慶応義塾と戦争」は研究プロジェクトの研究を進めつつ、二〇一三年、二〇一四年、二〇一五年と三年間継続して開いたものである。法政大学は二〇一三年にも展示会を開いており、二〇一五年には「学徒出陣の記憶と記録——各大学の取り組み」と題して、現在、学籍簿調査や聞き取り調査、展示などの学徒出陣に関する取り組みを行っている首都圏の大学の関係者（慶応義塾福沢研究センター　都倉武之准教授、専修大学総務部大学史資料課　瀬戸口龍一氏、日本大学広報部大学史編纂課　髙橋秀典氏、中央大学広報室大学史資料課　奥平晋氏）をまねき、シンポジウムを開催している。明治大学は二〇〇六年にも展示会を開いているが、二〇一五年の「学生たちの戦前・戦中・戦後」は各大学が展示資料を持ち寄って開催したものである。早稲田大学大学史資料センターは二〇〇五年、二〇一一年、二〇一三年にも展示会を開いている。

②大学博物館による一五年戦争関係の展示会

新潟大学旭町学術資料展示館の企画展「戦争の記憶——戦後七〇年をふりかえって」、京都大学総合博物館の戦後七〇年特別展「人間らしく、戦争を生き抜く」、奈良大学図書館の企画展示「総力戦と戦時体制の時代経験——『戦後七〇年』を迎えて」などがあった。

③大学博物館が取り上げているテーマと一五年戦争との関連をあつかった展示会

東京家政大学博物館の企画展「昭和のくらし」、文化学園服飾博物館の「衣服が語る戦争」などがあった。

7　二〇一五年に開館したり、リニューアルした平和博物館

東京都の世田谷区立平和資料館（愛称：せたがや未来の平和館）が二〇一五年八月一五日に開館した。既に設

置されていたせたがや平和資料室を発展させ、独立の平和博物館としたものである。

愛知・名古屋　戦争に関する資料館が二〇一五年七月一一日に開館した。中断を含む長い準備期間の末やっと開館したものである。運営主体は戦争に関する資料館運営協議会（愛知県・名古屋市が共同で設置・運営）である。

大阪国際平和センター「ピースおおさか」は二〇一五年四月三〇日にリニューアルオープンしたが、「大阪空襲」を中心に取り扱うことになり、この展示は充実したが、加害展示はほとんどなくなった。また、平和維持活動で自衛隊の活動を取り上げている。

8　研究成果を展示以外の、書籍や論文などで発表している地域博物館

博物館で継続的な研究を進め、成果を発表することは困難であるが、その中で発表された書籍や論文などを紹介したい。

仙台市歴史民俗資料館は学芸員の努力やみやぎの近現代史を考える会の人たちの協力により『調査報告書　足元からみる民俗』を毎年継続して刊行しているが、二〇一五年は『調査報告書第三三集　足元からみる民俗（二三）』を発行した。これには、戦時体制下の東北振興政策（三）――東北振興調査会の論議とその答申、日本空襲をいま改めて考える――空襲の実相と空襲後の諸問題、「満州事変」と宮城の人びと、資料紹介　満州事変の『陣中日誌』について――野砲兵第二連隊第一大隊本部『陣中日誌』より（中間報告五）などが掲載されている。

東京大空襲・戦災資料センター編『決定版東京空襲写真集――アメリカ軍の無差別爆撃による被害記録』が二〇一五年一月二〇日に勉誠出版から発行された。これは、戦時中公然と撮影された東京空襲被害記録写真をほぼ網羅的に収録した写真集である。その続編として、二〇一六年七月一〇日に山辺昌彦・井上祐子編『東京復興写真集一九四五～四六――文化社がみた焼け跡からの再起』が同じく勉誠出版から発行された。

横浜市史資料室は二〇一六年三月三一日刊行の『横浜市史資料室紀要』第六号で展示会「戦後七〇年　戦争を知る、伝える――横浜の戦争と戦後」の記念シンポジウムの記録を「特集／空襲の記録――証言・写真・米軍資料」として掲載した。

豊島区立郷土資料館は研究紀要『生活と文化』を毎年継続して刊行している。二〇一五年は『生活と文化』第

二四号を発行したが、青木哲夫氏の「学童集団疎開（四）疎開生活の日常化と戦局の終末化」が掲載されている。これは二〇一二年発行の『生活と文化』第二一号から、毎年連載されており、二〇一六年の第二五号にも「学童集団疎開（五）」が掲載されている。

平塚市立博物館は平塚空襲を記録する会編『市民が探る平塚空襲　通史編（一）』を二〇一五年八月に刊行した。これは資料編に続けて刊行されたものである。

静岡平和資料センターは『所蔵資料図録』を二〇一五年八月一二日に刊行した。

おわりに

二〇一五年が戦後何十年という節目の年としては、戦争体験者が語れる最後になるのではないかということと、日本が戦争を起こす国になりかねない危険が感じられるということが客観的な状況としてあった。その中で、先の大戦における戦争被害の悲惨さを地域の事実を通して伝えねばならないという意識から、多くの展示会が開かれたと思われる。

しかし、展示会の内容からいうと、戦争による日本人の被害は取り上げられたが、日本がアジアの諸民族に与えた被害については、公立の地域の歴史博物館などでは、取り上げるのが困難になり、実際ほとんど取り上げた展示会もなかった。また、地域の戦争遺跡を取り上げた展示会も多かったが、中には軍に対する批判が弱く、戦争での住民の被害にほとんど触れていないものも見られた。これは戦争法反対運動の質に関連したものといえるであろう。反対運動が幅広い結集で盛り上がったが、その結集の一致点に関わることであろう。集団的自衛権には反対するが、個別自衛権やそれをになう自衛隊を肯定する考えの人たちを含むものであった点と関連しているといえよう。

博物館の運営は既に若い人に変わっているが、その中でも戦争被害の悲惨さを伝える努力が引き継がれていることは大事なことであると思われる。(6)

注

（1）平和のための博物館の定義については、拙稿「平和のための博物館と歴史学『歴史学研究』第六六四号所収」に書いたように、「平和のための博物館は、平和のための調査・研究、展示、教育活動などに積極的に取り組んでいる博物館を広くさすもの」、「平和博物館だけではなく歴史博物館、人権博物館などの平和のための取り組みをしている博物館も含むものと考えている。」

(2)拙稿「地域の歴史博物館における戦後五〇年関係の特別展・企画展の概観」『歴史科学』第一四七号所収で紹介した。(本書⑯に収録)

(3)拙稿「戦後六〇年と歴史博物館・平和博物館の戦争展示」『季刊戦争責任研究』第五一号で紹介した。(本書⑩に収録)また、二〇〇六年から二〇一三年までの展示会は、拙稿「平和博物館における一五年戦争についての取組の変遷」『日本史研究』第六一九号で紹介した。本書では省略した。

(4)拙稿「地域歴史博物館の戦争関係特別展と平和博物館の開設」『政経研究』第九〇号では二〇〇七年の時点で継続した特別展を開催している博物館として、近江八幡市立博物館、岐阜市の柳津歴史民俗資料室などもあげたが、これらは今は開催していない。

(5)中村政弘「県内博物館(資料館)の「戦後七〇年」企画展を見学して」『千葉史学』第六七号は、軍事施設や戦争遺品の展示が多く、加害資料がほとんどないことを指摘している。

(6)私も高齢になったので、戦後七〇年をもって、平和のための博物館の一五年戦争関係の展示会の見学と紹介を終わりにする。戦後八〇年は新たな方による紹介がされることを期待したい。

(掲載時所属:公益財団法人政治経済研究所主任研究員)

5

『日本史研究』第六一九号（二〇一四年三月　日本史研究会）

平和博物館における一五年戦争についての取組の変遷

はじめに

横山篤夫氏報告における大阪の例に、他の博物館の例を追加して、より広く考えることを課題とする。具体的には、一九九〇年代以降の平和博物館などの博物館における一五年戦争についての展示、研究などの事業や体制を紹介したい。その際、二〇〇五年までは、それぞれ書いたことがあるので、その要点を紹介し、それ以降の最近のことを、私の知りえた範囲であるが、新たにまとめて紹介したい。

1　一九九〇年代から二〇〇五年までの取組

①総合的な平和博物館の成立と歴史博物館での戦後五〇年の特別展

一九九一年九月に大阪国際平和センターが、一九九二年五月に立命館大学国際平和ミュージアムが開館し、これにより、単に地域的な戦争被害をあつかうだけでなく、全国的な視野に立って、自国の戦争を批判的にとらえ被害・加害の両面からみすえる本格的な平和博物館が成立し、これを契機に多くの平和博物館が設置された。

一九九四年の歴史学研究会特設部会「歴史博物館の現在と未来」で、私は「平和博物館の現状と課題」という報告をした[1]。このなかで、本格的な平和博物館が成立した段階での、平和博物館の課題であると考えた点は、以下の点であった。物にまつわる情報・エピソードとともに現物資料を展示すること。現物資料や写真の内容を正確に伝えること。武器・兵器や加害を批判なく展示することの危険性。平和維持にとっての民主主義の大切さ。博物館としての確立、特に、学芸員の配置と専門職・研究職としての保障を含む研究体制の確立などである。

戦後五〇年の一九九五年には約一一〇館の地域歴史博物館などで戦争関係特別展が開催された。平和博物館と違い、地域史研究・資料研究をふまえた展示であり、図録・資料集を発行した館も多い。地域歴史博物館の展示でも、かなりの館で、加害展示の努力がなされた[2]。一九九五年は歴史博物館での戦争展示のピークであった。

②公立平和博物館の加害展示への攻撃

平和博物館での取組が進む中で、一九九〇年代の後半になって、第三次教科書攻撃と連動して、写真・映像の不適切な使用を口実に公立の平和博物館の加害展示への攻撃がなされた。展示の誤りを指摘し、それで以て加害展示を撤去させようというもので、平和博物館の弱点をついた攻撃であった。長崎原爆資料館の改装問題での攻撃から開始し、攻撃は全国化した。特に大阪国際平和センターへ攻撃を集中した。また、新たな平和博物館の建設計画も攻撃された[3]。

反対する市民運動が、各地でそれぞれ展開した。一九九八年に大阪では「「ピースおおさか」市民ネットワーク」が、東京では「東京都平和祈念館（仮称）の建設を進める会」がそれぞれ結成された。しかし、広がりを持って継続する運動にはならなかった。

この攻撃に対して平和博物館は全体としては設立理念を守って、展示更新をしたが、一方で、新たな事業展開では萎縮し、自己規制する所もでてきている。また新たな平和博物館の建設も攻撃され、その結果、内容が後退したり、平和博物館の建設自体が中止される所もでた。これは地域の運動・住民意識によって結果の差異が生じている。沖縄は攻撃を跳ね返し、当初計画通りになった。大阪は展示の誤りを直し、設置理念を守った常設展の維持をしている。東京では建設計画の中止に追い込まれた。

③二〇〇〇年代前半における一五年戦争の展示状況[4]

寺林伸明氏を研究代表者とする科学研究費の調査を踏まえて、常設展中心に平和博物館・歴史博物館の一五年戦争の取組を二〇〇四年に紹介した[5]。展示について見ると、統制された戦時下の暮らしや、空襲などはほとんどの博物館が取り上げている。しかし、戦争動員について、地方公共団体が果たした役割の紹介は比較的弱い。地域に軍隊の駐屯地、軍需工場、飛行場などがあるため、地域を軍都として捉えて、地域史研究の成果を踏まえて日本軍の施設などについて展示している歴史博物館がある。子どもの戦争体験としては、学童疎開が重視されている。軍事郵便、原爆や空襲の体験画、沖縄戦証言などの展示もある。さきに見た平和博物館への攻撃にもかかわらず、多くの館で、加害展示がおこなわれていた。特に、日本の加害と侵略を総合的に展示しているのは、大阪国際平和センター、堺市立平和と人権資料館、沖縄県平和祈念資料館、岡まさはる記念長崎平和資料館、立命館大学国際平和ミュージアムである。また、館によっては郷土部隊の加害、開拓団・移民問題、日本軍の中国の都市への無差別爆撃、朝鮮人・中国人の強制連行・強制労働、従軍慰安婦などの展示もある。日本人の反戦運動やアジアの抗日運動についても、少ないがある。

④二〇〇五年・戦後六〇年の取組

戦後五〇年ほどではないが、戦後六〇年でも多くの地域博物館で一五年戦争関係の展示会が実施された。その数は約六〇である。これは戦後五〇年の時の約一一〇には及ばないが、近年にない数である。戦後五〇年にも開催したところについて前回と比較した場合、テーマを絞り、規模も縮小したものが多い。一方で地域史研究をふまえた前進が見られ、取り上げたテーマを深め、新しい展示資料収集の努力をした結果、戦争の問題点を身近に正確に伝えるものとなっている。加害展示はやはり戦後五〇年の時より後退していると言わざるをえないが、攻撃が厳しい中でも、博物館の学芸員らが研究を進め、加害を伝える新たな取組をしている館もあった。

平和博物館では、二〇〇五年八月に女たちの戦争と平和資料館が開館した。慰安婦問題を専門にテーマとした日本初の平和博物館である。立命館大学国際平和ミュージアムは二〇〇五年四月に常設展をリニューアルした。テーマの一五年戦争関係の展示については、軍隊と兵士では戦場における日本軍の加害も取り上げるようにし、植民地と占領地、平和への努力、戦後補償問題でも、扱う問題を拡げ、現物資料も充実させた。

2 最近の取組

近年の二〇〇六年～二〇一三年にかけての特徴的な動向を紹介するが、展示に関する取組は表（本書では省略）に掲載したのであわせて参照されたい。

①新たな民間の平和博物館の設立と充実

この間、民間では新しい館が出来ており、二〇〇〇年代に出来た館も充実してきている。明治大学平和教育登戸研究所資料館は加害を伝える戦争遺跡を保存して開館したものであり、『陸軍登戸研究所〈秘密戦〉の世界―風船爆弾・生物兵器・偽札を探る』を刊行するなど、大学の博物館として研究成果の発表に力を入れている。ピースあいちや山梨平和ミュージアムは、企画展を系統的に開催し、加害も含む総合的な展示を作り上げている。わだつみのこえ記念館は戦没学生の遺稿を読み込み、個個の学生の思想を明らかにする企画展を開催し、資料集を刊行するとともに、わだつみ会の雑誌『わだつみのこえ』に論文を書いている。東京大空襲・戦災資料センターは二〇〇六年に戦争災害研究室を立ち上げ、文部科学省指定の学術機関の利点を生かし、科学研究費の交付をうけ、研究活動を活性化している。東京大空襲の実相、世界の無差別爆撃の歴史、平和博物館での空襲展示の歴史、日本の空襲記録の歴史などに関するシンポジウムを開催し、その報告書を刊行した。岩波ＤＶＤブック『東京・ゲルニカ・重慶―空襲から平和を考える』やビジュアルブック『語り伝える東京大空襲』を刊行し、わかりやすく研究成果を伝える努力もしている。二〇〇七年のリニューアルで常設展示を充実させ、世界の空襲の歴史も取り上げるようになった。また、資料センターに寄贈された、陸軍の対外宣伝グラフ雑誌『ＦＲＯＮＴ』の制作で知られる東方社撮影のネガフィルムを整理し、その撮影内容を明らかにし、東方社の写真そのものの意義を明らかにする研究をし、その成果を公表する報告書や写真集を刊行し、特別展を開催した。女たちの戦争と平和資料館も毎年特別展を開催し、図録を刊行し、巡回展も開いている。ひめゆり平和祈念資料館も大規模な巡回展を開催した。

②公立の平和博物館の動向

沖縄県平和祈念資料館、広島平和記念資料館、神奈川県立地球市民かながわプラザなどの一五年戦争展示は変わっていない。九〇年代初めにできた館がリニューアルの時期を迎えている。リニューアルで展示は全体として改善されているが、加害展示がどうなるかが焦点である。まず、二〇〇六年に堺市立平和と人権資料館はリニューアルしたが、それまであった総合的な加害展示がすっかり撤去された。この動きは、二〇一二、一三年に顕著になった。吹田市平和祈念資料室は移転し、吹田市立平和祈念資料館になり、施設や展示を充実させた。高松市市民文化センター平和記念室は建物の閉鎖にともない、新館が出来るまで閉館となった。埼玉県平和資料館のリニューアルで一五年戦争に関しては、年表は縮小され、写真がなくなったが、南京虐殺の項目と写真も消えた。それだけでなく、常設展示の「埼玉県民と戦場」コーナーでは、日本兵が捕虜を壁際に追い詰めている不許可写真がなくなり、コーナー説明から、南京大虐殺・三光作戦・シンガポールの華僑虐殺など、日本軍による非人道的な行為について書かれた部分が削除された。大阪国際平和センターは横山氏の報告にあるように、加害展示がなくなる危険が高まっている。しかし、加害展示がなくなった平和博物館も、戦争の悲惨さを伝え、平和の尊さを考えるという理念は維持している。沖縄県平和祈念資料館、広島平和記念資料館、埼玉県平和資料館、長崎原爆資料館、姫路市平和資料館などでは、継続的に企画展を開催し、重要なものについては図録を刊行している。新しい充実した平和博物館が開館している。滋賀県平和祈念館は準備期間が長かっただけに、豊富な収蔵資料や体験記を使った展示を展開し、学芸スタッフも充実しており、普及教育事業も活発である。岡山空襲展示室は空襲研究者の学芸員を配置している。しかしいずれも学芸員の雇用が不安定であるという課題がある。内部に専門研究者を雇用できない、岐阜市平和資料室、長岡戦災資料館、仙台市戦災復興記念館などの公立の平和博物館も、外部の研究者や市民団体の協力で研究や展示を充実させている。

③歴史博物館などでの取組

歴史博物館での特別展・企画展の継続的な取組は、担当者の異動、指定管理者制度導入、財政難、市町村合併など困難を抱えている館であっても、多くは続いている。本別町歴史民俗資料館、蕨市立歴史民俗資料館、すみだ郷土文化資料館、昭和のくらし博物館、八王子市郷土資料館、福生市郷土資料室、桜ヶ丘ミュージアム、四日市市立博物館、栗東歴史民俗博物館、浅井歴史民俗資料館、大山崎町歴史資料館、向日市文化資料館、箕面市立郷土資料館、奈良県立図書情報館戦争体験文庫、福岡市博物館などは、継続した企画趣旨の展示会を新たな資料も使って開催している。特に、栗東歴史民俗博物館は二〇〇九年から一一年までは財政難で夏期休館中もロビー展を開催し、二〇一二年からは展示室の展示に戻り、地域の視点から積極的な提起をする特集展示を開催している。浅井歴史民俗資料館は調査し新たに収集した資料を聞き取り調査の結果とともに展示していく地味な取組を継続する中で、旧大郷村の兵事文書も館に提供され、展示会を開催し、図録も刊行した。その後も規模を縮小して新しい資料を展示する企画展を継続している。すみだ郷土文化資料館は空襲体験画の掘り下げた分析に基づく企画展を開催している。新たに、東村山ふるさと歴史館、松本市立博物館、多気郷土資料館、大牟田市立三池カルタ・歴史資料館、薩摩川内市川内歴史資料館などで継続的な一五年戦争関係の企画展が開催されるようになった。一方で、戦争・軍隊への批判が希薄な博物館の設立や企画展の開催もみられ、特に戦争遺跡を扱ったもので顕著である。研究成果発表では、豊島区立郷土資料館では集団学童疎開の資料集刊行を完了させ、まとめの論文を継続して執筆し、研究紀要『生活と文化』に掲載された。仙台市歴史民俗資料館は学芸員が主導して、地域の軍事史に関連して研究団体「みやぎの近現代史を考える会」との共同研究を進め、順次成果を『調査報告書　足元から民俗』などに発表している。平塚市博物館も学芸員が主導して「平塚の空襲と戦災を記録する会」と共同して、展示会を開催し、『市民が探る平塚空襲資料編』や『炎の証言』などを継続して刊行している。大学史の研究・資料保存機関では学徒出陣などの調査・研究が進展し、資料集の刊行や展示会も開催された。

まとめ

国としては、侵略戦争や植民地支配の反省と謝罪をしており、結局、安倍内閣も村山談話の維持・尊重を表明した。その意味では、公立博物館の一五年戦争展示でも、加害展示を含む、戦争の悲惨さを伝える積極的な展開は可能であるが、未来志向の平和構築展示には危険性がある。博物館の展示は地域の運動や住民の意識に規定されるものであり、地域での政治情勢により、加害展示が困難になっているところが多くなっている。その中で、地域の博物館は、地域住民の意識を尊重しながら、研究や調査に依拠して展示で積極的な提起をしている。博物館は市民運動や平和運動に支えられているが、学術研究機関・社会教育機関としての博物館は研究による確かな実証に裏付けられた事業展開が求められるのであり、運動との相対的独自性が必要である。これまでの平和博物館が果たしてきた研究や展示での成果を記録することが重要となっている。

注

（1）「平和博物館の現状と課題」（『歴史学研究』第六六四号、一九九四年一〇月）本書⑰に収録した。

（2）「地域の歴史博物館における戦後五〇年関係の特別展・企画展の概観」（『歴史科学』第一四七号、一九九六年一二月）本書⑯に収録した。

（3）「平和博物館の侵略・加害展示に対する攻撃」（藤原彰編『南京事件をどうみるか』、一九九八年七月）本書⑮に収録した。

（4）『日本の博物館における明治以降の戦争関係史展示の現況と国際関係認識の課題について』（二〇〇一年度～二〇〇四年度科学研究費補助金（基盤研究（C）（2））研究成果報告書）

（5）「歴史博物館・平和博物館での一五年戦争関係の取組」（『史海』第五二号、二〇〇五年六月）本書⑫に収録した。

（6）「戦後六〇年と歴史博物館・平和博物館の戦争展示」（『季刊戦争責任研究』第五一号、二〇〇六年三月）本書⑩に収録した。

付記

この文章は二〇一三年一〇月一二日開催の二〇一三年度日本史研究会大会における横山篤夫氏の個別報告に対するコメントの主要部分を文章化したものであるが、当日用意して話せなかった点なども若干補足している。

（掲載時所属：公益財団法人政治経済研究所主任研究員）

6

NHKアーカイブスに見る「平和のための博物館」・「平和のための戦争展」

『政経研究　第九八号』（二〇一二年六月　公益財団法人政治経済研究所）

はじめに

本稿はNHKのテレビ放送番組・ニュースを記録した映像を、最新のデジタル技術システムで一元的に管理し保存し活用・公開する事業であるNHKアーカイブスのトライアル研究「放送における「空襲」認識の歴史学的研究」のうち、山辺が担当した部分の研究成果の発表である。データベースは膨大で検索語による絞りをかけないと見られない量なので、実際はニュースや番組で、博物館や展示会を紹介していても、気がつかなかった場合が当然あると思われる。また、閲覧期間が限られること、東京保存の番組以外が見られないこともあって、データベースの内容紹介しか見られないものも多かった。この内容紹介は精粗があって、ニュースや番組の原稿、ナレーション、字幕、さらに主な場面の静止画が分かるものもあれば、副題以外何も分からないものもあった。また、ニュース自体でもそうであるが、データベースの内容紹介で展示を取り上げている時に、主催市民団体名や博物館名を省略している場合がある。他の資料から博物館名や主催団体名を確定できたものもあるが、推定にとどまったものもあって、間違えている可能性がある。また、番組を見ることができた場合でも古い時代のものは音声がないものや、断片的映像しかないものもあって、主催団体はおろか内容もわからないものがあった。

そのため、本来の課題は「平和のための博物館」や「平和のための戦争展」における空襲をはじめとする戦争を伝える取り組みを、ＮＨＫテレビのニュース・番組が、どう報道し、それをどう残しているかを、ＮＨＫアーカイブスから明らかにすることであるが、実際に本稿では、「戦争・平和」と「展示・博物館・資料館」との検索語を掛け合わせて、見つかった「平和のための博物館」や「平和のための戦争展」を対象とすることにとどまらざるをえなかった。

　このような限界はあるが、以下、ＮＨＫテレビのニュースや番組で「平和のための博物館」や「平和のための戦争展」をどう取り上げてきたかの歴史を紹介し、考えていきたい。

1　「平和のための戦争展」などの市民や地方自治体による展示

　まず、1では、博物館以外での、平和を願って、戦争の悲惨さを伝え、平和の尊さを考える趣旨で継続的に実施されてきた戦争展示について、ＮＨＫアーカイブスから明らかになったことを紹介していきたい。一九七〇年代に、空襲を記録する会が東京をはじめ、各地の被災都市で市民によって結成され、地方自治体の協力を得て、記録を編纂した。それとともに空襲の実相を展示で伝える「空襲展」も開催された。[1]これは記録する会などの市民団体によるものが多いが、地方自治体が開催することもあった。一九八〇年代なると、市民による「平和のための戦争展」が開かれるようになった。[2]戦争の悲惨な実相を総合的な視点から伝え、戦争を二度と繰り返さないで、平和の維持・確立を願って、開催された。これが公立の地域博物館による戦争展示の本格的開始に影響を与えた。また、地方自治体主催による「戦争資料展」「平和展」も開催されるようになった。これから、「空襲展」、市民による「平和のための戦争展」、地方自治体による「平和展」の三つの戦争展示について順次見ていきたい。

一、「空襲展」

　東京の「空襲展」については、一九七八年三月九日のＮＨＫニュースで「体験者による空襲の絵の展覧会」を、一九七九年三月一〇日のニュースで中央区で開かれた体験者の描いた「東京大空襲の絵画展」を、一九八一年三月一〇日のニュースで、銀座で開かれた「第五回東京空襲体験者の絵展」を、それぞれ紹介している。一九八二年三月八日のニュースで「焼けた下町」と題する「東京大空襲写真展」を、一九八二年三月一〇日のニュースで

「下町大空襲展」を、一九八四年八月一五日のニュースで「戦災記録写真展」をそれぞれ紹介している。しかし、いずれも主催者などの内容がよく分からない。一九七二年二月二五日～三月一日と、一九八五年二月一五日～二七日に日本橋東急で開かれた、「東京空襲を記録する会」と朝日新聞社主催の「東京大空襲展」はニュースで紹介されている。墨田区教職員組合主催の「墨田区の戦争展」は一九八四年八月一三日のニュースで取り上げた。墨田区職員労働組合を中心とする「東京大空襲展」も一九八七年三月七日のニュースで紹介されている。「再び許すな東京大空襲　反戦平和の集い」は一九八二年三月八日に第一回が浅草の国際劇場で開かれた。この時、焼けた下町のモノクロ写真を展示している。その後一九九〇年三月にも「東京大空襲の写真展」を開き、写真だけでなく資料も展示している。一九九二年三月と一九九三年三月にも「東京下町の空襲展」を開催している。これらも、ニュースで紹介されている。浅草公会堂で台東区の市民たちによる実行委員会主催により「東京大空襲資料展」が毎年開催されているが、一九八九年と二〇〇九年の展示会がニュースで紹介されている。国会議事堂で開かれた空襲展では焼夷弾や戦時中の貴族院の警務日誌などが展示されたが、一九九五年八月一四日のニュースで紹介されている。遺族や体験者中心の「東京大空襲六〇年の会」が港区の六本木ヒルズの一階で展示会を開いたが、二〇〇五年三月七日のニュースで紹介されている。

東京以外の地域の「空襲展」では、釧路、根室、青森、土崎、日立、水戸、宇都宮、甲府、大月、吉田、岡山、倉敷、下関、高知、佐世保、宮崎、鹿児島が、ＮＨＫのニュースなどによく取り上げられている。釧路は、「釧路空襲を考える七・一四実行委員会」主催で「釧路空襲写真平和教育作品展」として釧路空襲の写真とともに、小中学生がかいた平和をテーマとした作品を展示している。二〇一〇年で一六回目である。一九九八年から二〇一〇年までの間で、四回紹介されている。「根室空襲展」は一九八五年から戦争の悲惨さを訴えるために続けて開かれ、焼け野原の写真を展示し、爆弾の模型、体験画などを展示した年もあった。一九八五年、一九八八年、一九九〇年、一九九五年の四回の展示会が取り上げられている。

「青森空襲展」は、「青森空襲を記録する会」の主催により、一九八一年七月に第一回が開かれ、一九九五年に常設資料展示室ができた後は、展示室がある青森市中央市民センターで開かれることが多くなった。ニュースでは一九九四年から二〇〇四年までの間で、四回紹介されている。「青森市大空襲三世代交流版画会」は、戦争の記憶の風化を懸念して、戦争体験者とその子、孫で一緒に版画を作り、展示する版画展を開催してきて、二〇一一年で二〇回目となるもので、一九九四年から二〇〇一年までの間で、五回紹介されている。「土崎空襲展」は「土崎港被爆市民会議」が開いたもので、空襲の写真、爆撃の場所を示した地図、爆弾、着ていた服、体験画などを展示している。一九九五年から二〇一一年にかけて、一〇回取り上げられている。二〇〇五年には秋田中央高校の学園祭の企画展でも展示している。

「水戸空襲展」は水戸市平和記念館が開館する以前の二〇〇八年まで、水戸空襲の事実を語り継ぎ、戦争の惨禍と平和の尊さについて考えることを目的に、市主催により市役所や図書館で（二〇〇五年は水戸京成百貨店で）開催され、空襲写真や戦災資料を展示してきた。二〇〇五年から二〇〇七年にかけて、ニュースで紹介されている。「日立市平和展」は二〇一一年で二五回を数え、市の主催で、日立市の戦災に関する写真パネル、艦砲射撃の破片、爆撃に関する写真などを展示し、戦争の悲惨さを伝えてきた。二〇〇五年から二〇一一年までの間、毎年紹介されている。宇都宮では、市民団体による「宇都宮空襲展」が、平和記念館建設運動が始まった一九八五年から毎年開催されている。一九九九年までほぼ毎年に取り上げられたが、その後は二〇〇六年と二〇〇九年の二回だけである。一方、教育委員会が空襲の中で奇跡的に焼け残った民家で「宇都宮空襲を伝える展示会」を開催しているが、こちらは二〇〇六年から二〇〇九年まで毎年紹介されている。「千葉空襲写真パネル展」は戦争の悲惨さや平和の大切さを伝える趣旨で、市の主催により千葉市役所などで開かれている。一九八九年、一九九五年、一九九六年、一九九九年の展示会が紹介された。

富山については、「富山大空襲を語り継ぐ会」からの要請に応えて、ヒロシマ原爆展に富山大空襲展を併催するようになった展示会や二〇〇九年に富山市の真宗大谷派東別院本堂で開かれた「富山大空襲絵画展」などが紹介されている。福井は「平和文化史料館ゆきのした」が制作した「福井空襲大絵図展」などが取り上げられている。「甲府空襲展」は、労働組合を中心とする実行委員会の主催により毎年開催されて、二〇一一年で三〇回目である。最近は、空襲だけでなく「空襲展　戦争と平和・環境展」として、テーマを拡げて開催している。これは一九八三年から紹介され一九八七年からはほとんど毎年取り上げられている。「吉田空襲展」も教職員組合を中心とする実行委員会の主催により毎年開催されて、二〇一一年で二九回目となる。これは、一九九二年から二〇〇五年にかけて八回紹介された。大月は「大月市平和を考える会」の主催により、「大月空襲・戦争と平和展」として毎年開かれ、二〇一一年が第一七回である。これは一九九六年から、ほぼ毎年取り上げられた。

岡山市役所は平和祈念事業として「岡山戦災の記録と写真展」を一九七八年から毎年開催してきた。二〇〇六年からは市立博物館である「岡山デジタルミュージアム」の企画展として開催されている。ニュースでは一九八六年から二〇〇五年の間で一一回取り上げられてきた。後半の方がよく取り上げられている。また、空襲地図や遺跡を紹介するニュースもある。倉敷市の「戦災の記録展」は市の平和行政としての一環として、市役所や市役所の水島支所・玉島支所などで開かれるもので、水島空襲の写真、爆弾破片、防空ずきんなどを展示してきた。一九九八年から五回取り上げられた。「下関空襲・終戦展」は二〇〇五年から、市民の実行委員会主催で始まったもので、空襲の写真が主であるが、空襲時の遺品とともに軍事郵便や引き揚げの手記などの戦争関連資料を展示している年もある。ほぼ毎年紹介されている。高知の「空襲展」は一九九〇年代半ばからは、「戦争と平和を考える資料展」として開催されているが、ほぼ毎年紹介されている。この他、市役所で「高知空襲写真パネル展」が開かれているが、こちらも二〇〇三年からほぼ毎年取り上げられている。

「佐世保空襲写真展」は市の主催により市役所で毎年開かれている。一九九二年から一〇回取り上げられているが、一九九七年から二〇〇九年まではほとんど毎年取り上げている。これとは別に、一九九八年に市民団体の「佐世保空襲を語り継ぐ会」が平和の尊さを伝えようと、市のコミュニティーセンターで第二回「佐世保大空襲平和資料展」を開催し、市民から寄せられた戦争中の遺品や写真、焼夷弾や佐世保空襲の被害地図など展示した時に、中国人捕虜の処刑場面などを撮った写真八点が「空襲に直接関係ない」などとして市から撤去を求められ、展示を取りやめていたことを、六月二七日の一二時一〇分からと二〇時五五分からの二回のニュースで報道している。第三回「佐世保大空襲　平和資料展」は二〇〇五年に開かれたが、この時も七月三〇日のニュースが、空襲の悲惨さと平和の尊さを伝えようという展示の趣旨と佐世保空襲犠牲者名簿を展示していることを紹介している。「佐世保空襲を語り継ぐ会」の「佐世保大空襲　平和資料展」が二〇〇六年の「佐世保空襲資料室」の開館に繋がった。「原爆と戦争宮崎空襲展」は二〇〇一年の「宮崎原爆展」をきっかけに発足した「原爆と戦争・宮崎空襲展を成功させる会」の主催によるもので、戦争の悲惨さを語り継ぎ、平和の尊さを知ってもらおうと、原爆や宮崎空襲の写真を展示したり、体験者が体験談を語ったりしているが、二〇〇六年から二〇〇九年までほぼ毎年取り上げられた。「鹿児島戦災展」は戦争の悲惨さを知り、あらためて平和の尊さについて考える機会にするために市役所が開催して、空襲の被害の写真パネルを展示しているもので、展示会の名称は変化しているが、一九八四年、一九九八年、二〇〇七年、二〇〇九年と四回取り上げられた。

甲府や高知のように最近まで継続している市民団体による空襲展は「平和のための戦争展」に近くなっているものが多い。

二、「平和のための戦争展」

一九八〇年に東京で、続いて一九八一年に大阪・京都で開催されるようになったのが、「平和のための戦争展」の本格的開始である。東京の「平和のための戦争展」は一九八〇年の第一回から一九九九年まで、ほぼ毎回ニュースに取り上げられ、朝鮮人元従軍慰安婦の展示も紹介されている。それ以降、東京の「平和のための戦争展」は二〇〇九年まで開催されていたが、紹介は確認できなかった。大阪は二〇〇〇年まで通天閣を会場に大規模に開催されてきた。一九八一年から一九九三年まで、ほぼ毎年取り上げられ、慰安所や強制連行の展示も紹介された。一九八三年に開催された、戦争展を開催している団体の交流会も報道されている。都府県レベルとほぼ同時に、区レベルの地域でも独自に開催された。東京の大田区、品川区、大阪の港区などである。少し遅れて、埼玉県が一九八四年から、さらに一九九〇年前後に長野、和歌山、愛知などでも「平和のための戦争展」が開かれるようになった。埼玉は、現在も若い人たちの参加を組織し、勢いよく続けており、大阪に代わって、戦争展の交流の中心になっている。一九八〇年代に取り上げられ、その後途絶えていたが、最近二〇一〇年、二〇一一年と紹介されている。二〇一〇年は高校生が参加していることを、二〇一一年は原発問題も取り上げていることに焦点をあてたニュースである。愛知も二〇〇〇年まではよく取り上げられていたが、その後は二〇一〇年に空襲で被災した天井がニュースになっている。長野や和歌山の場合は、ニュース報道が確認できたのは、信州の戦争展が二〇〇五年の一回、和歌山が一九九二年と二〇〇二年の二回だけである。宮城県平和遺族会主催の「目で見る一五年戦争」写真展は一九九七年から二〇〇七年にかけて一一回取り上げられている。「平和を願う山梨戦争展」は二〇〇三年から二〇一〇年にかけて六回取り上げられている。

市では札幌、室蘭、福島、郡山、所沢、横浜、静岡、富士、津、舞鶴、津山、岩国、山口、下関、福岡、北九州、大分、宮崎、鹿児島などの「平和のための戦争展」が比較的よく取り上げられている。札幌はコープさっぽろが一九八二年から開催した「母と子の平和展」で、NHKニュースでは六回取り上げられている。とくに一九九〇年七月二六日と八月一日、七日、八日には東方社写真部の別所弥八郎が撮影した、中国桂林・柳州の戦災と横浜空襲との、死体を写した悲惨な写真を展示し、写真集『ある従軍カメラマンの証言』を刊行することを伝えている。室蘭は「平和ポスター展」が一九八六年から一九八八年にかけて三回、「平和のための戦争写真展」が一九九四年から二〇〇九年にかけて七回取り上げられ、中国人強制連行や捕虜虐待の展示も紹介されている。これら以外は、「平和のための戦争展」と地域名を組み合わせた展示会名で、実行委員会が主催するものである。展示会の回数とNHKニュースで取り上げられた回数は以下の通りである。福島が二〇一一年が一〇回目で三回紹介され、郡山が二〇一一年が三〇回目で一〇回紹介され、所沢は二〇一一年が二四回目で七回紹介され、横浜は二〇一一年が一六回目で八回紹介され、静岡は二〇一一年が一四回目で三回紹介され、富士は二〇一一年が二四回目で七回紹介され、津は二〇一一年が二四回目で一八回紹介され、舞鶴は二〇一一年が一七回目で八回紹介され、津山は二〇一一年が二五回目で五回紹介され、岩国は二〇一一年が一三回目で二回紹介され、山口は二〇一一年が一四回目で一〇回紹介され、下関は二〇一一年が三〇回目で七回紹介され、福岡は二〇一一年が一七回目で四回紹介され、北九州は二〇一一年が一七回目で二回紹介され、大分は二〇一一年が一八回目で四回紹介され、宮崎は二〇一一年が一六回目で九回紹介されている。

神戸の「語りつごう戦争」展は兵庫区の妙法華院で一九七八年から毎年、太平洋戦争の開戦日（一二月八日）前後に開いている戦争展であるが、二回取り上げられている。奈良県女性解放共闘が一九九一年から、平和と女性の人権を一体的にとらえた「戦争と人権展」を奈良県女性センターで毎年八月一五日を中心に開催していたが、三回紹介された。真宗大谷派名古屋別院で、戦争に協力した宗派の歴史を見直す「平和展」が一九九〇年から毎年開催されたが、五回取り上げられた。京都の東本願寺でも平和や人権の展示会が開催されるようになり、二〇一〇年に紹介された。

市民団体がつくった巡回展としては、「七三一部隊展」、「毒ガス展」、「日本の侵略展」などがある。「七三一部隊展」は九か所がニュースに取り上げられており、とくに一九九五年八月一三日の「ズームアップ'95」の「もっと早く知りたかった　七三一部隊展の反響から」では、「七三一部隊展」による新たな証言の掘り起こしを評価して紹介し、一九九五年八月二五日の「四国スペシャル」の「爪痕を胸に刻む旅　高校教師が語り継ぐ七三一部隊」では七三一部隊の元隊員が多い四国の高校の先生が現地を視察し被害者の証言を聞き平和への思いを新たにしたことを伝えている。「日本の侵略展」は一九九六年の盛岡市での開催のニュースが一回確認できただけであり、「毒ガス展」は取り上げたニュースを見つけられなかった。他に、戦争体験のある漫画家や作家らが終戦の日の記憶を〝絵手紙〟で表現した「私の八月十五日展」、「女たちの太平洋戦争展」、「青い目の人形展」、「絵手紙で伝え残そう戦争の記憶」展などの巡回展もあって、ニュースに取り上げられている。

三、地方自治体主催による「戦争資料展」「平和展」

これには県が県内で巡回展を開く場合と、市が独自に実施するものがある。前者には、平和博物館を創る計画が中断した時から、収集資料を活用して平和の巡回展示をやっている愛知県、滋賀県などの例がある。愛知では、愛知県と名古屋市が共同で設置した戦争に関する資料館調査会が、戦争に関する資料を展示する「収蔵資料展」を、平和を希求する豊かな心を育むために二〇〇三年から開催している。県民から寄贈された資料の一部を公開するもので、会場では、戦争に関する資料と写真パネルの展示や、調査会が制作した「戦争体験を語る」ビデオの上映もしている。ニュースでは二〇〇三年の第一回から紹介されているが、二〇〇六年以降は連続して取り上げられている。滋賀県では、県民から提供された戦争や戦争中の暮らしに関する資料・情報などを広く県民に紹介し、県民一人ひとりが戦争の悲惨さと平和の尊さを学び、平和な世界について考える機会を提供することを目的として、「平和祈念展」を開催している。一九九五年が最初で、二〇〇〇年、二〇〇二年と開かれ、二〇〇四年からは毎年開かれている。二〇〇〇年から四回紹介されている。福岡県では、県民から寄贈された戦時資料を公開し、戦争の悲惨さと平和の尊さを後世に伝えるため、「戦時資料展」を毎年八月一五日前後に、県内都市を巡回して開催している。一九八八年から断続的に紹介されている。

市では、福島市は「人権と平和展」を毎年開催しているが、二〇〇六年と二〇〇七年の二回ニュースに紹介された。岐阜は市主催平和展「子供たちへ伝える平和のための資料展」を開催してきたが、一九九二年から二〇〇五年にかけて七回取り上げられた。松山も市主催の「平和資料展」を開いているが、一九九四年から二〇〇九年にかけて一一回紹介された。高知市は八月六日の高知市平和の日に記念事業の一環として企画展を毎年開催しているが、ここでは高知空襲とともに、戦争に関するテーマを毎年変えて展示している。一九九七年からほぼ毎年取り上げられている。佐賀市は戦争の恐ろしさ、悲惨さ、無念さ、悲しさを風化させないで、私たちが二度と戦争を起こさないために、「平和展」を毎年開催している。前身は市民の手で市役所ロビーを借りて開いていた「平和のための戦争展」である。「平和展」は佐賀市の主催で一九九二年からはじまり、二〇一一年が二〇回目である。一九九四年から多くの年で紹介されている。

2 「平和のための博物館」

一、概略

私は平和にとって戦争がないことがまず大前提であると考える。「平和のための博物館」とは、戦争や軍隊を賛美したり、肯定したり、さらには戦争を煽る立場から、戦争を取り上げるのではなく、戦争を否定する反戦の立場から、戦争の悲惨さや平和の尊さを伝えている博物館を指している。(3) ここでいう博物館には、名称は資料館や記念館やセンターであっても、博物館としての実態や機能を持っている施設や機関を含んでいる。「平和のための博物館」は平和専門の博物館(以下、平和博物館と表記)と、人権博物館、総合博物館、歴史博物館、歴史民俗資料館などで、特別展や普及教育事業で平和の取り組みを積極的にしている博物館とに分かれる。前者の平和博物館には、一般的な平和博物館、空襲戦災関係の博物館、原爆関係の博物館がある。

二、平和のための博物館の流れ

ここで、まず、「平和のための博物館」の歴史にとって画期となったニュース・番組を見ていこう。

①地域博物館での平和のための展示の確立

豊島区立郷土資料館は一九八四年六月一八日に開館した。一九八四年六月一八日のNHKニュースは、開館を「池袋のヤミ市の模型完成」の副題で放送した。そこでは模型で復元された池袋のヤミ市について、ヤミ市が戦後の食糧難のなかで食うためにつくられ、活気があり、暗くなく、そこには連帯感があったこと、そこに集まる人は一生懸命に精一杯生きていたことを伝えていた。これは模型をつくった館側のヤミ市の再評価を伝えるものでもあった。これに対して、田口五郎NHK社会部記者は、ヤミ市は悲惨な戦争の落とし子であり、もう再びヤミ市ができることはあって欲しくないとのコメントをナレーションで付け加えた。私は豊島区立郷土資料館の開館に学芸員として携わった一人であったが、これを聞いて、戦争の悲惨さを伝える必要性を考えさせられた。

豊島区は、三月一〇日の下町の大空襲では大きな被害を受けたわけではないが、四月一三～一四日の大空襲で区の大半が焼け野原となる被害を受けた。そして、二三区で最初に非核都市宣言を採択していたが、平和事業を特にしていたわけではなかった。そこで、豊島区立郷土資料館としても、市民による「平和のための戦争展」を見て、博物館でも企画展として、戦争の傷跡を伝える生活資料を展示することを考えた。そして戦争の悲惨さと平和の尊さを伝える企画展「戦中戦後の生活」を戦後四〇年の節目の年に開催した。これを取材したNHKニュースが、一九八五年一一月一日の「戦中戦後の生活展～豊島区立郷土資料館」である。ここでも、田口五郎社会部記者は、豊島区は空襲で大きな被害を受けたが、戦争体験者は減り、戦争の痕跡はほとんどなく、戦争が風化している。戦争を知らない人にその悲惨さを伝えようと郷土資料館が資料の提供を呼びかけたところ、二〇〇〇点近い資料が寄せられた。そこで、生活から戦争を見つめなおし平和の大切さを訴える生活展を開催した、とのナレーションを語っている。

その後、豊島区立郷土資料館は一九八九年にかけて、続けて、第二回「戦中戦後の生活」展、二回の「学童疎開展」、第三回「戦中戦後の生活」展を開催した。これは地域博物館での平和のための展示の確立といえるものであった。

その中で、一九八七年八月一四日のNHKニュース「風化する戦争体験」に三人が登場している。「さやうなら帝都勝つ日まで　豊島の学童疎開」（豊島区立郷土資料館）を担当した一人の山辺昌彦が、戦争関係の資料が急激になくなっていること、話は聞けても、ものを処分した場合も多いことを話している。個人でつくった戦争博物館である「兵士・庶民の戦争資料館」（福岡県穂波町）の武富登巳男館長は戦争のむなしさを語り継ぐ実物の保存が大切であり、資料を手当たり次第集め、資料が送られてくるようになったが、個人には限界がある、公的機関が保存して欲しいと語った。「平和博物館を創る会」（東京都港区）の岩倉務は、資料を目で見て、さわれて、体験者の話を聞けるような、市民の手による平和博物館をつくることを訴えた。ナレーションでは、一握りの自治体では、博物館を作る動きがあるが、戦争資料の保存が急がれることを伝えた。これが、公立の平和博物館建設へと発展していった。

②総合的な平和博物館の設立

公的な平和博物館が建設されていることを、ＮＨＫが伝えたのが、一九九二年八月一五日のニュース「平和資料館の建設　全国で相次ぐ」である。ここでは「終戦から四七年が過ぎて戦争体験の風化が指摘されるなかで、戦争中一般市民が使った生活道具や当時の日記など身の回りの品物を展示して平和の尊さを考えようという平和資料館の建設が全国各地で進んでいます」として、一九九一年九月、大阪府と大阪市が「大阪国際平和センター」を設立し、一九九二年五月には京都の立命館大学も「国際平和ミュージアム」を開くなど、この一年間に新たに全国で四か所の平和資料館がオープンしたことを紹介している。さらに、東京都や神奈川県など六つの自治体が建設を進めていることにもふれている。さらに、一〇年前から平和資料館をつくる運動を進めている「平和博物館を創る会」の岩倉務の「戦争経験者が高齢化し、当時の記録を次の世代に引き継がなければいけない」とのコメントも伝えている。

一九九四年一月二六日のニュース「平和祈念館をめぐり論争」の中では、戦没者追悼平和祈念館に対して、加害者としての視点に欠けると異論をとなえる学者グループの荒井信一の話を伝えている。

このように、地域博物館での平和のための取り組みや「平和のための戦争展」の成果を継承する形で、総合的な平和博物館が設立されていった。また、地域の多くの博物館でも、戦争資料を収集、保存し、戦争の悲惨さを伝える取り組みを進めていった[4]。私自身も、「立命館大学国際平和ミュージアム」の開設からその後の運営に携わった。その経験を踏まえ、「平和のための博物館」の歩みと成果を紹介し、そのあり方を考える研究をし、論文を発表していった[5]。

③公立の平和博物館の困難と民間の平和博物館の建設

一九九〇年代後半になると、発展してきた「平和のための博物館」に対する攻撃が強まり[6]、東京都など、平和博物館建設が中止に追い込まれるところも出てきた。これを伝えたのが一九九九年四月二一日のETV特集「東京大空襲をどう伝えるのか～都平和祈念館計画の混迷」である。この中で、活発化した都平和祈念館建設反対運動とともに、「地球市民かながわプラザ」、「長崎原爆資料館」、「大阪国際平和センター」などの自治体の平和博物館が攻撃され、展示内容を見直していることを紹介している。

実際この直後、都平和祈念館建設は中止された。しかし、「地球市民かながわプラザ」は従軍慰安婦の展示を取りやめたが、日本軍の加害を伝える展示の多くは実現した。「大阪国際平和センター」も攻撃された展示の誤りを修正し、日本の戦争の加害と被害をより適切に伝える展示となった。公立の平和博物館は攻撃されて、新たな取り組みには萎縮しているが、戦争の悲惨さを伝え、平和の尊さを考えるという設置理念を堅持している。公立の新たな取り組みが困難な中で、「東京大空襲・戦災資料センター」のような民間の平和博物館が建設され、公設の平和博物館でも、民間が運営にかかわる形で設立されるものがでてきている[7]。

以上、「平和のための博物館」の大きな流れを、NHKニュースや番組を手がかりに見てきたが、個別の「平和のための博物館」をNHKニュースや番組がどう紹介してきたかを、次に見ていきたい。

三、個別の「平和のための博物館」

「戦争・平和」と「展示・博物館・資料館」との検索語を掛け合わせて、NHKアーカイブスから見つかった「平和のための博物館」のニュース・番組は、研究・閲覧期間の最後の二〇一一年八月中旬までで約一五〇〇件であるが、今回対象にした博物館では約一三五〇件である。その内訳は表一（本書では省略）を参照されたい。その中で、よく取り上げられている博物館もあれば、充実した取り組みを継続している割に、あまり取り上げられていないと思われる博物館もある。

やはり、最もよく取り上げられているのは原爆関係の博物館であり、とりわけ広島平和記念資料館が際だって多い。館や館長を紹介する番組も多い。平和アーカイブスとして番組が公開されているのも、ほとんどが原爆関係のものであることも事実である。また、海外の要人、博物館関係者、学生団体、日本軍の捕虜だった人たちなどの来館が取り上げられるのは広島・長崎の原爆関係博物館と沖縄県平和祈念資料館ぐらいである。もちろん企画展や展示以外の行事、さらに所蔵資料の紹介などもよく取り上げられており、全面的な博物館の事業展開の歴史がNHKアーカイブスから分かるようになっていると言えよう。長崎では、「オランダ人――日本人――インドネシア人による日本占領下インドネシアの記憶」展の開催を断ったことや南京事件関係の展示写真を変更したことなども取り上げられている。次いで、沖縄戦関係の沖縄県平和祈念資料館とひめゆり平和祈念資料館が多く取り上げられている。とくに沖縄県平和祈念資料館は、沖縄県立平和祈念資料館から現在の沖縄県平和祈念資料館に変わる時の問題を、NHKは集中的に系統的に取り上げている。これは沖縄県内の新聞と同じ傾向であり、これが、沖縄県内の世論を盛り上げ、沖縄県平和祈念資料館への攻撃を跳ね返し、逃げかくれる住民に銃を向ける日本兵などの当初計画通りの展示をつくることができたことに繋がったと言える。沖縄県平和祈念資料館は特別展の紹介が多くなっている。これは、広島の「原爆の絵」と同様に、NHK沖縄放送局が募集した「体験者が描く沖縄戦の絵」の展示が多く取り上げられているためでもある。ひめゆり平和祈念資料館は特別展とともに、次世代への継承の取り組みも取り上げられている。

さらに、大阪国際平和センター、立命館大学国際平和ミュージアムもよく取り上げられてきた。大阪国際平和センターは特別展とともに開館初期での市民団体とか国内外の平和博物館との交流などの事業がよく取り上げられていた。立命館大学国際平和ミュージアムの場合は特別展やミニ企画展などがよく紹介されている。たとえば、朝日新聞社主催の世界報道写真展も継続的に取り上げている。姫路市平和資料館は特別展がよく紹介されている。これは特別展の制作をNHKの関連会社が請け負ってきたことも影響している。福山市人権平和資料館は、空襲・戦争だけでなく人権をテーマにした企画展もよく取り上げられている。高松市市民文化センター平和記念室は市民文化センターだけでなく、市役所などで開く戦争遺品展・戦災原爆写真展も含めて、比較的よく展示会が紹介されている。仙台市戦災復興記念館は戦災・空襲関係の平和博物館としては最も古いものであるが、それだけに多くの特別展が紹介されている。また、ここで開催される市民による、空襲などの戦争の悲劇を語り継ぐ集いも紹介されている。浜松復興記念館は復興関係特別展が多かったが、近年は昭和の暮らしの特別展も開かれ、紹介されている。民間の平和博物館では静岡平和資料センター、東京大空襲・戦災資料センターがよく取り上げられている。静岡平和資料センターは歴史が長い方であるが、それだけに取り上げる回数が多い。山梨平和ミュージアムやピースあいちやわだつみのこえ記念館は、開館して間もないが、その割にはとりあげられる回数が多いと言えよう。特に山梨平和ミュージアムは開館準備から取り上げられ、企画展や戦争を語り継ぐ催しも紹介されている。東京大空襲・戦災資料センターも建設準備、開館予告、開館、増築、そして特別展、空襲を語り継ぐつどい、シンポジウム、音楽劇などの事業を系統的に紹介していただいている。平和博物館を創る会は早い時期に平和博物館の建設を地方自治体に呼びかけるとともに、事務所でミニ企画展を開催してきた。また、原爆関係の映像の返還要求運動とそれを使った作品の制作、銀座空襲関係の本の制作や展示会も開催してきたが、これらが取り上げられていた。岡まさはる記念長崎平和資料館は一九九六年の南京大虐殺の絵画展や兵役拒否のドイツ青年の受け入れなどが紹介された。佐世保空襲資料室も二〇〇六年一二月八日の開館と開館一周年、二周年が紹介されている。兵士庶民の戦争資料館は個人が創って、維持してきた歴史が長い平和博物館であるが、近年の特別展に至るまでよく紹介されている。とくに二〇〇二年八月二三日の番組「君は戦争を知っていますか――筑豊の兵士達の戦争史料館」ではアジアの戦争犠牲者たちにも目を向けるようになっていったことを紹介している。

歴史博物館などでは、南風原文化センター、沖縄県立博物館・美術館、那覇市歴史博物館、本別町歴史民俗資料館、室蘭市民俗資料館、すみだ郷土文化資料館、桜ヶ丘ミュージアム、水戸市立博物館、和歌山市立博物館、岡山市デジタルミュージアム、四日市市立博物館、春日居郷土館などを、ＮＨＫニュースがよく取り上げている。また、多気郷土資料館、多度津町立資料館は最近、平和関連の特別展を開催するようになったが、それらが紹介されている。本別町歴史民俗資料館、すみだ郷土文化資料館、桜ヶ丘ミュージアム、岡山市デジタルミュージアム、四日市市立博物館などは、空襲関係の展示を継続して開催しているが、よく取り上げられている。和歌山市立博物館は節目毎の空襲関係の展示会とともに資料関係のことも取り上げられている。水戸市立博物館は節目毎の空襲・戦争関係の展示会とともに、戦争体験を伝える取り組みが紹介されている。日本新聞博物館は特別展の中で戦争にも触れるものが多いが、それらが取り上げられている。室蘭市民俗資料館は空襲・艦砲被災関係資料などを展示する「戦争と平和展」が紹介されている。春日居郷土館は「わが町の八・一五展」を継続して開催しているが、それが系統的に取り上げられている。

埼玉県平和資料館は準備段階はよく紹介されていた。しかし、開館後よく調査した特別展を系統的に開催しているが、紹介されているのは一九九八年の「青い目の人形展」と二〇〇五年の戦争体験者の証言を伝える「戦争の記憶」展だけであり、ほとんど取り上げられていないと言ってよいほどである。地球市民かながわプラザも、二〇〇七年の戦争体験のある漫画家や作家らが終戦の日の記憶を〝絵手紙〟で表現した「私の八月十五日展」と、二〇一〇年の東京女子高等師範学校付属国民学校の学童集団疎開体験者による「絵日記による学童疎開六〇〇日の記録展」だけであり、やはりほとんど取り上げられていない。ナガサキピースミュージアムも空襲関係の企画展なども取り上げられているが、多くの企画展を開催している割に少ない。都立第五福竜丸展示館も水爆実験の被害を伝えてきた歴史の長い博物館で、それなりに取り上げられてはいるが、広島・長崎の原爆博物館に比べると遥かに少ない。

堺市立平和と人権資料館、福生市郷土資料室、蕨市歴史民俗資料館、栗東歴史民俗博物館、石川歴史民俗資料館は継続的に平和関係の特別展を開催しているが、ごくまれにしか、紹介されていない。平塚市博物館、仙台市歴史民俗資料館も市民参加などの特徴的な平和の取り組みをし、展示会も開催しているが、取り上げられることが少ない。

平和博物館では、中野区平和資料展示室、吹田市平和祈念資料室、太平洋戦史館、女たちの戦争と平和資料館については、検索でニュースや番組を見つけることができなかった。また毎年のように特別展で平和をテーマに取り上げてきた歴史博物館では、昭和のくらし博物館、浅井歴史民俗資料館、近江日野商人館、野洲市歴史民俗博物館、向日市文化資料館、大山崎町歴史資料館、歴史館いずみさの、箕面市立郷土資料館に関して、やはり見つけられなかった。

東京都平和祈念館については、平和記念館を要望する市民の声をＮＨＫニュースは紹介してきた(8)。一九八〇年八月一五日のニュース「戦時資料を集めるグループ――東京空襲を記録する会」では、都立江東図書館にある資料を整理する「東京空襲を記録する会員」の様子と橋本代志子の「戦争資料館が欲しい」との話を伝えている。

一九八二年三月一〇日のニュース「東京に戦災記念館を!」では「東京空襲を記録する会」が収集した一〇〇〇点の資料が都立江東図書館に保管されたままでほとんど活用されていないことを、早乙女勝元が紹介し、平和記念館をつくって欲しいと語っている。また、この三年前に、早乙女ら一二人の文化人が都知事選候補に公開要請状を出したが、それに対して、鈴木俊一都知事が賛成の回答を書いている手紙も映している。一九八四年八月一三日のニュース「墨田区の戦争展——宙に浮いた戦争遺品」でも、「東京空襲を記録する会」の一六〇〇点あまりの資料が都立江東図書館書庫に眠っていることを紹介し、橋本代志子が「再び惨いことがないような世の中にしたいという心を皆さんに持ってもらいたい、早く資料館をつくって欲しい」と述べ、アナウンサーは、「遺品を見ると、戦争の恐ろしさが現実のものとして伝わる、遺品が戦争の悲惨さを訴える無言の語り部として一日も早く日の目を見ることを願う」と語っている。一九九〇年八月一五日のニュース「新都庁に東京大空襲の記念館新設を要望」では、「東京空襲を記録する会」の二〇〇〇点を超える遺品は展示する場所がなく、ときおり戦争展で展示するだけで、復興記念館の屋根裏の倉庫にダンボール詰めになっている。新宿の新庁舎に平和記念室という常設展示場をつくって欲しいとの要望書を東京都平和の日条例実施にあたって出した。都は江戸東京博物館のなかで戦災資料を展示するコーナーを設けると回答した。このような経過を紹介して、早乙女勝元の「大空襲の惨禍を伝える記念館、記念室を都がつくって欲しい」との言葉も伝えている。その後、東京都平和祈念館の建設準備が進み、一九九八年六月一六日には「東京都の平和祈念館東京大空襲を中心の展示案がまとまる」のニュースが放映された。しかし、前に見た一九九九年四月二一日のETV特集「東京大空襲をどう伝えるのか~都平和祈念館計画の混迷」のように、建設が困難になり、中止となった。その後NHKは二〇一一年三月一〇日、「東京大空襲から六六年　都の資料館建設凍結　行き場を失った遺品」「東京大空襲　体験者の証言を映像記録に　三三〇人の証言記録」の二つのニュースで、都平和祈念館計画の中止で遺品や体験者の証言映像が活用されていないことを伝え、建設凍結解除を求めるキャンペーンをはった。しかし、当初は都知事選に出馬しないと言っていた石原慎太郎が、都知事選に出て、当選したため、キャンペーンは功を奏さなかった。

終わりに

今回見た展示会の多くがすでに開催されていたことは知っていたが、それでもアーカイブスにより、初めて気がついた展示会もあった。また、展示は消えるものであり、アーカイブスとして映像による記録が保存され、公開される意味は大きい。

ニュースに取り上げることで、特別展などの集客の効果がある。館によって取り上げられ方のばらつきはあるが、それでも総体としてはよく取り上げてきた歴史があり、それだけ、「平和のための博物館」や「平和のための戦争展」の発展に、ＮＨＫは大きな役割を果たしてきたと言える。内容的には、戦争の悲惨さを強調していることが特徴である。そこからして、ＮＨＫが日本人の平和意識の形成に大きな意味を持ってきたと言ってよい。

注

（1）展示会の開催を含む主な記録する会の歴史は、「各地の記録する会のあゆみアンケート」（東京大空襲・戦災資料センター編『空襲・戦災を記録する会全国連絡会議第四〇回東京大会シンポジウム「空襲・戦災を記録する会四〇年の歴史と今後の展望」報告書』、二〇一〇年所収）参照。

（2）「平和のための戦争展」の歴史や「平和のための博物館」との関係は、拙稿「地域に根ざす平和のための戦争展示——戦争展運動を中心に」（『歴史評論』第五五六号、一九九六年所収）参照。

（3）「平和のための博物館」とは何か、については拙稿「平和のための博物館と歴史学」（『歴史学研究』第八五四号、二〇〇九年所収）〔本書⑦に収録〕参照。本稿では量的制約により、美術館、文学館、科学館、動植物園、文書館、図書館、公民館などや日本の戦争を扱わない博物館は考察の対象外とした。

（4）拙稿「地域の歴史博物館における戦後五〇年関係の特別展・企画展の概観」（『歴史科学』第一四七号、一九九六年所収）〔本書⑯に収録〕に書いたように、各地での平和の視点での特別展・企画展は一九九五年が質量共に頂点だった。ここでは一〇〇か所を超える博物館の特別展・企画展を紹介したが、ＮＨＫニュースで取り上げたことを確認できたのは、江戸東京博物館、三笠市立博物館、立命館大学国際平和ミュージアム、石川市立歴史民俗資

料館、南風原文化センター、各務原市歴史民俗資料館、豊橋市美術博物館、沖縄県立博物館、新居浜市立郷土美術館、仙台市戦災復興記念館、釧路市立博物館、本別町歴史民俗資料館、室蘭市民俗資料館、福山市人権平和資料館、桜ヶ丘ミュージアム、和歌山市立博物館、北九州市立歴史博物館、帯広百年記念館、吉舎町歴史民俗資料館、石川県立歴史博物館、田川市美術館、浜松復興記念館、岐阜市歴史博物館、平塚市博物館、飯能市郷土館、日立市郷土博物館、徳島県立博物館の二七館だけである。

（5）「平和博物館の現状と課題」（『歴史学研究』第六六四号、一九九四年所収）〔本書17に収録〕、「日本の平和博物館の到達点と課題」（新版『平和博物館・戦争資料館ガイドブック』、二〇〇〇年所収）〔本書14に収録〕、「歴史博物館・平和博物館での一五年戦争関係の取組」（『史海』第五二号、二〇〇五年所収）〔本書12に収録〕など。

（6）拙稿「平和博物館の侵略・加害展示に対する攻撃」（藤原彰編『南京事件をどうみるか』、青木書店、一九九八年所収）〔本書15に収録〕参照。

（7）最近における「平和のための博物館」の動向は、拙稿「「平和のための博物館」の今」（『歴史評論』第六八二号、二〇〇七年所収）〔本書9に収録〕と拙稿「地域歴史博物館の戦争関係特別展と平和博物館の開設」（『政経研究』第九〇号、二〇〇八年所収）〔本書8に収録〕参照。

（8）「東京空襲を記録する会」などの平和博物館を求める動きは、前掲「各地の記録する会のあゆみアンケート」参照。

（掲載時所属：公益財団法人政治経済研究所主任研究員）

7

『歴史学研究　第八五四号』（二〇〇九年六月　歴史学研究会）

平和のための博物館と歴史学

特集　博物館展示と歴史学―展示叙述の可能性―

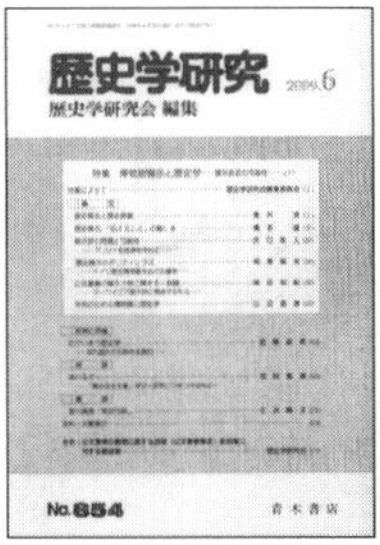

はじめに

私は、これまで、日本の平和のための博物館における戦争展示の実例の紹介を主におこなってきた[1]。今回は特集にあたって、平和のための博物館と歴史学の関係のあり方について論じてみたい。特集にあたって提起されているすべての問題について触れることはできないが、歴史学や平和学の研究と展示の関係、戦争・平和展示のあり方、管理運営の変化が戦争展示にもたらす影響、戦争展示受容のあり方など、平和のための博物館にとって特に問題となってきたことを中心にいくつかの問題を取り上げることとしたい。当然、展示内容を中心に論じるが、それ以外の博物館の諸機能についても、できる限り論じていきたい。

平和博物館研究については、福島在行が研究史を整理しているが[2]、これをふまえて、平和学ではなく、歴史学の立場からの平和博物館論を前進させる試みをしていきたい。

1　歴史学から見た平和と平和博物館とは何か

一　平和とは何か

平和博物館とは何かを考える上で、まず平和とは何かを考えなければならない。平和学では、平和は戦争がないことだけでは十分ではなく、「暴力のない状態」であり、『暴力』とは『人間の能力の全面開花を阻んでいる原因』のこと」であって、その原因には戦争のような「直接的暴力」だけでなく、「構造的暴力」と呼ばれる「飢餓・貧困・社会的差別・人権抑圧・環境破壊・教育や医療の遅れ」も含むといわれている。[3]しかし、この平和の定義を、そのまま受け入れるのではなく、歴史学の立場で検討してみる必要がある。もともとは、平和とは戦争の反対概念であり、戦争がないことが平和であった。しかし、戦後の日本は、社会的にさまざまな矛盾があるため、戦争がなくても平和なのかという問題が出されてきた。

とはいえ、平和を暴力がない状態と定義を広げることによって、問題が出てきている。戦闘に巻き込まれたのが、地域的にも、時間的にも、人口的にも限られていれば、部分的な戦争があっても平和であるといわれる[4]ようになってしまったのである。軍隊によって遂行される戦争の持つ意味が曖昧にされ、戦争とそれを担う軍隊に対する批判が弱められている。この問題は、現在さらに重大な意味を持ってきている。それは、アメリカなどの国家が現実に戦争を起こし、それを遂行しており、日本の軍隊も戦場となっている国や地域に出動しているなかで、それがさらに拡大し、推し進められる危険が出てきているからである。

いまこそ、平和の原点に戻って、戦争による問題の解決から生ずる弊害と危険を重視しなければならない。戦争をなくす平和の実現は、世界的には難しくなっており、非現実的な手段では実現不可能である。戦争違法化を無視しているアメリカに戦争を止めさせるには、それに対抗し、克服する力が必要である。そのためには、思想信条や問題解決手段の違いを超えて、完璧でない個人や組織が排他的にならずに、協力し合う必要がある。

平和の定義に関連して、平和の問題と人権や民主主義の問題との区別を考える必要がある。「構造的暴力」の解消は平和の問題よりは、むしろ人権の問題として考えるほうがよいと思う。批判的かつ科学的に事態を見て判断できる自立した個人やその集まりとしての組織が形成され、それを基礎に、単に機会の均等ではなく、実質的な平等を達成することが、人権の確立であると私は考えている。それは、平等・民主主義などの理念で表されるが、実質がともなわなければならない。

平和と人権を区別した上で、その関連を考える必要がある。差別や人権侵害をもたらす最大のものが戦争であるが、また差別や人権侵害が戦争の原因でもある。人権が確立されてこそ、戦争のない平和が実現できる。このように平和と人権には関連があるが、両者を同一視したり、平和の概念で包摂することは適切とはいえないであろう。

二　平和博物館とは何か

次に平和博物館とは何かについて考えたい。平和とは戦争がないことであるとする考えからすれば、「平和博物館にとって戦争に関する情報は、全く必要ない」[5]どころか、平和博物館は、戦争を軸に据えて、「反戦と戦争否定」[6]をまず何よりも取り上げなければならないことになる。平和博物館は反戦と戦争否定の立場から、戦争の問題点や平和への取り組みを紹介する博物館であるといってよい。

平和博物館が戦争を批判的に取り上げることを重視するものならば、侵略戦争に対する抵抗や戦争のなかでの非人道的行為を取り上げる抵抗博物館やホロコースト博物館も平和博物館から除外されるものではなく、当然、平和博物館のなかに含めて考えられるべきである[1]。世界的には侵略戦争や帝国主義戦争に反対し、戦争の結果もたらされた植民地支配に反対する立場から、戦争の悲惨さ・恐怖・問題点を明らかにし、それとともに平和の尊さを伝える博物館が、平和のための博物館である。ただし、反戦を声高にいわなかったり、戦争の性格を明示しなくても、戦争の悲惨さを伝えているのであれば、平和のための博物館と考えてよい。日本にはホロコースト博物館はあるが、抵抗博物館はなく、平和のための博物館の展示の一部に抵抗運動・反戦運動に関するものがあるだけである。日本では平和博物館の調査が進んでいて、ホロコースト博物館も含めて、かなりのものが把握されているが、同じ基準でヨーロッパを調査したら、従来言われているよりも平和博物館の数ははるかに多くなるであろう。

二〇〇八年一〇月に日本で開催された第六回国際平和博物館会議では、「悲惨さの強調から脱却して、『和解と共生』を図る未来志向型の平和創造博物館へと刷新していく」ことがテーマであった[8]。このため、前回日本で開かれた第三回世界平和博物館会議と比べて、日本の平和博物館の参加のあり方が変化している。前回は公立の平和博物館はもとより、公立の歴史博物館、人権博物館からも参加や報告があった。しかし、今回は公立の歴史博物館、人権博物館からは報告もなく、参加者もほとんどなかった。公立の平和博物館も、最終日を主催した広島平和記念資料館や財団法人運営の第五福竜丸展示館などを除いては、やはり参加が少なく、市民運動団体が設立した平和博物館などにほとんど限られていた。その意味では、これまで日本で平和のための博物館の中心として公立博物館が築いてきた成果を、反映したものとはなっていなかった。現在日本の公立博物館が平和を目指す展示をやるとすると、日本政府が目指しているような、自衛隊を出動させた平和構築を展示することになりかねない危険があるので、平和構築の展示には慎重になるべきであり、戦争による解決がもたらす問題を示すにとどめるのがよいと考えている。また、たしかに戦争の問題の解決は和解することにあるが、しかし、被害の事実を知り、被害者への補償がなされた上での和解でなければならない。過去の戦争の事実を忘れたままでの未来志向は危険であるし、和解するために、被害者が補償を求めることを押さえ込んではならない。

平和博物館は博物館である以上、資料を展示し、収蔵することが不可欠であり、当然施設がなくてはならない[9]。その意味で、平和博物館を建てようという運動、あるいは自治体に平和博物館を建てさせようという運動があっても実現しなくては、平和博物館ではない。滋賀県、愛知県と名古屋市、三重県などの自治体が、平和博物館をつくる計画を持ち、準備を進めてきたが、建設することができなくなり、インターネット上でバーチャルの平和博物館を構築しているが、これは平和博物館とはいえない。

平和博物館の連携のあり方についても、それぞれに存立基盤、理念が異なる上に、それぞれが独立して各地に点在しているので、情報交換をして、お互いに励まし合っていく形が望ましい[10]。特に国を超えた連携では、それぞれの国で、平和を追求する仕方は異なるわけであるから、ある一定のあり方を押しつけることがあってはならない。

三　平和博物館と平和のための博物館

平和博物館と平和のための博物館との違いであるが、平和博物館は平和問題に専門的に取り組んでいる博物館をさし、平和のための博物館は、平和のための調査・研究、展示、教育活動などに積極的に取り組んでいる博物館を広くさすものと私は考えている。したがって、平和のための博物館には、平和博物館だけではなく、歴史博物館、人権博物館などのなかで平和のための取り組みをしている博物館も含むものと考えている[11]。歴史博物館は戦時期のみではなく、広い時期の歴史を対象としており、テーマも戦争と平和のみに限られるわけではない。ここが平和博物館との違いである。

平和のための博物館に必ずしも含める必要はないが、文書館・図書館などで、平和のための展示などをおこない、博物館の機能を果たしている場合についても、平和のための博物館と関連させて見ていくべきである。図書館側には類縁機関という概念があるが、博物館側でも、類似施設として文書館・図書館などを含めて考えていってよいであろう。

四　人権博物館と平和博物館

平和問題を取り上げるのが平和博物館であるように、差別などの人権問題を取り上げるのが人権博物館である。「人権博物館は決して平和博物館ではないし、また平和博物館という規定に縛られるものではない」[12]と朝治武がいうとおり、人権博物館は平和博物館の一種として、それに含められるものではない。

人権博物館と平和博物館の区別は、日本の博物館のネットワークでは明確である。日本の博物館のネットワークについては、「日本平和博物館会議」や「平和のための博物館・市民ネットワーク」がある。それとは別に人権問題について特に取り組んでいる博物館を中心とする「人権資料・展示全国ネットワーク」がある。これは同和問題を中心とするが、それだけではなく、アイヌ、水俣病などに関する博物館も加盟している。このネットワークに加盟はしていないが、国立のハンセン病に関する博物館、高知県高知市・東京都町田市・福島県三春町などの自由民権運動の博物館もある。もちろん、平和と人権両方の課題に取り組む専門の博物館も、堺市立平和と人権資料館、福山市人権平和資料館などがある。これらは、人権博物館であり、かつ平和博物館でもある。

このように区別した上で、人権博物館も、戦争については、人権侵害のもっとも甚だしいものとして取り組んでいる。また、平和博物館も戦争のなかでの人権侵害について積極的に取り上げている。このことが大切であり、平和博物館は、戦争を軸に据えて、構造的暴力の問題を見ていく必要がある。すなわち、戦争がもたらした結果としての構造的暴力の問題とともに、戦争の原因としての構造的暴力の問題、さらには構造的暴力の問題が戦争の性格を規定していることなどの視点から、取り組んでいく必要がある。

2　平和のための博物館での展示のあり方とその評価の仕方について

一　平和のための博物館と戦争展示

ここで、平和のための博物館の展示について考えていくが、最大の問題は、戦争をどう展示するかである。特に戦争博物館との相違がどこにあるかが重要である。一番の違いは、戦争の悲惨さ、むごさ、非人道性を伝えるか、戦争を賛美し、戦死者を讃え、兵器の性能を誇るように伝えるかにある。一般的に、展示をおこなうということは対象を肯定的にとらえていると考えられがちである。また、批判的なつもりで展示しても、肯定的に受け止められることはよくある。この意味でも、戦争の被害と切り離された兵器の展示には慎重になるべきである。

戦争の被害を伝えることが、戦後の日本では、加害者に対する報復ではなく、戦争を二度と繰り返さないという、戦争そのものの否定に繋がっていた。しかし、近年日本の大国化、軍事力の強化、軍隊としての自衛隊の整備にともなって、新保守主義のナショナリズムが高揚しており、被害の強調が報復的な考えを呼び出しかねない危険が考えられるようになった。アメリカへの従属を帝国主義的な自立によって解消しようという主張すら出ている。これに対しては、まずあらためて、二度と戦争を起こさないことを明確にしなければならない。その上で、自らの被害だけでなく、日本の戦争がアジア諸国などに与えた被害も伝えることや、日本が起こした戦争によって日本人の被害がもたらされたことを示す必要がある。一方で、報復の連鎖を断ち切るためには、被害者、特に民間人の被害に対する補償がなされることも必要である。

展示はあくまで、問題の所在を知るきっかけをつくることに大きな役割がある。問題の全面的理解を展示に求めることには無理がある。現実の平和のための博物館は、多面的に問題を伝える方法と、特定の問題に絞り、強烈に伝える方法に分かれている。多面的に問題を提起する場合はどうしても、さまざまな資料を展示し、偏りなく戦争の実相や反戦運動・戦後補償問題などを展示して、多くのことを考え、調べるきっかけになる点では優れているが、資料だけでは語りきれないため、文章による説明が多くなりがちであり、展示量も多くなり、来館者がなかなか見切れないという問題もある。特定の問題に絞った場合は適切な資料とそれへの背景説明とにより、効果的に戦争の被害・悲惨さなどを伝えることができるが、戦争の本質を伝えきれないという偏りが生じがちである。

二　平和のための博物館の展示諸資料

何をどう展示するかについては、展示という媒体の強みを生かすことが重要である。博物館では、実物資料の展示が基本である。平和のための展示において、被災品や遺品は強烈な迫力を持っている。しかし、物それだけでは語り切れない場合がほとんどである。被災品や遺品に関して、どういう状況でどういう人が受けた戦災なのかを説明で補うことは効果的である。関係者から直接提供されたり、関係者が記録や手記を残している場合にはそれが可能であるが、かなり前に提供されたり、世代が代わってから間接的に提供された場合には、それが困難になる。広島平和記念資料館が努力しているように、博物館が提供者やその関係者に再度調査して明らかになる場合もあるが、それでも無理なことがある。

日記、ノート、記録、書簡、証明書などの文献的な資料も、被災品などの立体的な物資料とは違うが、やはり、実物資料である。翻刻された文章を読むのとは違って、本人が書いた直筆のものを読むことによって多くのことが伝わってくる。文献資料の内容を読ませる展示は効果的である。読みにくい場合は翻刻を添えることも必要である。しかし、文献資料は物資料以上に展示による劣化が著しい。そこで、資料保存を優先する立場から、複製品の展示に代えている博物館もあるが、現物と同じようなわけにはいかない弱点がある。

写真は戦争の悲惨さを伝える上で大きな力を持っている。ここで問題となるのは死体が見えるような残酷な写真を展示すべきかどうかということである。展示すべきでないという理由としては、人間不信に陥り平和博物館は機能を果たせなくなる、心理的に耐えられなくなりそれ以降の展示を見ることができなくなることなどがある。[13]これに対して、事実を隠蔽してはならないという批判がなされている。戦争が残酷であり、目を背けたくなるようなものであることを、幼いうちから実感させることが、大きくなってから、反戦に対する態度がぶれないで、戦争を賛美するような人間をつくらないためにも、必要と私は考えるようになった。

写真を展示する場合、厳密な考証をし、正確な説明を付けることが当然必要である。写真は間違った説明が付けられると、一人歩きする場合があるからである。

状況を再現する模型も、平和のための博物館では多く取り入れられている。空襲前の町並み、空襲の様子、空襲後の焼け野原になった町を、映像を加えた模型で展示しているところも多い。精巧に作られた模型は効果も大きい。この際大切なのは、写真資料と同様に厳密な考証をすることである。

写真資料が限られている場合、絵画資料が大きな意味を持つ。被災直後に描かれたものもあるが、限られており、戦後、空襲や原爆の体験画を描く取り組みがなされたなかで描かれたものが、博物館で展示されていることが多い。体験画は、体験者個人の記憶の深層を掘り起こすことに主な意義があるといわれるが[14]、歴史学の立場からは、絵に描かれたことが、事実を反映したものかどうかが問題になる。体験者の証言の場合も同じであるが、体験したこと以外に調べたことが体験画に描かれる場合がある。その場合は描かれた時点での研究成果の反映であり、それが間違っていることもありうる。その意味でも資料批判が必要である。また、考証に際して、同じ事象を取り上げた体験画どうしの突き合わせが必要であるが、広島平和記念資料館ではそのような努力がはじまっている[15]。

体験画ではないが他人の体験を絵にした作品もある。体験画とは明確な区別が必要であるが、展示では同様な効果を上げている場合もある。

三　戦争文化財について

博物館で収蔵し、展示する現物資料は文化財と考えてよい。平和のための博物館の資料も戦争文化財ないし平和文化財である。文化財はこのように幅の広いものであって、その地域の歴史を明らかにする上で残す価値があるものすべてをさすと考えてよい。この考えが実際に確立するのは東京都江東区の取り組みによってである。文化財のなかで、歴史的または地域的に重要で、悉皆的に把握されたものが登録文化財となる。さらにそのなかで特に重要なものが指定文化財となるわけである。このような文化財に対する考えが特に必要とされるのは戦争文化財などの近現代の歴史資料である。博物館が収集し、展示することによって、戦争資料を文化財ととらえる考え方ができてきた。東京都豊島区では一九九一年一月に、配給切符や軍事郵便を古文書古記録として文化財に登録している。

一方で、戦争文化財の保存運動は、戦争遺跡保存の運動としてはじまったといってよい。各地で遺跡保存運動が形成されて、その運動の交流・理論化を求めて、一九九七年に「戦争遺跡保存全国ネットワーク」が形成された。ここでは、戦争遺跡の定義として「近代日本の侵略戦争とその遂行過程で、戦闘や事件の加害・被害・反戦抵抗に関わって国内国外で形成され、かつ現在に残された構造物・遺構や跡地」[16]という明確なものが示された。そのなかで、地下壕などの保存に際して、そこで朝鮮人などの強制労働があったことも積極的に明らかにしてきた。遺跡保存と関連して遺跡の内容を伝える平和博物館をつくる運動にも取り組んだ。しかし、戦跡保存運動の中心である長野県の松代大本営地下壕の保存運動でさえも、平和博物館をつくることができない状況にあって、この種の平和博物館の建設は停滞した。多くの平和博物館は、空襲を記録する運動、戦争展運動の発展の帰結として実現している。しかし、ここにきて、明治大学が陸軍登戸研究所の建物を保存し、登戸研究所を展示で伝える資料館の建設に踏み切った。これは画期的なことであり、戦争遺跡保存の平和博物館がつくられる嚆矢となることを期待したい。「戦争遺跡保存全国ネットワーク」の取り組みがあって、戦争遺跡保存が進んできたが、それにともなって、戦争展示と同じような問題が出てきている。それは、戦争や軍隊に対する批判的な視点の弱まりである。そうなると戦争遺跡が戦争賛美、新たな戦争への動員に役立ちかねない。その意味で、従来積極的に取り上げられてきた戦争の加害の問題点が明確に見えるような戦争文化財とともに、空襲・原爆・地上戦などにおける戦争災害の痕跡を示す文化財の保存にも力を入れる必要がある。特に空襲は日本全土でうけているので、空襲の痕跡の残る建物や石仏などの建造物の保存、空襲被災樹木の保存などのために、平和のための博物館が調査し、その成果を展示などで紹介することにもっと取り組むことが求められる。さらに、空襲被災品、犠牲者の遺品を文化財として考え、その保存と公開をしていくことも、平和のための博物館に課せられた大きな課題である。

四　図録などの刊行物について

展示と図録との関係が重要である。特別展・企画展など期間を限った展示の場合には特にそうであるが、展示は消えていくものである。その内容を伝える図録の必要性は大きい。しかし、現実には、図録まで作成するのは多くの労力がいることであり、なかなかできないことである。常設展図録を作成している平和博物館には、沖縄県平和祈念資料館、ひめゆり平和祈念資料館、広島平和記念資料館、立命館大学国際平和ミュージアム、第五福竜丸展示館などがあるが、まだ少ない。その意味で、「岩波DVDブック　Peace Archives」シリーズとして、『平和ミュージアム』(立命館大学国際平和ミュージアム常設展図録)、『オキナワ　沖縄戦と米軍基地から平和を考える』、『ヒロシマ・ナガサキ』が刊行されていることは貴重な取り組みである。特別展・企画展では、やはり図録をつくらないことが多いが、平和博物館でも、埼玉県平和資料館、沖縄県平和祈念資料館、広島平和記念資料館などはよく図録を作成している。歴史博物館での大規模な戦争・平和関係の特別展は図録をつくっている。毎年のように継続的に平和関係の企画展を開いている歴史博物館でも、大規模な場合だけは図録をつくるところが多い。栗東歴史民俗博物館、蕨市立歴史民俗資料館、豊川市の桜ヶ丘ミュージアムなどのように、簡単な図録をつくり続けているところもある。浅井歴史民俗資料館では、会期中にはできなくても、後年に刊行する努力を続けている。図録とまではいかないにしても、少なくとも、解説の文章や展示品リストを収録したパンフレットなどはつくることが望ましい。展示内容をＤＶＤなどで記録する試みも普及してきているが、よいことである。

逆に図録や本の内容をパネルにしたような展示では、展示としての強みを生かしたものにならない。また、図録によってその展示を評価することがよくあるが、気をつけなければならないこととして、展示内容と図録の内容が違うことがある。展示場と図録などの刊行物との趣旨文が違うことはよくある。展示内容との違いがあることもある。たとえば、二〇〇六年の国立歴史民俗博物館の特別企画「佐倉連隊にみる戦争の時代」では、日本軍の加害を伝える資料を展示する努力をしているが、それらは図録に反映されておらず、展示資料一覧にも載せられていない。これではのちに図録のみで判断して、加害展示をしなかったと評価されかねない。このように実際の展示を見ないで、図録のみでその展示会の評価をすることは危険である。

図録が展示品の写真、解説文章、図表の収録のみでなく、関連の論文、関係資料の翻刻を掲載するのもよいことである。もちろん、図録に収めるだけでなく、研究紀要のような論文集、研究書、ブックレットのような読みやすい本、資料集などの発行も必要である。これも、豊島区立郷土資料館、仙台市歴史民俗資料館、睦沢町歴史民俗資料館、平塚市博物館などの歴史博物館ですでに取り組まれている。仙台市歴史民俗資料館のように、そのための共同研究が組織されているところもある。

博物館での共同研究が展示など博物館の他の機能と意識的に結びつけられることが望ましいが、もちろんそれだけに絞るような実用主義的な研究では成果が限られ、不十分である。また、資料保存機関としての博物館の強みを生かした研究も期待されている。

3　平和のための博物館と歴史認識、歴史教育、受容

一　平和のための博物館の社会的な存在意義

平和のための博物館が特に戦後日本において必要とさ

れ、つくられてきたのは、第二次世界大戦の悲惨な体験が風化してきて、それを若い世代に伝えることの必要性が痛切に感じられるようになってからである。家庭や学校で、親や教師が子どもたちに戦争体験を直接伝えることが困難になってきたため、それを補うものとして人ではなく物を介して戦争体験を伝えようという努力がはじまった。そこで、物の展示を通じて戦争の悲惨さを伝える博物館や戦争遺跡などの意味が大きくなった。

平和教育は原爆についての教育からはじまったといえるが、それにとどまらず、より身近な地域での戦争被害から考えるような発展が見られる。それが地域における平和のための博物館の取り組みと結びついている。この戦争の悲惨さを伝えることが、一番の基礎であるが、その上で、歴史認識上の発展があって、日本が与えた被害、つまり加害についても認識することが求められ、実践されていった。

二　平和のための博物館と歴史教育・社会教育

このように、もともと平和のための博物館は学校教育における平和教育や近現代史の歴史教育と密接な関係を持っていた。小学校・中学校などでは、修学旅行・校外学習・社会見学などの機会に、学校・クラス・グループ単位で見学する場合が多い[17]。高校生・大学生でも、同じような団体の見学もあるが、授業などの課題で、個人で見学する形も多い[18]。大学の研究室・学会での見学ももちろんある。社会人では、地方自治体・平和運動団体・生協・女性団体・学習サークルなどの見学が多い。団体などの見学では、体験者の話を取り入れたり、遺跡や追悼碑の見学を組み合わせることもよくある。見学後に生徒一人ひとりの感想を綴った文集を作成し、博物館や話をした体験者に贈ることもよく見られる。学校教育での利用には、事前の学習とともに、このような事後の学習の取り組みが大事である。また、体験者などによる説明をまじえて見学することもよくある。このように体験者がまだ元気でいれば直接体験を語る場合もあるが、同時に体験談を映像で残す取り組みも進められている。これをもっとも系統的に進めているのは埼玉県平和資料館である。もちろん戦争体験の継承は団体見学だけでなく、家族で子どもに戦争体験を伝える場としての、平和のための博物館の利用もある。また、博物館の場を利用して、戦争体験のない若い人たちが芸術表現を通して戦争体験を伝えようとする取り組みがなされるようにもなってきている。

このような事情があるとはいえ、本来、博物館は、社会教育・生涯学習の場であり、自発的学習をするところである。見方を押しつけるのではなく、展示物自体から多面的に意味を引き出す見方が望まれる。

4 平和のための博物館とその管理運営・権力関係・政治関係・市民との関係

一 平和のための博物館と政治・平和運動

平和博物館はたびたび権力の介入問題と直面してきた。当然それに対抗する運動も取り組まれてきた。一九九〇年代後半には、加害展示をめぐる問題が生じ、それに関連して東京都平和祈念館の建設が中断されている。また、このように大きな問題にならなくても、日常的に解説文の検閲や展示物の撤去などが行政当局によっておこなわれている博物館もある。だが、沖縄県平和祈念資料館の新館建設にともなう日本軍による住民威圧の展示や、埼玉県平和資料館の南京虐殺展示のように、運動によって権力からの攻撃を跳ね返し、復活させた例も平和博物館にはある。

平和のための博物館が、平和運動の力に依拠して、設立され、発展してきたことは事実である。このことはこれからますます必要になるが、一方で平和運動からの相対的自立が、博物館にとっては必要である。実際に平和運動にはさまざまな潮流があり、その間の対立には激しいものがあった。そのなかで、研究機関であり、社会教育機関でもある平和のための博物館が一定の政治的勢力とのみ密接な関係を持つべきではない。戦争への憎悪、平和への思いを伝えるものではあるが、一定の価値観、平和観を見る者に押しつけてはならないと私は考えている。

平和運動団体ではなく、特に歴史学研究会や日本史研究会など学会との関係では、研究面での協力とともに、歴史的事実の歪曲と闘うような科学運動の面でも密接な関係を築いていく努力が博物館・学会、双方の側に求められる。

博物館と市民との関係であるが、社会教育施設のなかで、博物館は唯一研究機能を持つ機関である。この特徴を生かした市民、利用者との関係が重要である。公民館などの活動の蓄積から導き出された社会教育の理論や運動をそのまま、博物館に当てはめることは適当ではないと私は考えている。市民との共同研究において、博物館や学芸員側の積極的な関与が求められるのである。

博物館への攻撃に対しては、博物館の運営委員や専門委員である研究者の役割が大きい。学芸員ら、博物館のなかで学芸研究を実際に担う人たちは、組織内の研究者として、立場がどうしても弱くなりがちである。彼らの仕事が博物館の成果の質を決めるといってよい。彼らを圧迫から庇い、研究や展示などの活動の進展や蓄積を保証する上で、大学教員などの自由な立場の研究者が果たす役割が重要である。

二　平和のための博物館の管理運営上の問題点

政治的な攻撃と一応別な形で、博物館の活動の継続を困難にする事態が起きている。ひとつは指定者管理制度の導入である。これにより、管理運営団体が変更することになれば、継続的な取り組みによる蓄積が困難になる。それにとどまらず、以前から運営してきた財団が指定管理者になった場合でも、収益性の重視からイベントなどの取り組みを増やさざるを得ないため、展示も研究成果の発表よりも、集客性を重視したものが増えており、研究や資料整理などの地道な事業への取り組みが困難になっている。自主企画についても、集客が重視され、それが企画の制約や自主規制となるといった問題をもたらしているため、博物館での指定者管理制度の導入は止めるべきである。

もうひとつは地方自治体の財政難である。これを理由に博物館の閉鎖や人員の削減、事業費の削減が進められている。最近では特に大阪国際平和センターの財政的困難がひどく、問題になっている。

おわりに

以上、学芸員としての私の経験や、平和のための博物館の学芸員から聞いたこと、実際に見た戦争展示などから、平和のための博物館における戦争展示について論じてきた。当然限られた資料から論じたものであるし、一面的な見方も含まれているであろう。今後、展示評を積み重ねることを通して、戦争展示についての実証的な調査を踏まえた、建設的で、実り多い議論を展開し、より全面的で間違いのない平和のための博物館の展示像がつくられることを期待したい。その上で、平和のための博物館の歴史を記録する必要がある。これまでのような平和のための博物館の活動が困難になる事態が起きる可能性もある。もしそうなっても、これまでの蓄積の記録があれば、ファシズム政権の下で閉鎖になっても第二次世界大戦後に復活したドイツの反戦博物館のように、再び復活することも可能である。このことが起きる可能性まで、考えておかねばならないであろう。

最後に、ここで述べた見解は、あくまで私の経験や調査に基づくものである。平和のための博物館のありようは多様であって、それぞれがそれぞれの理念に従って設置され、運営されている。私が歴史学の立場から書いてきた見解は、決して他の平和のための博物館に押しつけるものでないことをお断りしておきたい。

注

(1)平和のための博物館における一五年戦争についての展示などの取り組みを紹介した拙稿には主に以下のものがある。「地域歴史博物館の戦争関係特別展と平和博物館の開設」『政経研究』第九〇号、二〇〇八年〔本書8に収録〕、「『平和のための博物館』の今」『歴史評論』第六八三号〔本書9に収録〕、二〇〇七年、「戦後六〇年と歴史博物館・平和博物館の戦争展示」『季刊戦争責任研究』第五一号〔本書10に収録〕、二〇〇六年、「歴史博物館・平和博物館での一五年戦争関係の取組」『史海』第五二号、二〇〇五年〔本書12に収録〕、「地域の歴史博物館における戦後五〇年関係の特別展・企画展の概観」『歴史科学』第一四七号、一九九六年。〔本書16に収録〕

(2)福島在行「〈平和博物館研究〉という場はいかに成立しうるか?——日本における平和博物館研究史とこれから——」(仮題)二〇〇九年、発表誌未定。

(3)安斎育郎「『平和のための博物館』の条件」『立命館平和研究』第九号、二〇〇八年。

(4)ヨハン・ガルトゥング「平和の理論と平和博物館による実践」『平和をどう展示するか——第三回世界平和博物館会議報告書——』一九九九年。

(5)ガルトゥング同上論文。

(6)ガルトゥングは同上論文で、「反戦と戦争否定」を取り上げている博物館を反戦博物館とし、平和博物館から除き、別のものとしている。

(7)坪井主税は「国際化する平和博物館——その定義と類別化をめぐって——」(『札幌学院大学人文学会紀要』第六二号、一九九八年)で、アウシュヴィッツ博物館とともに、レジスタンス博物館も「平和的解決による平和」をいうならば平和博物館に入れるべきであるとしている。

(8)安斎育郎・高杉巴彦「国際平和博物館会議(第六回)が成功裏に開催」『立命館大学国際平和ミュージアムだより』第一六巻第二号、二〇〇八年。

(9)坪井主税は「平和博物館——その定義と類別化に関する若干の考察——」(『札幌学院大学人文学会紀要』第六四号、一九九八年)で、平和博物館は建物であるが、実質は運動であるとしている。

(10)坪井は同上論文で、平和博物館は連携して一つの国際NGOになるべきであるとしている。

(11)安斎前掲論文では、平和博物館は戦争の惨禍や非人間性を展示することを通して平和の尊さを訴える博物館であるとし、平和のための博物館には、戦争ではなく、構造的暴力や文化的暴力の問題を扱う博物館をも含むとされている。

(12)朝治武「人権博物館が平和に果たす役割」『平和をどう展示するか――第三回世界平和博物館会議報告書――』一九九九年。

(13)安斎前掲論文。

(14)田中禎昭「絵に刻む記憶――東京空襲の体験画から――」『歴史評論』第六八二号、二〇〇七年。

(15)横山昭正「『市民が描いた原爆の絵』における橋――画中の説明を中心に――」『広島平和記念資料館研究報告』第二号、二〇〇五年、横山昭正「『市民が描いた原爆の絵』における防火水槽――画中の説明を中心に――」『広島平和記念資料館研究報告』第三号、二〇〇七年。

(16)十菱駿武「戦争遺跡とはなにか」『日本の戦争遺跡』平凡社、二〇〇四年。

(17)学校教育や生涯学習における平和博物館利用例を紹介したものに、市田真理「こんなに活用されています！第五福竜丸展示館」(『福竜丸だより』第三四九号、二〇〇九年)がある。

(18)平和博物館を利用した大学の授業の実践報告には、森下徹「学生の戦争観・平和意識と立命館大学国際平和ミュージアム」(『立命館平和研究』第四号、二〇〇三年)がある。

＊本論文は平成二〇年度科学研究費補助金(基盤研究(B))課題番号一九三二〇一〇九「東京大空襲体験の記録化と戦争展示」の研究成果の一部である。

(掲載時所属：財団法人政治経済研究所主任研究員)

8

『政経研究　第九〇号』（二〇〇八年五月　財団法人政治経済研究所）

地域歴史博物館の戦争関係特別展と平和博物館の開設

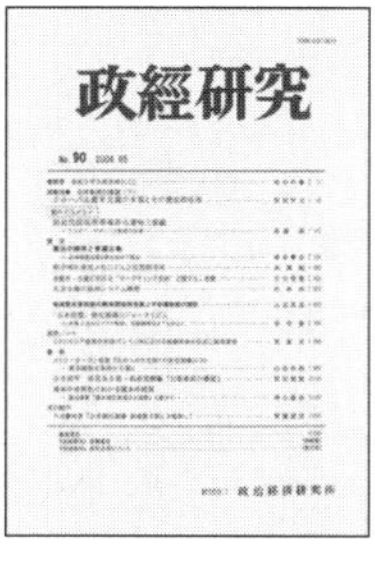

はじめに

本論文では、二〇〇七年に新たに開館した平和博物館と、継続的に一五年戦争関係特別展を開催し、二〇〇七年も開催した地域歴史博物館について、今年の特別展と開催の歴史と、そして二〇〇七年に新たに開催された地域歴史博物館の特別展を取り上げたい。本来ならば、二〇〇五年、二〇〇六年に引き続き[1]、平和のための博物館全体の、特別展などの動向を見ていきたいが、分量の関係で、重点的に調査した上記三課題にここでは絞った。二〇〇七年の特別展などの全体については『戦争災害研究室だより』第一三号所収の「二〇〇七年における平和のための博物館の戦争関係特別展の動向」報告要旨を参照していただきたい。

1　平和博物館の動向

二〇〇七年における平和博物館にとって特徴的なことは、市民団体による新たな平和博物館として、二〇〇六年一二月のわだつみのこえ記念館に引き続いて、五月にピースあいちと山梨平和ミュージアムが開館したことである。二〇〇七年は民間の平和博物館が高揚する画期的な年となったといえよう。

○ピースあいち（愛知県名古屋市）

館の趣旨は「戦争という二〇世紀の負の遺産を、歴史の教訓として次代に伝え、平和のために役立てる」ことにおいている。常設展の戦争展示は三つのテーマから成り立っている。第一展示は、愛知県下の空襲についてであり、「空爆」と「空爆の思想」を問い、その非人間性を訴えるものとなっている。ここでは、空襲体験者の証言を展示している。他のテーマでは、戦争体験者の証言展示はしていない。第二展示は、一五年戦争の全体像であり、テーマ展示と戦争の経過の展示から成り立っている。ここでは、戦争の本質は「生命の破壊」であることを強調している。東海地方から戦地に送られた男性や満州開拓移民も取りあげている。南京事件、慰安婦、強制連行、七三一部隊などについては特に重点的に展示している。第三展示は、戦時下のくらしである。ここでは、時代を生きてきた人は何を一番に思い出し、何が忘れられなくて今も心の中に残っているかを伝えようとしている。桐生悠々らの抵抗、小栗喬太郎への弾圧、民間戦災傷害者や朝鮮女子勤労挺身隊の補償問題なども紹介している。

このように、立命館大学国際平和ミュージアムやピースおおさかと同様に、日本の加害も含む総合的で批判的な戦争展示であるが、名古屋に本格的な戦争展示がなかっただけに、ほとんどの来館者から展示は支持されている。体験者らによるガイドも取り入れている。

特別展は、この二年間に寄贈された戦争資料を紹介するもので、第一回寄贈資料展の「軍隊生活」が二〇〇七年一一月一四日～一二月一日の会期で、第二回寄贈資料展の「国民生活・学校生活」が二〇〇七年一二月二一日～二二日で、それぞれ開催された。第三回は二〇〇八年に入ってから開かれた。

○山梨平和ミュージアム（山梨県甲府市）

館の目的と活動には、次の四点をあげている。

一、甲府空襲、甲府連隊など一五年戦争に関わる資料を収集・保存・展示して、戦争の事実と実相を次世代に伝えていく。

二、平和・民権・自由主義を貫いた石橋湛山の生涯と思想を紹介する。

三、私の展示コーナーなど市民参加型の運営を重視する。

四、平和憲法の意義、戦争と平和に関する情報を発信・交流するセンターをめざす。

石橋湛山の展示が常設展である。湛山と一五年戦争との関係の展示では、戦時下に小日本主義の旗印を下ろさざるをえなかったが、抵抗を続けたとしている。満州事変直後には満蒙放棄による平和的解決を要望した、日米戦争必至の中で日本の経済力では対米戦争に耐えないことを婉曲に主張した、小磯国昭内閣成立に対し一見総力戦遂行のための合理的な提案をしたことなどを解説で書いている。

戦争関係の展示は企画展となっている。開館当初は、「甲府空襲の実相」であった。これは、民間人の被害を中心に展示している。空爆に参加したローランド・ボールと空襲下奇蹟的に助かった諸星広夫との、二人の交流を取り上げており、諸星広夫のビデオによる証言を展示している。『伝えたいあの戦争――戦後六〇年にあたって』収録の志冶承道と津田百合子の体験記を展示している。安永圭子の詩もある。絵は非体験者の小島義一が、写真をもとに甲府空襲を描いたものを展示していた。空襲の写真は、甲府市編『甲府空襲の記録』掲載のものを使用している。空襲の死者について、居住地と名前を載せた一覧表を掲示している。爆弾や戦時下の物品資料も展示している。戦略爆撃の系譜も取り上げており、ゲルニカ、重慶、ドレスデンなどの空襲や原爆を展示している。重慶空襲の関連で、山梨出身の長谷川テルらの、重慶での日本人の反戦運動も展示している。私の展示コーナーでは主に書かれた体験記を展示していた。山梨平和ミュージアムは『甲府空襲の実相――元日航機長が語る空爆の真相』を刊行しているが、事実上の企画展の図録となっている。

その後、企画展「甲府連隊の軌跡」が、二〇〇七年一一月一〇日から開催された。これは、郷土部隊である甲府連隊の軌跡・歴史を通して、一五年戦争の被害・加害の実相を明らかにするものである。兵士の外国での戦闘による被害を中心にしているが、毒ガス、人体実験、治安戦など加害についても展示している。

ここも、体験者によるガイドを取り入れているが、ガイド養成講座は開かれていない。山梨県戦争遺跡ネットワークが山梨平和ミュージアムの母体であるが、ネットワークは、『伝えたいあの戦争――戦後六〇年にあたって』を山梨日日新聞社から刊行しており、そこには国外での戦場体験、国内の戦争体験が収録されている。

2 継続した特別展の歴史と現状

ここでは、継続的に一五年戦争関係の特別展・企画展などを開催し、二〇〇七年も開催した地域歴史博物館について、今年の展示の内容と、展示会開催の歴史を紹介したい。

○本別町歴史民俗資料館　「わが町の七月十五日展」（北海道本別町）

特別展「わが町の七月十五日展――バロン西と硫黄島の戦い」が七月三日～二二日の会期で開催された。ロサンゼルス・オリンピックの馬術で金メダルを獲得し、硫黄島で戦死した西竹一に焦点をあてた展示である。

本別町は一九四五年七月一五日に空襲があって、十勝で最大の被害をうけており、戦争の悲惨な体験を語り継ぎ、平和への願いやいのちの大切さを子どもたちに伝えるために、歴史民俗資料館は特別展「わが町の七月十五日展」を二〇〇一年から毎年開催している。二〇〇六年は本別空襲の資料を、二〇〇五年は東京大空襲の惨状を描いた水彩画を、二〇〇四年は知覧特攻平和会館所蔵の特攻隊員の遺書を、それぞれ主に展示している。このように、本別空襲以外の資料を借用し、展示することが多くなっている。

○ふじみ野市立上福岡歴史民俗資料館　「造兵廠」（埼玉県ふじみ野市）

第二二回特別展「東京第一陸軍造兵廠の軌跡」が二〇〇七年九月二九日～一一月二五日の会期で開催された。上福岡にあった陸軍造兵廠川越製造所について、資料館は一九八三年から聞き取り調査、実物資料の収集などを進めてきた。一九九八年には市史調査報告書一五集「旧陸軍造兵廠福岡工場」を、一九九二年には資料館調査報告一「旧陸軍の施設」を刊行した。二〇〇五年には、戦後六〇年記念企画展「造兵廠と戦争遺跡」を開催し、展示資料目録を刊行し、二〇〇四年には、企画展「造兵廠と戦争資料展示会」を開催するなどしてきた。今回の特別展はこれら陸軍造兵廠川越製造所の調査を集大成するもので、実物資料三〇〇点や写真資料を展示した。あわせて、東京の十条、滝野川、尾久などにあった東京第一陸軍造兵廠の系列の施設についての資料も展示していた。特に造兵廠などに学徒勤労動員でいった人たちの聞き取りをし、それを展示で紹介している。図録も刊行している。

○蕨市立歴史民俗資料館　「時代――一五年戦争の記憶」から「平和祈念展」へ（埼玉県蕨市）

夏の企画展「第一八回平和祈念展　一五年戦争の記憶　戦中・戦後のくらし」が二〇〇七年八月一日～三一日の会期で開催された。悲劇を繰り返さないために、戦争という事実と記憶を次世代に伝えるために開かれたものである。出征、総動員、空襲、代用品、日本国憲法などについて展示していた。トピック展示「旅も戦争一色」では、駅弁の包み紙やバス・電車の乗車券を展示していたが、その主題は、国民精神総動員、紀元二六〇〇年、三国同盟、オリンピック、漢口陥落、ヒットラーユーゲントなどである。解説リーフレットを発行している。

開館した一九九〇年から毎年戦争関係の企画展を、戦争を二度と繰り返さない、平和の尊さを考える立場から、「戦争」を風化させることなく次の世代へ伝える趣旨で開催してきた。空襲は金子吉衛『蕨の空襲と戦時下の記録』があるので、その成果の上にたった調査・展示である。展示を新憲法で終わらせている。この企画展を開始し、継続した理由は、埼玉県下第二の規模の空襲があったこと、小規模館として特色を出したいことにあった。継続する中で、テーマ性を立てた企画展になった。ほぼ毎年リーフレット型の図録を刊行している。

近年のテーマは、二〇〇六年は第一七回平和祈念展「戦中から戦後へ」で、二〇〇五年は第一六回平和祈念展「子どもたちの戦争――一五年戦争の記憶」で、二〇〇四年は第一五回企画展「一五年戦争の記憶――節米と代用品の時代」で、二〇〇三年は第一四回企画展「銃後の女性たち――一五年戦争の記憶」で、二〇〇二年は第一三回企画展「戦中・戦後の代用品――一五年戦争の記憶」である。二〇〇一年は第一二回企画展「時代――一五年戦争の記憶」で、子どもたちが使っていた物などを展示し、二〇〇〇年は第一一回企画展「時代――一五年戦争の記憶」で、召集令状、銃後五訓、開戦を伝える新聞などを展示し、一九九九年は第一〇回企画展「一五年戦争の記憶――代用品とくらし」で、一九九八年は第九回企画展「時代――一五年戦争の記憶」で、配給、出征関係資料などを展示し、一九九六年は第七回企画展「時代――一五年戦争の記憶」で、婦人会、国民学校関係資料などを展示し、一九九五年は第六回企画展「時代――戦後五〇年」で、出征、婦人会、灯火管制、子どもの遊び関係資料などを展示している。(2)

○豊島区立郷土資料館（東京都豊島区）

収蔵資料展「戦争を考える夏　二〇〇七」が二〇〇七年七月二〇日～一〇月一四日の会期で開催された。構成は、〈民衆動員〉のすがた、疎開地と家族をむすぶ一五〇通余の手紙、戦時下の暮らしと隣組、空襲下の豊島区などである。

豊島区立郷土資料館は一九八五年以来、学童疎開を中心に戦争関係の特別展・企画展の開催、史料集刊行、講座開催などの取組を継続している。二〇〇五年には、企画展「東京空襲六〇年——空襲の記憶と記録」を、二〇〇三年には収蔵資料展「戦争と豊島区二——戦地・兵舎から家族への手紙」と収蔵資料展「豊島の空襲——戦時下の区民生活」を、二〇〇一年には収蔵資料展「戦中・戦後の区民生活——空襲・ヤミ市まで」を、一九九五年には特別展「戦争と豊島区」を、一九八九年には特別展「第三回　戦中・戦後の区民生活」を、一九八八年には特別展「子どもたちの出征——豊島の学童疎開・二」を、一九八七年には特別展「さやうなら帝都　勝つ日まで——豊島の学童疎開」を、一九八六年には企画展「第二回　戦中・戦後の区民生活」を、一九八五年には企画展「戦中・戦後の区民生活」を、それぞれ開催している。

○すみだ郷土文化資料館（東京都墨田区）

　企画展「東京空襲を描く人々——空襲体験者の記憶と表現」が二〇〇七年二月一〇日〜四月一五日の会期で開催された。これは、東京空襲体験者が描いた絵画について、「完成作品」とともに、「デッサン」や「下絵」などを展示するものである。「デッサン」「下絵」には記憶から呼び起こされた空襲体験の印象が直截的に表現されている。また「デッサン」「下絵」と「完成作品」を比較し、体験者の「記憶」が第三者への伝達を目的とした「表現」になるまでの、体験者の「心の軌跡」を推察することもねらいとしていた。

　二〇〇五年には企画展「東京空襲六〇年——三月一〇日の記憶」を、二〇〇四年には企画展「描かれた東京大空襲——絵画にみる戦争の記憶」をそれぞれ開催している。ここでは、戦争体験の記憶と体験画について、系統的に深めた取り組みを続けている。

○福生市郷土資料室　「平和のための戦争資料展」（東京都福生市）

　特別展示「近代戦争のあゆみと戦時下の福生——平和のための戦争資料展——」が二〇〇七年八月四日〜一〇月八日の会期で開催された。福生近代の歴史は、戦争の歴史と密接な関わりがあり、日清戦争から太平洋戦争までの約五〇年間は、まさに戦争の歴史であったが、戦後六〇年以上がたった現在、これらの記憶は薄れつつある。今回の特別展示は、戦時中の子供たちの遊び道具や学校での学習の様子、そして戦時下での市民生活を伝えるさまざまな資料、空襲関係資料、福生にあった軍施設の資料など、郷土資料室が収集してきた福生に関わる近代戦争の資料を一堂に展示するものであった。図録を刊行している。

毎年、企画展「平和のための戦争資料展」を開催しているが、趣旨は、残っている資料を通じて、近代戦争と福生の歴史を見つめなおし、もう一度現在の尊い平和について再認識することにある。一九九七年から大規模になり、二〇〇〇年からテーマを立てて、開いている。二〇〇六年は近代戦争の始まりである日清戦争から、太平洋戦争までの歴史を、福生地域の郷土資料を通じて紹介している。二〇〇五年は、一五年戦争関係ではなく、「戦争錦絵に見る日露戦争百年――日露戦争と福生」を開催し、図録を刊行している。二〇〇四年は、日露戦争が中心であった。二〇〇三年は、陸軍航空審査部の地図や当時の人びとのくらしを展示した。二〇〇二年は戦時下の子どもが中心であった。二〇〇一年は旧日本陸軍の多摩飛行場（現・米軍横田基地）ゆかりの資料を中心に展示した。二〇〇〇年は「号外に見る戦争」を開催した。一九九八年、一九九九年は明治期の軍服、多摩飛行場の通信機、空襲の爆弾破片、配給切符、軍事郵便などを展示した。

来館者は年間約二万人であるが、企画展開催中に約六〇〇〇人が訪れている。子どもの参観も多い。戦争関係寄贈資料は目録を整備しているが、非公開である。まとまった資料は目録を年報に掲載している。「大手ヒロ氏寄贈多摩飛行場関係地図」を二〇〇一年度の『福生市郷土資料室年報二二』に、「植村東治氏寄託　新聞号外」と「接収刀剣赤羽刀」を一九九九年度の『福生市郷土資料室年報二〇』に、それぞれ掲載している。

多摩飛行場を地域の重点的課題として取り組んでいる。現在の横田基地内ツアーもやったことがある。基地内の旧陸軍建物調査を、二〇〇一年度と二〇〇二年度におこなった。その結果をまとめ、「米軍横田基地内にのこる旧日本陸軍建物について」を二〇〇二年度の『福生市郷土資料室年報二三』に掲載し、公表している。また、資料紹介「米軍横田基地内発見の旧日本陸軍関連資料について」を二〇〇三年度の『福生市郷土資料室年報二四』に掲載し、陶器の壺と機関砲などを紹介している。多摩飛行場・陸軍航空審査部について、当時の建物・レール跡・水道施設の調査・写真撮影をし、工事による出土品（固定式機関銃・爆弾など）・解体した建物の部品などを収集している。働いていた人の聞き取りもしており、関係者の会・つばさ会の会報を収集している。軍施設関係の地図も収集している。(3)

○八王子市郷土資料館　「八王子空襲」（東京都八王子市）

特別展「空襲に備えた日々——戦時下の八王子」が二〇〇七年七月三一日〜九月九日の会期で開催された。館蔵資料から、戦時下、空襲に備えての灯火管制やバケツリレーなどの防空訓練、防空壕作りなどが人びとの生活の中に深く浸透していく様子を振り返るものである。

八王子市郷土資料館は、二〇〇一年からほぼ毎年八王子空襲など、戦争関係の展示会を開催している。継続開催の理由は、八王子空襲が大きかったこと、子どもたちが学習に来るので、展示会を開催する方がよいと判断したことがある。開催の趣旨は、戦争への反省と平和の大切さを後世に語り伝えること、身近な「八王子空襲」という出来事を通して、改めて平和の意味を考えることにある。二〇〇六年は特別展「市民の記録した戦後の八王子」を、二〇〇五年は特別展「戦時下の市民生活」を、二〇〇四年、二〇〇二年、二〇〇一年はコーナー展「八王子空襲」を、一九九五年は「戦争と人びとのくらし」展を、それぞれ開催している[4]。二〇〇三年は八王子空襲関連講演会「八王子空襲と浅川地下工場——アメリカは八王子をどのように認識しどのように空襲したか」を開催している。

○町田市立自由民権資料館（東京都町田市）

二〇〇七年度第一回企画展「戦線で、兵士は見た——中国東北部の風景と人びと」が二〇〇七年七月二八日〜九月九日の会期により開催された。これは一九八八年八月、町田市に住んでいた市川仁三郎さん（故人）より、寄贈された戦争関係の資料群の展示である。市川さんは、「満州事変」から日中戦争期にかけて、三度にわたり応召し、中国東北部における鉄道警備などの任務についた。その折に、戦地で集めた多くの写真や絵はがきを持ち帰った。寄贈された資料群は、主にこの時のものであるが、その後さらに市川さんが収集を重ねた資料や、自身の戦争体験の記録ノートなどが加えられている。写真には、「満州国」で鉄道警備にあたる日本兵の姿、沿線の街や農村の暮らしぶり、さらに日本による「満州国」建国を認めず、それに抗う中国の人びとの表情などが写し出されている。また、兵士たちのいる戦地と銃後とをつなぐ役割をもった絵葉書は、兵士が任務についた外国の街の風景や現地の暮らしを銃後に伝えるための図柄と、兵士を慰問することを目的とした図柄に大別できる。市川さんは一九六〇年代から日中友好運動に携わるが、戦争体験を数冊の記録ノートにまとめ、展示会を開催したりしたのは一九八〇年代のことである。戦争体験を記録したのは、侵略戦争を反省し、戦争を再び起こさないという思いを、後の世代に伝えようとしたからである。これ以外に、市内の青年団に宛てられた軍事郵便も展示している。

町田市立自由民権資料館は過去、「戦争展」と「戦争と民衆」との二つのシリーズを開催している。[5] 二〇〇二年は第四回戦争展「生・死・祈・祀――戦争とゆらぐ生命」を、二〇〇〇年は第三回戦争展「軍隊へのまなざし――明治の徴兵と周辺文化」を、一九九八年は第二回戦争展「戦地からの便り――戦地への想い」を、一九九七年は第一回戦争展「武装する農民――農兵・兵賦・徴兵」を、それぞれ開催している。多くは、近代前期をあつかっており、展示資料目録と講演録を館発行の雑誌『自由民権』に掲載している。

「戦争と民衆」は、一九八九年に第三回「戦争色の雑誌展」を、一九八八年に第二回「ボクラ少国民展」を、一九八七年に第一回「一兵士のみた中国戦線の記録展」を、それぞれ開催している。出陳目録などを『自由民権』に掲載している。一九八〇年代の展示は、豊島区の展示とともに、先駆的なものであった。

○昭和のくらし博物館「小泉家に残る戦争展」（東京都大田区）

特別展「小泉家に残る戦争」展が二〇〇七年八月一日～九月二日の会期で開催された。戦争の傷跡はこんなにも長く、大きく残ることを忘れないように、「戦争はいけない」と言いつづけるために、開館以来毎年八月に「小泉家に残る戦争展」を開催している。二〇〇七年は、例年資料を提供されている方が具合が悪く借りられなかったので、規模を縮小し、一階の談話室で、絵日記・千人針・代用品・寄せ書き・もんぺなど、家庭に残る戦争の記憶を展示していた。

○桜ヶ丘ミュージアム「豊川海軍工廠展」「戦時資料シリーズ」（愛知県豊川市）

「豊川海軍工廠展」が二〇〇七年七月二一日から九月二日の会期で開催された。これは一九三九年に建設され「東洋一の兵器工場」と謳われた豊川海軍工廠について知り、私たちの街にもあった戦争について考えるために、毎年夏の時期に「豊川海軍工廠展」を実施しているものである。

二〇〇五年に、終戦六〇年企画「豊川海軍工廠展」を

開催し、それまでの調査・研究や展示を集大成するとともに、若人の広場旧蔵資料など立命館大学国際平和ミュージアムからの借用品も展示し、また、海軍工廠全体を紹介する展示もおこなった。図録と桜ヶ丘ミュージアム所蔵の豊川海軍工廠資料集を発行した。その後も毎年開催し、今年は、担当学芸員が、異動で変わったが、引き続き開催されている。

また、二〇〇七年には戦時資料シリーズ展の五回目として「兵役と人々展」を同時開催している。資料は、徴用令書、兵士の召集令状、日の丸寄せ書き、遺家族への言葉、令状受領から入隊まで、のぼり、軍隊手帳、遺書、千人針、補充兵手帳、戦陣訓、在郷軍人須知、徴兵通達書、体力手帳、従軍証明書、慰問袋、奉公袋、バッチ、第二国民兵証書、第一補充兵証書などである。特徴的な資料としては、『アサヒグラフ』一九四四年七月一二日号の「闘う朝鮮同胞　兵役に」の記事、従軍看護婦として出征する女性に贈られた日の丸寄せ書などがある。写真は学徒出陣での東大の壮行会などを展示していた。

戦時資料シリーズ展は、二〇〇六年に第四回、「戦時下の雑誌展」を、二〇〇四年に第三回、「戦時下のポスター展」を、二〇〇三年に第二回、「代用品にみる戦時下のくらし展」を、二〇〇二年に第一回、「絵にみる戦時資料展」をそれぞれ開催し、図録も刊行している。(6)

○四日市市立博物館　学習支援展示「四日市空襲と戦時下の暮らし」（三重県四日市市）

学習支援展示「四日市空襲と戦時下の暮らし」が二〇〇七年六月一六日〜九月二日の会期で開催された。これは平和学習の支援を目的に、四日市が空襲に遭ったことや戦時中の暮らしのようすを実物資料や写真パネル・模型などで紹介するものである。展示品は、「空襲」では、空襲被害表、アメリカ空軍の作戦任務報告、アメリカ軍撮影の写真、ビラ「感激の握手」、罹災証明書、空襲を伝える手紙、焼け野原のスケッチ、曲がった軍刀、溶けた硬貨、溶けた人形、B二九模型――木製組み立て用と金属製でできたものの二種――などを展示していた。関連して「防空や銃後のくらし」では、防空壕模型――土嚢を積んだだけのもの、半地下で掘り下げ、まわりと上に土を積みかぶせたもの、地下室の三種――、集束焼夷弾の模型、灯火管制具、防空頭巾、警防団や防空演習記念の写真、衣料切符、衣料切符点数表、代用品などを展示している。また、「出征」ではのぼり、慰問袋、鉄帽、水筒、千人針、日の丸寄せ書き、入営の心得、軍隊手帳などを展示していた。『落ち穂ひろい』収録の手記を紹介しながら、「出征」、「千人針と寄せ書き」、「兵隊をおくって」、「闘いの日時」、「英語追放」などの解説も付している。

戦時下の学習支援展示は、七年前から続けているものである。

○栗東歴史民俗博物館　テーマ展「平和のいしずえ」（滋賀県栗東市）

テーマ展「平和のいしずえ二〇〇七」が二〇〇七年七月二八日～八月一九日の会期で開催された。国民の総力戦となったアジア・太平洋戦争下では、女性や子どもたちの日常のくらしまでもが、戦争を遂行させる歯車の一つとなっていた。二〇〇七年度の「平和のいしずえ」展では、そうした銃後のくらしを、市民から博物館へ提供された資料を通して紹介していた。今年は図録を刊行し、関連して、戦争遺跡見学会も開催した。

「平和のいしずえ」は、栗東の人びとが経験した戦争や戦時下の生活をたどり、戦争と平和について考えるものである。展示において日本の戦争が侵略戦争であったことを示している。また、兵士の厭戦的な心情も展示している。博物館ができる以前から栗東町では平和の取組をしてきていた。博物館では開館直後の一九九一年から毎年夏にテーマ展「平和のいしずえ」を開催している。アジア太平洋戦争を重点に、日清・日露戦争を含め、日本近代の戦争全体を取り上げている。これは、博物館が日露戦争戦勝記念の図書館、里内文庫の蔵書や戦争記念品を引き継いでおり、日清・日露戦争からの資料を所蔵しているからである。また、学童疎開の付き添い教員であった和田豊雄氏から関係資料の一括寄贈をうけている。開館当初から二〇〇〇年まで担当した学芸員が県に移ったあと、二〇〇二年からは現在の担当学芸員が引き継ぎ、年ごとの重点テーマをより明確にした展示会に切り替えている。戦争遺跡の見学会も会期中に取り組むようになった。ほぼ毎年図録を刊行している。

二〇〇六年は、戦時下に作られたポスター類をテーマとし、除隊記念盃なども展示した。この年のみ図録を刊行していない。二〇〇五年は青年団・婦人会・近隣組織・在郷軍人会など地域の銃後団体を、二〇〇四年は日露戦争、学童疎開を、二〇〇三年は青年学校を、二〇〇二年は学童疎開を、二〇〇一年は子どもたちに浸透した戦争の姿を、二〇〇〇年は慰問活動を、一九九九年は、滋賀県が収集した資料も展示し、県史の中の戦争を、一九九八年は金属供出を、一九九七年は彩管報国運動を、一九九六年は戦争と軍隊をめぐる国民の心を、一九九五年は日清・日露戦争を、一九九四年は窮迫する国民生活を、一九九三年は戦地における兵士の生活と遺品、国内の人びとの暮らしと心情、集団疎開の子どもたちを、一九九二年は従軍者の遺品、大津の連隊の軍隊生活、国内の人びとの暮らしと心情、子どもたちの見た戦争を、一九九一年は出征した男性たち、村を守った女性たち、疎開を余儀なくされた子どもたちを、それぞれ重点的なテーマとしている。(7)

○浅井歴史民俗資料館　「終戦記念展」（滋賀県長浜市）

二〇〇七年企画展「第五回終戦記念展　村にきた赤紙――今明かされる兵事係の記録」が、二〇〇七年七月二五日〜九月二日の会期で開催された。旧大郷村村役場の兵事係だった西邑仁平さんが、焼却命令に抗して密かに保管してきた徴兵や動員関係などの兵事資料が中心の展示であった。西邑さんは、兵事資料は、戦争の犠牲、戦争に翻弄されたことを知る資料であり、展示するのは、戦争賛美のためでなく、戦争がばかげた行為であることを知る証として、正しい歴史認識をつくるためであると言っている。また、上海事変で捕虜になり、帰郷後自殺した軍人がいるが、その人が忠魂碑に祀られないことを特に気にしていることも書いている。展示構成は、「どう赤紙がとどけられたか」、「村葬」、「兵事係の仕事・書類」、「村の軍事動員」、「地域の状況」、「忠魂碑建設」、「凍死軍人義捐」などである。「どう赤紙がとどけられたか」では、出戦履歴、令状受領証綴り、召集令状、海軍充員令告知書、配布用地図などを、「村葬」では、弔辞、戦没者名簿、法名などを、「兵事係の仕事・書類」では、予科練募集、トランク、兵事書類綴、在郷軍人名簿・身上書、在隊間成績調書、壮丁名簿、徴兵名簿、在郷軍人除籍簿、外国居留者上申書、徴集延期名簿、勲章関係書類などを、「村の軍事動員」では、動員手簿・日誌、動員に関する書類、自動車徴発、徴発馬匹名簿、防諜に関する書類（特に、関特演関係）などを、「地域の状況」では、名誉の家、軍事講演会ちらし、奉公会、在郷軍人会、国防・愛国婦人会、尚武会などの資料を、それぞれ展示している。また、西邑さん提供の、雑誌、レコード、新聞も展示している。

浅井歴史民俗資料館の開館は一九九五年三月である。終戦記念展を始めたきっかけは、コレクターの薦めである。開催して、地元の身近な問題を取り上げて感動を与えることができてよかったと評価し、それ以降続けている。地域の地元の人の戦争体験を伝えることに徹しており、親子で見て興味を持てるテーマを設定している。慎重にやっているので、批判はない。館の年間入館者四〇〇〇人中一〇〇〇〇人が終戦記念展中に来る状況である。

昨年までの終戦記念展は、一年かけて、聞き取りとともに、資料収集し、展示してきた。資料提供者の戦争体験を聞き取り、本人に確認の上、キャプションに盛り込んだり、まとめて要約し、文章で展示したりしていた。聞き取ったままで、表現上問題があるものもあるし、特に戦場での加害行為など、聞いても公表できない話もある。図録を刊行し、そこに証言を入れている。聞き取りの文章化したものを刊行することは必要だがまだ計画はない。体験画、映像・音声での戦争体験の収録、提供はしていない。

二〇〇六年は、「第四回終戦記念展――応召先の敦賀連隊」で、浅井地域の人が入隊した敦賀連隊をテーマとし、敦賀空襲もとりあげた。二〇〇五年は「第三回終戦記念展――語り継ぐ戦争の記憶」で、従軍看護婦の遺書・遺髪・召集状、今荘区防空演習記録や防空関係資料、町内兵士の遺書、中国へ行った軍人の関係資料などを展示した。二〇〇四年は、「第二回終戦記念展――父帰る戦争の記憶」で、子どもたち、くらし、兵士・軍隊、抑留、実弾射撃場や防空監視所などの遺跡を展示し、三三人の戦争体験を紹介している。二〇〇三年は、「第一回終戦記念展――子どもたちに伝えたい戦争の記憶」で、出征、銃後、女性と戦争などのテーマをとりあげ、出征では五人の兵士の、銃後では町内の人の聞き取りを紹介している。二〇〇三年の第一回、二〇〇四年の第二回の図録は刊行済みである。

○近江日野商人館　「日野と太平洋戦争」（滋賀県日野町）

二〇〇七年度〈特別企画〉第二〇回太平洋戦争展が二〇〇七年八月一日～三〇日の会期により開催された。二〇〇七年四月から館長が替わり、同年は、絵や人形などによる再現展示はやめ、原資料の展示に絞っていた。物資不足で変化した教科書や、学用品・配給品をはじめ、空襲に備えた防空訓練・灯火管制・防空壕への避難など、当時の様子を物や写真で紹介している。特に、疎開学童のお礼の作文集「なつかしき東桜谷村の皆々様へ」、疎開受入校の学校日誌・東桜谷国民学校の校中日誌にみる疎開指導の記録、「町代日記」の一九四〇年の記録に見る戦時体制の強化についても取り上げていた。また、青い目の人形や、警報告知板、警報発令伝達書、警報受領書なども展示していた。

展示の趣旨は、地元の戦争体験を伝えることにあるが、特に戦争が子ども達にまで大きな犠牲を強いたことを伝えようとしている。特定の個人の戦争体験は取り上げていないで地域の子どもを中心とする戦争体験を取り上げている。館長の個人刊行の年表に、学校日誌から警戒警報発令を拾って、収録しているが、それが展示に生かされている。

二〇〇六年までは、「日野と太平洋戦争」の題で開催しており、前館長が地元の学校の子どもたちの戦争体験を絵に描いたり、人形で再現していたものを展示し、資料集にも絵などを収録していた。戦争体験を聞く会を開催し、戦没者名簿も展示していた。二〇〇六年の趣旨は、「大きな犠牲を払った太平洋戦争によって、日野の人がどんな生活をしいられ、どんな苦労を経験したかを伝えて、非人道的な過ちを繰り返さないようにし、平和への思いを確かなものにする」ことにあった。

○向日市文化資料館　夏の文化資料館ラウンジ展示「戦時下のくらし展」から「くらしのなかの戦争」へ（京都府向日市）

二〇〇七　夏の文化資料館ラウンジ展示「くらしのなかの戦争　出征兵士と子どもたち」が二〇〇七年八月一日〜九月三〇日の会期で開催された。二〇〇七年の主な展示品は、出征記念写真アルバム、兵士からの手紙、「戦場に送る子どもの文」代表作品賞状、乙訓郡全学童文学「をとくに」、皇軍慰問絵葉書、教科書、夏休み学習帳、子ども雑誌などで、出征兵士とそれを見送り、励ます子どもたちのかかわりを示すものであった。

夏の文化資料館ラウンジ展示「くらしのなかの戦争」は、市民から寄贈された身近な地域の資料によって、戦争と平和について考える趣旨で、市民から寄贈された資料を展示し、戦時下の人びとのくらしをたどるものである。旧村の区有文書を使った展示が特徴的である。二〇〇六年は「〇六くらしのなかの戦争」で、奉公袋、軍隊手帳、軍隊での日誌、軍隊生活を描いた漫画などを展示した。二〇〇五年の「戦後六〇年『くらしのなかの戦争』展」は、集大成的な展示で、勤労奉仕・配給・隣組・防空演習・供出などに関する村の公文書をはじめ、主な収蔵品をまとめて展示した。二〇〇四年は、一五年戦争関係の軍装品、教科書とともに、日露戦争の公文書や軍事郵便も展示した。二〇〇一年は、マッチラベル、絵はがき、軍事郵便、防空・防毒関係資料など戦前・戦中のくらしを物語る資料を展示した。一九九九年は「戦時下のくらし展」で、千人針、防毒マスク、代用品の調理器具などを展示し、戦地に赴く兵士の姿や見送る人びとのくらしぶりをふりかえり、平和について考えるきっかけとするものであった。一九九八年の「戦時下のくらし展」は「出版物と戦争」で画報『躍進之日本』などを、一九九七年の「戦時下のくらし展」は「灯火管制と空襲」の関係資料を、一九九五年は「くらしのなかの戦争」で、各地区に残されている記録や文書から、防空演習、軍事郵便、満蒙開拓、翼賛体制、銃後生活、学徒動員、学童疎開、食糧増産などの関係資料を、一九九四年は「戦時下のくらし展」で、市内の古文書調査の成果から戦争関係の記録を、それぞれ主に展示している(8)。ほぼ毎回、リーフレットを作成している。

○大山崎町歴史資料館　小企画展「平和のいしずえ」（京都府大山崎町）

小企画展「第九回平和のいしずえ」が二〇〇七年八月七日～二六日の会期で開催された。今年は戦前、戦中の近畿地方の鉄道の絵葉書などを展示した。小企画展「平和のいしずえ」は、平和の尊さを語り合う契機とするために、町民からよせられた戦争時の資料を展示するものである。第七回の二〇〇五年は、旅行案内、双六、カルタ、絵本、夏休みの学習帳、水彩画を、第六回の二〇〇四年と第五回の二〇〇三年は楠木正成や桜井の駅関係資料を、第四回の二〇〇二年は、小学校の沿革、教育方針関係資料や、双六、カルタ、絵本、夏休みの学習帳、水彩画、絵葉書、旅行案内を、第三回の二〇〇一年は、アメリカの子どもたちから大山崎小学校へ贈られたアルバム、桜井の駅関係の近代資料を、第二回の二〇〇〇年は、子どもに関する資料、日の丸寄せ書きを、第一回の一九九九年は履歴表、観光案内、地図、レコードを、それぞれ主に展示している(9)。

○福岡市博物館　「戦争とわたしたちのくらし」展（福岡市）

「戦争とわたしたちのくらし一六」が、二〇〇七年五月二九日～七月二二日の会期で開催された。一六回目の二〇〇七年は昭和戦前期から戦時中までの衣生活に関する資料などを展示した。

「戦争とわたしたちのくらし」は、常設展示室の部門別展示室で、六月一九日の福岡空襲の日の前後に、館蔵の戦時資料を展示するシリーズである。博物館の開館は一九九〇年一〇月であるが、翌年の一九九一年から開催している。第一五回の二〇〇六年は、防空に関するポスターや書類、福岡大空襲で焼け残った瓦や時計などを展示した。第一四回の二〇〇五年は戦時期の食が、第一三回の二〇〇四年は戦時期の預貯金が、第一二回の二〇〇三年は日の丸が、第一一回の二〇〇二年は戦時期のポスターが、それぞれテーマであった。第一〇回の二〇〇一年は軍人や銃後の暮らし関係資料を、第九回の一九九九年は選挙に関する資料を、第八回の一九九八年は戦時期の女性に関する資料を、第七回の一九九七年は戦時期に中国大陸や朝鮮半島を目指した人びとに関する資料を、第六回の一九九六年は戦時期に学校や地域社会でおこなわれた戦争についての教育や宣伝に関する資料を、それぞれ主に展示している。第五回の一九九五年は戦後五〇年にあわせて規模を拡大し、昭和初期の生活と文化、戦時下のくらし、福岡大空襲、占領と復興をテーマとし、総合的な展示をしている。第四回の一九九四年は戦時下の町内会に関する資料を、第三回の一九九三年は代用品を、第二回の一九九二年は慰問箱、債券など戦時下の生活に関する資料を、第一回の一九九一年はモンペ、衣料切符など戦時下の生活に関する資料を、それぞれ福岡大空襲の資料とともに展示している。[10]毎回、リーフレットを作成している。

○うるま市立石川歴史民俗資料館　「平和資料展」
（沖縄県うるま市）

二〇〇七年度平和資料展「ハワイの日本語新聞にみる沖縄戦――ある移民者の新聞スクラップより」が二〇〇七年六月一二日〜七月八日の会期で開催された。六月は沖縄戦が終わった月であるとともに、うるま市にとっては市立の宮森小学校にアメリカ軍のジェット機が墜落し一七名が亡くなった月でもある。石川歴史民俗資料館は一九九八年より、平和とは何かを考える「平和資料展」を開催している。二〇〇六年は「東恩納博物館展」を、二〇〇四年は「戦後沖縄の復興」を、二〇〇三年は「シマの戦争」を、二〇〇二年は「米兵のみた戦後オキナワ写真展」を、二〇〇一年は「フォト・ジャーナリスト石川文洋　戦争と人間――ベトナム・カンボジア・沖縄――写真展」を、二〇〇〇年は「ウルマ新報に見る終戦直後の石川」を、一九九九年は「宮森小学校ジェット機墜落事故展」を、一九九八年は「航空写真に見る石川市」を、それぞれ開催している。[11]毎年、図録などの資料を作成している。このように、戦後復興やアメリカの占領をテーマとすることが多い。

○近江八幡市立資料館　テーマ展「平和への祈り」
（滋賀県近江八幡市）

テーマ展・第二回「平和への祈り」が二〇〇七年七月七日〜八月一九日の会期で開催された。軍隊、青年団、学校教育、学童疎開関係資料や代用品などを展示していた。

二〇〇六年が第一回で、はじめたきっかけは栗東歴史民俗博物館に非常勤でいた方が移って来たことが大きい。それまで、前館長が出征体験を持っていることもあって単発で開催したことはあった。趣旨は、子どもに戦争を語り伝えたい、当時を生きた子どもたちと今の子どもたちの交流の場にしたいということである。

○柳津歴史民俗資料室（岐阜市）

展覧会「戦中の暮らしと人びと」が二〇〇七年七月三日〜八月二六日の会期で開催された。今回の展示は、隣組を通して戦中の人びとのくらしを紹介し、戦時体制・戦争の悲惨さ・恐ろしさを伝えることにある。展示資料は、「岐阜の空襲・防空関係」では、被災品、アメリカ軍伝単、警報板、被災写真、灯火管制覆い・電球・ポスター、鉄帽、防空訓練写真などで、「隣組」では、供出・配給のポスター・ちらしなどである。ただし、二〇〇七年の展示資料は柳津のものではなく、岐阜市の中心部の資料である。体験と記憶に基づく手記「もう少し柳津を知ってください」を展示していたが、そこに、戦時中柳津で暮らした人のものがあって、機関銃を作っていた軍事施設があったこと、B二九に体当たりした戦闘機のこと、将校が弾のない機関銃で撃てと言っていたことなどが書かれている。

二〇〇六年一月に柳津は岐阜市に合併されたが、二〇〇六年は小学校中心に第一回の展示会が開かれ、二〇〇七年が二回目である。合併以前、戦争関係展示を一回開催したことがある。

3　新たな特別展

次に二〇〇七年にはじめて一五年戦争関係特別展などを開催した地域歴史博物館を紹介したい。

○東村山ふるさと歴史館（東京都東村山市）

企画展「あの日々の記憶——東村山の空襲と学童疎開」が二〇〇七年四月二八日〜六月二四日の会期で開催された。展示を通して戦争という時代の様相を体感してもらう趣旨で開かれたものである。展示は戦時中の東村山を「空襲」と「学童疎開」という二つのキーワードで構成している。戦時中、東村山の周辺地域には軍事施設や軍需工場があったため、市域もB二九や艦載機による空襲の被害に遭った。展示では東村山の空襲を、体験者の当時の記憶、公文書などの記録、アメリカ軍の公的記録などにより検証している。「学童疎開」については、都内区部より集団疎開で来ていた疎開児童の日記や絵日記、体験談をもとに学童疎開の日常を再現し、また、公文書や当時の町長日記により学童疎開の経過をたどっている。展示図録を刊行している。ここは市史編纂の成果を生かした展示であった。

○三重県立斎宮歴史博物館　「地域に残る戦争展」（三重県明和町）

企画展「地域に残る戦争展」が二〇〇七年八月一日〜三一日の会期で開催された。太平洋戦争下、斎宮歴史博物館のある明和町には、馬之上に陸軍通信第一二八部隊が置かれ、本郷には射撃訓練場があった。いまでも、陸軍航空通信第一二八部隊の区割り・道路配置や、防空壕が残っている。この地域は爆撃を受けているが焼夷弾は落とされていない。地域に焼夷弾が保存されているが、宇治山田の空襲のものを持ってきたのではないかと推定されている。

この企画展は、地元明和町に残されている資料を中心に、日清・日露戦争、そして日中戦争から太平洋戦争までの資料や、当時の生活を伝える資料を展示していた。出土品を除いてあと全部が、館蔵品ではなく、個人などから借用した資料である。身近に残る戦争のあとに触れ、平和の大切さを感じてもらう趣旨で開かれた。三重県立の博物館としてもはじめての戦争展示で、博物館の立地している地域に密着した展示を重視してきて、開催することになったものである。

展示構成は、序章、防空と空襲、一、好景気と観光、二、大陸へ、都市へ、三、一五年戦争へ、四、母と子で、五、配給と国債である。序章では、焼夷弾、防空必携、防毒面、戦後直後の空中写真などを、一では、伊勢・松坂・志摩の観光案内などを、二では、大陸の列車のぞみ号、ひかり号が載っている時刻表、レコードなどを、三では、二代にわたる日露戦争と日中戦争の軍事郵便、手帳、兵役関係文書、教本、絵葉書、慰問品――日本刀、靖国関係資料、二人の軍人のまとまった軍装品・勲章・葉書・写真などを、四では、地域の有力者が所蔵しているものが多いが、少国民新聞・週刊少国民のほとんど揃っているもの、婦人会の写真・雑誌、ほまれのいえ、子どもの着物・洋服、戦時色のおもちゃ、未使用のクレヨン、絵本、カルタ、レコードなどを、五では、衣料切符、紙幣、債券、預金通帳、国債、戦時中に豆を煎ったほうろく、わらじ編み器、足袋の型、巻脚絆などを、それぞれ展示していた。他に陸軍航空通信隊関係資料や戦争遺跡の写真も展示している。陸軍航空通信第一二八部隊の資料は、軍関係の文書はないが、土地収用関係の役場文書、食器、飯ごう、帽子などである。

この企画展は一年前から計画したもので、市民運動の戦争展との違いを意識してつくられたものである。今回は総合的なものであるが、来年も形を変えてやりたいとのことである。子どもには、原爆や空襲の展示がないので、イメージと違い、わかりにくいとの意見も寄せられていた。

○桑名市博物館　学習支援展示「戦時下のくらし」（三重県桑名市）

学習支援展示「戦時下のくらし」が二〇〇七年六月二七日～九月九日の会期で開催された。開催趣旨は、市内に戦争の爪痕を残す場所がなく、展示会を平和の尊さを学ぶ場にするためである。軍装品、焼夷弾、罹災証明書、債券、国債、記章、感謝状、衣料切符、ポスター、写真週報などを展示していた。出品リスト付の解説パンフレットを作成していた。学習支援展示は二〇〇四年度から開催している。二〇〇五、二〇〇六年度は戦争の時期の資料も展示したが、戦争をテーマにしたのは今年がはじめてである。

○城陽市歴史民俗資料館（京都府城陽市）

市制施行三五周年記念・常設展示室リニューアル開館記念二〇〇七年度第一回拡大特別展「十五年戦争と城陽」が、二〇〇七年七月七日～九月九日の会期で開催された。城陽でも、戦争のために死んだり、大切な人を亡くしたり、苦しい生活を送った人たちがいた。戦争があったとき、この城陽で人びとが何を思い、どう暮らしていたのか、この展示によって少しでも理解を深め、戦争と平和について考えることができればと願って開かれたものである。図録が刊行されている。証言も展示しているが、これは城陽市発行の『永遠の希い――私の戦争体験』と城陽市遺族会・城陽市傷痍軍人会発行の『戦争の顔――戦争の悲惨な体験を語り継ぐために』から取ったものである。

○亀岡市文化資料館（京都府亀岡市）

第四三回企画展「戦争平和展――戦争遺跡と亀岡」が二〇〇七年七月二八日～九月二日の会期で開催された。亀岡における戦争の遺跡を調査し、遺物を展示することで、二度と悲惨な戦争をおこさないようにとの願いをこめて催したものである。展示品は、千人針、国民服、慰問袋、軍用銃、軍事郵便、学童疎開の写真や日記、市内の戦争遺跡の写真、戦争中に保津町に縁故疎開した日本画家堂本印象の保津風景画、彫金家矢島甲子太郎の疎開記録、平和都市宣言の簿冊（旭町）、平和の折鶴、大谷鉱山関係資料などである。大谷鉱山は稗田野町鹿谷にかつてあったタングステン鉱山で、戦時中には軍器製造必需物資として国内有数のタングステン鉱山であった。戦前の写真や地図、戦後の操業の様子がわかる資料、かつて走っていたトロッコの写真などを展示していた。

今まで、特別展「二〇世紀展」を開催したり、ロビーで「終戦六〇年展」を短期間開いたことはあるが、一五年戦争についての本格的な特別展ははじめてである。戦争遺跡の調査報告書『亀岡の戦争を語りつぐ』をふまえた展示である。

おわりに

本稿でふれられなかった部分も含めて、二〇〇七年の特別展の特徴をまとめておきたい。

一、二〇〇六年に常設展で内容的な後退が見られた平和博物館でも、二〇〇七年に戦争の悲惨さを伝える特別展・企画展が開催された。

二、福生市郷土資料室、上福岡歴史民俗資料館でこれまでの調査や展示を集大成した特別展が開かれた。

三、近江日野商人館で、人形や絵による再現の展示を止めて、現物資料の展示に絞ったこと、浅井歴史民俗資料館で新たに提供・公開された兵事資料の一括展示をおこなったなど、現物資料重視への変化が見られた。

四、二〇〇七年も亀岡市文化資料館、城陽市歴史民俗資料館、斎宮歴史博物館、桑名市博物館、東村山ふるさと歴史館など、新たな地域歴史博物館で戦争関係の特別展が開催された。また、それ以外の博物館でも、前橋文学館の企画展示「空襲・戦災の記録」、熊谷守一美術館の「四月一三日の東京大空襲　詩と絵展」など、空襲の記録を伝えるような展示会が新たに開催された。

五、沖縄県平和祈念資料館の第八回特別企画展「沖縄戦と戦争遺跡〜戦世の真実を伝えるために」、日本民家集落博物館内の「カルチュアはっとり」の企画展示「禁野火薬庫の調査」、東大和市立郷土資料館のロビー展「多摩の戦跡写真パネル展」や、亀岡市文化資料館、斎宮歴史博物館、福生市郷土資料室、上福岡歴史民俗資料館の特別展など、戦争遺跡関係の特別展が多く開かれた。

六、町田市立自由民権資料館、豊島区立郷土資料館などで、二〇年ぐらい前に寄贈された文献資料を丁寧に紹介するような特別展が開かれた。

七、同志社大学の Neesima Room で、第三一回企画展「同志社と戦争　一九三〇―一九四五」展が開催され、二〇〇六年に展示会を開催した明治大学と京都大学で、そのまとめを載せた刊行物を出すなど、大学史関係施設での取り組みの広がりが見られた。

最後に全体として、歴史博物館の戦争関係特別展・企画展などは、戦争の悲惨さを伝え、平和の尊さを考えるという趣旨で開かれ続けていると言うことができる。また、二〇〇七年は博物館において現物資料や戦争遺跡などを重視する流れが強まったといえよう。

注

（1）二〇〇四年以前の特別展、常設展については拙稿「歴史博物館・平和博物館での一五年戦争関係の取組」（『史海』第五二号所収、二〇〇五年六月）〔本書⑫に収録〕を、二〇〇五年の特別展については拙稿「戦後六〇年と歴史博物館・平和博物館の戦争展示」（『季刊戦争責任研究』第五一号所収、二〇〇六年三月）〔本書⑩に収録〕を、二〇〇六年の特別展については拙稿「『平和のための博物館』の今」（『歴史評論』第六八三号所収、二〇〇七年三月）〔本書⑨に収録〕を、それぞれ参照されたい。

（2）各年の図録などによる。

（3）『福生市郷土資料室年報』第一八号～二四号などによる。

（4）『八王子の歴史と文化』第一五～二〇号などによる。

（5）『自由民権』第二～四、一二、一四、一六号などによる。

（6）各年の図録などによる。

（7）各年の図録と一九九〇～二〇〇四年度の『年報』などによる。

（8）各年の解説リーフレットと『向日市文化資料館報』第一一～一三号などによる。

（9）『大山崎町歴史資料館　館報』第七～一三号などによる。

（10）各年の解説リーフレットと『福岡市博物館年報』第一～一三などによる。

（11）各年の図録などによる。

付記　この論文は、平成一九年度科学研究費補助金（基盤研究（B））課題番号一九三二〇一〇九「東京大空襲体験の記録化と戦争展示」による博物館戦争展示調査の成果の一部である。

博物館調査・見学にあたって、南守夫・浅川保・高木文夫・青木哲夫・菱山栄三郎・谷口こずえ・林弘之・大西念子・野瀬富久子・満田良順・烏野茂治・田中久生・上甲典子・黒川孝宏の諸氏をはじめ多くの博物館の方がたにご教示いただいたり、資料提供などのご協力をいただいたことに、厚く感謝申し上げたい。

（掲載時所属：財団法人政治経済研究所主任研究員）

9

『歴史評論　第六八三号』（二〇〇七年三月　歴史科学協議会）

「平和のための博物館」の今

はじめに

この論文では、平和博物館の取組とともに、歴史博物館での平和のための取組などを紹介して、考えていきたい。ここでは、平和専門の博物館と反戦・平和を指向した取組をしている一般の歴史博物館を合わせて、「平和のための博物館」[1]と総称している。ただし、平和博物館が扱う対象はさまざまであり、本来はそのすべてを取り上げるべきであるが、私の専門が一五年戦争であるので、この戦争を対象とするものに絞りたい。このテーマについては既に、二〇〇五年までの状況について、展示を中心に紹介してきた[2]。そのため、ここでは、それらを踏まえて二〇〇六年での展示の現況を中心に紹介し、考えるとともに、それ以外の取組については少しさかのぼって検討していくこととしたい。

1　平和博物館

ここでは民間の平和博物館開設の動き、既に開設された民間の平和博物館の前進、公立の平和博物館の動向などに分けて見ていきたい。

（1）新たな民間の平和博物館建設の動き

まず、市民の力により民間で平和博物館を建設しようという動きを紹介したい。

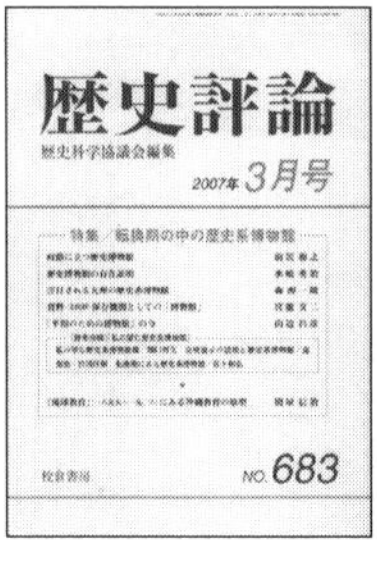

日本戦没学生記念会（わだつみ会）は、一九九三年以来「わだつみ記念館」の開設を呼びかけ、募金活動をしてきた。記念館開設の準備としての意味も込めて、二〇〇一年一一月〜一二月にかけて、大阪の朝日新聞大阪本社アサコムホールと京都の立命館大学国際平和ミュージアムで「平和の世紀へ　遺書・遺品展―戦没青年とともに生きる」を開催し、ついで二〇〇二年八月に東京の江戸東京博物館で「平和への遺書・遺品展―戦没青年との対話」を開催した。これらの成果を踏まえて、二〇〇六年一二月一日、文京区本郷の赤門アビタシオンの中に「わたつみのこえ記念館」を開設した。展示は戦没学徒の日記・手記・書簡・葉書などの遺品が中心で、あわせて朝鮮人戦没学徒の資料やわだつみ会の歴史資料なども展示している。(3)

愛知県名古屋市の「戦争メモリアルセンターの建設を呼びかける会」は一九九三年の結成以降、愛知県と名古屋市に対して戦争資料館を建設するよう働きかけ、機関誌『承継』を発行してきた。その結果、愛知県では戦争資料館の構想がまとまり、戦争資料の収集も進んでいる。しかし、県・市の財政難のため施設建設のメドがたっていない。これを打開するために、特定非営利活動法人「平和のための戦争メモリアルセンター設立準備会」を二〇〇三年四月に発足させた。設立準備会は愛知県と名古屋市が共同で設置した「戦争に関する資料館検討委員会」の報告書にそった戦争資料館のモデル展として、「平和のための戦争資料館展」を名古屋市民ギャラリー矢田で二〇〇五年四月二七日〜五月八日の会期で開いた。この展示会を機会に、設立準備会に資料館の土地と建設資金一億円を寄付する人があらわれた。会は地方自治体に資料館を建てさせる運動を進めつつも、自ら民立民営で資料館を建てることに踏み切った。すでに二〇〇六年七月から建築工事に入っており、新たな募金活動を始めるとともに、展示準備も順調に進められている。展示は愛知県の空襲や戦時下の暮らしが中心になるが、一五年戦争の全体像とともに現代の戦争や平和問題についても構想している。二〇〇七年五月四日に開館の予定である。

山梨県甲府市でも、「山梨・平和資料センター準備会」が二〇〇三年一一月に結成され、平和資料センターの建設を呼びかけるとともに、募金活動にも取り組んできた。二〇〇六年七月に建設予定地を決定し、その後、設計を終え、一二月から建設工事に入った。二〇〇七年五月の開館をめざしている。展示では、甲府空襲、甲府連隊のほか、軍国主義に反対した石橋湛山も取り上げる予定である。

明治大学は「登戸研究所展示資料館」の設置を決めた。明治大学生田校地は、謀略戦の研究やそのための兵器などの開発・製造をしていた旧陸軍登戸研究所の跡地にあって、当時の建物なども残っている。そのうちの、生物・化学兵器を製造していた鉄筋の建物を利用して展示資料館をつくることを決め、二〇〇六年七月に「検討委員会」が設置され、準備に入り、二〇〇七年の開館をめざしている。

このように各地で進展が見られるが、これからは設立された平和博物館を維持し、充実させることが課題になる。そのために必要な手だてを考えていくことも必要である。このような進展の中で、同じように継続的で組織的な平和博物館建設運動を進めてきて、まだ建設段階に到達できないのは、松代大本営平和祈念館である。(4)

(2) 民間の平和博物館の新たな取組

つぎに既設の平和博物館の動向を見ていきたい。

東京大空襲・戦災資料センターは、二〇〇二年三月に開館したが、二〇〇六年から増築工事に入り、二〇〇七年三月のリニューアル開館をめざして準備している。展示を強化する課題としては、被災した個人についての展示を強めること、在日朝鮮人への被害も取り上げること、東京空襲を本土空襲の中だけではなく、この時期の東アジア全体の都市空襲の中に位置づけることなどを考えている。

東京大空襲・戦災資料センターは付属機関として戦争災害研究室を二〇〇六年四月に設置した。六月からほぼ毎月一回、空襲関係の論文検討、空襲を記録する会や空襲時の民間救護の研究発表、博物館展示の検討などの研究会を開催している。また、研究会での報告要旨や討論概要を載せた『戦争災害研究室だより』を発行している。この研究室は、研究組織としての東京大空襲・戦災資料センターの実体化のために設置されたものであるが、博物館に付置された研究会として、資料を持つ組織の強みを生かした研究が出来るし、展示更新にも研究成果を生かすことができる。この取組を継続し、成果を上げることが課題である。(5)

ひめゆり平和祈念資料館はひめゆり同窓会が中心になって運営されているが、その中でも、若い世代への継承の努力が取り組まれている。二〇〇四年四月のリニューアルを契機に、若い学芸員が解説文の執筆をし、説明も体験者から若手にかわるように準備するなどしてきている。

ここで、民間の平和博物館における二〇〇六年の企画展示会などの取組を紹介したい。

静岡平和資料センターは企画展「今を問う、「静岡市大空襲体験画」展―戦争体験者が語る、体験画からの思い」を、二〇〇六年三月一七日〜六月二五日の会期で、ついで企画展「清水空襲と艦砲射撃の原画展」を七月七日〜一〇月八日の会期で開催した。

女たちの戦争と平和資料館は第二回特別展「松井やより　全仕事」展を二〇〇五年一二月一一日〜二〇〇六年四月二三日の会期で開催した。ついで、第三回特別展「置き去りにされた朝鮮人「慰安婦」展」を四月二九日〜一一月一二日の会期で開催した。そして第一回特別展「女性国際戦犯法廷のすべて」展の図録が二〇〇六年五月に、第三回特別展の図録が八月に、それぞれ刊行された。

高麗博物館は特別展示「戦時朝鮮人強制労働・虐殺日本軍「慰安婦」――海南島で日本は何をしたか」を二〇〇六年五月一七日〜七月一六日の会期で開催した。

(3) 公立の平和博物館における特徴的な動向

まず、近年開館した公立の平和博物館について考えてみたい。そこでの特徴は、平和博物館の建設を要求してきた市民団体などが、平和博物館の運営にかかわるのが見られることにある。

岡山空襲平和資料館は、岡山市が設置して、二〇〇五年四月一日に開館したものであるが、その運営は平和推進岡山市民協議会に任されている。

長岡戦災資料館も長岡市が設置して、二〇〇三年七月に開館したものであるが、ここも事実上、運営ボランティアによって運営されている。

岐阜市平和資料館は、「岐阜市平和館をつくる会」が積極的に運動した結果、市によって設置されたものであるが、その展示の設営や開館後の運営に「岐阜市平和館をつくる会」は協力してきた。そして、「岐阜市平和館をつくる会」を母体に「友の会」が二〇〇四年一二月二三日に結成された。「友の会」は独自の活動をするとともに、資料館の運営に積極的に協力している。

これらの動きは、行政が施設の維持の責任を持ち、運営に市民団体の創意や平和への思いが取り入れられていけば、積極的な意味を持つものとなるであろう。

一九九六年二月一七日に開設した北九州平和資料館準備室は、二〇〇四年一月二一日に閉鎖し、展示されていた主な戦時遺品・資料は北九州市に寄贈された。そして二〇〇四年八月一日に、小倉北区金田にある北九州市埋蔵文化財センター内に「戦時資料常設展示コーナー」が開設され、約一五〇点の戦時遺品・資料が展示されている。施設や管理は安定したが、展示内容では後退している。今後、民間で博物館を設置し、運営しつつ、公立の平和博物館の建設を求める運動を続けている所でも、このような形で、公立の平和博物館の設置に結実することが考えられる。

次に既設の平和博物館で、特徴的な動きが見られたものを取り上げて考えてみたい。

堺市立平和と人権資料館が二〇〇六年四月一日に常設展示をリニューアルした。環境問題について新たに展示しているが、これまであった南京大虐殺事件、朝鮮人の強制連行・強制労働、シンガポールの華人虐殺など日本の加害についての展示がすっかりなくなった。これらの加害展示は、右翼に攻撃されて、部分的には撤去されながらも維持されていたものであったが、今度のリニューアルですべてがなくなったわけである。

堺市立平和と人権資料館は企画展「戦時下の市民のくらし」を二〇〇六年七月一日～九月二九日の会期で開催した。この企画展は、写真パネルや実物資料から、戦争当時の日常生活、特に食料や衣類などの生活必需品に支障が生じたことを振り返り、限りある資源の大切さを知り、戦争の悲惨さ、平和の尊さ、いのちの大切さを考えてもらうために開催されたものである。

埼玉県平和資料館は、テーマ展Ⅱ「絵双六に見る昭和の世相」を二〇〇六年二月一四日～四月九日の会期で開催した。ついで、テーマ展Ⅰ「時の記録者―絵葉書に見る昭和と新収集資料」を四月二九日～六月一一日の会期で開催した。さらに、テーマ展Ⅱ「戦時の装い―そのとき日本人は何を着ていたか」を七月二二日～九月二四日の会期で開催し、図録を刊行した。また、テーマ展Ⅲ「埼玉の戦中・戦後」を一〇月二一日～一二月三日の会期で開催した。

埼玉県知事は、二〇〇六年六月二七日に県議会本会議で「従軍慰安婦はいなかった」という発言をし、自虐的にならないようにということで、埼玉県平和資料館の常設展年表の「一九九一年　従軍慰安婦問題など日本の戦争責任論議多発」の記述の修正を求めた。この発言が批判されると「軍が何らかの形で関わったこと」は認めて、「慰安婦と呼ばれる方々は、筆舌に尽くしがたいほどのつらい体験、絶望的な日々を送られたことと思います」との考えも示したが、徴用したかどうかに問題をすり替える対応をした。このような中で、埼玉県平和資料館は常設展の年表中にある「日本軍南京占領」の下の「南京大虐殺」についての文章と写真を張り紙をして消す措置をした。一方、ホームページでは「これからも平和資料館は戦争の悲惨さと平和の尊さをうったえ続けます」とのメッセージを出していた。

これらのように、リニューアルを契機として、公立の平和博物館の常設展が、戦争の悲惨さと平和の尊さを伝えるという基本理念は変わらないにしても、その内容が後退することが懸念される。

(4) 公立の平和博物館での一五年戦争関係の展示会

ここでは、すでに紹介した以外の公立の平和博物館での一五年戦争関係の展示会などを紹介しよう[6]。

大阪国際平和センター(ピースおおさか)は、特別展「戦争で失われた船」展を二〇〇六年七月一九日~九月一〇日の会期で開催した。民間の船や船員が軍に徴用され、多くの船が沈没し、約六万人の船員が亡くなった。戦争によるこのような悲惨な事実を語り継ぐ展示会であった。

姫路市平和資料館は、収蔵品展「資料に見る戦時下の国内生活Ⅱ」を二〇〇六年一月一二日~三月二六日の会期で開催した。また、春季企画展「母たちの太平洋戦争」を四月八日~七月二日の会期で開催した。さらに秋季企画展「伝えよう!戦争の記憶を子や孫へ—絵手紙に込めた思い」を一〇月一日~一二月二〇日の会期で開催し、日本絵手紙協会の協力を得て、絵手紙を中心に展示した。

広島平和記念資料館は二〇〇五年度第二回企画展「宮武甫・松本栄一写真展—被爆直後のヒロシマを撮る」を二〇〇六年三月一五日~九月二八日の会期で開催した。また、二〇〇六年度第一回企画展「託された過去と未来—被爆資料・遺影・体験記全国募集新着資料より」を二〇〇六年七月二〇日~二〇〇七年七月一〇日の会期で開催している。

高松市市民文化センター平和記念室は、常設展示室の「最近の収蔵品コーナー」で、二〇〇六年六月一日~九月三〇日の会期により、岡山県津山市在住の牧野俊介氏が描いた「広島原爆救援活動」の絵画二三枚と広島平和記念資料館作製の『平和学習のしおり』など一〇点を展示した。「平和記念室収蔵品展」が高松市市民文化センター一階ロビーで二〇〇六年八月二三日~三一日の会期により開催された。市民から寄贈された収蔵品とともに、沖縄戦写真パネルも展示された。これは、戦争の悲惨さと平和の尊さを再確認するために開催されたものである。

長崎原爆資料館は、「原爆資料館所蔵資料展」を二〇〇六年二月三日~三月二三日の会期で開催した。ここでは原爆資料館の前身である国際文化会館当時から収集した資料を展示した。また、「原爆資料館開館一〇周年特別企画展」を六月二八日~八月二一日の会期で開催した。ここでは国際文化会館の建設から今日までの、原爆資料館や長崎市の平和活動の記録を展示した。さらに、企画展「六〇年という歳月を越えて資料が語る被爆の実相」を二〇〇六年一〇月四日～二〇〇七年三月一九日の会期で開催している。ここでは被爆六〇周年の被爆資料全国募集で新たに寄せられた被爆資料を紹介している。

沖縄県平和祈念資料館の第七回特別企画展「沖縄戦における住民動員―戦時下の根こそぎ動員と失われた明日」が二〇〇六年一〇月一〇日～一二月一七日の会期で開かれた。戦時下の国家総動員体制の下では、ヒト・モノ・カネが総動員されたが、多くの犠牲者を出した沖縄戦の住民動員の実態を展示したものである。展示構成は、一、戦争への国民動員　二、沖縄戦に向けての住民動員体制　三、沖縄戦と住民動員　四、沖縄戦における住民犠牲の実態　の四つであった。

沖縄県平和祈念資料館は『平和への証言―体験者が語る戦争』を二〇〇六年三月に刊行した。これは常設展の第四展示室で展示している証言と、収録公開している証言映像の中から選んだ証言を掲載したものである。内容としては、疎開、一〇・一〇空襲、沖縄戦、外地での戦争体験などの証言と、体験者の平和への思いが収録されている。

2　歴史博物館

（1）歴史博物館での新たな取組

二〇〇五年は戦後六〇年ということで多くの歴史博物館で、一五年戦争関係の特別展が開催された。[7]二〇〇六年も、重要な位置をしめる歴史博物館で、新たな一五年戦争関係の特別展が開かれた。まずそれらを具体的に紹介したい。

大阪人権博物館は企画展「十五年戦争を生きぬいた人々～館蔵資料を中心に」を二〇〇六年七月二五日～八月二七日の会期で開催した。これは一五年間の戦争を生きた人びとの足跡を資料でたどるものであるが、資料の多くは地域の人びとから人権博物館だからということで特に寄贈されたものであった。主なものに、羽曳野から陸軍で満州・朝鮮に出征した万野国春氏の資料、西成から海軍でラバウルへ出征した前田勇氏の資料がある。また戦時下の戦意高揚をはかるポスターも数多く展示された。さらに沖縄戦に従軍し、その後復帰後の沖縄で沖縄戦の記憶の写真を撮り続けている渡辺憲夫氏の写真も展示された。八月一五日の敗戦関係の資料と、敗戦をどう受け止めたかの証言も展示していた。あわせてフォトコレクションから、江成常夫の満州の戦争孤児、伊藤孝司の韓国・朝鮮人被爆者など、戦争により被害を受けたアジア各地における戦争の記憶を記録した写真家の作品も展示した。図録を刊行している。

長野県立歴史館は「戦時下の子どもたち—信州の十五年戦争」を二〇〇六年九月三〇日～一一月一二日の会期で開催した。郷土の兵士の個人史、満蒙開拓団、学童疎開、学徒勤労動員などを重点に展示していた。満蒙開拓団の展示では、満州事変を侵略と明記して展示していた。図録を刊行している。

国立歴史民俗博物館は、初めての近代の戦争関係の展示として、特別企画「佐倉連隊にみる戦争の時代」を二〇〇六年七月四日～九月三日の会期で開催した。特徴的なことは、加害などの展示も努力しているが、しかし慎重な対応をしたためか、それらが図録に反映していないことである。日清戦争については旅順虐殺に関して、師団長が民間人殺害を命令したことを記述した「歩兵第二連隊上等兵関根房次郎日清戦争従軍日記」と軍夫の日記である「明治二十七八年戦役日記」を説明と史料解説を付けて展示している。これらの資料は、図録の展示資料一覧に載せられていない。また、関東大震災のところで、「不逞鮮人鎮圧」と書かれている軍事郵便を展示し、朝鮮人についてのデマを兵士が信じていたと説明しているが、この軍事郵便も図録の展示資料一覧に載っていない。中国戦線の歩兵第百五十七連隊のところでは、『歩兵第百五十七連隊第七中隊戦史』から第一回駐屯地見取り図を展示している。そこに描かれている慰安所や慰安婦が見えるように展示していたが、特に説明を付けていない。これも、図録の展示資料一覧にない。また、中国戦線の歩兵第二百十二連隊のところでは、八路軍の袖章や連隊長の「陣中日記」を展示し、八路軍のスローガン「死を恐れず　財を貪らず　国家を愛し　同胞を愛す」・「打倒日本帝国主義」が読めるようにしてあり、抗日が読み取れるものであったが、これにも特に説明をつけていない。これらも、図録の展示資料一覧にない。

以上のことはあるが、描いた被害は、兵士の戦死と軍隊の中での苦労がほとんどになっている。戦死者も数だけになっており、その被害の様子は描かれていない。戦死者の家族の悲しみと困苦は描けていない。戦場となった地域の人びとの苦しみは上にみたようにほとんど描けていない。軍隊が置かれていることによる住民の繁栄、利益が主に描かれ、その被害は描かれていない。そして、戦後アメリカ軍基地とならなかった佐倉では、戦後の基地問題との違いは見えない。また佐倉は飛行場や軍需工場もないし、アメリカ軍の攻撃目標となる都市でもなかったので、空襲を受けて戦場となり被害を受けた日本の都市住民の被害には関連が付けられない。民間人の戦争協力とそれによる被害は、視野から落ちている。民間人の戦連隊を取り上げることによって、軍隊から戦争の時代を展示することの限界が明確になった結果となっている。佐倉この特別企画展を、そのまま常設展の戦時下の展示とすることは、問題が多い。

(2) 歴史博物館での継続した取組

次に、歴史博物館で毎年のように継続して戦争関係の企画展などを開催しているところでの二〇〇六年の動きを紹介していきたい。

栗東歴史民俗博物館はテーマ展「平和のいしずえ二〇〇六」を二〇〇六年七月二三日~八月二七日の会期で開催した。「平和のいしずえ」は、市民から提供された資料により、栗東の人びとが経験した戦争や戦時下の生活をたどり、戦争と平和について考える趣旨の展示会である。解説で、今年も満州事変を契機に中国東北部に侵略を開始したと明記している。二〇〇六年は戦時下に作られたポスター類を特集し、記章、除隊記念盃なども展示していた。二〇〇六年は、これまで発行してきた図録が出されなかった。

蕨市立歴史民俗資料館は、夏の企画展「第一七回平和祈念展 戦中から戦後へ」を二〇〇六年八月一日~三一日の会期で開催した。悲劇を繰り返さないために、戦争という事実と記憶を次世代に伝えるために開かれたものである。「一五年戦争の時代」「作家が語る 八・一五」「新聞報道に見る終戦前後」「引揚の苦難」「戦後の人々の暮らし」などについて展示した。解説のリーフレットを発行した。

福生市郷土資料室は特別展示「平和のための戦争資料展」を二〇〇六年七月一日~一〇月一日の会期で開催した。近代戦争の始まりである日清戦争から、太平洋戦争までの歴史を、福生地域の郷土資料を通じて紹介していた。今年は一五年戦争に重点があった。戦時下の資料としては、軍事郵便、出征兵士の関係資料、戦時下の子どもの生活用品、二・二六事件関係の号外、防空日誌、焼夷弾などを展示していた。また、「福生を中心とした軍資施設と戦災地図」とともに、多摩飛行場(福生飛行場)などの旧日本軍の関係では、アメリカ軍横田基地内にあった建築物資料・出土資料、無線機、整備工具、地図などを展示した。昨年は日清・日露戦争の錦絵中心の展示で、図録も作成していた。二〇〇六年は図録・リーフレットを発行しなかったが、二〇〇七年に資料目録の形での刊行を予定している。

福岡市博物館は「戦争とわたしたちのくらし一五」を二〇〇六年五月二三日～七月一七日の会期で開いた。これは六月一九日の「福岡大空襲の日」の前後に、館蔵の戦時資料を展示するシリーズの一五回目である。今回は、防空に関するポスターや書類、福岡大空襲で焼け残った瓦や時計などを展示した。

向日市文化資料館は夏のラウンジ展示「〇六くらしのなかの戦争」を八月一二日～九月二四日の会期で開催した。夏のラウンジ展示は市民から寄贈された資料を展示し、戦時下の人びとのくらしをたどるものである。二〇〇六年は奉公袋、軍隊手帳、真珠湾攻撃を伝える新聞、軍隊生活を表した漫画、軍隊で書かれた日誌などが展示された。

大山崎町歴史資料館は、小企画展「第八回平和のいしずえ展」を二〇〇六年八月一〇日～二七日の会期で開催した。「平和のいしずえ展」は、戦争前後の資料を展示して、平和の尊さを考えるものである。

浅井歴史民俗資料館は、「終戦記念展―応召先の敦賀連隊」を七月二二日～九月三日の会期で開催した。「終戦記念展」は二〇〇三年から毎年夏に開催しているもので、一年をかけて調査して、収集した資料を、聞き取りの成果と合わせて展示しているものである。二〇〇六年は浅井地域の人が入隊した敦賀連隊を特に取り上げ、合わせて敦賀空襲も展示していた。敦賀関係以外の主な展示品には、戦場の郵便配達員の赤たすき、出征直前に家族にあてた手紙、安明寺の学童集団疎開関係資料、戦時中の嫁入道具、荷車、墨塗りの教科書、紙芝居、生活用品などがあった。二〇〇三年度企画展「終戦記念展―子どもたちに伝えたい戦争の記憶」と二〇〇四年度企画展「終戦記念展――父帰る戦争の記憶」の図録が刊行された。二〇〇五年度、二〇〇六年度企画展の図録は編集中である。

近江日野商人館は第一九回「日野と太平洋戦争」展を二〇〇六年八月一日～三一日の会期で開催した。学校生活・兵隊送り・遺骨迎え・避難訓練・防火訓練・勤労奉仕・服装・食べ物など戦時中の子どものくらしを伝える土人形や絵、教科書、教育勅語、双六、中等学生の学徒勤労動員・軍事教練関係の資料、出征兵士の資料、婦人会の資料、代用品、衣料切符、空襲・防空関係の資料などの物とともに、兵隊送り、遺骨迎え、忠魂碑、防空演習、勤労奉仕、疎開学童などの写真、そして遺書・遺品とともに地区別の戦没者数の図表が展示された。これらの資料や写真を通して、大きな犠牲を払った太平洋戦争によって、日野の人たちがどんな生活をしいられ、どんな苦労を経験したかを伝えて、非人道的な過ちを繰り返さないようにし、平和への思いを確かなものにするために開かれたものである。展示資料の多くは館長が使用したものや製作したものである。

銅鐸博物館は例年ラウンジで、平和問題を取り上げた夏期テーマ展を開催している。しかし、必ずしも毎年、一五年戦争をテーマとしているわけではない。二〇〇六年は七月二〇日～九月三日の会期で、「女性たちの昭和史―高木婦人会文書」を開催した。野洲市高木には、婦人会が一九二六年に発足した時からの記録が伝えられている。展示会では、これらの記録の中から地域婦人会の活動のあゆみや戦時下の活動を伝える資料や、千人針や婦人会のたすきなどの戦時資料を展示して、紹介していた。

昭和のくらし博物館は「小泉家に残る戦争展」を二〇〇六年八月一日～九月三日の会期で開催した。これは「戦争はいけない」と言いつづけるために開館以来毎年八月に開催しているものである。二〇〇六年は絵日記・軍事郵便・千人針・代用品・寄せ書き・もんぺなどを展示していた。

ふじみ野市立上福岡歴史民俗資料館は継続的に陸軍造兵廠川越製造所・第一陸軍造兵廠の企画展を開催してきたが、二〇〇六年は開催しないで、二〇〇七年一月一九日～二月一八日の会期で企画展「第一陸軍造兵廠」の開催を予定している。

その他、継続的に一五年戦争関係の特別展を開催してきて、二〇〇六年は開催していない博物館があるが、そのうち、箕面市立郷土資料館は、二〇〇六年八月に新しい施設に移転した関係で、例年開催してきた「戦時生活資料展」を開いていない。

（3）大学文書館での調査や展示

関連して、博物館ではないが、この間顕著な取組が見られた大学文書館について紹介したい。大学文書館では、「学徒出陣」の調査・研究をおこない、その成果を公表するとともに、個人を取り上げ、その系統的資料を展示するような展示会もなされていることが特徴的である。

まず、京都大学大学文書館では総長裁量経費を受けて、京都大学における「学徒出陣」に関する調査・研究をおこなって、出陣学徒数・戦没学徒数などの基本データの確定と関係者の聞き取りをしている。二〇〇六年八月に

『京都大学における「学徒出陣」調査研究報告書』が刊行された。また、この調査・研究を踏まえて、企画展「京都大学における「学徒出陣」」が、京都大学百周年時計台記念館の歴史展示室で、二〇〇六年一月一七日～四月二日の会期で開催された。

東北大学史料館でも、企画展「東北帝国大学の学徒出陣・学徒動員」が二〇〇五年一一月一日～二〇〇六年二月二四日の会期により開催された。

明治大学史資料センターは、明治大学博物館において、第一回企画展「明大生と学徒兵」を二〇〇六年七月一日～八月一八日の会期で開催した。明治大学の学徒兵に関する基本資料とともに、第一回目の学徒出陣をし、戦死した武石益則に関する一連の資料を展示した。

駒沢大学禅文化歴史博物館は館内の大学史展示室において、特集展五「戦争と大学」を二〇〇六年七月三日～九月二九日の会期で開催した。これは、「学徒勤労動員」と「学徒出陣」を中心に、校舎の一部が軍需省の施設として徴用されたことも含めて、戦時下の駒沢大学の様子を物語る資料や写真を展示したものである。主な展示品は、駒沢大学の学生だった榊原克巳や中西道瞻の関係資料である。

おわりに

以上、「平和のための博物館」の最近の状況を紹介してきたが、私が知らなかったため取り上げなかった博物館もあると思うので、ご教示していただきたい。

ここで「平和のための博物館」の交流についても紹介したい。市民運動による博物館建設運動が進み、建設に入ったり、実際に開館した博物館もあるようになったため、交流も活発になってきている。「平和のための博物館」の交流は、「平和のための博物館・市民ネットワーク」によっておこなわれている。この組織は平和博物館が団体加盟している組織ではなく、平和博物館関係者の個人加盟の組織である。ここが開催する年一回の交流会も盛況で、有効な経験交流がなされるとともに、元気づけられるような報告が多く、参加者を励ますものになっている。また、「平和のための博物館・市民ネットワーク」は日本のみならず世界の「平和のための博物館」の活動状況の情報を集め、日本語と英語で年二回ずつ発行しているニュースに、それを掲載している。現在平和博物館の国際ネットワークのニュースが資金難から発行されなくなっている。そのため、日本の「平和のための博物館・市民ネットワーク」のニュースが唯一の世界的な平和博物館の発信媒体となっている。

　関連して、「平和のための博物館」と平和運動との関係のあり方について考えてみたい。平和のための博物館の開設、維持にとって、平和運動の力が大切で、決定的である。しかし、運動そのものと、博物館は一線を画す必要がある。博物館は、社会教育機関として、学校教育や生涯学習を助ける機関であり、広く受け入れられるものでなければならない。それに対して、平和運動はそれぞれ歴史的に一定の立場を取っており、相互にも対立してきた。博物館はこの政治的対立に巻き込まれてはならないし、そのための配慮が必要である。また、「平和のための博物館」は、それぞれの博物館の存立基盤の違いをもっており、これを尊重した上での交流がなされる必要がある。とりわけ、政治的立場の違いによるような打撃的な批判は避けるべきである。

（1）「平和のための博物館」からは、日本近代の戦争を扱っていても、日本の戦争を肯定したり、美化するような戦争博物館や、日本の戦争に対する批判・反省が明確でないと見なされるような博物館は除いている。ここでは博物館を取り上げるが、資料館とか資料センターとか記念館とかの名前が付けられていて、博物館とは自称していない館もあるが、事実上、展示や資料の収集・保存など、博物館の機能を果たしている館も博物館と見なしている。

（2）拙稿「戦後六〇年と歴史博物館・平和博物館の戦争展示」（『季刊戦争責任研究』第五一号所収、二〇〇六年三月）〔本書⑩に収録〕、拙稿「歴史博物館・平和博物館での一五年戦争関係の取組」（『史海』第五二号所収、二〇〇五年六月）〔本書⑫に収録〕を参照されたい。

（3）この他、二〇〇六年一一月三日、「撫順の奇跡を受け継ぐ会」が川越市に「中国帰還者連絡会記念館」を開館したが、これは機能的には図書館と見なすべきものである。

（4）松代大本営平和祈念館は、第一回「松代大本営平和祈念展」を二〇〇五年一一月一一日〜一三日に、第二回を二〇〇六年一二月八日〜一〇日に、いずれも松代公民館で開いている。

（5）博物館と密接な関係を持った研究組織としては、国立歴史民俗博物館、大阪国際平和センターの先例がある。国立歴史民俗博物館は、近代日本の戦争について組織的な共同研究を続けており、大きな研究成果をあげているが、戦争研究の成果を常設展に反映させることは、これからの課題である。大阪国際平和センターは大阪国際平和研究所を持ち、それに関連して「一五年戦争研究会」があって、継続的に研究会を開催し、その成果を大阪国際平和研究所の研究紀要『戦争と平和』に発表している。しかし、研究成果を展示に反映させることはしていない。

また、立命館大学国際平和ミュージアムは大学が設置し、運営する平和博物館であり、その中に平和教育研究センターを持っているが、まだセンター長が置かれているだけで、組織として実体化していない。しかも、当面は教育活動の確立を指向しており、博物館のテーマである一五年戦争、現代の戦争、平和問題について、共同研究を組織することは課題にもなっていない。さらに、二〇〇六年四月以降、一五年戦争を専門とする専任学芸員がいなくなった。長期的に平和博物館としての蓄積をしていくこと、日常の専門的なレファランスに対応することなどに、支障が起きることが懸念される。

（6）図書館での展示会の例も紹介しておきたい。奈良県立図書情報館は二〇〇五年一一月に開館した図書館であるが、その中に戦争体験文庫があって、図書、雑誌が中心で書架に配架し公開している。それ以外に、実物資料も収蔵し、展示会を開いている。既に、二〇〇六年二月一日～三月三〇日に「戦時下の国民生活　徴兵される青年たち」を、四月一日～五月三〇日に「戦時下の国民生活　銃後の生活」を、六月一日～七月三〇日に「戦時下の国民生活　占領下の生活」を、八月一日～九月三〇日に「戦争と教育1――ある教育実習生の日誌を中心に」を、一〇月一日～一一月二九日に「戦争と教育2――学童疎開」を、それぞれ開催している。

（7）二〇〇五年に開催された特別展などの成果を常設展に取り入れている博物館もある。例えば、江戸東京博物館は、二〇〇五年の第二企画展「東京空襲六〇年――犠牲者の軌跡」で作成した「犠牲者の遭難軌跡地図」などを常設展で展示している。

〔付記〕　この論文には、財団法人政治経済研究所の二〇〇六年度個別研究「二〇〇六年における博物館の戦争展示」の研究成果を盛り込んでいる。

（掲載時所属：財団法人政治経済研究所主任研究員）

10

『〈季刊〉戦争責任研究　第五一号』（二〇〇六年　春季号　日本の戦争責任資料センター）

戦後六〇年と歴史博物館・平和博物館の戦争展示

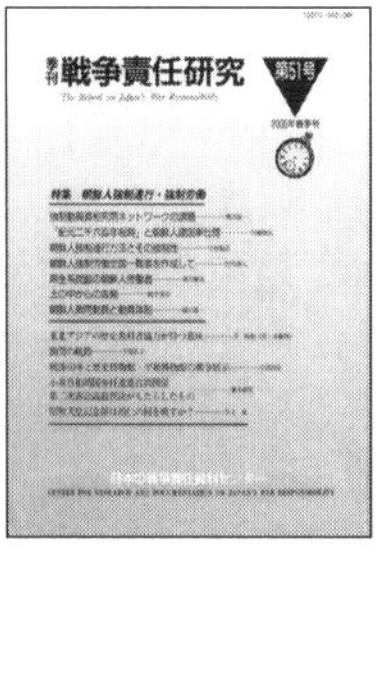

はじめに

本稿では、戦後六〇年にあたった二〇〇五年における歴史博物館や平和博物館での日本の一五年戦争関係展示の紹介を通して、戦争展示について考える素材を提供したい。その際、二〇〇五年同様に多くの取組が見られた一九九五年の戦後五〇年における戦争展示との比較をしてみたい。なお、平和博物館・歴史博物館の常設展については省略したい[1]。

1　歴史博物館での一五年戦争関係の特別展・企画展

戦後五〇年ほどではないが[2]、戦後六〇年でも多くの地域博物館で一五年戦争関係の展示会が実施された[3]。その数は私の知りえた範囲で約六〇である。これは戦後五〇年の時の約一一〇には及ばないが、近年にない数である。このうち、初めて本格的な特別展を開催した博物館での特徴的な展示会を、最初に紹介していきたい。

山形県立博物館の特別展「戦争と子どもたち―学校・くらし―」は、戦争が子どもにも惨禍と労苦を与えており、不幸な戦争の記憶を風化させることなく後世代に語り伝えて、戦争の悲惨さと平和の尊さを考えるためという趣旨で開かれた。生活綴方への弾圧や戦後の山びこ学級なども展示していた。図録を刊行している。

群馬県立歴史博物館の第七九回企画展「子どもたちと戦争」は、子どもの目線で、現代日本の戦争と平和について改めて考え、話し合ってほしいという趣旨で開かれた。図録を刊行している。

八戸市博物館の展示会「戦争と八戸市民―苦難とともに」は、市民から寄せられた資料で、戦中の八戸市民の苦難な様子を紹介し、戦争の悲惨さ、平和の尊さを考えてもらおうというものである。図録を刊行している。

ふれあい歴史館の展示会「昭和の福島―あのころの福島は今」は、不況、戦争、空襲、復興の様子を展示していた。

高崎市歴史民俗資料館の企画展「終戦の日その時高崎は」は、戦争を語る機会を提供し、戦争の記憶を掘り起こし、平和の尊さを後世に伝えるという趣旨で開かれた。歩兵第一五連隊の埋蔵遺物も展示し、第一次世界大戦後、労働運動・農民運動が盛んであったが、戦争とともに言論が統制され、満州開拓へ動員されたことも紹介している。明日へのメッセージとして、終戦の日の体験記も展示している。展示リスト付のパンフレットを刊行している。

鎌ヶ谷市郷土資料館の戦後六〇周年事業、企画展「戦争の記録と記憶in鎌ヶ谷」は、展示の中で、一五年の長い日中戦争で日本は中国の国土と民衆に多大な戦争被害を与えたことや日本が体験した最後の戦争となることを念願することが言われている。図録を刊行している。

君津市立久留里城址資料館の企画展「平和六〇年　戦時下の記憶」は、市民が大切に保管してきた資料などから、日本に戦争の時代があったこと、また地域がどのように戦争に組み込まれていたのかを振り返り、戦争の悲惨さや平和の大切さを伝えるものである。展示の中で、戦争は被害者を生み出すとともに加害者も生み出した、日本は欧米諸国と同様、東アジアの分割に参加した、謀略で満州事変を起こし中国東北地方を侵略、満州国を独立させた、中国との全面戦争を開始し、果てしない戦争に突入した、多数の朝鮮人・中国人が国内に連行され、鉱山や土木建築などの労働に従事させられたことも述べている。

館山市立博物館の第一二回収蔵資料展「軍都の時代」は、南房総の遺跡や、軍都と戦争のモニュメントの展示が特徴的で、これらを紹介した解説シートを作成している。

船橋市郷土資料館の第七一回展示「あれから六〇年―

戦争の時代をこえて―」は、戦争が市民生活に及ぼした惨禍と、平和日本建設の苦難の歴史をふりかえり、悲劇の歴史を繰り返さないことを願って開かれた。資料観覧のてびきを作成している。

練馬区郷土資料室の収蔵品展「戦時下のくらし」は、戦時下のくらしや戦争体験を紹介するものであるが、東京市開拓訓練所の栞、東京市興亜勤労訓練所の入所案内・願書なども展示している。展示資料リスト付リーフレットを作成している。

津南町農と縄文の体験実験館の「津南郷から見える戦争」展は、戦争の悲惨さを二度と繰り返してはいけないので、戦争否定にこだわるとともに、親の世代は隣人の目が脅威であり、アジアへの偏見を持っていて、侵略戦争に協力したので、日本の民衆の被害のみを語るのでは世界に通用しないことも、展示の趣旨で述べている。また、銃後に残った女たちも皇国青少年をつくるなど侵略戦争に加担したこと、満蒙開拓団は侵略の一端を担ったこと、朝鮮人・中国人も鎮魂の対象にすべきことも展示で言っている。図録を刊行した。

甲府市藤村記念館の企画展「戦後六〇年、あの時、あの頃」は、戦争を知らない世代へ悲惨な戦禍を伝える責務から、児童・生徒の目線で開いた展示会である。

江南市歴史民俗資料館の「江南の空襲六〇年」展は、常設展の一角での小規模な展示であるが、一九四五年七月一三日の空襲が住民に犠牲や被害を与えたことを展示している。展示した文献資料や解説・図表を収録したパンフレットを作成している。

逆に戦後五〇年に大規模で本格的な一五年戦争関係の展示会を開催して、戦後六〇年にそのような取組がなかった所は、岩手県立博物館、石川県立博物館、徳島県立博物館、行田市郷土博物館、八潮市立資料館、板橋区立郷土資料館、くにたち郷土文化館、三島市郷土館、豊田市郷土資料館、豊橋市美術博物館、館野市立歴史文化資料館などであると思われる。このように、大規模な展示会を開催し、図録も刊行したあと、同じようなテーマで展示会を開かない歴史博物館が多い。

戦後五〇年、戦後五五年の節目の年に展示会を開催し、戦後六〇年にも展示会を開いた所がある。このうち特徴的なものを、戦後五〇年の展示会と比較しながら、紹介したい。

江戸東京博物館は戦後五〇年に特別展「東京大空襲―戦時下の市民生活」を開いて、戦争体制と生活の苦しさをえがき、図録も刊行した。二〇〇五年の第二企画展「東京空襲六〇年―犠牲者の軌跡―」は常設展の中の第二企画展示室で開かれた。これは犠牲者の遭難軌跡を地図上で表し、当日の人びとの行動を視覚的に捉えるとともに、犠牲者の遺品、空襲を記録した絵画・写真なども合わせて展示した。新資料に基づく遭難軌跡の解明は、すみだ郷土文化資料館・豊島区立郷土資料館との共同研究の成果によるものである。

水戸市立博物館の終戦六〇周年企画「戦争の記憶展—平和への祈りを込めて—」は、一九九五年に「戦争と市民のくらし—戦後から五〇年」展を開き、二〇〇〇年に特別展「女性と子どもたちの戦争」を開催し図録を刊行して以来の戦争展示である。悲惨で過酷な戦争体験は平和のためにこそ記憶されねばならないという趣旨で、開館以来の市民からの寄贈・寄託戦争資料を展示し、募集した体験談も読めるようにしていた。兵隊たちの記憶、学生たちの記憶、子どもたちの記憶、女たちの記憶、日々の生活の記憶、俘虜たちの記憶、水戸空襲の記憶、終戦の記憶などで展示を構成し、空襲体験画なども展示している。タイムスリップクイズを作成している。

葛飾区郷土と天文の博物館は戦後五〇年に企画展「葛飾の戦時生活」を開き、日本の侵略や日本人の反戦運動も取り上げた。二〇〇五年の被爆・終戦六〇周年平和事業「キ九四！B二九を撃墜せよ—空襲とかつしか—」展が体験学習室で開かれ、金町で造られた最新鋭高度戦闘機キ九四について展示し、展示資料リスト付のリーフレットを作成した。他に、初空襲で国民学校高等科の生徒を殺した爆弾や戦争遺跡の写真も展示している。

新宿歴史博物館は一九九五年に企画展「戦後五〇年—こどもたちの世界」展を開き、趣旨で日本や周辺の国々に数多くの犠牲者がでたことを述べていた。二〇〇五年の新宿区平和都市宣言二〇周年記念「平和展—未来へつなぐ私たちの記憶と記録—」は、第一部が「戦争への道と新宿のくらし」で、戦争体験の証言も展示している。第二部の「未来に伝えよう、平和の願い」では、「平和派遣の会」や「記録・文化財の修復」や、新宿区内にある「ホロコースト教育資料センター」の協力で「ハンナのかばん」の展示もしている。

台東区立下町風俗資料館は一九九五年に「戦後五〇年　焼跡からの復興」展を開いていた。二〇〇五年の特別展「終戦六〇年　戦争と子どもたち」は、当時の子どもの視点から戦争の時代を見つめ直すものである。

八王子市郷土資料館は戦後五〇年に「戦争と人びとのくらし」展を開催し、図録も刊行している。二〇〇五年の特別展「戦時下の市民生活」の趣旨は、戦争への反省と平和の大切さを後世に語り伝えることである。ブックレット『八王子空襲』を刊行している。

平塚市博物館の戦後六〇周年記念展示「市民が探る平塚大空襲」が寄贈品コーナーで開かれたが、これは、図録も刊行した戦後五〇年の特別展「四四万七七一六本の軌跡―平塚の空襲と戦災」をふまえ、その後の一〇年間の寄贈品や聞き取りの成果を展示したもので、「平塚の空襲と戦災を記録する会」が調査し収集した展示会である。海軍関係の軍需工場で使われたイペリットなど化学兵器の容器も展示している。

沼津市明治史料館は戦後五〇年に企画展「昭和の戦争と沼津」を開き、地域の地下工場での朝鮮人労働者の強制労働、傀儡満州国への移民、ファシズム化も取り上げ、図録を刊行した。終戦六〇周年記念「一九三一～一九四五　沼津と戦争」展は、かつての戦争と現在の平和を考える機会として開かれた。常設展の一部を使った展示会で、館蔵品の展示であるが、新しい資料も展示していた。佐々木古桜の絵日記を効果的に使って、展示の各コーナーの説明をしている。海軍技術研究所音響研究部、沼津海軍工廠、拓南錬成所などの資料の展示が特徴的である。今回も図録を刊行している。

知立市歴史民俗資料館収蔵品展「戦後六〇周年記念展」は、日本が廃墟から平和な国を作り上げたが、戦前戦後で日本がどう変わったかを再認識するために開かれたものである。戦後五〇年の「戦争とくらし」展は、よその博物館から借りた資料を展示していた。戦後六〇年の今回は、戦時資料の収集を呼びかけたところ、貴重な資料や体験記録が提供され、それらを展示している。特徴的な展示資料には中島航空金属関係の徴用資料、刈谷高女学園工場勤労動員関係資料、暫定教科書などがある。図録を刊行しているが、その中に、資料集として、体験記、知立町公文書、刈谷高女学園工場関係文書、教育関係資料、外国教科書の叙述の翻訳なども収録している。

四日市市立博物館は戦後五〇年に企画展「四日市空襲」を開き、大陸での戦争についても展示し、中国の人びとの苦しみも伝えていた。二〇〇五年は学習支援展示「四日市空襲と戦時下の暮らし」を開催し、焼夷弾、代用品、軍装品などを展示している。

宇治市歴史資料館の「戦後六〇年　戦時下の暮らし展」は、主催が宇治市平和都市推進協議会で、宇治市歴史資料館を会場に開催されたものである。趣旨として、戦争に関する品々や当時の暮らしをうかがえる品物の展示を通して「戦争」という愚かな過ちを繰り返してはならないことを感じ取ってほしいと言っている。戦後五〇年と戦後五五年に開催した「戦争遺品展」の時の展示資料と新たに提供された資料を展示している。展示構成と概要を載せたリーフレットを作成している。

和歌山市立博物館は戦後五〇年に企画展「和歌山大空襲の時代」を開き、細菌・ガス兵器、阿片などについても展示し、図録も刊行した。二〇〇五年の「和歌山大空襲六〇年展」は、ロビーを使った展示であるが、規模は大きいものである。今回はテーマを空襲と暮らしに限定しているが、新しい資料も追加している。ワークシートを作成している。

以上見てきたように、戦後六〇年では概して、テーマを絞り、規模も縮小した所が多いが、取り上げたテーマを深め、新しい展示資料を収集した努力を見ることができる。

この他、戦後五〇年以来ではないが、しばらくぶりに開いたものには、睦沢町立歴史民俗資料館・各務原市歴史民俗資料館がある。

睦沢町立歴史民俗資料館は二〇〇〇年に企画展「睦沢町民の戦争体験―あの戦争の歴史の事実を事実として―」を開き図録も刊行している。二〇〇五年の企画展「睦沢町民の戦争体験―戦後六〇年の記憶―戦争の歴史の事実を事実として伝えるために―」は、戦争体験関係資料や証言記録の収集を継続してきた成果を展示したものである。墜落した日本軍機の残骸・機関砲、墜落した搭乗員のパラシュートと結婚記念写真、従軍日記などを展示している。展示資料リスト付リーフレットを作成している。

各務原市歴史民俗資料館は、企画展「平和な二一世紀をめざして　各務原空襲があった頃―市民提供資料による戦時下の暮らし展―」を一九九八年に開いている。二〇〇五年の「平和への願い　各務原大空襲から六〇年伝えたい『戦争と人々のくらし』」展は、図書館や歴史民俗資料館と同じ建物の中の展示ホールやロビーを使った大規模な展示であった。特徴的な展示資料として、国民学校生の絵・習字、代用品、婦人会・隣組関係資料、絵馬・ポスター・紙芝居、青い目の人形、風船爆弾の模型、墨塗り教科書、空襲被災品、爆弾、航空廠関係資料などがある。平和の願いの絵手紙も展示している。〇×クイズを作成しているが、そこでは空襲が市民に被害を与えたこと、中国人・朝鮮人の強制連行・強制労働も取り上げている。報告書『戦時記録』三部作から、空襲、中国人の強制連行・殉難塔、朝鮮人強制労働の苦悩、掩体壕などについて抜粋して、配布していた。

続けて、一五年戦争関係の展示会を毎年のように継続して開催している博物館が二〇〇五年に開催した展示会を紹介したい。

豊島区立郷土資料館は一九八五年以来、学童疎開を中心に戦争関係の特別展・企画展の開催、史料集刊行、講座開催などの取組を継続しておこなっている。二〇〇五年度第一回企画展として「東京空襲六〇年—空襲の記憶と記録—」が開かれた。展示では、江戸東京博物館・すみだ郷土文化資料館との共同研究の成果も盛り込んでいる。館蔵空襲被災品をほぼすべて展示するとともに、一九四五年四月一三日の空襲についての米軍資料を分析し、攻撃目標と爆撃地・被災地のずれを展示で示しており、どこからどこへ逃げて、死んだかを図示した「四月一三日の空襲の被災地図」や、四月一三日の空襲などの体験画も展示している。図録を刊行している。

栗東歴史民俗博物館は開館直後の一九九一年から毎年夏にテーマ展「平和のいしずえ」を開催している。これは、アジア太平洋戦争を重点にしつつ、日清・日露戦争を含め、日本近代の戦争全体を取り上げて、地域の視点から戦争の歴史と戦時下の生活を振り返り、平和を考えるものである。そして日本の近代は、アジアの覇権をめぐって対外戦争・侵略戦争を繰り返してきたが、戦争は国民に内面化してきたと捉えている。二〇〇二年からは年ごとの展示会の重点テーマを明確にしてきた。「平和のいしずえ　二〇〇五」は、銃後団体にスポットをあてている。政府は国民教化のために、地域の自治組織を再編し、戦争肯定・支援の銃後団体に変質させていく、日露戦後の在郷軍人会・青年団・処女会・婦人会や、アジア・太平洋戦争期の町内会・隣組がそうであり、臨戦意識を作り出し、国民一丸となって戦争遂行へむかっていったとしている。図録と出品リスト掲載のリーフレットを刊行している。

蕨市立歴史民俗資料館は開館した一九九〇年から毎年戦争関係の企画展を、戦争を二度と繰り返さない、平和の尊さを考える立場から開催している。二〇〇五年は企画展「第一六回平和祈念展　子どもたちの戦争—一五年戦争の記憶—」を、戦争の悲劇を次世代に伝えるために、戦中・戦後の子どもたちの学校生活や日常生活を紹介し、平和の大切さを考えるという趣旨で開いた。

桜ヶ丘ミュージアムは毎年夏に「豊川海軍工廠展」などを開催してきているが、二〇〇五年は終戦六〇周年企画「豊川海軍工廠展　巨大兵器工場—終戦六〇年後の記録—」として開かれ、常設展を全部撤去して企画展にあてており、大規模なものであった。開催趣旨は、わが国は戦後平和であったが、戦争のおこした不幸や困難を忘れさせており、あらためて戦争を記録し、未来に伝えることに置かれていた。館蔵資料の蓄積や手記集が相次いで刊行されているのを、ふまえた展示会である。館蔵品中心であるが、立命館大学国際平和ミュージアムなどから豊川海軍工廠関係資料を借用しており、海軍工廠全体を明らかにする展示も、各地の博物館から借用した資料を使って展示している。図録と豊川海軍工廠関係館蔵資料目録を刊行した。

上福岡歴史民俗資料館は上福岡にあった陸軍造兵廠川越製造所関係の企画展を継続して開催しているが、二〇〇五年は戦後六〇年記念企画展「造兵廠と戦争遺跡」を開いた。これは、上福岡にあった陸軍造兵廠川越製造所からの出土品を含む関係資料や全体模型、鉢形航空廠と朝霞被服廠の資料、浅野カーリット工場の陶器製手榴弾や地雷、戦争遺跡の写真などを展示していた。展示資料目録を作成している。

箕面市立郷土資料館の戦後六〇年平和推進事業「戦時生活資料展」は、平和の尊さと人権を考える趣旨で、耐えることを強いられた戦争中の生活を当時の資料から学ぶために開催されたものである。例年と同じく、学芸員実習生が展示したもので、兵士の訓練など創意的な展示も見られた。

向日市文化資料館は、身近な地域の資料から戦争と平和について考える夏のラウンジ展示を毎年開いている。二〇〇五年の「戦後六〇年『くらしのなかの戦争』展」は、集大成的な展示で、勤労奉仕・配給・隣組・防空演習・供出などに関する村の公文書をはじめ主な収蔵品をまとめて展示している。

大山崎町歴史資料館の小企画展「平和のいしずえ」は、平和の尊さを語り合う契機にするために、町民からよせられた戦争時の資料を展示するもので、毎年夏に開かれてきた。第七回の二〇〇五年は戦前戦中のこどもの問題集、遊び道具などを展示している。

伊丹市立博物館は一九九五年に「戦後五〇年　平和資料展」を開き、趣旨で日本はアジアに侵略し苦痛を与えたことも述べていた。その後、常設展の一部で夏に戦争関係の展示会を開いてきた。二〇〇五年の企画展「戦争と伊丹の人々」は本格的な展示会であり、戦争を知らない世代が戦争について理解を深め、平和の大切さを考えてもらう趣旨で開かれた。館蔵品を中心に、個人、兵庫県立歴史博物館、大阪国際平和センターからの借用資料も展示した。体験証言を収集した『戦時体験証言集　市民が語る戦争』を刊行したが、これを展示に生かしている。図録も刊行した。

岡崎市郷土館は建物が徴兵検査をした建物だったので、

これまで何回か戦争関係の企画展を開催してきたが、二〇〇五年の企画展「終戦六〇年―戦争を語る品々、伝えたい記憶―」は、それまでのものを集大成した内容である。戦争記録や記憶を探る一助にするために開かれたもので、一般募集した資料が中心的な展示資料であった。

志摩市立磯部郷土資料館は、毎年遺品などを少しずつは展示してきていた。二〇〇五年は「戦争の記憶展」を開催したが、遺品などを公開する大規模な展示会は一九九五年に次いで二度目である。趣旨の中で、戦争は生命、自由、人権、心を奪うものであり、平和を見つめ直して、子どもたちの語り部となってほしい、戦後が永久に続き、戦前にならないように願っていることを述べている。

すみだ郷土文化資料館の企画展「東京空襲六〇年―三月一〇日の記憶―」は二〇〇三年度と二〇〇四年度の二ヵ年にわたり、空襲の直接体験者から募集した、体験を自ら描いた絵画を展示したもので、二〇〇四年に引き続く空襲体験画の企画展である。あわせて、江戸東京博物館・豊島区立郷土資料館との共同調査の成果である、空襲犠牲者の居住地・死亡場所を示した被災地図も展示した。二〇〇三年度に募集した体験画を収録した『あの日を忘れない―描かれた東京大空襲―』が柏書房から市販されている。

広島市郷土資料館は戦後五〇年に「母の記録―被爆その後」展を開いている。二〇〇三年に、広島にあった糧秣支廠と被服支廠の歴史と陸海軍兵士の糧秣・被服の歴史を紹介する特別展「糧秣支廠と被服支廠展―兵士たちの『食』と『衣』―」を開催し、図録も刊行している。二〇〇五年は被爆・戦後六〇周年記念企画展「戦中・戦後の市民生活展―よみがえる戦争の記憶・はじめて知る苦難の時代―」が開かれた。現在の平和が悲惨な歴史の反省の上にあるという認識を共有するために、困難を余儀なくされた戦中・戦後の市民生活を当時の写真や生活資料で振り返る展示会で、被服廠の資料が特徴的であった。

浅井町歴史民俗資料館は、二〇〇三年から毎年夏に企画展「終戦記念展」を開いており、その年に調査し新たに収集した資料を展示している。二〇〇五年は企画展「戦後六〇年　終戦記念展―語り継ぐ戦争の記憶―」を開催し、従軍看護婦の遺書・遺髪・召集状、今荘区防空演習記録や防空関係資料、町内兵士の遺書、中国へ行った軍人の関係資料などを聞き取り調査の結果とともに展示している。

以上のように、二〇〇五年は例年より充実した展示会が見られた。

仙台市歴史民俗資料館は一五年戦争関係の企画展「戦

争と庶民のくらし」を継続的に開催しているが、節目の年をはずしている。二〇〇一年、二〇〇二年には図録を刊行した。

2 平和博物館の一五年戦争関係特別展・企画展

つぎに、平和博物館の主な一五年戦争関係展示会を紹介したい。

埼玉県平和資料館では、企画展「戦争の記憶―二〇五人の証言―」などが開かれ、平和の尊さを考えるために、戦争体験者証言ビデオを撮った二〇五人の紹介と生活・軍事関連品を展示し、図録も刊行した。

静岡平和資料センターは企画展「二〇〇〇の命を奪った静岡空襲」などを開き、アメリカ軍撮影の空襲翌日の航空写真も展示した。また、静岡市と共催で戦後六〇年記念事業「静岡・清水空襲体験画・写真展」を開催した。『静岡・清水空襲の記録―二三五〇余人へのレクイエム―』と『静岡市民が描いた体験画集　静岡・清水大空襲と艦砲射撃』を刊行し、「静岡空襲翌日の航空写真」とともに頒布している。

立命館大学国際平和ミュージアムでは、特別展「ぼくたち　わたしたちの生きた証―『若人の広場』旧蔵・戦没動員学徒遺品展―」などを開き、図録を刊行した。

大阪国際平和センター（ピースおおさか）では、戦争が博覧会に及ぼした影響を紹介する、特別展「戦争と博覧会」展が開かれた。また、戦後六〇周年記念「ピースおおさか収蔵品展―六〇年前の戦争モノ語り―」が開かれたが、空襲など戦争の実相、戦時中の人びとの生活を、モノを通して伝え、犠牲者を追悼し、平和を祈念する展示会であった。さらに、一九四五年八月一五日の体験を漫画と文章で伝える、特別展「漫画家たちが描いた戦争体験―昭和二十年の絵手紙展―」も開かれた。

吹田市平和祈念資料室は、戦争体験者が平和の尊さを伝えたいという強烈な思いで描いた絵手紙を若い世代の人に見てほしいという趣旨で、企画展「絵手紙が伝える戦争」を開き、日本絵手紙協会が「絵手紙で伝え残そう戦争の記憶」というテーマで公募した絵手紙一五〇〇通のうち、二〇〇余通を展示した。

姫路市平和資料館では、当時の子どもたちの姿を写真や実物資料などで振り返りながら戦争の惨禍を思い起こすとともに後世に語り継ぐ趣旨で、企画展「太平洋戦争下の子どもたちのくらし」が開かれた。また、企画展「戦時下の青春群像―父母たちへのメッセージを中心に―」なども開かれた。

広島平和記念資料館では、開館五〇周年記念企画展「廃墟の中に立ち上がる―平和記念資料館とヒロシマの歩み―」が開かれ、一の「平和資料館の五〇年」では、広島平和記念資料館の前史からの歴史を伝える写真や資料を展示した。二の「ヒロシマの六〇年」では、慰霊追悼関係では碑、遺骨と遺品、行事などについて、保存復元関係ではドーム・街並み・映像などについて、記憶継承関係では、文学資料・体験記・絵などを展示している。

福山市人権平和資料館では企画展の制作はNPO法人がおこなっているが、大阪市からの集団疎開学童の日記や写真などを展示した「子どもの日記からみた学童疎開」をはじめ、戦後六〇年企画展を三回開催した。

沖縄県平和祈念資料館では、「体験者が描く沖縄戦の絵」展が開かれた。また、第六回特別企画展「沖縄戦と疎開―引き裂かれた戦時下の家族―」が開催された。沖縄県の疎開の全体像を明らかにするとともに、「ひもじさ」「寒さ」「寂しさ」で表現される疎開体験を伝えるものである。図録を刊行している。

平和博物館ではないが、人権博物館の水平社博物館が、第八回特別展「戦争の中の水平社運動」を開催した。これは、戦時下で水平運動が戦争遂行体制を積極的に推進することによって部落差別を解消させようとするが、結局運動が戦争遂行体制に呑み込まれ、組織と運動が消滅する過程を伝えている。全国での動きとともに、それを積極的に進めた奈良県での動きも展示している。さらに地元の掖上での戦争遂行体制に、運動関係者が関わっていることを示す資料も展示されている。

3　開館やリニューアルした平和博物館

ここで、二〇〇五年での平和博物館などの開館やリニューアルの動きについて関連してふれておきたい。

二〇〇五年八月一日に女たちの戦争と平和資料館が開館した。慰安婦問題を専門にテーマとした日本初の平和博物館である。女性国際戦犯法廷とその中心であった松井やよりさんの資料が、展示や収蔵資料の中心である。同時にここを拠点に運動をしていくことも考えてつくられた施設でもある。

岡山空襲平和資料館が二〇〇五年四月一日に市勤労者福祉センターの一、二階のロビー内に開設された。施設は市が無償提供し、運営はNPO法人「平和推進岡山市民協議会」がおこなっている。二〇〇二年から、閉校した同市の出石小学校校舎で「岡山空襲出石資料館」を開いていたが、跡地再開発事業のため移転したものである。

焼け野原となった市街地の写真パネルや、当時の衣服などの生活用品計約九〇点を並べて展示している。館員が常駐し、展示品について見学者に説明している。岡山や長岡戦災資料館、岐阜市平和資料館のように、最近開館した平和博物館には、地方自治体が開設し、運営に市民団体がかかわっている例が多い。

呉市海事歴史科学館、略称・大和ミュージアムが二〇〇五年四月二三日に開館した。公立の博物館でありながら、海軍工廠中心の呉の歴史や科学技術の歴史を取り上げ、戦艦大和の模型をはじめ、零戦、特殊潜行艇「海竜」、特攻兵器「回天」、魚雷など旧海軍の武器を無批判に展示している。平和の大切さも言うが、大和を技術の結晶とし、讃えているので平和博物館でなく、戦争博物館である。しかし、一方では海軍工廠の歴史の中で大正デモクラシーを展示し、労働運動や宮地嘉六も取り上げている。戦争の名称は太平洋戦争の表現を取っている。また、戦時下の呉の市民生活も展示しており、経済統制や配給制、防空訓練や竹槍訓練などで、統制された市民生活を示している。勤労奉仕、軍事教練、学童疎開や、海軍工廠への徴用・女子挺身隊・学徒動員も展示している。呉空襲や呉と原爆も取り上げており、空襲の写真はアメリカ軍撮影のものが中心である。市民生活の展示資料には女子挺身隊員の宣誓血判書、焼夷弾、防空ずきん、防毒面、灯火管制具などがある。その意味では、基本的には、日本海軍を無批判に賛美する展示ではあるが、同時に公立の歴史博物館として、戦時下において市民の暮らしが苦しいものであったことを伝える展示もあることを見落としてはならないであろう。

立命館大学国際平和ミュージアムは二〇〇五年四月にリニューアルし、現代の戦争を増やすとともに、一五年戦争でも兵士の被害、日本軍の加害、抗日運動、日本人の反戦運動、戦争責任などの展示を充実させた(4)。

中野区平和資料展示室は、二〇〇五年七月二二日に常設展がリニューアルオープンした。戦争の悲惨さ、平和の尊さを次世代に伝える趣旨で、広島・長崎の原爆、中野の戦災、中野のくらし、学童疎開、中野の平和史跡などについて展示している。

おわりに

戦後六〇年の歴史博物館や平和博物館での展示は、まず第一に平和を願って戦争の悲惨さを伝えるものであり、よく整理されたものであったと言える。特徴としては、記憶と名付けた展示会が多く、記憶と記録と名付けた所もあった。新たに、改めて、体験画や体験記を募集して展示した所も見られた。戦争遺跡を紹介した展示会もあった。それだけ、戦争体験を伝えるのが、人から物や遺跡になってきているが、逆に戦争体験者から直接聞くことができる最後の機会という意識が強く働いていると言えよう。

また、子どもを主体にしたり、子どもの目線での展示も多い。これは、子どもに戦争体験を伝える重要性と、子どもの時に戦争を体験した人が今では体験を語る中心世代になっていることが関係していると思われる。

最後に、加害展示はやはり戦後五〇年の時より後退していると言わざるをえないが、攻撃が厳しい中でも、博物館の学芸員らが研究を進め、加害を伝える新たな取組をしていることを評価しなくてはならないであろう。

（1）常設展などでの特徴的な展示については拙稿「歴史博物館・平和博物館での一五年戦争関係の取組」（『史海』第五二号、二〇〇五年所収）〔本書⑫に収録〕を参照されたい。

（2）戦後五〇年の時について詳しくは、拙稿「地域の歴史博物館における戦後五〇年関係の特別展・企画展の概観」（『歴史科学』第一四七号、一九九六年所収）〔本書⑯に収録〕を参照されたい。

（3）本文で取り上げた展示会は、沖縄県平和祈念資料館などを除き、実際に参観した上で紹介を書いたが、事実や評価の間違いがあると思うので、ご指摘いただきたい。見ていないものも含めて、戦後六〇年に博物館などで開催された、一五年戦争関係展示会リストを作成し別表（省略）として掲載した。これにも漏れや誤りがあるので、ご指摘いただきたい。

（4）立命館大学国際平和ミュージアムの常設展のリニューアルについては拙稿「平和博物館における戦争展示について」（『歴史科学』第一七九・一八〇合併号、二〇〇六年所収）〔本書⑪に収録〕を参照されたい。

（掲載時所属：立命館大学国際平和ミュージアム学芸員）

11

『歴史科学　第一七九・一八〇合併号』（二〇〇六年六月　大阪歴史科学協議会）

平和博物館における戦争展示について

―立命館大学国際平和ミュージアムにおける現代戦争の展示とリニューアルを中心に―

はじめに

大阪歴史科学協議会が平和博物館などの戦争展示の課題に取り組み、それに私が参加するようになったのは、一九九一年九月に大阪国際平和センター（愛称、ピースおおさか）が開館し、大阪歴史科学協議会が大阪国際平和センターを見学し、その展示や活動を検討する同年一二月の例会を開いてからである。私もこの例会に参加し、発言したが、それを踏まえて『歴史科学』第一二九号に「平和博物館のあり方について―大阪国際平和センターの検討を通じて」を書いた。これをきっかけにその後さまざまな場で平和博物館や戦争展示のあり方を考えてきた。(1) その中で戦後五〇年にあたる一九九五年に多くの地域の歴史博物館で、日本の一五年戦争関係の特別展が開催されたが、大阪歴史科学協議会の一九九五年一一月例会で、これらの特別展を概観するような報告をし、それを『歴史科学』第一四七号に「地域の歴史博物館における戦後五〇年関係の特別展・企画展の概観」と題して書いた（本書16に収録）。これらの平和博物館などの戦争についての取り組みの検討は、日本の一五年戦争が中心であった。しかし、現在でも一五年戦争の検討は依然として歴史的な重要な課題であり、しかも戦争責任や戦後補償問題などは現在の課題であるが、今は、現在の世界の戦争についての課題が、それへの日本の関わりの問題も含めて、重要になってきており、それを博物館も取り上げ、検討し、展示していくことが求められている。そこで、この論文では、私が所属している立命館大学国際平和ミュージアムを対象に、現代の戦争を中心に、その現状とリニューアルについて考えていきたい。これはもちろん国際平和ミュージアムの公的な見解ではなく、あくまで私の責任で発表するものである。

1　国際平和ミュージアムの現在の展示

国際平和ミュージアムは一九九二年五月一九日に開館した。常設展では、テーマ一、一五年戦争の実態、テーマ二、第二次世界大戦と戦争責任、テーマ三、現代における戦争と平和の三テーマを取り上げてきた。この中では一五年戦争に重点が置かれている。ここは軍隊と兵士、国民総動員体制、日本人の反戦運動、植民地・占領地、空襲・沖縄戦・原爆の五つの小テーマに分かれている。

小テーマの取り上げ方の特徴は、一つには、戦場の兵士を描くだけでなく、銃後の国民が戦争にどう関わり、その結果どうなったかを、暮らしの変化も含めて、重視して描いていることである。二つ目は、日本の被害のみではなく、日本が植民地や占領地の人びとに与えた加害も取り上げていることである。三つ目は、平和への努力を重視し、日本人の反戦運動や植民地・占領地における抗日運動を展示していることである。

内容的な特徴としては第一に、天皇制や天皇の戦争責任を直接取り上げているわけではないが、日本軍隊の特徴として国民の軍隊ではなく、天皇の軍隊であったこと、一五年戦争が天皇の戦争、聖戦として遂行されたことを示しており、天皇制の問題を重視している。第二に日本人の反戦運動については、国内での共産党による満州事変直後の反戦運動についてもちろん展示しているが、一五年戦争以前の対支非干渉運動についても、思想弾圧の所で山本宣治を取り上げていることに関連させて展示している。さらに国内での明確な反戦運動が困難になった後の時期についても、アメリカにいた日本人による日本国内への働きかけを含めた反戦運動や、中国において亡命した知識人を指導者として、捕虜になった日本兵士らが主体となって組織的におこなわれた反戦運動など、海外にいた日本人による日本の戦争に反対する運動も取り上げている。第三に、地元の京都に即した所は、京都出身の兵士たちの展示、思想・学問への弾圧で取り上げた山本宣治・京大滝川事件・世界文化などについての展示、京都の建物疎開・学童疎開・空襲の展示がある。しかし、全体としては京都の資料や写真も使いながらもそれだけに限定していないことが特徴である。その意味で全国的な規模と内容を持った一五年戦争の展示となっている。

テーマ二は、第二次世界大戦と戦争責任の二つの小テーマからなっている。第二次世界大戦は事実上、ヨーロッパ戦線の展示となっており、ファシズムの成立から崩壊までを写真で追った展示とナチスドイツの強制収容所関係の現物資料展示から成り立っている。現物資料は当初マイダネック収容所のものを展示していたが、開館直後にアウシュビッツ収容所関係資料も提供され、しばらく両方を展示していた。しかしマイダネック収容所のものは一〇年間の借用であり、期限切れにより返却した。その後はアウシュビッツ収容所関係資料のみを展示している。戦争責任の展示では、まず戦争違法化が成立する過程を映像で展示している。ついで、戦争犯罪裁判については、ニュルンベルク裁判と極東国際軍事裁判、日本のBC級裁判を取り上げている。最後に未解決の戦争責任についての展示がある。ここでは、戦争犯罪裁判で裁かれなかった問題を紹介するとともに、戦後補償問題についても展示している。戦後補償の現在の展示は、日本人の問題が主になっており、アジアの問題については、それを求める裁判の一覧を展示しているぐらいであり、これらの展示の拡充も課題となっている。

なおテーマ三の現代の戦争と平和については次章で取り上げることとしたい。

国際平和ミュージアムの常設展示の仕方の特徴の第一は、写真や映像展示を積極的に取り入れている一方で、出来る限り現物資料を展示していることにある。第二に、現物資料の展示の仕方は、説明を読むより、現物資料を見てもらうことを重視し、そこから感じ取り、実感を引き出してほしいとしていることである。

国際平和ミュージアムの常設展示への批判としては、[2]まず第一に先に挙げた天皇の戦争責任を取り上げていないことがあげられる。第二に、日本の加害に関する展示が不十分なことである。特に従軍慰安婦についての展示がないことである。またこれに関連して、ジェンダーの展示が弱いことも指摘されている。第三に展示資料の説明が不十分との批判もなされている。第四に現代の戦争について、ベトナム戦争のみであり、それ以降の戦争も展示すべきであるとの批判もあるが、これも次章で扱いたい。

2　国際平和ミュージアムにおける現代の戦争に関する展示の現状

まず、現在の常設展示のテーマ三、現代における戦争と平和において、どう展示しているかを紹介していきたい。ここの小テーマは、現代の戦争、核軍備競争、平和への歩みの三つから成り立っている。現代の戦争ではベトナム戦争を取り上げている。これを取り上げた理由は、開館準備を始めた時には湾岸戦争以前であったので、ベトナム戦争が最新の大戦争であったからである。同時に戦争の実態がよく見える戦争でもあった。アメリカ軍が戦場でおこなった行為が従軍カメラマンによって比較的自由に報道されていた。またベトナムからも日本でベトナム反戦運動をしていた人たちに対して、資料や情報がよく提供されていた。色紙やポスターなど、当時の日本や世界でのベトナム反戦運動の資料はもとより、ボール爆弾・パイナップル爆弾・釘爆弾などアメリカ軍が使ったさまざまな人を殺傷する爆弾や、ベトナムが撃墜したアメリカ軍の残骸の破片からつくった櫛・指輪・花瓶やサンダルなどの資料も日本国内で保存されていた。そのため、これらを使った現物資料の展示が可能であった。また枯葉剤の散布による森林破壊の様子や枯葉剤に含まれていたダイオキシンによる子どもたちへの影響、アメリカ軍のベトナム人への残虐行為などをはじめとする戦争の実態、日本やアメリカなどでの反戦運動の様子などを伝える写真も豊富に入手でき、展示することができた。また映像資料もベトナム側のものも含めてあって、アメリカ軍の殺傷兵器がどのような被害をもたらしたかを映像で伝えることができた。そのため、使われた兵器解説中心の科学史的な展示になる恐れがあったが、それにとどまらないで、兵器が人に与えた被害を、展示の中心にすえることができた。

核兵器の展示は、核兵器の威力や配備状況の説明が多いが、核実験による被害や核兵器反対運動なども取り上げている。特に一九五四年のアメリカによるビキニ水爆実験による第五福竜丸などの被ばく事件は重点的に紹介している。ここでは写真とともに、その当時のガイガーカウンター、被ばくした魚のえらや内臓、被ばくして亡くなった久保山愛吉への追悼文などの資料とともに、被ばく直後に起きた杉並での原水爆禁止運動の資料も展示している。それ以外では沖縄で投下訓練に使われたアメリカ軍の核模擬爆弾や核兵器を批判する漫画も展示している。漫画は国際平和ミュージアムの展示のために、ヨシトミヤスオ氏の尽力で日本・ロシア・フランス・イギリス・インドネシアの漫画家たちに描いてもらったものである。

平和への歩みでは、平和を保障するものとしての国連や日本国憲法についての文書や図書資料、ゼッケン・バッチ・旗・署名簿など平和運動で使われた物、京都で平和について努力した人として取り上げている、湯川秀樹、清水寺の貫首だった大西良慶、立命館大学総長だった末川博に関係する、色紙・扇子などの現物資料を展示している。平和に関連して、構造的暴力については、平和研究・平和教育の解説でその概念を説明していること、飢餓・差別・環境破壊を示す写真を展示しているだけであり、本格的な展示はしていない。構造的暴力をテーマとする特別展もほとんどなく、二〇〇四年に開いた「知里幸恵『アイヌ神謡集』の世界」展があるだけである。

他の平和博物館でも現代の戦争と平和について展示しているが、それらは映像展示のみとか、ほとんど写真パネルだけという所が多い(3)。その意味では、ベトナム戦争を中心とする現代の戦争展示は本格的なものであり、その意義は評価されなければならない。

しかしベトナム戦争が終結してからすでに三〇年近くたち、国際平和ミュージアムの主な参観者である子どもたちや学生にとっては、現代の戦争と捉えにくくなっており、これだけでは不十分であるという批判が寄せられており、その通りである。この根本的解決は、リニューアルの課題であるが、それをまたないで、いくつかの取組がなされている。一つは常設展での追加展示である。これは、カンボジアの地雷関係の展示で、資料は大阪を基盤に、地雷で傷ついた子どもたちに松葉杖や車いすを贈る運動をしていた市民グループから寄贈されたものである。地雷そのものや義足・松葉杖・車いす、カルテなどを展示している。

もう一つは特別展での取組である。一九九五年からオランダにある世界報道写真財団がおこなうコンテストの入選作品を展示する世界報道写真展を開催してきた。二〇〇三年には、パキスタンのペシャワールを拠点に、アフガニスタンやパキスタンで、ハンセン病などの医療活動をしたり、アフガニスタンの干ばつ対策で井戸を掘ったり、用水路をつくるなどの活動をしているペシャワール会を紹介する、特別展「井戸も掘る医者―ペシャワール会の医療活動・緑の大地計画―」を開催した。これはペシャワール会の旗や会報とパキスタンやアフガニスタンの民族衣装なども展示したが、ペシャワール会の活動を伝える写真中心の展示会であった。これを見学した学生らの感想から考えると、ペシャワール会のすばらしい活動に感動しているが、同時に自分たちの参加がとても無理な会の活動という感じを強く持っている。市民団体の平和活動を紹介する展示としては、単にそういう活動があるという知識を得るだけでなく、学生らの参観者が何らかの平和活動をしようという気持ちを持つことも重要であると考えている。そのためには若い人たちに身近であり、参加が可能なような市民の平和活動の紹介がより必要であると言える。

二〇〇四年には、「世界の戦場から」写真展を開催した。これは、日本ビジュアル・ジャーナリスト協会所属の一〇人の写真家と会員外で友情参加した大石芳野氏が各人一冊ずつの写真集をつくる、シリーズ「世界の戦場から」が岩波書店から刊行されたことを記念して、開かれた写真展である。写真集は広河隆一「反テロ戦争の犠牲者たち」、小林正典「国境を越える難民」、豊田直巳「イラク　爆撃と占領の日々」、佐藤文則「ハイチ　圧政を生き抜く人びと」、林克明「チェチェン　屈せざる人びと」、桃井和馬「破壊される大地」、山本宗補「フィリピン　最底辺を生きる」、古居みづえ「パレスチナ　瓦礫の中の女たち」、亀山亮「アフリカ　貧困と内戦」、森住卓「核に蝕まれる地球」、大石芳野「コソボ　絶望の淵から明日へ」の一一冊である。これを見てもわかるように、「戦場から」となっているが、直接戦場を撮ったものばかりではない。もちろんイラク戦争、アフガニスタン戦争、湾岸戦争、イスラエル・パレスチナ戦争や、コソボ、チェチェン、フィリピン、アフリカなどの内戦のように戦争そのものと、それがもたらした問題を取り上げたものが中心である。また戦争が引き起こした難民問題やジェノサイドも扱われている。しかし、圧政の問題、森林破壊などの環境問題、チェルノブイリの原発事故、スラム、ストリート・チルドレンなどを撮った写真まで含まれている。その意味では構造的暴力までも含んだものとなっている。写真展はこの一一人の写真家の写真を展示した。多くは写真集に掲載されたものであるが、それ以外に写真集刊行以後に撮影した写真などを出品している写真家もいる。

写真集刊行や写真展開催の趣旨は、九・一一以降の戦争が続く中で、膨大な犠牲者が生まれながらも、アメリカなどによる情報操作がおこなわれており、その中で正しく判断するために責任ある情報を発信することにある。

この写真展を見ての学生らの感想は、テレビなど日常メディアではわからない真実を知ったというものが多い。そしてそのような情報を提供している写真家たちに敬意を表している。さらにそれだけでなく、写真を見て知った問題に対して、自分も何かしなければならないと思う若者も多い。身近な所から自分のできることをしようと思う者がいる一方で、自分として何ができるかわからないで、無力感を感じる者も多くいる状況である。またこの写真展では、広河隆一氏が収集した、一九八二年のレバノンにおいてイスラエル軍の包囲下でおきたパレスチナ難民虐殺事件の犠牲者の遺品やアメリカ軍のクラスター爆弾や砲弾の破片なども同時に展示した。写真家たちの写真とともに、これらの現物資料もリニューアル後の常設展で展示するのにふさわしいものである。

このほか特別展ではないが、二〇〇三年には共催展「シャヒード、一〇〇の命—パレスチナで生きて死ぬこと—」展も開催した。これは二〇〇〇年に起きた、イスラエルへの抗議運動である「第二次インティファーダ」に対するイスラエル軍の攻撃で最初に亡くなった一〇〇人の遺品と写真を展示したものであった。この展示会を開催したことにより、くまのぬいぐるみなど、亡くなったパレスチナの少年の遺品を国際平和ミュージアムに寄贈していただいた。これはリニューアル後の常設展で展示することになった。

このような特別展などの開催を通じて、リニューアル後の展示の足がかりを得るとともに、全面的なリニューアルでないと解決できない課題も明確になったといえよう。

3　国際平和ミュージアムのリニューアルの全体的な内容

国際平和ミュージアムは開館してすでに一〇年以上経過し、先に見たような批判も寄せられており、その機能の高度化、常設展示のリニューアルが課題となってきた。そこで国際平和ミュージアム内でその検討が進められてきたが、それを踏まえて、立命館大学国際平和ミュージアム高度化推進委員会がつくられ、その検討結果がまとまり、二〇〇三年四月に常任理事会で承認された。さらに立命館大学全体の討議を経て、ミュージアムの高度化・リニューアルの内容が決定し、その基本計画も策定された。さらに二〇〇三年九月から展示の設計に入り、二〇〇四年三月には展示の基本設計ができあがった。その後、詳細設計の検討を進め、九月から展示工事に入り、二〇〇五年四月に完成した。ここではまずその全体的内容を紹介していきたい。

テーマ一の一五年戦争関係の展示は、実質的に大きくは変わらない。日清戦争から一五年戦争までを描くことになっているが、日清戦争から第一次世界大戦までの戦争についてはテーマ一の導入として年表と若干の写真を展示する程度である。全体としては一五年戦争にいたる前史の展示が強化される。テーマ一の主な小テーマは、軍隊と兵士、国民総動員、植民地・占領地、空襲・沖縄戦・原爆、平和への努力、戦争責任となる。このほか先に紹介した導入展示と最後に主な国の歴史教科書で一五年戦争をどう叙述しているかを紹介する展示とが付け加わる。

軍隊と兵士では、帝国軍隊が確立する過程の展示を強化することと、ほとんど日本軍の被害の展示だけだったのを、戦場での日本軍の加害の展示もここでおこなうことになった点が大きな変化である。従来からあった毒ガス関係の展示を充実させるとともに、七三一部隊など生物兵器についての展示をもとの植民地・占領地の所から移すとともに拡充する。また、従軍慰安婦など新たに展示するものもある。京都と戦争では、第一六師団以外の軍隊についても取り上げる。京都の戦争遺跡については、京都市の伏見だけでなく、舞鶴・福知山についても展示する。

国民総動員については、国民のくらしと別に銃後の人びととして青年学生・女性・子どもについての展示があったものを一緒にすることや、文化の展示のポスター展示をとりやめることなど、全体としてここの展示は縮小されることになる。

植民地・占領地では、植民地について今までは一五年戦争下の戦争動員の展示から始めていたが、その前史として、帝国領土の拡大として植民地形成過程についても展示する。植民地・占領地支配についても、その機構や皇民化の内容についての展示を充実させる。

空襲・沖縄戦・原爆については、個別の展示の前に総論的にアメリカ軍を中心とする連合国の戦争末期における戦略や作戦についての展示を置くことになる。沖縄戦関係の展示も充実させる。最後に日本の敗戦と国体護持の問題も取り上げる。

平和への努力は、もとの日本人の反戦運動と学問思想への弾圧をあわせたものに、新たに第一次世界大戦後の平和主義的、国際協調的な動きの展示を付け加える。日本人の反戦運動の続きに反戦の画家として展示していた柳瀬正夢についてのコーナーはなくし、展示を縮小する。

戦争責任はもとの第二テーマにあった戦争責任のうち、日本関係の戦争裁判と未解決の戦争責任関係の展示で構成する。未解決の戦争責任関係では天皇が戦争犯罪裁判で裁かれなかったことを明記するとともに、連合国側の戦争犯罪についても、裁かれなかった戦争犯罪として展示する。未解決の戦争責任の中で、戦後補償問題については、従来は民間人空襲犠牲者など日本人の問題が中心であったが、今度は日本が侵略したアジアから突きつけられ、その解決を求められている日本軍の加害による犠牲者に対する個人補償の問題を中心とする。そして、戦後補償を求める運動を裁判闘争を中心に、従軍慰安婦問題、強制連行・強制労働問題、国籍条項により補償されない問題などを個別に取り上げる。関連して、女性国際戦犯法廷の運動も取り上げる。最後に日本政府の歴史認識問題も展示する。

なお、もとの第二テーマの残りの部分は、新たなテーマ二、「現代の戦争」の導入としてつくられる「二つの世界大戦と戦争をふせぐ努力」の中に移される。新しいテーマ二で、もとのテーマ三の内容を組み込んで充実させるが、これについては次章でその詳細を紹介したい。

展示手法としては、機械で動くようにしていた展示装置の多くが故障しており、十分に動作していないものは撤去する。具体的には、紙芝居、京都原爆投下計画、核配備状況を示す地球儀である。また現在の展示には、映像展示を詰め込みすぎていて、音声が重なるなどの問題があった。リニューアル後は、現在の映像展示の多くは撤去する。ただしこれは新設される一階のメディア資料室にあるビデオボックスで個人的に見ることは可能にする。展示室の資料映像展示を新たにつくるが、四か所ぐらいに集約して置き、音声でなくテロップで説明を入れるようにする。

きっかけ展示、情報構造シート、音声解説などを取り入れることになっている。どうしても戦争や平和についての展示は難しくなって、子どもに敬遠されがちであるので、それへの対処として考えたのが、きっかけ展示である。子どもが興味を引く目立った展示物を一小テーマに一つぐらい配置して、そこからそのテーマに引き込み、この部分の展示を見てもらおうとするものである。情報構造シートは通常展示では展示できないような情報量の多いものを、めくり式に見るようにカードを綴った形態のものにして展示するものである。多くのことを展示から知りたい人の要望に応えようとするものである。もっと多くの情報は、展示室ではなく一階のメディア資料室へ行き、そこに備えてある本や映像資料を見て、得ることができるようにする。

高度化に伴って二〇〇三年七月に国際平和ミュージアムの規程も変わり、体制も変化した。体制は国際平和ミュージアムの中に展示セクター、平和研究教育セクター、メディア資料セクターを置くことになった。各セクター長も決まりセクターはできたことになっている。しかし、従来の国際平和ミュージアムを引き継ぐ展示セクターは同じように機能しているが、他のセクターは独自の動きが新たにつくられたとは言い難い状況である。しかも平和研究教育セクターは教育事業の新たな展開を指向している。したがって、ミュージアムの研究体制を形成し、学芸員体制を確立することは、この中では解決されないで、課題として残ったままといえよう。

4　国際平和ミュージアムのリニューアルにおける現代の戦争について

リニューアル後では、テーマ二で「現代の戦争」を、テーマ三で「平和をもとめて」を展示することになっている。

テーマ二の小テーマは、二つの世界大戦と戦争をふせぐ努力、冷戦下の戦争、冷戦後の戦争、兵器の開発、現代の地域紛争から成り立っている。

第一次世界大戦と第二次世界大戦はテーマ二の導入、現代の戦争の前史として位置付けている。戦争をふせぐ努力は、戦争規制、戦争違法化についての展示で、ここではハーグ陸戦条約以来の規制から現代の生物兵器・化学兵器の禁止までも紹介する。また国際連盟、国際連合についてや、不戦条約、戦争犯罪を裁く裁判、国際司法裁判所、国際刑事裁判所なども取り上げる。

冷戦下の戦争は、冷戦構造を説明する総論を置いた上で、朝鮮戦争とベトナム戦争に分けて展示する。朝鮮戦争は戦争経過、そこでの被害、反戦運動および現在に残る問題を紹介する。ベトナム戦争は現在の展示を縮小する形になるが、戦争経過、被害、反戦運動、現在に残る問題を取り上げるが、最後の現在に残る問題だけが新たに付け加わることになる。

冷戦後の戦争は、湾岸戦争からイラク戦争までを取り上げるが、関連して中東戦争も扱う。ここでは、戦争経過、被害、反戦運動、国連や日本の関わりを紹介する。

兵器開発では、核兵器、生物・化学兵器、軍事システムの高度化と劣化ウラン弾・クラスター爆弾および地雷などを取り上げる。それぞれの兵器の性能や被害とともに、軍縮や廃絶・禁止に向けての運動も紹介する。

地域紛争では、イラク・アフガニスタン・中東を除き、東南アジア、東ヨーロッパ、アフリカ、ラテンアメリカを取り上げる。東南アジアでは、ポルポト派を中心とするカンボジア問題、東チモール問題、スリランカの紛争を紹介する。東ヨーロッパでは、旧ユーゴスラビアにおける紛争などを紹介する。アフリカは、ルアンダと南アフリカの問題を取り上げる。ラテンアメリカではメキシコのチアパスの反乱などの紛争を紹介する。

テーマ二でも、きっかけ展示、情報構造シート、音声解説、資料映像展示を取り入れる。それ以外に、二〇世紀の世界の戦争と平和を概観するシアターを設置する。ここでは戦争だけではなく、構造的暴力と呼ばれるものも取り上げる。また、生命の保障を妨げているさまざまな事象を紹介する写真を通路部分につり下げる形で展示する。さらに最後に、「世界は今で」というコーナーを設け、著名人の平和への思いを書いた色紙などを展示するとともに、来館者にアンケートを書いてもらう場とする。

テーマ三の展示は、二階に新設されるが、その中心は平和創造展示室である。この小テーマは、「暴力と平和を考える」、「平和をつくる市民の力」、「平和をつくる京の人びと」の三つである。

暴力と平和については、まず平和の概念の定義を示す。ここでは平和は、単に戦争がないだけではなく、人間の発達を妨げる飢餓・貧困・差別・環境破壊などの構造的暴力や、暴力を助長するような文化的暴力もない状態と考えられている。ここの展示室では、戦争などの直接的な暴力についてはすでに地階の展示室で取り上げているので、構造的暴力と文化的暴力を紹介する展示が主になる。ついで平和をつくる見取り図として、一九九九年に世界の平和関係の市民団体がハーグに集まって開かれた「ハーグ平和会議」でまとめられた「二一世紀の平和と正義のための五〇の行動目標」と「公正な世界秩序のための一〇の基本原則」を展示する。また一九九〇年代における国連・政府・市民団体が連携した平和への努力の例示として、世界法廷運動を展示する。さらに二〇〇一年の世界社会フォーラムについても展示する。

市民の平和活動では、まず直接的暴力と構造的暴力の両方を克服する平和の課題について、一、戦争などの直接的な暴力によって起こる問題に対する紛争地に関する活動、二、経済的格差や環境問題などに対処する地球規模での活動、三、人権問題に対処する地域での活動の三つに分類し、それぞれにどのようなものがあるかを示す。ついで三つの課題群ごとに、それらの課題に取り組んでいる市民活動団体を紹介する。一の紛争地にかかわる課題に取り組む団体としては、非暴力平和隊、日本国際ボランティアセンター、ピース・ボートなどを取り上げる。二の地球的規模の課題に取り組む団体としては、オルター・トレイド・ジャパン、未来バンク、気候ネットワークなどを取り上げる。三の地域の問題に取り組む団体としては、アグネスティ・インターナショナル日本支部、日本ＹＷＣＡ、アジア女性資料センターなどを取り上げる。ここでの展示のねらいは、参観者が平和の創造者になることにあるので、市民団体の活動が身近に感じられるようにする物資料の展示をおこなう。また、韓国の「参与連帯」、アメリカの「平和な明日をもとめる九・一一家族の会」など、外国の市民平和団体の活動も紹介する。

さらに地球の生命四六億年の歴史を地球歴史年表と名付けて展示する。これは人類史上戦争が始まり続く期間は、地球生命の歴史から考えるとごく短い期間にすぎないことを示すためのものである。

京都での平和の取組では、京都の平和マップ、墨跡と色紙、京都の伝統工芸品、「世界の子どもの平和像・京都」の原型などを展示する。京都の平和マップは京都市内と京都府下とのそれぞれの地図に、戦争・植民地支配・人権問題関係の史跡の地点を記して紹介し、その史跡の説明を読めるようなめくり式の資料も置くものである。同時にこの地図に載っている平和関係史跡を見に行くための配付資料も用意する。墨跡と色紙は平和のための京都の戦争展での展示を引き継ぐもので、京都の高名な寺院の方が平和への思いを書いたものなどを展示する。関連して従来から展示してきた湯川秀樹、大西良慶、末川博の色紙や扇子などもここで展示する。京都の伝統工芸品は、京人形・友禅・清水焼などで、平和への願いが込められた作品を展示する。「世界の子どもの平和像・京都」は京都の高校生らが中心になった運動でつくられたもので、同じ趣旨の像が東京と広島にある。すでに国際平和ミュージアムの地下の展示室前に仮設置されてきたが、この像の原型をここで展示する。

これ以外、感性から平和を考えるために、美術作品や文芸活動についての展示もおこなう。絵画として開館時には、一五歳で広島原爆に被ばくした体験を描かれた辛木行夫氏の作品、考古学者で大学定年後、絵の制作に専念し、世界や宇宙の平和などへの思いを込め、抽象的に描いた小野今氏の作品、京都での原爆忌俳句大会運動を長年中心的に担ってきた奥田雀草氏の作品などを展示する。文芸作品では、東京大空襲を題材にした高木敏子氏作『ガラスのうさぎ』と広島原爆を題材にした山口勇子氏作『おこりじぞう』を取り上げ、その関連資料を展示する。また、「地球は今」というコーナーで、最新の戦争・暴力や平和活動を紹介する。

また現在地階で、戦没画学生慰霊美術館の無言館から、戦没画学生の遺作や遺品を借りて、一コーナーをつくって展示しているが、これを拡充し、二階に一室をとって、無言館／京都館「いのちの画室」をつくる。関連して随筆家の岡部伊都子氏の兄と、伊都子氏におもいをよせた人との、二人の手紙などの遺品を展示する。

終わりに――現代の戦争展示のあり方について

博物館における社会教育での、一番対象となる若い世代の人たちにとって、日本の一五年戦争は身近な戦争よりも、歴史上の戦争という感じが強くなっている。もちろん、一五年戦争は日本にとって最近の大戦争であることは変わりないので、歴史的には大きな意味を依然として持っている。とりわけ未解決の戦争責任が多くあり、これは若い世代にも現在の課題になっている。しかしやはり現代の戦争を身近な戦争として取り上げる意味は、大きくなっている。

そこでは、一五年戦争の展示で確立してきた戦争展示の視点を、現代の戦争に関する展示の中でも生かしていく必要がある。その一つに、戦争を展示する中で反戦運動・平和運動を重視し、欠かさずに取り上げることがある。第二に、戦闘の推移を重視するのではなく、戦争の中での民衆の被害を中心にすることがあげられる。

その際、現代の戦争においてはアメリカや日本の政府などによる情報操作がおこなわれているので、確実な情報を伝える意義は大きい。それを知った上で、判断できるようになることが必要である。しかし、それだけでは、何かしたいと思っても、何もできないで無力感にとらわれることになりかねない。その意味で、誰でも特別な専門力量を持たなくても、身近に飛躍なくできる平和の活動の実例を示すことが重要である。ここでの平和活動が戦争や軍事力によって平和を創り出すようなものでないことはもちろんである。このような市民の平和活動の紹介は、それへの参加を強制したり、押しつけたりするものではなく、参加するかどうかはあくまで見た人の主体的判断にゆだねるべきものである。このような形での、平和の創造者をつくることも平和博物館の課題となっているといえよう。

展示の仕方としては、現代の戦争においても、解説や写真・映像のみではなく、現物資料の展示が必要であることは、博物館である以上当然のことである。現物資料の展示があってこそ、展示という手法で伝える強みを発揮できるのである。

（1）平和博物館や戦争展示について私が書いた主なものには以下のものがある。
「平和博物館の現状と課題」（『歴史学研究』一九九四年一〇月増刊号）〔本書17に収録〕

「戦争資料の収集・保存・公開と戦争博物館」（『記録と史料』第六号、一九九五年九月）
「地域に根ざす平和のための戦争展示―戦争展運動を中心に」（『歴史評論』一九九六年八月号）
「立命館大学国際平和ミュージアムと来館者の反応について」（『月刊社会教育』一九九八年八月号）
「平和博物館の侵略・加害展示に対する攻撃」（『南京事件をどうみるか』一九九八年七月）〔本書⑮に収録〕
「平和博物館の課題」（『歴史教育・社会科教育年報　一九九九年版』一九九九年八月）
「日本の平和博物館の到達点と課題」（『新版　平和博物館・戦争資料館ガイドブック』二〇〇〇年七月）
「十五年戦争下の博物館の戦争展示」（『文化財と近代日本』二〇〇二年一二月）〔本書⑮に収録〕
「大阪地域における十五年戦争期の戦意高揚展示会」（『戦争と平和』第一二号、二〇〇三年三月）

（2）福島在行氏が「平和博物館を〈見る〉ことのむずかしさ」（『立命館大学国際平和ミュージアムだより』第一二巻第二号、二〇〇四年一〇月、所収）において、見学した学校の先生や学生の意見を集約して、国際平和ミュージアムの現行展示についての批判点や評価すべき点をまとめている。

（3）大阪国際平和センターも現代の展示はほとんど写真パネルと映像だけであり、開館時に私が批判したころと比べて写真展示は増えているが、本格的な展示になっていないという展示の仕方については依然として解決していない。しかし、だからといって大阪国際平和センターが立命館大学国際平和ミュージアムと同じような展示をすべきであると言っている訳ではない。大阪国際平和センターの展示は総花的ではなく、日本の加害や大阪空襲に重点を置いており、これらは優れたものである。その良さは今後とも維持していくことが求められる。

（掲載時所属：立命館大学国際平和ミュージアム学芸員）

『史海　第五二号』（二〇〇五年六月　東京学芸大学史学会）

12

《二〇〇四年度史学会大会委員会企画報告》

歴史博物館・平和博物館での一五年戦争関係の取組

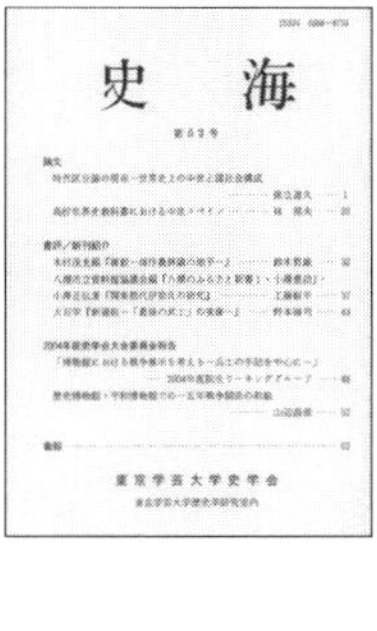
史　海
東京学芸大学史学会

1　はじめに

これから、歴史博物館・平和博物館での一五年戦争関係の取組について、展示と調査研究を中心に、現状を紹介したいと思います。その前提として、国民の歴史認識と日本政府の公式態度の問題にふれておきたいと思います。戦後は戦争の悲惨な体験を語り継ぐことによって、国民感情として戦争の否定と平和の尊さが確立していき、戦争を二度と繰り返さないことが誓われてきました。また戦争を防ぐ民主主義の大切さも言われてきました。これらは、日本国憲法の基本三原則に裏付けられていました。しかし、一九八〇年代ごろから、戦争体験希薄化による平和意識の弱まりへの危機意識から、学校教育・社会教育での平和教育の努力が強められています。それとともに、戦争の悲惨さを資料の展示で伝えることが市民の運動としておこなわれ、やがて博物館での戦争展示などの取組もはじまりました。

その中では、日本の被害ばかりではなく、日本の加害・侵略についても明らかにし、伝える努力もなされました。戦後歴史学は一貫して日本の加害・侵略を明らかにしてきましたが、一九八〇年代・一九九〇年代になってこの認識が社会的に定着し、日本政府も侵略があったことを認め、対外的に謝罪と反省を表明し、日本の加害についても歴史教育で努力することを約束しています。このことは日本独自の戦争否定をふまえて、加害への反省と補償が必要となったといえます。このような状況の中で、博物館でも加害展示が可能になり、自国の戦争を批判的にとらえる本格的な平和博物館が成立しました。

しかし、このような平和博物館での取組が進む中で、一九九〇年代の後半になって、第三次教科書攻撃と連動して、写真・映像の不適切な使用を口実に公立の平和博物館の加害展示への攻撃がなされました。この攻撃に対して平和博物館は設立理念を守って、展示更新をしましたが、一方で、新たな事業展開で自己規制する所もでてきています。また新たな平和博物館の建設も攻撃され、その結果、内容が後退したり、平和博物館の建設自体が中止される所もでています。

この中で、博物館としては、地域史研究を踏まえて、戦争の問題点を身近に伝えることが重要になっています。博物館の戦争関係の取組は、博物館や学芸員の主体的な努力によってはじめて、可能になりますが、一方で展示などの発表の中身は、地域住民の意識と運動に規定される面があります。

2　戦争展示のあり方

ここで博物館の戦争展示などのあり方について考えておきたいと思います。

博物館の展示は、実物資料の迫力・重みをいかして、客観的に冷静に事実を伝えることが基本です。しかし、物だけでは語りませんから、個人の体験など物資料にまつわる話が一緒に展示できるとよいのですが、これは収集段階での調査がしっかりなされていないとできないことです。また、文献資料を読ませる展示も有効ですし、証言も展示になります。写真・映像・模型なども実物資料の補足として必要ですが、これらの使用にあたっては、実物資料以上により厳密な調査が必要となります。

戦争展示で一番注意しなくてはならないことは、どうしても展示することは積極的意味があると受け取られ勝ちですので、戦争をあおることにならないようにすることです。これは意図しなくもそう受け取られる可能性があるので、そのための配慮が必要です。特に武器などの展示について言えます。

戦争の怖さ・恐ろしさを伝えることが大事ですが、それは人の殺傷と物の破壊がその中心です。それとともに、戦争遂行によって、殺人や非人間的な行為の実行が正当化されることや、戦争への批判や非協力を許さないような状況が作り出される怖さも伝える必要があります。

戦争展示では、戦争の悲惨さを展示するとともに、反戦・平和の展示も重要です。

このように博物館は積極的な問題提起をすべきですが、受け止め方は見る側の問題であって、一定の行動提起を押しつけるようなものになっては行き過ぎです。

博物館にとって展示が重要ですが、その基礎としての調査研究も大事です。既存の研究の成果を踏まえるとともに、独自の調査・研究が必要です。もちろん博物館の調査研究は展示での発表ばかりではなく、研究成果を報告書・論文・著書・資料集でも公表することが必要です。また、証言を映像や活字資料で残すことも大切です。

さらに、講演会・シンポジウム・講座・映画会・戦争体験者の話を聞く会・戦争遺跡巡りなどの教育事業も重要です。最後に、収蔵資料を紹介し、広く研究に役立てるためにも、資料目録を作成し、公開することが必要です。

もちろん、研究を含む、これらの専門的な業務を担う学芸員体制の確立が必要なことは、言うまでもありません。

3 積極的な戦争展示

これから博物館での戦争展示や調査研究などの現状をわかる限りで見ていきましょう。ここではもちろん、日本の一五年戦争の悲惨さを伝え、平和の尊さを考える趣旨での博物館の取組についてのみ取り上げます。

一五年戦争を扱った平和博物館の例としては、広島平和記念資料館、長崎原爆資料館、沖縄県平和祈念資料館、大阪国際平和センター、川崎市平和館、埼玉県平和資料館、神奈川県立地球市民かながわプラザ、堺市立平和と人権資料館（フェニックス・ミュージアム）、吹田市平和祈念資料室、姫路市平和資料館、福山市人権平和資料館、高松市市民文化センター平和記念室、せたがや平和資料室、碓井平和祈念資料館、佐伯市平和祈念館やわらぎ、岐阜市平和資料室、西宮市平和資料館、長岡戦災資料館、北上平和記念展示館、仙台市戦災復興記念館、浜松復興記念館、神戸市戦災記念資料室、青森空襲資料常設展示室、対馬丸記念館、ひめゆり平和祈念資料館、立命館大学国際平和ミュージアム、静岡平和資料センター、岡まさはる記念長崎平和資料館、朱鞠内笹の墓標展示館、草の家、兵士・庶民の戦争資料館、「少国民の部屋」資料館、太平洋戦史館、平和文化資料館ゆきのした、東京大空襲・戦災資料センターなどがあります。

歴史博物館の中で、戦争について充実した展示をしている例としては、北海道開拓記念館、仙台市歴史民俗資料館、江戸東京博物館、平塚市博物館、石川県立歴史博物館、沼津市明治史料館、名古屋市博物館、南風原文化センターなどがあります。

歴史博物館で継続的な戦争関係の特別展を開催している例としては、仙台市歴史民俗資料館の企画展「戦争と庶民のくらし」、蕨市立歴史民俗資料館の「時代、一五年戦争の記憶」展、豊島区立郷土資料館の戦中戦後の区民生活、学童疎開、戦争と豊島区などの企画展・特別展・収蔵資料展、福生市郷土資料室の「平和のための戦争資料展」、桜ヶ丘ミュージアムの「豊川海軍工廠展」と「戦時資料シリーズ展」、栗東歴史民俗博物館の「平和のいしずえ」展、向日市文化博物館の「くらしのなかの戦争」「戦時下のくらし展」、大山崎町歴史民俗資料館の小企画展「平和のいしずえ」、箕面市立郷土資料館の「戦時生活資料展」などがあります。

平和博物館の中では、埼玉県平和資料館、静岡平和資料センター、大阪国際平和センター、姫路市平和資料館、広島平和記念資料館、長崎原爆資料館、沖縄県平和祈念資料館などが、継続的に一五年戦争関係の特別展・企画展を開催しています。

歴史博物館や平和博物館の特別展・企画展などで、図録を刊行している例としては、仙台市歴史民俗資料館、埼玉県平和資料館、蕨市立歴史民俗資料館、豊島区立郷土資料館、静岡平和資料センター、桜ヶ丘ミュージアム、栗東歴史民俗博物館、広島平和記念資料館、沖縄県平和祈念資料館などがあります。

4 特徴的な戦争展示

ここで博物館の特徴的な取組の例を具体的に見ていきますが、まず展示について紹介しましょう。統制された戦時下の暮らし、空襲などはほとんどの博物館が取り上げています。しかし、戦争動員について、地方公共団体が果たした役割の紹介は比較的弱いと言えます。

地域に軍隊の駐屯地、軍需工場、飛行場などがあるため、地域を軍都として捉えて、地域史研究の成果を踏まえて日本軍の施設などについて展示している歴史博物館があります。上福岡市立歴史民俗資料館は、二〇〇四年の企画展「造兵廠と戦争資料展示会」で陸軍造兵廠川越製造所を取り上げています。福生市郷土資料室は二〇〇一年の「平和のための戦争資料展」で、福生飛行場を取り上げました。平塚市博物館は、一九九五年に特別展「四四万七、七一六本の軌跡〜七・一六平塚大空襲」で第二海軍火薬廠などの軍需工場について展示し、その後一九九八年の展示更新以降、常設展で展示しています。各務原市歴史民俗資料館は、一九九八年の企画展「平和な二一世紀をめざして　各務原空襲があった頃～市民提供資料による戦時下の暮らし展」で、航空廠、飛行場、陸軍航空整備学校と三菱重工・川崎航空機などの軍需工場を取り上げました。沼津市明治史料館は、一九九五年の特別展で、海軍技術研究所音響研究部、沼津海軍工廠などについて展示し、その後引き続き常設展でも展示しています。安城市歴史博物館は二〇〇四年に企画展「戦争のなかに生きる～戦時下の日常生活と明治航空基地」を開いています。広島市郷土資料館は二〇〇三年に特別展「糧秣支廠と被服支廠展～兵士たちの『食』と『衣』」を開催しました。このほか平和博物館では、広島平和記念資料館が軍都広島について展示しています。

空襲についての特徴的な展示としては、東京空襲犠牲者名簿から犠牲者の住所と遭難地と遭難日を示した地図を作成して展示している博物館があります。具体的には、すみだ郷土文化資料館が二〇〇二年の企画展「被災を記憶する町」で、豊島区立郷土資料館が二〇〇三年の収蔵資料展「豊島の空襲～戦時下の区民生活」でそれぞれ展示しています。また、二〇〇五年には江戸東京博物館でも展示する予定です。

空襲でもう一つ特徴的な展示は、日本空襲に関するアメリカ軍資料の調査を踏まえた展示です。平塚市博物館の前述の特別展とその後の常設展、静岡平和資料センター、大阪国際平和センター、高松市市民文化センター平和記念室などの常設展があります。

代用品については、陶磁器関係の博物館で早くから調査され、企画展などが開催されてきました。瀬戸市歴史民俗資料館が一九九四年に企画展「戦争とやきもの」を開催し、二〇〇一年にも企画展「『代用品』としてのやきもの」を開いています。この中で代用品の指定がなされ、製品に生産者記号、統制番号などが付されていたことが明らかにされています。また、岐阜県陶磁資料館でも、二〇〇一年に特別展「戦時中の統制したやきもの」を開いています。瑞浪陶磁資料館では一九八五年に特別展「戦時下の陶磁器代用品」を、二〇〇三年に企画展「代用陶磁器～素晴らしき陶業界の対応力」展をそれぞれ開催しています。蕨市立歴史民俗資料館でも、企画展の中で代用品を豊富に展示しています。名古屋市博物館は、二〇〇〇年に特別展「木炭バスが走ったころ～代用品にみる戦中・戦後のくらし」を開催しました。福島県立博物館では、常設展で木炭バスを展示しています。

子どもの戦争体験として、学童疎開が重視されており、東京の多くの区立博物館で特別展や企画展が開催されています。江戸東京博物館の常設展でも展示されています。栗東歴史民俗博物館では、疎開を受け入れた側の展示を企画展「平和のいしずえ」の中で継続におこなっていますが、特に二〇〇二年の「平和のいしずえ」展ではここに重点を置き、図録でも学童疎開が特集されています。

軍事郵便については、いずれも二〇〇三年に、埼玉県平和資料館がテーマ展「戦地・外地からの手紙」を、豊島区立郷土資料館が収蔵資料展「戦争と豊島区二～戦地・兵舎から家族への手紙」を開催しています。豊島区立郷土資料館は、手紙などの文献資料をじっくり読ませる展示が特徴となっています。

北上平和記念展示館は、旧藤根村の元小学校教師高橋峯次郎宛の七〇〇〇通以上の軍事郵便を収蔵し、その一部を展示しています。国立歴史民俗博物館が一九九六年度から二〇〇〇年度にかけて、戦争展示を視野においての戦争についての共同研究として、基幹研究「近現代兵士の実像」を、この軍事郵便と大阪の旧真田山陸軍墓地を対象におこない、軍事郵便については二〇〇三年に報告書として、国立歴史民俗博物館研究報告第一〇一集「村と戦場」を出しています。この中では、軍事郵便から、戦場の日本軍の加害行為を読み取る努力もされています。北上の展示は国立歴史民俗博物館の研究成果を踏まえた展示となっていますが、国立歴史民俗博物館ではまだ戦争展示を実施していません。

原爆や空襲の体験画の展示は、すでに広島平和記念資料館、静岡平和資料センター、大阪国際平和センターなどで常設展示されています。近年あらためて体験画を募集したりして、体験画を展示する企画展・特別展が開催されています。広島平和記念資料館は二〇〇三年に企画展「原爆の絵～市民によるヒロシマの記憶」、企画展「路面電車が語るヒロシマ～市民が描いたあの日の記憶」を開いています。長崎原爆資料館は二〇〇二年に「被爆者が描く原爆の絵展」を開催しました。静岡平和資料センターは二〇〇三年に企画展「静岡市空襲体験画」を開きました。大阪国際平和センターは二〇〇四年に特別展「大阪大空襲～体験画が語る空襲の証言」を開いています。すみだ郷土文化資料館は二〇〇四年に企画展「描かれた東京大空襲～絵画に見る戦争の記憶」を開催しました。

沖縄県平和祈念資料館やひめゆり平和祈念資料館などの沖縄戦関係の博物館では体験画の展示がなく、証言の展示が特徴となっています。

5　加害展示

つぎに日本の加害に関する展示の状況を見てみましょう。

日本の加害と侵略を総合的に展示しているのは、大阪国際平和センター、堺市立平和と人権資料館、岡まさはる記念長崎平和資料館、立命館大学国際平和ミュージアムです。

郷土部隊の加害についての展示には、北海道開拓記念館での、第七師団の抗日勢力に対する匪賊討伐についての展示があります。静岡平和資料センターは、二〇〇〇年の企画展「戦争の記録～ＳＩＺＵＯＫＡ」で、『浅羽町史』の研究成果を取り入れて、南京事件の様子を書いた軍事郵便を紹介するとともに、独自に上海戦での中国人の被害の様子を伝える手紙を収集し、紹介しています。立命館大学国際平和ミュージアムでも、京都出身の兵士たちのコーナーで、南京戦で敗残兵を殺した記述がある日記を展示していました。

戦地一般での日本軍の加害については、先にあげた大阪国際平和センターなどで常設展示していますが、埼玉県平和資料館でも不許可写真を展示して、日本軍の行為を示しています。

日本から中国大陸などに出発していく港に関する展示では、いずれも常設展で、広島市郷土資料館が宇品について、新潟市歴史博物館が新潟港について展示していますが、新潟では日本の中国侵略は新潟港を大陸への玄関にしたとの解説が付けられています。

開拓団・移民問題では、常設展での展示がいくつかあります。北海道開拓記念館は満州開拓と北海道とのテーマで展示しています。埼玉県平和資料館、神奈川県立地球市民かながわプラザ、新潟市歴史博物館、吹田市平和祈念資料室、高松市市民文化センター平和記念室でも、満州への開拓・移民について展示しています。平塚市博物館は、満蒙開拓青少年義勇隊出征幟を展示しています。石川県立歴史博物館は、県出身の満州移民団分布図やパンフレットを展示しています。長野県立歴史館は、満州開拓移民送出資料を展示しています。沼津市明治史料館は、拓南錬成所や満蒙開拓青少年義勇軍について展示しています。立命館大学国際平和ミュージアムでは、満蒙開拓団の分布地図を展示していました。大阪国際平和センターは、大阪からの開拓団の記録・報告書・調査書、満蒙開拓青少年義勇軍の制服やリュックサックなどを展示しています。沖縄県平和祈念資料館では、満蒙開拓については沖縄県から一般の開拓団や青少年義勇隊が行ったことを紹介し、関東軍を後方で支えていたと解説しています。南洋諸島への移民についても展示していますが、これは日本の南進の足がかりになったと解説しています。最近の企画展では仙台市歴史民俗資料館が二〇〇二年の企画展「戦争と庶民のくらし二」で満州移民について展示しています。

日本軍の中国の都市への無差別爆撃については、北海道開拓記念館、静岡平和資料センター、立命館大学国際平和ミュージアム、大阪国際平和センターなどが常設展で展示しています。豊島区立郷土資料館では、二〇〇三年の収蔵資料展「豊島の空襲～戦時下の区民生活」で取り上げ、『週報』において海軍当局者が重要都市はすべて防守都市であり、無差別爆撃をできると正当化していることを紹介しています。

日本軍のビラ・ポスターについては常設展で、北海道開拓記念館、石川県立歴史博物館、沼津市明治史料館、立命館大学国際平和ミュージアム、大阪国際平和センター、堺市立平和と人権資料館などが展示しています。

朝鮮人・中国人の強制連行・強制労働については、常設展で朱鞠内笹の墓標展示館、長野県立歴史館、大阪国際平和センター、吹田市平和祈念資料室などでも展示しています。北海道開拓記念館は炭坑、金属鉱山、土木現場への朝鮮人の強制連行・強制労働を取り上げています。沼津市明治史料館では、海軍技術研究所の地下工場と朝鮮人労働者について取り上げています。立命館大学国際平和ミュージアムでは、連合国俘虜の収容移管・強制労働についての資料や花岡事件について展示していました。高松市市民文化センター平和記念室では香川県における飛行場建設への朝鮮人の強制連行を取り上げています。

従軍慰安婦については、大阪人権博物館、堺市立平和と人権資料館などが常設展で展示していますが、特に沖縄県平和祈念資料館は、沖縄の慰安所分布図や石兵団会報を展示し、慰安婦の多くは朝鮮から強制的に連れてこられたことを解説しています。

日本の植民地支配については、立命館大学国際平和ミュージアム、大阪国際平和センター、大阪人権博物館、吹田市平和祈念資料室などが常設展で展示していますが、特に沖縄県平和祈念資料館では、韓国併合、二十一か条の要求、シベリア出兵、南進政策なども展示しています。

植民地・占領地の皇民化については、神奈川県立地球市民かながわプラザ、立命館大学国際平和ミュージアム、大阪国際平和センターなどの常設展で展示していますが、特に沖縄県平和祈念資料館では、神社、日本語強制、創氏改名、「皇国臣民の誓詞」なども取り上げています。

シンガポールでの華人殺害については、神奈川県立地球市民かながわプラザ、立命館大学国際平和ミュージアム、大阪国際平和センター、堺市立平和と人権資料館などの常設展で展示しています。

6 平和への努力の展示

つぎに、日本人の反戦運動について見てみましょう。

まず常設展では、北海道開拓記念館では、労働運動や反戦・反軍の言辞・落書・投書を取り上げています。石川県立歴史博物館では、労農党・全協の運動、四高の学生運動、新興仏教青年同盟、鶴彬、桐生悠々について展示しています。岐阜市平和資料室では、反戦の僧侶として竹中彬元関係の資料を展示しています。立命館大学国際平和ミュージアムでは、対支非干渉運動のビラ、兵士の友、日本共産党の反戦リーフレットや、新興仏教青年同盟、桐生悠々、柳瀬正夢、鹿地亘らの在華日本人民反戦同盟、石垣綾子、カール米田らの関係資料を展示していました。企画展では、仙台市歴史民俗資料館で、二〇〇一年の「戦争と庶民のくらし」展で、シベリア出兵の時に反戦運動をおこなった佐藤三千夫と在華日本人民反戦同盟の及川安之丞・片桐雅美の関係資料を展示しました。

アジアの抗日運動については、大阪国際平和センター、立命館大学国際平和ミュージアム、神奈川県立地球市民かながわプラザなどの常設展で展示しています。

7 調査・研究

次に展示に関連して、博物館の調査研究やその成果を論文や報告書などで発表していることについて紹介していきましょう。

地域の研究団体と共同研究をし、その成果を展示と報告書にまとめている例として、仙台市歴史民俗資料館と平塚市博物館があります。仙台は「みやぎの近現代史を考える会」と共同で館蔵資料の調査や戦争遺跡の調査をしています。その成果を企画展で発表するとともに、調査報告書『足元からみる民俗』の中に、「宮城県の戦争史跡・戦争遺跡に関する基礎調査」などを掲載しています。また博物館の編集で『資料集』の中に学校教練、隣組、配給統制、供出関係資料や中学生の日記など、「戦争と庶民のくらし」の関係資料を翻刻し、掲載しています。平塚は住民団体の「平塚の空襲と戦災を記録する会」と博物館が共同調査をし、その成果を展示しています。また、記録する会が編集し、博物館が発行する形で、二〇〇三年から『市民が探る平塚空襲　資料編（一）』の刊行がはじまり、二〇〇四年にはその（二）を刊行し、その（三）の刊行も予定されています。この資料編のシリーズには、地区毎の戦災者調査書や第二海軍火薬廠に勤労動員で行った中学生の日記などが収録されています。平塚では戦争遺跡マップも刊行しており、さらに土井浩氏が一九八七年刊の平塚市博物館調査研究報告『自然と文化』一〇号所収の論文「第二海軍火薬廠とその従業員たち〜特に徴用工員を中心として」の中で朝鮮人の労働にもふれてます。

睦沢歴史民俗資料館では、戦争体験を厳密にありのままに伝えるという趣旨で、住民の中で密度の高い調査をし、その成果を報告書『睦沢町民の戦争体験』一、二集にまとめ、一九九八年と一九九九年に刊行しました。この中には捕虜を殺した証言も収められています。またこの調査の成果の上に二〇〇〇年に企画展「睦沢町民の戦争体験」を開催し、その一部を常設展でも継続して展示していました。

各務原市歴史民俗資料館は一九九六年から一九九九年にかけて、総合的な戦時体験記録の報告書を刊行していますが、それは『各務原市民の戦時体験』、『各務原市民の戦時写真』、『各務原市民の戦時記録』の三冊です。『戦時体験』で朝鮮人・中国人の強制労働関係の証言を収録し、『戦時写真』で朝鮮人や中国人捕虜の強制労働でつくられた地下壕、誘導路や中国人殉難塔の写真を収録し、『戦時記録』で朝鮮人や中国人捕虜の強制労働について叙述しています。さらに、パンフレット「各務原市の戦争遺跡」で中国人殉難塔を紹介しています。

被爆体験や戦争体験の証言の映像化が、広島平和記念資料館、埼玉県平和資料館で継続的に進められています。

代用品については、二〇〇二年刊行の『瀬戸市歴史民俗資料館研究紀要』第一九号所収の山下峰司氏の論文「〈戦時下〉の窯業生産品目と指定代用品」があります。また、二〇〇四年刊行の『蕨市立歴史民俗資料館紀要』第一号所収の佐藤直哉氏の論文「戦中政策における代用品普及事業について」もあります。

学童疎開については、多くの地域博物館で資料集が刊行されていますが、この中でも、豊島区立郷土資料館は資料集を継続的に刊行して、文献資料の悉皆的な翻刻をおこなっています。また編集を担当している青木哲央氏が学童疎開に関する論文を、豊島区立郷土資料館の研究紀要『生活と文化』などに多数発表しています。

8　教育活動

多くの博物館では、特別展や企画展などに関連して、講演会やシンポジウムを開催しています。ここで、特徴的な普及・教育活動の例を見ていきましょう。

映画会は、埼玉県平和資料館、吹田市平和祈念資料室、大阪国際平和センターなどで開催されています。

戦争体験者の話を聞く会は、埼玉県平和資料館、豊島区立郷土資料館、大阪国際平和センターなどでもたれています。

戦争遺跡巡りは、埼玉県平和資料館、豊島区立郷土資料館、福生市郷土資料室、栗東歴史民俗博物館、大阪国際平和センターなどで開かれています。

連続セミナーや空襲・敗戦・開戦などの記念日の平和祈念行事は、大阪国際平和センターで開催されています。

9　資料目録

次に戦争関係資料の収蔵資料目録について、作成・公開状況を見てみましょう。

豊島区立郷土資料館、石川県立歴史博物館、各務原市歴史民俗資料館が戦争関係の資料目録を出しています。各務原市は追加目録も刊行しています。名古屋市博物館は、民俗資料の目録の中で、戦争関係の資料も載せています。立命館大学国際平和ミュージアムは、資料目録の第一集、第二集を冊子目録とCD＝ROMで刊行するとともに、インターネットでも公開しています。大阪国際平和センターは、展示室のパソコンで、収蔵資料や図書の検索ができるようになっています。広島平和記念資料館は、インターネットで資料目録を公開しています。

10　おわりに

以上、一五年戦争についての博物館の特徴的な取組を見てきました。このような博物館の数は決して多くはありませんが、きびしい条件の下でも、学芸員らの努力で取組を続け、成果を積み重ねている博物館があることを忘れてはならないと思います。

付記　これは二〇〇四年度学芸大学史学会大会における報告を、博物館での一五年戦争関係の取組の現状を中心に、文章化したものですが、その際、報告後に新たに知り得たことも追加しています。また、執筆した二〇〇五年一月現在で、大阪人権博物館と立命館大学国際平和ミュージアムは、常設展のリニューアル工事中ですが、本文中で紹介した展示はいずれも、リニューアル前のものです。

（掲載時所属：立命館大学国際平和ミュージアム学芸員）

13

立命館大学国際平和ミュージアムの現状と課題

『歴史学と博物館　創刊号』（二〇〇五年三月　歴史学と博物館のありかたを考える会）

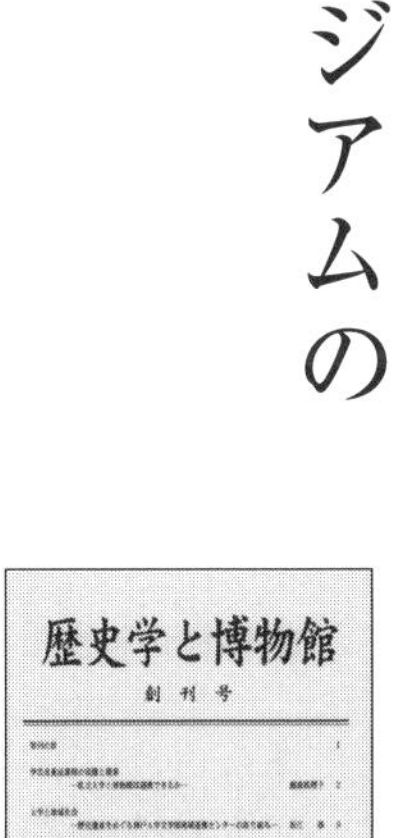

はじめに

この論考は歴史学と博物館のありかたを考える会の二〇〇三年度年間テーマ、大学と博物館にちなむ二〇〇三年九月例会での報告を文章化したものであるが、その後の変化も一部追加している。

立命館大学国際平和ミュージアムは大学博物館の一つであるが、明治大学の調査によれば、二〇〇三年一月現在で、大学博物館は一七二校に二六〇館あると見られている。大学博物館の役割としては、一つは大学が持つ知的遺産やコレクションを公開することにある。もう一つの役割としては、大学の教学理念を具現化し、広く知ってもらうことがある。最近、大学博物館の総合研究博物館化が進んでおり、そこでは前者の役割が強調されている。総合博物館としては、旧帝大の京都・東京・東北・北海道・名古屋・九州の各大学にあり、また私立大学でも早稲田大学や明治大学なども総合博物館になってきている。そのなかで立命館大学国際平和ミュージアムは後者の役割が強い博物館であって、立命館大学の戦後の教学理念である「平和と民主主義」を具体化する教育・研究機関としてつくられた。同時に社会開放施設としての性格をもち、大学から社会へ発信する役割を持っている。設立のきっかけは、セミナーの建て替えが課題となり、これがキャンパスの近くの住宅街の中にあることから、単に学生施設の建て替えだけでなく、同時に社会開放施設を併設することになり、そこで教学理念を具現化する平和博物館をつくることになったわけである。

大学側の事情は以上のようなことであるが、一方で京都の市民の間では一九八一年から、夏に平和のための京都の戦争展がおこなわれてきた。その中で、常設の平和祈念の戦争資料館をつくることも努力され、展示資料も収集してきた。しかし、実現させることはできなかった。そこで立命館大学の平和博物館づくりに、戦争展実行委員会が協力することになり、収集資料を立命館大学に寄託するとともに、蓄積した情報も提供した。その意味で、立命館大学国際平和ミュージアムは、展示により戦争の実態を伝えていく市民運動の成果を引き継いで、開設されたということができる。立命館大学国際平和ミュージアムは一九九二年五月一九日に開館した。大学が設置した初めての平和博物館である。

以下具体的に展示、教育普及活動、とくに大学教育との関係、刊行物、資料、研究活動、交流、体制などについて、現状を紹介していきたい。

1　常設展示

常設展示は、一五年戦争の実態、第二次世界大戦と戦争責任、現代の戦争と平和の三テーマからなっている。特徴としては、戦争を総合的に見ることに力点が置かれている。別の言い方をすれば、総花的である。日本の戦争については被害と加害の両面から戦争の悲惨さを見ている。また日本の戦争だけでなく、第二次大戦以降の世界での戦争と平和も展示している。現代の戦争はベトナム戦争を取り上げており、現代の核実験被害などの核問題も展示している。また、戦後はもちろん日本の戦争についても、平和への努力を重視している。

展示の仕方は、現物資料を中心にしつつ、写真・映像や模型なども取り入れて、わかりやすくする努力もしている。常設展の来館者は年間約三万人で、総計で四〇万人を超えている。

一九九五年に詳細解説の退色がひどくなり、やり換えるとともに、誤りを訂正したり、一部補充をしたりした。これはカラープリンターから打ち出したものをそのまま貼るという、まだ安定してない未確立の技術を実験的に採用したために起きたことである。一九九八年には、戦没画学生の慰霊の美術館である無言館から、戦没画学生の遺作や遺品を借りて無言館コーナーを設置した。

開館からすでに一〇年以上過ぎ、現在二〇〇五年の四月を目指して、常設展のリニューアルに取り組んでいる。

その内容は、一つは現代の戦争や現代の平和創造についての展示の強化である。湾岸戦争・イラク戦争・地域紛争や市民の平和活動などを取り上げる予定である。また日本の戦争についても、加害・ジェンダー・反戦など弱い部分を強化する計画である。小学生を引きつけ、解りやすくする工夫も考えている。音声解説も取り入れる予定である。平和の文化・芸術に関する展示も強化し、無言館の展示もコーナーから一室に拡大することになっている。

2 特別展

特別展は年三回以上開催してきた。その中には、日本軍の収容所にいたオランダ人展・七三一部隊展・沖縄戦展・世界報道写真展・中村梧郎写真展・毒ガス展・戦没画学生「祈りの絵」展・写真が語る二〇世紀―目撃者展・ラストエンペラー展・遺書遺品展―戦没学生とともに生きる・レクイエム―インドシナ写真展・百年の愚行展など、出来上がった巡回展をそのまま展示する持ち込み企画が多い。また季語の風景展・シャヒード一〇〇の命展・戦争と平和と学園風物展のように、会場提供だけに近い共催展も開催している。人間の価値展・プランゲ文庫展・日本占領下のオランダ領東インドの記憶展・知里幸恵『アイヌ神謡集』の世界展のように巡回展などに一部独自展示を付け加えたものもある。また、ピカソと平和ポスター展・はだしのゲン原画展・科学者レオナルド・ダ・ヴィンチ展・ベトナム子ども絵画展・井戸も掘る医者―ペシャワール会の医療活動、緑の大地計画展・影山光洋写真展など、資料を一括借りて開く特別展もある。この場合も影山光洋写真展のように一部独自展示を付け加えたものもある。自主企画は国連と市民展・戦争、大学そして学生展・戦争と子どもたち展・戦争と文学展・戦争と教育展・原爆開発と投下への道展・戦時下日本の報道写真展・放射能発見一〇〇年、核実験展・憲法、平和、未来展・日本の平和博物館展・戦争と芸能展、舞鶴市明倫国民学校梅田学級児童画展などであり、年一回あるかどうかである。このうち戦争、大学そして学生展は学徒出陣や学徒勤労動員をあつかったものであり、戦争と子どもたち展は学童疎開を中心とするものである。また戦時下日本の報道写真展と舞鶴児童画展は寄贈された一括資料を紹介する展示会である。さらに、日清、日露戦争から学ぶこと展・手塚治虫展のように他団体と共同で企画した特別展もある。自主企画や独自性のある特別展については、図録・資料集またはパンフレットなどを作成し、その展示の成果を残すようにしてきている。図録を刊行したのは、戦時下日本の報道写真展・放射能発見一〇〇年、核実験展・憲法、平和、未来展・井戸も掘る医者展・影山光洋写真展であり、舞鶴児童画展では資料集として児童画集を刊行した。解説のパンフレットを作成したのは、日本車の収容所にいたオランダ人展・戦争、大学そして学生展・戦争と子どもたち展・戦争と文学展・戦争と教育展・原爆開発と投下への道展・日本の平和博物館展・プランゲ文庫展・戦争と芸能展であり、ピカソと平和ポスター展ではリーフレットを作成した。プランゲ文庫展では、早稲田大学と共同で、シンポジウムの成果を載せた報告書を刊行した。一九九六年以降はほとんどの特別展について、感想文集をつくってきている。

3 大学教育との関連

立命館大学の学生全員が国際平和ミュージアムを見る機会としては、新入生の時に基礎演習のクラス単位で四〇分ぐらいとって見学することがある。最初は全員であったが、その後びわこ・くさつキャンパスに移転した学部や立命館アジア太平洋大学の学生は、全員見学の体制が取れていない。有志のみとなっている。そのため国際平和ミュージアムの特別展をびわこ・くさつキャンパスや立命館アジア太平洋大学でも実施するようにしている。

平和学などの授業で見学したり、レポートなどの課題を課しての授業受講者がじっくり見学するようなこともおこなわれている。これらは常設展が多いが、特別展でも取り組まれている。世界報道写真展などの写真展を、英語などの語学の授業で見学する例が多い。また二〇〇〇年の戦争と芸能展などの特別展では大阪市立大学や関西学院大学の授業で見学の課題が出されたことがあった。もちろん常設展への他大学の授業での見学や研修旅行の一環としての見学もおこなわれている。

立命館大学ではないが、京都府立大学大学院の日本史ゼミで、国際平和ミュージアムの所蔵史料を読むことがおこなわれたことがあって、毎週定期的に一年以上の長期間にわたって取り組まれた。

大学院生が特別展の調査などに協力することが、戦争と文学展、戦争と芸能展などでおこなわれた。特に戦争と芸能展では特別展の解説文章を執筆するだけでなく、調査の成果を『立命館平和研究』に論文として書いてもらうこともした。影山光洋写真展では産業社会学部のゼミが協力し、写真関連の実物資料展示や関連の音楽を聴かせる展示もおこない、学生独自の関連企画も実施した。これにはゼミの院生も参加し、やはり『立命館平和研究』に論文を書いてもらった。舞鶴児童画展では、社会人学生が協力したが、児童画を分析した卒業論文を書き、それを書き直した論文を『立命館平和研究』に掲載した。

　卒業論文・修士論文・博士論文の執筆に、立命館大学国際平和ミュージアム所蔵の史料や蔵書を利用することもおこなわれている。これは立命館大学に限らず、他大学の方も利用している。たとえば広島市立大学広島平和研究所の助手の方が、BC級戦争犯罪裁判の横山裁判の資料を博士論文で使用している。平和博物館としての立命館大学国際平和ミュージアムを研究した卒業論文・修士論文も書かれているが、これも他大学の人の方が多い。他大学への卒業論文などの提出論文を書き直して『立命館平和研究』に投稿してもらって、審査の結果、一部書き直しで採用し、掲載したこともある。

　博物館学芸員課程の実務実習も受け入れている。テーマ性の強い博物館なので、立命館大学の学生も全員ではなく、平和や戦争の問題に関心ある学生が希望して、受け入れる形になっている。希望する他大学生の実習も受け入れている。学芸員実務実習は、特別展展示プランの作成、資料整理、受付業務などを中心に実施してきた。平和博物館の特別展の企画をたてることもあって、博物館学を学ぶとともに平和学を学ぶ場となっている。立命館大学の学生の場合、定時コースの館務実習以外に選択コースもあるが、開館当初は見学実習を受け入れていたが、その後は中断している。二〇〇二年になって、舞鶴児童画の特別展に際して、展示会の設営の時と撤去の時に、選択コースとしてその手伝いをしてもらったことがあった。インターンシップも受け入れている。これは、博物館学芸員課程の実務実習に近い形で実施したものや長期に特別展の調査などに携わってもらった場合などがあった。後者は戦争と芸能展の時である。

4　普及・教育事業

　講演会などは、特別展関連で開催することが多く、単独の講演会の開催はまれで、ドイツ歴史博物館の学芸員、ローズマリー・バイヤーデ・ハーン氏を招いて一九九六年におこなった講演会「戦争を語り伝える」と、おなじく一九九六年のシンポジウム「反戦文学運動『クラルテ』の日本と『朝鮮』における展開」があるぐらいである。講座は、一九九五年にシニアのための平和講座を開催したのみで、ほとんど開いていない。映画会は、開館当初、夏休みや春休みに子ども向けアニメ映画会を開いたことがあった。その後、二〇〇三年度から、企画を持ち込まれたものを国際平和ミュージアムの主催で年二回ずつ開催している。

立命館大学国際平和ミュージアムの普及・教育事業としては、小中高校の平和教育での利用に対応することに重点が置かれているといえよう。これは大学進学を考える生徒たちに、立命館大学の理念を知る機会を提供するという意味も持っている。生徒の見学の中で、体験学習の例もでている。修学旅行の中ではあるが、展示見学だけではなく、学芸員の仕事を体験するということで、資料整理に取り組むような職場体験をした例もある。また学芸員に仕事の生き甲斐を聞くような形の調べ学習の例もある。

平和学習としての見学は学校団体のみでなく、市民の生涯学習としての場合もある。地方自治体の人権問題の研修の場としての利用や生協などの市民団体の平和学習としての利用である。このような場合、館長などの講演を見学に組み合わせる例もある。

立命館大学国際平和ミュージアムは研修の場としても利用されている。まず、国際協力事業団の博物館技術コースの研修事業に協力してきた。研修生の全体の見学としては、一九九五年から二〇〇三年にかけて、テーマ性の強い博物館の事例として、館長の講演と展示見学や資料整理・保存のやり方の説明、刊行物の紹介などの内容でおこなっている。一定期間の専門研修を受け入れたことも、一九九四年度、一九九七年度、二〇〇〇年度にある。この場合は、国際平和ミュージアムの展示評価、特別展の企画、大学博物館の運営などのテーマで実施した。日本国内の博物館関係者の研修も受け入れたことがある。これには、これから平和博物館を建設しようとしている市民団体らの関係者の場合と、「歴史博物館における日本近代の戦争についての展示と調査」というテーマによる、歴史博物館の学芸員の方とがあった。

5 友の会

立命館大学国際平和ミュージアムの普及・教育事業としては、友の会の活動の場となっていることが大きな意味を持っている。この友の会は平和友の会で、館が育てたものではなく、市民により自主的につくられるものである。一九九三年五月二六日より九月八日にかけて、京都生協の主催で、国際平和ミュージアムの協力により、ボランティア養成講座が開かれた。その修了者を中心に、一九九三年一一月二六日に平和友の会が結成され、一九九四年一月から活動を開始した。平和友の会は、独自に毎月一回の学習会を開き、その内容を載せた会報を毎月発行している。また戦争体験者から聞き取り、その結果をまとめて刊行するような調査・研究活動もおこなってきた。立命館大学国際平和ミュージアムの資料整理にも協力したことがあった。館長とともに各地の博物館などの平和・戦争施設を見学するツアーも年一回開催している。また平和博物館や平和団体などとの交流もしてきている。その中でも大きな事業は、ボランティアとして国際平和ミュージアムの団体見学者に常設展見学のガイドをすることである。その後二〇〇二年度からは平和友の会のボランティア・ガイドの方に常設展の受付担当していただくことになって、ボランティア・ガイドの常駐に近い形になってきている。このように平和友の会は国際平和ミュージアムに協力するとともに、国際平和ミュージアムも平和友の会の学習会で講師を務めたり、調査・学習の手助けをしたりするなどの協力をしている。

6　刊行物

常設展の来館者に配るガイドブックは、一九九三年一一月二日の有料化に際して、日本語の一般来館者向けのものを作成した。その後一九九四年に日本語の子ども向けと英語版を、一九九九年に中国語版とハングル版をつくった。常設展の展示写真と解説文・図表を収録した『常設展示詳細解説』は一九九六年度に刊行し、有償頒布している。『資料目録』第一集は、一九九五年度受け入れ分までの寄贈文書資料・物資料、寄託文書資料・図書資料・物資料の目録を収録し、一九九七年度に刊行し、有償頒布している。『資料目録』第一集には常設展で展示している主な資料の写真も掲載している。二〇〇〇年度に報道写真家の梅本忠男の写真集とともに、『資料目録』第一集のCD―ROM版を作成し、立命館大学国際平和ミュージアムのホームページにも載せている。『資料目録』第二集は二〇〇二年度までの受け入れ分を収録して、二〇〇三年度に刊行したが、CD―ROM版を付録に付けている。第一集同様に、有償頒布するとともに、ホームページにも載せている。

『立命館平和研究―立命館大学国際平和ミュージアム

紀要』は一九九九年度から年一回刊行し、研究論文や特別展関連などの講演会やシンポジウムの報告や記録などを掲載している。これも有償頒布している。『立命館大学国際平和ミュージアムだより』は年三回刊行し、特別展などの事業報告、館長や運営委員などの随想、常設展や特別展の感想文、推薦図書の紹介、館蔵品の紹介、入館状況、持別展の予告などを掲載している。これは無償配布している。当初はB五判であったが、二〇〇三年度からA四判にきりかえている。

その他、一九九三年には京都の観光案内のイラストマップを作成した。一九九四年には、Tシャツ・バンダナ・ハンカチ・レターセット・メモ帳・絵葉書・シールなどのグッズを、一九九五年には火の鳥のジグソーパズルを製作した。一九九七年にはPRビデオ「火の鳥と出会う旅」を製作した。一九九八年にはミュージアム周辺のイラストマップを作成した。

7　博物館資料

立命館大学国際平和ミュージアムの博物館資料は平和のための京都の戦争展関係資料が土台になっている。戦争展実行委員会が収集した資料は、国際平和ミュージアムに寄託していただいた。また戦争展実行委員会の繋がりや情報から国際平和ミュージアムに直接、資料を寄贈・寄託していただく場合も多かった。また開館準備段階では、立命館大学の教職員や卒業生などの関係者に呼びかけて資料の寄贈をしていただいた。また常設展で取り上げるテーマに必要な資料の購入もおこなった。

開館後はほとんどが寄贈となっている。これは京都市民・府民の方からが多い。京都市内には戦時期など近現代を対象とする歴史博物館がほとんどない状況なので、総合資料館や新聞社などから紹介されて国際平和ミュージアムに寄贈していただく例もある。平和博物館としての国際平和ミュージアムの性格に期待されて、京都以外の地域から寄贈していただく例もある。

資料整理は、簡易な方法でおこない、未整理の資料をできる限り長年にわたってためないように努力している。そのうえで目録化もおこない、公開している。

資料の熟覧は予約制で可能にしている。博物館の特別展や、自治体・市民団体による平和展などに資料の貸出をおこなっている。

保存については、収蔵庫が狭く、恒温ではあるが、恒湿でないという問題点を持っている。資料の燻蒸は年一回夏期休館中に実施している。

8 図書資料

図書資料は、国際平和ミュージアム独自の整理はしないで、大学の蔵書に登録・装備し、インターネットで検索も可能にしている。ただし博物館資料にする図書については、登録はするが、図書自体に装備することは避けて、原形を損なわない形で展示できるようにしている。

図書資料購入費は年間原則として六五〇万円で別に製本費が一〇万円である。年によっては購入予算を年度途中で増額することもあった。図書の寄贈・交換も多くなってきている。現在図書閲覧室がないため、図書館からの紹介状を必要とするなどの予約制で閲覧・複写を可能にしている。図書室・メディア資料室の設置が国際平和ミュージアムの高度化での課題となっている。

9 研究

調査研究は特別展のプロジェクトがほとんどである。ただし、国際平和センターが作られた一九九八年度は一五年戦争史研究会が系統的に開かれて、その成果が、国際平和ミュージアムの紀要の創刊につながった。紀要の第二号以降は、特別展の研究成果や平和博物館の交流の成果などを主に収録している。

10 交流

大学博物館の連絡会などはない。

平和関係の博物館の連絡会ができている。日本平和博物館会議は、一九九四年に結成され、その後の加盟館を含め九館の大きな平和博物館による自主的な経験交流の組織である。立命館大学国際平和ミュージアム以外の加盟館は、地方自治体が設立した平和博物館である。年一回持ち回りで交流会を開き、経験や情報の交換をするとともに、ニュースを発行してきた。第六回平和博物館会議は、国際平和ミュージアムが開催館となり、一九九九年一〇月一三日・一四日に国際平和ミュージアムで開催した。それから一年間事務局を担当し、ニュースの編集・発行を担った。

世界平和博物館会議は一九九二年に結成され、一九九八年に第三回会議が日本で開催され、立命館大学国際平和ミュージアムと大阪国際平和センターが共催した。一九九八年一一月六〜一〇日の会期で、大阪国際センター・アピオおおさかと立命館大学国際平和ミュージアムを会場に、二二か国・地域、二五二名の参加で催し、終了後、報告書を日本語と英語で作成した。

この第三回世界平和博物館会議に参加した日本人により、平和のための博物館・市民ネットワークが結成された。その立ち上げに立命館大学国際平和ミュージアムは努力し、二〇〇一年から事務局を引き受けて、毎年一回全国交流会を開催するとともに、会報の発行や発送などを担っている。

立命館大学国際平和ミュージアムは日本博物館協会、関西博物館連盟、京都市内博物館施設連絡協議会に加盟し、博物館の交流に参加している。

11 体制

一九九八年、国際平和センターを設置し、国際平和ミュージアムはそのセクターになった。それまであった運営委員会と企画委員会を廃止し、国際平和センターに評議会を、国際平和ミュージアムに企画運営委員会を置くことになった。平和人権研究セクターをつくったが、十分確立しなかった。平和教育セクターは未設置のままであった。二〇〇三年に国際平和センターを解消し、国際平和ミュージアムのもとに展示セクター、平和研究・教育センター、メディア・資料セクターを設置する形になった。国際平和ミュージアムに評議会と運営委員会を設置し、企画局長を廃止し、副館長を置くことになった。

館長・副館長(元は企画局長)は教員の兼務である。評議会には、法人の理事会メンバーなどを含んでいる。運営委員会は大学の各学部の教員や戦争展関係者などの学識経験者によって構成されている。学芸員はいるが、専門職としての位置づけがなされていない。契約職員が配置され、学芸員資格者もいるが、三年継続が二回までとなっており、経験を積んだ人が続けられないという問題を抱えている。

12 財政

国際平和ミュージアムは独立の財政ではなく、学校法人の財政の一部となっている。入館料や刊行物などの売り上げ、寄付などは学校法人の財政にはいり、職員の人件費は学校法人の支出であり、国際平和ミュージアムの事業費などは予算配分される形である。収入に関しては、「大学施設等の社会開放」や「特色ある教育・研究の推進」などの私立大学経常費特別補助が大きな意味を持っている。この裏付けがあって特別展の開催や図録・目録・紀要などの刊行物の発行が可能となっている。

【参考文献】

大学博物館論

『ミュージアム・データ』第五六号　二〇〇二年

「第二特集　大学博物館」『中央評論』第二三一号 二〇〇〇年

「特集　大学総合博物館と文化環境」『カルチベイト』第一一号一九九九年

『明治大学博物館研究報告』第一号　一九九八年

西野嘉章『大学博物館』東京大学出版会　一九九六年

「特集　大学博物館」『東京家政学院生活文化博物館年報』第三・四合併号　一九九六年

全国大学博物館学講座協議会『研究紀要』創刊号　一九八九年

「大学付属博物館」『博物館講座』第一巻　一九八九年

大学博物館一覧

「資料　日本のユニバーシティ・ミュージアム」『明治大学博物館研究報告』第八号　二〇〇三年

「全国の大学・短期大学が設置している博物館園一覧表」『ミュージアム・データ』五六号　二〇〇二年

「日本の大学博物館」二〇〇一年

「日本の大学博物館」一～三『明治大学博物館研究報告』第二～四号　一九九七～一九九九年

「大学付属博物館ミニ案内」『東京家政学院生活文化博物館年報』第三・四合併号　一九九六年

「大学博物館に関する基礎的考察」『明治大学博物館研究報告』第一号　一九九六年

「全国大学付属博物館施設一覧」全国大学博物館学講座協議会『研究紀要』創刊号　一九八九年

【付記】

この文章は二〇〇四年一〇月に執筆したものである。したがって、二〇〇五年四月に完成した常設展示のリニューアルを反映したものではなく、リニューアル以前のものの内容紹介となっている。リニューアルした常設展示については、『歴史科学』一七九・一八〇合併号掲載予定の別稿（本書⑪に収録）を参照されたい。また、二〇〇五年一月に国際平和メディア資料室を開設した。閲覧室ができ、図書館や映像・音声資料は予約制でなく閲覧・複写が可能になった。ただし、物資料や文書資料の熟覧や複写・撮影は予約制としている。

（掲載時所属：立命館大学国際平和ミュージアム学芸員）

14

日本の平和博物館の到達点と課題

『〈新版〉平和博物館・戦争資料館ガイドブック』（二〇〇四年八月　歴史教育者協議会編　青木書店）

はじめに

まず、いま平和博物館が必要とされる状況を確認しておきたい。

十五年戦争が日本の敗戦により終結して、すでに五〇年以上過ぎている。戦後の日本において、戦争の悲惨さを語り継ぐことにより、戦争を否定し、平和を尊いと考える国民的感情が形成されていった。同時に、戦争が軍部の独裁により遂行され、拡大していったことから、戦争を防ぐ意味でも、民主主義が大切であるとする考えが定着していった。

しかし近年、戦争体験の希薄化による平和意識の弱まりへの危機意識が高まっている。父母に戦争体験がなくなってきており、家庭では、戦争体験の継承が困難になっている。そのため、学校教育・社会教育によって戦争の悲惨さを伝え、平和の尊さを考える意味が大きくなっているが、戦争体験をもつ教師も少なくなってきている。悲惨な戦争体験を継承するうえで、歴史資料を保存し、展示を行なっていく、博物館の果たす役割がいっそう大きくなっている。

一方で、戦争体験の希薄化が、戦場体験のみでなく、子ども・女性の体験も含め、戦争を多面的にみられるようにもなってきている。戦場体験の継承には、加害・侵略に無反省な場合が多いという危険性がある。戦争は、子どもも含めて国民の生活にまでも悲惨な問題をひき起こすものであると伝えることが、歴史教育上でも大事になってきている。

それとともに、十五年戦争において、日本による侵略や加害が行なわれ、それを反省し、謝罪しなければならないという意識が、社会的に定着してきている。一九八二年の教科書問題への対応で政府も変わりはじめる。一九八二年八月二六日の「歴史教科書についての政府見解・宮沢喜一官房長官談話」[1]のなかで「日本政府及び日本国民は、過去において、わが国の行為が韓国・中国を含むアジアの国々の国民に多大の苦痛と損害を与えたことを深く自覚し、このようなことを二度と繰り返してはならないとの反省と決意の上に立って平和国家としての道を歩んで来た」と発言している。

一九八〇年代にすでに中曽根康弘首相は侵略戦争といってよい、侵略戦争と思っていると発言している。すなわち、一九八三年二月一八日に中曽根康弘首相は、衆議院予算委員会で、木島喜兵衛（社会党）の「重ねて聞くが、侵略戦争と思うのか」との質問に対して、「簡単にいえば、そういうことだ」との答弁をしている。[2]また一九八六年九月三日に、中曽根康弘首相は、共同通信加盟社編集局長会議における講演[3]で「私はあの戦争は侵略戦争だったと思っている。私は侵略したと思っている。いろいろ議論はあるだろうが、歴史の流れから考えるとやはり侵略行為で、反省しなければならない」と述べている。

一九九〇年代には、首相が侵略戦争について明確に反省するようになった。一九九一年五月三日に海部俊樹首相はシンガポールでの政策演説[4]において「私は……多くのアジア・太平洋地域の人々に、耐えがたい苦しみと悲しみをもたらした我が国の行為を厳しく反省する。……日本国民すべてが過去の我が国の行動についての深い反省にたって、正しい歴史認識を持つことが不可欠と信じる。次代を担う若者たちが学校教育や社会教育を通じて我が国の近現代史を正確に理解することを重視して、その面での努力を一段と強化する」と述べている。

一九九三年八月一〇日に細川護熙首相は就任後初の記者会見[5]で「私自身は侵略戦争であった、間違った戦争であったと認識している」と発言している。

一九九〇年代後半に入り、右翼や自由主義史観により、第三次教科書攻撃が起こされ、政府の謝罪への批判がなされているが、日本政府は侵略・加害を否定できないし、日本の戦争目的を公的に弁護できないことは明らかである[6]。

十五年戦争において、侵略や加害があったとする認識が、社会的に定着するとともに、日本でも戦争責任・補償問題が大きな現代的課題になっている。日本独自の戦争否定のうえにたった加害への反省・補償が必要である。

このような状況のなかで、日本人の被害を伝えることはもちろん重要であるが、単にそれだけでなく、日本の加害や戦争責任をも伝えるような日本の平和博物館が求められている。

1 平和博物館の歩みと到達点

1 原爆・沖縄戦・空襲の博物館

ここで本格的な平和博物館ができるまでの歩みをみておきたい。

日本でも戦前から戦中にかけては、自国の戦争を賛美したり、戦死者を讃えて、国民を戦争に動員し、兵隊に軍事教育をするための戦争資料館が、軍隊や地方公共団体によってつくられた。これらの戦争資料館の多くは、十五年戦争末期から戦後にかけて閉鎖された。その後、平和のためということを掲げて、戦死者を讃えるような戦争資料館が、神社や自衛隊や個人によって復活したり、新たにつくられている。しかしながら、一般公開していないものもあり、その影響は限られている。戦後はむしろ、原爆・沖縄戦・空襲などの資料館をはじめとして、戦争の悲惨さと平和の尊さを伝える平和資料館が地方自治体によりつくられ、それが主流を占めてきた。

一九四九年には広島平和記念資料館の前身である原爆資料展示室がつくられ、一九五五年には長崎原爆資料館の前身である長崎国際文化会館と広島平和記念資料館が開館した。また一九七五年には沖縄戦を扱った沖縄県立平和祈念資料館が、さらに一九八九年にはひめゆり平和祈念資料館もつくられている。これらは十五年戦争のなかでも最もひどい戦争被害を受けた地域に建てられ、その被害を生々しく展示することにより、戦争の悲惨さを伝える大きな役割を果たしてきた。しかし十五年戦争を全面的にとらえて展示しようというものではなかった。

原爆や沖縄戦に比べて、空襲関係の博物館をつくることは立ち遅れていた。一九八一年に仙台市戦災復興記念館が、一九八八年には浜松復興記念館が開館した。東京都の復興記念館は関東大震災関係が中心で、空襲関係の展示もあることはあるが、いくつかの展示品をただ並べているだけという貧弱なものである。

一九六〇年代後半から七〇年代にかけてベトナム戦争の北爆などの空襲が激しくなるなかで、空襲を記録する市民と地方自治体の運動が盛りあがった。これは資料集・体験記などの出版が主な事業であったが、博物館をつくらせる運動にもとりくんでいる。一九八一年にできた大阪国際平和センターの前身である大阪府平和祈念戦争資料室はその成果といってよい。そのほか、高知では空襲展を一九七九年以来開催し、平和資料館草の家がその成果として個人によりつくられた。東京では、平和博物館を創る会の運動が一九八三年に開始され、常設展示はないが、企画展示を開催するミニ平和博物館もつくり、また地方自治体へ平和博物館をつくらせるはたらきかけも行なってきた。しかし、その後ミニ平和博物館は閉鎖され、展示もやめてしまった。また東京大空襲を記録する会の運動の成果と協力で、江戸東京博物館のなかに空襲の展示がとり入れられ、さらに独立の館として東京都平和祈念館（仮称）もつくられることになったが、右翼の攻撃と財政難により、中断している。

2　戦争展運動

つぎに、本格的な平和博物館がつくられることに直接つながる一九八〇年代の動きをみていきたい。

一九八〇年代に機関紙協会・労働組合・生協・平和友好運動団体・市民・教員などによる平和のための戦争展運動が東京・大阪・京都などに起き、全国的にまた地域へと広がっていった。そこでは、被害・加害、反戦・抵抗など、戦争を総合的な視点に立って展示する努力が重ねられ、時期を限った、カンパニア的な展示をする運動として行なわれた(7)。

そこでは多くの資料を収集していたが、雑然と並べる展示もみられた。大阪・京都・埼玉・信州などでは展示図録を発行し、『南京事件京都師団関係資料集』『戦争を発掘する』『いま平和ですか』など、資料発掘や出版でも成果をあげた。

この戦争展運動は一九九〇年代にもひき続きとりくまれ、愛知のように新たにはじまった地域もある。京都・大阪では戦争展の歴史をまとめる努力がなされ、『平和のための京都の戦争展――一四年間（一四回）の写真記録』『戦争展を観ましたか』などが刊行された。

戦争展運動のなかで、夏だけの展示でなく、常設の博物館をめざす運動がうまれた。京都などで運動が起こり、遅れてではあるが長野・愛知などでも起きた。これらの展示の経験が、十五年戦争を総合的に扱う平和博物館をつくる刺激になり、その成果がひき継がれたといえよう。

3　地域の歴史博物館での実践

市民の戦争展の影響を受けてはいたが、それとは別に、一九八〇年代半ば以降、地域の歴史博物館における特別展・企画展などで、十五年戦争の展示が試みられるようになった。非核都市宣言などがなされ、平和と民主主義が左翼扱いされることもなくなり、自治体で平和を課題とすることが可能になった。単に一般的な反核だけでなく、地域の戦争をみつめることで、平和を考えていくという観点で、博物館の特別展が開催された。そこでは戦争展のように運動としてではなく、博物館の手法によって、生活史を重視する視点で、展示された。

先駆的なものとしては一九七五年に行なわれた北海道開拓記念館の特別展「昭和二〇年―その時あなたは」がある。戦後四〇年にあたる一九八五年ごろには、一九八五年から八九年にかけて毎年開催された、豊島区立郷土資料館での戦中戦後区民生活展・学童疎開展をはじめ、東京や埼玉の地域博物館で、十五年戦争関係の特別展が開かれた。そのなかで、豊島区立郷土資料館での戦中戦後区民生活展では、戦争遂行体制のなかでの行政や町会・隣組など行政補助組織が果たした役割を明確にし、地域における反戦運動や治安維持法による弾圧を示すような展示も行なった。これら博物館の展示の試みが、独立の平和博物館を建設し、その内容をつくっていくことにつながっていった。

一九九〇年代にもひき続いて、地域博物館で十五年戦争関係の特別展が開催されたが、とくに戦後五〇年の一九九五年には、一一〇をこえる地域歴史博物館で、戦争や戦後五〇年関係の特別展が行なわれた[8]。これは、歴史博物館にとっても画期的なとりくみであったが、平和博物館の欠陥を乗り越える成果もみられた。それは学芸員が博物館にいて、地域史研究・調査や資料収集・整理の蓄積があったことが大きな要因である。

県立や大規模な市立の歴史博物館の常設展でも、近現代の展示は少ないが、そのなかでも戦争の展示は比較的多くある状況になっている[9]。

4　総合的で本格的な平和博物館の設立

以上のような戦争展や地域の歴史博物館の実践の積み重ねのうえに一九九〇年代になって、本格的な十五年戦争を対象とする総合的な平和博物館が開設された。大阪国際平和センター（愛称、ピースおおさか）、川崎市平和館、京都の立命館大学国際平和ミュージアム、埼玉県平和資料館、地球市民かながわプラザがそれである。また規模は小さいが、吹田市平和祈念資料室、堺市立平和と人権資料館（フェニックス・ミュージアム）、福山市人権平和資料館、高松市市民文化センター平和記念室、せたがや平和資料室、碓井平和祈念資料館、姫路市平和資料館、佐伯市平和祈念館やわらぎなども開館した、さらに、広島平和記念資料館が改装され、長崎国際文化会館も長崎原爆資料館に改築され、いずれも原爆を中心としつつも、十五年戦争の全体像や戦後の核問題も扱う総合的な平和博物館となった。

市民運動団体や個人が設立した平和博物館としては、静岡平和資料センター、岡まさはる記念長崎平和資料館、北九州平和資料館準備室、草の家、兵士・庶民の戦争資料館、「少国民の部屋」資料館、太平洋戦史館、平和人権子どもセンターなどがある。

これらの博物館はいずれも、戦争の悲惨さと平和の尊さを伝えるものであり、戦争博物館というより、平和博物館というほうが適切である。さらに大阪は「平和の首都大阪」の実現をめざすとしており、京都は大学が設立したということから、いずれも全国的視野をもち、日本人の被害のみでなく、加害の視点をも組み込んでいる。したがって日本には、自国の戦争を批判的な視点からとらえる全国的規模・内容をもった平和博物館が存在するという到達点に達している。

2 平和博物館の課題

ここで、平和博物館の到達点をふまえ、平和博物館が果たすべき課題について述べていきたい。平和博物館は博物館としての確立がなされていない面が強く、この点での問題が大きい。博物館の機能として、調査・研究、資料収集・整理・保存・利用、展示、教育普及活動があげられる。これらの点について具体的にみていくとともに、その機能を果たしていく体制の問題についてもみていこう。

1 調査研究活動

まず調査研究についてであるが、単に歴史学の成果を展示に移すのではなく、博物館で研究・調査をおこない、その研究成果の発表として展示会が開催されるべきである[10]。平和博物館の特別展についても、埼玉・京都・広島などで、十分ではないが、その努力がなされている。展示は担当者の果たす役割が大きく、その人の業績であることを明確にすることが必要であるが[11]、それとともに、展示は集団でつくりあげる面があり、その際、研究者・専門家による対等な共同作業を保障することが重要である。[12]

博物館にとって、モノの研究が重要であり、モノ群を集合したものとしてとらえることも必要で大事である。[13] その際、文書・文献もモノであり、モノを広くとらえる必要がある。この調査・研究が弱いことが、平和博物館の展示の弱点を生んでいる。単にモノだけでなく、モノにまつわる情報・エピソードも伝える努力が必要であるが、その努力は弱いままである。

とくに写真についての研究の重要性が大きくなっている。写真は時に誤った説明が付けられて使われることがあって、それが訂正されないまま広められることがある。それだけに厳密な考証が必要となっている。

博物館の研究成果のすべてを展示で発表することは無理であり、博物館は論文・著作や報告書などによって、研究成果の発表をしていく必要がある。とりわけ、常設展や特別展のための調査研究について、報告書や論文による成果の発表が課題となっている。

平和博物館は研究体制が弱く、研究発表の場も整備されていないことが多い。報告書や論文を掲載する紀要の刊行が必要であるが、埼玉でもまだできていない。大阪は研究所をもち、十五年戦争研究会も恒常的に開催されており、紀要・ブックレットなどを刊行しているが、展示や資料整理などの活動と結びついていないという弱点をもっている。京都でも、ミュージアムを含む国際平和センターが設立され、そのなかに研究部門も置かれるようになり、十五年戦争史研究会も発足し、ミュージアムの研究紀要も創刊したが、まだ十分には確立していない。

2　資料収集・整理・保存・利用

戦争関係の資料が散逸する危険性が高まっており、平和博物館でも資料収集・整理・保存が重要である。公文書館の現状から、またモノ資料と文献的資料の一括保存が望ましい点からも、博物館が近現代の民間の文書を含む資料を、とくに収集・整理・保存・公開する意義は大きいが、この点も平和博物館の課題である。[14]

多くの平和博物館で、コンピューターを使って資料整理を進めている。所蔵資料目録刊行は京都においてやっと始まったが、ほかでは進んでいない。広島が所蔵資料のデータベースの公開を始めた。埼玉も入館者がコンピューターで所蔵資料を検索できるようにしているが、複写だけでなく閲覧・熟覧すらもさせていない状況である。大阪・広島・長崎・神奈川・埼玉などでは図書などの閲覧室が設置されているが、複写を認めない場合が多く、サービス体制がまだまだ不十分である。京都は、図書は学術情報システムによる検索ができるようにし、資料についても目録を刊行して配布しており、図書のみでなく資料も閲覧や複写を可能にしているが、閲覧室がなく、体制が不十分である。

3　展示

平和博物館の展示で、最も注意しなければならないことは、展示が戦争をあおるようなものになってはいけないことである。展示すること自体が、積極的に評価しているると見られがちであり、意図しなくても戦争をあおっているととらえられる危険が戦争展示にはある。これは加害を伝える場合に起きがちであり、批判もなくただ並べただけでは、戦争や侵略を肯定していることになるという展示の難しさをもっている。戦争をあおらないための歯止めが必要となる。武器・兵器などの性能を誇るような展示をしないことなどが考えられる。

戦争の悲惨さを展示し、伝える際に、日本人の被害を展示することはもちろん必要であるが、それだけでなく、日本人が侵略によってアジアなどの人々に与えた加害をも展示することは、現在の日本の平和博物館にとって最大の課題であり、大阪・京都などではその努力が進められている。

それとともに、戦争遂行体制がどう形成され、国民がそのなかにどう組み込まれていったかを明らかにすることも重要である。この点は京都ではとりあげているが、大阪では弱い。戦争遂行体制を明らかにするうえで、国や自治体などが果たした役割を明確にすることが不可欠である。それは、公立の博物館にとっては、自己が戦争で果たした役割の反省につながる問題であり、ここが弱いことは軽視できない点である。

反戦運動の質と戦争反対を困難にした弾圧・専制を展示で明らかにすることも必要である。これは、平和への努力と民主主義の重要性につながる問題である。この点も京都はとりあげているが、大阪ではこの点も弱い。

平和博物館では、戦争の悲惨さ、日本の戦争の問題点、平和の尊さ、平和維持のうえでの民主主義の大切さなどを積極的に問題提起すべきである。この点において価値中立的であってはならない。戦争の反省のうえにたった平和と民主主義の重要性を強調することは当然である。この平和と民主主義は、日本国憲法の立場であり、国・自治体など公的な博物館は、その尊重の義務がある。

このように積極的に問題提起をすべきであり、提起を受けとめて、考えてもらえるように、何をどう展示し、何を展示しないなど、展示の仕方に対する配慮が必要である。それをどうとらえるかは、あくまで展示を見る側の問題であって、押しつけることはできないし、すべきでもない。研究教育機関としての博物館が、行動提起の場となっては、いきすぎである。

博物館の展示の場合、遺物・遺品・被災品など現物資料を通じてが基本であり、これによって写真集などの本やビデオや映画などの映像ではできない効果を発揮することができる。写真・映像・証言も重要であり、とくに若い人などに受け入れやすくする手段として有効であるが、あくまで現物資料の補足資料として用いるべきである。これは逆転してはならない点だが、その例は多く、川崎に顕著で、大阪もその傾向がある。とりわけ戦争の残酷な場面の写真を展示すること自体は必要なことであるが、それを多用することは、二度と見たくないなどの拒絶反応を生み、戦争の本質的・理性的な理解・否定を深めるうえで逆効果となる。

体験的な展示をとり入れることも重要である。埼玉や姫路では空襲の体験をする装置がある。京都では、いつでも復元された戦時下の家にあがることができて、空襲に備えた生活体験をできるようにしている。また効果的に見せるためのディスプレイも必要である。しかし実物資料や写真の内容をきちんと伝えることを軽視してはならない。大阪にその傾向があった。

歴史博物館全体では、常設展示の比重の低下がいわれるが[15]、平和博物館の場合、常設展がより大きな意味をもっている。それは、八月だけの平和展示でなく、戦争展などの発展としての常設展示への期待があり、それに応えるという意味もある。学校教育・社会教育上の役割を果たすうえからも、いつの時期でも見られるようにすることが重要となっている。常設展図録がどこにもないことは、問題であったが、広島は常設展図録を刊行し、京都でも常設展示詳細解説を刊行した。

特別展については、常設展ではとりあげていなかったり、不十分なテーマについて、調査・研究の成果として行なうことが課題である。京都はすでにできあがった持ち込み企画を受け入れる場合が多いが、調査研究をふまえた特別展を開催する努力をし、図録またはパンフレットを発行している。大阪は興味をひく企画が多いが、写真主体の展示だったり、収蔵資料の紹介の意味はあるにしても、資料が整理されないままの展示だったりすることが多い。埼玉はテーマをたてた企画展を継続して開催しており、企画展図録もつねに発行している。広島もテーマをたてた企画展を開催しはじめており、簡単な図録も刊行している。

常設展や企画展の内容を伝える刊行物の作成や調査・研究成果の発表の努力が、一般の歴史博物館よりはまだまだ遅れているとはいえ、平和博物館でも始まったことは大きな前進である。

4　教育・普及活動

教育・普及活動については、講演会・シンポジウム・講座などの開催、学校教育や社会教育での利用、さらに友の会の結成などが課題となる。

講演会・シンポジウムは、特別展との関連で開かれる場合が多いが、大阪などでは、特別展に限らず、講演会などを継続的に催している。平和博物館が講座を開催することは遅れているが、広島では子ども向けの講座を開くという試みをしている。広島・埼玉・大阪では、戦争体験者の話を聞く会をもったり、証言をビデオに収録している。埼玉・川崎・大阪などでは大人だけでなく、子どもも対象とするような映画会を開催している。

博物館には友の会がつくられ、積極的で熱心な人たちが結集し、自主的な調査研究活動や博物館への協力をすることが望ましいし、博物館としても友の会に援助することが課題である。京都では、平和友の会ができ、団体の見学者に対してボランティアとしてガイドをしている。また学習会や見学・交流会を開催したり、戦争体験者の聞き取り調査を行ない、その成果を刊行したり、館の資料整理に協力するなどの調査研究活動も行なっている。大阪にも友の会があるが、「官製」的であり、自主的な活動が弱い。

学校教育や人権教育などの社会教育で、平和博物館の展示見学が行なわれるようになってきている。見学にくる学校側でも、事前学習をしたり、見学課題を記入した資料を作成したりする努力がなされてきている。京都では、常設展や特別展の見学感想文を館だよりに一部掲載している。また特別展の見学感想文集も内部資料であるが刊行している。平和博物館での感想文を分析し、平和博物館が来館者へどのような効果をもたらしているかの考察も試みられている。[16] さらに平和博物館の見学を含む十五年戦争史の授業実践の研究、[17] ガイドの実践の紹介[18]も発表されている。これらの経験のうえに立って、どう意識的に平和博物館を利用したらよいかを明確にする研究が課題となっている。

5　平和博物館の体制

博物館の機能を果たしていく体制の問題についてみていこう。

平和博物館は博物館としての確立がなされていない面が強い。研究・資料整理や展示・普及活動についてもそうであるが、学芸員の配置など体制面についても歴史博物館に学ぶ必要がある。

平和博物館に学芸員が配置されていない場合や、置かれていても、非常勤だったり、専門職・研究者としての身分保障がなされていない場合が多い。学芸員の体制が未確立で不安定であるため、館の活動が制約されており、研究調査、展示、資料整理などが十分に展開されないし、蓄積されない。そのなかで埼玉・京都など学芸員がいる館が図録などの刊行をしており、広島も学芸員体制を強化し、そこから館活動も充実してきていることを考える必要がある。学芸員も現代史の研究者でない場合が多いが、平和博物館こそ、現代史の研究者が腰をすえてじっくり仕事ができるようにする組織的保障が大切である[19]。

平和博物館どうしによる、相互援助のための自主的な交流が行なわれている。一九九四年九月に広島の呼びかけにより、沖縄・長崎・広島・大阪・京都・川崎・埼玉の七館による平和博物館会議が設立された。その後、高松と神奈川が加盟している。年一回交流会をもち、ニュースも発行している。加盟館間の相互の情報交換や協力が進展している。常設展に資料を提供したり、特別展の資料を貸し出したりすることも行なわれている。

第三回世界平和博物館会議は、ピースおおさかと立命館大学国際平和ミュージアムの主催で「平和の展示――世界平和のために博物館ができること」をテーマに掲げて一九九八年一一月六〜一〇日の会期で行なわれた[20]。会期中に日本人参加者の交流会がもたれ、各自がそれぞれの、博物館でのとりくみや平和博物館づくりの運動などの紹介を行なった。この集まりをふまえて、平和のための博物館市民ネットワークが結成された。ニュースレターも継続発行され、平和博物館をめぐる市民の交流が始まっている。

この博物館としての確立、とくに専門職・研究者としての学芸員の職の確立が、内容上の加害・被害問題と並ぶ平和博物館にとっての最大の課題である。

おわりに

平和博物館が博物館として十分機能するように充実させることが課題である。これは基本的にはその館で行なっていくことであるが、それとともに市民、研究者、教育者などが、平和博物館の動向を把握し、批判し、改善を求めていく運動を行なうことが不可欠である。歴史学関係の学会でも、歴史意識形成に関して博物館の役割が認められるようになってきた。そのなかでも平和博物館などの役割が日本近現代史の認識にあたって重視されている。とくに、学会が平和博物館に対して、科学的で緻密な批判提言をすることが求められている。これはこれからつくられる平和博物館に関しても必要なことである。

(1)『朝日新聞』一九八二年八月二七日。
(2)『朝日新聞』一九八三年二月一九日。
(3)『朝日新聞』一九八六年九月四日。
(4)『朝日新聞』一九九一年五月四日。
(5)『朝日新聞』一九九三年八月一一日。
(6)教科書攻撃と連動した平和博物館への攻撃については、拙稿「平和博物館の侵略・加害展示に対する攻撃」(藤原彰編『南京事件をどうみるか』青木書店、一九九八年所収)〔本書⑮に収録〕を参照されたい。
(7)戦争展の歴史については、拙稿「地域に根ざす平和のための戦争展示」(『歴史評論』第五五六号、一九九六年八月掲載)を参照されたい。
(8)戦後五〇年関係の地域歴史博物館の企画展・特別展などのとりくみについては、拙稿「地域の歴史博物館における戦後五〇年関係の特別展・企画展の概観」(『歴史科学』第一四七号、一九九六年一二月掲載)〔本書⑯に収録〕を参照されたい。
(9)冨坂賢「近現代史展示の問題をめぐって」『歴史手帳』第二四三号、一九九四年一月。
(10)湯浅隆「歴史系博物館の研究と展示」『MUSEUM』第四六六号、一九九〇年一月。
(11)新井勝紘「近代史研究と博物館展示」『歴史評論』第五二六号、一九九四年二月。
(12)「東京都における歴史系文化行政の発展と江戸東京博物館の充実のために――歴史関係学会からの要望書」(一九九三年一〇月二五日、のち『歴史学研究月報』第四一〇号、一九九四年二月掲載)において「Ⅲ館員研究者の採用と処遇について」のなかで「③・館員研究者間における研究者対等原則を確立すること」がいわれている。
(13)井口和起「現代史研究と展示」『歴史評論』第五二六号、一九九四年二月。
(14)平和博物館での資料の収集・保存・整理・公開については、拙稿「戦争資料の収集・保存・公開と戦争博物館」(『記録と史料』第六号、一九九五年九月掲載)を参照されたい。
(15)歴史学と博物館のありかたを考える会「歴史系博物館・資料館の現状と問題点」『歴史科学』第一三四号、一九九三年一一月。
(16)拙稿「立命館大学国際平和ミュージアムと来館者の反応について」『月刊社会教育』第五一三号、一九九八年八月。

(17) 吉田功「『一五年戦争のレポート』と歴史認識」『歴史科学』第一五三号、一九九八年五月。
(18) 布川庸子「立命館大学国際平和ミュージアムのガイド」『平和教育』第五三号、一九九七年一二月。
(19) 冨坂賢前掲論文。
(20) 第三回世界平和博物館会議の主な報告は、組織委員会編集・発行の報告集『平和をどう展示するか』に収録されている。

〈参考文献〉
荒井信一編『戦争博物館』岩波ブックレット、一九九四年
平和博物館を創る会編『平和博物館を考える』平和のアトリエ、一九九四年
西田勝・平和研究室編『世界の平和博物館』日本図書センター、一九九五年
荒井信一・早乙女勝元監修『世界の「戦争と平和」博物館』日本図書センター、一九九七年
有元修一「戦後五〇年にみる平和博物館の動向」『八潮市史研究』第一九号、一九九八年三月
酒井みな「行ってみよう平和・戦争博物館」『毎日新聞』（一九九六年一一月～一九九九年三月連載）
拙稿「平和博物館の現状と課題」『歴史学研究』第六六四号、一九九四年一〇月
拙稿「平和博物館の課題」『歴史教育・社会科教育年報』（一九九九年版）一九九九年八月

（掲載時所属：立命館大学国際平和ミュージアム学芸員）

15

『南京事件をどうみるか』（一九九八年七月　藤原彰 編　青木書店）

平和博物館の侵略・加害展示に対する攻撃

はじめに

最近日本では、一九三一年に始まり一九四五年に日本の敗戦で終わった戦争において、日本が中国を侵略したことについて、歴史研究者ばかりでなく、政府でも明確に認識し、加害行為について反省し、謝罪するようになってきた。多くの日本人の間でも、アジア・太平洋諸国の人たちとつきあっていくためには、事実を認識し、過去の過ちを反省することが不可欠であり、事実を歪曲したり、反省を拒否することがかえって日本のためにならないという認識が確立しつつある。

この転換は、一九八二年の第二次教科書攻撃に際して、中国などアジア諸国からの抗議があって、政府がこれに対する解決策を出した時からである。その後、アジア・太平洋諸国における日本の戦争による被害者からの補償要求の高まりや歴史研究の進展により、日本の加害の具体的事実が明らかにされてきた。そして、一九九〇年代に入り、海部俊樹首相の一九九一年五月三日のシンガポールにおける政策演説、細川護熙首相の一九九三年八月一〇日の記者会見など、政府の態度もより明確になった。

このようななかで、侵略といった表現や南京大虐殺の事実についても、教科書検定で削除されなくなり、社会教育でも一九九〇年代に入って、平和博物館が各地に設置され、そのなかで日本の加害の事実に関する展示もされるようになり、歴史教育や平和教育において、日本の侵略や加害についての歴史認識が進展してきた。

このような状況に、右派勢力が危機感を持ち、教科書や平和博物館への攻撃を強めてきた。だが教科書攻撃についても、かつてのように政府・文部省が攻撃する側にいるわけではない。攻撃は市民運動の形を取り、歴史研究者・教育者や教科書出版社を攻撃するだけではなく、政府・文部省などの行政をも攻撃していることが特徴的である。

以下、教科書への攻撃をふまえつつ、平和博物館への攻撃を中心に紹介し、検討していきたい。

1　教科書を中心とする歴史教育への攻撃について

東京大学教育学部教授藤岡信勝氏らにより、一九九四年から「近現代史の授業改革」が提唱され、一九九五年には「自由主義史観研究会」が結成される形で、平和教育や教科書への攻撃が始まっていた。

しかし、第三次教科書攻撃と呼ばれるようにそれが激しくなったのは、一九九六年六月に、一九九七年度から使用される中学校の歴史教科書に従軍慰安婦の叙述が載ることが明らかにされてからである。それから、中学教科書の従軍慰安婦記述を強圧的に削除させようとする動きが始まった。攻撃は、従軍慰安婦が中心であるが、同時に南京大虐殺事件・三光作戦など日本の侵略戦争での具体的行為の叙述や中国の抗日運動の記述なども問題にし、削除を求めた。右派ジャーナリズムを舞台にキャンペーンをはり、講演会を組織したり、教科書会社や執筆者を脅迫したりするとともに、地方自治体に対して、従軍慰安婦などの記述の削除を求める決議をさせる運動を行ったり、議会で攻撃の質問をしたり、従軍慰安婦などの記述が載った中学校社会科教科書を学ぶ義務がないことの確認や記述の訂正を求める訴訟も起こした。さらに一九九六年一二月二日には「新しい教科書をつくる会」が、藤岡信勝、西尾幹二、高橋史朗、漫画家の小林よしのりの各氏らによって結成され、日本の侵略の事実を抹殺した教科書づくりやその前提としての歴史読み物の作成に取り組んでいる。

従軍慰安婦などの叙述の削除を求める人たちは、日本の侵略や加害の事実を明らかにして教科書に記述したり、反省し謝罪することを、反日的とか自虐的であるとかいって非難している。自由主義史観を唱える人たちも、当初は、「大東亜戦争史観」と「東京裁判史観」の両方を批判するといって登場したが、いまでは日本が犯した加害の事実を否定することに力点がかかり、右翼的な大東亜戦争史観と同一になってしまった。南京大虐殺についても、藤岡氏は当初、一九九四年の「『近現代史』の授業をどう改造するか」では「私は南京において日本軍が中国の民間人を多数虐殺したという事実そのものを疑ったことはない」「南京事件の『殉難者三〇万という数字は根拠のないはったり』だと私も思うが、私は……『だから南京大虐殺などはなかった』とは全然思っていない」と書いていたが、いまは、一九九六年一〇月刊行の『国民の油断』では「南京をめぐる攻防戦で、万を数える中国人が死亡したことは間違いのないことです。その死者のほとんどすべては民間人ではなく、兵士です。……逃げる中国兵を、大量に殺したのは中国軍自身なのです。……ほとんど戦闘と自軍同士の殺し合いによって生じた死者です。……戦闘をやめて日本軍の拘束下に入った中国兵の処刑の問題です。戦時国際法によれば、管理する側に圧倒的な力の余裕がある場合でなければ、拘束した敵の兵士を処刑しても違法とはされません」とのべて、敗残兵を殺したことを便衣兵との戦闘による殺害として、捕虜の虐殺でも犠牲者でもないとする、田中正明・中村粲氏らの南京大虐殺を全否定する立場と同じようになってきている。しかも単に教科書を批判するだけではなく、教科書記述の権力的な削除を求めており、自由主義・リベラリズムとはまったく別のものになっている。

現在の教科書検定は加害行為があったことを認め、謝罪するという立場からの政府見解を受けて行われており、文部省もこれにそって、いずれの削除要求も退けた。その意味で、この削除要求運動は日本の支配者たち全体の動きではなく、一部の極右勢力による運動になっている。それだけに、彼らは危機感にかられ、過激な運動を執拗に続けている。当初これらの運動を軽視していたが、攻撃が露骨になるにつれ、強力な反撃が組織されていった。出版労連などの労働組合、歴史関係の学会や歴史研究者・教育者たちによって、機敏な対応がなされている。雑誌でも、自由主義史観などの教科書攻撃を批判する特集が組まれ、自由主義史観批判の本も多数出版された。さらに地方自治体などの決議を許さない広範な住民による取り組みが継続している。

自由主義史観研究会などは、日本の近現代を勇ましく、美しく描こうとしているが、これでは、歴史的事実や客観的評価以前に結論があることになり、特定の視点や価値観から特定の部分を強調することにより、歴史教育を国民教化の手段にしようとする非科学的なものであるという批判がなされている。また、このような歴史認識は、世界史的な視野で日本の歴史をとらえることや民衆の側から歴史をとらえるという観点がおちているとも批判されている。弾圧下の日本にも戦争に抵抗した人びとがいたことを学ぶ重要性や、単に感性に訴えるのみでなく、戦争や支配の実態を具体的かつ論理的に把握し、なぜそうなったかを思考できる自主的な判断力を身につけるようにすることの必要性なども指摘されている。

2　平和博物館における侵略・加害展示への攻撃

つぎに、平和博物館の加害に関する展示への攻撃について見ていこう。

この問題は長崎原爆資料館の改装問題から始まった。一九九六年一月一日の『朝日新聞』に加害展示を行うことが報道されてから、その撤去を求める運動がおきた。それに屈した長崎市は南京事件の写真を撤去し、かわりに日本軍の南京入城の写真に差し替えた。これに対して当然反対の動きがあった。とくに中国からは『人民日報』などが批判し、長崎の中国総領事館からも抗議が寄せられた。そして再度展示写真が入れ替えられ、「虐殺直前連行された中国の人々」が展示され、開館にいたった。

開館後この展示に、「長崎日の丸会」や「自民党長崎市議団」などの団体から抗議がなされ、市議会でも取り上げられた。それは加害展示の撤去がねらいであったが、南京大虐殺の展示写真「虐殺直前連行された中国の人々」が、実写でない映像を含む「ザ・バトル・オブ・チャイナ」という、アメリカが大戦中の一九四四年に作った宣伝映画から、取ったことについて攻撃は行われた。

これを受けて、原爆資料館側は再検討し、南京大虐殺の写真を毎日新聞社刊『一億人の昭和史』に掲載された「避難民にまぎれ逃亡をくわだてた約五、六千名の正規兵」に差し替え、また一七六か所のビデオ映像、三九か所の説明文の差し替えを行った。もちろん加害展示そのものを撤去したわけではない。さらに、展示監修者への謝金の支払いに関する住民監査請求も行われ、その却下後、住民訴訟も起こされた。

この「成果」に勢いづいて、全国の平和博物館へと攻撃を広めていった。

一九九六年六月二四日に、橋本首相が政府・与党首脳会議で、関係官庁に全国各地の平和博物館について、展示写真の真偽を調査するように指示したという。この結果、一〇月一八日に参議院自民党は『全国の戦争博物館に関する調査報告書』を作成し、公表したという。この報告書といわれるものでは、大阪国際平和センター（ピースおおさか）・堺市平和と人権資料館（フェニックス・ミュージアム）・吹田市平和祈念資料室・川崎市平和館・広島平和記念資料館・沖縄県立平和祈念資料館など、地方自治体の設立した平和博物館について実地調査し、各館の「実態と問題点」を書いている。そこでは、一、特定のイデオロギーの宣伝活動拠点となっている資料館が市民の税金によって建設・運営されていること、二、実証的でない虚偽の資料が展示されていること、三、偏ったイデオロギーにもとづく展示内容になっていることなどの点を取り上げて、非難している。

ピースおおさかについては、南京大虐殺について、斬首死体と生き埋めの写真が使用されているが、撮影日時・撮影者・出典が明らかにされていないこと、戦時中の中国の抗日運動パンフレットなどに描かれた残虐な日本兵の姿が史実として展示されていることなどを攻撃している。また、館長・事務局長などが侵略戦争史観の持ち主であること、軍部・政府の始めた侵略戦争が国民に被害を与えたと強調していること、戦争中の国民感情が狂信的なものとして描かれていること、近代日本の対外政策すべてを侵略と決めつけた展示をしていることなども批判している。さらに、加害の歴史観を植え付けるワークシート教材が、生徒の見学に利用されていること、生徒の感想文に、過去を断罪したり、日本人であることを恥じるものが数多く見られることなども問題にしている。

フェニックス・ミュージアムについては、写真パネルの「三光作戦」と「南京大虐殺・揚子江に捨てられた死体」のいずれも、出典が不明であること、ビデオ「戦争への道」のなかでは、米国の反日宣伝映画「ザ・バトル・オブ・チャイナ」から引用した南京大虐殺において中国人が連行され、生き埋めにされるシーンが使用されていること、「南京大虐殺」のくだりでの、「一九三七年一二月一三日、日本軍は南京に攻め入り、占領しました。中山門を始め、いくつかの城門を破壊したり、乗り越えながら市内になだれこみました。そして、日本軍は捕虜とされた人や市民を、何千あるいは万単位で銃殺したり、焼き殺した後、揚子江にすてたり、埋めたりしました。捕虜に穴を掘らせた後、殺してその穴に埋めたり、まだ生きている人をそのまま埋めたりしました。また個人や集団によるなぶり殺し、略奪、放火など、あらゆる残虐行為が繰り返されたのです。こうして三〇万人とも言われる南京市民が日本軍によって殺されました。南京大虐殺事件と呼ばれています。この事件の中でとりわけ女性に対する野蛮な行為には目を覆うものがありました。強姦した後、腹を切り裂く、強姦した女性と記念写真を写す、近くの村へトラックでのりつけ女性を略奪してきて集団で強姦するなどというものでした」という説明などを批判している。

吹田市平和祈念資料室については、日本近代史を断罪する歴史観で記述されていること、「慰安婦」の記述では勤労動員された女性が、慰安婦にされたかの誤解をもたせる記述となっていること、また朝鮮・中国の抵抗運動が英雄的に描かれていることを批判している。

川崎市平和館については、ビデオ「中国との一五年戦争」のなかで米国の反日宣伝映画「ザ・バトル・オブ・チャイナ」から引用した南京大虐殺事件シーンが使われていること、歴史表記に初歩的な間違いが多いことを批判している。

広島平和記念資料館については、展示パネル「南京陥落のちょうちん行列」での「南京では、当時、日本軍により多くの中国の人びとが虐殺されていました。（犠牲者数については、地域、期間によって数万から十数万などいくつかの説があります。中国側は犠牲者数を三〇万人と言っています。）」との記述を批判している。

沖縄県立平和祈念資料館については、日本軍と県民の対立を殊更に描き出していること、戦争体験の住民証言は日本軍から受けた被害の証言のみであることを批判している。

この調査などを材料に、市民を巻き込んだ運動、脅迫、右派ジャーナリズムにおけるキャンペーン、議会での質問など多様な形による攻撃が、ピースおおさかを中心になされた。

ピースおおさかへは、すでに一九九六年六月二二日に「日本世論の会大阪府支部」から抗議がきている。これは「平頂山事件の遺骨写真」・「重慶爆撃」・「北間島における虐殺事件」の三点の写真を問題にするとともに、展示方針全般を批判するものであった。そのなかで南京大虐殺事件について、「現在まで、客観的な歴史の十分なる検証が行われていないにもかかわらず、同展示においては、わが国の自虐的思考にもとづき、主に他国の資料によって、あたかもそのすべてが真実のごとく展示し、説明を加えている」と書いている。

一九九七年三月一日には「戦争資料の偏向展示を正す会」が結成された。ここで、白骨死体・斬首死体・処刑場面など夥しい数の残酷な資料があるのは、子供たちを人間不信に陥らせ平和学習の教材としてはふさわしくないので即時撤去を求める、写真パネル・展示資料のなかには信憑性の乏しいものが含まれているので、写真の出典や撮影者・撮影状況などを必らず公表し、出典や撮影者・撮影状況などが不明なものは即時撤去を求める、日本の加害のみを強調した偏った内容になっているので別の視点も展示に盛り込むよう求めるなどの府・市への要望を入れた決議をしている。その後一九九八年に入り、「戦争資料の偏向展示を正す会」は「戦争の悲惨さを伝え、平和の尊さを示す」というピースおおさかの基本理念がいけないとして、ピースおおさかに対する補助金停止を要求する署名運動をはじめた。

ジャーナリズムでは、『産経新聞』が、参議院自民党の報告書などを報道するとともに、一九九六年一〇月二二日の夕刊で編集委員の石川水穂氏が、参議院自民党の調査を紹介しつつ、ピースおおさかの「北間島における虐殺事件」の写真について、銃殺された馬賊の首として紹介されたものであり、間違いであると指摘し、さらにフェニックス・ミュージアムの「南京大虐殺　揚子江に捨てられた死体」という写真は死体を見守る兵士の軍服が当時の日本軍のものとは違いニセ写真であるとしている。

「日本を守る国民会議」の機関誌『日本の息吹』一九九六年一〇月号には、「自治体による『反日資料館』の実態」という記事が載せられている。日本青年協議会の機関誌『祖国と青年』一九九六年一一月号にも、椛島有三氏が「青少年を『反日戦争資料館』から護ろう」という平和博物館攻撃の文章を載せている。このなかで椛島氏は、参議院自民党の調査や石川水穂氏の論考で指摘された写真などの問題とともに、埼玉県平和資料館で展示している「揚子江岸におり重なっている死体」の写真について、南京陥落二週間後に撮影したものであり、中国兵同士の争いによる多数の死者をはじめ戦闘行為による多くの戦死者が存在していたので、「大虐殺」の証拠写真にはなり得ないと批判している。また『週刊新潮』一九九六年一二月五日号で、ヤン・デンマン氏が「日本の自虐」を書き、参議院自民党の調査を利用して平和博物館を自虐的であると批判している。

さらに『Ｖｏｉｃｅ』一九九六年一二月号で、高橋史朗氏が「平和博物館ブームの正体」を書いているが、そのなかでピースおおさかは自虐的・反日的加害展示のオンパレードであり、南京大虐殺の展示についても自虐史観であると批判している。同様に抗日運動の展示も自虐的・反日的であるとして批判している。なお高橋氏は、平和博物館批判の文章を、『自由新報』一九九六年一二月三日号などにも書いている。さらに高橋氏はこれらの平和博物館批判を、一九九七年三月刊の『平和教育のパラダイム転換』や四月刊の『歴史教育はこれでよいのか』や八月刊の『歴史の喪失』などの著書でも繰り返し、論述している。

『産経新聞』はピースおおさかへの攻撃の「市民運動」の記事をも掲載するとともに、一九九七年三月四日には、「目に余る戦争の偏向展示」との「主張」を掲載し、ピースおおさかとフェニックス・ミュージアムへの攻撃をしている。『神社新報』一九九七年三月一〇日号も「戦争資料の偏向展示を正す会」結成の記事を載せている。

一九九七年八月刊行の『近現代史の授業改革 七』には、赤野達哉氏の「『ピース・おおさか』の反日展示を批判する」が掲載された。『正論』一九九七年一二月号で阿羅健一氏は「『ピース・おおさか』はいつまで歴史歪曲を続けるのか」を書いている。

ピースおおさかは、大阪府と市の出資による財団により運営されているため、議員による攻撃もなされている。一九九七年一月二九日に大阪府議会決算特別委員会で、自民党の吉田利幸議員が、ピースおおさかで展示している「防毒マスクをつけて上海に突入する日本軍」・「重慶爆撃」・「北間島における虐殺事件」の三点の写真の説明が事実と違うとして質問している。その後も大阪市議会や府議会で攻撃が続けられている。

また東京都が計画している東京都平和祈念館にも同じような形で、攻撃がかけられ、軍事都市東京や重慶爆撃や加害の事実などを取り上げることを批判している。藤岡信勝氏も『正論』一九九八年二月号に「『東京都平和祈念館』への異議申し立て」を書き、東京都平和祈念館の構想を批判するとともに、ピースおおさかへの攻撃を繰り返している。さらに平和博物館を批判する地方議員の集まりが、一九九八年二月に大阪・東京・神奈川の議員らにより結成された。

以上のような右派勢力からの批判が、平和博物館になされている。これらの批判は、侵略や加害を展示すること自体が偏向であるという立場からなされたものである。さらに中国などの抗日運動を展示で伝えることさえもいけないとするものである。まさに戦中の日本を批判すること自体をまったく許さないとするものである。これは、戦後に戦争の反省の結果確立した日本国憲法の平和と民主主義を基調とする規範を否定するものであり、先に見た最近の日本政府が取ってきた立場をも否定するものである。また加害や抗日運動の展示に対して、反日・自虐といった批判をしており、教科書への自由主義史観研究会などの批判と同質のものとなっている。

意図はまさに、ここにあるが、攻撃をかける際に、平和博物館の弱点を突いてきていることに注意しなければならない。それは写真や映像資料の不適切な利用が最大の問題である。もともと写真・映像資料は本来の内容情報から切り離されて、誤用されることが多く、資料批判が難しい資料である。たとえば、残虐記念写真のように売られ、持ち運ばれることによって、軍隊の行為の結果を示すものであることはわかっても、場所や日時を特定できない場合も多い。それだけに慎重な調査・研究が不可欠である。しかし、平和博物館の場合、一般の歴史博物館に比べても、調査・研究体制が弱いこともあって、展示資料研究の不十分さを生んでいる。たとえば写真を演出上効果的には使っても、資料の展示として必要な、出典すらを明記していない場合が多くある。また展示業者まかせにしたり、館自体による調査の不十分さから、説明が不正確であったり、写真の選定や配置が不適切であったりすることがあって、そこを突かれた形になっている。

これらのピースおおさかに対する批判については、ピースおおさか自身は、設置理念を堅持しつつ、正しい展示に向けて努力している。誤りを指摘されたものについても、「北間島における虐殺事件」の写真を撤去し、「防毒マスクをつけて上海に突入する日本軍」・「重慶爆撃」の写真は説明や配置などを変更した。さらに歴史研究者の協力をえて、独自の調査・点検を行い、ふさわしくない写真の撤去や説明の書き替え、写真の出典の明記などの訂正作業も行っている。

このように、誤りは訂正すればよいのであって、展示の趣旨への批判の多くは先に見たように、適切なものでなく、趣旨をかえる必要はない。それと同時に、広範な市民にささえられるとともに、科学的研究に裏付けられた展示をするためにも、調査研究機能を担う学芸員体制の確立もふくめて、博物館としての確立が、平和博物館に求められていると言えよう。

これは一九九七年八月に南京で行われた「南京大虐殺六〇周年南京大虐殺史国際学術シンポジウム」での報告をもとに、その一部を削除し、その後の動きなどを加筆したものである。

（掲載時所属：立命館大学国際平和ミュージアム学芸員）

16

地域の歴史博物館における戦後五〇年関係の特別展・企画展の概観

『歴史科学　第一四七号』（一九九六年一二月　大阪歴史科学協議会）

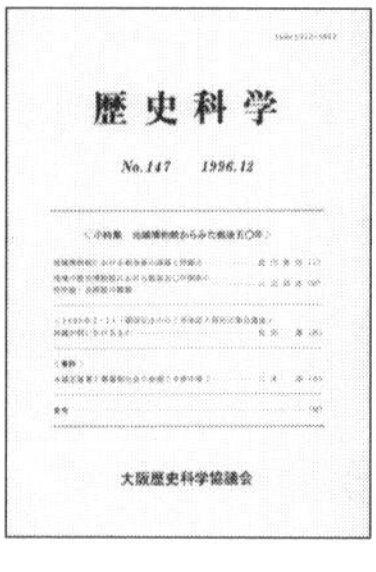

はじめに

一九九五年は戦後五〇年ということで、一〇〇以上の都道府県や市区町村の地域歴史博物館（以下、地域博物館と略称）で、戦後五〇年関係の展示会が開かれた。単一テーマで、一年間という短期でこれほど多く開かれたことはなく画期的なことである。それだけに、戦後五〇年関係の展示会について、いくつかの調査や検討がなされた。

調査の第一は、釧路市立博物館で戦後五〇年関係特別展を担当した学芸員の戸田恭司氏の調査がある。これは各博物館にアンケートを送り、くわしく調査をしたもので、非核都市宣言との関係、過去の例、担当者の思い、結果、今後などを聞いているものである。調査段階で、私との間で開催館のリストの交換などをおこなった。中間のまとめはすでになされており、最終結果が紀要に載せられるとのことであるが、その成果の発表が待たれる。

第二は、地方史研究協議会の調査で、これは、新宿歴史博物館で戦後五〇年関係特別展を担当した学芸員で、近世史研究者でもある、地方史研究協議会委員の鈴木靖氏が中心になって、開催一覧をまとめたものである。『地方史研究』第二五八号（一九九五年一二月刊）に東日本が、二五九号（一九九六年二月刊）に西日本が掲載された。私はこの調査ともリストの交換をおこなった。ただしこの一覧は、地方自治体主催のもののみを取り上げており、平和博物館も含めて博物館が中心であるが、これだけでなく、図書館・公民館・文書館が開催したものや、博物館など施設の主催ではなく、地方自治体そのものが主催して、ホールなどで開催したものも含まれている。

展示評としては、『地方史研究』第二五八号で、戦後五〇年関係特別展の展示評を、大阪市立博物館で戦後五〇年関係特別展を担当した学芸員の船越幹央氏が書いている。氏は本来は西日本担当であったけれども、東日本を書ける人がいなかったため、氏が単独で執筆したものであるが、掘り下げた鋭い分析をしている。東京都江戸東京博物館については、『歴史評論』第五四五号（一九九五年九月刊）に井本三夫氏が、『地方史研究』第二五四号（一九九五年四月刊）に豊島区立郷土資料館で戦後五〇年関係特別展を担当した学芸員の伊藤暢直氏が、それぞれ書いている。

名古屋歴史科学研究会の機関誌『歴史の理論と教育』第九三号（一九九五年一一月刊）では、愛知・岐阜・三重で一九九五年夏に実施された戦後五〇年関係展示会の見学記「九五年夏・戦争展レポート」を載せている。分担執筆なので相互に比較しにくい点はあるが、詳しい報告となっている。ここでは、豊橋市美術博物館・豊田市郷土資料館・知多市民俗資料館・岐阜市歴史博物館・四日市市立博物館の各博物館と名古屋市主催の展示会との自治体主催の展示会と、愛知・岐阜での市民主催の戦争展との両方を取り上げているが、両者を区別し、後者に期待しており、その理由として、加害を取り上げているかどうかなどに置いている。

また豊島の研究紀要『生活と文化』第一〇号（一九九六年三月刊）では、江戸東京で戦後五〇年関係特別展を担当した学芸員の松井かおる・板谷敏弘の両氏が豊島の展示評を書いている。関東地区博物館協会の『関東の博物館』第二〇号（一九九六年三月刊）では、行田市立郷土博物館で戦後五〇年関係特別展を担当した学芸員の鈴木紀三雄氏が、行田の展示会のまとめを書いている。

学会や研究会などでの検討会としては、この大阪歴史科学協議会以外では、「首都圏形成史研究会」で一九九六年一月一三日におこなわれ、豊島の伊藤暢直氏が「戦後五〇年企画展示を振り返って」として、関東での展示会を中心に地域性に重点を置いて報告している。この要旨は『首都圏形成史研究会会報』第四号（一九九六年九月刊）に収録されている。この報告の準備段階で、私は伊藤氏とも、開催館について情報と資料の交換をしている。また「歴史と博物館のあり方を考える会」では、戦後五〇年に関係ある展示会を担当した学芸員の、和歌山市立博物館の武内善信氏、前西宮市立郷土資料館の池田直子氏、八尾市立の船越氏、吹田市立博物館の田口泰久氏、八尾市立歴史民俗資料館の小谷利明氏、大阪城天守閣の宮本裕次氏が報告している。ここでは、戦後五〇年を直接あつかった特別展ばかりでなく、特定のテーマの特別展の中で戦争関係の資料を展示したような吹田、八尾、大阪城の展示会も取り上げている。

これらの調査や検討がおこなわれたが、ここではこれらの成果を踏まえつつ、私なりに地域博物館の戦後五〇年関係展示会のまとめをしたい。このまとめにあたって、直接展示会を見たり、また会期中に見れなくて会期終了後博物館を訪れたり、手紙で依頼して、展示会関係資料をいただいたりするとともに、前記の調査の担当者と連絡し、相互に資料交換をし、別表の「地域博物館戦後五〇年関係特別展・企画展一覧」を作成した。その上で、このまとめを執筆したが、この論考の特徴は、基本的には個人の目で、見た範囲でのまとめということにある。というのは、この論考のもとになった、大阪歴史科学協議会一九九五年一一月例会の報告に際して、それまでに作成していたリストに載せた博物館に対して、例会案内を送ると同時に、意見を求め、また見学できなかった博物館に対して、資料の提供を求めた。しかし報告後も含めて意見をいただいた場合は少なく、それはこの執筆に際して利用・検討させていただいたが、基本的には、内部の準備状況を含む調査というよりも、外から観覧者として、展示会を見学した形になったからである。私の視点は、平和博物館の学芸員として、その現状課題を考えてきた者としてのものである。具体的には、平和博物館の弱点を克服し発展させる上で、地域博物館の展示などの事業の経験に学ぶという点にある。そのため、時間的・物理的な制約もあって、地域博物館の特別展を重点的に見るようにした。それでももちろん全部見れたわけではないが、地域博物館の展示に限って、リストを作成し、検討し、まとめた。したがって、平和博物館・美術館や大学・企業の博物館などの展示会、文書館・図書館・公民館などでおこなわれた展示会、その他の施設で実施された地方自治体主催の展示会などは、いくつかは見たが、検討からは除いた。これらの中には、美術館では、久万美術館・南海放送サンパーク美術館の「画布からあふれ出した筆跡—柳瀬正夢展」、市立小樽美術館・市立小樽博物館の「小熊秀雄と池袋モンパルナス展」、目黒区美術館などの「戦後文化の軌跡」、大学の博物館では日本女子大学成瀬記念館の「戦後五〇年　戦時下の青春—日本女子大学卒業生は語る」、武蔵野美術大学美術資料図書館の「柳瀬正夢・疾走するグラフィズム」展、企業などの博物館では交通博物館「戦後五〇年記念―激動時代の鉄道展」、阪急学園池田文庫の「阪急のポスター展―昭和一〇年代のポスター」などのように興味深い、優れた展示会があった。また市民団体による平和のための戦争展なども取り上げなかった。さらに、歴史博物館でも、兵庫県立歴史博物館のような通史的な展示会や特定のテーマの展示会の中で戦時下にふれたものもあったが、これらもリストから除いた。ただし、通史的なもののうち、足立区立郷土博物館の「スポット展、地域展」、向日市文化資料館の「むらの記録―上植野区有文書からみた近代」については、例外的に検討に加えた。別表のリストを参照していただいて、以下にいくつかの論点を立てて、戦後五〇年関係の地域博物館の特別展・企画展について考えていきたい。

1　歴史博物館における戦争関係特別展の歴史

まず地域博物館における戦争関係の特別展・企画展の歴史について見ておきたい。

戦争関係の地域博物館の特別展の始まりは、戦後三〇年にあたる一九七五年におこなわれた北海道開拓記念館の「昭和二〇年―その時あなたは」であるといってよいであろう。しかしこの時はほぼ単発におわり、続くものが少なかった。一九八〇年には北九州市立歴史博物館で企画展「戦争と人々の暮らし展」を、一九八一年には上田市立博物館で特別展「戦争と庶民」を実施している。

戦後四〇年の一九八五年ころには、いくつかの地域博物館で戦争関係の特別展・企画展が開催された。豊島は、一九八五年から八九年にかけて、戦中戦後の区民生活や学童疎開関係の企画展・特別展を開催した。また、品川歴史館は一九八五年に学童疎開の特別展を開催している。品川はその後一九九一年に「復興期の品川」という特別展を開催した。大田区立郷土博物館でも特別展「戦時生活資料展」を、一九八六年に開いている。この前後、台東区立下町風俗資料館では、戦時下をテーマとするものではないが、昭和期の子どもや女性をテーマとする特別展を開催したが、その重点は戦時下に置かれていた。また、埼玉県立博物館でも、一九八五年に戦時下に重点をおいた特別展「激動の昭和」を開催している。同じ年に、熊谷市立図書館・郷土資料展示室では「熊谷空襲展―恒久平和への願いを込めて―」を開いた。さらに町田市立自由民権資料館では、一九八七年から八九年にかけて、子どもなど戦時下の市民生活をテーマとする特別展を連続して開催している。

戦後四〇年の時は、このような状態であったが、一〇年後の戦後五〇年が大きな前進をしたことがわかるであろう。これらの、かって戦争関係の展示会を開催した地域博物館のうち、北海道・北九州・豊島・台東・熊谷は、戦後五〇年にも、関係する特別展を開催しているが、大田・町田・上田・埼玉などでは、戦後五〇年には特別展を開催していない。

その後、蕨市立歴史民俗資料館、西宮市立郷土資料館では一九九〇年から、栗東歴史民俗博物館では一九九一年から、戦争関係特別展・企画展を連続して毎年開催している。戦後五〇年の前年である一九九四年は、学童集団疎開が始まって五〇年に当たるため、学童疎開関係の特別展が、品川と台東で開かれた。もう一年前の一九九三年には杉並区立郷土博物館で、学童疎開展がひらかれた。また、一九九四年には瀬戸市歴史民俗資料館が特別展「戦争とやきもの」をおこなっている。

2　特別展・企画展の概観

ここで、戦後五〇年関係特別展・企画展の概括的な特徴を見てみよう。

ほとんどの展示会の趣旨が戦争の悲惨な体験を伝え、平和の尊さを考えるということにあったといってよい。これに関連して名古屋市博物館の学芸員犬塚康博氏は、特別展「新博物館態勢」の図録で「博物館の本質とは、単に権力のモニュメントだとも感じている。」「博物館間競争のごとく〈戦後五〇年展〉華やかな現在の日本も、である。」「この本質の展開如何によっては、いまは、例えば一見政治とは無関係のように見える博物館が、旧来のファシズムを批判しながら、次なる新装のファシズムを生みだすことも十分に可能だからである。」と書いている。これは戦後五〇年関係の展示会が一斉に開かれたことに対して、新装のファシズムになるとの危惧を表明したものと思われる。犬塚氏がこう考えたのは、戦後五〇年関係の展示会が、行政のトップダウンで開かれた場合が多かったことを念頭においているようである。しかし、そのような場合でも趣旨に、戦争の悲惨さや平和の尊さを掲げている意義を考える必要がある。戦後の日本国民の中に、悲惨な戦争体験から、戦争自体を否定する感情が確立していったわけであり、それが軍国主義やファシズムの復活の歯止めとなっていたといえよう。そこから、戦争体験の風化が危惧された。それに対して、博物館での戦争体験の継承が強調されるようになった。また非核平和都市宣言など、多くの住民の意思にそった事業の一環として戦争関係の博物館展示もおこなわれるようになった。このように国民の感情を尊重し、住民の支持をえるかたちで、戦争の展示がおこなわれており、その内容自体も、戦争の悲惨さを強調するものであり、日本の戦争を美化したり、たたえるものとなっていない。このように行政の中での博物館展示でも、国民の意向に添ったものになっており、このような中での戦後五〇年展示会を新しいファシズムということは適切とは思われない。

展示の仕方については、多くがきちんと整理した配列をし、教育機関として、見やすくする配慮をしている。このことが博物館としての特徴となっており、市民の運動としておこなわれる戦争展との違いである。そして、特定の特に平和について関心をもっている人だけを対象とするのではなくて、住民全体に対して広範な影響力を持つこととともに、博物館の強みとなっている。

展示会の内容としては、戦時下を扱ったものが多い。展示会名称が戦後史となっているものでも、あわせて戦中も取り上げているものもあるなかで、台東、尾西市歴史民俗資料館などが、戦後のみとなっており、特徴を出している。

3　特別展・企画展での特徴的なこと

つぎに内容を中心にして、特徴的な点を見ていきたい。まず第一に、行政やその補助団体がその形成に係わっていた戦時体制について、住民を戦争にかりたて、生活を困難にしていた問題点を、多くの博物館の展示で具体的に取り上げていることがあげられる。これは、地方自治体にとって自らの戦争責任を明らかにすることであり、戦争加担の反省として最も大切なことである。ここで前進が見られたことは重要である。

第二に、侵略・加害を取り上げる努力も見られたことである。このことは、地方自治体の中の公立博物館でも「侵略」を取り上げられることを、改めて広範に明らかにした。その意味で、名古屋歴史科学研究会の『歴史の理論と教育』第九三号における「九五年夏・戦争展レポート」の序言で倉橋正直氏が、自治体主催と市民主催の戦争展の違いに、加害者の側面をはっきり打ち出すかどうかをあげていることは正しくない。たしかに名古屋周辺ではそうであるが、全国的にみればすでにそうではなくなっている。平和博物館について見ても、ピース大阪、堺市立フェニックス・ミュージアム、高松市平和記念室・吹田市平和祈念資料室などでは、侵略・加害の展示をおこなっている。戦後五〇年関係の展示会でも、和歌山、徳島県立博物館、沼津市明治史料館、豊島、葛飾区郷土と天文の博物館、行田、伊丹市立博物館、小野市立好古館、たつの市立龍野歴史文化資料館、平塚市博物館、釧路、北上市立博物館、岩手県立博物館、江戸東京、八潮市立資料館、板橋区立郷土資料館などで取り上げている。もちろん、侵略を取り上げることに圧力がかかったり、住民感情を考慮して躊躇する場合も見られる。しかし、沼津が書いているように、地域に即してこの問題をとりあげることは困難が多く、十分にできなかったと反省しているが、それでも沼津も具体的な加害の事実を紹介している。特に和歌山・徳島では、地域から加害の事実を掘り起こす努力をして、展示している。また豊島のように一般的な日本の戦争の実態を紹介する形で、加害を展示しているところもある。日本の戦争が、侵略戦争であることを明記したり、アジア諸国の人びとに大きな被害や苦しみを与え、その傷跡が残っていることを指摘したところもかなり見られた。さらに北上のように、八月一五日の村山首相の談話を報じた新聞を展示し、侵略戦争であったことを伝える努力をしているところも見られた。

第三に、反戦・抵抗・弾圧を取り上げる試みも、少数であるが見られた。これは、平和博物館の現状とも、同じような状況である。それでも龍野では、抵抗として三木清を、和歌山では加藤一夫を、地域に即して取り上げている。江戸東京でも、昭和初期の反戦ビラを展示した。葛飾では在華日本人民反戦同盟の反戦運動を展示した。岐阜などでは弾圧について展示している。

その他、特殊な視点・テーマによる展示も見られた。石川県立歴史博物館では民俗学からの展示が試みられた。祈り・民話・わらべうたの展示や代用品などを民具としてあつかうなどの努力がされた。しかし、展示の結果としては民俗学の独自性はあまり鮮明ではなかったといってよいが、歴史学でも民話やわらべうたなどの展示をおこなう必要性の指摘として意味を持ったといえよう。

名古屋では満州の博物館史の展示がおこなわれた。博物館史を研究し展示したものとして画期的なものである。今後、植民地・占領地の歴史としての検討とともに、日本の戦時下の博物館の研究・展示もおこなわれることを期待したい。

慰霊を強調することが、三島市郷土館などで見られたが、日本人のみに限定することなく、日本の戦争によって殺されたアジアの人びとも視野にいれて扱う配慮が求められるべきであろう。

子ども向けの努力がみられた。特に、豊田では、子ども向けに独自の展示を別室で開催するといった重要な取り組みもおこなわれた。また、川崎市市民ミュージアム・日野市ふるさと博物館などでは、説明が子どもにもわかるように書くことがなされていた。

4　特別展・企画展と地域史研究との連動

ここで、展示に反映した戦争に関する地域史研究について見ていこう。

豊島、江戸東京、帯広百年記念館、くにたち郷土文化館、豊田、豊橋などで、学童疎開、学徒勤労動員、軍需工場、空襲などについて、地域史研究の成果を展示するということがおこなわれた。

住民とともに調査をし、作るという重要な努力もみられた。平塚や帯広がそうであった。またかならずしも戦後五〇年関係ではなく全時代をあつかった展示会であったが、足立の戦争関係の調査・展示も住民とともにおこなったものであった。

史料紹介として大きな意義をもった展示会もあった。たとえば、土浦市立博物館の菊田禎一郎資料、狭山市立博物館の遠藤三郎資料がそうであった。また、かならずしも戦後五〇年関係の展示会ではないが、向日の上植野区有文書の展示でも、戦時下の貴重な資料を紹介していた。いずれにせよ、展示会の開催自体が、資料発掘のよい機会になったことは確認できよう。

5　平和博物館の欠陥を越える地域博物館の取り組み

つぎに、地域博物館での展示会で、平和博物館の欠陥を乗り越えるような成果があったが、これを確認しておきたい。

まず第一は、図録の刊行である。当時はまだ平和博物館の本格的な常設展図録が刊行されていなかっただけに、日本の戦争についての総合的な図録がだされ、戦時生活資料の系統的な紹介がなされた意味は大きかった。総合的な図録としては、江戸東京、岩手、熊谷、板橋、くにたち、平塚、三島、豊橋、豊田、四日市、岐阜、和歌山、龍野、徳島、北九州などがある。まだ、特徴的な図録も刊行された。豊島は軍事郵便などの史料を分析し、読み込ませるような収録をしている。八王子は編年のかたちで、図録をつくり、同時に隣組回報を系統的に収録している。半田市立博物館は雑誌・ポスター・チラシ・債券などを丹念に収録している。他に沼津、八潮、北上、尾西、石川も特徴的であった。

資料集としての意味を持った図録もだされた。先にあげた八王子以外にも、龍野は公文書リストや体験文集を収録しており、板橋は学童疎開の資料集を組み込んでおり、熊谷は地方史や新聞連載などを収録している。長野県立歴史館、岩手などは、日誌・日記を紹介している。他にも上福岡市立歴史民俗資料館、三芳町立歴史民俗資料館、沼津でも、図録に体験記などを収録している。

展示の仕方でも、豊島のように、史料の深い読み込みに裏づけられた展示をしたり、江戸東京のように、ものにまつわる話を伝える展示をするなど、平和博物館より、突っ込んだ展示を展開していた。江戸東京の場合は、自分の館の資料整理の成果だけではなく、資料提供した区立博物館での資料整理の蓄積を生かして、先の展示が可能になったといえる。また量的にも、江戸東京の展示は豊富に資料を紹介しており、ここでも平和博物館を越えている。

6　地域博物館に影響をあたえた展示

ここで、各地の展示会に影響を与えたものが、何であったかを見ておきたい。

一九九五年春に実施された江戸東京の展示会が、夏以降に開かれた各地域の展示会に大きな影響を与えた。これは一九八五年の豊島以来の博物館での生活史から戦争の問題点を見るという展示の集大成という意味をもっていた。さらに図録をきちんと刊行しており、展示の成果を利用しやすいものにしていた。

これに関連して『歴史評論』掲載の井本三夫氏の江戸東京の展示評について検討したいが、これは一面的であり、正しくない。戦争展示は空襲のみを取り扱えばよいわけではない。しかも空襲の残酷な写真だけで、戦争の悲惨さを伝えることには限界があり、これだけではもう見たくないという拒絶反応を多く生むことになる。これとともに、戦争が人びとの生活面にどのような困難をあたえたか、それを生み出す戦時体制づくりに行政がどうかかわったか、など生活史のレベルまで踏み込んだ戦争展示も必要である。これは特に若い人に伝えるのに、戦争とはどういうものかを、身近にとらえてもらううえでも重要である。また誤解もある。江戸東京の展示資料は、役所に残ったものではなく、江戸東京や区立などの博物館が市民から収集したものである。焼け跡の青空は実写写真であり、戦争の虚しさとともに、戦時体制・ファシズムから解放されたという実感にもあうものである。

また瀬戸が一九九四年に開催し、代用品を系統的に紹介した「戦争とやきもの」展も、各地の展示会に大きな影響を与えた。

これに対して平和博物館は、徳島、和歌山、葛飾、龍野、江戸東京、土浦、川越などには影響を与え、資料提供をしていたが、その影響は限定的であったといえよう。これは平和博物館が本格的な図録を刊行していないとか、活用できるような資料の整理や研究が進んでいないなど、平和博物館の博物館としての基本的機能の弱さから来るものである。

7 地域博物館の戦争についての取り組みにおける今後の課題

最後に今後の期待することや課題について述べたい。

これだけ集中しておこなわれただけに、これで終わりとされる危険がある。取り組みとしては始まったばかりの博物館が多く、今後の継続的な取り組みが課題である。その意味で、東大和市立郷土博物館のように、継続的に取り組むとうたっていることに期待したいし、熊谷のように翌年も再度開催したことを評価したい。栗東、西宮、蕨、豊島、台東などのように、継続して展示会を開催し、個別課題を深めていくことが重要である。また。戦時下などについての調査・研究・資料収集も始まったばかりであり、豊島が実践してきたように、調査・研究の継続とその成果を展示会のみならず、資料集・研究紀要・資料目録の刊行といった形でおこない、さらに講座などの教育活動にも取り組むことも必要である。その意味で、地域の近代史にとって最大の問題である戦争について、調査・研究、資料収集・整理・保存、教育・普及、展示の博物館の諸機能をあげて、継続的に取り組み、蓄積していくことが課題であるし、期待されるところである。


（掲載時所属：立命館大学国際平和ミュージアム学芸員）

趣　旨	内容構成	特　徴
語り継ぐ	天皇の行幸　青い目の人形　太平洋戦争と十勝の防衛　十勝の空襲　銃後のくらしと終戦の混乱　マーケット時代　戦中、戦後の農業　戦中、戦後の教育	400字の市民の証言を展示　軍都・空襲の図表作成　ボランティアの会共催　資料豊富
戦争の傷あと残る　戦争平和考える	戦争へ傾く人々　銃後のくらし　空襲と終戦　復興への道　教科書からみた戦時生活　まちの移り変わり	戦争の傷あとで、アジアの教科書・従軍慰安婦・悪魔の飽食を展示　整理して配列　江戸博参考
戦争の歴史に向き合う　日本人の被害とともに、アジア諸国民の被害を知る　アジアや世界の平和を考える	富国強兵と海外植民地　15年戦争と戦時下の暮らし　満州開拓と戦地・占領地　敗戦と残された傷痕	満蒙開拓青少年義勇軍や三光作戦・鉱山への強制連行・桂林爆撃・戦争記念施設・慰霊碑など日本加害関係資料が目玉
戦争の犠牲で得た代償は焦土　恒久平和の実現に向けて	軍馬の嘆き　戦後50年を語る品々　ほんべつ空襲そして焦土　敗戦そして復興　平成そして平和　資料は語る　おらが町の若人-オリンピックで大活躍	朝日新聞社の戦後50年史パネル、帯広の資料も使用
戦時体制の中に組み込まれた苦しい生活　過去を振り返り自らの立場を正しく認識	経済不況下のくらし　満州事変勃発と農村疲弊　挙国一致体制下のくらし　太平洋戦争と大政翼賛会　敗戦	強制連行を図録のみ取り上げている　江戸博参考
戦争悲惨さを再認識　平和を考える	戦前・戦中のくらし　戦時中の遺品　国産軽銀工場と後藤野飛行場　戦後の北上　教育・娯楽・子供の遊び	95.8.15の首相談話の新聞を展示し、侵略強調　軍需工場・飛行場と特攻を特に戦後少し　区分して配列
過去の歴史を忘れることなく、平和の大切さを考える　戦争の悲惨さを語り伝える	戦時社会の人々と生活　太平洋戦争と神之池海軍航空隊　戦争の傷跡	
戦争の悲惨さを語りつぎ、平和の尊さを考える	戦争への道　戦時体制と暮らし　子どもたちと戦争　海軍航空隊と軍需工場　戦場と空襲	戦時体制・満蒙開拓・海軍航空隊を特に菊田禎一郎文書を多用　埼玉県平和資料館資料も使用　整理して配列
	戦争への道　戦地のようす　銃後のようす　県下の空襲　平和への祈り	

〈別表〉　地域博物館戦後50年関係特別展・企画展一覧

	博物館名	展示会名	会期	刊行物	展示点数
1	帯広百年記念館	戦後50年　そのときのとかち-昭和20年の語り部たち	7.29-8.20	パンフレット10p	
2	釧路市立博物館	空襲から50年	7.8-8.20	パンフレット9p 展示資料リスト掲載	139点
3	苫小牧市博物館	写真イラスト展	8.1-15		
4	北海道開拓記念館	昭和の15年戦争-親子で考える戦争と平和	6.3-25	図録（豆本）26p　館だより	約550点
5	本別町歴史民俗史料館	ほんべつ・空襲と戦後50年	7.11-8.19	パンフレット11p	334点
6	幕別町ふるさと館	報道写真に見る戦後50年	9.28-10.4		
7	三笠市立博物館	戦後の50年記念展	4.15-6.11		
8	美唄市郷土史料館	戦後50年をかえりみて	8.13-9.24		
9	室蘭市民俗資料館	ものが語る戦中戦後の暮らし-空襲、艦砲射撃と市民生活	8.1-10.30	学習プリント2種	
10	留萌市海のふるさと館	戦中・戦後の暮らし	7.29-8.27		
11	岩手県立博物館	銃後のくらし-戦前・戦中の岩手	7.18-8.27	図録94p 展示資料リスト、盛岡高女教務日誌、回想掲載	448点
12	釜石市郷土資料室	釜石艦砲戦災写真と戦後の暮らし展	7.14-8.15		
13	北上市立博物館	戦後50年の北上を考える歴史資料展	7.20-9.17	図録23p 展示資料リスト掲載	155点
14	陸前高田市立博物館	陸前高田の昭和史	8.1-11.30		
15	七ヶ浜町歴史資料館	昭和のくらし	10.14-12.3		
16	しばたの郷土館資料展示館思源閣	8月15日の50年	7.18-9.29		
17	亘理町立郷土資料館	亘理の戦後—昭和20年から30年までの亘理	4.25-6.25		
18	栖葉町歴史資料館	戦後50年　戦争をふりかえって	8.1-96.1.31		
19	東村立歴史民俗資料館	語りつぐ戦争展	7.25-9.24		
20	神栖町歴史民俗史料館	神之池海軍航空隊-戦後50年・神雷部隊の人々	8.1-9.20	図録11p 主な展示資料リスト掲載　チラシ	
21	土浦市立博物館	戦争と市民-語りつぐ戦時下の暮らし	7.29-9.10	パンフレット（印刷）7p	
22	日立市郷土博物館	戦争と空襲展	7.21-9.3		
23	真壁町歴史民俗資料館	戦争とくらし-語り伝えるわが町の戦争体験	7.21-8.31	資料集（体験文集）おもな展示資料	
24	水戸市立博物館	戦争と市民のくらし-戦後から50年	6.10-96.3.31		

趣　　旨	内容構成	特　　徴
現在の繁栄は戦争の犠牲の上に	昭和初期の市民生活と浦和　軍隊と戦争　市民と戦争- 銃後の生活　子どもたちと戦争	市民生活の苦しさを強制　区分して配列
悲惨な戦争を二度と繰り返さないために、平和の尊さ、大切さを後世に語り継ぐ	昭和史の前段　昭和初期の暮らし　戦争への道と火工廠の操業　無線の福岡受信所の開所から終焉　平和復興の福岡村　福岡町から上福岡市へ	
悲惨な戦争の教訓を生かす　平和の尊さを語りつぐ	国家総動員体制の成立　戦時統制下における市民経済　防空演習　学徒勤労動員　国民学校と子供たち	埼玉県平和資料館整理資料も使用　整理して配列
戦争は日本や、アジアに惨禍　戦争の本質を考える	昭和の世相　市民生活の変化　出征兵士　軍需産業　軍の宣伝　学童疎開	侵略明記　なぜ戦争はじまる　どう動員　如何に戦争に関わるか　足袋から被服廠へ　田口新吉資料を多用　整理して配列
戦争の悲惨さ　平和の尊さ	戦争への道　戦争と子ども　熊谷空襲　復興の姿　平和への道	資料豊富　手作りの模型
戦争の悲惨さを風化させない明日の平和のために	銃後のまもり　焼けあとのかたづけ　戦災復興	
戦争を見つめる　平和の尊さを考える		未整理の遠藤三郎旧蔵資料を紹介
悲惨な歴史をくりかえさないために　戦争の歴史を心に刻み明日の平和をきずく	戦争と兵士　戦争と市民	実教出版高校日本史Ｂのコピー配布
戦争の悲惨さ　平和の大切さ	昭和の幕開け　開戦と銃後の生活　銃後のこどもたち　戸田の出征兵士たち　終戦と戦後改革　防空壕	軍関係が豊富　家の中の展示充実　戦後は少し　区分して配列
戦争の悲惨さを語り継ぐ　立ちかえらないように	教科書　子どものあそび　銃後の守り　出征　小ものコーナー　みようコーナー	区分して配列
	徴兵・出征　戦時下の子ども　農業とくらし　敗戦・戦没	
戦争責任の認識風化　生活体験を語り残す	戦争と食糧増産　村の民主化　緑と工場のある村づくり　商工業都市へ	戦争で市民の生命奪われる　植民地占領地犠牲　真の民主化時間かかる　戦争責任未解決　吉田茂の遺品が目玉　戦中が4分の1　展示指導中村政則
戦争を語り継ぐ　平和の尊さを考える		区分して配列　連続6年目
戦争の悲惨さ　平和の尊さを問い直す　戦争の傷跡や記憶を若い人に伝える	語りつぐ苦難の日々　昭和という時代　戦争と板橋　銃後の人々　板橋の空襲　板橋の学童疎開　成増飛行場　闇市と復興	中国やアジア地域で被害を受けた人々の傷はもっと深く癒えることがない　絵で書かれた隣組回覧・長崎原爆被災資料・八王子の都隣組回報も使用　区分して配列
戦争犠牲一般庶民　体験伝える平和の尊さ認識	庶民の戦争観　戦時下に生きる　学童集団疎開	日本人の反戦取り上げる　侵略にもふれる　個人史の展示も　地域住民の戦争関係奉納物の所在確認調査実施　立命館大学国際平和ミュージアム資料も使用　整理して配列

	博物館名	展示会名	会期	刊行物	展示点数
25	浦和市郷土博物館	我が家の戦時資料展	7.19-9.3	リーフレット（印刷）2p 資料一覧　チラシ	170点
26	上里町立郷土資料館	戦争とかみさと	7.11-96.3.30		
27	上福岡市立歴史民俗資料館	激動の昭和史 in 上福岡	10.15-12.8	図録72p 展示資料リスト、市民の思い出掲載　館だより	423点
28	川越市立博物館	戦時下の川越	7.29-9.17	パンフレット（印刷）7p 展示資料リスト掲載	244点
29	行田市郷土博物館	戦争と行田	7.21-8.31	図録23p 展示資料リスト掲載　友の会だより	132点
30	熊谷市立図書館郷土資料展示室	戦前・戦中・戦後の熊谷の様子　第一部・戦争と生活展	6.17-96.2.10	図録187p 地方史・新聞記事・日記作文・感想文を掲載　リーフレット(印刷)4p 開催要項のリーフレット	
31	熊谷市立図書館郷土資料展示室	戦前・戦中・戦後の熊谷の様子　第二部・戦争と市民生活の写真展	10.24-12.10	同上図録　リーフレット（印刷）4p	304点
32	狭山市立博物館	収蔵品展-遠藤三郎が遺した品々	9.19-11.12	チラシ	
33	志木市立郷土資料館	平和祈念展-戦時資料をとおして平和を考える	7.25-8.12	展示資料一覧	216点
34	戸田市立郷土博物館	戦後50年-あのころの戸田	8.1-9.17	リーフレット（印刷）3p 展示資料リスト掲載　チラシ	216点
35	飯能市郷土館	戦時下の生活	8.8-31	リーフレット7p 展示資料リスト掲載	130点
36	三芳町立歴史民俗資料館	収蔵品展-戦時下の三芳	8.12-9.10	パンフレット13p 作文・手記収録　解説シート4種	
37	八潮市立資料館	八潮にとって戦後とは	8.6-10.10	図録39p 展示資料リスト掲載　チラシ	226点
38	蕨市立歴史民俗資料館	時代-戦後50年	8.1-9.10	リーフレット5p 展示資料リスト掲載	147点
39	茂原市立美術館・郷土資料館	戦時中のくらし展	8.5-10.25		
40	板橋区立郷土資料館	板橋の平和-戦争と板橋　語りつぐ苦難の日々	10.28-12.10	図録212p 学童疎開関係資料集を組み込む　チラシ	約200点
41	葛飾区郷土と天文の博物館	葛飾の戦時生活	7.23-9.3	リーフレット（印刷）4p 展示資料リスト掲載　解説シート（印刷）5種　館だより	140点

趣　旨	内容構成	特　徴
戦争の苦難と平和の大切さ	子ども・学生と戦争　戦地へ送る　銃後の守り　戦時下のくらし　国立の空襲と軍事施設　戦後の復興と文化の息吹	戦後は少なく文化運動　軍事施設と空襲の地図作成　監修、佐々木潤之助・田崎宣義・加藤哲郎　整理して配列
日本や周辺の国々に多くの犠牲者　こどもも	学童疎開のこどもたち　戦後のこどもたち　経済成長の中のこどもたち	子どもにしぼっている
庶民のたくましさ		風俗史中心　資料豊富　戦後のみ　バラックとアパートを復元　戦犯・新教育も
		戦時下市民のくらし中心　空襲地図作成
戦争体制と生活の苦しさを描く	昭和のはじまり　戦争への道　戦争と市民生活　東京大空襲	昭和初期の反戦ビラ展示　侵略は映像でのみ　物資料に伴う話も展示　軍隊制度・配給制度・勤労動員・風船爆弾・学童疎開・空襲の資料作成　空襲で破壊された生活を示す　戦争の悲惨さを死体の写真だけでなく
戦争が区民やアジアにあたえたもの・総力戦を明らかに	苦しまう、頑張らう　進め、戦ひの生活へ　前線と銃後　学童の戦闘配置　戦場、本土に飛ぶ　かくて敗れたり	軍事郵便などの資料を読み込み　読ませる展示　学童疎開と戦争の危険を図示
強いられた市民の戦時生活　戦争への反省と批判　平和と友好		整理して配列
平和祈念	戦時下のくらし　軍隊生活　軍需工場の操業と被害　疎開学童の生活　私と太平洋戦争　参考展示　情報提供コーナー	軍需工場・空襲・くらし・軍隊生活・学童疎開の図表作成　平和都市宣言文を配布　今後も継続
		新井勝紘指導
		資料は少ない　一部を実習生が個性的に展示
多大な犠牲を強いた戦争を語り伝える　あらためて平和について考える　戦時体験を記録	軍事施設の進出　村山への空襲　村山への学童集団疎開　銃後のくらし	
悲惨な戦争体験をいかす　平和の大切さ		戦中・戦後直後の生活用品中心　戦後3分の1ぐらい
	いまも世界のどこかで起こっている戦争　戦場に行く人々　欲しがりません勝つまでは－総力戦下の日本　防空　川崎大空襲　国民学校　学童集団疎開	特別展・企画展ではない
空襲の実態　平和の尊さ　アジアの人々多くの犠牲　聖戦で侵略覆い隠す	平塚の戦争　軍都平塚　戦時下の市民生活　平塚大空襲　戦争と子供	出征戦地・軍部・国家総動員・空襲・巻き込まれた子供・戦跡をよく調査　弾圧も　平塚の空襲と戦災を記録する会が協力

	博物館名	展示会名	会期	刊行物	展示点数
42	くにたち郷土文化館	苦難の日々も-国立の戦中・戦後をふりかえる	8.15-10.22	図録63p　展示資料リスト　年表　解説シート3種　チラシ	186点
43	渋谷区立白根記念郷土文化館	終戦50周年　光と影　その時渋谷は……	8.1-31		
44	新宿区立新宿歴史博物館	戦後50年-こどもたちの世界	8.1-9.17	リーフレット9p 展示資料リスト掲載　チラシ	約180点
45	台東区立下町風俗資料館	戦後50年焼跡からの復興	7.1-11.30	リーフレット（印刷）11p　年表　チラシ	
46	立川市歴史民俗資料館	太平洋戦争と立川-戦争とくらし	2.28-5.7	館だより	
47	東京都江戸東京博物館	東京大空襲-戦時下の市民生活	2.4-3.19	図録135p 展示資料リスト掲載　館だより	575点
48	豊島区立郷土資料館	戦争と豊島区	7.29-10.1	図録105p 主要展示資料リスト掲載　館だより　チラシ	
49	八王子市郷土資料館	戦争と人びとのくらし	7.30-9.3	図録（編年　都隣組回報などの資料集　展示とずれる）88p　リーフレット（印刷）12p　館だより	
50	パルテノン多摩	写真に見る戦後50年	7.20-25	リーフレット7p 回想録掲載　年表	
51	東大和市立郷土博物館	東大和と戦争	8.22-10.15	チラシ　館だより	
52	福生市郷土資料室	戦後50年　20世紀多摩の文化運動-戦後福生の文化運動を中心に	3.14-5.28	図録19p 展示資料リスト掲載	140点
53	日野市ふるさと博物館	第1回戦争資料展　戦時下の暮らし	4.1-5.14	チラシ	
54	日野市ふるさと博物館	第2回戦争資料展　出征兵士の戦争体験	5.16-6.25	チラシ	
55	日野市ふるさと博物館	第3回戦争資料展	7.18-8.19	チラシ	
56	日野市ふるさと博物館	第4回戦争資料展　焼け跡からの出発	9.9-10.22	チラシ	
57	日野市ふるさと博物館	第5回戦争資料展　教科書からみた時代-戦中・戦後の教育の変遷	10.24-12.17	チラシ	
58	武蔵村山市立歴史民俗資料館	収蔵品展　戦時下の村山	6.4-25	リーフレット8p	87点
59	山崎記念中野区立歴史民俗資料館	戦後50年　今考えれば	7.20-8.31	チラシ　クイズラリー	
60	四番町歴史民俗資料館	戦時下のくらしと子供たち	11.7-12.24		
61	川崎市市民ミュージアム	戦争関連資料展示	3.11-8.31	子ども向けリーフレット4p	
62	平塚市博物館	44万7,716本の軌跡-平塚の空襲と戦災	7.15-8.30	図録64p　館だより　チラシ	

趣　　旨	内容構成	特　　徴
戦争の悲惨さ　平和の大切さ	15年戦争と兵士たち　銃後の人々のくらし、情報統制　従軍抑留体験者の記録　ある特攻隊員のこと　婦人会誌、当時の刊行物から　少国民たちと戦争	天皇と侵略はあえて無視　戦争賛美資料の提供断る　満蒙開拓団スケッチ・兵士の遺書も
		常設展内で
戦争と民俗　祈り　思い	祈りのかたち　戦争の民具　戦争と民俗社会　戦争の民話	絵馬、弾よけ、千人針・力を豊富に展示　民具としての代用品　民話・わらべうたも取り上げる　江戸博などの資料も使用
悲惨な戦争の体験者少なくなる　二度と戦争を起こさないよう　戦争中の様子思い起こし語り継ぐ		満州移民の悲惨な終末　銃後の耐乏生活　捕虜・朝鮮人・中国人の強制労働　県民の戦争終結の受けとめ　行政の対応策　文書焼却・隠匿状況、松本の半地下工場の図表作成
当時の生きざまに思いをいたし、今日あることのありがたさ　平和への願いつよめる		レコード曲名豊富に
戦争と平和について考える	軍靴のひびき　子どもの世界　くらしの中で　戦争とのかかわり　敗戦	弾圧も　戦時体制と生活の苦しさ・代用品強制　整理して配列　戦後も少し
平和の意義を考える上でも戦争の時代を歴史的に正しく認識する	前線の兵士たち　満州移民と満蒙開拓青少年義勇軍　拓南錬成所　海軍技術研究所音響部　沼津海軍工廠　大政翼賛会と翼賛壮年団　銃後の生活　軍需工場と勤労動員　漁船の徴用　文化の戦時統制　戦争と女性　戦時下の子どもたち　学童集団疎開　本土決戦と沼津　沼津の空襲　戦争遺跡	アジアへの加害者とか戦争責任示すこと不十分と反省しているが、強制労働などを展示　かいらい満州国・ファシズム化・文化統制・女性の動員・軍需工場と勤労動員なども取り上げる　慰霊碑・戦没者の地図作成　田村茂の学童疎開写真使用
当時の生活の再現　戦争が引き起こす事象を考える		
戦争で亡くなった方に思いをいたし　平和祈念	三島と戦争　戦争と若者　戦争とくらし　野戦重砲兵連隊と三島	慰霊を強調　戦時体制・軍需産業・連隊・世相を取り上げる　区分して配列　江戸博参考
戦争の悲惨さと平和の尊さを考える	戦時下の印刷物　安城にあった飛行場　供出と代用品　戦時下の衣と食　戦時下の子ども	整理して配列　戦時食のレプリカも使用　江戸博参考
半世紀前の生活を呼び覚まし、語り継ぐ大切さと今ある平和の意味を考える		多くの犠牲をともなった戦争
	日中戦争と戦時体制の強化　物資統制ときりつめた生活　戦争の拡大と空襲　戦争の終わりと平和な社会への歩み	

	博物館名	展示会名	会期	刊行物	展示点数
63	新潟市郷土資料館	祖父母が伝える太平洋戦争	7.25-8.31		
64	両津市郷土博物館	平和への礎-太平洋戦争と佐渡の人々	7.16-8.27	パンフレット9p	約120点
65	富山市郷土博物館	1940年代資料展示	7.22-9.10		
66	滑川市立博物館	語り伝える戦後50年展	7.15-8.3		
67	石川県立歴史博物館	銃後の人々-祈りと暮らし	7.29-8.27	図録111p 資料リスト掲載 館だより　チラシ	239点
68	辰口町立博物館	戦争のころのたつくちの人々	7.21-8.27		
69	諏訪市博物館	戦争と諏訪の人々のくらし	10.29-96.2.12		
70	長野県立歴史館	終戦日8月15日と長野県民	8.1-20	パンフレット22p 日記・会誌の文章掲載	日記類11点、戦争関連品8点
71	長野市立博物館	十五年戦争の諸相	8.7-25		
72	丸子町郷土博物館	戦争と人々のくらし展	8.3-31	パンフレット出品リスト掲載	300点以上
73	岐阜市歴史博物館	戦時下の市民のくらし	7.7-8.20	図録72p 図版リスト掲載 解説シート5種	約500点
74	中津川市苗木遠山史料館	戦争とくらし	8.10-27		
75	沼津市明治史料館	昭和の戦争と沼津	7.1-9.29	図録44p 体験記掲載　リーフレット（印刷）3p　解説シート17種	
76	沼津市明治史料館	写真・史料にみる占領期の沼津	12.20-96.2.25		
77	舞阪町立郷土資料館	戦中・戦後の舞阪	8.1-9.3	館だより	108点
78	三島市郷土館	三島と戦争	7.23-9.24	図録100p　解説シート10種	327点
79	安城市歴史博物館	平和への願い　戦時下のくらし	8.5-20	パンフレット13p（印刷）展示資料リスト掲載　館だより	146点
80	大府市歴史民俗資料館	半世紀前の生活用具	6.17-7.27	リーフレット4P　館だより	64点
81	蟹江町歴史民俗資料館	太平洋戦争と戦後50年をふりかえる			
82	師勝町歴史民俗資料館	昭和30年代	7.1-8.15		
83	知多市民俗資料館	収蔵品で見る-戦中戦後のくらし	8.1-31		

趣　旨	内容構成	特　徴
平和をみつめなおす	くらし　出征　こどもたち　出版物	戦時体制・生活の苦しさ・子どもへの戦争の影響・出版物の厳しさを強調　整理して配列
戦時統制下の暮らしの理解　平和な暮らしの大切さ	戦時統制下の暮らしへ　出征と銃後　国民学校と子どもたち　軍需工場への転換と軍需工場の進出　学徒勤労動員　敗戦へ　敗戦と戦後	戦時体制が生活を制約していたことを強調　子ども向け展示を別室で　軍需工場・勤労動員・学童疎開・空襲・軍事施設の図表作成
豊橋市民がいかに戦争に巻き込まれ、協力していったか、そうさせる環境がどの様に作られたか	軍部豊橋　戦争と市民生活　戦中戦後の子供たち　焼け跡からの復興	動員犠牲者の個人史展示　資料豊富　整理して配列　戦後少ない　勤労動員・空襲の図表作成　江戸博参考
	銃後　国民学校　少国民　疎開　平和	日参団について強調　常設展内で
日本の博物館がどこから来て、いまどこにいて、どこへ行こうとしているか、何になろうとしているかを考える	新態勢の博物館とは、いったい何だったのか　満州国には、どのような博物館があったのか　なぜ、新博物館態勢という考えが生まれたのか　そして、新態勢の博物館はどこへ行ったのか	
戦争を思い出し　平和の尊さを確かめる	ポスター　雑誌　軍隊　衣食住　郵便　証書類　時事　その他	解説ほとんどなく配列
平和の尊さ　現在の豊かな生活を見つめ直す	電化製品　流行服　部屋・台所の復元	戦争資料除外　記録写真と日常の生活用品で振り返る
平和で豊かな暮らしは尊い犠牲の上に　戦争の悲惨さ、平和の尊さを考える　戦争のない平和な世界の実現を願って	大陸での戦火　太平洋戦争　戦争と市民生活　平和への願い	戦場となった中国の人々の苦しみ　戦時動員体制　耐乏生活　学童疎開は児童を空襲から守るため　戦死者・軍施設・空襲の図表作成　江戸博参考
地域の視点から戦争の歴史を考える　平和の尊さを考える	兵制の近代化と西南戦争　日清・日露戦争と栗東　アジア・太平洋戦争への道　銃後のくらし　子供たちと戦争	連続5年目　今年は近代初期から　軍国日本の始まり日清・日露戦争に焦点
		資料を並べただけ
戦争が与えた悲しみのうち、刀匠にもたらされた苦難を考える	戦争の影響を受けて作られた刀と戦後の刀剣所持・制作禁止下の雑誌	背景となる戦争を丁寧に説明　金属回収と代用品も
戦争の悲惨さ　平和の大切さ	戦災　大規模開発　発展　進む基盤整備	食事の変化をレプリカで　戦時下が4分の1
アジアに侵略、苦痛を与える　戦争の悲惨さ　平和の大切さ	戦争の時代　深まる戦時色　出征　軍隊生活　市民生活　学校生活　勤労動員　情報統制と報道　空襲と市民　敗戦と戦後	国民の戦争動員と弾圧も　簡単な部屋の復元　紙芝居・子どもの絵を多く展示
戦争の悲惨さを次の世代に伝える　平和の大切さを考える　二度と無益で悲惨な戦争をおこさないように	15年戦争のなりゆき　戦時のくらし	パンフレットにはイタリア・ドイツの侵略を書いているが日本には侵略とはいわない　展示場では日本について大陸侵略「満州」へと侵略と書く
戦争の惨禍　そのうえに平和　被害者と加害者	軍国主義への歩み　出征と軍隊生活　子供と戦争　三木清と田中静壱	抵抗で三木清を取り上げる　整理して配列　図版・資料を江戸博から借用
	太平洋戦争期の教育　国民学校　学徒動員　学童疎開	連続6年目

	博物館名	展示会名	会期	刊行物	展示点数
84	知立市歴史民俗資料館	戦争とくらし	10.14-11.12	パンフレット8p（印刷）	約300点
85	豊川市桜ヶ丘ミュージアム	豊川海軍工廠展	7.25-8.15		
86	豊田市郷土資料館	1937-1945：人々の暮らし－戦時統制下の市民生活を中心に	7.15-8.27	図録111p 図版リスト掲載 館だより　チラシ	
87	豊橋市美術博物館	戦中の市民生活と戦後豊橋の歩み	6.20-8.27	図録87p 図版リスト掲載 チラシ	
88	名古屋市博物館	戦時下の子供たち	7.12-9.24	リーフレット8p 展示資料リスト掲載	50点
89	名古屋市博物館	新博物館態勢- 満州国の博物館が戦後日本に伝えていること	9.9-10.15	図録127p　チラシ	252点
90	半田市立博物館	終戦50年　戦争とくらし	7.22-9.3	図録80p チラシ・葉書・証書・ポスター・雑誌・新聞を丹念に収録	
91	尾西市歴史民俗資料館	尾西の戦後50年－暮らしの中から	10.11-11.26	図録11p 年表中心	約100点
92	長島町輪中の郷	回顧展終戦50周年平和祈念	7.21-8.20		
93	四日市市立博物館	四日市空襲50年・非核平和都市宣言10年　四日市空襲	6.16-7.16	図録63p 展示資料リスト掲載	約290点
94	栗東歴史民俗博物館	第5回平和のいしずえ展	7.28-9.3	パンフレット8p（印刷）	
95	京の田舎民具資料館	戦争中のくらし展	7.18-8.20	出品目録のチラシ	56点 89点
96	大阪市立博物館	刀匠たちの“終戦”	9.19-10.29	出品目録のチラシ	40点
97	明石市立文化博物館	戦後50年　明石のあゆみ展	7.29-9.10	チラシ　年表	
98	赤穂市民俗資料館	戦中・終戦時の資料展	7.23-8.20		
99	伊丹市立博物館	戦後50年　平和資料展	7.22-9.5	チラシ	
100	小野市立好古館	戦時のくらし	7.21-9.3	パンフレット8p 出品リスト掲載	53点
101	龍野市立歴史文化資料館	戦後50年- あの日の私たち	8.11-9.17	図録125p 図版リスト・公文書リスト・体験文・戦死者図表掲載　チラシ	
102	西宮市立郷土資料館	第6回戦時生活資料展　戦争と教育	8.8-20	リーフレット（印刷）	

趣　　旨	内容構成	特　　徴
戦争の傷跡　悲惨を繰り返さない	15年におよぶ戦争　戦時下の人々と生活　和歌山大空襲　被爆・敗戦・再建	細菌・ガス・阿片　加藤一夫、反戦・戦犯　第5福竜丸についても展示　立命館大学国際平和ミュージアム・ピースおおさかの資料も使用
改めて戦争を考える		
(書かれていない)		資料歌詞が特に豊富　解説ほとんどない
過去の歴史の教訓から永遠の平和をもとめる　戦争の過ちを繰り返さない　平和の尊さを後世に伝える	昭和の幕開け　日中戦争　太平洋戦争　県民のくらし	アジアの人びとに苦しみをあたえ犠牲を払わせた　南京大虐殺の日記・731部隊・毒ガスなど侵略・加害を丁寧に展示　立命館大学国際平和ミュージアム・ピースおおさかの資料も使用
		映画フィルムから写真パネル作成
戦争のもたらす悲惨さや苦しみを再現　平和の尊さを実感　恒久平和への誓い	開戦　兵士と郷土　郷土を守る人々　終戦へ　復興から平和へ　戦時下の北九州点描	江戸博参考
県民の戦時や戦後のくらしや歴史についての関心の高揚		戦争は近隣諸国に大きな被害　出征し多くの命が失われた　一般市民の被害も甚大　延岡空襲の油絵も展示　市民製作の油絵　空襲の映画上映
戦後50年の市民生活の変化を振り返る　高度経済成長のひずみを抱えた日本の将来を考える	衣　食　住	兵士の遺書など戦中も少し

	博物館名	展示会名	会期	刊行物	展示点数
103	和歌山市立博物館	和歌山大空襲の時代	7.9-8.20	図録64p 資料リスト掲載	363点
104	鳥取県立博物館	戦後50年・戦争と美術	7.20-8.20	チラシ　展示リスト	46点
105	米子市立山陰歴史館	終戦50年記念戦時資料展	7.8-9.25		
106	広島市郷土資料館	母の記録-被爆その後	7.1-9.30		
107	徳島県立博物館	戦争から豊かな未来へ	10.17-11.19	図録76p 展示資料リスト掲載　館だより　チラシ	305点
108	松茂町歴史民俗資料館・人形浄瑠璃芝居資料館	写真でつづる戦前・戦中の松茂	10.7-12.27	チラシ	
109	高知県立歴史民俗資料館	女子青年団	4.1-6.30		
110	高知県立歴史民俗資料館	高知大空襲展	7.1-9.30		
111	北九州市立歴史博物館	平和資料展-戦時下の市民のくらし	8.1-10.1	図録82p　館だより　チラシ	400点
112	玉名市歴史博物館	昭和20年の玉名	7.15-9.30		
113	木渡市歴史民俗資料館	親と子の夏休み学習室　戦時中の暮らし展	7.21-8.31		
114	宮崎県立総合博物館	宮崎の戦時と戦後のくらし	8.5-20	チラシ	232点
115	みやざき歴史文化館	戦後のくらし展	7.29-9.17	館だより　チラシ	320点
116	歴史史料センター黎明館	戦後50年の歩み写真展	8.11-17		
117	石川市立歴史民俗資料館	戦前戦後の石川	8.23-10.31		
118	沖縄県立博物館	蘇る沖縄-戦災文化財と戦時生活資料展	6.20-7.30		
119	名護博物館	名護やんばるの沖縄戦	8.15-9.17		
120	南風原文化センター	壕が語る沖縄戦	8.11-30		
121	平良市総合博物館	よみがえる戦前の沖縄	5.2-14		
122	本部町立博物館	沖縄戦と本部	8.15-10.1		
123	読谷村立歴史民俗資料館	平和郷喜名村を奪われた　宮平良秀・佐久川政徳の旅	5.2-10.31		

注
都道府県・市区町村など地域の歴史博物館において、1995年中に開かれた戦後50年関連の特別展・企画展などの展示会の一覧表である。したがって、美術館はもちろん、平和博物館・大学博物館・企業博物館など歴史博物館でも地域博物館でないものは除いた。文書館・図書館・公民館など博物館以外の施設の展示会や自治体主催の展示会も除いた。市民運動による戦争展も除いた。直接戦後50年をテーマとしないような、通史的な展示会も除いている。本表作成に当たって、釧路市立博物館の戸田恭司氏、新宿歴史博物館の鈴木靖氏、豊島区立郷土資料館の伊藤暢直氏らを始め、関係博物館の学芸員のご協力を得た。厚くお礼を申し上げたい。調査不十分でまだ不明な点も多いし、記載の誤りもあると思われるので、ご指摘いただき、機会を得て、より完全な表にしていきたい。

17

平和博物館の現状と課題

『歴史学研究　増刊号　第六六四号』（一九九四年一〇月　歴史学研究会）

はじめに

私の報告では、満州事変からアジア太平洋戦争へと続いた一連の戦争である十五年戦争を総合的に扱っている日本の平和博物館の到達点と問題点そして残された課題について取り上げたい。その際、平和専門博物館が中心であるが、あわせて副次的に、歴史博物館における十五年戦争関係の取り組みも視野に入れて論じていきたい。第二次世界大戦以前のものも含めて、外国の博物館は省略する。

なお私はすでに今まで、一九九二年六月に大阪歴史科学協議会の機関誌『歴史科学』に「平和博物館のあり方について——大阪国際平和センターの検討を通じて」と題して、大阪国際平和センターの画期的な内容、問題点、課題を論じ、平和博物館のあり方を考えた。また一九九四年一月には、岩波ブックレット『戦争博物館』のなかで、「アジア太平洋戦争はいかに記録されているか——自国の戦争への批判的な視点［日本］」として、展示に限定して、平和博物館の現在の到達点を考えた。

今回の報告では、歴史学の立場から、展示に限らないで、全面的な到達点、課題、あるべき姿、を考えていきたい。本来は平和学などの立場からも論じる必要があるが、私の力量に余るので、これは省略する。

また、このところ、厚生省の戦没者追悼平和祈念館の批判が高まるなかで、『戦争博物館』・『戦争責任』第一号・『平和博物館を考える』・『博物館と「表現の不自由展」』などの本や雑誌、さらに新聞の社説や記事でも、平和博物館や戦争などの近現代史の展示について論じたものが多く出ている。これらの論議も踏まえていきたい。

ただし、私の考察は、かなり多くの博物館を見ているつもりであるが、限られた見聞からのものであることはご了解願いたい。また私の経験、最末端の地方自治体の博物館である豊島区立郷土資料館と大学の建てた平和博物館である立命館大学国際平和ミュージアムとで、学芸員として開館準備から開館後の事業運営に携わった経験に規定されていることもお断りしておきたい。

1　平和博物館のあゆみと現在の到達点

1　前史

まず本格的な平和博物館ができるまでの前史をみておきたい。

一九五五年には原爆関係の資料館である長崎国際文化会館・広島平和記念資料館ができている。さらに一九七五年には沖縄戦を扱った沖縄県立平和祈念資料館が、さらに一九八九年にはひめゆり平和祈念資料館もつくられている。これらは十五年戦争のなかでも最もひどい戦争被害を受けた地域であり、その被害を生なましく伝えることにより、戦争の悲惨さを伝える大きな役割を果たしてきた。しかしその前提として必要なことであるけれども、十五年戦争を全面的にとらえて展示しようというものでなかった。

原爆や沖縄戦に比べて、空襲関係の博物館をつくる努力は弱かったといえる。一九八一年に仙台市戦災復興記念館が、一九八八年には浜松復興記念館が開館した。仙台市のほうは展示が比較的充実しているが、博物館として積極的な事業をおこなう点は弱い。むしろ仙台市歴史民俗資料館のほうが、戦争関係の特別展を継続的に開催している。東京都の復興記念館は貧弱で、ただいくつかの展示品を並べているだけというひどいものである。

空襲を記録する市民と自治体の運動が盛り上がった。これは資料集・体験記などの出版が主な事業であったが、博物館をつくらせる運動にも取り組んだ。大阪国際平和センターはその成果といってよい。その他、高知では空襲展を一九七九年以来開催し、平和資料館草の家がその成果としてつくられた。宇都宮でも空襲展が九年間開催され、宇都宮市平和祈念館建設準備会もつくられている。東京も東京大空襲を記録する会の運動の成果と協力で、江戸東京博物館のなかに空襲の展示が取り入れられ、さらに独立の館として東京都平和祈念館（仮称）もつくられることになった。

これらの資料館は戦争の悲惨さと平和の尊さを伝えるものがほとんどである。しかし一方で平和のためといいつつも、戦争を賛美したり、日本軍人をたたえたりする博物館もあった。例えば京都の嵐山美術館がその典型であった。

2　一九八〇年代の動向

ここで、本格的な平和博物館がつくられることに直接つながる一九八〇年代の動きをみていきたい。

一九八〇年代に機関紙協会・労働組合・生協・平和友好運動団体・市民・教員などによる平和のための戦争展運動が東京・大阪・京都などに起き、全国的にまた地域へと広がっていった。そこでは、被害・加害、反戦・抵抗など、戦争を総合的な視点に立って展示する努力が重ねられ、時期を限った、カンパニア的な展示をする運動としておこなわれた。そこでは多くの資料を収集していたが、雑然と並べる展示もみられた。大阪・京都・埼玉などでは展示図録を発行し、『南京事件京都師団関係資料集』・『戦争を発掘する』・『いま平和ですか』など、資料発掘や出版でも成果をあげた。戦争展運動のなかから、夏だけの展示でなく、常設の博物館をめざす運動がうまれた。京都などで運動が起こり、遅れてであるが信州などでも起きた。これらの展示の経験が、十五年戦争を総合的に扱う平和博物館をつくる刺激になり、その成果が引き継がれたといえよう。

もうひとつ、一九八〇年代半ば以降、地域博物館における特別展などで十五年戦争の展示が取り組まれるようになったことをみておきたい。非核都市宣言などとの関係で、平和と民主主義が左翼扱いされなくなり、自治体で平和の取り組みが可能になった。単に一般的な反核だけでなく、地域の戦争をみつめることで、平和を考えていくという観点から特別展が開催された。そこでは戦争展のように運動としてではなく、博物館の手法によって、生活史を重視する視点で、十五年戦争関係の特別展が開催された。その例としては、豊島区立郷土資料館での一九八五年から八九年にかけての戦中戦後区民生活展・学童疎開展、大田区立郷土博物館での戦時生活資料展、品川区立品川歴史館での学童疎開・戦後復興期の特別展、台東区立の下町風俗資料館での戦時下を中心とする企画展、町田市立自由民権資料館での一九八七年から八九年にかけての戦争と民衆シリーズの特別展などがある。これら博物館の展示の試みが、独立の平和博物館を建設し、その内容を作っていくことにつながっていった。

それ以外に、平和博物館を創る会の運動が一九八三年に開始され、常設展示はないが、企画展示を開催するミニ平和博物館をつくり、また地方自治体へ平和博物館をつくらせる働きかけもおこなっていった。また一九八一年には大阪国際平和センターの前身である大阪府平和祈念戦争資料室がつくられている。

3 一九九〇年代に本格的な平和博物館ができる

以上のような積み重ねのうえに一九九〇年代になって、十五年戦争を対象とする本格的で総合的な平和博物館が開設された。大阪国際平和センター（愛称、ピースおおさか）、川崎市平和館、京都の立命館大学国際平和ミュージアム、埼玉県平和資料館がそれである。

いずれも、戦争の悲惨さと平和の尊さを伝えるものであり、だから戦争博物館でなく、平和博物館というほうが適切である。さらに大阪・京都の場合は、全国的視野を持ち、日本人の被害のみでなく、加害の視点をも組み込んでいる。したがって日本には、自国の戦争を批判的な視点からとらえる全国的規模・内容をもった平和博物館がすでにあるという到達点に達しているといってよい。

しかし関西の状況がよく知られていないので、「日本にはまだ平和博物館がない」との発言が東京でみられる。厚生省の戦没者追悼平和祈念館批判運動の初期に「地域的施設が存在するのみである」といわれたことがある。また、一九九四年三月二〇日の『読売新聞』日曜版の「いまどきの博物館」で、塩田丸男氏が「戦争博物館……が日本にない……平和を目指す博物館をつくるべきです」と書いている。

冨坂賢氏が『歴史手帳』一九九四年一月号の「近現代史展示の問題をめぐって」で書いているように、一般の歴史博物館でも近現代の展示は少ないが、そのなかでも戦争の展示は比較的多くある状況になっている。

2 平和博物館の課題

1 平和博物館が必要となった状況

ここで、平和博物館の到達点をふまえ、平和博物館がはたすべき課題について述べていきたい。

まず、いま平和博物館が必要とされる状況を確認しておきたい。近年、戦争体験の希薄化による平和意識の弱まりへの危機意識が高まっている。家庭では、父母の戦争体験がなくなってきており、戦争体験の継承が困難になっている。学校教育・社会教育によって戦争の悲惨さを伝え、平和の尊さを考える意味が大きくなっているが、教師も戦争体験がなくなってきている。

一方で、戦争体験の希薄化が、戦場体験のみでなく、子ども・女性の体験も含め、戦争を多面的に見られるようにもなってきている。戦場体験の継承には、加害・侵略に無反省な場合が多いという危険性をもっている。戦争は、子どもも含めて国民の生活上までも、悲惨な問題を引き起こすことを伝えることが、歴史教育上でも大事になってきている。

2　戦争体験を継承する上での博物館の役割

悲惨な戦争体験を継承する上で、展示を主体とする博物館の役割が大きな意義をもってきている。博物館の展示の場合、遺物・遺品・被災品など現物資料を通じることが基本である。写真・映像・証言も重要であるが、あくまで補足資料である。そこが逆転してはならないが、その例は多く、川崎がひどく、大阪もその傾向がある。残酷な写真などを多用することは、二度と見たくないなどの拒絶反応を生み、逆効果である。

たんに物だけでなく、物にまつわる情報・エピソードも伝える努力が必要であるが、その努力は弱い。間接的な資料収集の問題点によるものであるが、それは京都でも弱い。これを可能にする、資料整理・保存のあり方が必要である。体験的な展示を取り入れることも重要である。効果的に見せるためのディスプレイも必要である。しかし実物資料や写真の内容をきちんと伝えることを弱めてはならない。大阪にその傾向がある。

井口和起氏が『歴史評論』一九九四年二月号の「現代史研究と展示」で強調されているように、物の研究が重要であり、物群を集合した物としてとらえることも必要である。しかし、何についてすべきかは考える必要がある。何を伝えたいのか、意図どおりに伝わらない場合の危険性を考慮する必要がある。

物を広くとらえる必要性がある。文書・文献も物である。これらも現物で展示する意味がある。翻刻との違いを明確にとらえる必要がある。劣化を防ぐことや現地保存主義など、保存との関係でレプリカを展示したほうがよい場合もある。文書・文献も物群、集合した物としてとらえることが可能である。例として、ポスター群の展示、債券が大量に残っている意味、多種類の配給切符・通帳がある意味を伝える展示などがある。

展示が戦争をあおるようなものになってはいけない。

この点を最も注意しなければならない。意図しなくても、そうとらえられる危険が展示にはある。展示すること自体が、積極的に評価しているとみられがちである。加害を伝える場合に起きがちであり、批判なくただ並べただけでは、戦争や侵略を肯定していることになるという難しさを持つ。戦争をあおらないための歯止めが必要となる。厚生省の戦没者追悼平和祈念館の基本計画のように。武器・兵器を収集しないし、展示しないことは積極的に評すべきことである。

3　戦争の本質を押さえ全面的にとらえる観点

十五年戦争を、侵略戦争・加害と、とらえることは、社会的に定着してきている。一九八二年の教科書問題への対応で政府も変わり始める。一九八二年八月二六日の「歴史教科書についての政府見解・宮沢喜一官房長官談話」のなかで「日本政府及び日本国民は、過去において、わが国の行為が韓国・中国を含むアジアの国々の国民に多大の苦痛と損害を与えたことを深く自覚し、このようなことを二度と繰り返してはならないとの反省と決意の上に立って平和国家としての道を歩んで来た」と発言している。

一九八〇年代にすでに中曽根康弘首相は「侵略戦争といってよい」、「侵略戦争と思っている」と発言している。すなわち、一九八三年二月一八日に中曽根康弘首相は、衆議院予算委員会で、木島喜兵衛（社会）の「重ねて聞くが、侵略戦争と思うのか」との質問に対して、「簡単にいえば、そういうことだ」との答弁をしている。また一九八六年九月三日に中曽根康弘首相は、共同通信加盟社編集局長会議における講演で「私はあの戦争は侵略戦争だったと思っている。私は侵略したと思っている。いろいろ議論はあるだろうが、歴史の流れから考えるとやはり侵略行為で、反省しなければならない」と述べている。

一九九〇年代には、首相の侵略戦争についての明確な発言がみられるようになった。一九九一年五月三日に海部俊樹首相はシンガポールでの政策演説において「私は……多くのアジア・太平洋地域の人々に、耐えがたい苦しみと悲しみをもたらした我が国の行為を厳しく反省する。……日本国民すべてが過去の我が国の行動についての深い反省にたって、正しい歴史認識を持つことが不可欠と信じる。次代を担う若者たちが学校教育や社会教育を通じて我が国の近現代史を正確に理解することを重視して、その面での努力を一段と強化する」と述べている。

さらに一九九三年八月一〇日に細川護熙首相は就任後初の記者会見で「私自身は侵略戦争であった、間違った戦争であったと認識している」と発言している。永野発言への対応でも、侵略・加害を否定できないし、日本の戦争目的を公的に弁護できないことが明らかになった。

政府が十五年戦争を侵略戦争ととらえ、反省することには、一面で平和国家から脱却するために必要と考えておこなっているという危険性を持っている。したがって、加害を反省しないのに、自衛隊の海外派遣をすることはおかしいといった批判の仕方には問題がある。ドイツのように加害の反省をし、補償をすべきという議論があるが、これも危険である。ドイツでは、ファシズム批判は強いが、戦争批判は弱い。再軍備も日本のような歯止めがなく進められている。日本独自の戦争否定のうえにたった加害への反省・補償が必要である。十五年戦争が侵略戦争であるという認識が、社会的に定着するとともに、日本でも戦争責任・補償問題が大きな現代的課題になってきている。

このような状況にあるため。加害を展示することは、進められている。しかし展示で戦争遂行体制を明らかにすることは弱い。国や自治体にとって自己が戦争で果した役割の反省につながる問題が弱い。これは、すでに豊島区立郷土資料館の特別展で展示しており、平和博物館では京都のみが取り上げていることである。大阪もこの点が弱い。反戦運動の質と戦争反対を困難にした弾圧、専制を展示で明らかにする必要がある。これは、民主主義の重要性につながる問題である。これもすでに豊島区立郷土資料館の特別展で展示しており。平和博物館では京都のみが展示している。大阪もこの点が弱かったが、一九九四年二〜四月におこなわれた特別展「世界平和ミュージアム交流展・中国編」で初めて日本人の長谷川テルの反戦運動を取り上げた。

平和博物館の内容に関して最大の課題は加害・被害両面にわたる戦争の悲惨さを伝えることにある。しかし同時に平和への努力を伝えること、戦争遂行過程で民主主義が破壊されており、平和維持のためにも民主主義が大切なことを伝えることも、これから重要な課題としなければならないことである。

4　平和博物館の展示のあり方

平和博物館において。戦争の悲惨さ、日本の戦争の問題点、平和の尊さ、平和維持の上での民主主義の大切さなどを積極的に問題提起すべきである。この点において価値中立的であってはならない。戦争の反省の上にたった平和と民主主義をうたう日本国憲法の立場の問題であり、国・自治体など公的な博物館はとくにその必要がある。

このように積極的に問題提起をすべきであり、提起を受けとめて、考えてもらえるように、何をどう展示し、何を展示しないなど、展示の仕方に対する配慮が必要である。それをどうとらえるかは、あくまで展示を見る側の問題であって、押しつけることはできないし、すべきでもない。前掲の冨坂論文にいうように、研究教育機関としての博物館は、これこれのことをすべきであるといった行動提起をする場ではない。

常設展示の比重の低下がいわれるが、平和博物館の場合、常設展の意味が大きい。それは、八月だけの平和展示でなく、戦争展の発展としての常設展示への期待があるということもある。学校教青・社会教育上の役割を果たす上からも、いつでも見られることの意味が大きい。常設展図録がどの博物館にもないことは、問題である。

特別展については、調査・研究の成果としての展示が弱い。大阪は曖昧を引く企画が多いが、収蔵資料の紹介の意味はあるにしても。資料が整理されないまま展示されていることが多い。特別展図録が発行されないことも問題である。大阪の「兵士の眼・庶民の眼」についてリバティおおさかが図録をつくった例があるが、変則的で、ピースおおさかでは販売しないで、展示をしないリバティおおさかのみで販売していた。

5　博物館としての諸機能の確立

平和博物館は博物館としての確立がなされていない面が強い。展示や図録についてでもそうであるが、この点も、歴史博物館に学ぶ必要がある。

学芸員が配置されない場合や、置かれていても、専門職・研究者としての保障がなされていない場合が多い。現代史の研究者がほとんどいない。大阪・川崎には学芸員がいない。埼玉も現代史の専門家がいないし、専門を無視した配置転換がおこなわれている。専門職の体制が未確立で不安定であるため、館の活動が制約されており、研究調査・展示・資料整理などが十分に展開されないし、蓄積されない。平和博物館こそ、前掲の冨坂論文のいうように、現代史の研究者が腰をすえてじっくりやれるようにする保障が大切である。歴史博物館では、豊島区立郷土資料館の青木哲夫氏のように、学童疎開に継続的に取り組み、学界の研究水準をつくりだしている例をうみだしている。

平和博物館は研究体制が弱い場合が多い。大阪は研究所をもち、紀要・ブックレットなどを刊行しているが、学芸員がいないこともあって、展示や資料整理などの活動と結びついていない。紀要・報告書の刊行が必要であるが、京都・埼玉もできていない。たんに歴史学の成果を展示に移すのではなく博物館で研究・調査をおこない、その研究成果の発表として展示がおこなわれるべきであり、十分ではないが、その努力がなされている。展示は担当者の業績であることを認めさせることの意義は大きいが、展示は集団で作りあげる面があり、個人で責任を取りきれない面があることも事実である。展示を集団でつくりあげる際に、一九九三年一〇月二五日の「東京都における歴史系文化行政の発展と江戸東京博物館の充実のために――歴史学関係学会からの要望書」のなかの「Ⅲ　研究者の採用と処遇について」で「③館員研究者間における研究者対等原則を確立すること」が要望されているように、学芸員や研究員や教員との間の基本的な対等平等関係が重要である。

　相互批判が必要であって、一方的な書換え・検閲があってはならない。行政よりの圧力から学芸員をかばうことが、関係している研究者・教員に期待される。逆に検閲などをしていることがあるようだが、問題である。学芸員などに対して、研究者として研究発表の自由を確立することが課題である。博物館の研究成果のすべてを展示で発表することは無理であり、論文・著作や報告書などによる研究成果の発表を、博物館は実現していく必要がある。

　平和博物館でも、資料収集・整理・保存の意味が大きい。公文書館の現状からいって、博物館が民間の文書を含む資料を、とくに収集・保存・公開する意義は大きい。多くの平和博物館で、コンピュータを使って資料整理を進めているが、目録刊行はまだである。資料の閲覧については、京都も体制が不十分である。大阪は図書・ビデオについては個別閲覧の体制が確立しており、埼玉も資料・図書についてコンピュータによる検索が入館者にも可能になっている。

　教育・普及活動については、大阪が講演会・シンポジウムなどを継続的に催している。友の会は官製的でなく、自主的な活動をするように援助することが課題である。大阪には友の会があるが、官製的である。京都も自主的にできつつあるが、館との関係で難しい面がある。学校教育・社会教育での展示見学において、どう意識的に平和博物館を利用したらよいかの研究が課題である。川崎でこの努力がされている。

　平和博物館間による、相互援助のための自主的な交流が課題である。すでに平和祈念事業特別基金が主催する公立館のみによる交流会が、一九九二年二月に開かれた。

このような官製の交流会でなく、自主的な交流が必要であるが、今年九月に広島の呼びかけにより、沖縄・長崎・広島・大阪・京郡・川崎・埼玉の七館による平和博物館会議がもたれることになり、共同研究・調査、資料・情報交換、シンポジウム・企画展の共同開催などについて話されることになっているが、注目すべきことである。

この博物館としての確立、とくに専門職・研究者としての学芸員の職の確立が、内容上の加害・被害問題と並ぶ平和博物館にとっての最大の課題である。

おわりに

平和博物館の課題に関連して、これからの学会や科学運動にとって必要と考えることを述べてみたい。

ひとつは研究者や市民の運動と博物館との関係についてである。運動団体が自力で、本格的な平和博物館をつくり、維持するのは、まず無理である。たとえば高知に平和資料館草の家ができ、出版などは頑張っておこなっているが、展示・資料収集などは弱いといわざるをえない。したがって、平和資料館は公的なものにならざるをえない。信州の戦争展・松代の大本営の保存運動も、一九九三年に平和祈念・松代大本営資料館建設準備会が発足したが、行政につくらせる運動の方向になっている。自治体などがつくることになるので、そこから制約が生まれる。それに対して。内部での努力が基本であり、それを可能にするために、専門職を配置させ、制度として確立させる意味が大きい。それとともに、外部から市民団体や学会が積極的にかかわっていくことが重要であり。適宜、かみあった科学的で緻密な批判提言が要求される。

もうひとつは、これから首都圏にできる平和博物館のもつ影響が大きいことから、それへの対処の重要性に関してである。具体的には、厚生省の戦没者追悼平和祈念館、東京都平和祈念館、地球市民かながわプラザである。

東京都平和祈念館にも対処が必要だが、歴史学の学会でも全然なされていない。一九九三年六月に「東京都平和祈念館基本構想懇談会報告」がだされ、一九九四年五月に「東京都平和祈念館（仮称）基本針画」が発表になった。基本計画では、現代の戦争や広義の平和を取り上げること、加害、軍事都市、アジアへの犠牲、重慶爆撃など、さらに抗日運動や戦時体制も取り上げるなど積極的に評価できる面をもっている。しかし、戦時体制については行政の役割や思想弾圧まで踏み込むかどうか不明であり、日本人の反戦運動などを取り上げないという限界をもっている。運営についても、学芸員については配置を検討となっており、はっきりしていない弱点がある。これらに対しても、要望することが必要である。

厚生省の戦没者追悼平和祈念館批判運動が高まっている。その際、加害をきちんと取り上げさせるという批判が最も重要であるが、それだけでは不十分である。一九九二年八月の基本計画から、一九九四年二月の展示概要への後退がある。反戦、弾圧、抗日運動、翼賛体制、帝国軍隊の特徴、戦後の民主化などが落とされている。侵略戦争遂行体制の解明、反戦・抵抗も含めて全面的に戦争をとらえることが必要である。この後退を取り消させることは可能であるし、必要である。

展示内容に踏み込んだ批判が学会にとっては必要である。江戸東京博物館の時には、一九九〇年一月三〇日に東京歴史科学研究会・東京都歴史教育者協議会・日本史研究会・歴史科学協議会・歴史学研究会・歴史教育者協議会が「江戸東京博物館建設計画に関する提言」をした。そのなかで「Ⅲ　展示計画に関する提言」の「三、近現代史部門の展示については、つぎの点を提言します」で「⑥戦時下ファシズム期については、民衆が政治的にも、経済的にも、戦争への加担を余儀なくされたのみならず、配給・物不足・食糧難や、さらには疎開・空襲など戦争による生活破壊がもたらされたことを明確にすべきです。また、当然のことながら、都民に戦争協力を強いた国家や都政のあり方、戦争動員体制や弾圧、侵略の問題などを落としてはならないと考えます」という提言をしている。

この提言は江戸東京博物館にはいかされなかった。しかし、このような批判をするからには、実践でこたえる必要があると考えることにより、私が立命館大学国際平和ミュージアムの準備にかかわる際にいかそうと努力したことは事実である。今度の戦没者追悼平和祈念館批判では、江戸東京博物館の時より進めることをしなければならない。平和博物館の全国的な到達点に依拠して、原則的・基本的観点からの批判だけでなく、具体的展示内容・資料の提起までにも踏み込んだ批判も可能だし、必要だと考える。

（掲載時所属：立命館大学国際平和ミュージアム学芸員）

山辺昌彦15年戦争関係論文集

1

15年戦争展示にみる平和博物館の経緯と課題

〈資料編〉

〈資料編[1]〉15年戦争関連平和博物館リスト

表１－１　日本の平和のための博物館リスト

（＋は日本平和博物館加盟の博物館数）

○「日本平和博物館会議」加盟の博物館　　10館

埼玉県平和資料館、川崎市平和館、地球市民かながわプラザ、大阪国際平和センター、広島平和記念資料館、長崎原爆資料館、沖縄県平和祈念資料館、対馬丸記念館、立命館大学国際平和ミュージアム、ひめゆり平和祈念資料館の10館です。

○公立の総合的な平和博物館　21＋４館　　25館

水戸市平和記念館、熊谷市平和資料展示室、中野区平和資料展示室、世田谷区立平和資料館、江戸川区平和祈念展示室、飯田市平和祈念館、岐阜市平和資料室、愛知・名古屋戦争に関する資料館、滋賀県平和祈念館、堺市立平和と人権資料館、吹田市立平和祈念資料館、枚方市平和資料室、人権平和センター豊中・平和展示室、姫路市平和資料館、西宮市平和資料館、明石市平和資料室、福山市人権平和資料館、高松市平和記念館、北九州市平和のまちミュージアム、碓井平和祈念館、八重山平和祈念館の21館があります。

○空襲関係の公立平和博物館　　７館

青森空襲資料常設展示室、仙台市戦災復興記念館、東京都復興記念館、長岡戦災資料館、各務原空襲資料室、浜松復興記念館、岡山空襲展示室の７館があります。

○その他個別のテーマを扱った公立平和博物館　９＋３　　12館

北上平和記念展示館、江東図書館学童集団疎開資料室、甲州市中央公民館内歴史民俗資料室わだつみ平和文庫、豊川海軍工廠平和公園豊川市平和交流館、大久野島毒ガス資料館、被爆遺稿展示館、本川小学校平和資料館、袋町小学校平和資料館、八重山平和祈念館の９館があります。

○個別のテーマを扱った国立平和博物館　　２館

国立広島原爆死没者追悼平和祈念館、国立長崎原爆死没者追悼平和祈念館の２館があります。

○民間の総合的な平和博物館　７＋１館　　８館

山梨平和ミュージアム、静岡平和資料館、戦争と平和の資料館　ピースあいち、平和資料館・「草の家」、兵士・庶民の戦争資料館、岡まさはる記念長崎平和資料館、ナガサキピースミュージアムの７館があります。

○民間の空襲関係の平和博物館　２館

東京大空襲・戦災資料センター、佐世保空襲資料室の２館があります。

○民間のその他個別のテーマを扱った平和博物館　18＋2館　　20館

ノーモア・ヒバクシャ会館、太平洋戦史館、花岡平和記念館、中国帰還者連絡会平和記念館、八王子平和・原爆資料館、高麗博物館、女たちの戦争と平和資料館、わだつみのこえ記念館、明治大学平和教育登戸研究所資料館、わだつみ平和文庫、もうひとつの歴史館・松代、満蒙開拓平和記念館、丹波マンガン記念館、ウトロ平和祈念館、戦没した船と海員の資料館、似島平和資料館、兵士・庶民の戦争資料館、ヌチドゥタカラの家の18館があります。

表1－2　歴史博物館の平和関係展示

○公立の歴史博物館　48館

北海道博物館、釧路市立博物館、室蘭市民俗資料館、仙台市歴史民俗資料館、福島県立博物館、水戸市立博物館、栃木県立博物館、群馬県立歴史博物館、埼玉県立歴史と民俗の博物館、江戸東京博物館、港区立郷土歴史館、新宿歴史博物館、文京ふるさと歴史館、すみだ郷土文化資料館、品川歴史館、めぐろ歴史資料館、世田谷区立郷土資料館、渋谷区郷土博物館・文学館、中野区立歴史民俗資料館、杉並区立郷土博物館、豊島区立郷土資料館、板橋区立郷土資料館、石神井公園ふるさと文化館、荒川ふるさと文化館、足立区立郷土博物館、葛飾区郷土と天文の博物館、八王子博物館、武蔵野ふるさと歴史館、東村山ふるさと歴史館、神奈川県立歴史博物館、平塚市博物館、新潟県立歴史博物館、石川県立歴史博物館、長野県立歴史館、岐阜県博物館、岐阜市歴史博物館、沼津市明治史料館、名古屋市博物館、四日市市立博物館、大阪歴史博物館、吹田市立博物館、和歌山県立博物館、和歌山市立博物館、徳島県立博物館、香川県立ミュージアム、高知県立歴史民俗資料館、鹿児島県歴史資料センター黎明館、南風原文化センターの48館があります。

○常設展ではないが、継続的に企画展・特別展で取り上げている館　43館

本別町歴史民俗資料館、釜石市郷土資料館、宇都宮城址公園清明館、蕨市立歴史民俗資料館、入間市博物館、ふじみ野市立上福岡歴史民俗資料館、ふじみ野市立大井郷土資料館、福生市郷土資料室、揖斐川歴史民俗資料館、豊川市桜ヶ丘ミュージアム、豊橋市中央図書館、栗東歴史民俗博物館、浅井歴史民俗資料館、向日市文化資料館、亀岡市文化資料館、宇治市歴史資料館、箕面市立郷土資料館、奈良県立民俗博物館、奈良県立図書情報館戦争体験文庫、岡山シティミュージアム、多度津町立資料館、福岡市博物館、大牟田市立三池カルタ・歴史資料館、佐賀市図書館、長崎市歴史民俗資料館、薩摩川内市川内歴史資料館、うるま市立石川歴史民俗資料館、熊谷市立図書館郷土資料展示室、川崎市市民ミュージアム、各務原市歴史民俗資料館、知立市歴史民俗資料館、鳥取県立博物館、米子市立山陰歴史館、土浦市立博物館、八潮市立資料館、愛川町郷土資料館、安城市歴史博物館、多気郷土資料館、南丹市日吉町郷土資料館、南丹市立文化博物館、市立伊丹ミュージアム、広島市郷土資料館、那覇市歴史博物館の43館があります。

〈資料編[2]〉　表２－１　平和博物館などの15年戦争展示会リスト（第４版）　（作成：山辺昌彦）

県	館　　名	展　示　会　名	年	会　　期	刊行物
北海道	釧路市立博物館	空襲から50年	1995	７月８日～８月20日	パンフレット９ｐ
	釧路市立博物館	戦後70年―戦争の中の暮らし	2015	７月４日～９月27日	
	三笠市立博物館	戦後の50年記念展	1995	４月15日～６月11日	
	留萌市海のふるさと館	戦中・戦後の暮し	1995	７月29日～８月27日	
	旭川市博物館	第80回企画展「旭川の昭和―軍都から平和都市へ」	2017	４月29日～５月28日	
	岩内町郷土館	終戦70周年記念企画展・岩内と戦争	2015	７月７日～９月６日	
	浦幌町立博物館	小企画展「真夏の残像、あの夏の熱き想い「戦争体験を伝える」」	2010	８月６日～19日	
	江別市セラミックアートセンター	終戦65年企画「代用品が生み出された時」	2010	７月３日～８月29日	図録
	江別市郷土資料館	戦後70年記念企画ロビー展・木製戦闘機が作られた時代	2015	７月18日～９月27日	
	三浦綾子記念文学館	終戦75年企画展「アノ日、空ノ下デ君ハ何ヲ想フ」	2020	４月４日～2021年３月21日	
	室蘭市民俗資料館	ものが語る戦中戦後の暮らし―空襲、艦砲射撃と市民生活	1995	８月１日～10月30日	
	室蘭市民俗資料館	終戦60年　戦争と平和展	2005	８月６日～９月４日	
	室蘭市民俗資料館	戦後70年・戦争と平和展	2015	８月１日～10月４日	
	小樽市総合博物館	企画展「われらの日記―昭和16年・潮見台国民学校学級絵日記」	2010	11月27日～2011年２月13日	
	小樽市総合博物館・運河館	運河館トピック展「紙芝居と戦争」	2018	４月７日～６月28日	
	帯広百年記念館	戦後50年　そのときのとかち―昭和20年の語り部たち	1995	７月29日～８月20日	パンフレット10p
	おびひろ動物園	企画展「戦争で消えたどうぶつ」	2009	８月１日～31日	
	登別市郷土資料館・文化伝承館	戦争と登別	2015	７月17日～９月23日	
	苫小牧市博物館	写真イラスト展	1995	８月１日～15日	
	美唄市郷土史料館	戦後50年をかえりみて	1995	８月13日～９月24日	
	北海道開拓記念館（１）	14回特別展「昭和20年―その時あなたは」	1975	８月15日～10月15日	目録32p
	北海道開拓記念館（２）	18回特別展「教科書と子どもたち」	1979	７月21日～９月16日	目録35p
	北海道開拓記念館（３）	88回テーマ展「鴻之舞鉱山のあゆみと戦争の時代」	1991	８月１日～９月15日	リーフレット
	北海道開拓記念館（４）	104回テーマ展「教科書と子どもたち」	1995	１月１日～３月12日	図録（豆本）
	北海道開拓記念館（５）	107回テーマ展「昭和の15年戦争―親子で考える戦争と平和」	1995	６月３日～25日	図録（豆本）26p
	北海道大学総合博物館	「「澤・レーン事件」80周年特別展―事件をめぐる“出会い”と“絆”をたどる～」	2021	12月４日～2022年１月30日	
	北海道立文書館	戦後70年、文書でたどる太平洋戦争と北海道	2015	７月１日～31日	
	北斗市郷土資料館（１）	戦後70年、過去を伝え未来を考える展	2015	～９月27日	
	北斗市郷土資料館（２）	夏季季節展「戦争と平和展」	2019	８月６日～23日	
	北斗市郷土資料館（３）	2020年度夏季季節展「戦争と平和展」	2020	８月11日～24日	
	北網圏北見文化センター	「広島原爆資料展」	2016	９月１日～７日	
	本別町歴史民俗資料館（１）	ほんべつ・空襲と戦後50年	1995	７月11日～８月19日	パンフレット11p

北海道	本別町歴史民俗資料館（2）	子ども歴史講座「本別空襲」（講座と資料展示）	2000	8月3日	
	本別町歴史民俗資料館（3）	本別空襲展─戦争を知らない子どもたちへ─戦争と放送	2001	7月15日～8月15日	
	本別町歴史民俗資料館（4）	わが町の七月十五日展─昭和20年7月15日─本別・釧路空襲	2002	7月10日～30日	
	本別町歴史民俗資料館（5）	わが町の七月十五日展─軍馬の資料とともに─	2003	7月15日～8月20日	
	本別町歴史民俗資料館（6）	わが町の七月十五日展─知覧特攻平和会館の資料とともに─	2004	7月15日～28日	
	本別町歴史民俗資料館（7）	特別展「戦後六十年・わが町の七月十五日展」	2005	7月11日～25日	
	本別町歴史民俗資料館（8）	特別展「わが町の七月十五日展─ほんべつの人びとの戦争体験」	2006	7月14日～8月4日	
	本別町歴史民俗資料館（9）	特別展「わが町の七月十五日展─バロン西と硫黄島の戦い」	2007	7月3日～22日	冊子30p
	本別町歴史民俗資料館（10）	特別展「わが町の七月十五日と学童疎開船対馬丸の全貌」	2008	7月14日～31日	
	本別町歴史民俗資料館（11）	特別展「わが町の七月十五日展─特攻隊員と鳥浜トメの生涯」	2009	7月1日～31日	
	本別町歴史民俗資料館（12）	特別展「戦後六十五年・わが町の七月十五日─沖縄戦とひめゆり学徒隊」	2010	7月1日～31日	
	本別町歴史民俗資料館（13）	企画展「わが町の七月十五日～本別大空襲」	2011	7月7日～8月20日	
	本別町歴史民俗資料館（14）	企画展「7月15日本別空襲を伝える─太平洋戦争と本別の人々」	2012	7月3日～8月31日	
	本別町歴史民俗資料館（15）	企画展「7月15日本別空襲を伝える─十勝に残る戦争跡地」	2013	7月2日～8月30日	
	本別町歴史民俗資料館（16）	企画展「7月15日本別空襲を伝える─北海道空襲とほんべつ」	2014	7月1日～8月30日	
	本別町歴史民俗資料館（17）	特別展「7月15日本別空襲を伝える─昭和史から見る戦後70年」	2015	7月10日～8月16日	
	本別町歴史民俗資料館（18）	企画展「7月15日本別空襲を伝える─おばあちゃんの戦後」	2016	7月1日～8月31日	
	本別町歴史民俗資料館（19）	企画展「7月15日本別空襲を伝える─戦争にいった馬たち」	2017	7月1日～8月31日	
	本別町歴史民俗資料館（20）	企画展「7月15日本別空襲を伝える─つなごう平和への願い」	2018	7月1日～8月31日	
	本別町歴史民俗資料館（21）	企画展「7月15日本別空襲を伝える─本別から戦争を語る」	2019	7月2日～8月31日	
	本別町歴史民俗資料館（22）	企画展「7月15日本別空襲を伝える─戦後75年、あの日を忘れないために」	2020	7月1日～8月30日	
	幕別町ふるさと館	報道写真に見る戦後50年	1995	9月28日～10月4日	
	名寄市北国博物館	企画展「戦争体験を語り継ぐパネル展」	2012	10月19日～28日	
	名寄市北国博物館	戦後70年記念展　戦時下の名寄と子どもたちに引き継ぐ平和	2015	9月5日～27日	
	矢臼別平和資料館	開館	2019	6月15日	
青森県	三戸町立歴史民俗資料館	「近代戦史資料展」─戦後65年	2010	7月23日～8月29日	
	三戸町立歴史民俗資料館	戦後70年企画展・モノが伝える戦争の記憶	2015	7月18日～8月30日	
	十和田市称徳館	特別展「戦争で失われた2つの命─伝説の騎手前田長吉展」	2010	7月17日～8月22日	
	青森県近代文学館	青森の文学者たちの戦前・戦中	2015	7月18日～9月23日	
	青森県近代文学館	戦後─青森文学と青森の復興	2015	10月24日～12月13日	
	青森市民美術展示館	青森空襲展	2005	8月6日～9月4日	
	中泊町博物館	戦後70年─近現代の戦争と銃後の暮らし	2015	4月25日～6月28日	
	八戸クリニック街かどミュージアム	戦後70年特別企画・八戸戦後の写真展	2015	7月11日～9月6日	
	八戸市博物館	戦争と八戸市民─苦難とともに	2005	7月1日～8月21日	図録
	八戸市博物館	戦後70年特別展・かつて戦争の時代に─記憶を継承するために	2015	7月11日～8月30日	

県	館名	展示会名	年	会期	刊行物
岩手県	もりおか歴史文化館	戦争の記憶―戦後70年	2015	6月17日～8月17日	
	釜石市郷土資料室（1）	「釜石艦砲戦災写真と戦後の暮らし展」	1995	7月14日～8月15日	
	釜石市郷土資料館（2）	「釜石艦砲被災資料展」	2005	7月14日～8月21日	
	釜石市郷土資料館（3）	「釜石艦砲戦災展」	2006	7月14日～8月27日	
	釜石市郷土資料館（4）	「釜石と戦争」	2007	7月14日～9月2日	
	釜石市郷土資料館（5）	「釜石艦砲戦災展・くらしに見る戦中戦後」	2008	7月11日～9月7日	
	釜石市郷土資料館（6）	「釜石艦砲戦災展・記憶と記録」	2009	7月10日～9月27日	
	釜石市郷土資料館（7）	「艦砲射撃パネル展示」	2010	7月～8月31日	
	釜石市郷土資料館（8）	「釜石艦砲戦災展」	2012	7月14日～9月30日	
	釜石市郷土資料館（9）	2013年度テーマ展「艦砲戦災からの復興・釜石の戦後復興」	2013	7月13日～9月8日	
	釜石市郷土資料館（10）	2014年度テーマ展「艦砲戦災資料展」	2014	7月12日～9月7日	
	釜石市郷土資料館（11）	企画展　第2弾　『戦後70年』	2015	7月14日～8月31日	
	釜石市郷土資料館（12）	企画展　第2弾　『一語り継ぐ―釜石と戦争』	2016	7月13日～8月31日	
	釜石市郷土資料館（13）	企画展　第2弾　『目で見る・そして考える　釜石と戦争』	2017	7月12日～8月31日	
	釜石市郷土資料館（14）	企画展　第1弾　「釜石艦砲戦災資料展」	2018	7月11日～8月31日	
	釜石市郷土資料館（15）	企画展　第2弾　「戦災資料展」	2019	7月11日～8月31日	
	釜石市郷土資料館（16）	戦後75年の企画展「釜石の艦砲射撃」	2020	7月14日～8月31日	
	釜石市郷土資料館（17）	企画展第2弾　釜石の捕虜収容所	2021	7月14日～8月30日	
	釜石市郷土資料館（18）	企画展『釜石の戦跡―未来に遺す戦禍の記憶』	2022	7月14日～9月4日	
	釜石市戦災資料館	開館	2010	8月9日	
	釜石市戦災資料館	閉館	2011	3月11日	
	岩手県立図書館	戦争の時代と岩手の人々	2015	8月1日～9月23日	
	岩手県立博物館	銃後のくらし―戦前・戦中の岩手	1995	7月18日～8月27日	図録94p
	岩手県立美術館	東北へのまなざし1930－1945	2022	4月9日～5月15日	
	七ヶ浜町歴史資料館	昭和のくらし	1995	10月14日～12月3日	
	盛岡てがみ館（1）	戦後70年記念　家族のてがみ―手紙に刻まれた戦争の記憶	2015	6月23日～10月19日	
	盛岡てがみ館（2）	特別展「戦地からの手紙―家族をつないだ軍事郵便」	2018	7月13日～9月5日	
	盛岡てがみ館（3）	特別展「軍事郵便―手紙が語る戦争の記憶」	2019	7月25日～9月30日	
	盛岡てがみ館（4）	特別展「戦時下の手紙」	2021	7月7日～9月27日	
	盛岡市先人記念館	戦後60年ミニ企画展	2005	～7月17日	
	北上市立博物館	戦後50年の北上を考える歴史資料展	1995	7月20日～9月17日	図録23p
	北上市平和記念展示館	開館	2004	4月27日	
	北上市平和記念展示館（1）	戦後60年記念　私たちと戦争―戦争を伝える絵手紙展	2005	7月20日～8月20日	

	北上市平和記念展示館（２）	利根山光人　ヒロシマ・ナガサキ・南京・湾岸戦争展	2017	８月２日～20日	
	北上市平和記念展示館（３）	利根山光人　ヒロシマ・ナガサキ・南京・湾岸戦争展　Ⅱ	2018	６月20日～７月15日	
	北上市平和記念展示館（４）	戦意高揚ポスターと軍事郵便展	2018	７月18日～８月19日	
	北上市平和記念展示館（５）	利根山光人展　ヒロシマ・ナガサキシリーズ	2019	６月５日～23日	
	北上市平和記念展示館（６）	「菊池慶三個展　平和を希求する心—いま死蔵から天空へ」	2019	６月26日～７月15日	
	北上市平和記念展示館（７）	「３つの著名な兵士の手記と軍事郵便展」	2019	７月17日～８月25日	
	野田村立図書館	ミニ歴史展・戦後70年特別展	2015	８月７日～31日	
	陸前高田市立博物館	陸前高田の昭和史	1995	８月１日～11月30日	
	萬鉄五郎記念美術館	写真家　菊池俊吉が捉えた昭和展	2011	９月23日～2012年１月29日	
宮城県	しばたの郷土館資料展示館思源閣	８月15日の50年	1995	７月18日～９月29日	
	仙台市歴史民俗資料館（１）	「戦争と庶民のくらし」	1993		
	仙台市歴史民俗資料館（２）	「戦争と庶民のくらし」	1994	１月５日～６月12日	展示解説８ p
	仙台市歴史民俗資料館（３）	「戦争と庶民のくらし」	1999		
	仙台市歴史民俗資料館（４）	「戦争と庶民のくらし」	2001	７月29日～10月28日	図録94p
	仙台市歴史民俗資料館（５）	「戦争と庶民のくらし２」	2002	７月20日～９月15日	図録104p
	仙台市歴史民俗資料館（６）	「青い目の人形と Miss みやぎ」	2003	５月21日～25日	
	仙台市歴史民俗資料館（７）	「戦争と庶民のくらし」	2004	７月17日～８月29日	
	仙台市歴史民俗資料館（８）	青い目の人形	2006	５月27日～６月11日	
	仙台市歴史民俗資料館（９）	企画展「戦争と庶民のくらし３」	2008	６月21日～11月３日	図録102p
	仙台市歴史民俗資料館（10）	企画展「戦争と庶民のくらし」	2010	７月17日～９月５日	
	仙台市歴史民俗資料館（11）	企画展「戦争と庶民のくらし」	2012	７月21日～９月17日	
	仙台市歴史民俗資料館（12）	企画展「戦争と庶民のくらし４」	2014	６月２日～11月３日	図録115p
	仙台市歴史民俗資料館（13）	ミニ企画展「お帰りなさいミス宮城—答礼人形と青い目の人形～」	2015	５月１日～６日	
	仙台市歴史民俗資料館（14）	ミニ企画展「ミス宮城と青い目の人形—人形交流90周年記念～」	2017	７月30日～10月１日	
	仙台市歴史民俗資料館（15）	企画展「戦争と庶民のくらし５」	2019	７月27日～11月10日	図録72p
	仙台市戦災復興記念館（１）	仙台の戦災と復興の60年	2005	７月９日～12日	
	仙台市戦災復興記念館（２）	企画展「戦災復興展」	2010	７月８日～11日	
	仙台市戦災復興記念館（３）	企画展「戦災復興展」	2011	７月８日～11日	
	仙台市戦災復興記念館（４）	企画展「戦災復興展」	2012	７月６日～16日	
	仙台市戦災復興記念館（５）	企画展「戦災復興展—米軍資料に記録された仙台空襲」	2013	７月５日～15日	
	仙台市戦災復興記念館（６）	企画展「戦災復興展」	2014	７月４日～13日	
	仙台市戦災復興記念館（７）	企画展「戦災復興展」	2015	７月３日～12日	
	仙台市戦災復興記念館（８）	企画展「戦災復興展」	2016	７月１日～10日	
	仙台市戦災復興記念館（９）	企画展「戦災復興展」	2017	７月１日～10日	

県	館　　名	展　示　会　名	年	会　　期	刊行物
宮城県	仙台市戦災復興記念館（10）	企画展「戦災復興展」	2018	7月6日～15日	
	仙台市戦災復興記念館（11）	企画展「戦災復興展」	2019	7月5日～14日	
	仙台市戦災復興記念館（12）	戦後75年戦災復興展◎企画展「戦時下の東北学院」	2020	7月10日～8月31日	
	仙台市戦災復興記念館（13）	戦後75年戦災復興展◎特別展「がけっぷちの防空壕」	2020	7月10日～8月31日	
	仙台市戦災復興記念館（14）	2021年度戦災復興展	2021	7月3日～31日	
	仙台市戦災復興記念館（15）	2022年度戦災復興展	2022	7月9日～18日　会場はトークネットホール仙台	
	仙台市博物館	軍都仙台―戦後70年	2015	6月9日～9月13日	
	登米市歴史博物館	企画展「語り継ぐ登米市の学童疎開」	2008	10月11日～11月30日	
	登米市歴史博物館	市制10周年・戦後70周年企画展・戦争とくらし―資料で振り返る戦中・戦後	2015	6月27日～8月30日	
	東北大学史料館	「学徒」たちの「戦争」	2005	11月1日～2006年2月24日	
	亘理町立郷土資料館	亘理の戦後―昭和20年から30年までの亘理	1995	4月25日～6月25日	
秋田県	花岡平和記念館	開館	2010	4月17日	
	秋田市土崎みなと歴史伝承館（1）	「ヒロシマ原爆・土崎空襲資料展」	2019	7月25日～8月19日	
	秋田市土崎みなと歴史伝承館（2）	土崎空襲展	2020	8月2日～30日	
	秋田市土崎みなと歴史伝承館（3）	土崎空襲展	2021	8月1日～30日	
	秋田市土崎みなと歴史伝承館（4）	「満州事変から90年」	2021	12月1日～26日	
	秋田市土崎みなと歴史伝承館（5）	企画展「戦争と土崎空襲展」	2021	12月1日～26日	
	秋田市土崎みなと歴史伝承館（6）	「ナガサキ原爆・土崎空襲資料展」	2022	7月15日～28日	
	秋田市土崎みなと歴史伝承館（7）	「土崎空襲展」	2022	8月1日～28日	
	秋田市土崎みなと歴史伝承館（8）	戦争と土崎空襲展	2022	12月1日～22日	
	秋田市油谷これくしょん	戦後70年　昭和のくらし展	2015	7月25日～8月30日	
	大仙市アーカイブズ	企画展「戦争と人びと」	2018	5月15日～8月25日	
	由利本荘市本荘郷土資料館	企画展「戦争の記憶」―日清・日露戦争から太平洋戦争までの足跡―	2007	7月2日～8月31日	
	由利本荘市本荘郷土資料館	企画展「戦争の記憶Ⅱ」―戦中から戦後復興への道のり―	2008	7月10日～9月21日	
	由利本荘市本荘郷土資料館	企画展「戦争の記憶Ⅲ」戦争の時代と戦後65年	2010	7月10日～9月20日	
山形県	山形県立博物館	戦争と子どもたち―学校・くらし	2005	7月9日～9月18日	図録
	山形県立博物館	企画展「少年雑誌にみる戦中・戦後―『週刊少国民』から『こども朝日』へ」	2008	5月24日～7月6日	
	酒田市立資料館	第86回企画展「戦後50年展　戦争から平和へ」	1995	6月23日～9月17日	
	酒田市立資料館	第164回企画展「戦争と市民生活」	2010	8月5日～9月5日	
	酒田市立資料館	第192回企画展「戦後70年　戦時下の青春」	2015	6月27日～9月13日	
	上山城郷土資料館	企画展「戦争と上山」	2019	8月1日～31日	
	米沢市上杉博物館	戦後70年・昭和90年―忘れてはいけないこと―山本高樹ジオラマ展	2015	7月24日～	

福島県	ふれあい歴史館	昭和の福島—あのころの福島は今	2005	7月10日～12月7日	
	三春町歴史民俗資料館	大戦と大戦の間の時代—三春町長・鎌田仏次郎の資料から	2016	4月9日～6月5日	
	三春町歴史民俗資料館	三春と戦争	2021	7月31日～11月7日	
	南相馬市博物館	戦後70年特別展・原町飛行場と戦争展	2015	9月6日～10月12日	
	南相馬市博物館	2022年度企画展「相双地方の被爆体験を伝え継ぐ—証言ヒロシマ・ナガサキのこと」	2022	10月22日～12月11日	
	南相馬市中央図書館	原町空襲の写真、資料の展示会	2013	8月10日～18日	
	福島県立博物館（1）	ポイント展「戦時下の資料—風船爆弾」	2009	7月16日～8月21日	
	福島県立博物館（2）	ポイント展「風船爆弾の気球」	2010	7月7日～9月14日	
	福島県立博物館（3）	ポイント展「落下傘でつくった襦袢」	2010	7月22日～8月22日	
	福島県立博物館（4）	ポイント展「風船爆弾関係資料」	2011	7月9日～9月2日	
	福島県立博物館（5）	ポイント展「落下傘でつくった着物」	2011	7月31日～8月31日	
	福島県立博物館（6）	ポイント展「風船爆弾の気球」	2012	7月14日～8月31日	
	福島県立博物館（7）	ポイント展「落下傘でつくった着物」	2013	8月1日～28日	
	福島県立博物館（8）	ポイント展「伝単—連合軍のまいたビラ」	2014	7月18日～8月22日	
	福島県立博物館（9）	ポイント展・若松歩兵連隊	2015	7月18日～8月21日	
	福島県立博物館（10）	ポイント展「ふくしまの戦争資料—風船爆弾」	2016	7月16日～8月21日	
	福島県立博物館（11）	ポイント展「ふくしまの戦争資料—軍票（ぐんぴょう）」	2017	7月15日～8月21日	
	福島県立博物館（12）	ポイント展「会津若松と軍隊」	2021	7月3日～9月26日	
	福島県立博物館（13）	ポイント展「軍事郵便が繋いだ絆」	2022	8月6日～10月14日	
	福島県立美術館	東北へのまなざし1930－1945	2022	6月4日～7月10日	
	福島県歴史資料館	記憶のなかの戦争	2005	7月1日～8月21日	
	楢葉町歴史資料館	戦後50年戦争をふりかえって	1995	8月1日～1996年1月31日	
茨城県	日立市郷土博物館（1）	戦争と空襲展	1995	7月21日～9月3日	
	日立市郷土博物館（2）	ギャラリー展　日立の戦災	2005	7月20日～9月4日	
	日立市郷土博物館（3）	ギャラリー写真展・日立の空襲と戦時下の生活	2015	5月26日～7月26日	
	日立市郷土博物館（4）	ギャラリー写真展「戦災と市民生活」	2016	5月31日～7月24日	
	日立市郷土博物館（5）	ギャラリー写真展「日立の戦災」	2017	5月30日～7月31日	
	日立市郷土博物館（6）	ギャラリー写真展「米軍が記録した日立空襲」	2018	5月29日～7月29日	
	日立市郷土博物館（7）	ギャラリー写真展「戦災と生活」	2019	5月28日～7月28日	
	日立市郷土博物館（8）	ギャラリー展「戦中戦後の新収蔵資料」	2020	5月26日～7月26日	
	日立市郷土博物館（9）	ギャラリー展「戦時下の新収蔵資料」	2021	6月1日～7月25日	
	日立市郷土博物館（10）	ギャラリー写真展「まちと戦争戦争っていつですか？」	2022	6月4日～7月24日	
	水戸市平和記念館	開館	2009	8月1日	
	水戸市平和記念館	戦後75年特別展示　水戸空襲—人々の暮らしを振り返って	2020	8月1日～11月30日	
	水戸市立博物館（1）	戦争と市民のくらし—戦後から50年	1995	6月10日～1996年3月31日	

県	館名	展示会名	年	会期	刊行物
茨城県	水戸市立博物館（2）	女性と子どもたちの戦争	2000	8月1日～31日	図録71p
	水戸市立博物館（3）	終戦60周年企画「戦争の記憶展―平和への祈りを込めて」	2005	7月26日～8月21日	
	水戸市立博物館（4）	特別展「焦土からの復興」	2009	10月10日～11月23日	図録
	水戸市立博物館（5）	戦後70年―戦争の記憶を未来へ	2015	7月22日～8月30日	
	水戸市立博物館（6）	［戦後75年企画展］子どもミュージアム「戦争ってなに？　かなしみと腹ペコの日々」	2020	12月5日～2021年1月11日	
	茨城県立歴史館	戦後70年・戦時下のくらし	2015	7月23日～8月2日	
	茨城県立歴史館	企画展2　戦争と茨城―茨城郷土部隊史料保存会所蔵史料から―	2020	7月18日～9月22日	
	玉村町歴史資料館	2014年度第19回企画展「戦争と玉村町―軍隊・銃後・空襲」	2014	7月17日～9月28日	
	国土地理院地図と測量の科学館	戦災からの復興―地図や写真でたどる復興の道のりと国土の変貌	2015	3月10日～6月28日	
	住井すゑ文学館抱樸舎	企画展示「戦争の時代と牛久」	2022	8月2日～9月4日	
	真壁町歴史民俗資料館	戦争とくらし・語り伝えるわが町の戦争体験	1995	7月21日～8月31日	資料集（体験文集）
	石岡市立ふるさと歴史館	少年・少女がみた戦争	2018	8月1日～10月28日	
	土浦市立博物館（1）	第4回企画展「土浦の昭和時代―思い出を振りかえって」	1989	8月6日～27日	
	土浦市立博物館（2）	第8回企画展「ラジオが語る昭和の歴史」	1991	5月3日～6月16日	
	土浦市立博物館（3）	第16回企画展「青い目の人形―戦争と平和の証言者」	1995	5月2日～6月11日	図録
	土浦市立博物館（4）	第17回企画展「戦争と市民―語りつぐ戦争下の暮らし―」	1995	7月29日～9月10日	図録
	土浦市立博物館（5）	巡回展　人形大使「筑波かすみ」と「青い目の人形」展	2007	8月14日～19日	
	土浦市立博物館（6）	2015年度総合（季節）展示「戦時下の教育」	2015	5月12日～2016年3月13日	
	土浦市立博物館（7）	2015年度春季展示「墨塗りされた楽譜―戦時下の幼児教育の痕跡」	2015	5月12日～6月28日	
	土浦市立博物館（8）	2015年度夏季展示「戦時下の金属回収―供出されたもの・されなかったもの」	2015	7月1日～9月27日	
	土浦市立博物館（9）	2015年度秋季展示「金属回収されなかった土浦幼稚園開園の鐘―130年の歴史を今に伝える」	2015	10月1日～12月27日	
	土浦市立博物館（10）	戦争の記憶―土浦ゆかりの人・もの・語り	2015	10月24日～12月6日	図録
	土浦市立博物館（11）	2015年度冬季展示「土浦中学校での軍事教練―戦時下の軍隊式教育」	2016	1月5日～3月13日	
	土浦市立博物館（12）	パネル展「戦争の記憶を語る」	2016	7月5日～9月25日	
	土浦市立博物館（13）	2016年度夏期展示「真鍋国民学校の答辞―戦時下の卒業式での出来事」	2016	7月5日～9月25日	
	土浦市立博物館（14）	2016年度秋期展示「自省録―戦時下の土浦高等女学校生徒の日記」	2016	10月4日～12月25日	
	土浦市立博物館（15）	2017年度夏期展示「戦中・戦後の旧制中学校の教科書―墨塗りとブックカバー」	2016	7月5日～9月25日	
	土浦市立博物館（16）	パネル展「戦争の記憶を語る」	2017	7月22日～9月24日	
	土浦市立博物館（17）	パネル展「戦争の記憶を語る」	2018	7月21日～9月24日	
	土浦市立博物館（18）	写真でたどる町の記憶	2019	3月16日～6月2日	
	土浦市立博物館（19）	第40回特別展「町の記憶―空都土浦とその時代」	2019	3月16日～5月6日	図録144p
	土浦市立博物館（20）	パネル展「戦争の記憶を語る」	2019	7月20日～9月8日	
	土浦市立博物館（21）	土浦市文化財愛護の会写真部会「戦争の記憶」写真展	2021	6月20日～8月29日	
	東村立歴史民俗資料館	語りつぐ戦争展	1995	7月25日～9月24日	

	那珂市歴史民俗資料館	那珂市平和祈念事業・戦後70年の記憶	2015	7月25日～9月6日	
	利根町生涯学習センター	企画展「史料が語る戦争のきおく」	2022	8月2日～18日	
	龍ケ崎市歴史民俗資料館	沖縄戦写真パネル展	2013	8月2日～16日	
	龍ケ崎市歴史民俗資料館	戦後70年企画・戦時収蔵資料展	2015	8月5日～9月6日	
栃木県	鹿沼市立川上澄生美術館	戦時下での創作	2019	7月20日～9月29日	
	宇都宮城址公園清明館歴史展示室（1）	うつのみやの戦災展	2016	7月13日～8月31日	
	宇都宮城址公園清明館歴史展示室（2）	うつのみやの戦災展	2017	7月6日～8月30日	
	宇都宮城址公園清明館歴史展示室（3）	うつのみやの戦災展	2018	7月4日～8月30日	
	宇都宮城址公園清明館歴史展示室（4）	うつのみやの戦災展	2019	7月18日～9月1日	
	宇都宮城址公園清明館歴史展示室（5）	うつのみやの戦災展	2020	7月10日～8月31日	
	宇都宮城址公園清明館歴史展示室（6）	うつのみやの戦災展	2021	7月9日～8月31日	
	宇都宮城址公園清明館歴史展示室（7）	うつのみやの戦災展	2022	7月8日～8月31日	
	小山市立博物館	終戦70周年記念展―平和都市小山とヒロシマに残された70の資料	2015	7月4日～8月30日	
	栃木県立博物館	人文系テーマ展「戦中・戦後の市民生活」	2009	7月18日～9月23日	
	栃木県立博物館	戦時下沖縄の警察部長　荒井退造―辞令と写真からたどる足跡	2019	7月13日～8月18日	
	日光市歴史民俗資料館	戦後70年戦争と庶民の暮らし	2015	～10月4日	
群馬県	重監房資料館	旧日本統治下　海外ハンセン病療養所の監禁室展	2019	7月17日～8月18日	
	高崎市歴史民俗資料館	兵さかずきに映った高崎	2019	7月6日～9月1日	
	高崎市歴史民俗資料館	企画展「終戦の日　その時高崎は」	2005	7月23日～9月19日	パンフレット
	みどり市岩宿博物館	戦後70年　戦時下の記憶とくらし	2015	1月31日～3月15日	
	館林市第一資料館	戦時下の館林―市民が見た戦争の記録	2015	7月18日～9月13日	
	館林市第一資料館	戦後75年収蔵資料展「戦時下の人々」	2020	7月11日～8月23日	
	群馬県立図書館	第2回終戦70周年企画・戦時下の群馬	2015	7月3日～8月16日	展示目録
	群馬県立土屋文明記念文学館	第99回企画展「子供たちの戦争―ある少年が愛読した新聞・雑誌」	2018	1月13日～3月18日	図録
	群馬県立文書館	ロビー展示Ⅰ・記録が語る昭和の戦争と県民のくらし	2015	7月11日～10月4日	
	群馬県立歴史博物館	第79回企画展「子どもたちと戦争」	2005	7月23日～8月31日	図録
	群馬県立近代美術館	企画展示「破壊された都市の肖像　ゲルニカ、ロッテルダム、東京…」	2013	1月19日～3月24日	
	前橋文学館	空襲・戦災の記録	2007	7月21日～8月5日	
	前橋市芸術文化れんが蔵	企画展「地域から戦争を考える」	2019	8月10日～12日	
	大泉町立図書館	戦後70周年記念大泉町の戦中・戦後展	2015	8月12日～16日	
	玉村町歴史資料館	2014年度第19回企画展「戦争と玉村町―軍隊・銃後・空襲」	2014	7月17日～9月28日	
	中之条町歴史と民俗の博物館「ミュゼ」	2020年度第1回企画展「語り継ぐ戦争―前橋空襲と戦時の暮らし～」展	2020	7月23日～9月23日	
埼玉県	狭山市立博物館	収蔵品展―遠藤三郎が遺した品々	1995	9月19日～11月12日	
	所沢市生涯学習推進センター企画展示室	戦争の時代を生きた市民1931―1945	2022	8月2日～31日	
	上福岡市立歴史民俗資料館（1）	激動の昭和史 in 上福岡	1995	10月15日～12月8日	図録72p

県	館　　名	展示会名	年	会　　期	刊行物
埼玉県	上福岡市立歴史民俗資料館（２）	造兵廠展示会	2003		
	上福岡市立歴史民俗資料館（３）	企画展「造兵廠と戦争資料展示会」	2004	８月14日～９月12日	
	上福岡市立歴史民俗資料館（４）	戦後60年記念企画展「造兵廠と戦争遺跡」	2005	８月６日～９月４日	展示資料目録
	ふじみ野市立上福岡歴史民俗資料館（５）	第22回特別展「東京第１陸軍造兵廠」	2007	９月29日～11月25日	図録
	ふじみ野市立上福岡歴史民俗資料館（６）	企画展「造兵廠―市内にあった陸軍施設」	2013	６月15日～８月18日	
	ふじみ野市立上福岡歴史民俗資料館（７）	ミニ展示「造兵廠」	2014	６月14日～８月17日	
	ふじみ野市立上福岡歴史民俗資料館（８）	戦後70周年記念企画展・戦時中のくらし	2015	６月13日～８月16日	
	ふじみ野市立上福岡歴史民俗資料館（９）	第１回企画展「発掘された戦争―火工廠と防空壕」	2016	６月25日～８月14日	
	ふじみ野市立上福岡歴史民俗資料館（10）	第１回巡回企画展「消えゆく戦争建築―火工廠」	2017	７月22日～８月20日	
	ふじみ野市立上福岡歴史民俗資料館（11）	巡回企画展「出征と兵士の生活」	2018	７月21日～８月19日	
	ふじみ野市立上福岡歴史民俗資料館（12）	企画展「戦時代用品としての陶器」	2019	７月27日～９月１日	
	ふじみ野市立上福岡歴史民俗資料館（13）	巡回企画展「戦時の人々の生活、思い、祈り―写真週報と関連資料を中心に」	2020	７月18日～８月23日	
	ふじみ野市立上福岡歴史民俗資料館（14）	「平和推進事業巡回企画展戦争の記憶―戦時と平時の間で」	2021	７月17日～８月22日	
	ふじみ野市立大井郷土資料館（１）	戦後70年記念企画展・戦時中のくらし	2015	10月３日～12月６日	
	ふじみ野市立大井郷土資料館（２）	第１回企画展「発掘された戦争―火工廠と防空壕」	2016	８月20日～９月19日	
	ふじみ野市立大井郷土資料館（３）	第１回巡回企画展「消えゆく戦争建築―火工廠」	2017	８月26日～９月17日	
	ふじみ野市立大井郷土資料館（４）	巡回企画展「出征と兵士の生活」	2018	８月25日～９月18日	
	ふじみ野市立大井郷土資料館（５）	巡回企画展「戦時の人々の生活、思い、祈り―写真週報と関連資料を中心に」	2020	８月29日～９月13日	
	ふじみ野市立大井郷土資料館（６）	「平和推進事業巡回企画展戦争の記憶―戦時と平時の間で」	2021	８月28日～９月20日	
	浦和市郷土博物館	我が家の戦時資料展	1995	７月19日～９月３日	パンフレット２ｐ
	桶川市歴史民俗資料館（１）	夏期小企画展示「昭和の戦争と桶川」	2017	８月５日～９月３日	
	桶川市歴史民俗資料館（２）	企画展示「昭和の戦争と桶川」	2018	８月５日～19日	
	桶川市歴史民俗資料館（３）	「戦時の桶川―戦時の学校と郷土の兵士」展	2019	８月４日～25日	
	桶川市歴史民俗資料館（４）	企画展示「昭和の戦争と桶川―戦後75年を迎え」	2020	８月１日～31日	
	熊谷市立図書館美術･郷土資料展示室（１）	熊谷空襲展	1985		
	熊谷市立図書館美術･郷土資料展示室（２）	戦前・戦中・戦後の熊谷の様子第一部・戦争と生活展	1995	６月17日～1996年２月10日	図録187p
	熊谷市立図書館美術･郷土資料展示室（３）	戦前・戦中・戦後の熊谷の様子第二部・戦争と市民生活の写真展	1995	10月24日～12月10日	同上図録
	熊谷市立図書館美術･郷土資料展示室（４）	熊谷空襲の記録と回顧展―熊谷空襲60周年・語り継ごう・戦争の悲惨さを	2005	７月23日～９月１日	図録132p
	熊谷市立図書館美術･郷土資料展示室（５）	「戦後65周年―熊谷空襲とその時代展」	2010	７月24日～８月29日	図録12ｐ
	熊谷市立図書館美術･郷土資料展示室（６）	戦後70周年記念―熊谷空襲の記憶展	2015	７月25日～８月30日	図録15ｐ
	熊谷市立図書館美術･郷土資料展示室（７）	戦後75周年―熊谷空襲とその前後の時代展	2020	７月18日～８月30日	資料
	戸田市立郷土博物館	戦後50年―あのころの戸田	1995	８月１日～９月17日	リーフレット３ｐ
	戸田市立郷土博物館	第25回企画展（戸田市平和事業）戦争と人々の暮らし　戦後120年･110年･70年	2015	７月18日～９月６日	図録
	行田市郷土博物館	戦争と行田	1995	７月21日～８月31日	図録23p

	坂戸市立歴史民俗資料館	季節展示「戦争の記憶」	2019	7月22日～8月30日	
	埼玉県平和資料館（1）	「収集資料展—1992年度収集資料」	1994	2月15日～3月21日	
	埼玉県平和資料館（2）	「収集資料展—1993年度収集資料」	1994	4月26日～6月26日	
	埼玉県平和資料館（3）	学舎の子どもたち	1994	7月26日～10月2日	図録
	埼玉県平和資料館（4）	戦争で失われた文化財	1994	11月1日～1995年2月26日	図録
	埼玉県平和資料館（5）	「ギャラリー展テレジンの子供と疎開学童の絵画展」	1995	2月25日～5月6日	
	埼玉県平和資料館（6）	「収集資料展—1994年度収集資料」	1995	4月18日～6月4日	
	埼玉県平和資料館（7）	「沖縄戦巡回展」	1995	7月1日～9日	
	埼玉県平和資料館（8）	「首都圏の空襲」	1995	11月7日～1996年1月28日	図録
	埼玉県平和資料館（9）	「収集資料展—1995年度収集資料」	1996	4月23日～6月16日	
	埼玉県平和資料館（10）	「ギャラリー展沖縄戦と埼玉」	1996	6月19日～7月19日	
	埼玉県平和資料館（11）	「戦争と庶民生活—欲しがりません勝つまでは」	1996	7月20日～9月23日	図録
	埼玉県平和資料館（12）	「ギャラリー展昭和20年代の埼玉」	1996	9月24日～10月27日	
	埼玉県平和資料館（13）	「秩父　戦中の記録」	1996	10月29日～1997年2月23日	図録
	埼玉県平和資料館（14）	「収集資料展—1996年度収集資料」	1997	4月22日～6月15日	
	埼玉県平和資料館（15）	「ギャラリー展戦時ポスター展」	1997	6月17日～7月21日	
	埼玉県平和資料館（16）	「終戦と引揚げ」	1997	7月23日～9月21日	図録
	埼玉県平和資料館（17）	「ギャラリー展戦争を語る墨塗りの壁」	1997	9月23日～10月26日	
	埼玉県平和資料館（18）	「戦争と紙芝居」	1997	10月28日～1998年2月22日	図録
	埼玉県平和資料館（19）	「ギャラリー展比企地方の戦争遺跡」	1998	2月24日～5月31日	
	埼玉県平和資料館（20）	「収集資料展—1997年度収集資料」	1998	4月21日～6月14日	
	埼玉県平和資料館（21）	「ギャラリー展『双六』に見る世相」	1998	6月16日～7月20日	
	埼玉県平和資料館（22）	「青い目の人形と渋沢栄一」	1998	7月25日～8月31日	図録
	埼玉県平和資料館（23）	「収蔵品展」	1998	9月15日～10月18日	
	埼玉県平和資料館（24）	「戦争と埼玉の地場産業Ⅰ—小川和紙」	1998	10月27日～1999年2月21日	図録
	埼玉県平和資料館（25）	「ギャラリー展『絵葉書』に見る世相」	1999	2月23日～4月18日	
	埼玉県平和資料館（26）	「収集資料展—1998年度新収集品」	1999	4月20日～6月13日	
	埼玉県平和資料館（27）	「ギャラリー展戦時下に描かれたスケッチ」	1999	6月29日～7月20日	
	埼玉県平和資料館（28）	「戦時下の暮らしと願い」	1999	7月27日～9月19日	図録
	埼玉県平和資料館（29）	「ギャラリー展写真で見る戦時下の子どもたち」	1999	9月28日～10月24日	
	埼玉県平和資料館（30）	「戦争と埼玉の地場産業Ⅱ—行田足袋と衣服」	1999	10月26日～2000年2月6日	
	埼玉県平和資料館（31）	「写真に偲ぶ青い目の人形」	2000	2月15日～4月9日	
	埼玉県平和資料館（32）	「収集資料展—1999年度新収集品」	2000	4月18日～6月11日	
	埼玉県平和資料館（33）	「絵本・雑誌に見る昭和の世相」	2000	10月24日～12月10日	図録
	埼玉県平和資料館（34）	「思い出の答礼人形」	2001	2月14日～3月11日	

県	館　名	展示会名	年	会期	刊行物
埼玉県	埼玉県平和資料館（35）	「収集資料展—2000年度新収集品」	2001	4月24日～6月24日	
	埼玉県平和資料館（36）	「絵でたどる日本のいくさⅡ—描かれた戦争画」	2001	7月24日～8月31日	図録
	埼玉県平和資料館（37）	企画展「埼玉へ疎開した文化人たち」	2001	10月23日～12月2日	図録
	埼玉県平和資料館（38）	テーマ展「終戦後・混乱期の教科書展」	2002	2月9日～3月10日	
	埼玉県平和資料館（39）	「収集資料展2001年度収集品」	2002	4月23日～6月23日	
	埼玉県平和資料館（40）	企画展「武器なき戦い—情報・謀略宣伝」	2002	7月23日～9月1日	図録
	埼玉県平和資料館（41）	テーマ展「子どもたちの遊びと暮らし—戦中戦後の玩具を中心に」	2002	10月22日～12月1日	
	埼玉県平和資料館（42）	テーマ展Ⅱ「戦地・外地からの手紙」	2003	2月12日～3月9日	
	埼玉県平和資料館（43）	「収集資料展　2002年度収集品」	2003	4月22日～6月22日	
	埼玉県平和資料館（44）	企画展「女性たちの戦中・戦後」	2003	7月23日～9月15日	図録
	埼玉県平和資料館（45）	テーマ展「雑誌の表紙に見る世相—アサヒグラフを中心として」	2003	10月21日～12月7日	
	埼玉県平和資料館（46）	テーマ展Ⅱ「埼玉軍政部と戦後埼玉の復興」	2004	2月3日～3月7日	
	埼玉県平和資料館（47）	「収集資料展　2003年度収集品」	2004	4月20日～6月20日	
	埼玉県平和資料館（48）	企画展「昭和前期の子どもたちと戦争—学校と遊び—」	2004	7月24日～9月12日	図録
	埼玉県平和資料館（49）	テーマ展「広告類から見る戦中・戦後の世相—ポスター・チラシを中心に」	2004	10月19日～12月5日	
	埼玉県平和資料館（50）	テーマ展Ⅱ「海外からの引揚げと復員—埼玉の場合を中心に」	2005	2月5日～3月6日	
	埼玉県平和資料館（51）	青い目の人形物語と所蔵資料展	2005	4月23日～6月12日	
	埼玉県平和資料館（52）	企画展「戦後60年　戦争の記憶—205人の証言」	2005	7月23日～9月25日	
	埼玉県平和資料館（53）	テーマ展Ⅰ「山碧く里うるわし唱歌の世界」	2005	10月15日～12月11日	図録（DVD）本編約50分
	埼玉県平和資料館（54）	テーマ展Ⅱ「絵双六に見る昭和の世相」	2006	2月14日～4月9日	
	埼玉県平和資料館（55）	テーマ展1「時の記録者—絵葉書に見る昭和と新収集資料」	2006	4月29日～6月11日	
	埼玉県平和資料館（56）	テーマ展「戦時の装い—そのとき日本人は何を着ていたか」	2006	7月22日～9月24日	図録
	埼玉県平和資料館（57）	「埼玉の戦中・戦後」	2006	10月21日～12月3日	
	埼玉県平和資料館（58）	テーマ展Ⅳ「雑誌・新聞附録に見る時代の世相」	2007	2月17日～4月8日	
	埼玉県平和資料館（59）	テーマ展Ⅱ「戦時救護—日赤看護婦たちの軌跡」	2007	7月21日～9月9日	図録
	埼玉県平和資料館（60）	ギャラリー展1「疎開児童の絵」	2007	9月15日～10月28日	
	埼玉県平和資料館（61）	テーマ展Ⅲ「戦時埼玉の食卓」	2007	10月20日～12月26日	
	埼玉県平和資料館（62）	テーマ展Ⅳ「壁新聞が伝えた新しい時代—広告媒体にみる戦後埼玉」	2008	3月8日～5月6日	
	埼玉県平和資料館（63）	「寄贈資料が語る戦争の記憶—2007年度新収集資料を中心に」	2008	5月17日～6月29日	
	埼玉県平和資料館（64）	企画展「体感、実感、資料館！—戦時のくらし、みて、ふれて」	2008	7月18日～9月27日	
	埼玉県平和資料館（65）	テーマ展Ⅳ「戦中戦後の鉄道輸送」	2008	12月20日～2009年3月1日	図録
	埼玉県平和資料館（66）	「寄贈資料が語る戦時の記憶—2008年度新収集資料を中心に」	2009	5月16日～6月28日	
	埼玉県平和資料館（67）	企画展「戦時のくらし　みて　ふれて」	2009	7月18日～9月27日	
	埼玉県平和資料館（68）	テーマ展Ⅳ「戦時中の手紙に見る家族の姿」	2010	2月27日～5月9日	図録

埼玉県平和資料館（69）	テーマ展Ⅰ「空襲と疎開」	2010	7月17日～9月5日	図録
埼玉県平和資料館（70）	「寄贈資料が語る戦時の記憶―2009年度新収集資料を中心に」	2010	12月21日～2011年1月30日	
埼玉県平和資料館（71）	収蔵品展「写真雑誌に見る世相」	2011	3月19日～5月15日	
埼玉県平和資料館（72）	テーマ展「戦争と動物たち」	2011	7月16日～9月4日	図録
埼玉県平和資料館（73）	テーマ展「寄贈資料が語る戦時の記憶―2010年度新収集資料を中心に」	2011	12月3日～2012年2月26日	
埼玉県平和資料館（74）	収蔵品展「絵双六に見る近代―子どもたちの夢見た未来」	2012	3月17日～5月13日	
埼玉県平和資料館（75）	テーマ展「昭和20年の夏休み―ある少女の見た戦争」	2012	7月14日～9月2日	
埼玉県平和資料館（76）	テーマ展Ⅱ「寄贈資料が語る戦時の記憶―2011年度収集資料を中心に」	2012	12月1日～2013年2月24日	
埼玉県平和資料館	臨時休館	2013	3月25日～10月19日	
埼玉県平和資料館	リニューアル	2013	10月20日	
埼玉県平和資料館（77）	テーマ展「復興―何度でも、立ち上がって」	2013	10月20日～12月1日	図録
埼玉県平和資料館（78）	テーマ展「寄贈資料が語る戦時の記憶―2012年度収集資料を中心に」	2014	1月11日～3月9日	
埼玉県平和資料館（79）	収蔵品展「雑誌と戦争」	2014	3月25日～5月11日	
埼玉県平和資料館（80）	テーマ展「戦争を伝える―写した戦争・描いた戦争」	2014	7月19日～9月7日	図録
埼玉県平和資料館（81）	テーマ展「寄贈資料が語る戦時の記憶―2013年度収集資料を中心に」	2014	12月2日～2015年2月22日	
埼玉県平和資料館（82）	収蔵品展「広告から世相を読む」	2015	3月21日～5月10日	
埼玉県平和資料館（83）	テーマ展「戦後70年祈り―受け継ぐ思い」	2015	7月18日～9月6日	図録
埼玉県平和資料館（84）	2014年度収集資料展―寄贈資料が語る戦時の記憶	2015	12月5日～2016年2月21日	
埼玉県平和資料館（85）	収蔵品展「絵本・雑誌・紙芝居―戦時下の暮らしと娯楽」	2016	3月19日～5月8日	
埼玉県平和資料館（86）	「2015年度収集資料展―寄贈資料が語る戦時の記憶」	2016	7月16日～8月31日	
埼玉県平和資料館（87）	「戦時下の子供たち」	2016	10月25日～12月11日	図録
埼玉県平和資料館（88）	ギャラリー展「写真にみる昭和の暮らし」	2017	1月17日～2月26日	
埼玉県平和資料館（89）	テーマ展収蔵品展「暮らしと世相―戦時下の家族の風景」	2017	3月18日～5月7日	
埼玉県平和資料館（90）	ギャラリー展「昭和の暮らしⅠ―写真で見る戦後復興」	2017	4月25日～6月18日	
埼玉県平和資料館（91）	テーマ展「2016年度収集資料展―寄贈資料が語る戦時の記憶」	2017	7月15日～9月3日	
埼玉県平和資料館（92）	ギャラリー展「昭和の暮らしⅡ」	2017	10月3日～12月3日	
埼玉県平和資料館（93）	テーマ展「かるたの中の戦争―愛国いろはかるたが語る世相」	2017	10月21日～12月3日	図録
埼玉県平和資料館（94）	テーマ展寄贈資料展「平成29年度に寄せられた戦時の記憶」	2018	3月20日～5月6日	
埼玉県平和資料館（95）	ギャラリー展「古写真でみる昭和の暮らしⅠ」『写真週報』の表紙に見る女性の姿	2018	6月5日～7月29日	
埼玉県平和資料館（96）	2018年度収蔵品展「昭和の暮らし―終戦までの昭和」	2018	7月14日～12月2日	
埼玉県平和資料館（97）	ギャラリー展「古写真でみる昭和の暮らしⅡ」清水武甲が見た戦中の記録	2018	10月2日～2019年1月14日	
埼玉県平和資料館（98）	テーマ展「童謡　その心―あの日の歌が聴こえる」	2019	1月19日～3月3日	図録
埼玉県平和資料館（99）	「2019年度寄贈資料展―戦時の記憶―」	2019	3月19日～5月6日	
埼玉県平和資料館（100）	収蔵品展「昭和の暮らし―戦時と戦後」	2019	7月13日～12月15日	
埼玉県平和資料館（101）	テーマ展「描かれた戦争」	2020	1月18日～3月1日	図録

県	館　　名	展　示　会　名	年	会　　期	刊行物
埼玉県	埼玉県平和資料館（102）	「寄贈資料展―2019年度に寄せられた戦時の記憶―」	2020	6月2日～28日	
	埼玉県平和資料館（103）	「収蔵品展　昭和の暮らし―戦時と戦後―」	2020	7月11日～11月23日	
	埼玉県平和資料館（104）	テーマ展「渋沢栄一と平和」	2021	1月16日～3月7日	図録
	埼玉県平和資料館（105）	「寄贈資料展」	2021	3月16日～5月9日	
	埼玉県平和資料館（106）	ギャラリー展「写真で見る戦争と暮らし」	2021	5月18日～7月25日	
	埼玉県平和資料館（107）	収蔵品展「昭和の暮らし」	2021	7月10日～12月12日	
	埼玉県平和資料館（108）	テーマ展「埼玉再建！―『埼玉メガホン』と復興の時代―」	2022	1月15日～3月6日	図録
	埼玉県平和資料館（109）	寄贈資料展	2022	3月15日～5月22日	
	埼玉県平和資料館（110）	ギャラリー展「写真で見る戦争と暮らし―清水武甲が撮った秩父Ⅲ」	2022	5月3日～7月31日	
	埼玉県平和資料館（111）	収蔵品展「昭和の暮らし―戦前・戦中・戦後」	2022	7月9日～12月11日	
	埼玉県立歴史と民俗の博物館	トピック展示「戦時下の埼玉」	2008	8月～11月	
	埼玉県立歴史と民俗の博物館	特集展示「戦争と報道」	2018	6月19日～8月26日	
	埼玉県立歴史と民俗の博物館	歴史特集展示「戦争と学校」	2019	7月23日～10月20日	
	埼玉県立近代美術館	戦時下の子どもの暮らし―渡辺武夫の絵暦から	2010	1月30日～4月18日	
	三芳町立歴史民俗資料館	収蔵品展―戦時下の三芳	1995	8月12日～9月10日	パンフレット13p
	志木市立郷土資料館	平和祈念展・戦時資料をとおして平和を考える	1995	7月25日～8月12日	
	上里町立郷土資料館	戦争とかみさと	1995	7月11日～1996年3月30日	
	川越市立博物館	戦時下の川越	1995	7月29日～9月17日	パンフレット7p
	川越市立博物館	第28回収蔵品展「戦中・戦後の川越の歩み」	2018	7月14日～9月2日	
	越谷市立図書館（1）	野口冨士男文庫開設	1994	10月26日	
	越谷市立図書館（2）	野口冨士男文庫特別展「野口冨士男と昭和の時代」	1994	10月26日～11月29日	
	越谷市立図書館（3）	野口冨士男文庫特別展「作家の見た戦争」	1995	9月～10月	
	越谷市立図書館（4）	野口冨士男文庫特別展「大戦前夜の青年作家たち―野口冨士男とその周辺」	2010	10月～12月	
	越谷市立図書館（5）	野口冨士男文庫特別展「『野口冨士男の昭和10年代』―『暗い夜の私』と『風のない日々』を中心に」	2012	10月27日～12月13日	
	越谷市立図書館（6）	野口冨士男文庫特別展「『暗い夜の私』の世界――文壇史と時代を甦らせる野口冨士男」	2022	10月22日～12月22日	
	入間市市役所（1）	第1回平和祈念資料展	1997		
	入間市市役所（2）	第2回平和祈念資料展	1998	8月4日～10日	
	入間市市役所（3）	第3回平和祈念資料展	1999	8月4日～10日	
	入間市市役所（4）	第4回平和祈念資料展	2000	8月4日～10日	
	入間市市役所（5）	第5回平和祈念資料展	2001	8月2日～9日	
	入間市市役所（6）	第6回平和祈念資料展	2002		
	入間市市役所（7）	第7回平和祈念資料展	2003	8月4日～8日	
	入間市市役所（8）	第8回平和祈念資料展	2004	8月2日～6日	
	入間市市役所（9）	第9回平和祈念資料展	2005	8月1日～5日	

	入間市博物館アリット（10）	第10回平和祈念資料展	2006	8月5日～13日	
	入間市博物館アリット（11）	第11回平和祈念資料展	2007	7月31日～8月5日	
	入間市博物館アリット（12）	第12回平和祈念資料展	2008		
	入間市博物館アリット（13）	第13回平和祈念資料展	2009	8月7日～9日	
	入間市博物館アリット（14）	第14回平和祈念資料展	2010	8月3日～8日	
	入間市博物館アリット（15）	第15回平和祈念資料展	2011	8月2日～7日	
	入間市博物館アリット（16）	第16回平和祈念資料展	2012	8月2日～12日	
	入間市博物館アリット（17）	第17回平和祈念資料展	2013	8月1日～11日	
	入間市博物館アリット（18）	常設展資料特別公開「戦争と入間」	2014	7月23日～8月31日	
	入間市博物館アリット（19）	第18回平和祈念資料展	2014	8月1日～10日	
	入間市博物館アリット（20）	第19回平和祈念資料展	2015	8月1日～9日	
	入間市博物館アリット（21）	第20回平和祈念資料展	2016	7月30日～8月7日	
	入間市博物館アリット（22）	第21回入間市平和祈念資料展	2017	8月2日～9日	
	入間市博物館アリット（23）	第22回入間市平和祈念資料展	2018	8月1日～9日	
	入間市博物館アリット（24）	第23回入間市平和祈念資料展	2019	8月1日～9日	
	入間市博物館アリット（25）	第24回入間市平和祈念資料展	2020	8月5日～13日	
	入間市博物館アリット（26）	第25回入間市平和祈念資料展	2021	8月4日～12日	
	入間市博物館アリット（27）	第26回入間市平和祈念資料展	2022	8月3日～10日	
	八潮市立資料館（1）	八潮にとって戦後とは	1995	8月6日～10月10日	図録39p
	八潮市立資料館（2）	第26回企画展「公文書にみる戦時下の生活」	2011	9月16日～10月16日	解説資料
	八潮市立資料館（3）	戦火に生きる―兵士、女性、そして子どもたち	2015	8月1日～9月27日	図録
	八潮市立資料館（4）	企画展「語り継ぐ戦争」	2021	7月31日～9月18日	図録
	飯能市郷土館	戦時下の生活	1995	6月8日～8月31日	リーフレット7p
	蕨市立歴史民俗資料館（1）	第2回企画展　戦時資料展	1991	8月1日～9月29日	リーフレット
	蕨市立歴史民俗資料館（2）	第3回企画展　戦時資料展	1992	8月1日～9月13日	リーフレット
	蕨市立歴史民俗資料館（3）	第4回企画展　戦中・戦後のくらしと道具	1993	8月1日～9月12日	リーフレット
	蕨市立歴史民俗資料館（4）	第5回企画展　時代―戦時資料とくらしの道具	1994	8月2日～9月11日	リーフレット
	蕨市立歴史民俗資料館（5）	第6回企画展　時代―戦後50年	1995	8月1日～9月10日	リーフレット
	蕨市立歴史民俗資料館（6）	第7回企画展　時代―15年戦争の記憶	1996	8月1日～9月8日	リーフレット
	蕨市立歴史民俗資料館（7）	第8回企画展　時代―15年戦争の記憶	1997	8月1日～9月7日	リーフレット
	蕨市立歴史民俗資料館（8）	第9回企画展　時代―15年戦争の記憶	1998	8月1日～9月6日	リーフレット
	蕨市立歴史民俗資料館（9）	第10回企画展　15年戦争の記憶―代用品とくらし	1999	8月1日～9月5日	リーフレット
	蕨市立歴史民俗資料館（10）	第11回企画展　時代―15年戦争の記憶	2000	8月1日～9月17日	リーフレット
	蕨市立歴史民俗資料館（11）	第12回企画展　時代―15年戦争の記憶	2001	8月1日～9月16日	リーフレット
	蕨市立歴史民俗資料館（12）	第13回企画展　戦中・戦後の代用品～15年戦争の記憶	2002	8月1日～9月8日	リーフレット

県	館　　名	展　示　会　名	年	会　　期	刊行物
埼玉県	蕨市立歴史民俗資料館（13）	第14回企画展　15年戦争の記憶　銃後の女性たち	2003	8月1日～9月7日	リーフレット
	蕨市立歴史民俗資料館（14）	第15回企画展　15年戦争の記憶　節米と代用食の時代	2004	8月1日～31日	リーフレット
	蕨市立歴史民俗資料館（15）	第16回平和祈念展「子どもたちの戦争」	2005	8月2日～31日	リーフレット
	蕨市立歴史民俗資料館（16）	第17回平和祈念展「戦中から戦後へ」	2006	8月1日～31日	リーフレット
	蕨市立歴史民俗資料館（17）	第18回平和祈念展　戦中・戦後のくらし　15年戦争の記憶	2007	8月1日～31日	リーフレット
	蕨市立歴史民俗資料館（18）	第19回平和祈念展「駅弁・記念切符でたどる戦中・戦後」	2008	8月1日～9月30日	リーフレット
	蕨市立歴史民俗資料館（19）	第20回平和祈念展　写真館・蕨―戦中から戦後へ	2009	8月1日～9月27日	リーフレット
	蕨市立歴史民俗資料館（20）	第21回平和祈念展「記念切符でたどる戦後復興」	2010	8月1日～9月26日	リーフレット
	蕨市立歴史民俗資料館（21）	第22回平和祈念展「戦中・戦後の食とくらし」	2011	7月30日～9月25日	リーフレット
	蕨市立歴史民俗資料館（22）	第23回平和祈念展　忘れ得ぬあの時―戦中・戦後の暮らし	2012	7月28日～9月30日	リーフレット
	蕨市立歴史民俗資料館（23）	第24回平和祈念展　戦争と子どもたち	2013	7月27日～9月29日	リーフレット
	蕨市立歴史民俗資料館（24）	第25回平和祈念展　代用品　モノが語る戦時下のくらし	2014	7月26日～9月28日	リーフレット
	蕨市立歴史民俗資料館（25）	蕨市平和都市宣言30周年記念事業　第26回平和祈念展　戦後70年	2015	7月25日～9月27日	リーフレット
	蕨市立歴史民俗資料館（26）	第27回平和祈念展　銃後の女性たち	2016	7月30日～9月25日	リーフレット
	蕨市立歴史民俗資料館（27）	第28回平和祈念展　戦地へ向かった人々	2017	7月29日～9月24日	リーフレット
	蕨市立歴史民俗資料館（28）	第29回平和祈念展　蕨 PhotoAlbum　レンズ越しの戦中・戦後	2018	7月21日～9月30日	リーフレット
	蕨市立歴史民俗資料館（29）	第30回平和祈念展　1937－1945　戦時中のグラフィック・デザイン	2019	7月20日～9月29日	リーフレット
	蕨市立歴史民俗資料館（30）	第31回平和祈念展　戦後75年　もう一つの戦場　ある看護婦の記憶	2020	10月3日～12月13日	リーフレット
	蕨市立歴史民俗資料館（31）	第32回平和祈念展　東京オリンピック1964―蕨に聖火がやってきた！	2021	7月3日～9月26日	リーフレット
	蕨市立歴史民俗資料館（32）	第33回平和祈念展　戦時下のモノがたり	2022	7月9日～9月19日	リーフレット
千葉県	千葉県立安房博物館	「青い目の人形」三姉妹展	2005	7月10日～9月4日	
	茂原市立美術館・郷土資料館	戦時中のくらし展	1995	8月5日～10月25日	
	我孫子市杉村楚人冠記念館	戦時下のアサヒグラフ	2015	7月14日～10月4日	
	鎌ケ谷市郷土資料館	企画展「戦争の記録と記憶 in 鎌ヶ谷」	2005	7月10日～9月4日	図録
	鎌ケ谷市郷土資料館	ミニ展示・鎌ケ谷村の太平洋戦争―終戦70周年	2015	7月18日～9月27日	解説資料と解読筆写集
	鎌ケ谷市郷土資料館	収蔵資料展示 vol.11・後世に伝えたい戦争資料	2015	7月18日～9月27日	
	鴨川市郷土資料館	鴨川と戦争―戦後70年	2015	7月18日～9月3日	
	館山市立博物館	第12回収蔵資料展「軍都の時代」	2005	7月23日～8月31日	解説シート
	館山市立博物館	戦後70年企画・収蔵資料展・戦時のたてやま	2015	7月1日～9月6日	
	君津市立久留里城址資料館	企画展「平和60年　戦時下の記憶」	2005	10月18日～12月4日	
	国立歴史民俗博物館	特別企画「佐倉連隊にみる戦争の時代」	2006	7月4日～9月3日	図録
	国立歴史民俗博物館	総合展示第6展示室―現代の「戦争と平和」・「戦後の生活革命」開始	2010	3月16日	
	佐倉市和田ふるさと館	佐倉市平和条例施行20周年・終戦70年平和祈念特別展・忘れ得ぬ記憶―戦争と和田村	2015	7月8日～9月23日	
	山武市歴史民俗資料館	太平洋戦争70周年記念展　企画展1・郷土危うし　空襲下の山武地域	2015	7月4日～10月25日	

	松戸市立博物館	松戸市平和祈念展	2015	7月18日～9月23日	図録
	成田羊羹資料館	第7回企画展「戦地慰問と軍事郵便物語」	2006	10月～2007年4月30日	
	千葉市立郷土博物館	千葉市制100周年記念　2020年度特別展「軍都千葉と千葉空襲―軍と歩んだまち・戦時下のひとびと」	2020	10月27日～12月13日	図録
	千葉市立郷土博物館	小企画展「陸軍気球連隊と第二格納庫―知られざる軍用気球のあゆみと技術遺産ダイヤモンドトラス―」	2021	5月26日～7月11日	ブックレット
	船橋市郷土資料館	第71回展示「あれから60年―戦争の時代をこえて」	2005	8月2日～10月30日	資料
	八千代市立郷土博物館	企画展「戦争の記憶―太平洋戦争と八千代・房総」	2019	10月6日～11月24日	
	睦沢町立歴史民俗資料館（1）	睦沢町民の戦争体験―あの戦争の歴史の事実を事実として	2000	7月15日～9月24日	図録
	睦沢町立歴史民俗資料館（2）	企画展「睦沢町民の戦争体験―戦後60年の記憶―戦争の歴史の事実を事実として伝えるために」	2005	7月16日～9月25日	リーフレット
	睦沢町立歴史民俗資料館（3）	終結70年　房総半島の第二次世界大戦	2015	6月6日～9月6日	
	睦沢町立歴史民俗資料館（4）	企画展「遺品が語る20世紀の戦争」	2018	6月30日～9月30日	
	睦沢町立歴史民俗資料館（5）	企画展「太平洋戦争―日本史上最大の歴史体験―」	2021	6月26日～9月26日	
	木更津市郷土博物館金のすず	昭和20年の木更津	2015	8月1日～10月12日	
東京都	足立区立郷土博物館（1）	博物館スポット展「足立の歴史と文化」―戦争と足立	1995	6月10日～8月20日	
	足立区立郷土博物館（2）	博物館スポット展「足立の歴史と文化」	1996	4月16日～7月14日と12月15日～1997年3月30日　戦争と足立も	
	足立区立郷土博物館（3）	博物館スポット展「足立の歴史と文化」	1997	4月1日～10月10日　戦争と足立も	
	足立区立郷土博物館（4）	企画展「昭和はじめの物語―戦前戦中のくらしと映像」	2013	7月23日～9月16日	
	足立区立郷土博物館（5）	協働展「足立の学童疎開」	2022	7月20日～8月28日	
	板橋区立郷土資料館（1）	板橋の平和―戦争と板橋　語りつぐ苦難の日々	1995	10月28日～12月10日	図録212p
	板橋区立郷土資料館（2）	記念展　学童疎開　古谷ホテル記念帳	2002	1月～3月	
	板橋区立郷土資料館（3）	企画展「戦後65年―板橋の戦争と銃後」	2010	7月17日～9月26日	図録
	板橋区立郷土資料館（4）	板橋の平和―戦中・戦後をふりかえる	2015	7月25日～8月30日	
	板橋区立美術館	館蔵品展「戦争と日本近代美術」	2011	5月14日～6月19日	
	板橋区立美術館	「池袋モンパルナス展」	2011	11月19日～2012年1月9日	図録
	板橋区立美術館	近代日本の社会と絵画　戦争の表象	2015	4月11日～6月7日	
	江戸川区平和祈念展示室	開館	2018	3月10日	
	大田区立郷土博物館	戦時生活資料展	1986		
	大田区立郷土博物館	玄関ホールミニ展「大田区と戦争―記録と記憶」	2017	7月21日～9月22日	
	葛飾区郷土と天文の博物館（1）	葛飾の戦時生活	1995	7月23日～9月3日	リーフレット4p
	葛飾区郷土と天文の博物館（2）	平和祈念資料展	2003	7月25日～8月10日	
	葛飾区郷土と天文の博物館（3）	キ94！ B29を撃墜せよ―空襲とかつしか	2005	7月20日～9月4日	リーフレット
	葛飾区郷土と天文の博物館（4）	旧教育資料館収蔵品展「かつしか学びの玉手箱―子どもたちと戦争―」	2017	5月27日～7月9日	
	葛飾区郷土と天文の博物館（5）	特別展「かつしか学びの玉手箱―葛飾と戦争」	2018	7月21日～9月2日	図録
	江東区中川船番所資料館	終戦から70年　特別展・太平洋戦争と江東の暮らし	2015	7月23日～9月13日	
	都立江東図書館	東京大空襲展	1982	3月18日～28日	

県	館　名	展示会名	年	会　期	刊行物
東京都	江東図書館	資料展示「語り継ぐ戦争の記憶　東京大空襲と学童集団疎開」	2021	2月27日～3月18日	
	品川区立品川歴史館（1）	非核平和都市品川宣言一周年記念　品川の学童疎開	1986	3月26日～5月18日	
	品川区立品川歴史館（2）	広島原爆資料展	1986	3月26日～5月18日	
	品川区立品川歴史館（3）	復興期の品川—焼け跡からマイホームへ	1991	10月5日～11月24日	図録16p
	品川区立品川歴史館（4）	戦争の中の子どもたち—集団学童疎開から50年	1994	7月26日～9月11日	資料集480p
	品川区立品川歴史館（5）	学童集団疎開の記録—子どもたちが描いた疎開地の生活	1998	7月26日～9月13日	
	品川区立品川歴史館（6）	企画展「今に伝える学童疎開」	2005	7月23日～9月4日	リーフレット
	渋谷区立白根記念郷土文化館	終戦50周年　光と影　その時渋谷は	1995	8月1日～31日	
	白根記念渋谷区郷土博物館・文学館	戦時中の渋谷—資料が語る当時のくらし	2015	8月8日～10月12日	
	白根記念渋谷区郷土博物館・文学館	企画展「「昭和」という時代」	2020	6月23日～8月16日	
	新宿区立新宿歴史博物館（1）	戦後50年—こどもたちの世界	1995	8月1日～9月17日	リーフレット9p
	新宿区立新宿歴史博物館（2）	路上の視野—水彩画家・堀　潔の見た昭和の東京	1996	7月20日～9月23日	
	新宿区立新宿歴史博物館（3）	開戦前後の区民生活—戦時体制と隣組	2000	2月5日～3月20日	
	新宿区立新宿歴史博物館（4）	平和展—未来へつなぐ私たちの記憶と記録	2005	7月30日～9月4日	
	新宿区立新宿歴史博物館（5）	戦後70年関連資料	2015	7月1日～9月30日	
	杉並区立郷土博物館	稚心をすてて・・・　杉並の学童集団疎開展	1993	7月18日～10月3日	図録
	杉並区立郷土博物館	特別展「二・二六事件の現場—渡辺錠太郎邸と柳井平八」	2009	2月21日～5月10日	図録
	杉並区立郷土博物館	区制90周年記念特別展「杉並激動の昭和戦前史」	2022	9月17日～10月30日	図録
	杉並区立郷土博物館分館	ミニ企画展「戦争展　私が子どもだった頃」仮	2017	7月15日～10月29日	
	杉並区立郷土博物館分館	終戦70年　戦争を語り継ぐ　杉並の戦争と平和	2015	7月4日～8月30日	
	すみだ郷土文化資料館（1）	東京空襲　銃後の戦争	2000	2月19日～3月20日	
	すみだ郷土文化資料館（2）	企画展「下町・庶民が見た戦争　寄贈資料からたどる戦時下の記憶」	2002	2月16日～3月24日	
	すみだ郷土文化資料館（3）	企画展「被災を記憶する町　震災から空襲へ」	2002	2月31日～10月27日	
	すみだ郷土文化資料館（4）	企画展「描かれた東京大空襲絵画に見る戦争の記憶」	2004	1月31日～3月21日	
	すみだ郷土文化資料館（5）	特別展「東京空襲60年3月10日の記憶」	2005	1月22日～4月10日	
	すみだ郷土文化資料館（6）	企画展「東京空襲を描く人々・空襲体験者の記憶と表現」	2007	2月10日～3月31日	
	すみだ郷土文化資料館（7）	特設コーナー「新発見の東京空襲被災写真が語るもの　石原町・二葉国民学校の空襲被害」	2008	3月29日～8月3日	
	すみだ郷土文化資料館（8）	企画展「東京大空襲—個の記憶・町の記憶」	2009	7月4日～9月23日	
	すみだ郷土文化資料館（9）	戦後65周年記念企画展「2人の空襲画家・狩野光男と堀切正二郎—体験を描く『心』」	2010	7月31日～9月23日	
	すみだ郷土文化資料館（10）	企画「戦争孤児展」	2011	2月19日～4月24日	
	すみだ郷土文化資料館（11）	企画展「描かれた戦争孤児—孤児たちの心と表現」	2013	3月9日～5月12日	
	すみだ郷土文化資料館（12）	特集展示「国策紙芝居とすみだ」	2013	5月3日～8月25日	
	すみだ郷土文化資料館（13）	企画展「東京大空襲・七十年」	2015	2月21日～5月17日	
	すみだ郷土文化資料館（14）	企画展「東京大空襲と失われた命の記録」	2015	8月1日～9月23日	

	すみだ郷土文化資料館（15）	企画展「教育紙芝居の誕生」	2015	10月10日～12月13日	
	すみだ郷土文化資料館（16）	企画展「東京大空襲から戦後復興へ」	2016	2月20日～5月8日	
	すみだ郷土文化資料館（17）	企画展「東京大空襲─罹災者・救護者・戦争遺跡」	2019	2月23日～4月14日	
	すみだ郷土文化資料館（18）	企画展「教育紙芝居の出発─今井よね・高橋五山・松永健哉」	2019	10月5日～12月1日	
	すみだ郷土文化資料館（19）	企画展「東京大空襲─被害の詳細と痕跡」	2020	12月19日～2021年5月9日	
	墨田区立緑図書館（1）	資料展「学童疎開資料展」	2008	2月28日～3月29日	
	墨田区立緑図書館（2）	資料展「空襲・学童疎開資料展」、ミニ展示「海老名香葉子と高木敏子・早乙女勝元の体験と作品」	2010	3月5日～28日	
	墨田区立緑図書館（3）	昭和の戦争資料展	2010	7月31日～8月15日	
	墨田区立緑図書館（4）	資料展「空襲・学童疎開資料展」、ミニ資料展「戦災を体験したすみだゆかりの作家たち」	2011	3月5日～27日	
	墨田区立緑図書館（5）	資料展「空襲・疎開体験資料展」、ミニ文学展「焼け跡から戦後を生きた作家たち」	2012	3月3日～25日	
	墨田区立緑図書館（6）	資料展「すみだと災害資料展─戦災・震災・水害」、ミニ文学展「災害とすみだゆかりの文学者」	2013	3月9日～24日	
	台東区立下町風俗資料館	戦後50年　焼跡からの復興	1995	7月1日～11月30日	リーフレット11p
	台東区立下町風俗資料館	特別展「終戦60年　戦争と子どもたち」	2005	10月1日～2006年1月29日	
	台東区立下町風俗資料館	戦後70年下町の暮らしと出来事	2015	5月12日～7月12日	
	中央区立郷土天文館	特別平和展「あの日の記憶　戦争のなかの区民生活」	2011	2月25日～3月27日	
	千代田区立四番町歴史民俗資料館	戦時下のくらしと子供たち─学童集団疎開を中心に	1995	11月7日～12月24日	カタログ20p
	千代田区立日比谷図書文化館	2012年度文化財企画展「東京─その復興の歴史」	2012	7月17日～9月2日	図録
	千代田区立日比谷図書文化館	学童疎開からみる子どもたちの生活	2015	7月21日～8月9日	図録
	千代田図書館	千代田図書館＆勉誠出版連携ミニ展示・写真で知る東京空襲─『決定版東京空襲写真集』より千代田区を中心に	2015	7月27日～8月31日	
	練馬区郷土資料室	収蔵品展　戦時下のくらし	2005	7月30日～9月19日	リーフレット
	練馬区立石神井公園ふるさと文化館	戦時下のくらし	2015	6月27日～8月16日	解説資料
	練馬区立石神井公園ふるさと文化館	企画展「75年前に戦争があった─資料が語る戦時下のくらし─」	2020	6月20日～8月15日	
	文京ふるさと歴史館	復興への想い─生きよ！もっと強く	2015	10月31日～12月13日	図録
	港区立港郷土資料館（1）	テーマ展「太平洋戦争と港区─館蔵資料に見る戦時下の港区」	1995	10月3日～11月26日	
	港区立港郷土資料館（2）	ミニ企画展6「戦前・戦後の民衆生活」	1995	7月1日～9月22日	
	港区立港郷土資料館（3）	ミニ・コーナー展27「戦時下のくらし」	2002	7月6日～9月28日	
	港区立港郷土資料館（4）	テーマ展「戦争の時代と港区」	2005	7月22日～10月14日	
	港区立港郷土資料館（5）	企画展「永井荷風と東京大空襲」	2005	2月22日～3月21日	
	港区立港郷土資料館（6）	港区平和都市宣言30周年　終戦70年─港区の戦中・戦後	2015	7月17日～9月16日	
	めぐろ歴史資料館	春期企画展「戦後65年　目黒の空襲と銃後生活」	2010	4月13日～6月20日	
	めぐろ歴史資料館	秋の企画展「戦後70年　目黒の戦中・戦後」	2015	9月12日～11月23日	
	めぐろ歴史資料館	企画展「目黒区区制施行90周年記念展目黒90年の面影」	2022	7月20日～8月28日	
	わだつみのこえ記念館（1）	開館	2006	12月1日	

県	館名	展示会名	年	会期	刊行物
東京都	わだつみのこえ記念館（２）	特別企画展「中国との戦争と戦没学生」	2011	10月24日～11月４日	解説書
	わだつみのこえ記念館（３）	第２回企画展『戦没学生たちの軌跡』	2012	10月10日～11月23日	史料集
	わだつみのこえ記念館（４）	「不戦へつなぐ―戦没学生遺稿遺品展」	2013	８月12日～14日	図録
	わだつみのこえ記念館（５）	戦没学生の遺稿にみる「特攻」	2014	10月20日～12月10日	史料集
	わだつみのこえ記念館（６）	「開館10周年記念　所蔵資料特別企画展」	2016	11月４日～12月７日	図録
	わだつみのこえ記念館（７）	企画展「戦没学生と文芸」	2018	11月５日～12月８日	図録
	わだつみのこえ記念館（８）	企画展「戦没学徒と岩手農民兵士の軍事郵便展」	2020	１月22日～２月29日	図録
	高麗博物館	開館	2001	12月７日	
	高麗博物館（１）	特別企画展示「朝鮮人戦時労働動員（強制連行）を考える―加害の記憶と和解」	2005	８月10日～10月16日	
	高麗博物館（２）	日本・韓国・朝鮮　切手と紙幣展	2005	２月27日～５月８日	
	高麗博物館（３）	特別展示「戦時朝鮮人強制労働・虐殺　日本軍「慰安婦」―海南島で日本は何をしたか」	2006	５月17日～７月16日	図録29p
	高麗博物館（４）	『日本政府が謝罪するまで死なないぞ：在日一世徐元洙さんの82年』	2006	８月12日～	図録32p
	高麗博物館（５）	企画展「布施辰治――朝鮮人民衆と共に生きた人権弁護士」	2008	８月26日～12月21日	図録
	高麗博物館（６）	「朝鮮人戦時労働動員（強制連行）を考える―加害の記憶と和解」	2008	10月29日～2009年１月11日	
	高麗博物館（７）	「浮島丸事件と日本の戦後責任―隣人への信義を守れ」	2009	１月14日～３月22日	
	高麗博物館（８）	企画展「失われた朝鮮文化遺産―植民地下での文化財の略奪・流出、そして返還・公開へ」	2009	８月12日～11月29日	図録71p
	高麗博物館（９）	アンコール企画展「失われた朝鮮文化遺産―植民地下での文化財の略奪・流出、そして返還・公開へ」	2010	９月１日～11月14日	
	高麗博物館（10）	企画展「「韓国併合」100年と在日韓国・朝鮮人―（前編）1945年まで」	2010	11月17日～2011年２月27日	図録45p
	高麗博物館（11）	「植民地支配を考える―巨大な監獄、植民地に生きる」	2012	８月29日～12月28日	
	高麗博物館（12）	企画展「ひたむきに生きた朝鮮・韓国の女性たち」	2014	９月３日～11月30日	図録33p
	高麗博物館（13）	企画展『被ばく71年　韓国・朝鮮人と日本』	2016	６月29日～10月30日	図録
	高麗博物館（14）	企画展「侵略に抗う不屈の挑戦女性たち―詩と画でつづる独立運動の女性たち(2)」	2016	11月２日～2017年１月29日	
	高麗博物館（15）	企画展「朝鮮料理店・産業『慰安所』と朝鮮の女性たち―埋もれた記憶に光を」	2017	８月30日～12月28日	本351p
	高麗博物館（16）	企画展「収蔵品展～初めての蔵出し」	2018	１月５日～４月１日	
	高麗博物館（17）	企画展「発見！韓国ドラマ・映画の中の「日本」―渡来・交流そして軋轢」	2019	７月10日～12月１日	
	女たちの戦争と平和資料館	開館	2005	８月１日	
	女たちの戦争と平和資料館（１）	第１回特別展「女性国際戦犯法廷のすべて―「慰安婦」被害と加害責任」	2005	８月１日～11月20日	
	女たちの戦争と平和資料館（２）	第２回特別展「松井やより　全仕事」展	2005	12月11日～2006年４月23日	
	女たちの戦争と平和資料館（３）	第３回特別展「置き去りにされた朝鮮人『慰安婦』展」	2006	４月29日～11月12日	図録
	女たちの戦争と平和資料館（４）	第4回特別展「東ティモール・戦争を生きぬいた女たち―日本軍とインドネシア支配の下で」展	2006	12月17日～2007年５月27日	図録
	女たちの戦争と平和資料館（５）	第５回特別展「中学生のための『慰安婦』」展	2007	６月２日～2008年５月25日	図録
	女たちの戦争と平和資料館（６）	第6回特別展「ある日日本軍がやってきた―中国・戦場での強かんと慰安所」	2008	６月７日～2009年６月21日	図録
	女たちの戦争と平和資料館（７）	第７回特別展「証言と沈黙―加害に向き合う元兵士たち」	2009	７月４日～2010年６月20日	図録

	女たちの戦争と平和資料館（８）	第８回特別展「女性国際戦犯法廷から10年」	2010	７月３日～2011年６月26日	図録
	女たちの戦争と平和資料館（９）	第9回特別展「フィリピン・立ち上がるロラたち—日本軍に踏みにじられた島々から」	2011	７月２日～2012年６月17日	図録
	女たちの戦争と平和資料館（10）	第10回特別展「軍隊は女性を守らない—沖縄の日本軍慰安所と米軍の性暴力」	2012	６月23日～2013年６月30日	図録
	女たちの戦争と平和資料館（11）	第11回特別展「日本人にされた阿媽たちの戦争—台湾の慰安所と戦地への連行」	2013	７月６日～2014年６月29日	図録
	女たちの戦争と平和資料館（12）	第12回特別展「中学生のための「慰安婦」展＋」	2014	７月３日～2015年６月21日	図録
	女たちの戦争と平和資料館（13）	第13回特別展「アジア解放」の美名のもとに—インドネシア・日本軍占領下での性暴力展	2015	７月１日～2016年６月26日	図録
	女たちの戦争と平和資料館（14）	第14回特別展「地獄の戦場—ビルマの日本軍慰安所」	2016	７月６日～2017年７月30日	図録
	女たちの戦争と平和資料館（15）	第15回特別展「日本人『慰安婦』の沈黙」	2017	８月５日～2019年２月17日	図録
	女たちの戦争と平和資料館（16）	第16回特別展「朝鮮人「慰安婦」の声をきく—日本の植民地支配責任を果たすために」	2019	３月１日～2020年11月30日	
	女たちの戦争と平和資料館（17）	第17回特別展「天皇の戦争責任、忘却に抗する声　女性国際戦犯法廷から20年」	2020	12月12日～2021年12月４日	
	女たちの戦争と平和資料館（18）	第18回特別展「中学生のための「慰安婦」展＋教科書」	2022	１月15日～11月末	
	昭和のくらし博物館	開館	1999	２月28日	
	昭和のくらし博物館（１）	特別展「小泉家に残る戦争」展	1999	８月４日～31日	
	昭和のくらし博物館（２）	特別展「小泉家に残る戦争」展	2000	８月１日～31日	
	昭和のくらし博物館（３）	特別展「小泉家に残る戦争」展	2001	８月１日～31日	
	昭和のくらし博物館（４）	特別展「小泉家に残る戦争」展	2002	８月12日～９月１日	
	昭和のくらし博物館（５）	特別展「小泉家に残る戦争」展	2003	８月１日～	
	昭和のくらし博物館（６）	特別展「小泉家に残る戦争」展	2004	８月３日～29日	
	昭和のくらし博物館（７）	特別展「利根山光人　ヒロシマ・ナガサキ・南京」	2004	８月３日～29日	
	昭和のくらし博物館（８）	特別展「小泉家に残る戦争」展	2005	８月３日～28日	
	昭和のくらし博物館（９）	特別展「小泉家に残る戦争」展	2006	８月１日～31日	
	昭和のくらし博物館（10）	特別展「小泉家に残る戦争」展	2007	８月１日～31日	
	昭和のくらし博物館（11）	特別展「小泉家に残る戦争」展	2008	８月１日～31日	
	昭和のくらし博物館（12）	特別展「小泉家に残る戦争」展	2009	８月１日～30日	
	昭和のくらし博物館（13）	特別展「小泉家に残る戦争」展	2010	８月１日～31日	
	昭和のくらし博物館（14）	特別展「小泉家に残る戦争」展	2011	８月２日～31日	
	昭和のくらし博物館（15）	特別展「小泉家に残る戦争」展	2012	８月１日～31日	
	昭和のくらし博物館（16）	特別展「小泉家に残る戦争」展—「子どもと戦争」展	2013	８月１日～31日	
	昭和のくらし博物館（17）	特別展「小泉家に残る戦争」展	2014	８月１日～31日	
	昭和のくらし博物館（18）	特別展「小泉家に残る戦争」展	2015	８月１日～30日	
	昭和のくらし博物館（19）	特別展「利根山光人　ヒロシマ・ナガサキ・南京」展	2016	７月29日～９月25日	
	昭和のくらし博物館（20）	特別展「小泉家に残る戦争」展	2016	７月29日～８月28日	
	昭和のくらし博物館（21）	特別展「小泉家に残る戦争」展	2017	８月４日～27日	
	昭和のくらし博物館（22）	特別展「小泉家に残る戦争」展	2018	８月３日～26日	
	昭和のくらし博物館（23）	特別展「映画「この世界の片隅に」—すずさんのおうち展」	2018	11月２日～2019年５月６日	

県	館　　名	展　示　会　名	年	会　　期	刊行物
東京都	昭和のくらし博物館（24）	特別展「小泉家に残る戦争」展	2019	８月２日～９月１日	
	昭和のくらし博物館（25）	第15回企画展「スフとすいとんの昭和」展	2019	９月13日～2022年８月28日	
	昭和のくらし博物館（26）	特別展「映画「この世界の片隅に」―さらにいくつものすずさんのおうち展」	2019	11月１日～2020年５月10日	
	昭和のくらし博物館（27）	特別展「小泉家に残る戦争」展	2020	７月31日～９月27日	
	昭和のくらし博物館（28）	特別展「小泉家に残る戦争」展	2021	７月30日～８月29日	
	昭和のくらし博物館（29）	特別展「小泉家に残る戦争」展	2022	８月５日～28日	
	昭和のくらし博物館（30）	第16回企画展「昭和はこんなだった展―『昭和のくらしと道具図鑑』発刊を記念して」	2022	９月９日～2023年８月27日	
	昭和のくらし博物館（31）	企画展関連ミニ展示「極限の中のくらしの道具　収容所生活とWar　Art(戦争アート)」	2022	11月18日～12月18日	
	せたがや平和資料室	開館	1995	８月	
	せたがや平和資料室	特別展「苦難の日々と平和へのあゆみ」	2003	8月1日～31日　会場は世田谷区立教育センター	
	せたがや平和資料室（１）	特別展「ノーモア戦争　太平洋戦争の惨禍を語り継ぐ」	2009	8月1日～31日　会場は世田谷区立教育センター	
	せたがや平和資料室（２）	特別展「苦難の日々と戦後の歩み」	2010	8月1日～31日　会場は世田谷区立教育センター	
	せたがや平和資料室（３）	特別展「太平洋戦争と世田谷」	2011	8月1日～31日　会場は世田谷区立教育センター	
	せたがや平和資料室（４）	特別展「太平洋戦争の惨禍より立ち上がる日本」	2012	8月1日～31日　会場は世田谷区立教育センター	
	せたがや平和資料室（５）	特別展「平和への願い」	2013	8月1日～31日　会場は世田谷区立教育センター	
	せたがや平和資料室	閉館	2013	６月30日	
	世田谷区立平和資料館	移転　開館	2013	８月１日	
	世田谷区立平和資料館（６）	特別展・太平洋戦争と戦時下の人々の暮らし	2015	8月1日～31日　会場は世田谷区立教育センター	
	世田谷区立平和資料館	開館	2015	８月15日	
	世田谷区立平和資料館（１）	第１回企画展「戦後70年プラス１」	2016	８月15日～12月26日	
	世田谷区立平和資料館（２）	第２回企画展「さまざまな戦争体験」展	2017	１月11日～３月５日	
	世田谷区立平和資料館（３）	第３回企画展「太平洋戦争で海に沈んだ民間船と海員たち」	2017	３月25日～６月25日	
	世田谷区立平和資料館（４）	特別展「四国五郎展」	2017	10月１日～29日	
	世田谷区立平和資料館（５）	第４回企画展「戦前・戦中・戦後の庶民の生活」	2017	11月18日～2018年２月25日	
	世田谷区立平和資料館（６）	第5回企画展　収蔵品展「戦争を伝えるもの―戦時中の新聞・雑誌・日記・手紙」	2018	３月３日～５月６日	
	世田谷区立平和資料館（７）	第6回企画展「戦時下の暮らしを支えた代用品」＜植井正氏の所蔵品の展示＞	2018	５月12日～７月22日	
	世田谷区立平和資料館（８）	2018年度地域巡回展「世界史の中の太平洋戦争」	2018	８月２日～22日	
	世田谷区立平和資料館	リニューアルオープン	2019	３月15日	
	世田谷区立平和資料館（９）	2019年度地域巡回展「日本空襲」	2019	８月１日～19日	
	世田谷区立平和資料館（10）	第７回企画展収蔵品展「戦時中の衣料軍服・国民服」	2019	３月23日～５月13日	
	世田谷区立平和資料館（11）	第8回企画展「戦中・戦後の暮らしを支えた代用品」＜植井正氏の所蔵品の展示＞	2019	５月25日～７月21日	
	世田谷区立平和資料館（12）	第９回企画展「川崎空襲パネル展」	2019	９月14日～11月24日	
	世田谷区立平和資料館（13）	第10回企画展「戦前・戦中の映画パンフレット」	2020	１月18日～３月15日	
	世田谷区立平和資料館（14）	第11回企画展「オリンピックと平和」	2020	３月20日～11月18日	

	世田谷区立平和資料館（15）	企画展「戦時下の人びとの生活パネル展」	2020	12月7日～2021年1月31日	
	世田谷区立平和資料館	リニューアルオープン	2022	4月	
	世田谷区立平和資料館（16）	企画展昭和女子大学との連携事業「被爆者の足跡」展示第3部	2022	9月7日～11月	
	世田谷文学館	戦後70年と作家たち	2015	4月25日～9月27日	
	世田谷文学館	戦後70年と作家たちⅡ	2015	11月10日～2016年4月3日	
	中野区区役所平和資料展示コーナー	開設	2016	4月1日	
	中野区平和資料展示室	リニューアルオープン	2005	7月22日	
	中野区平和資料展示室（1）	リニューアルオープン企画「戦争中の動物園」	2005	7月22日～8月16日	
	中野区平和資料展示室（2）	2006年度第1回「山の手空襲（中野の空襲）」	2006	6月10日～30日	
	中野区平和資料展示室（3）	2006年度第3回「中野の学童疎開」	2006	11月2日～16日	
	中野区平和資料展示室（4）	2006年度第4回「狩野光男氏が描く東京大空襲」	2007	2月15日～28日	
	中野区平和資料展示室（5）	2007年度第1回「中野の空襲」	2007	6月9日～30日	
	中野区平和資料展示室（6）	2007年度第3回「中野の学童疎開」	2007	11月8日～30日	
	中野区平和資料展示室（7）	2007年度第4回「狩野光男氏が描く東京大空襲」	2008	2月15日～29日	
	中野区平和資料展示室（8）	2008年度第1回「中野の空襲」	2008	6月7日～30日	
	中野区平和資料展示室（9）	2008年度第3回「中野の学童疎開」	2008	11月21日～12月9日	
	中野区平和資料展示室（10）	2009年度第1回「中野の空襲」	2009	6月6日～30日	
	中野区平和資料展示室（11）	2010年度第1回「中野の空襲」	2010	6月8日～30日	
	中野区平和資料展示室（12）	2011年度第1回「中野の空襲」	2011	6月8日～30日	
	中野区平和資料展示室（13）	2012年度第1回「中野の空襲」	2012	6月5日～25日	
	中野区平和資料展示室（14）	2013年度第1回「中野の空襲」	2013	6月4日～26日	
	中野区平和資料展示室（15）	2013年度第2回「広島・長崎の原爆記録写真」	2013	8月20日～9月1日	
	中野区平和資料展示室（16）	2014年度第1回「中野の空襲」	2014	6月3日～25日	
	中野区平和資料展示室（17）	2014年度第2回「広島・長崎の原爆記録写真」	2014	8月19日～31日	
	中野区平和資料展示室（18）	2015年度第1回「中野の空襲」	2015	6月2日～29日	
	中野区平和資料展示室（19）	2015年度第2回「広島・長崎の原爆記録写真」	2015	7月1日～12日	
	中野区平和資料展示室	閉館	2016	3月31日	
	中野区平和資料展示室	開館	2020	11月6日	
	中野区平和資料展示室（20）	2020年度第2回「中野の戦災」	2020	11月6日～22日	
	中野区平和資料展示室（21）	2020年度第3回「サダコと折り鶴」	2020	11月24日～12月7日	
	中野区平和資料展示室（22）	2020年度第5回「いわさきちひろ平和のパネル展」	2021	1月13日～2月9日	
	中野区平和資料展示室（23）	2020年度第6回「東京大空襲」	2021	2月11日～3月10日	
	中野区平和資料展示室（24）	2022年度第1回「中野の空襲」	2022	5月10日～23日	
	中野区平和資料展示室（25）	2022年度第2回「原爆ポスター展」	2022	8月9日～16日	
	中野区立歴史民俗資料館（1）	戦後50年　今考えれば	1995	7月20日～8月31日	

県	館　　名	展　示　会　名	年	会　　期	刊行物
東京都	中野区立歴史民俗資料館（２）	「日の丸簱之助の作家　中島菊夫と中野の子どもたち―中野文芸館シリーズ」	2012	７月21日～９月２日	
	中野区立歴史民俗資料館（３）	ポスターに見る戦中生活―須藤亮作コレクション	2015	５月26日～７月５日	
	中野区立歴史民俗資料館（４）	コーナー展「隣組絵日記にみる配給生活」	2017	７月21日～８月31日	
	中野区立歴史民俗資料館（５）	企画展「隣組日記と戦時中の暮らし」	2021	７月６日～８月31日	
	国立公文書館	2013年度連続企画展第３回「空襲の記録―全国主要都市戦災概況図」	2013	８月12日～９月20日	
	国立公文書館	2014年度第２回企画展「『写真週報』―広報誌にみる戦時のくらし」	2014	７月26日～９月13日	
	国立公文書館	昭和20年―戦後70年の原点	2015	７月25日～８月29日	
	国立国会図書館	135回常設展示「戦時下の出版」	2005	１月20日～３月15日	
	国立国会図書館	142回常設展示「経済誌から見た戦前―関東大震災・昭和恐慌・二二六事件」	2006	３月22日～５月16日	
	憲政記念館	特別展「昭和、その動乱の時代―議会政治の危機から再生へ」	2012	11月８日～30日	
	憲政記念館	ミニ企画展示「憲政の資料からみる二・二六事件」	2018	２月１日～６月29日	
	切手の博物館	切手と戦争展―もうひとつの昭和戦史	2005	１月26日～30日	
	熊谷守一美術館	４月13日の東京大空襲　詩と絵展	2007	４月６日～15日	
	渋沢史料館	テーマ展平和を考える「渋沢栄一と青い目の人形」	2008	７月19日～８月24日	
	相撲博物館	戦後70年・大相撲と戦争	2015	10月20日～12月18日	
	逓信総合博物館「ていぱーく」	企画展「軍事郵便展―戦地からの便り」	2012	８月１日～31日	
	葛飾柴又寅さん記念館	私の八月十五日展　漫画家・作家たちの絵手紙	2012	３月３日～25日	
	東京ステーションギャラリー	東北へのまなざし1930－1945	2022	７月23日～９月25日	
	東京ステーションギャラリー	鉄道と美術の150年	2022	10月８日～2023年１月９日	
	東京家政大学博物館	昭和のくらし	2015	５月14日～６月16日	
	東京外国語大学	戦後70年企画展・東京外国語学校と戦時下の学生たち	2015	７月９日～９月末	ウェブの図録
	東京大学総合研究博物館	特別展示「石の記憶―ヒロシマ・ナガサキ被爆資料に注がれた科学者の目」	2004	１月24日～４月12日	
	東京大学駒場博物館	特別展「越境するヒロシマ―ロベルト・ユンクと原爆の記憶」	2014	10月18日～12月７日	
	東京大学大学院総合文化研究科・教養学部　駒場博物館	もうひとつの一高――戦時下の一高留学生課長・藤木邦彦と留学生たち展	2022	３月22日～６月24日	
	東京大空襲・戦災資料センター	開館	2002	３月９日	
	東京大空襲・戦災資料センター（１）	特別展「記憶のなかの神戸空襲―豊田和子原画展」	2008	８月６日～９月７日	
	東京大空襲・戦災資料センター（２）	特別展「『死んでもブレストを』原画展―その時、墨田電話局では何が起こったか」	2009	２月25日～４月５日	
	東京大空襲・戦災資料センター（３）	特別展「東京・ゲルニカ・重慶空襲写真展―空襲記録・研究の新展開」	2009	７月22日～９月６日	
	東京大空襲・戦災資料センター（４）	特別展「忘れてたまるか東京大空襲」―おのざわさんいち空襲画展	2010	２月20日～４月11日	
	東京大空襲・戦災資料センター（５）	『ビジュアルブック　語り伝える東京大空襲』刊行記念パネル展「図表に見る東京大空襲」	2011	３月２日～27日	
	東京大空襲・戦災資料センター（６）	開館10周年記念特別展「東方社写真部が記録したアメリカ軍の無差別爆撃」	2012	２月18日～４月８日	図録
	東京大空襲・戦災資料センター（７）	特別展「東方社カメラマンがとらえた市民の暮らし―戦時下の日本・中国・東南アジア」	2013	７月31日～９月８日	図録
	東京大空襲・戦災資料センター（８）	『決定版　東京空襲写真集』刊行記念・戦後70年にふりかえる東京空襲写真展	2015	２月25日～４月12日	

	東京大空襲・戦災資料センター（9）	特別展『東京復興写真集1945～46』出版記念「文化社が撮影した敗戦直後の東京」写真展」	2016	7月27日～9月4日	
	東京大空襲・戦災資料センター（10）	特別展「ぼくと戦争—小池仁戦争体験画展」	2016	2月24日～4月10日	
	東京大空襲・戦災資料センター（11）	特別展「空襲被災者と戦後日本」	2017	2月25日～4月9日	図録
	東京大空襲・戦災資料センター（12）	特別展「名前と顔と足あと　3月10日失われた人びと」	2018	2月24日～4月8日	
	東京大空襲・戦災資料センター（13）	特別展「遺品が語る沖縄戦」	2019	6月23日～7月21日	
	東京大空襲・戦災資料センター（14）	開館20周年特別展「東京大空襲・戦災資料センターの開館とそれを支えた人たち」	2022	3月5日～5月8日	
	東京大空襲・戦災資料センター（15）	特別展「ある少年が見た東京大空襲—坂井輝松空襲体験画展」	2022	8月2日～9月25日	
	東京都公文書館	企画展示「子どもの見た戦争—手紙が語る学童疎開」	2014	8月11日～9月12日	
	東京都公文書館	戦後70年企画展示・戦時下の東京—文書が伝える戦争の時代	2015	8月3日～28日	リーフレット
	東京都江戸東京博物館（1）	東京大空襲—戦時下の市民生活	1995	2月4日～3月19日	図録135p
	東京都江戸東京博物館（2）	東京空襲60年—犠牲者の軌跡	2005	1月14日～4月10日	
	東京都江戸東京博物館（3）	企画展「東京復興—カラーで見る昭和20年代東京の軌跡」展	2010	8月4日～9月26日	
	東京都江戸東京博物館（4）	企画展「戦時下東京のこどもたち」	2017	3月7日～5月7日	
	東京都江戸東京博物館（5）	企画展「東京150年1868－2018」	2018	8月7日～10月8日	
	東京都復興記念館（1）	「石川光陽が遺した戦災写真パネル特別展」	2010	2月16日～3月14日	
	東京都復興記念館（2）	「戦災写真パネル特別展」	2011	2月22日～3月22日	
	東京都復興記念館（3）	石川光陽撮影の「戦災写真パネル特別展」	2012	2月28日～3月18日	
	東京都復興記念館	リニューアルオープン	2019	3月9日	
	東京都復興記念館（4）	春季特別展示「全国被災都市　空襲の記憶」	2019	3月9日～4月7日	図録
	東京都復興記念館（5）	2020年春季特別展「戦争だからがまんしました—疎開先からの手紙に見える戦時下の子どもの暮らし—」	2020	2月26日～5月10日	
	東京都美術館	開館10周年記念企画展「東京府美術館の時代　1926～1970」	2005	9月23日～12月18日	
	東京都美術館	常設展示「1920年代の東京」	2005	9月16日～12月18日	
	東京都写真美術館	コレクション展「こどもの情景—戦争とこどもたち」	2011	5月14日～7月10日	
	東京都写真美術館	江成常夫写真展—昭和史のかたち	2011	7月23日～9月25日	
	東村山ふるさと歴史館（1）	企画展「あの日々の記憶—東村山の空襲と学童疎開」	2007	4月28日～6月24日	図録
	東村山ふるさと歴史館（2）	企画展「町の記録が語る戦時中の東村山」	2012	4月28日～7月8日	図録
	東村山ふるさと歴史館（3）	ロビー展「あの日々の記憶—戦時中の東村山」	2013	8月1日～9月23日	
	東村山ふるさと歴史館（4）	終戦70年企画展・東村山地域をめぐる銃後と前線	2015	7月11日～8月30日	図録
	東大和市立郷土博物館（1）	東大和と戦争	1995	8月22日～10月15日	
	東大和市立郷土博物館（2）	「多摩の戦跡写真パネル展」	2006	8月4日～31日	
	東大和市立郷土博物館（3）	「多摩の戦跡写真パネル展」	2007	8月3日～31日	
	東大和市立郷土博物館（4）	「多摩の戦跡写真パネル展」	2008	8月5日～31日	
	東大和市立郷土博物館（5）	「多摩の戦跡写真パネル展」	2009	8月1日～30日	
	東大和市立郷土博物館（6）	「写真でたどる多摩の戦跡」	2010	7月17日～9月20日	

県	館名	展示会名	年	会期	刊行物
東京都	東大和市立郷土博物館（７）	戦後70年—私たちのまちは戦場だった	2015	７月11日～９月６日	
	東大和市立郷土博物館（８）	企画展示「日記が語る戦時中のくらし」	2022	７月16日～９月４日	
	三鷹市教育センター	「地中に埋もれていた『戦争』展」	2012	３月８日～９月28日	
	三鷹市公会堂さんさん館	三鷹市戦争関連資料	2015	８月11日～15日	
	日野市ふるさと博物館（１）	第１回戦争資料展　戦時下の暮らし	1995	４月１日～５月14日	
	日野市ふるさと博物館（２）	第３回戦争資料展	1995	７月18日～８月19日	
	日野市ふるさと博物館（３）	第２回戦争資料展　出征兵士の戦争体験	1995	５月16日～６月25日	
	日野市ふるさと博物館（４）	第４回戦争資料展焼け跡からの出発	1995	９月９日～10月22日	
	日野市ふるさと博物館（５）	第５回戦争資料展　教科書からみた時代—戦中・戦後の教育の変遷	1995	10月24日～12月17日	
	日野市郷土資料館	平和の尊さを語り継ぐまち—戦後70年平和展	2015	10月10日～2016年１月11日	
	小金井市文化財センター	戦時下の生活	2015	11月３日～12月20日	
	小平市小平ふるさと村	戦争と暮らし	2015	10月15日～11月15日	
	八王子市郷土資料館（１）	八王子空襲展	1975	８月１日～９月14日	
	八王子市郷土資料館（２）	八王子空襲展	1985	７月30日～９月１日	
	八王子市郷土資料館（３）	戦争と人びとのくらし	1995	７月30日～９月３日	図録（資料集）88p
	八王子市郷土資料館（４）	コーナー展「八王子空襲」	2001	７月28日～８月15日	
	八王子市郷土資料館（５）	コーナー展「八王子空襲」	2002	７月30日～９月１日	
	八王子市郷土資料館（６）	コーナー展「八王子空襲」	2004	８月３日～31日	
	八王子市郷土資料館（７）	特別展「戦時下の市民生活」	2005	８月２日～９月４日	ブックレット
	八王子市郷土資料館（８）	特別展「市民の記録した戦後の八王子」	2006	８月１日～９月10日	図録
	八王子市郷土資料館（９）	特別展「空襲に備えた日々—戦時下の八王子」	2007	７月31日～９月９日	
	八王子市郷土資料館（10）	コーナー展「少国民と呼ばれた子どもたち」	2008	７月29日～８月31日	
	八王子市郷土資料館（11）	コーナー展「故郷から戦地へ—戦場へ向かった男たち」	2009	７月10日～８月30日	
	八王子市郷土資料館（12）	コーナー展「戦争と人々のくらし」	2010	７月３日～８月31日	
	八王子市郷土資料館（13）	コーナー展「戦争と子どもたち」	2011	７月７日～８月31日	
	八王子市郷土資料館（14）	コーナー展「戦争と人々の生活—「国民精神総動員運動」」	2012	７月６日～８月31日	
	八王子市郷土資料館（15）	コーナー展「日中戦争—青年教員の出征」	2013	７月19日～９月１日	
	八王子市郷土資料館（16）	コーナー展「戦時下の生活—ぜいたくは敵だ」	2014	７月12日～８月31日	
	八王子市郷土資料館（17）	戦後70年　昭和の戦争と八王子	2015	７月22日～９月30日	図録
	八王子市郷土資料館（18）	企画展「親子で学ぶ　戦争と八王子空襲」	2016	７月23日～９月30日	
	八王子市郷土資料館（19）	企画展「戦争と子どもたち—戦時下の小学生・中学生」	2017	７月22日～８月31日	
	八王子市郷土資料館（20）	企画展「戦争と八王子」	2018	７月21日～９月24日	
	八王子市郷土資料館（21）	企画展「戦争と八王子」	2019	７月19日～９月１日	
	八王子市郷土資料館（22）	企画展「欲しがりません勝つまでは！—戦争中の生活—」	2020	７月４日～10月11日	

	桑都日本遺産センター　八王子博物館	戦時下の八王子—戦争とともに人々のくらしがありました	2022	7月23日～9月14日	
	立川市歴史民俗資料館	太平洋戦争と立川—戦争とくらし	1995	2月28日～5月7日	
	立川市歴史民俗資料館	企画展「多摩地区と我が家の戦争・戦後の記録」	2012	7月10日～22日	解説資料
	青梅市郷土博物館	「戦争と生活展」	2010	7月3日～8月22日	
	青梅市郷土博物館	戦時下の青梅	2015	8月15日～10月4日	
	くにたち郷土文化館	苦難の日々も—国立の戦中・戦後をふりかえる	1995	8月15日～10月22日	図録63p
	くにたち郷土文化館	ミニ企画展・戦後70年　くにたちと戦争	2015	8月1日～15日	
	調布市郷土博物館	平和の礎展2009「掩体壕　発掘—調布・ロタコ・百里原の調査を中心に」	2009	8月8日～16日	
	調布市郷土博物館	戦後70年平和祈念事業・調布市民と戦争—戦後70年、戦争について知る	2015	7月22日～9月6日	
	神代植物公園	特別企画展「災いを乗り越えた植物たち—力強い生命力で人々を励まし、災害の歴史を今に伝える」	2012	7月31日～8月12日	図録50p
	パルテノン多摩	写真に見る戦後50年	1995	7月20日～26日	リーフレット7p
	パルテノン多摩歴史ミュージアム	歴史ミュージアム企画展「街から子どもがやってきた—戦時下の多摩と学童疎開」	2012	7月13日～11月12日	図録
	旧多摩聖蹟記念館	戦時下の多摩聖蹟記念館と多摩市	2015	10月24日～12月14日	
	ふるさと府中歴史館	戦後70年　府中と戦争の記録—戦中・戦後の市民のくらし	2015	10月6日～12月6日	
	府中市郷土の森博物館	特別展「発掘！府中の遺跡　発掘された戦争の記憶＆調査速報」	2008	7月19日～8月31日	
	町田市立自由民権資料館（1）	戦争と民衆　第1回「兵士の見た中国戦線の記録展」	1987		出陳資料目録
	町田市立自由民権資料館（2）	戦争と民衆　第2回「ぼくら少国民展」	1988	8月2日～17日	出陳資料目録
	町田市立自由民権資料館（3）	戦争と民衆　第3回「戦時色の雑誌展」	1989	8月5日～20日	出陳資料目録
	町田市立自由民権資料館（4）	2007年度第1回企画展「戦線で、兵士は見た—中国東北部の風景と人びと」	2007	7月28日～9月9日	
	武蔵国分寺跡資料館	国分寺市の戦争記録	2015	7月18日～8月30日	展示目録
	武蔵村山市立歴史民俗資料館（1）	収蔵品展　戦時下の村山	1995	6月4日～25日	リーフレット8p
	武蔵村山市立歴史民俗資料館（2）	特別展「武蔵村山市の戦争遺跡」	2008	10月25日～12月7日	
	武蔵村山市立歴史民俗資料館（3）	ミニ企画展「武蔵村山の戦争資料」	2011	3月	
	武蔵村山市立歴史民俗資料館（4）	ミニ企画展「武蔵村山の戦争資料」	2012	3月10日～20日	
	武蔵村山市立歴史民俗資料館（5）	ミニ企画展「武蔵村山の戦争資料」	2013	3月10日～31日	
	武蔵村山市立歴史民俗資料館（6）	ミニ企画展「武蔵村山の戦争資料」	2014	3月10日～31日	
	武蔵村山市立歴史民俗資料館（7）	ミニ企画展「武蔵村山の戦争資料」	2015	～4月12日	
	武蔵村山市立歴史民俗資料館分館	開館	2016	9月25日	
	武蔵村山市立歴史民俗資料館分館	ミニ展示「武蔵村山の戦争遺跡を巡る」	2020	4月1日～2021年3月31日	
	武蔵野ふるさと歴史館（1）	戦争と武蔵野	2015	8月13日～10月4日	展示リスト
	武蔵野ふるさと歴史館（2）	企画展「戦争と武蔵野2」	2016	7月17日～9月29日	
	武蔵野ふるさと歴史館（3）	企画展「TARGET №357—攻撃目標となった町、武蔵野」	2017	10月14日～12月28日	図録
	武蔵野ふるさと歴史館（4）	企画展「戦争と武蔵野3」	2017	8月12日～27日	
	武蔵野ふるさと歴史館（5）	企画展「戦争と武蔵野4」	2018	7月28日～8月19日	

県	館　　名	展　示　会　名	年	会　　期	刊行物
東京都	武蔵野ふるさと歴史館（6）	企画展「中島飛行機武蔵製作所副長の手帳から見る空襲」	2018	10月13日～12月27日	図録
	武蔵野ふるさと歴史館（7）	企画展「戦争と武蔵野5」	2019	8月3日～17日	
	武蔵野ふるさと歴史館（8）	企画展「中島飛行機武蔵製作所の実態」	2019	10月12日～12月28日	
	武蔵野ふるさと歴史館（9）	開館5周年記念展示「ポスター・フライヤーから見る歴史館5年間のあゆみ」	2019	11月30日～12月28日	
	武蔵野ふるさと歴史館（10）	企画展「戦争と武蔵野6」	2020	8月1日～15日	
	武蔵野ふるさと歴史館（11）	「戦争と武蔵野7」	2021	8月1日～15日	
	武蔵野ふるさと歴史館（12）	「戦争と武蔵野8」	2022	7月30日～8月15日	
	福生市郷土資料室（1）	企画展示「戦後50年　20世紀多摩の文化運動—特に戦後福生の文化運動を中心に」	1995	3月14日～5月28日	図録19p
	福生市郷土資料室（2）	特別展示「写真でたどる福生の百年」	1997	3月1日～6月15日	
	福生市郷土資料室（3）	企画展示「平和のための戦争資料展」	1997	8月2日～9月27日	
	福生市郷土資料室（4）	企画展示「平和のための戦争資料展」	1998	7月1日～9月22日	
	福生市郷土資料室（5）	企画展示「平和のための戦争資料展」	1999	6月22日～9月29日	
	福生市郷土資料室（6）	特別展示「号外に見る戦争—平和のための戦争資料展」	2000	6月27日～10月1日	
	福生市郷土資料室（7）	企画展示「平和のための戦争資料展」	2001	7月7日～9月30日	多摩飛行場
	福生市郷土資料室（8）	企画展示「平和のための戦争資料展—こどもたちと教師に見る戦争～平和へのあゆみ」	2002	6月29日～9月29日	戦時下の子ども
	福生市郷土資料室（9）	企画展示「平和のための戦争資料展—戦争に揺れる福生」	2003	6月28日～9月28日	陸軍航空審査部
	福生市郷土資料室（10）	企画展示「平和のための戦争資料展—日露戦争開戦百年を振り返る」	2004	6月26日～9月26日	
	福生市郷土資料室（11）	特別展示「平和のための戦争資料展　戦争錦絵に見る日露戦争百年—日露戦争と福生」	2005	7月2日～9月25日	図録
	福生市郷土資料室（12）	企画展示「平和のための戦争資料展—近代戦争と福生」	2006	7月1日～10月1日	
	福生市郷土資料室（13）	特別展示「近代戦争のあゆみと戦時下の福生—平和のための戦争資料展」	2007	8月4日～10月8日	図録
	福生市郷土資料室（14）	企画展示「平和のための戦争資料展」	2008	7月12日～9月28日	
	福生市郷土資料室（15）	企画展示「平和のための戦争資料展」	2009	6月27日～9月27日	
	福生市郷土資料室（16）	特別展示「戦時下の学校とこどもたち—平和のための戦争資料展」	2010	7月10日～10月3日	
	福生市郷土資料室（17）	企画展示「平和のための戦争資料展」	2011	7月16日～9月25日	
	福生市郷土資料室（18）	企画展示「平和のための戦争資料展」	2012	7月14日～9月9日	
	福生市郷土資料室（19）	企画展示「平和のための戦争資料展」	2013	7月6日～9月16日	
	福生市郷土資料室（20）	企画展示「平和のための戦争資料展」	2014	6月28日～8月31日	
	福生市郷土資料室（21）	企画展示「平和のための戦争資料展」	2015	7月18日～9月27日	
	福生市郷土資料室（22）	企画展示「平和のための戦争資料展」	2016	7月16日～9月25日	
	福生市郷土資料室（23）	企画展示「平和のための戦争資料展」—メディアに見る戦争と戦時下のくらし	2017	7月15日～9月18日	
	福生市郷土資料室（24）	企画展示「平和のための戦争資料展」	2018	7月14日～9月17日	
	福生市郷土資料室（25）	企画展示「平和のための戦争資料展」	2019	7月6日～9月8日	
	福生市郷土資料室（26）	企画展示「平和のための戦争資料展」	2020	8月8日～9月27日	

	福生市郷土資料室（27）	企画展示「子どもと学ぶ『平和のための戦争資料展』」	2021	7月3日～9月12日	
	福生市郷土資料室（28）	主屋季節展示「戦時下の生活と涼をとる道具展」	2022	6月25日～9月15日	
	福生市郷土資料室（29）	主屋季節展示「平和のための戦争資料展」	2022	7月2日～9月11日	
	豊島区立郷土資料館（1）	戦中・戦後の区民生活	1985	11月5日～12月14日	図録25p
	豊島区立郷土資料館（2）	第2回　戦中・戦後の区民生活	1986	7月2日～8月16日	図録17p
	豊島区立郷土資料館（3）	さやうなら帝都　勝つ日まで—豊島の学童疎開	1987	7月2日～8月30日	図録72p
	豊島区立郷土資料館（4）	子どもたちの出征—豊島の学童疎開2	1988	7月2日～8月31日	図録72p
	豊島区立郷土資料館（5）	第3回　戦中・戦後の区民生活	1989	12月8日～1990年1月31日	図録88p
	豊島区立郷土資料館（6）	戦争と豊島区	1995	7月29日～10月1日	図録105p
	豊島区立郷土資料館（7）	豊島区焼失—文芸坐のある風景	1997	7月5日～9月28日	
	豊島区立郷土資料館（8）	空襲と防空—疎開地の子どもたち	1998	6月9日～9月18日	
	豊島区立郷土資料館（9）	戦時下の区民生活	1999		
	豊島区立郷土資料館（10）	戦時下の区民生活—となりぐみ	2000	7月18日～9月16日	
	豊島区立郷土資料館（11）	戦中・戦後の区民生活—空襲・ヤミ市まで	2001	7月25日～9月30日	
	豊島区立郷土資料館（12）	2002年度第3回収蔵資料展「豊島の空襲—戦時下の区民生活」	2003	1月24日～3月30日	図録
	豊島区立郷土資料館（13）	2003年度第1回収蔵資料展「戦争と豊島区2—戦地・兵舎から家族への手紙」	2003	8月6日～9月28日	
	豊島区立郷土資料館（14）	東京空襲60年—空襲の記憶と記録	2005	7月27日～9月4日	図録
	豊島区立郷土資料館（15）	「池袋モンパルナスを生きた人々」	2006	3月16日～5月14日	
	豊島区立郷土資料館（16）	収蔵資料展「戦争を考える夏　2007」	2007	7月20日～10月14日	
	豊島区立郷土資料館（17）	「夏の収蔵資料展＆第3回新池袋モンパルナス西口まちかど回遊美術館描かれた風景、写された時代、遺された記憶」	2008	7月9日～10月5日	
	豊島区立郷土資料館（18）	「夏の収蔵資料展＆第4回新池袋モンパルナス西口まちかど回遊美術館協力展示」	2009	7月4日～10月4日	
	豊島区立郷土資料館（19）	2009年度冬の収蔵資料展	2010	1月14日～3月	
	豊島区立郷土資料館（20）	2010年度春の収蔵資料展	2010	4月1日～6月23日	
	豊島区立郷土資料館（21）	春の収蔵資料展	2011	4月1日～6月22日	
	豊島区立郷土資料館（22）	2012年度春の収蔵資料展「豊島の空襲2」	2012	4月13日～6月16日	
	豊島区立郷土資料館（23）	2012年度夏の収蔵資料展＆第7回新池袋モンパルナス西口まちかど回遊美術館協力展	2012	7月21日～10月7日	
	豊島区立郷土資料館（24）	夏の収蔵資料展「戦争を考える夏　2014」	2014	5月15日～8月31日	
	豊島区立郷土資料館（25）	戦争を考える夏2015	2015	7月10日～8月30日	解説資料
	豊島区立郷土資料館（26）	池袋ヤミ市と戦後の復興	2015	9月14日～11月29日	
	豊島区立郷土資料館（27）	第1回収蔵資料展「新着　寄贈資料—教育・戦争・ものづくり」	2018	4月13日～7月8日	
	学習院大学史料館	2022年度秋季特別展「ある皇族の100年—三笠宮崇仁親王とその時代」	2022	10月1日～12月3日	
	慶應義塾福澤研究センター（1）	「慶應義塾と戦争Ⅰ　慶應義塾の昭和十八年」	2013	11月25日～12月26日	解説書
	慶應義塾福澤研究センター（2）	「慶應義塾と戦争」アーカイブ・プロジェクト第2回展示「慶應義塾と戦争Ⅱ—残されたモノ、ことば、人々展」	2014	10月7日～31日	図録

県	館名	展示会名	年	会期	刊行物
東京都	慶應義塾福澤研究センター（3）	慶應義塾と戦争Ⅲ　慶應義塾の昭和二十年	2015	6月1日～8月6日 第1会場図書館展示室　空襲、戦死、終戦	
	慶應義塾福澤研究センター（4）	慶應義塾と戦争Ⅲ　慶應義塾の昭和二十年	2015	7月1日～31日 第2会場アート・スペース　疎開、動員、占領	
	駒沢大学禅文化歴史博物館	大学史展示室特集展5「戦争と大学」	2006	7月3日～9月29日	
	昭和女子大学光葉博物館	秋の特別展「被爆者の足跡—被団協関連文書の歴史的研究から—」	2021	10月23日～11月27日	
	上智大学四谷キャンパス中央図書館	戦後70年・学生が見た、上智大学の戦前・戦中・戦後	2015	6月25日～9月3日	
	拓殖大学創立百年史編纂室	戦後70年特別展・青春の別歌（わかれ）—永銘　拓殖大学戦没・殉難者	2015	11月2日～27日 八王子国際キャンパス	
	拓殖大学創立百年史編纂室	戦後70年特別展・青春の別歌（わかれ）—永銘　拓殖大学戦没・殉難者	2015	12月1日～22日 文京キャンパス	
	中央大学	戦後70年記念・あらためて戦争と中央大学を考える	2015	10月13日～25日	図録
	日本大学文理学部資料館（1）	特別展「地図と写真で見る日本の空襲—きく・まなぶ・つたえる」	2005	12月4日～24日	
	日本大学文理学部資料館（2）	共催展「豊川海軍工廠展」	2005	12月4日～24日	
	日本大学文理学部資料館（3）	日中戦争写真展	2009	12月5日～24日	
	日本大学文理学部資料館（4）	「満蒙」関係寄贈資料展	2017	12月11日～23日	図録
	日本大学文理学部資料館（5）	形象化された〈満・蒙〉	2018	9月25日～11月4日	図録
	日本女子大学成瀬記念館	「軽井沢夏季寮の生活—戦時下の三泉寮」	2013	6月14日～7月31日	
	日本女子大学成瀬記念館	「戦時下の青春展」	2014	10月28日～12月20日	解説資料
	文化学園服飾博物館	衣服が語る戦争	2015	6月10日～8月31日	
	法政大学	戦後70年・平和記念碑建立20年に考える—“法政大学の学徒出陣資料展”	2015	11月16日～21日	
	法政大学史センター	「学び舎から戦場へ—学徒出陣70年法政大学の取り組み」	2013	12月9日～20日	
	明治大学大学史資料センター	第1回企画展「明大生と学徒兵」	2006	7月1日～8月19日	
	明治大学アカデミーコモン	比嘉豊光写真展　ほねからの戦世　65年目の沖縄戦	2010	10月29日～11月5日	
	明治大学博物館	学生たちの戦前・戦中・戦後	2015	7月3日～8月2日 全国大学史資料協議会東日本部会の共催／図録	
	明治大学米沢嘉博記念図書館	企画展「マンガと戦争展　6つの視点と3人の原画から＋α」	2016	2月11日～6月5日	
	立教学院展示館	戦時下、立教の日々—変わりゆく「自由の学府」の中で	2015	10月1日～12月8日	展示リスト
	立教学院展示館	戦時下、立教の日々—変わりゆく「自由の学府」の中で	2015	7月21日～9月4日	展示リスト
	早稲田大学大学史資料センター（1）	一九四三年晩秋　最後の早慶戦	2005	3月25日～4月23日	
	早稲田大学大学史資料センター（2）	2009年度春季企画展「最後の早慶戦—3番レフト近藤清24年の生涯」	2009	3月25日～4月25日	
	早稲田大学大学史資料センター（3）	2011年度企画展示「戦地に逝ったワセダのヒーロー—松井栄造の24年」	2012	3月21日～4月21日	解説書
	早稲田大学大学史資料センター（4）	企画展「ペンから剣へ—学徒出陣70年」	2013	3月25日～4月27日	解説書
	早稲田大学大学史資料センター（5）	展示会「十五年戦争と早稲田」	2014	10月1日～11月8日	図録
	早稲田大学大学史資料センター（6）	2013年度受贈資料展「資料に読むワセダの物語」	2014	6月20日～8月3日	

	早稲田大学大学史資料センター（7）	戦後70年学徒たちの戦場　〈会場は会津八一記念博物館〉	2015	3月25日～4月25日	図録
	早稲田大学会津八一記念博物館	企画展「戦争画の相貌―花岡万舟連作」	2009	6月15日～7月11日	
	早稲田大学会津八一記念博物館	イメージの中の日本と中国の近代―ラップナウ・コレクションから	2019	10月1日～11月10日	図録
神奈川県	地球市民かながわプラザ（1）	県民寄贈戦争関係資料特別展	1999	1月30日～2月21日	
	地球市民かながわプラザ（2）	こどもたちの昭和史―青い目の人形は何を見たんだろう	2002	3月19日～22日	
	地球市民かながわプラザ（3）	サダコと折り鶴	2002	8月1日～9月1日	
	地球市民かながわプラザ（4）	あの夏の日の記憶―長崎原爆資料館所蔵品展	2003	8月1日～31日	
	地球市民かながわプラザ（5）	私の八月十五日展　漫画家・作家たちの絵手紙	2007	6月23日～7月29日	
	地球市民かながわプラザ（6）	ジョーオダネル「ヒロシマ・ナガサキ」写真展	2008	6月7日～7月13日	
	地球市民かながわプラザ（7）	収蔵品写真展「横浜の空襲」	2008		
	地球市民かながわプラザ（8）	展示ボランティア自主企画「横浜の大空襲を中心にした神奈川の空襲―横浜大空襲から65年」	2010	5月29日～8月31日	
	地球市民かながわプラザ（9）	【特別企画】「わたしたちの暮らしと戦争」	2013	5月23日～9月1日	
	地球市民かながわプラザ（10）	写真展「昭和」写真家が捉えた時代の一瞬	2014	9月20日～12月23日	
	地球市民かながわプラザ（11）	戦後70年　特別企画　特別展示・わたしたちの暮らしと戦争	2015	5月29日～8月30日	
	地球市民かながわプラザ（12）	対馬丸　沖縄の学童疎開　パネル展	2015	6月13日～28日	
	地球市民かながわプラザ（13）	「絵本　はだしのゲン」複製原画展	2015	7月8日～8月19日	
	地球市民かながわプラザ（14）	特別展「わたしたちの暮らしと平和」	2022	5月28日～8月15日	
	愛川町郷土資料館（1）	企画展「戦争の記憶」	2010	8月1日～31日	
	愛川町郷土資料館（2）	夏季の展示会「戦争の記憶―戦後66年」	2011	8月1日～31日	
	愛川町郷土資料館（3）	企画展「戦争の記憶―戦後68年」	2013	7月21日～8月31日	
	愛川町郷土資料館（4）	戦争の記憶戦後70年	2015	7月18日～8月31日	
	愛川町郷土資料館（5）	企画展「戦争の記憶―戦後72年」	2017	7月20日～8月31日	
	愛川町郷土資料館（6）	企画展「戦争の記憶―戦後74年」	2019	7月20日～9月01日	
	横須賀市自然・人文博物館	コラボ展示「横須賀にあった極秘機関―陸軍登戸研究所と横須賀」	2019	7月27日～11月16日	
	横浜開港資料館	ドン・ブラウンと戦後の日本―知日派ジャーナリストのコレクションから	2005	8月3日～10月30日	図録
	横浜市史資料室（1）	展示会「横浜の戦争と戦後」	2008	8月15日～9月19日	
	横浜市史資料室（2）	展示会「占領軍のいた街―戦後横浜の出発」	2012	7月18日～9月17日	
	横浜市史資料室（3）	B29搭乗員の資料から見た空襲	2014	4月1日～7月中旬	
	横浜市史資料室（4）	戦争を知る、伝える―横浜の戦争と戦後	2015	7月18日～9月23日	
	横浜市史資料室（5）	ミニ展示「兵士たちの生きた時代」	2016	4月7日～7月14日	
	横浜市史資料室（6）	ミニ展示「軍事郵便と体験手記―戦地と銃後」	2017	4月3日～7月13日	
	横浜市史資料室（7）	ミニ展示「焼跡・占領・復興―戦後横浜の町並みと人々」	2018	1月14日～4月中旬	
	横浜市史資料室（8）	展示会「横浜の昭和を生きた人びと―家族と歩んだ戦前～戦後」	2018	7月14日～9月17日	報告書
	横浜市史資料室（9）	室内展示「ある兵士の戦争・戦死の記録」	2019	4月17日～7月10日	

県	館　名	展示会名	年	会　期	刊行物
神奈川県	横浜市史資料室（10）	展示会「戦後横浜—それぞれの出発」	2021	7月15日～9月23日	
	横浜市史資料室（11）	展示会「戦前・戦中期横浜の小学校—震災と戦争のはざまで」	2022	7月16日～9月24日	
	横浜市歴史博物館	寿福滋写真展「杉原千畝と命のビザ」	2016	9月24日～11月27日	
	横浜都市発展記念館	戦後70年　時計屋さんの昭和日記　一青年のみた戦中戦後の横浜	2015	4月25日～6月28日	図録
	横浜都市発展記念館	企画展「焼け跡に手を差しのべて—戦後復興と救済の軌跡」	2016	10月22日～2017年1月15日	
	横浜美術館	戦後70年記念特別展示・戦争と美術	2015	7月11日～10月18日	
	茅ヶ崎市文化資料館	戦後70年企画展・写真とことばが伝える戦中・戦後の茅ヶ崎	2015	8月8日～10月12日	
	小田原市郷土文化館	戦後70年特集展示・戦時下の小田原と箱根療養所	2015	7月18日～10月4日	
	神奈川県立歴史博物館	陸にあがった海軍—連合艦隊司令部日吉地下壕からみた太平洋戦争	2015	1月31日～3月22日	図録
	神奈川県立近代美術館　葉山館	戦争／美術　1940－1950	2013	7月6日～10月14日	
	神奈川大学非文字資料研究センター	「海外神社跡地写真展」　〈会場、横浜市民ギャラリー〉	2019	7月31日～8月4日	
	神奈川大学非文字資料研究センター	第2回公開展示「戦時下大衆メディアとしての紙芝居—国策紙芝居とはなにか」	2013	11月27日～12月11日	
	専修大学大学史資料課	終戦70年記念企画展・専修大学と学徒出陣	2015	11月6日～12月5日	
	桐蔭学園メモリアルアカデミウム	横浜・東京大空襲展—絵と写真で見る都市壊滅の悲劇	2006	5月13日～6月3日	
	川崎市市民ミュージアム（1）	戦争関連資料展示	1995	3月11日～8月31日	リーフレット4p
	川崎市市民ミュージアム（2）	企画展「名取洋之助と日本工房[1931-1945]—報道写真とグラフィック・デザインの青春時代」	2006	2月11日～3月26日	
	川崎市市民ミュージアム（3）	近代・現代特集展示・川崎大空襲	2015	3月17日～5月15日	
	川崎市市民ミュージアム（4）	近代・現代特集展示・終戦70周年—part 2　戦時下の川崎	2015	5月23日～8月21日	
	川崎市平和館（1）	川崎大空襲展	1995	11月22日～26日	
	川崎市平和館（2）	沖縄の歴史と文化展	1996	11月20日～12月8日	
	川崎市平和館（3）	所蔵品展・巡回平和展	2002	8月17日～25日	
	川崎市平和館（4）	企画展「川崎大空襲パネル展」	2007	3月24日～5月6日	
	川崎市平和館（5）	企画展「戦争体験を話す・聞く—終戦直後の混乱期」	2007	2月24日～3月4日	
	川崎市平和館（6）	「川崎大空襲戦災記録写真展」	2008	3月26日～5月6日	
	川崎市平和館（7）	2008年度第2回企画展「戦争体験を記録する」	2009	2月21日～3月13日	
	川崎市平和館（8）	「川崎大空襲記録展」	2009	3月20日～5月6日	
	川崎市平和館（9）	「川崎大空襲記録展—私たちのまちに「空襲」があった」	2010	3月13日～5月9日	
	川崎市平和館（10）	「川崎大空襲記録展—私たちのまちに「空襲」があった」	2011	3月12日～5月8日	
	川崎市平和館（11）	「『川崎大空襲記録展』私たちのまちに「空襲」があった」	2012	3月10日～5月6日	
	川崎市平和館（12）	平和館開館20周年記念「原爆展・特別展—原爆と沖縄戦」	2012	8月1日～26日	
	川崎市平和館（13）	「川崎大空襲記録展」	2013	3月9日～5月6日	
	川崎市平和館（14）	川崎大空襲記録展	2014	3月6日～5月6日	
	川崎市平和館（15）	原爆展・特別展—原爆と沖縄戦	2015	8月1日～30日	
	川崎市平和館（16）	川崎大空襲記録展	2015	3月14日～5月6日	展示目録

	川崎市平和館（17）	「川崎大空襲記録展―私たちのまちに「空襲」があった」	2016	3月12日～5月8日	
	川崎市平和館（18）	「川崎大空襲記録展―私たちのまちに「空襲」があった」	2017	3月11日～5月7日	
	川崎市平和館（19）	「川崎大空襲記録展―私たちのまちに「空襲」があった」	2018	3月10日～5月6日	
	川崎市平和館（20）	特別展「未来に託す戦世（いくさゆ）の記憶」	2018	7月28日～9月2日	
	川崎市平和館（21）	「川崎大空襲記録展―私たちのまちに「空襲」があった」	2019	3月9日～5月6日	
	川崎市平和館（22）	「原爆展・特別展」ナガサキ	2019	7月27日～9月1日	
	川崎市平和館（23）	川崎大空襲記録展【私たちのまちに「空襲」があった】	2020	3月7日～5月6日と6月2日～7月19日	
	川崎市平和館（24）	小池汪写真展「戦後75年戦争暮らし―写真家が主催し協賛する市民による写真展」	2020	10月7日～30日	
	川崎市平和館（25）	川崎大空襲記録展「戦時下の市民生活と川崎大空襲」	2021	3月6日～5月5日	
	川崎市平和館（26）	川崎大空襲記録展	2022	3月12日～5月8日	
	相模原市立博物館	学習資料展「戦争中から戦後の生活」	2010	1月23日～4月4日	解説資料
	相模原市立博物館	「軍都さがみはら展～国内最大の町誕生物語」	2021	7月17日～8月5日	
	相模原市立公文書館	『軍都計画』と相模原のその後	2019	7月5日～9月8日	
	日本新聞博物館（1）	写真が伝えた戦争―N．Y．デイリー・ニューズ写真コレクションから	2005	3月25日～6月26日	
	日本新聞博物館（2）	昭和史の風景―江成常夫写真展『偽満州国・慟哭の島』・神奈川新聞は『戦争をどう伝えたか』	2006	8月1日～9月24日	
	日本新聞博物館（3）	企画展「日米開戦70年　水木しげるの戦争と新聞報道」	2011	11月5日～12月25日	
	日本新聞博物館（4）	戦争と戦後の掲示板―昭和初期の「写真ニュース」コレクション	2019	3月29日～6月30日	
	日本郵船歴史博物館	企画展「日米交換船とその時代」	2012	8月11日～12月9日	図録
	平塚市博物館（1）	寄贈品コーナー第22回「平塚海軍火薬廠」	1978	4月4日～5月30日	
	平塚市博物館（2）	寄贈品コーナー第78回「平塚海軍火薬廠」	1985	8月1日～9月25日	
	平塚市博物館（3）	寄贈品コーナー第122回「平塚の空襲と戦災」	1990	6月8日～7月29日	
	平塚市博物館（4）	寄贈品コーナー第147回「平塚の空襲展」	1993	6月9日～7月30日	
	平塚市博物館（5）	夏期特別展「44万7716本の軌跡―平塚の空襲と戦災」展	1995	7月15日～8月30日	図録64p
	平塚市博物館（6）	寄贈品コーナー第168回「平塚の空襲と戦災展」	1995	7月15日～9月16日	
	平塚市博物館（7）	寄贈品コーナー第176回「平塚大空襲―準備された空襲」	1996	6月14日～7月18日	
	平塚市博物館（8）	寄贈品コーナー第186回「平塚大空襲―戦時下のくらし」	1997	6月13日～9月13日	
	平塚市博物館（9）	寄贈品コーナー第192回「平塚大空襲―戦時下のくらし」	1998	6月12日～7月30日	
	平塚市博物館（10）	寄贈品コーナー第201回「平塚大空襲」	1999	6月18日～7月31日	
	平塚市博物館（11）	寄贈品コーナー第202回「平塚大空襲」	2000	6月16日～9月9日	
	平塚市博物館（12）	寄贈品コーナー第219回「平塚大空襲」	2001	6月15日～8月15日	
	平塚市博物館（13）	寄贈品コーナー第219回「平塚の空襲と戦災展」	2002	6月14日～7月30日	
	平塚市博物館（14）	寄贈品コーナー第229回「平塚の空襲と戦災展」	2003	6月20日～7月30日	
	平塚市博物館（15）	寄贈品コーナー第238回「平塚の空襲と戦災展」	2004	6月19日～7月29日	
	平塚市博物館（16）	寄贈品コーナー第245回「空襲60周年記念　市民が探る平塚空襲展」	2005	6月18日～7月31日	
	平塚市博物館（17）	寄贈品コーナー第255回「平塚空襲展」	2006	6月17日～7月30日	

県	館名	展示会名	年	会期	刊行物
神奈川県	平塚市博物館（18）	寄贈品コーナー第264回「平塚空襲展」	2007	7月4日～30日	
	平塚市博物館（19）	寄贈品コーナー第276回「平塚空襲展」	2008	6月14日～7月17日	
	平塚市博物館（20）	寄贈品コーナー第282回「平塚空襲展」	2009	6月13日～7月30日	
	平塚市博物館（21）	夏期特別展「市民が探る平塚空襲—65年目の検証」	2010	7月10日～9月5日	図録64p
	平塚市博物館（22）	寄贈品コーナー第293回「平塚空襲展」	2011	7月30日～9月8日	
	平塚市博物館（23）	寄贈品コーナー第318回「描かれた平塚空襲—空襲体験絵画展」	2012	8月2日～9月5日	
	平塚市博物館（24）	寄贈品コーナー第328回「平塚空襲展—空襲から復興へ」	2013	8月1日～9月5日	
	平塚市博物館（25）	寄贈品コーナー第332回「平塚空襲展—初めての本土空襲」	2014	7月16日～8月17日	
	平塚市博物館（26）	寄贈品コーナー第347回「平塚空襲70年」	2015	7月16日～9月3日	
	平塚市博物館（27）	寄贈品コーナー展示「平塚の空襲」	2016	7月16日～8月21日	
	平塚市博物館（28）	寄贈品コーナー展示「平塚の空襲」	2017	7月15日～8月20日	
	平塚市博物館（29）	寄贈品コーナー展示「平塚の空襲」	2018	7月14日～8月19日	
	平塚市博物館（30）	寄贈品コーナー展示「平塚の空襲」	2019	7月13日～8月18日	
	平塚市博物館（31）	平塚空襲展	2020	7月16日～9月2日	
	平塚市博物館（32）	夏期特別展「平塚空襲　その時、それまで、それから」	2021	7月16日～9月5日	図録
	平塚市博物館（33）	平塚空襲展	2022	6月21日～7月31日	
	明治大学平和教育登戸研究所資料館	開館	2010	3月29日	
	明治大学平和教育登戸研究所資料館（1）	第1回企画展「戦争遺跡写真展・登戸研究所から戦争遺跡を見る—川崎を中心に」	2010	11月3日～12月18日	
	明治大学平和教育登戸研究所資料館（2）	第2回企画展「風船爆弾の風景2011」	2011	10月26日～12月17日	
	明治大学平和教育登戸研究所資料館（3）	パネル展示「戦争と医の倫理—日本の医学者・医師の「15年戦争」への加担と責任」	2012	9月12日～11月5日	
	明治大学平和教育登戸研究所資料館（4）	第3回企画展「キャンパスに残っていた偽札印刷工場—5号棟調査報告」	2012	11月21日～2013年3月2日	
	明治大学平和教育登戸研究所資料館（5）	パネル展示「731部隊展2013」	2013	8月7日～24日と9月4日～10月26日	
	明治大学平和教育登戸研究所資料館（6）	第4回企画展「本土決戦と登戸研究所」	2013	11月20日～2014年3月9日	
	明治大学平和教育登戸研究所資料館（7）	特別パネル展示「平和のための戦争遺跡の保存を求めて」	2014	7月16日～10月25日	
	明治大学平和教育登戸研究所資料館（8）	第5回企画展「紙と戦争—登戸研究所と風船爆弾・偽札」	2014	11月19日～2015年3月21日	
	明治大学平和教育登戸研究所資料館（9）	第6回企画展「NOBORITO1945—登戸研究所70年前の真実—」	2015	8月5日～2016年3月26日	
	明治大学平和教育登戸研究所資料館（10）	第7回企画展「『登戸』再発見—建物と地域から追う登戸研究所の姿」	2016	11月16日～2017年3月25日	
	明治大学平和教育登戸研究所資料館（11）	第8回企画展「科学技術と民間人の戦争動員」	2017	11月22日～2018年3月31日	
	明治大学平和教育登戸研究所資料館（12）	第9回企画展「帝銀事件と登戸研究所」	2018	11月21日～2019年5月11日	
	明治大学平和教育登戸研究所資料館（13）	コラボ記念特別展示「戦争遺跡写真パネル展—近郊の戦争遺跡を訪ねて」	2019	7月27日～11月3日	
	明治大学平和教育登戸研究所資料館（14）	第10回企画展「少女が残した登戸研究所の記録—陸軍登戸出張所開設80年」	2019	11月20日～2020年3月28日	
	明治大学平和教育登戸研究所資料館（15）	第11回企画展「極秘機関「陸軍登戸研究所」はこうして明らかになった—登戸研究所掘り起こし運動30年のあゆみ」	2021	1月13日～7月3日	
	明治大学平和教育登戸研究所資料館（16）	第12回企画展「参謀本部と登戸研究所による対中国謀略—アジア太平洋戦争開戦80年」	2021	11月17日～2022年5月28日	
	明治大学平和教育登戸研究所資料館（17）	第13回企画展「極秘機関『ヤマ機関』と登戸研究所—日本陸軍の防諜とは　ゾルゲ事件80年—」	2022	11月24日～2023年5月27日	

新潟県	三条市歴史民俗産業資料館	戦後70年あの頃の暮らし	2015	8月11日～9月13日	
	小川未明文学館（1）	上越市「平和展」	2018	7月12日～8月19日	
	小川未明文学館（2）	上越市「平和展」	2019	7月11日～8月18日	
	小川未明文学館（4）	上越市「平和展」	2020	7月9日～8月16日	
	小川未明文学館（5）	上越市「平和展」	2021	7月9日～8月15日	
	小川未明文学館（6）	上越市「平和展」	2022	7月8日～8月14日	
	新潟県立近代美術館	戦後60年特別企画　昭和の美術　1945年まで―〈目的芸術〉の軌跡	2005	11月3日～12月11日	図録
	新潟県立歴史博物館	夏季企画展「戦後75年―私の戦争体験記―」	2020	6月27日～8月16日	
	新潟市歴史博物館（みなとぴあ）	戦争でかわった　わたしたちのくらし	2015	9月12日～12月6日	
	新潟市會津八一記念館	企画展「戦争と八一」	2011	7月3日～9月4日	
	新潟大学旭町学術資料展示館（1）	「戦争と美術―絵葉書に見る戦争」	2011	4月13日～6月30日	
	新潟大学旭町学術資料展示館（2）	戦争と平和を考える	2012	6月25日～9月22日	
	新潟大学旭町学術資料展示館（3）	戦争と平和を考える	2015	7月8日～9月22日	
	新潟大学旭町学術資料展示館（4）	ミニ企画展「平和を考える―従軍画家と戦没画学生―」	2014	7月9日～8月28日	
	新潟大学旭町学術資料展示館（5）	戦争の記憶―戦後70年をふりかえって	2015	6月3日～7月12日	
	新潟大学旭町学術資料展示館（6）	企画展「新潟大学から考える戦争の記憶―新潟大学に残る資・史料に即して」	2016	7月13日～9月25日	
	新潟大学旭町学術資料展示館（7）	企画展「戦争を考える2017」	2017	6月14日～9月17日	
	新潟大学旭町学術資料展示館（8）	企画展「戦争を考える2018」	2018	6月15日～7月22日	
	新潟大学旭町学術資料展示館（9）	企画展「戦争を考える2019」	2019	6月12日～8月17日	
	新潟大学旭町学術資料展示館（10）	企画展「戦争を考える2022―日常に入り込んだ戦争―」	2022	7月6日～8月19日	
	新潟市郷土資料館	祖父母が伝える太平洋戦争	1995	7月25日～8月31日	
	中之口先人館	「ウチテシヤマム―軍国への道―「写真週報」より」	2011	5月14日～6月18日	
	長岡戦災資料館	開館	2003	7月	
	長岡戦災資料館（1）	特別企画展「長岡戦災60周年」	2005	7月23日～8月21日	
	長岡戦災資料館（2）	「長岡空襲体験画展」	2006	7月22日～8月20日	
	長岡戦災資料館（3）	「長岡空襲体験画展と殉難者遺影展」	2007	7月17日～28日	
	長岡戦災資料館（4）	「長岡空襲殉難者遺影展」	2008	7月1日～8月5日	
	長岡戦災資料館（5）	「長岡空襲殉難者遺影展・住宅焼失地図展」	2009	7月1日～8月31日	
	長岡戦災資料館（6）	「長岡空襲体験画展―水彩展」	2010	2月6日～4月4日	
	長岡戦災資料館（7）	「長岡空襲体験画展―油絵展」	2010	4月10日～6月20日	
	長岡戦災資料館（8）	「長岡空襲殉難者遺影展・住宅焼失地図展」	2010	7月1日～8月31日	
	長岡戦災資料館（9）	「長岡空襲体験画展―水彩展」	2011	2月26日～4月24日	
	長岡戦災資料館（10）	「長岡空襲体験画展―油絵展」	2011	6月1日～19日	
	長岡戦災資料館（11）	「長岡空襲殉難者遺影展・住宅焼失地図展」	2011	7月1日～8月31日	
	長岡戦災資料館（12）	「長岡空襲殉難者遺影展・住宅焼失地図展」	2012	7月1日～8月31日	
	長岡戦災資料館（13）	「長岡空襲体験画展」	2013	4月13日～6月30日	

県	館　　名	展示会名	年	会　期	刊行物
新潟県	長岡戦災資料館（14）	「所蔵資料展」	2013	5月1日～12月29日	
	長岡戦災資料館（15）	「長岡空襲殉難者遺影展・住宅焼失地図展」	2013	7月7日～8月31日	
	長岡戦災資料館（16）	長岡空襲体験画展	2014	4月19日～5月11日	
	長岡戦災資料館（17）	長岡空襲体験画展	2014	5月24日～6月15日	
	長岡戦災資料館（18）	「長岡空襲殉難者遺影展、住宅焼失地図展」	2014	7月6日～8月31日	
	長岡戦災資料館（19）	「長岡空襲体験画アオーレ特別展―長岡戦災資料館十周年記念誌発行記念」	2014	7月12日～15日	
	長岡戦災資料館（20）	「長岡空襲体験画展―わたしの長岡空襲」前期	2016	4月13日～5月15日	
	長岡戦災資料館（21）	「長岡空襲体験画展―わたしの長岡空襲」後期	2016	5月28日～6月19日	
	長岡戦災資料館（22）	「長岡空襲殉難者遺影展・住宅焼失地図展」	2016	7月3日～8月31日	
	長岡戦災資料館（23）	「長岡空襲体験画展―廃墟から平和への願い」前期	2017	4月22日～5月14日	
	長岡戦災資料館（24）	「長岡空襲体験画展―廃墟から平和への願い」後期	2017	5月27日～6月18日	
	長岡戦災資料館（25）	「長岡空襲殉難者遺影展・住宅焼失地図展」	2017	7月28日～　31日	
	長岡戦災資料館（26）	「長岡空襲体験画展―戦争を想ふ―」前期	2018	4月21日～5月13日	
	長岡戦災資料館（27）	「長岡空襲体験画展―戦争を想ふ―」後期	2018	5月26日～6月17日	
	長岡戦災資料館（28）	戦災資料館開館15周年記念事業「長岡空襲体験画・空襲殉難者遺影パネル特別展」	2018	7月1日～5日	
	長岡戦災資料館（29）	「長岡空襲殉難者遺影展・住宅焼失地図展」	2018	7月8日～8月31日	
	長岡戦災資料館（30）	「長岡空襲体験画展―炎の中を逃げ惑う人々―」（前期）	2019	4月20日～5月12日	
	長岡戦災資料館（31）	「長岡空襲体験画展―炎の中を逃げ惑う人々―」（後期）	2019	5月25日～6月16日	
	長岡戦災資料館（32）	「長岡空襲殉難者遺影展・住宅焼失地図展」	2019	7月7日～8月31日	
	長岡戦災資料館（33）	長岡空襲体験画展―絵は語る長岡空襲　鎮魂の祈り―	2020	6月6日～26日	
	長岡戦災資料館（34）	長岡空襲殉難者遺影展・住宅焼失地図展	2020	7月5日～8月30日	
	長岡戦災資料館（35）	第15回長岡空襲体験画展―平和を語り継ぐために―	2021	5月15日～7月4日	
	長岡戦災資料館（36）	長岡空襲殉難者遺影展・戦災住宅焼失地図展	2021	7月11日～8月31日	
	長岡戦災資料館（37）	長岡空襲体験画展	2022	5月14日～6月19日	
	長岡戦災資料館（38）	長岡空襲殉難者遺影展・戦災住宅焼失地図展	2022	7月3日～8月31日	
	津南町農と縄文の体験実験館	津南郷から見える戦争	2005	8月1日～9月25日	図録
	柏崎市立博物館（1）	第63回特別展「資料が語る戦争の記憶」	2012	10月20日～11月25日	資料目録
	柏崎市立博物館（2）	戦後70年ロビー展示「モノが語る戦争の記憶」	2015	7月24日～8月30日	
	柏崎市立博物館（3）	ロビー展示「モノが語る戦争の記憶」	2016	8月13日～31日	
	柏崎市立博物館（4）	ロビー展示「モノが語る戦争の記憶」	2018	8月10日～31日	
	柏崎市立博物館（5）	夏季エントランス展示「太平洋戦争展」	2019	8月10日～9月1日	
	柏崎市立博物館（6）	戦後75年ロビー展示「モノが語る戦争の記憶」	2020	8月8日～30日	
	柏崎市立博物館（7）	ロビー展示「モノが語る戦争の記憶」	2021	8月	
	柏崎市立博物館（8）	ロビー展示「モノが語る戦争の記憶」	2022	8月4日～17日	

	両津市郷土博物館	平和への礎―太平洋戦争と佐渡の人々	1995	7月16日～8月27日	パンフレット9p
富山県	富山市郷土博物館	1940年代資料展示	1995	7月22日～9月10日	
	滑川市立博物館	語り伝える戦後50年展	1995	7月15日～8月3日	
	高岡市立博物館	企画展「大正・昭和時代と子供たち」	2005	7月15日～9月4日	
	高岡市立博物館	特別展「高岡市平和都市宣言10周年記念　戦時下の暮らし」	2016	7月23日～10月10日	
	舟見城址館	企画展―戦後60年―「今、蘇る　あの往時・あの人」	2005	～9月26日	
石川県	石川県立歴史博物館	銃後の人々・祈りと暮らし	1995	7月29日～8月27日	図録111p
	石川県立歴史博物館	企画展示「戦争の記憶」	2009	7月18日～9月13日	
	石川県立歴史博物館	春季特別展「くらし＆娯楽の大博覧会―昭和ヒストリー 1926～1989」	2011	4月23日～6月5日	
	辰口町立博物館	戦争のころのたつくちの人々	1995	7月21日～8月27日	
	中能登町ふるさと創修館	特別展「戦時下の子どもたち―学校資料で見る戦時中の学校風景―」	2020	8月1日～30日	
福井県	福井県立歴史博物館	写真展「福井空襲写真アルバム―日米に残された写真記録」	2013	8月16日～9月1日	
	福井県立歴史博物館	写真展「昭和20年7月19日―福井空襲―」	2020	6月3日～7月31日	
	ゆきのした	戦争とこども展	2003	5月10日～11日	
	福井市立郷土歴史博物館	館蔵品ギャラリー・福井空襲70年	2015	7月15日～8月23日	
山梨県	ミュージアム都留	戦後70年　都留・あなたが見つめる戦争	2015	7月25日～9月13日	
	山梨平和ミュージアム	開館	2007	5月1日	
	山梨平和ミュージアム（1）	「甲府連隊の軌跡」	2007	11月10日～	
	山梨平和ミュージアム（2）	「戦時下の暮らし」	2008	6月7日～	
	山梨平和ミュージアム（3）	「戦場の記憶・記録展」	2010	2月20日～9月30日	
	山梨平和ミュージアム（4）	企画展「沖縄戦を考える」	2010	10月10日～2011年3月31日	
	山梨平和ミュージアム（5）	企画展「山梨の戦争遺跡・遺物展」	2011	4月10日～9月30日	
	山梨平和ミュージアム（6）	企画展「満州事変80年を考える」	2011	10月8日～2012年3月末	
	山梨平和ミュージアム（7）	企画展「寄贈資料展」	2012	4月8日～8月26日	
	山梨平和ミュージアム（8）	企画展「日中戦争80年、今、日中関係を考える」	2017	12月2日～2018年5月	
	山梨平和ミュージアム（9）	企画展「戦後75年、あの戦争の実相に迫る」	2020	7月5日～2021年2月末	
	山梨平和ミュージアム（10）	企画展「戦後75年、戦後処理を考える」	2020	1月12日～6月30日	
	甲州市中央公民館にある歴史民俗資料室	わだつみ平和文庫常設展示　開設	2020	7月13日	
	甲府市藤村記念館	企画展「戦後60年、あの時、あの頃」	2005	7月1日～11月27日	
	山梨県立考古博物館	近代山梨の遺跡と遺物―養蚕・舟運・堤防・戦争	2015	7月18日～8月30日	
	大月市郷土資料館	戦後75年　大月空襲	2020	7月10日～9月30日	資料
	中央市豊富郷土資料館	企画展「戦争を語る」	2010	8月1日～29日	
	中央市豊富郷土資料館	中央市のアジア太平洋戦争―戦後70年を迎えて	2015	6月20日～9月27日	
	南アルプス市ふるさと文化伝承館	戦争とにしごおりの人々	2021	7月2日～11月17日	

県	館名	展示会名	年	会期	刊行物
	清里フォトアートミュージアム	開館10周年記念展「第二次世界大戦　日本の敗戦：キャパ、スミス、スウォープ、三木淳の写真」	2005	7月2日～10月23日	
長野県	飯田市平和祈念館	開館	2022	5月19日	
	諏訪市博物館	戦争と諏訪の人々のくらし	1995	10月29日～1996年2月12日	
	諏訪市博物館	平和教育展　戦争が終わった—60年前のコト	2005	～8月31日	
	丸子町郷土博物館	戦争と人々のくらし展	1995	8月3日～31日	
	安曇野市豊科郷土博物館（1）	2011年度夏期特別展「安曇野の昭和の子ども—学ぶ・遊ぶ・暮らす」	2011	7月16日～8月28日	
	安曇野市豊科郷土博物館（2）	安曇野市平和都市宣言10周年記念「安曇野の戦争—郷土から戦場へ」	2022	7月23日～9月19日	
	安曇野市豊科郷土博物館（3）	友の会展　第1回戦時生活展「小主南安曇開拓団、有明演習地の戦中戦後、穂高空襲、三田防空監視哨」	2017	12月8日～24日	
	安曇野市豊科郷土博物館（4）	友の会展　第2回戦時生活展「上堀区戦中会議録、対馬丸と豊科下鳥羽出身の西沢武雄船長、二宮金次郎像、穂高空襲紙芝居、私の軍隊体験、小主南安曇開拓団、有明演習地」	2018	11月16日～12月9日	
	安曇野市豊科郷土博物館（5）	友の会展　第3回戦時生活展「学童集団疎開、戦時体験、三田防空監視哨と決部隊、穂高・有明空襲、満蒙開拓団、二宮金次郎像」	2019	12月4日～22日	
	安曇野市豊科郷土博物館（6）	友の会展　第4回戦時生活展「安曇野出身の航空特攻隊員浅川さん、穂高・有明空襲、小主南安曇開拓団、有明演習地、上堀区戦中会議録、三田防空監視哨、戦争体験者の証言、二宮金次郎像、学童集団疎開、対馬丸と豊科下鳥羽出身の西沢武雄船長」	2020	8月12日～16日 会場は「穂高交流学習センターみらい」内の展示ギャラリー	
	安曇野市豊科郷土博物館（7）	友の会展　第5回戦時生活展「豊科高等女学校生徒の戦時生活、安曇野出身の航空特攻隊員浅川さん、満蒙開拓青少年義勇軍、満蒙開拓小主南安曇郷、松本50連隊有明演習地、穂高・有明空襲、二宮金次郎像、学童集団疎開、戦時中の体験」	2020	11月14日～29日	
	安曇野市豊科郷土博物館（8）	友の会展　第6回戦時生活展「学童集団疎開、戦時体験、豊科高等女学校・生徒の戦時生活、二宮金次郎像」	2021	11月13日～28日	
	安曇野市豊科郷土博物館（9）	友の会展　第7回戦時生活展「満蒙開拓の夢から日中友好の懸け橋へ、豊科高等女学校・生徒の戦時生活、穂高・有明空襲」	2022	8月2日～9日　会場は「穂高交流学習センターみらい」内の展示ギャラリー	
	安曇野市豊科郷土博物館（10）	友の会展　第8回戦時生活展「満蒙開拓の夢から日中友好の懸け橋へ、満州で4年シベリアで4年そして故郷へ、ソ連参戦から生き延びて、戦時中の豊科高等女学校・生徒の生活」	2022	11月12日～27日	
	安曇野市文書館	2021年度前期企画展　「多元主義社会を生きる—自由主義擁護の旗手清澤洌の思想を通して—」	2021	5月9日～8月31日	
	安曇野市文書館	安曇野市平和都市宣言制定10周年記念企画「安曇野から平和を思う—上原良司生誕100年—」	2022	9月11日～12月28日	
	伊那市創造館（1）	創造館逸品展其之五「戦争と子どもたち」	2012	8月1日～9月2日	
	伊那市創造館（2）	創造館逸品展其之七「ビジュアル資料で知る戦争展」	2013	7月29日～8月31日	
	伊那市創造館（3）	創造館逸品展其之九「マンガと戦争中の世相」	2014	7月30日～8月31日	
	伊那市創造館（4）	特別展「戦時中の資料に残る生活の記録」	2015	8月8日～9月14日	
	伊那市創造館（5）	終戦記念日特別展「戦争の中の上伊那図書館」	2016	7月27日～8月31日	
	伊那市立高遠町歴史博物館（1）	「出征兵士と家族の肖像展」	2016		
	伊那市立高遠町歴史博物館（2）	「出征兵士と家族の肖像展」	2017		
	伊那市立高遠町歴史博物館（3）	「出征兵士と家族の肖像展」	2018	7月28日～8月19日	

	伊那市立高遠町歴史博物館（４）	第63回特別展「出征兵士と家族の肖像展2019」	2019		
	伊那市立高遠町歴史博物館（５）	第67回特別展「出征兵士と家族の肖像展」	2020	７月18日～８月23日	
	伊那市立高遠町歴史博物館（６）	第71回特別展「出征兵士と家族の肖像展2021」	2021	７月17日～８月22日	
	伊那市立高遠町歴史博物館（７）	第75回特別展「出征兵士と家族の肖像展」	2022	７月16日～８月21日	
	駒ヶ根市立博物館（１）	博物館ロビー「登戸研究所展」	2018	７月14日～９月９日	
	駒ヶ根市立博物館（２）	博物館ロビー「登戸研究所展」　再展示	2018	11月28日～12月２日	
	駒ケ根市立博物館（３）	企画展「上伊那地方に疎開した陸軍登戸研究所の真実」	2020	６月２日～８月30日	
	駒ケ根市立博物館（４）	企画展「～記憶と証言―登戸研究所の伊那谷疎開」	2021	６月１日～８月15日	
	駒ヶ根市立博物館（５）	企画展「登戸研究所の伊那谷疎開と本土決戦」	2022	６月25日～８月21日	
	松本市立博物館など（１）	特別企画「戦争と平和展」	2011	７月２日～８月21日	
	松本市立博物館など（２）	「戦争と平和」展	2012	８月４日～31日	
	松本市立博物館など（３）	「戦争と平和特攻兵が飛び立つとき―松本から知覧へ」展	2013	７月６日～８月25日	
	松本市立博物館など（４）	松本まるごと博物館３館連携事業、第４回戦争と平和展「近代都市・松本―戦争と軍隊、その遺産」	2014	８月２日～９月15日	
	松本市立博物館（５）	戦争と平和展	2015	８月１日～23日	
	松本市立博物館など（６）	特別展第６回戦争と平和展「戦争の記憶と記録から平和を考える」	2016	８月６日～９月25日	図録
	松本市立博物館（７）	特別展第７回戦争と平和展「戦災から遠く逃れて」	2017	７月22日～９月３日	
	松本市立博物館（８）	特別展戦争と平和展「原子野の花」	2019	７月27日～８月25日	
	松本市歴史の里	第７回戦争と平和展「非戦―木下尚江の訴え―」	2017	７月22日～８月25日	
	上田市立博物館	特別展「戦争と庶民」	1981	７月30日～８月30日	図録34p
	大桑村歴史民俗資料館	戦後70年記念展「あのころの記憶展」	2015	８月11日～30日	
	中津川市苗木遠山史料館	戦争とくらし	1995	８月10日～27日	
	長野県立長野図書館	戦後70年特別企画・発禁　1925－1944；戦時体制下の図書館と知る自由	2015	８月１日～９月13日	
	長野県立歴史館（１）	終戦日８月15日と長野県民	1995	８月１日～20日	パンフレット22p
	長野県立歴史館（２）	秋季企画展「戦時下の子どもたち―信州の一五年戦争」	2006	９月30日～11月12日	
	長野県立歴史館（３）	春季企画展「三つの大日向をたどる　長野県の満州移民」	2012	５月26日～７月16日	図録
	長野県立歴史館（４）	夏季展「阿智村ポスターが語る戦争と宣伝」	2012	７月28日～９月２日	
	長野県立歴史館（５）	戦後70年企画・長野県民の1945―疎開・動員体験と上原良司	2015	７月25日～９月15日	
	長野県立歴史館（６）	青少年義勇軍が見た満州	2021	７月10日～８月22日	
	長野市立博物館	十五年戦争の諸相	1995	８月７日～25日	
	日本ラジオ博物館	ラジオと戦争	2015	７月４日～12月27日	
	日本ラジオ博物館	第２期ミニ企画展「ゾルゲ事件と無線通信」	2017	７月19日～11月17日	
	飯田市美術博物館	トピックス展示「満州は豊かだったか―入門　飯田・下伊那の満州移民」	2021	３月３日～６月13日	
	豊丘村歴史民俗資料館	豊丘にみる戦争の記録―終戦60周年回顧	2005	～８月30日	

県	館　　名	展　示　会　名	年	会　　期	刊行物
長野県	阿智村中央公民館	戦時ポスター展	2010	8月21日～29日	
	阿智村中央公民館	満蒙開拓歴史展	2010	8月21日～29日	
	満蒙開拓平和記念館	開館	2013	4月25日	
	満蒙開拓平和記念館（1）	特別展「平岡ダム　中国人強制連行の歴史を考える」	2013	8月29日～9月30日	
	満蒙開拓平和記念館（2）	企画展「寄贈品展1―満鉄・子ども・プロパガンダ」	2017	8月6日～31日	
	満蒙開拓平和記念館（3）	特別展「満州への朝鮮人移民」	2018	7月18日～8月20日	
	満蒙開拓平和記念館（4）	特別展「新たな土地を求めて―戦後開拓 vol.1飯田下伊那」	2019	6月19日～7月31日	
	満蒙開拓平和記念館（5）	シベリア抑留絵画展	2020	～5月11日	
岐阜県	岐阜市歴史博物館	戦時下の市民のくらし	1995	7月7日～8月20日	図録72p
	こども陶器博物館	秋季収蔵品展「こども食器から見る戦争展」	2016	10月29日～12月11日	
	羽島市歴史民俗資料館・映画資料館	戦争と平和展	1996	12月8日～27日	
	羽島市歴史民俗資料館・映画資料館	戦後55年を歩んだ　羽島の平和展	2000	8月15日～27日	
	羽島市歴史民俗資料館・映画資料館	企画展「昔のくらしと道具展―戦争と人々のくらし」	2010	10月9日～12月18日	
	下呂ふるさと歴史記念館	夏季企画展「寄贈品から見た戦時下の日本と下呂」	2011	7月9日～9月4日	
	各務原空襲資料室・民俗資料室	開館	2018	7月21日	
	各務原市歴史民俗資料館	各務原大空襲があった頃―市民提供資料による戦時下の暮らし展	1998	8月6日～9日	
	各務原市歴史民俗資料館	平和への願い　各務原大空襲から60年伝えたい「戦争と人々のくらし」	2005	8月5日～14日	
	各務原市歴史民俗資料館	戦後70年　明日の各務原市へ〈会場は産業文化センターあすかホール〉	2015	8月8日～16日	
	笠松町歴史未来館	企画展「戦争の記憶」	2018	8月4日～9月9日	
	岐阜県博物館	2018年度岐阜・リトアニア交流事業関連展示　「杉原千畝と命のビザ、シベリアを越えて―寿福滋写真展」	2018	7月28日～9月24日 会場は岐阜県図書館	
	岐阜市平和資料室	開設	2002	1月26日	
	岐阜市平和資料室（1）	「“戦争中のお母さんは、大いそがし”―大日本婦人会岐阜支部の活動を中心に」	2006	7月9日～	
	岐阜市平和資料室（2）	企画展「学校もたいへんだった―戦火の中学生日記―子どもたちに伝える平和のための資料展」	2007	7月22日～8月5日	
	岐阜市平和資料室（3）	特別企画展「反戦を貫いた僧　竹中彰元」	2008	7月19日～9月29日	
	岐阜市平和資料室（4）	「子どもたちに伝える平和のための資料展」	2009	7月18日～8月2日	
	岐阜市平和資料室（5）	「子どもたちに伝える平和のための資料展」	2011	7月19日～29日	
	岐阜市平和資料室（6）	「子どもたちに伝える平和のための資料展」	2012	7月21日～8月3日	
	岐阜市平和資料室（7）	「子どもたちに伝える平和のための資料展」	2013	7月20日～8月2日	
	岐阜市平和資料室（8）	「子どもたちに伝える平和のための資料展　進め一億火の玉だ！―「本土決戦！」のころの少年少女たち―」	2016	7月3日～29日	
	岐阜市平和資料室（9）	「子どもたちに伝える平和のための資料展　焼け野原からの再出発～そして今」	2017	8月1日～	
	岐阜市平和資料室（10）	「子どもたちに伝える平和のための資料展　戦うぼくら少国民～岐阜空襲から立ち上がった子どもたち」	2017	8月1日～	
	岐阜市平和資料室（11）	「子どもたちに伝える平和のための資料展」	2018	7月13日～	

岐阜市平和資料室（12）	「子どもたちに伝える平和のための資料展―お宮さんも　お寺さんも　火に追われた―岐阜空襲のときの神社・お寺・教会」	2019	7月12日～	
岐阜市平和資料室（13）	「子どもたちに伝える平和のための資料展」1	2020	7月3日～10日 会場は、みんなの森ぎふメディアコスモス	
岐阜市平和資料室（14）	「子どもたちに伝える平和のための資料展」2	2020	8月7日～13日 会場は、みんなの森ぎふメディアコスモス	
岐阜市平和資料室（15）	終戦75年・写真展　岐阜空襲のころの子どもたち	2020	7月～	
岐阜市平和資料室（16）	「子どもたちに伝える平和のための資料展」1	2021	7月6日～12日 会場は、みんなの森ぎふメディアコスモス	
岐阜市平和資料室（17）	「子どもたちに伝える平和のための資料展」2	2021	8月6日～12日 会場は、みんなの森ぎふメディアコスモス	
岐阜市平和資料室（18）	「子どもたちに伝える平和のための資料展」1	2022	7月3日～10日 会場は、みんなの森ぎふメディアコスモス	
岐阜市平和資料室（19）	「子どもたちに伝える平和のための資料展」2	2022	8月5日～15日 会場は、みんなの森ぎふメディアコスモス	
岐阜市歴史博物館	戦争と岐阜―戦後70周年	2015	8月5日～9月23日	展示目録
瑞浪陶磁資料館	企画展「代用陶磁器―素晴らしき陶業界の対応力」	2003	7月20日～9月7日	
瑞浪陶磁資料館	企画展「代用陶磁器―素晴らしい陶業界の対応している力」	2015	7月20日～9月7日	
山県市歴史民俗資料館	資料展『平和学習展』	2021	1月7日～28日	
多治見市美濃焼ミュージアム	代用品と統制品―戦時中の記憶をたどる	2018	8月15日～10月28日	
多治見市美濃焼ミュージアム	企画展「戦争とやきもの―代用品・統制品の真実―」	2019	8月1日～9月16日	
柳津歴史民俗資料室（1）	展覧会「戦中の暮らしと人びと」	2007	7月3日～8月26日	
柳津歴史民俗資料室（2）	展覧会「故郷と戦地をつなぐもの」	2008	7月15日～8月31日	
柳津歴史民俗資料室（3）	「戦時下のポスター」展	2009	7月28日～8月30日	
柳津歴史民俗資料室（4）	展示会「戦時下のポスター②―資金の提供」	2010	8月3日～9月5日	
柳津歴史民俗資料室（5）	展示会「戦時下のポスター③―増産と暮らし」	2011	8月2日～9月4日	
柳津歴史民俗資料室（6）	「戦時下のポスター―兵士と家族」	2012	7月18日～9月2日	
揖斐川歴史民俗資料館（1）	企画展「人の暮らしと戦争」	2005	8月6日～9月4日	
揖斐川歴史民俗資料館（2）	企画展「ひとの暮らしと戦争」	2006	8月6日～9月24日	
揖斐川歴史民俗資料館（3）	企画展「ひとの暮らしと戦争」	2007	8月1日～9月23日	
揖斐川歴史民俗資料館（4）	企画展「戦争と暮らし」	2009	7月21日～8月30日	
揖斐川歴史民俗資料館（5）	企画展「戦争と暮らし」	2010		
揖斐川歴史民俗資料館（6）	企画展「ふるさとの戦争と暮らし」	2011	7月20日～9月18日	
揖斐川歴史民俗資料館（7）	企画展「戦争とふるさとの暮らし」	2012	7月17日～9月2日	
揖斐川歴史民俗資料館（8）	企画展「戦争と暮らし」	2013	7月30日～9月7日	
揖斐川歴史民俗資料館（9）	企画展「戦争とふるさとの暮らし」展	2014	7月1日～8月17日	
揖斐川歴史民俗資料館（10）	企画展「戦争とふるさとの暮らし」展	2015	7月28日～8月30日	
揖斐川歴史民俗資料館（11）	企画展「戦争とふるさとの暮らし」展	2016	7月15日～8月21日	
揖斐川歴史民俗資料館（12）	企画展「戦争とふるさとの暮らし」展	2017	7月15日～8月20日	
揖斐川歴史民俗資料館（13）	企画展「戦争とふるさとの暮らし」展	2018	7月21日～8月19日	
揖斐川歴史民俗資料館（14）	企画展「戦争とふるさとの暮らし」展	2019	7月20日～8月18日	

県	館名	展示会名	年	会期	刊行物
岐阜県	揖斐川歴史民俗資料館（15）	企画展「戦争とふるさとの暮らし」展	2020	7月18日～8月23日	
	揖斐川歴史民俗資料館（16）	企画展「戦争とふるさとの暮らし」展	2021	7月24日～8月22日	
	揖斐川歴史民俗資料館（17）	企画展「戦争とふるさとの暮らし」展	2022	7月23日～8月21日	
静岡県	IZUPHOTOMUSEUM	戦争と平和　伝えたかった日本	2015	7月18日～2016年1月31日	
	藤枝市郷土博物館	戦時中のくらし：第7回企画展昭和の歴史	1989		図録25p
	ミュゼふじえだ藤枝市郷土博物館・文学館	博物館第103回企画展「戦時中の暮らしと遊び」	2012	6月9日～7月16日	
	ミュゼふじえだ藤枝市郷土博物館・文学館	文学館第32回企画展「平和への祈り平野亮彩絵画展」	2012	6月9月～7月16日	
	菊川市立図書館菊川文庫	郷土と戦争	2015	8月5日～23日	
	三島郷土館	企画展　三島と戦争	1995	7月23日～9月24日	図録100p
	沼津市明治史料館（1）	昭和の戦争と沼津	1995	7月1日～9月29日	図録44p
	沼津市明治史料館（2）	写真・史料にみる占領期の沼津	1995	12月20日～1996年2月25日	
	沼津市明治史料館（3）	終戦60周年記念　1931－1945　沼津と戦争	2005	7月1日～9月29日	
	沼津市明治史料館（4）	終戦70周年特別展・市民が見た昭和の戦争	2015	7月1日～8月30日	
	沼津市明治史料館（5）	生誕100年戦火に散った考古学者江藤千萬樹	2017	12月9日～2018年2月25日	
	焼津市歴史民俗資料館	企画展「戦時下の人々の暮らし―焼津と戦争」	2013	5月31日～9月29日	パンフレット
	静岡市文化財資料館	戦後70年企画・静岡の戦争―静岡市の戦争資料展	2015	7月25日～8月30日	展示リスト
	静岡平和資料センター（1）	あの戦争とわたしたち	1995	8月8日～13日	
	静岡平和資料センター（2）	特別展「空襲は語る」静岡そして世界へ―今も続く都市無差別空襲	1996	10月25日～1997年2月16日	
	静岡平和資料センター（3）	戦場に行った静岡市内の男たち	1997	6月13日～10月19日	
	静岡平和資料センター（4）	戦争と子ども―失われた子どものとき	1997	11月7日～1998年3月29日	
	静岡平和資料センター（5）	所蔵品展・赤紙が来た	1998	4月17日～7月12日	
	静岡平和資料センター（6）	切手が語る20世紀の戦争と平和	1998	8月1日～11月1日	
	静岡平和資料センター（7）	こども達に知ってほしい戦争	1998	11月20日～1999年3月28日	
	静岡平和資料センター（8）	県下の空襲Ⅰ　静岡・浜松・沼津・下田・島田	1999	4月23日～8月29日	展示案内31p
	静岡平和資料センター（9）	明日に向けての絵本展	1999	10月22日～2000年1月16日	
	静岡平和資料センター（10）	戦後55年記念展示「戦争の記録」「SHIZUOKA」	2000	6月20日～25日	ガイド68p
	静岡平和資料センター（11）	所蔵品展静岡と戦争1　「15年戦争とくらし」	2001	1月12日～5月27日	
	静岡平和資料センター（12）	県下の空襲Ⅱ　静岡・清水・由比・蒲原・富士・下田・稲取	2001	6月15日～9月30日	
	静岡平和資料センター（13）	所蔵品展「こどもに伝えたい静岡の戦争」	2001	11月16日～2002年5月26日	
	静岡平和資料センター（14）	銃後のくらし―下町の写真屋さんが見た静岡の人々	2002	6月14日～9月27日	ガイド22p
	静岡平和資料センター（15）	海をこえてきた「友情の人形」	2003	11月7日～2004年3月28日	
	静岡平和資料センター（16）	空襲体験画展「空襲下・生きぬいた私」	2003	6月19日～10月26日	
	静岡平和資料センター（17）	「戦争と静岡の歌人たち―歌人・長倉智恵雄の人生とともに」	2004	4月9日～7月11日	詞歌集63p
	静岡平和資料センター（18）	写真屋さんが見た戦争中の清水の人々	2004	7月25日～2005年1月30日	

	静岡平和資料センター（19）	所蔵品展　戦時下のこどもたち	2005	2月18日～6月26日	
	静岡平和資料センター（20）	広島・長崎原爆写真展	2005	7月1日～10月4日	
	静岡平和資料センター（21）	戦後60年記念事業　静岡・清水空襲体験画・写真展	2005	8月13日～21日	
	静岡平和資料センター（22）	企画展「2000人の命を奪った静岡空襲」	2005	10月14日～2006年3月5日	
	静岡平和資料センター（23）	今を問う、『静岡市大空襲体験画』展	2006	3月17日～6月25日	
	静岡平和資料センター（24）	若い人に伝えたい…清水空襲と艦砲射撃の原画展	2006	7月7日～10月8日	
	静岡平和資料センター（25）	企画展「風船爆弾と静岡」	2006	10月20日～2007年2月25日	報告書
	静岡平和資料センター（26）	企画展「子どもたちに伝えたい静岡の戦争Ⅱ—三菱工場への爆撃」	2007	3月2日～10月28日	
	静岡平和資料センター	移転開館	2008	6月13日	
	静岡平和資料センター（27）	「静岡市民が遺した戦争資料展（第1部）—静岡・清水にも無差別空襲があった」	2008	6月13日～11月23日	
	静岡平和資料センター（28）	企画展「静岡市民が遺した戦争資料展第2部—戦地へ送られた静岡市民たち」	2008	12月5日～2009年5月31日	
	静岡平和資料センター（29）	企画展「静岡市民が遺した戦争資料展第3部—戦中・戦後の暮らし」	2009	6月12日～11月22日	
	静岡平和資料センター（30）	企画展「アジア太平洋戦争・インパール戦　体験画展」	2009	12月4日～2010年5月23日	
	静岡平和資料センター（31）	大空襲65周年「静岡・清水　大空襲展—今なお続く世界の武力紛争」展	2010	6月4日～10月3日	
	静岡平和資料センター（32）	大空襲65周年「岡本武一　空襲版画」展	2010	6月4日～10月3日	
	静岡平和資料センター（33）	戦後65周年特別企画「満州開拓」展	2010	8月10日～15日	
	静岡平和資料センター（34）	「静岡開拓民と中国農民が語る—「満州開拓」13人の証言」展	2010	10月15日～2011年2月20日	
	静岡平和資料センター（35）	企画展「つくられた愛国少年・少女—戦争と子どもの世界」展	2011	4月8日～8月28日	
	静岡平和資料センター（36）	企画展「ある軍国少年が見た戦時下の大人たち」	2011	9月23日～12月23日	
	静岡平和資料センター（37）	企画展「空からの戦争」	2012	6月8日～10月28日	
	静岡平和資料センター（38）	企画展「戦争と動物たち」	2012	11月9日～2013年2月24日	
	静岡平和資料センター（39）	企画展「戦を憎む藤枝出身の画家平野亮彩人と作品」	2013	3月8日～5月26日	
	静岡平和資料センター（40）	戦時官製ポスター展	2013	6月7日～8月11日	
	静岡平和資料センター（41）	企画展「戦争と動物たち」	2013	8月15日～9月1日	
	静岡平和資料センター（42）	シベリア抑留展—凍土に消えた6万人の命	2013	9月13日～2014年1月26日	
	静岡平和資料センター（43）	企画展示「子どもたちの戦時下—毎日が“お国のため”に」	2014	6月13日～10月26日	
	静岡平和資料センター（44）	企画展示「静岡大空襲からの復興—瓦礫から立ち上がる人々」	2014	11月14日～2015年3月29日	
	静岡平和資料センター（45）	戦後70年展示・戦争と静岡展　〈会場は静岡市民ギャラリー〉	2015	8月12日～16日	
	静岡平和資料センター（46）	静岡・清水空襲の記憶と現代の戦争展	2015	9月18日～2016年1月24日	
	静岡平和資料センター（47）	企画展示「静岡と戦争」静岡の人びとも戦争を担った	2016	2月5日～5月29日	
	静岡平和資料センター（48）	企画展示「静岡の防空壕と防空政策」	2016	10月7日～11月27日	
	静岡平和資料センター（49）	企画展示「『週刊少国民』—戦時下で期待された子ども像」	2016	12月2日～2017年5月21日	
	静岡平和資料センター（50）	所蔵資料展示「静岡の戦争と空襲」	2017	6月9日～2018年1月	
	静岡平和資料センター（51）	企画コーナー展示「戦時下の教育」	2017	9月8日～2018年1月14日	
	静岡平和資料センター（52）	企画コーナー展示「戦時下の教育：東豊田国民学校の1年」	2018	1月19日～6月24日	

県	館名	展示会名	年	会期	刊行物
静岡県	静岡平和資料センター（53）	所蔵資料展示「静岡の戦争と空襲２」	2018	２月～６月	
	静岡平和資料センター（54）	所蔵資料展示「静岡の戦争と空襲３」	2018	６月８日～12月２日	
	静岡平和資料センター（55）	企画コーナー展示「清水庵原村一乗寺での学童疎開生活」	2018	９月７日～12月２日	
	静岡平和資料センター（56）	企画コーナー展示「本土決戦と静岡」展	2018	12月７日～2019年５月26日	
	静岡平和資料センター（57）	所蔵資料展示「静岡の戦争と空襲４」	2018	12月７日～2019年６月２日	
	静岡平和資料センター（58）	企画コーナー展示「静岡の街と人を焼いた焼夷弾」	2019	６月７日～11月17日	
	静岡平和資料センター（59）	所蔵資料展示「静岡の戦争と空襲５」	2019	６月７日～11月25日	
	静岡平和資料センター（60）	企画コーナー展示「ものが伝える子どもの暮らしの中の戦争」	2019	11月29日～2020年５月24日	
	静岡平和資料センター（61）	所蔵資料展示「静岡の戦争と空襲６」	2019	12月６日～2020年11月29日	
	静岡平和資料センター（62）	「門標に見る戦時下のくらし～乾徳寺の和尚さんのコレクション～」	2021	３月12日～12月19日	
	静岡平和資料センター（63）	所蔵資料展示「静岡の戦争と空襲７」	2021	３月26日～11月28日	
	静岡平和資料センター（64）	「静岡の戦争と空襲８」展	2022	12月３日～2023年５月29日	
	静岡平和資料センター（65）	企画コーナー展示「長倉禮子さんの紙芝居『戦争に巻き込まれた日々を忘れない』私は安西小学校に通っていた」	2022	１月14日～12月18日	
	島田市博物館	島田と太平洋戦争―明日へと語り継ぐ願い	2015	７月25日～８月30日	図録
	磐田市歴史文書館	企画展「公文書にみる戦争と磐田―徴兵資料からみた15年戦争」	2010	４月５日～９月30日	
	富士市立博物館	歴史民俗資料館に新コーナー「戦争とくらし―平和資料コーナー」	2010	７月27日	
	舞阪町立郷土資料館	戦中・戦後の舞阪	1995	８月１日～９月３日	
	清水港湾博物館	企画展「海に消えた徴用船たち」	2010	８月14日～10月３日	
愛知県	あま市美和歴史民俗資料館	戦後70年　戦争と暮らし展	2015	８月１日～９月27日	
	一宮市尾西歴史民俗資料館	特別展「戦時下の織物業」	2016	６月18日～８月21日	
	蟹江町歴史民俗資料館	太平洋戦争と戦後50年をふりかえる	1995		
	師勝町歴史民俗資料館	昭和30年代	1995	７月１日～８月15日	
	知多市歴史民俗資料館	企画展「戦時下の暮らし」	2017	７月15日～８月31日	
	豊川海軍工廠平和公園　豊川市平和交流館	開館	2018	６月９日	
	豊橋市美術博物館	戦中の市民生活と戦後豊橋の歩み	1995	６月20日～８月27日	図録87p
	豊橋市美術博物館	軍隊と豊橋展	2015	５月29日～６月28日	図録
	ピースあいち	開館	2007	５月１日	
	ピースあいち（１）	青い目の人形展	2007	７月21日～８月11日	
	ピースあいち（２）	特別展第１回寄贈資料展「軍隊生活」	2007	11月14日～30日	
	ピースあいち（３）	特別展第２回寄贈資料展「国民生活・学校生活」	2007	12月５日～21日	
	ピースあいち（４）	特別展第３回寄贈資料展「特別遺品展」	2008	１月９日～２月１日	
	ピースあいち（５）	開館１周年記念・企画　特別展「沖縄から戦争と平和を考える」	2008	４月29日～６月28日	

ピースあいち（6）	ヒロシマ・ナガサキ原爆ポスターパネル展	2008	7月21日～8月9日	
ピースあいち（7）	絵で見る学童疎開展	2008	8月12日～30日	
ピースあいち（8）	所蔵品展―文書資料を中心として	2008	12月9日～2009年2月14日	
ピースあいち（9）	特別展「教科書にみる戦争と平和」	2009	5月12日～7月11日	
ピースあいち（10）	企画展「あいちの戦争遺跡―失われていく戦争の目撃証人」	2009	10月20日～11月28日	
ピースあいち（11）	2009年所蔵品展「モノが語る戦時下のくらし」	2009	12月8日～2010年2月20日	
ピースあいち（12）	空襲のことを伝えよう・市民作品展	2010	3月23日～4月24日	
ピースあいち（13）	開館3周年記念　特別展「名古屋空襲を知る―今、平和を考えるために」	2010	5月18日～7月17日	
ピースあいち（14）	「戦争と動物たち」展	2010	7月22日～8月14日	
ピースあいち（15）	「描き残したいヒロシマ原爆―牧野俊介」展	2010	10月5日～11月20日	
ピースあいち（16）	2010年所蔵品展「雑誌などに見る戦時の世相」	2010	12月8日～2011年2月19日	
ピースあいち（17）	名古屋空襲パネル展	2011	2月22日～3月19日	
ピースあいち（18）	沖縄戦とひめゆり学徒隊展	2011	5月17日～6月25日	
ピースあいち（19）	夏休み特別展「戦時下の子どもの暮らし」	2011	7月21日～8月31日	
ピースあいち（20）	第2回寄贈品展「モノは、憶えている」	2011	12月8日～2012年2月18日	
ピースあいち（21）	特別展「震災と戦争展―東南海・三河そして東日本」	2012	2月28日～4月21日	
ピースあいち（22）	パネル展「沖縄戦―50万県民を巻き込んだ地上戦」	2012	6月19日～7月7日	
ピースあいち（23）	開館5周年記念　「原爆の図展」	2012	7月28日～8月31日	
ピースあいち（24）	うえのたかし作品展	2012	9月20日～29日	
ピースあいち（25）	「戦争と子どもたちのくらし」展	2012	10月16日～2013年2月23日	
ピースあいち（26）	企画展「沖縄戦・学童疎開の悲劇　対馬丸沈没」展	2013	6月11日～7月6日	
ピースあいち（27）	特別企画展「絵本はだしのゲン原画とマンガ展―麦のように生きるんじゃ」	2013	8月1日～31日	
ピースあいち（28）	「モノが語る戦争とくらし」展（第3回寄贈品展）	2013	12月5日～25日	
ピースあいち（29）	「戦争の中の子どもたちのくらし」展	2014	1月14日～2月28日	
ピースあいち（30）	「あとかたの街」複製原画展	2014	6月13日～7月5日	
ピースあいち（31）	企画展『少女たちの戦争―青春のすべてが戦争だった』	2014	7月13日～9月25日	
ピースあいち（32）	夏の企画展「戦争と若者―断ち切られた命と希望」	2014	7月22日～8月31日	
ピースあいち（33）	2014年所蔵品展「資料深読み―戦時下のあんなモノこんなモノ」	2014	11月11日～2015年1月10日	
ピースあいち（34）	パネル展「おじいちゃん、戦争の話を聞かせてください。―小学5年生と90才の語り継ぎアルバム」	2014	11月18日～2015年1月17日	
ピースあいち（35）	「戦争の中の子どもたち」展	2015	1月13日～2月28日	
ピースあいち（36）	企画展「知っていますか?このまちに爆弾が降った～名古屋大空襲から70年」	2015	3月3日～28日	
ピースあいち（37）	企画展「戦後70年今、振り返る沖縄戦と日本軍」	2015	5月19日～7月4日	
ピースあいち（38）	「民間戦没船と船員の記録」展	2015	7月7日～18日	
ピースあいち（39）	戦争と若者　没後70年　竹内浩三の詩とその時代展	2015	7月21日～8月30日	

県	館　　名	展示会名	年	会　　期	刊行物
愛知県	ピースあいち（40）	伝えたい！戦争の記憶—戦後70年応募資料・作品展	2015	12月８日～2016年１月16日	
	ピースあいち（41）	戦争の中の子どもたち	2016	１月17日～２月20日	
	ピースあいち（42）	企画展「この街が焼かれた—おざわゆき「あとかたの街」が描いた名古屋大空襲」	2016	２月23日～３月12日	
	ピースあいち（43）	特別企画「丸木位里・丸木俊　原爆の図展「第４部虹」「第８部救出」」	2016	３月15日～５月７日	
	ピースあいち（44）	民間戦没船と船員の記録展	2016	７月５日～８月15日	
	ピースあいち（45）	特別企画「私の八月十五日展—マンガ家・戦争体験者—あの日の記憶」	2016	７月19日～８月31日	
	ピースあいち（46）	企画展「戦争の中の子どもたち」	2016	９月27日～12月３日	
	ピースあいち（47）	第４回寄贈品展—市民から寄せられた300点	2016	12月６日～2017年１月14日	
	ピースあいち（48）	戦争の中の子どもたち	2017	１月17日～２月４日	
	ピースあいち（49）	丸木位里・丸木俊「原爆の図」と市民が描いた「原爆の絵」展	2017	２月14日～３月25日	
	ピースあいち（50）	「名古屋大空襲展」—名古屋城が炎上した５月	2017	４月11日～５月20日	
	ピースあいち（51）	企画展「戦争と平和の資料館ピースあいち　10年のあゆみ」	2017	４月11日～５月20日	
	ピースあいち（52）	企画展「知られざる沖縄の真実—ハンセン病患者の沖縄戦—」	2017	５月30日～７月１日	
	ピースあいち（53）	いわさきちひろ展	2017	７月18日～８月31日	
	ピースあいち（54）	準常設展示「戦争の中の子どもたち」と「戦争と動物たち」展	2017	９月27日～11月30日	
	ピースあいち（55）	第５回寄贈品展「戦争を語り継ぐモノたち」	2017	12月８日～2018年１月18日	
	ピースあいち（56）	戦争の中の子どもたち	2018	１月24日～２月17日	
	ピースあいち（57）	杉山千佐子追悼—「名古屋空襲と戦傷者たち」展	2018	２月27日～５月19日	
	ピースあいち（58）	企画展「沖縄の『こころ』—追悼大田昌秀と儀間比呂志展」	2018	５月29日～７月７日	
	ピースあいち（59）	パネル展示「戦争と動物たち」	2018	７月24日～９月２日	
	ピースあいち（60）	特別企画展「高校生が描くヒロシマと丸木位里・俊「原爆の図」」	2018	７月24日～９月２日	
	ピースあいち（61）	子ども企画展「戦争の中の子どもたち」と「戦争と動物たち」展	2018	10月２日～11月30日	
	ピースあいち（62）	第６回寄贈品展「時代を超えて語り継ぐモノたち」	2018	12月８日～2019年１月19日	
	ピースあいち（63）	子ども企画展「戦争の中の子どもたち」と「戦争と動物たち」展	2019	１月22日～２月23日	
	ピースあいち（64）	企画展「「熱田空襲」—６月９日愛知時計・愛知航空機への空襲　８分間で奪われた2000人のいのち」	2019	３月５日～５月５日	
	ピースあいち（65）	企画展「沖縄戦と子どもたち」	2019	５月21日～７月６日	
	ピースあいち（66）	特別展「水木しげるの戦争と新聞報道」	2019	７月16日～９月１日	
	ピースあいち（67）	子ども企画展「戦争の中の子どもたち」「戦争と動物たち」展	2019	10月１日～11月30日	
	ピースあいち（68）	「水墨画で戦争の痛みを描く～長野県の高校生の作品展」	2019	10月15日～11月30日	
	ピースあいち（69）	第７回寄贈品展「時をつなぐモノたちの声」	2019	12月７日～2020年１月25日	
	ピースあいち（70）	「樹木が語る戦禍—愛知の戦災樹木」	2019	12月７日～2020年１月25日	
	ピースあいち（71）	企画展「原爆の図と大津定信展—核兵器のない世界のために」	2020	２月４日～３月28日	
	ピースあいち（72）	企画展「模擬原爆パンプキン—市民が明らかにした原爆投下訓練」	2020	６月９日～８月29日	

	ピースあいち（73）	子ども企画展「戦争と動物たち」	2020	10月６日～11月28日	
	ピースあいち（74）	子ども企画展「戦争の中の子どもたち」	2020	10月６日～11月28日	
	ピースあいち（75）	第８回寄贈品展　伝えていこう戦争の記憶	2020	12月８日～2021年２月５日	
	ピースあいち（76）	企画展「名古屋のまちに爆弾が降ってきた―名古屋大空襲」	2021	３月２日～５月22日	
	ピースあいち（77）	都築基雄さん「絵で語る戦争体験と平和への思い」	2021	３月２日～５月22日	
	ピースあいち（78）	企画展「戦争とスポーツ―戦時下、時代に翻弄されたスポーツ選手たち」	2021	４月６日～５月22日	
	ピースあいち（79）	準常設展企画展「沖縄から平和を考える―ウチナーとヤマトの架け橋に」	2021	５月25日～７月10日	
	ピースあいち（80）	関連企画展示「首里城」	2021	５月25日～７月10日	
	ピースあいち（81）	夏の企画展『少女たちの戦争―青春のすべてが戦争だった』	2021	７月13日～９月25日	
	ピースあいち（82）	2021子ども企画展「戦争の中の子どもたち」「戦争と動物たち」	2021	10月５日～12月４日	
	ピースあいち（83）	第９回寄贈品展「来て見て伝えよう戦争の記憶」	2021	12月７日～2022年２月26日	
	ピースあいち（84）	企画展「戦時下の地震―隠された東南海・三河地震」	2022	３月８日～５月６日	
	ピースあいち（85）	準常設展「沖縄戦と日本復帰50年」	2022	５月10日～７月２日	
	ピースあいち（86）	夏の企画展「戦争プロパガンダ―国民を戦争に向かわせた宣伝たち」	2022	７月12日～９月17日	
	ピースあいち（87）	「戦争の中の子どもたち」展	2022	10月４日～11月26日	
	ピースあいち（88）	「戦争と動物たち」	2022	10月４日～11月26日	
	ピースあいち（89）	「特攻兵士が残した辞世の句」	2022	10月11日～11月26日	
	ピースあいち（90）	第10回寄贈品展「つなげていこう平和への願い」	2022	12月６日～2023年２月25日	
	＊＊＊瑞浪陶磁資料館	企画展「代用陶磁器―素晴らしき陶業界の対応力」	2003	７月20日～９月７日	
	愛知・名古屋戦争に関する資料館	開館	2015	７月11日	
	愛知・名古屋戦争に関する資料館（１）	企画コーナー「子どもたちの戦争―愛知県の学童疎開―」	2017	11月18日～2018年３月11日	
	愛知・名古屋戦争に関する資料館（２）	企画コーナー「名古屋城と戦争のつめ痕」「2017年度新規収蔵資料展」	2018	３月17日～７月８日	
	愛知・名古屋戦争に関する資料館（３）	企画コーナー「銃後―戦争を支えた人々」	2019	３月16日～７月７日	
	愛知・名古屋戦争に関する資料館（４）	企画コーナー「遺跡からみた戦争～軍都名古屋を掘る」	2019	７月13日～11月10日	
	愛知・名古屋戦争に関する資料館（５）	企画コーナー「豊川海軍工廠の空襲―戦争末期、軍需生産優先の果てに―」	2019	11月16日～2020年３月８日	
	愛知・名古屋戦争に関する資料館（６）	企画コーナー「戦争と企業―都市名古屋への航空機工業の集積と戦後民需転換―」	2020	４月１日～10月11日	
	愛知・名古屋戦争に関する資料館（７）	企画展示「子どもたちが「少国民」と呼ばれた頃―“もの”が語る子どもたちの戦争―」	2020	10月17日～2021年３月７日	
	愛知・名古屋戦争に関する資料館（８）	企画展示「戦争と食～米穀をめぐる統制下の食糧事情～」	2021	３月13日～７月11日	
	愛知・名古屋戦争に関する資料館（９）	企画展示「戦災にあった名古屋のまち―発掘出土品が語る戦時下の市民生活―」	2021	７月16日～11月７日	
	愛知・名古屋戦争に関する資料館（10）	企画展示「戦争と企業―自動車工業：動員・代用燃料車・航空機製造への工場転用―」	2021	11月12日～2022年３月６日	
	愛知・名古屋戦争に関する資料館（11）	企画展示「戦争と衣料―市民がみた銃後のファッション―」	2022	３月11日～７月10日	
	愛知・名古屋戦争に関する資料館（12）	企画展示「「敵国語」の時代―戦争と英語・英語教育―」	2022	７月15日～11月６日	
	安城市歴史博物館（１）	平和への願い　戦時下のくらし	1995	８月５日～20日	パンフレット13p
	安城市歴史博物館（２）	企画展「戦争のなかに生きる―戦時下の日常生活と明治航空基地」	2004	７月17日～９月５日	図録

県	館名	展示会名	年	会期	刊行物
愛知県	安城市歴史博物館（3）	ある従軍兵士の見た中国	2010	11月6日～12月12日	
	安城市歴史博物館（4）	わたしの見た戦争—戦時下のこどもたち	2015	7月18日～8月30日	図録
	安城市歴史博物館（5）	終戦75周年記念特別展「戦争に行くということ」	2020	7月18日～9月13日	図録
	安城市歴史博物館（6）	終戦75周年記念企画展「描かれた戦争—警察官が見た戦中戦後の愛知—」	2020	12月5日～2021年1月11日	
	岡崎市郷土館	終戦60年—戦争を語る品々、伝えたい記憶	2005	7月16日～9月4日	
	岡崎市美術博物館	収蔵品展「くらしと戦時資料展」	2011	6月4日～7月31日	図録
	蒲郡市博物館	戦後70周年コーナー展示・戦地からの手紙	2015	7月18日～8月30日	
	蒲郡市博物館	コーナー展示「『同盟写真特報』でみる戦争」	2020	6月13日～7月12日	
	蒲郡市博物館	企画展「—終戦から75年—　あの日　あの戦争」	2020	7月18日～8月30日	
	刈谷市郷土資料館	企画展「戦争とくらし」	2008	8月5日～9月15日	
	刈谷市歴史博物館	戦時下の刈谷—人びとの暮らしと記憶	2021	7月17日～8月29日	
	江南市歴史民俗資料館	江南の空襲60年	2005	～8月21日	
	瀬戸蔵ミュージアム	終戦65年企画「代用品が生み出された時」	2010	10月2日～11月28日	
	大府市歴史民俗資料館	半世紀前の生活用具	1995	6月17日～7月27日	リーフレット4p
	知多市民俗資料館	収蔵品で見る—戦中戦後のくらし	1995	8月1日～31日	
	知立市歴史民俗資料館（1）	戦争とくらし	1995	10月14日～11月12日	パンフレット8p
	知立市歴史民俗資料館（2）	女学生	2002	2月2日～3月3日	
	知立市歴史民俗資料館（3）	「教科書の移りかわり」展	2002	10月5日～11月10日	
	知立市歴史民俗資料館（4）	収蔵品展　戦後60周年記念展	2005	8月6日～9月3日	図録
	知立市歴史民俗資料館（5）	「終戦70年」戦争を忘れない	2015	7月18日～9月6日	図録
	長島町輪中の郷	回顧展終戦50周年平和祈念	1995	7月21日～8月20日	
	田原市博物館	戦後70年　渥美半島と戦争	2015	7月18日～8月30日	図録
	東浦町郷土資料館　うのはな館	秋の企画展・戦争と平和展	2015	10月21日～11月29日	
	東浦町郷土資料館　うのはな館	ミニ企画展・続・戦争と平和展	2015		
	半田市立博物館	終戦50年　戦争とくらし	1995	7月22日～9月3日	図録80p
	尾西市歴史民俗資料館	尾西の戦後50年—暮らしの中から	1995	10月11日～11月26日	図録11p
	豊橋市中央図書館（1）	第1回「平和を求めて　とよはし」展「戦争と家族・仕事」	2018	7月7日～9月2日	
	豊橋市中央図書館（2）	第2回「平和を求めて　とよはし」展「『語り』・『継ぐ』戦争体験～昭和・平成から令和へ」	2019	7月6日～9月1日	
	豊橋市中央図書館（3）	第3回「平和を求めて　とよはし」展	2020	7月11日～8月30日	資料
	豊橋市中央図書館（4）	第4回「平和を求めて　とよはし」展「国民精神総動員！戦い抜くことがすべてだった」	2021	7月10日～8月29日	
	豊橋市中央図書館（5）	第5回「平和を求めてとよはし」展「異郷の地生死をかけた壮絶な日々の記憶—シベリア抑留体験を語り継ぐ」	2022	7月9日～8月28日	
	豊山町社会教育センター郷土資料室	2020年度第2回企画展「戦争と平和展」	2020	8月1日～9月6日	
	豊川市桜ヶ丘ミュージアム（1）	豊川海軍工廠パネル展	1994	8月2日～20日	

	豊川市桜ヶ丘ミュージアム（２）	豊川海軍工廠展	1995	７月25日～８月15日	
	豊川市桜ヶ丘ミュージアム（３）	豊川海軍工廠展	1996	８月１日～９月１日	
	豊川市桜ヶ丘ミュージアム（４）	豊川海軍工廠展	1997	７月29日～８月31日	
	豊川市桜ヶ丘ミュージアム（５）	豊川海軍工廠展	1998	８月４日～23日	
	豊川市桜ヶ丘ミュージアム（６）	豊川海軍工廠展	1999	７月20日～８月31日	
	豊川市桜ヶ丘ミュージアム（７）	豊川海軍工廠展	2000	７月18日～８月31日	
	豊川市桜ヶ丘ミュージアム（８）	豊川海軍工廠展	2001	７月17日～８月31日	
	豊川市桜ヶ丘ミュージアム（９）	豊川海軍工廠展　戦時資料シリーズ展Ⅰ　絵にみる戦時資料展	2002	７月16日～９月１日	
	豊川市桜ヶ丘ミュージアム（10）	豊川海軍工廠展　戦時資料シリーズ展Ⅱ　代用品にみる戦時下のくらし展	2003	７月25日～８月31日	
	豊川市桜ヶ丘ミュージアム（11）	豊川海軍工廠展　戦時資料シリーズ展Ⅲ　戦時下のポスター展	2004	７月17日～８月31日	
	豊川市桜ヶ丘ミュージアム（12）	「豊川海軍工廠展　巨大兵器工場―終戦60年後の記録」	2005	７月23日～９月４日	図録
	豊川市桜ヶ丘ミュージアム（13）	豊川海軍工廠展　戦時資料シリーズ展Ⅳ戦時下の雑誌展	2006	７月22日～９月３日	
	豊川市桜ヶ丘ミュージアム（14）	豊川海軍工廠展　戦時資料シリーズ展Ⅴ兵役と人々	2007	７月21日～９月２日	
	豊川市桜ヶ丘ミュージアム（15）	「豊川海軍工廠展―絵画・写真資料を中心に」	2008	７月19日～８月31日	
	豊川市桜ヶ丘ミュージアム（16）	豊川海軍工廠展	2009	７月18日～８月30日	
	豊川市桜ヶ丘ミュージアム（17）	豊川海軍工廠展	2010	７月17日～８月29日	
	豊川市桜ヶ丘ミュージアム（18）	「豊川海軍工廠展・豊川海軍工廠近代遺跡調査速報展」	2011	７月16日～８月31日	図録
	豊川市桜ヶ丘ミュージアム（19）	豊川海軍工廠展	2012	７月21日～８月31日	
	豊川市桜ヶ丘ミュージアム（20）	豊川海軍工廠展	2013	８月７日～16日　会場は豊川文化会館	
	豊川市桜ヶ丘ミュージアム（21）	豊川海軍工廠展	2014	８月２日～17日	
	豊川市桜ヶ丘ミュージアム（22）	豊川海軍工廠展	2015	７月18日～８月30日	
	豊川市桜ヶ丘ミュージアム（23）	豊川海軍工廠展	2016	７月19日～８月31日	
	豊川市桜ヶ丘ミュージアム（24）	豊川海軍工廠展	2017	７月22日～８月31日	
	豊川市桜ヶ丘ミュージアム（25）	豊川海軍工廠展	2018	７月21日～９月２日	
	豊川市桜ヶ丘ミュージアム（26）	豊川海軍工廠展	2019	７月20日～９月１日	
	豊川市桜ヶ丘ミュージアム（27）	豊川海軍工廠展	2020	８月１日～９月６日	
	豊川市桜ヶ丘ミュージアム（28）	豊川海軍工廠展	2021	７月17日～８月31日	
	豊川市桜ヶ丘ミュージアム（29）	豊川海軍工廠展	2022	７月16日～８月31日	
	豊田市郷土資料館	1937－1945：人々の暮し―戦時統制下の市民生活を中心に	1995	７月１日～８月27日	図録111p
	名古屋市見晴台考古資料館	常設展「みはらしだいの戦争と平和」	2009	６月24日～９月13日	
	名古屋市見晴台考古資料館	「戦争と平和を考える展」	2022	６月29日～９月19日	
	名古屋市港防災センター	東海地方を襲った三つ地震―濃尾地震130年・東南海地震・三河地震	2021	10月26日～2022年１月30日	
	名古屋市博物館（１）	戦時下の子供たち	1995	７月12日～９月24日	リーフレット８ｐ
	名古屋市博物館（２）	新博物館態勢・満州国の博物館が戦後日本に伝えていること	1995	９月９日～10月15日	図録127p
	名古屋市博物館（３）	平和のための戦争資料展	2005	７月27日～31日	

県	館　名	展示会名	年	会　期	刊行物
愛知県	名古屋市博物館（４）	フリールーム「正木国民学校の疎開」	2016	７月27日～９月25日	
	名古屋市博物館（５）	テーマ14「戦争と市民満州のポスター・チラシ」	2017	７月26日～９月24日	
	名古屋市博物館（６）	フリールーム「教室も戦場だ」	2017	７月26日～９月24日	
	名古屋市美術館	画家たちと戦争―彼らはいかにして生きぬいたのか	2015	７月18日～９月23日	
	名古屋城	天守にかける夢―戦災焼失から70年	2015	３月21日～５月10日	
三重県	桑名市博物館	学習支援展示「戦時下のくらし」	2007	６月27日～９月９日	
	三重県総合博物館（１）	戦後70周年記念事業　トピック展示・みんなの近くにも戦争のキズあとがある―1945　平和がこわれていた頃の記憶	2015	６月６日～28日	
	三重県総合博物館（２）	トピック展「国策グラフ誌『写真週報』に見る戦争中のくらし」	2016	７月９日～８月21日	
	三重県総合博物館（３）	平和への想いを次の世代へ―平和に関する企画展2018―	2018	７月21日～29日	
	三重県総合博物館（４）	「平和への想いを次の世代へ―平和に関する企画展2019―」	2019	８月６日～18日	
	三重県総合博物館（５）	新収蔵資料紹介　雲井コレクションにみる戦争と戦時下のくらし	2019	７月９日～９月８日	
	三重県総合博物館（６）	三重の実物図鑑　戦争と三重―子どもたちが見た戦争―	2020	７月14日～８月30日	
	三重県総合博物館（７）	特集展示　戦争と三重―兵士と銃後―	2021	７月24日～８月29日	
	三重県総合博物館（８）	三重の実物図鑑戦争と三重	2022	７月23日～８月28日	
	三重県立斎宮歴史博物館	企画展「地域に残る戦争展」	2007	８月１日～31日	
	三重県立図書館	三重の文学戦後70年	2015	10月10日～11月15日	
	四日市市立博物館（１）	企画展「四日市空襲」―四日市空襲50年・非核平和記念都市宣言10年企画展―	1995	６月16日～７月16日	図録63p
	四日市市立博物館（２）	教育展示「四日市空襲と戦争中のくらし」	2000	６月８日～７月11日	
	四日市市立博物館（３）	教育展示「四日市空襲と戦争とくらし」	2001	６月14日～７月31日	
	四日市市立博物館（４）	教育展示「四日市空襲」	2002	６月13日～７月30日	
	四日市市立博物館（５）	教育展示「四日市空襲」	2003	６月10日～８月24日	
	四日市市立博物館（６）	学習支援展示「四日市が空襲にあったころ―戦時下のくらし」	2004	６月15日～８月22日	
	四日市市立博物館（７）	学習支援展示「四日市が空襲にあったころ―戦時下のくらし」	2005	６月18日～９月30日	
	四日市市立博物館（８）	学習支援展示「四日市空襲と戦時下の暮らし」	2006	６月17日～８月20日	
	四日市市立博物館（９）	学習支援展示「四日市空襲と戦時下の暮らし」	2007	６月16日～９月２日	
	四日市市立博物館（10）	学習支援展示「四日市空襲と戦時下の暮らし」	2008	６月14日～８月31日	
	四日市市立博物館（11）	学習支援展示「四日市空襲と戦時下の暮らし」	2009	６月13日～８月30日	
	四日市市立博物館（12）	学習支援展示「四日市空襲と戦時下の暮らし」	2010	６月12日～９月５日	
	四日市市立博物館（13）	特別展「ひめゆり　平和への祈り「沖縄戦から65年」」	2010	７月21日～９月５日	
	四日市市立博物館（14）	学習支援展示「四日市空襲と戦時下の暮らし」	2011	６月17日～８月28日	
	四日市市立博物館（15）	学習支援展示「四日市空襲と戦時下の暮らし」	2012	６月15日～９月２日	
	四日市市立博物館（16）	学習支援展示「四日市空襲と戦時下の暮らし」	2013	６月15日～９月１日	
	四日市市立博物館（17）	学習支援展示「四日市空襲と戦時下のくらし」	2015	６月13日～８月30日	

	四日市市立博物館（18）	学習支援展示「四日市空襲と戦時下のくらし」	2016	6月14日～9月4日	
	四日市市立博物館（19）	学習支援展示「四日市空襲と戦時下のくらし」	2017	6月13日～9月3日	
	四日市市立博物館（20）	学習支援展示「四日市空襲と戦時下のくらし」	2018	6月12日～9月2日	
	四日市市立博物館（21）	学習支援展示「四日市空襲と戦時下のくらし」	2019	6月11日～9月1日	
	四日市市立博物館（22）	学習支援展示「四日市空襲と戦時下のくらし」	2020	6月16日～9月6日	
	四日市市立博物館（23）	市制123周年記念　特別展「戦後75年無言館展　―戦没画学生からのメッセージ―」	2020	7月18日～9月6日	
	四日市市立博物館（24）	学習支援展示「四日市空襲と戦時下のくらし」	2021	6月15日～9月5日	
	四日市市立博物館（25）	学習支援展示「四日市空襲と戦時下のくらし」	2022	6月14日～8月31日	
	磯部郷土資料館		1995		
	志摩市立磯部郷土資料館	戦争の記憶展	2005	6月24日～9月11日	
	志摩市歴史民俗資料館	企画展「戦時下の子どものくらし」	2018	8月7日～9月30日	
	松坂市立歴史民俗資料館	戦後75年企画「身近にあった戦争　失われゆく記憶」展	2020	6月30日～9月22日	
	多気郷土資料館（1）	企画展「戦争が作らせた図像―国策紙芝居を中心に」	2010	1月7日～3月21日	
	多気郷土資料館（2）	企画展「戦争と絵ハガキ」	2010	7月9日～9月26日	
	多気郷土資料館（3）	「戦争と絵はがき２」展	2011	7月7日～9月26日	
	多気郷土資料館（4）	企画展「銃後の戦い―軍国の広告」	2013	7月9日～9月22日	
	多気郷土資料館（5）	少国民と呼ばれた時代	2015	7月10日～9月20日	
	多気郷土資料館（6）	企画展「昭和の子どもMONO語り」	2017	4月11日～6月18日	
	多気郷土資料館（7）	企画展「戦争中の暮らし」展	2017	7月12日～9月17日	
	多気郷土資料館（8）	企画展「戦争に行った人たち」	2018	7月10日～9月16日	
	多気郷土資料館（9）	企画展「近代文書からわかること―旧佐奈村役場文書が語る戦争―」	2022	7月20日～9月18日	
	鳥羽市立図書館	「鳥羽に見る戦争展」	2022	7月15日～8月31日	
	本居宣長記念館	日本が見えない　竹内浩三没後60年	2005	7月31日～8月21日	
	名張市立図書館	「名張にもあった戦争」展	2022	8月2日～31日	リーフレット
滋賀県	東近江市能登川博物館	東近江市平和祈念展2009「学ぼう湖国の戦争のこと―みんなで語り継いでいくために」	2009	6月24日～7月19日	
	米原市伊吹山文化資料館	第129回企画展「プロパガンダポスターにみる戦争―まいばらの戦争と平和展」	2017	9月23日～10月22日	
	近江日野商人館	第19回「日野と太平洋戦争」展	2006	8月1日～30日	
	近江日野商人館	2007年度《特別企画》第20回太平洋戦争展	2007	8月1日～30日	
		戦後平和70年記念企画展・近江鉄道改札口から見る日野町と太平洋戦争	2015	～8月31日	
	近江八幡市立資料館（1）	テーマ展第1回「平和への祈り」	2006		
	近江八幡市立資料館（2）	テーマ展第2回「平和への祈り」	2007	7月7日～8月19日	
	近江八幡市立資料館（3）	テーマ展第3回「平和への祈り」	2008	7月12日～8月17日	パンフレット
	近江八幡市立資料館（4）	テーマ展第4回「平和への祈り」	2009	7月11日～8月16日	パンフレット
	栗東歴史民俗博物館（1）	平和のいしずえ1991	1991	7月20日～8月18日	
	栗東歴史民俗博物館（2）	平和のいしずえ1992	1992	8月4日～16日	パンフレット８p

県	館　　名	展示会名	年	会　　期	刊行物
滋賀県	栗東歴史民俗博物館（３）	平和のいしずえ1993	1993	８月５日～31日	パンフレット8p
	栗東歴史民俗博物館（４）	平和のいしずえ1994	1994	８月４日～９月11日	パンフレット8p
	栗東歴史民俗博物館（５）	第５回平和のいしずえ展	1995	７月28日～９月３日	パンフレット8p
	栗東歴史民俗博物館（６）	第6回平和のいしずえ展1996	1996	7月20日～8月25日	パンフレット8p
	栗東歴史民俗博物館（７）	第７回平和のいしずえ展1997	1997	７月19日～８月17日	パンフレット8p
	栗東歴史民俗博物館（８）	第８回平和のいしずえ展1998	1998	７月25日～８月30日	パンフレット8p
	栗東歴史民俗博物館（９）	テーマ展「1999　平和のいしずえ」	1999	７月17日～８月15日	パンフレット8p
	栗東歴史民俗博物館（10）	テーマ展「平和のいしずえ2000」	2000	７月20日～８月20日	パンフレット8p
	栗東歴史民俗博物館（11）	テーマ展「平和のいしずえ2001」	2001	７月20日～８月19日	パンフレット8p
	栗東歴史民俗博物館（12）	第12回平和のいしずえ展2002	2002	７月27日～９月１日	パンフレット8p
	栗東歴史民俗博物館（13）	テーマ展「平和のいしずえ2003」　青年学校	2003	８月１日～31日	パンフレット8p
	栗東歴史民俗博物館（14）	テーマ展「平和のいしずえ2004」	2004	７月24日～９月５日	パンフレット8p
	栗東歴史民俗博物館（15）	テーマ展「平和のいしずえ2005」	2005	７月24日～８月21日	パンフレット8p
	栗東歴史民俗博物館（16）	テーマ展「平和のいしずえ2006」	2006	７月23日～８月27日	パンフレット8p
	栗東歴史民俗博物館（17）	テーマ展「平和のいしずえ2007」	2007	７月28日～８月19日	パンフレット8p
	栗東歴史民俗博物館（18）	テーマ展「治田村国防婦人会の記録―平和のいしずえ2008」	2008	７月19日～８月24日	パンフレット8p
	栗東歴史民俗博物館（19）	ロビー展示「平和のいしずえ2009」	2009	８月１日～16日	パンフレット8p
	栗東歴史民俗博物館（20）	ロビー展示「平和のいしずえ2010―アジア・太平洋戦争と報国運動」	2010	７月31日～９月５日	パンフレット8p
	栗東歴史民俗博物館（21）	ロビー展示「平和のいしずえ2011―戦地からの手紙」	2011	７月30日～９月４日	パンフレット8p
	栗東歴史民俗博物館（22）	特集展示「平和のいしずえ2012―描かれた戦争」	2012	７月28日～９月２日	パンフレット8p
	栗東歴史民俗博物館（23）	特集展示「平和のいしずえ2013―くらしのなかの戦争」	2013	７月27日～９月１日	Webのパンフレット
	栗東歴史民俗博物館（24）	特集展示「平和のいしずえ2014―“銃後の護りは台所から”の時代」	2014	７月26日～８月31日	
	栗東歴史民俗博物館（25）	特集展示「平和のいしずえ2015―戦争と地域のくらし」	2015	８月22日～９月６日	
	栗東歴史民俗博物館（26）	特集展示「平和のいしずえ2016―戦時下の子どもたち」	2016	８月13日～９月25日	
	栗東歴史民俗博物館（27）	特集展示「平和のいしずえ2017―資料で見る戦争の時代」	2017	９月２日～10月１日	
	栗東歴史民俗博物館（28）	特集展示「平和のいしずえ2018―戦下の人びと」	2018	７月14日～９月２日	
	栗東歴史民俗博物館（29）	特集展示「平和のいしずえ2019―陶磁器に描かれた戦争」	2019	７月27日～９月１日	
	栗東歴史民俗博物館（30）	特集展示「平和のいしずえ2020―語り継ぐ戦争の記憶～」	2020	７月23日～９月６日	目録
	栗東歴史民俗博物館（31）	特集展示「平和のいしずえ2021―戦時下のくらし」	2021	７月17日～８月26日	目録
	栗東歴史民俗博物館（32）	特集展示「平和のいしずえ2022―平和へのまなざし」	2022	７月16日～９月４日	目録
	江北図書館	ミニ企画展「戦場からの便り―ある家族の戦争」	2022	８月～９月24日	
	甲南ふれあいの館	昭和の里山―子どものくらし	2005	11月19日～2006年２月26日	
	市立長浜城博物館	昭和・くらしのうつりかわり展―あの日・あの時・あの時代	2005	６月11日～７月22日	
	滋賀県平和祈念館	開館	2012	３月17日	

	滋賀県平和祈念館（１）	第１回特別企画展示「群像」	2012	３月17日～2013年３月30日	
	滋賀県平和祈念館（２）	第１回企画展示「滋賀の戦争」	2012	３月17日～７月16日	
	滋賀県平和祈念館（３）	第１回地域交流展示「群像」	2012	３月17日～５月27日	
	滋賀県平和祈念館（４）	第２回企画展示「家族の絆―県民の戦争」	2012	７月20日～９月23日	
	滋賀県平和祈念館（５）	第３回企画展示「八日市飛行場―飛行場があった街」	2012	９月28日～12月22日	
	滋賀県平和祈念館（６）	第３回地域交流展示「八日市飛行場―戦前・そして戦後」	2012	９月28日～11月４日	
	滋賀県平和祈念館（７）	第２回特別企画展示「家族の絆」	2013	４月１日～2014年３月23日	
	滋賀県平和祈念館（８）	第４回企画展示「語りつぐ記憶―戦時を生きた人びとの体験」	2013	１月５日～６月23日	
	滋賀県平和祈念館（９）	第5回企画展示「学童疎開のモノ語り―大阪から子どもたちがやってきた！」	2013	６月29日～９月29日	
	滋賀県平和祈念館（10）	第６回企画展示「滋賀で学ぶ戦争の記録」	2013	10月５日～12月23日	
	滋賀県平和祈念館（11）	第５回地域交流展示「絵はがきと出会う」	2013	６月29日～９月12日	
	滋賀県平和祈念館（12）	第６回地域交流展示「パンプキン爆弾て何？」	2013	９月20日～10月27日	
	滋賀県平和祈念館（13）	２階ロビー展示「戦時下ポスター展」	2013	６月29日～９月12日	
	滋賀県平和祈念館（14）	第３回特別企画展示「家族の絆」	2014	４月１日～2015年３月22日	
	滋賀県平和祈念館（15）	第７回企画展示「憧れの地満州―滋賀県満州報国農場を舞台に」	2014	１月８日～６月22日	
	滋賀県平和祈念館（16）	第８回企画展示「還らなかった友へ―時代に翻弄された友人、そして家族」	2014	６月28日～９月28日	
	滋賀県平和祈念館（17）	第９回企画展示「子どもたちが見た戦争」	2014	10月４日～12月21日	
	滋賀県平和祈念館（18）	第４回特別企画展示「県民の戦争体験」	2015	３月25日～2016年３月６日	
	滋賀県平和祈念館（19）	第10回企画展示「収蔵品が語る戦時の想い」	2015	１月７日～６月21日	
	滋賀県平和祈念館（20）	第11回企画展示「滋賀県民の15年戦争」	2015	６月27日～９月27日	
	滋賀県平和祈念館（21）	第12回企画展示「空襲と疎開」	2015	10月３日～12月20日	
	滋賀県平和祈念館（22）	地域交流展示「戦争体験者証言映像上映」	2015	４月１日～５月30日	
	滋賀県平和祈念館（23）	地域交流展示「彦根西高等学校の戦時に描かれた絵画展」	2015	７月22日～８月23日	
	滋賀県平和祈念館（24）	地域交流展示「八日市飛行場ミニ写真展」	2015	９月５日～2016年３月31日	
	滋賀県平和祈念館（25）	第５回特別企画展示「八日市の街並み」	2016	３月８日～2017年３月22日	
	滋賀県平和祈念館（26）	第13回企画展示「戦時下の滋賀師範―昭和18年の卒業生」	2016	１月６日～６月19日	
	滋賀県平和祈念館（27）	第14回企画展示「日本陸軍と軍装」	2016	６月25日～９月25日	
	滋賀県平和祈念館（28）	第15回企画展示「少女たちが綴った『学級日誌』―戦時下の瀬田国民学校五年智組」	2016	10月１日～12月25日	
	滋賀県平和祈念館（29）	地域交流展示「戦争体験者証言映像上映」	2016	４月６日～６月30日	
	滋賀県平和祈念館（30）	地域交流展示「滋賀の戦争の跡パネル展」	2016	７月６日～８月31日	
	滋賀県平和祈念館（31）	地域交流展示「ミニ原爆の図展」	2016	８月２日～15日	
	滋賀県平和祈念館（32）	地域交流展示「児童生徒向け体験型学習展示」	2016	９月７日～12月25日	
	滋賀県平和祈念館（33）	第６回特別企画展示「家族の肖像」	2017	３月22日～2018年３月25日	
	滋賀県平和祈念館（34）	第16回企画展示「八日市いまむかし―飛行場があった街―」	2017	１月11日～４月23日	

県	館名	展示会名	年	会期	刊行物
滋賀県	滋賀県平和祈念館（35）	第17回企画展示「シベリア抑留—ユネスコ世界記憶遺産舞鶴引揚記念館所蔵品より」	2017	4月29日～9月3日	
	滋賀県平和祈念館（36）	第18回企画展示「戦時のくらし　モノがたり—もの不足　食糧不足」	2017	9月9日～12月24日	
	滋賀県平和祈念館（37）	地域交流展示「戦争体験者証言映像上映」	2017	4月5日～6月30日	
	滋賀県平和祈念館（38）	地域交流展示「ヒロシマ・ナガサキ原爆写真ポスター展」	2017	7月5日～8月31日	
	滋賀県平和祈念館（39）	地域交流展示「ミニ原爆の図展」	2017	7月24日～8月20日	
	滋賀県平和祈念館（40）	地域交流展示「児童生徒向け体験型学習展示」	2017	9月9日～12月24日	
	滋賀県平和祈念館（41）	第7回特別企画展示「群像」	2018	4月1日～2019年3月31日	
	滋賀県平和祈念館（42）	第19回企画展示「野洲郡北里村—戦時下のムラの人と風景」	2018	1月7日～6月3日	
	滋賀県平和祈念館（43）	第20回企画展示「戦場となった滋賀—県下の戦争遺跡」	2018	6月9日～9月24日	
	滋賀県平和祈念館（44）	第21回企画展示「戦場より故郷の家族へ—戦没者の手紙」	2018	9月30日～12月24日	
	滋賀県平和祈念館（45）	地域交流展示「新作　戦争体験者　証言映像2017上映」	2018	4月1日～7月1日	
	滋賀県平和祈念館（46）	地域交流展示「ヒロシマ・ナガサキミニミニ原爆展」	2018	7月4日～9月2日	
	滋賀県平和祈念館（47）	地域交流展示「戦時中の体験　触れる　感じる　そして考える」	2018	9月5日～12月24日	
	滋賀県平和祈念館（48）	第8回特別企画展示「家族の絆」	2019	4月1日～2020年3月22日	
	滋賀県平和祈念館（49）	収蔵展示「戦争が終わっても」	2019	8月2日～12月22日	
	滋賀県平和祈念館（50）	第22回企画展示「戦時下の村と陸軍飛行場」	2019	1月9日～6月2日	
	滋賀県平和祈念館（51）	第23回企画展示「沖縄戦1945年—滋賀県出身の兵士がたどった道」	2019	6月8日～9月23日	
	滋賀県平和祈念館（52）	第24回企画展示「『写真週報』に見る戦時下の女性」	2019	9月29日～12月22日	
	滋賀県平和祈念館（53）	地域交流展示「新作　戦争体験者　証言映像2018上映」	2019	4月3日～6月30日	
	滋賀県平和祈念館（54）	地域交流展示「滋賀の戦跡パネル展」	2019	7月3日～9月1日	
	滋賀県平和祈念館（55）	地域交流展示「戦時中の体験　触れる　感じる　そして考える」	2019	9月4日～12月22日	
	滋賀県平和祈念館（56）	第8回特別企画展示「ふるさと」	2020	4月1日～2021年3月31日	
	滋賀県平和祈念館（57）	収蔵展示「新着収蔵展示展」	2020	1月8日～2021年2月21日	
	滋賀県平和祈念館（58）	収蔵展示「水原五郎作さん展」	2020	5月13日～11月1日	
	滋賀県平和祈念館（59）	第25回企画展示「守山空襲—戦場となった滋賀県—」	2020	1月8日～7月12日	
	滋賀県平和祈念館（60）	第26回企画展示「兵士を襲った感染症と飢餓—インパール作戦とビルマ」	2020	7月18日～11月1日	
	滋賀県平和祈念館（61）	第27回企画展示「戦争と教師たち—学校・子どもたち・戦争」	2020	11月7日～2021年2月21日	
	滋賀県平和祈念館（62）	地域交流展示「新作　戦争体験者　証言映像2019上映」	2020	3月25日～6月28日	
	滋賀県平和祈念館（63）	地域交流展示「ヒロシマ・ナガサキ　ミニミニ原爆展」	2020	7月1日～8月30日	
	滋賀県平和祈念館（64）	地域交流展示「戦時中の体験　触れる　感じる　そして考える」	2020	9月2日～12月20日	
	滋賀県平和祈念館（65）	収蔵展示「19歳で戦死した大橋健二さんの遺品と共に」	2021	3月3日～10月10日	
	滋賀県平和祈念館（66）	第28回企画展示「戦争が終わって—海外からの復員と引揚げ」	2021	3月3日～6月20日	
	滋賀県平和祈念館（67）	第29回企画展示「戦死者8,843名　フィリピンの戦場Ⅰ—ルソン島編—」	2021	6月26日～12月19日	
	滋賀県平和祈念館（68）	第30回企画展示「子どもたちが描いた戦争」	2022	1月12日～6月12日	

	滋賀県平和祈念館（69）	第31回企画展示『戦死者8,843名　フィリピンの戦場Ⅱ―レイテ島、ミンダナオ島などの島々―』	2022	６月18日～12月18日	
	浅井町歴史民俗資料館（１）	終戦記念展―子どもたちに伝えたい戦争の記憶	2003	８月１日～９月15日	図録22p
	浅井町歴史民俗資料館（２）	第２回終戦記念展―父帰る・戦争の記憶	2004	７月24日～９月12日	図録29p
	浅井町歴史民俗資料館（３）	戦後60年　終戦記念展―語り継ぐ戦争の記憶	2005	７月23日～９月４日	
	浅井歴史民俗資料館（４）	企画展「終戦記念展―応召先の敦賀連隊」	2006	７月23日～８月27日	
	浅井歴史民俗資料館（５）	企画展「第５回終戦記念展　村にきた赤紙―今明かされる兵事係の記録」	2007	７月25日～９月２日	図録
	浅井歴史民俗資料館（６）	企画展「第６回終戦記念展　赤紙が届いた人々―兵事資料から見えた真実」	2008	７月24日～９月７日	
	浅井歴史民俗資料館（７）	企画展「第７回終戦記念展　銃後のくらしと女性たち」	2009	７月23日～９月６日	
	浅井歴史民俗資料館（８）	企画展「第８回終戦記念展　戦時下の少年少女たち―学徒勤労動員の日々」	2010	７月22日～９月５日	
	浅井歴史民俗資料館（９）	企画展「第９回終戦記念展　兵事係がみた戦争」	2011	８月１日～９月４日	
	浅井歴史民俗資料館（10）	企画展「第10回終戦記念展―故郷・家族への想い」	2012	７月28日～９月２日	
	浅井歴史民俗資料館（11）	企画展「第11回終戦記念展―　一兵士がつづった「ノモンハン事件」」	2013	７月30日～９月16日	
	浅井歴史民俗資料館（12）	企画展「第12回終戦記念展―学童疎開」	2014	７月29日～８月31日	
	浅井歴史民俗資料館（13）	第13回終戦記念展・くらしとものにみる昭和史	2015	７月28日～９月13日	
	浅井歴史民俗資料館（14）	企画展「第14回終戦記念展―兵士からみた戦争」	2016	７月26日～９月11日	
	浅井歴史民俗資料館（15）	企画展「第15回終戦記念展―陸軍少年飛行兵と戦争」	2017	７月25日～９月３日	
	浅井歴史民俗資料館（16）	企画展「第16回終戦記念展―明治の村からみた戦争～大郷村役場文書にみる日露戦争」	2018	７月24日～９月２日	
	浅井歴史民俗資料館（17）	企画展「第17回終戦記念展―戦地からの手紙～家族をつないだ軍事郵便」	2019	７月30日～９月８日	
	浅井歴史民俗資料館（18）	第18回終戦記念展「手紙と日記に見る戦中・戦後」	2020	７月28日～９月８日	
	浅井歴史民俗資料館（19）	第19回終戦記念展「戦争とふるさとの暮らし」	2021	７月27日～９月５日	
	浅井歴史民俗資料館（20）	第20回終戦記念展「学徒出陣」	2022	11月８日～12月18日	
	大津市歴史博物館（１）	第25回企画展「写された大津の20世紀」	2001	５月12日～６月10日	
	大津市歴史博物館（２）	第31回企画展「大津の小学校―130年のあゆみ」	2002	10月５日～11月10日	
	大津市歴史博物館（３）	第33回ミニ企画展「戦争・大津・市民」	2003	７月23日～８月31日	
	大津市歴史博物館（４）	第49回企画展「戦争と市民」	2009	７月25日～８月30日	図録
	大津市歴史博物館（５）	第85回ミニ企画展「大津・戦争・市民」	2010	７月21日～９月12日	
	大津市歴史博物館（６）	第87回ミニ企画展「「昭和14年」卯年の年賀状」	2010	11月30日～2011年１月16日	
	大津市歴史博物館（７）	第92回ミニ企画展「大津・戦争・市民」	2011	７月12日～９月４日	
	大津市歴史博物館（８）	第98回ミニ企画展「シベリア抑留の記録」	2012	７月10日～８月19日	
	大津市歴史博物館（９）	第107回ミニ企画展「戦時下の大津」	2013	８月13日～９月８日	
	大津市歴史博物館（10）	第114回ミニ企画展「戦争と大津」	2014	７月15日～８月31日	
	大津市歴史博物館（11）	第64回企画展「戦争と大津」―激動の時代と子どもたち	2014	７月19日～８月31日	図録
	大津市歴史博物館（12）	第122回ミニ企画展・戦前から戦後の学校教育	2015	７月28日～９月６日	
	大津市歴史博物館（13）	第130回ミニ企画展「戦前から戦後の市民生活」	2016	７月26日～９月11日	
	大津市歴史博物館（14）	第138回ミニ企画展「戦時中の町内会」	2017	８月１日～９月３日	

県	館　　名	展　示　会　名	年	会　　期	刊行物
滋賀県	大津市歴史博物館（15）	第166回ミニ企画展　青い目の人形と子どもたち	2021	7月27日～9月5日	
	大津市歴史博物館（16）	第174回ミニ企画展「戦時中の紙芝居」	2022	8月2日～9月4日	
	大津市歴史博物館（17）	ロビー展「戦地からの手紙」	2022	8月2日～9月4日	
	東近江大凧会館	戦時中のおもちゃ	2015	10月29日～11月30日	
	銅鐸博物館	夏期テーマ展「戦争と人びとのくらし」	2004	7月3日～9月5日	
	銅鐸博物館	テーマ展「女性たちの昭和史―高木婦人会文書」	2006	7月20日～9月3日	
京都府	アートスペース嵯峨	外山重男―ある兵士の日常	2017	10月1日～22日	
	ウトロ平和祈念館	開館	2022	4月30日	
	同志社大学 Neesima Room	第31回企画展「同志社と戦争1930－1945」展	2007	4月2日～8月31日	解説資料
	ハリス理化学館同志社ギャラリー	第16回企画展「私学と兵役―同志社の学徒出陣」	2018	11月1日～12月22日	
	宇治市歴史資料館（1）	戦争・被爆遺品展	1995	8月5日～15日	
	宇治市歴史資料館（2）	戦争遺品展	2000	7月21日～9月10日	
	宇治市歴史資料館（3）	戦後60年　戦時下の暮らし展	2005	7月23日～9月11日	リーフレット
	宇治市歴史資料館（4）	写真展「昭和の子どもたち―暮らしと風景の中で」	2010	5月15日～6月27日	
	宇治市歴史資料館（5）	80年前の宇治・京都・日本　昭和戦前期の暮らしと風景	2011	7月16日～9月11日	
	宇治市歴史資料館（6）	子どもたちの近代誌	2012	9月29日～11月18日	図録79p
	宇治市歴史資料館（7）	戦争遺品展―こどもたちの見たもの	2014	7月12日～9月7日	
	宇治市歴史資料館（8）	戦争遺品展―戦後70年	2015	7月18日～9月6日	
	宇治市歴史資料館（9）	戦争遺品展「戦時下のくらし」	2016	7月13日～9月8日	
	宇治市歴史資料館（10）	戦争遺品展「国民学校の一日」	2017	7月15日～9月10日	
	宇治市歴史資料館（11）	戦争遺品展―戦時下のくらし	2018	7月14日～9月9日	
	宇治市歴史資料館（12）	戦争遺品展「戦時下の暮らし」	2019	7月13日～9月8日	
	宇治市歴史資料館（13）	企画展「戦争遺品展（戦後75年）　新聞・雑誌に見る戦中・戦後」	2020	7月18日～9月6日	
	宇治市歴史資料館（14）	戦争遺品展　戦時下のくらし	2021	7月31日～9月5日	
	宇治市歴史資料館（15）	戦争遺品展　戦時下のくらし	2022	7月2日～9月4日	
	亀岡市文化資料館（1）	亀岡の20世紀	2000	11月3日～12月10日	図録44p
	亀岡市文化資料館（2）	「平和」展　戦争と亀岡	2001	8月11日～9月2日	
	亀岡市文化資料館（3）	「亀岡・平和展」	2005	8月6日～21日	
	亀岡市文化資料館（4）	第43回企画展「戦争平和展―戦争遺跡と亀岡」	2007	7月28日～9月2日	図録32p
	亀岡市文化資料館（5）	ロビー展「戦争平和展」	2008	8月3日～9月2日	
	亀岡市文化資料館（6）	ロビー展「戦争平和展」	2009	8月11日～9月2日	
	亀岡市文化資料館（7）	ロビー展「戦争平和展」	2010	8月6日～31日	
	亀岡市文化資料館（8）	ロビー展「戦争平和展」	2011	8月6日～31日	
	亀岡市文化資料館（9）	ロビー展「戦争平和展2012」	2012	7月28日～8月31日	

	亀岡市文化資料館（10）	ロビー展「戦争平和展2013」	2013	7月27日～8月31日	
	亀岡市文化資料館（11）	ロビー展「戦争平和展2014」	2014	8月1日～31日	
	亀岡市文化資料館（12）	戦後70年、あのときの亀岡―戦争平和展2015	2015	7月25日～8月30日	
	亀岡市文化資料館（13）	ロビー展「戦争・平和展2016」	2016	8月1日～31日	
	亀岡市文化資料館（14）	ロビー展「戦争・平和展2017」	2017	8月1日～31日	
	亀岡市文化資料館（15）	ロビー展「戦争・平和展2018」	2018	8月1日～31日	
	亀岡市文化資料館（16）	ロビー展「戦争・平和展2019」	2019	8月1日～9月8日	
	亀岡市文化資料館（17）	ロビー展「戦争・平和展2021」	2021	8月6日～31日	
	亀岡市文化資料館（18）	ロビー展「戦争・平和展2022」	2022	8月6日～31日	
	京の田舎民具資料館	戦争中のくらし展	1995	7月18日～8月20日	
	京の田舎民具資料館	戦争中のくらし展	2009	～8月30日	
	京丹後市立丹後古代の里資料館	丹後の村から見た戦争―村人と兵隊	2015	7月25日～11月3日	
	京丹後市立網野郷土資料館	丹後の村から見た戦争―村人と兵隊	2015	7月25日～9月6日	
	京丹後市立郷土資料館	2022年度夏季企画展「くらしと戦争」	2022	7月23日～9月10日	
	京都教育大学教育資料館 まなびの森ミュージアム	企画展「京都・伏見の戦争と師範学校」	2012	11月10日～12月7日	
	京都市学校歴史博物館（1）	企画展「学童集団疎開の記憶」	2010	6月25日～9月27日	
	京都市学校歴史博物館（2）	併設展「戦時下の学校生活」展	2011	9月24日～2012年2月13日	展示資料目録
	京都市学校歴史博物館（3）	併設展「疎開の記録」	2012	4月28日～8月28日	
	京都市学校歴史博物館（4）	戦争と学校―戦後70年をむかえて	2015	7月4日～10月6日	展示資料リスト
	京都大学総合博物館	戦後70年特別展・人間らしく、戦争を生き抜く	2015	11月25日～2016年1月10日	
	京都大学大学文書館	企画展「京都大学における『学徒出陣』」	2006	1月17日～4月2日	
	京都大学大学文書館	企画展「第三高等学校の歴史―昭和期を中心に」	2008	1月4日～3月2日	
	京都大学大学文書館	企画展「戦時期の京大―「学徒出陣」70年」	2013	11月12日～2014年1月19日	
	京都仏立ミュージアム（1）	終戦70年特別展示「トランクの中の日本―戦争、平和、そして仏教」	2015	7月7日～2016年1月31日	図録116p
	京都仏立ミュージアム（2）	「トランクの中の日本―戦争、平和、そして仏教」	2018	6月9日～10月8日	
	京都仏立ミュージアム（3）	終戦75年特別展示「トランクの中の日本～戦争、平和、そして仏教」	2020	7月11日～11月25日	
	京都仏立ミュージアム（4）	『トランクの中の日本～戦争、平和、そして仏教～』	2021	9月15日～26日	
	向日市文化資料館（1）	最新情報コーナー「明治・大正・昭和の教科書」	1993		
	向日市文化資料館（2）	最新情報コーナー「戦時下のくらし」展	1994	7月15日～9月7日	
	向日市文化資料館（3）	特別展最新情報コーナー「くらしのなかの戦争」	1995	7月15日～9月17日	
	向日市文化資料館（4）	「むらの記録―上植野区有文書からみた近代」	1995	10月21日～11月29日	解説資料
	向日市文化資料館（5）	「戦時下くらし」展	1996		
	向日市文化資料館（6）	「戦時下くらし」展―灯火管制と空襲	1997	8月15日～9月28日	解説資料
	向日市文化資料館（7）	「戦時下くらし」展―出版物と戦争	1998	7月11日～8月29日	解説資料

県	館　　名	展示会名	年	会　　期	刊行物
京都府	向日市文化資料館（8）	「戦時下くらし」展	1999	8月1日～9月5日	解説資料
	向日市文化資料館（9）	「くらしのなかの戦争」展	2000	～9月3日	
	向日市文化資料館（10）	「くらしのなかの戦争」展	2001	7月21日～9月2日	解説資料
	向日市文化資料館（11）	「くらしのなかの戦争」展	2002	～9月8日	
	向日市文化資料館（12）	「くらしのなかの戦争」展	2003	8月1日～9月14日	
	向日市文化資料館（13）	ラウンジ展示「くらしのなかの戦争」	2004	8月14日～9月29日	解説資料
	向日市文化資料館（14）	夏のラウンジ展示　戦後60年「くらしのなかの戦争」展	2005	8月13日～9月11日	
	向日市文化資料館（15）	06夏のラウンジ展示「くらしのなかの戦争」展	2006	8月12日～9月24日	解説資料
	向日市文化資料館（16）	07夏のラウンジ展示「くらしのなかの戦争」展　出征兵士と子どもたち	2007	8月11日～9月30日	解説資料
	向日市文化資料館（17）	08夏のミニ展示「くらしのなかの戦争」展　学校と戦争	2008	7月19日～8月31日	解説資料
	向日市文化資料館（18）	09夏のラウンジ展示「くらしのなかの戦争」展　勤労奉仕と食料増産	2009	8月15日～9月23日	解説資料
	向日市文化資料館（19）	夏のミニ展示「くらしのなかの戦争」展	2010	8月1日～9月5日	解説資料
	向日市文化資料館（20）	夏のミニ展示「くらしのなかの戦争」展	2011	8月6日～9月4日	解説資料
	向日市文化資料館（21）	夏のミニ展示「くらしのなかの戦争」展	2012	8月11日～9月9日	解説資料
	向日市文化資料館（22）	夏のミニ展示「くらしのなかの戦争―近代の震災と戦争」展	2013	8月10日～9月8日	解説資料
	向日市文化資料館（23）	「くらしのなかの戦争展」	2014	8月9日～9月7日	
	向日市文化資料館（24）	ラウンジ展示・くらしのなかの戦争 '15展	2015	7月18日～8月31日	
	向日市文化資料館（25）	夏のミニ展示ラウンジ展「くらしのなかの戦争」展	2016	7月16日～8月28日	
	向日市文化資料館（26）	夏のミニ展示「くらしのなかの戦争」展	2017	7月15日～8月27日	解説資料
	向日市文化資料館（27）	夏季テーマ展示「2018くらしのなかの戦争展―出征兵士と郷土」	2018	7月14日～8月26日	解説資料
	向日市文化資料館（28）	「くらしのなかの戦争」展	2019	8月13日～9月1日	
	向日市文化資料館（29）	くらしのなかの戦争展	2020	8月1日～9月6日	
	向日市文化資料館（30）	2021くらしのなかの戦争展「平和・国際交流と向日庵」	2021	7月31日～9月12日	
	向日市文化資料館（31）	2022くらしのなかの戦争展	2022	7月16日～8月28日	
	城陽市歴史民俗資料館	拡大特別展「十五年戦争と城陽」	2007	7月7日～9月9日	図録
	城陽市歴史民俗資料館（五里ごり館）	戦後70年記念企画展・城陽と戦争	2015	10月17日～12月20日	
	城陽市歴史民俗資料館	秋季特別展「戦争と子どもたち」	2020	10月24日～12月20日	
	紫織庵	戦後70年特別企画展・「ボンチ」のきものが映す War Propaganda と戦前の昭和史	2015	3月11日～	
	人権ふれあいセンター下六人部会館	「ひゅーまん in the あーす2021」	2021	7月27日～8月10日	
	人権ふれあいセンター下六人部会館	「ひゅーまん in the あーす2022」	2022	7月26日～8月9日	
	大山崎町歴史資料館（1）	小企画展「平和のいしずえ」　第1回	1999	8月10日～22日	
	大山崎町歴史資料館（2）	小企画展「平和のいしずえ」　第2回	2000	8月8日～20日	
	大山崎町歴史資料館（3）	小企画展「平和のいしずえ」　第3回	2001	7月31日～8月19日	
	大山崎町歴史資料館（4）	小企画展「平和のいしずえ」　第4回	2002	8月13日～25日	

	大山崎町歴史資料館（5）	小企画展「平和のいしずえ」　第5回	2003	8月12日～24日	
	大山崎町歴史資料館（6）	小企画展「平和のいしずえ」　第6回	2004	8月10日～22日	
	大山崎町歴史資料館（7）	小企画展「平和のいしずえ」　第7回	2005	8月9日～21日	
	大山崎町歴史資料館（8）	小企画展「平和のいしずえ」　第8回	2006	8月10日～27日	
	大山崎町歴史資料館（9）	小企画展「平和のいしずえ」　第9回	2007	8月7日～26日	
	大山崎町歴史資料館（10）	小企画展「平和のいしずえ展」「近代大山崎の学校」第10回	2008	8月12日～24日	
	大山崎町歴史資料館（11）	小企画展「平和のいしずえ展」　第11回	2009	8月11日～23日	
	大山崎町歴史資料館（12）	小企画展「平和のいしずえ展」「子どもたちの学び」第12回	2010	8月10日～29日	
	大山崎町歴史資料館（13）	小企画展「平和のいしずえ展」第13回	2011	8月9日～21日	
	大山崎町歴史資料館（14）	小企画展「平和のいしずえ展」第14回	2012	8月7日～26日	
	大山崎町歴史資料館（15）	小企画展「平和のいしずえ展」第15回	2013	8月6日～25日	
	大山崎町歴史資料館（16）	小企画展「平和のいしずえ展」第16回	2014	8月5日～24日	
	大山崎町歴史資料館（17）	小企画展「平和のいしずえ展」第17回	2015	8月4日～23日	
	大山崎町歴史資料館（18）	小企画展「平和のいしずえ展」第18回	2016	8月9日～28日	
	大山崎町歴史資料館（19）	小企画展「平和のいしずえ展」「戦後の歩み展」　第19回	2017	8月8日～27日	
	大山崎町歴史資料館（20）	小企画展「平和のいしずえ展」　第20回	2018	8月7日～19日	
	大山崎町歴史資料館（21）	小企画展「平和のいしずえ展」　第21回	2019	8月6日～25日	
	大山崎町歴史資料館（22）	小企画展「平和のいしずえ展」　第22回	2020	8月4日～23日	
	大山崎町歴史資料館（23）	小企画展「平和のいしずえ展」　第23回	2021	8月11日～29日	
	大山崎町歴史資料館（24）	小企画展「平和のいしずえ展」　第24回	2022	8月9日～28日	
	日吉町郷土資料館（1）	収蔵品展「戦争が遺したもの」	2004	7月17日～9月23日	
	南丹市日吉町郷土資料館（2）	「戦争と南丹市　世代をこえて伝えるメッセージ」	2012	7月14日～9月17日	図録
	南丹市日吉町郷土資料館（3）	「戦争と南丹市―残された記録」	2013	8月3日～9月23日	
	南丹市日吉町郷土資料館（4）	「戦争と南丹市銃後を守った女性たち」	2014	7月26日～9月28日	
	南丹市日吉町郷土資料館（5）	戦争と南丹市　号外でふりかえる戦後70年	2015	7月18日～8月31日	
	南丹市日吉町郷土資料館（6）	企画展「戦争展―遺品が語る平和へのメッセージ」	2018	7月21日～9月17日	
	南丹市日吉町郷土資料館（7）	夏季企画展「戦争の記憶」	2019	7月20日～9月16日	
	南丹市日吉町郷土資料館（8）	戦後75年―いま伝えたいこと―	2020	10月31日～12月20日	
	南丹市日吉町郷土資料館（9）	企画展　戦争―忘れてはいけないこと、語り継がねばならないこと―	2021	7月17日～9月12日	
	南丹市日吉町郷土資料館（10）	「戦争と南丹市―沖縄とのかかわり―」	2022	7月16日～9月11日	
	園部文化博物館（1）	新聞・号外で振り返る戦後60年展	2005	7月23日～8月21日	
	南丹市立文化博物館（2）	「戦争と南丹市　世代をこえて伝えるメッセージ」	2012	7月14日～9月17日	図録
	南丹市立文化博物館（3）	「戦争と南丹市暮らしを支えた代用品」	2014	7月26日～9月28日	
	南丹市立文化博物館（4）	戦争と南丹市―子どもたちへ語り継ぐ戦争展	2015	7月18日～8月30日	
	南丹市立文化博物館（5）	2017年度夏季展示会「小出文庫＆戦争と南丹市」	2017	7月22日～9月18日	

県	館名	展示会名	年	会期	刊行物
京都府	立命館大学国際平和ミュージアム（1）	特別展「人間の価値—1918年－1945年のドイツと日本の医学」	1993	1月9日～2月8日	
	立命館大学国際平和ミュージアム（2）	「日本の収容所にいたオランダ人—1941年－1945年の収容所生活・絵画展」	1993	7月1日～15日	解説書
	立命館大学国際平和ミュージアム（3）	学徒出陣50年・わだつみ像建立40周年特別展「戦争、大学そして学生」	1993	11月26日～12月16日	解説書
	立命館大学国際平和ミュージアム（4）	特別展「戦争と子どもたち」	1994	7月22日～8月10日	解説書
	立命館大学国際平和ミュージアム（5）	特別展「731部隊展・京都」	1994	9月28日～10月11日	
	立命館大学国際平和ミュージアム（6）	特別展「戦争と文学—与謝野晶子とその時代」	1994	11月26日～12月11日	解説書
	立命館大学国際平和ミュージアム（7）	特別展「戦争と教育」	1995	5月25日～6月20日	解説書
	立命館大学国際平和ミュージアム（8）	特別展「原爆開発と投下への道」	1995	6月24日～7月8日	
	立命館大学国際平和ミュージアム（9）	特別展「沖縄戦」	1995	7月20日～29日	
	立命館大学国際平和ミュージアム（10）	特別展「戦時下日本の報道写真—梅本忠男と『写真週報』」	1995	11月10日～23日	図録
	立命館大学国際平和ミュージアム（11）	特別展「毒ガス展 in 京都」	1997	11月20日～12月10日	
	立命館大学国際平和ミュージアム（12）	特別展「青い麦のようにたくましく—「はだしのゲン」原画展」	1998	5月14日～6月10日	
	立命館大学国際平和ミュージアム（13）	特別展「「無言館」開館記念　戦没画学生「祈りの絵」展」	1998	7月1日～17日	
	立命館大学国際平和ミュージアム（14）	特別展「日本の平和博物館展」	1998	10月29日～11月18日	解説書
	立命館大学国際平和ミュージアム（15）	特別展「日本人・オランダ人・インドネシア人—日本占領下のオランダ領東インドの記憶展」	2000	8月1日～10日	
	立命館大学国際平和ミュージアム（16）	特別展「戦争と芸能」	2000	10月26日～11月16日	解説書
	立命館大学国際平和ミュージアム（17）	特別展「ラストエンペラー遺品展」	2001	8月7日～9日	解説書
	立命館大学国際平和ミュージアム（18）	特別展「平和の世紀へ　遺書・遺品展—戦没学生とともに生きる」	2001	12月4日～8日	パンフレット
	立命館大学国際平和ミュージアム（19）	特別展「画用紙に残された、あのころ—舞鶴市明倫国民学校　梅田学級児童画展」	2002	11月1日～12月1日	画集
	立命館大学国際平和ミュージアム（20）	特別展「知っていますか？日本に戦争があった時代を「影山光洋写真展」」	2003	10月30日～11月30日	図録
	立命館大学国際平和ミュージアム（21）	共催展「戦争と平和と学園風物」展	2004	3月21日～27日	
	立命館大学国際平和ミュージアム（22）	第1回ミニ企画展「辛木行夫　広島原爆被爆回顧絵画展」	2005	1月7日～3月20日	
	立命館大学国際平和ミュージアム（23）	第2回ミニ企画展「写真展「サハリン追跡」—サハリン残留朝鮮人の記憶」	2005	3月23日～5月18日	
	立命館大学国際平和ミュージアム（24）	特別展「漫画原画展—中国からの引揚げ少年の記憶」	2005	5月27日～6月23日	
	立命館大学国際平和ミュージアム（25）	第4回ミニ企画展「寺山忠好　原爆体験画展」	2005	7月30日～10月4日	
	立命館大学国際平和ミュージアム（26）	第6回ミニ企画展「陶器製手榴弾展—焼きものでつくられた兵器」	2005	11月16日～2006年1月14日	
	立命館大学国際平和ミュージアム（27）	特別展「ぼくたち　わたしたちの生きた証—「若人の広場」旧蔵・戦没動員学徒遺品展」	2005	12月1日～16日	
	立命館大学国際平和ミュージアム（28）	ミニ企画展示「忘れないこと　戦争前後の思い出体験」	2006	1月22日～3月26日	
	立命館大学国際平和ミュージアム（29）	第9回ミニ企画展「治安維持法特別展」	2006	4月13日～26日	
	立命館大学国際平和ミュージアム（30）	特別展「百二十二名の絵手紙—漫画家たちの私の八月十五日展」	2006	6月20日～7月20日	
	立命館大学国際平和ミュージアム（31）	ミニ企画展「石川倶恵絵画展—シベリア抑留、日ソ敗戦、軍隊」	2006	8月15日～9月24日	
	立命館大学国際平和ミュージアム（32）	第13回ミニ企画展「ミュージアム・この1てん　グアム島で描かれた絵」	2006	9月27日～10月9日	
	立命館大学国際平和ミュージアム（33）	第16回ミニ企画展「ミュージアム・この1てん　愛国百人一首」	2006	11月7日～19日	
	立命館大学国際平和ミュージアム（34）	第19回ミニ企画展「知らなかった京都の戦争」	2007	1月13日～2月12日	

京都府	立命館大学国際平和ミュージアム（35）	第21回「伊藤家からのメッセージ　―戦争の20世紀を見つめた遺品」	2007	3月9日～4月26日	
	立命館大学国際平和ミュージアム（36）	第26回「げんばくって何？―ヒロシマ・ナガサキ・キョウト―」	2007	7月26日～8月31日	
	立命館大学国際平和ミュージアム（37）	第28回ミニ企画展「ニューギニア戦線　玉砕の島写真展」	2007	10月13日～21日	
	立命館大学国際平和ミュージアム（38）	第31回ミニ企画展「陶器製地雷展―太平洋戦争末期の信楽焼」	2008	1月9日～30日	
	立命館大学国際平和ミュージアム（39）	第37回ミニ企画展「資料と写真でみる浮島丸訴訟～遺骨問題の新たな展開に向けて」	2008	7月8日～26日	
	立命館大学国際平和ミュージアム（40）	第38回ミニ企画展「国民学校って知っていますか」	2008	8月3日～30日	
	立命館大学国際平和ミュージアム（41）	特別展「昭和20年の中学生展」	2008	11月21日～12月21日	
	立命館大学国際平和ミュージアム（42）	第43回ミニ企画展「とんとんとんからりと隣組：調べてみよう、戦時中の京都の生活」	2009	2月5日～3月1日	
	立命館大学国際平和ミュージアム（43）	第45回ミニ企画展「発掘された京都の武器2―第16師団が埋めた武器」	2009	4月1日～17日	
	立命館大学国際平和ミュージアム（44）	第49回ミニ企画展「戦争中の新聞・広告・ビラ展」	2009	8月1日～30日	
	立命館大学国際平和ミュージアム（45）	第53回ミニ企画展「京都地図の旅：70年前の京都にタイムスリップ・京都で戦争の時代を考えよう」	2010	2月6日～3月3日	
	立命館大学国際平和ミュージアム（46）	特別展「ヒロシマ・ナガサキ原爆写真ポスター展」	2010	4月7日～5月26日	
	立命館大学国際平和ミュージアム（47）	第56回ミニ企画展「ミュージアム・この1てん　児童愛護週間ポスター」	2010	5月2日～23日	
	立命館大学国際平和ミュージアム（48）	ミニ企画展「戦没画学生「戦場からの絵葉書」展」	2010	5月26日～7月7日	
	立命館大学国際平和ミュージアム（49）	第57回ミニ企画展「ラヂオ体操の歴史」	2010	7月17日～8月29日	
	立命館大学国際平和ミュージアム（50）	特別展「ピース　コレクション―資料でつづるミュージアムの軌跡」	2010	10月26日～12月18日	
	立命館大学国際平和ミュージアム（51）	「わだつみ不戦の誓い」展	2010	11月27日～12月18日	
	立命館大学国際平和ミュージアム（52）	第61回ミニ企画展「廃棄された公文書からみた徴兵の実態」	2011	1月12日～30日	
	立命館大学国際平和ミュージアム（53）	第62回ミニ企画展「資料で見る京都の観光と絵葉書」	2011	2月13日～3月31日	
	立命館大学国際平和ミュージアム（54）	「韓国併合」100年特別展「巨大な監獄、植民地朝鮮に生きる」	2011	3月1日～20日	図録
	立命館大学国際平和ミュージアム（55）	第66回ミニ企画展「むすんで、ひらいて、戦争ってなに？―〈慶三とキヨ〉ふたりを引き裂き、結んだもの」	2011	7月3日～18日	
	立命館大学国際平和ミュージアム（56）	第67回ミニ企画展「戦時下の食卓―朝・昼・晩」	2011	7月22日～8月28日	
	立命館大学国際平和ミュージアム（57）	第68回ミニ企画展「ポーレ・サヴィアーノ写真展　FROMABOVEin 京都2011」	2011	9月13日～10月13日	
	立命館大学国際平和ミュージアム（58）	わだつみ平和文庫資料寄託記念「わだつみ不戦の誓い」展	2011	12月9日～17日	
	立命館大学国際平和ミュージアム（59）	第70回ミニ企画展「ミュージアム・この1てん　紙芝居『宣戦』」	2012	1月11日～25日	
	立命館大学国際平和ミュージアム（60）	第71回ミニ企画展「建物疎開と京都の町」	2012	2月5日～3月20日	
	立命館大学国際平和ミュージアム（61）	第72回ミニ企画展「平和のメッセンジャー　ある軍国少年の歩んだ道」	2012	3月28日～4月15日	
	立命館大学国際平和ミュージアム（62）	第74回ミニ企画展「紙芝居」	2012	7月21日～8月26日	
	立命館大学国際平和ミュージアム（63）	第75回ミニ企画展「戦争と医の倫理―日本の医学者・医師の「15年戦争」への加担と責任」	2012	9月14日～10月8日	
	立命館大学国際平和ミュージアム（64）	第78回ミニ企画展「第18回京都ミュージアムロード参加企画　京都青春時代―学生と戦争の風景―」	2013	2月9日～4月7日	
	立命館大学国際平和ミュージアム（65）	第80回ミニ企画展「一億必見！戦時標語」	2013	7月27日～8月25日	
	立命館大学国際平和ミュージアム（66）	特別展「目・耳・WAR―総動員体制と戦意高揚」	2013	10月23日～12月15日	図録
	立命館大学国際平和ミュージアム（67）	ロビー展示「学徒出陣70年」	2013	11月19日～12月15日	

県	館　　名	展　示　会　名	年	会　　期	刊行物
京都府	立命館大学国際平和ミュージアム（68）	第83回ミニ企画展「ミュージアム・この１てん　ぜいたく夫婦よさようなら―『写真集報』第132号より」	2014	１月11日～２月２日	
	立命館大学国際平和ミュージアム（69）	第88回ミニ企画展「健康はお国のために―スポーツと戦争」	2014	７月12日～８月29日	
	立命館大学国際平和ミュージアム（70）	特別展「戦後70年平和企画山本宗補写真展・戦後はまだ…刻まれた加害と被害の記憶」	2015	５月３日～８月30日	
	立命館大学国際平和ミュージアム（71）	特別企画展示「手島守之輔・伊藤守正　ふたりの被爆画家の絵展」	2015	７月１日～８月25日	
	立命館大学国際平和ミュージアム（72）	2015年度秋季特別展「戦後を語る　70のカタチ」	2015	10月20日～12月13日	図録
	立命館大学国際平和ミュージアム（73）	2016年度春季特別展「KYOTOGRAPHIE 共同企画 WILL：意志、遺言、そして未来―報道写真家・福島菊次郎」	2016	４月23日～５月29日	
	立命館大学国際平和ミュージアム（74）	第100回ミニ企画展示「満州報国農場とは何だったのか―東京農大湖北農場を中心に」	2016	４月29日～５月29日	
	立命館大学国際平和ミュージアム（75）	第101回ミニ企画展示「遺品の語る沖縄戦―遺骨収容家・国吉勇」	2016	６月４日～６月26日	
	立命館大学国際平和ミュージアム（76）	2016年度秋季特別展「絵葉書にみる日本と中国：1894－1945」	2016	10月１日～12月11日	図録
	立命館大学国際平和ミュージアム（77）	第105回ミニ企画展示「ミュージアム・この１てん「対敵宣伝須知」」	2017	１月12日～１月31日	
	立命館大学国際平和ミュージアム（78）	第22回京都ミュージアムロード参加企画第106回ミニ企画展示「京都と空襲」	2017	２月４日～３月26日	
	立命館大学国際平和ミュージアム（79）	第108回ミニ企画展示「ミュージアム・この１てん　もうたくさんだ」	2017	６月１日～７月２日	
	立命館大学国際平和ミュージアム（80）	第110回ミニ企画展示「京都の伝統産業と戦争―陶磁器の活用をめぐって」	2017	９月12日～10月４日	
	立命館大学国際平和ミュージアム（81）	開館25周年記念2017年度秋季特別展「儀間比呂志版画展―沖縄への思い」	2017	11月１日～12月23日	図録
	立命館大学国際平和ミュージアム（82）	第113回ミニ企画展示・第23回京都ミュージアムロード参加企画「占領期の京都」	2018	２月10日～３月25日	
	立命館大学国際平和ミュージアム（83）	第116回ミニ企画展示　ミュージアムこの１てん「ガマ(壕のくらし)」	2018	６月２日～７月１日	
	立命館大学国際平和ミュージアム（84）	第117回ミニ企画展示「外山重男―ある兵士の日常Ⅱ」	2018	７月14日～８月26日	
	立命館大学国際平和ミュージアム（85）	2018年度秋季特別展「８月６日　私達はなぜ、受け継ぐのか」	2018	11月６日～12月16日	図録
	立命館大学国際平和ミュージアム（86）	2019年度秋季特別展「上野誠版画展―『原爆の長崎』への道程―」	2019	11月７日～12月18日	
	立命館大学国際平和ミュージアム（87）	2020年度秋季特別展 CITY ＆ PEACE 南京国際平和ポスター展	2020	11月14日～12月12日	
	立命館大学国際平和ミュージアム（88）	第132回ミニ企画展示中国人強制連行・強制労働と万人坑（人捨て場）	2020	12月１日～22日	
	立命館大学国際平和ミュージアム（89）	第137回ミニ企画展示「学徒出陣―僕は生きる…『出陣学徒の日記』より―」	2021	２月６日～３月21日	
大阪府	堺市立平和と人権資料館（１）	第２回企画展「戦前の町並展」	1988	８月２日～11月15日	
	堺市立平和と人権資料館（２）	夏の特別展「命どぅ宝　沖縄戦展」	1989	７月25日～８月10日	
	堺市立平和と人権資料館（３）	第３回企画展「広島原爆資料展」	1989	３月22日～29日	
	堺市立平和と人権資料館（４）	第４回企画展「空襲で焼けた堺普請の商家図絵展」	1989	５月24日～６月30日	
	堺市立平和と人権資料館（５）	第５回企画展「大戦下の歴史的場面」動くこと模型と寄贈・収蔵資料展	1989	12月７日～12日	
	堺市立平和と人権資料館（６）	第８回企画展「中国侵略写真展―寄贈資料から」	1990	10月３日～31日	
	堺市立平和と人権資料館（７）	第６回企画展「戦災前のフェニックス通り」	1990	２月27日～３月30日	
	堺市立平和と人権資料館（８）	春の特別展「発禁書と言論の自由展」	1991	３月１日～14日	
	堺市立平和と人権資料館（９）	堺大空襲200人の証言展	1991	６月20日～７月11日	
	堺市立平和と人権資料館（10）	秋の特別展「近代日本のあゆみにみる教科書今昔展」	1991	11月５日～21日	

大阪府	堺市立平和と人権資料館（11）	第11回企画展「私達が見て来た戦争資料館展―真珠湾奇襲から50年・柳条湖事件（満州事変）から60年」	1991	12月7日～1992年1月9日	
	堺市立平和と人権資料館（12）	夏の特別展「いまも残る　朝鮮人強制連行・労働の痕　写真展」	1992	8月13日～31日	
	堺市立平和と人権資料館（13）	第13回企画展「15年戦争下の堺―記録写真展」	1992	5月18日～30日	
	堺市立平和と人権資料館（14）	夏の特別展「アジア・太平洋地域への侵略写真展」高岩仁写真展	1993	7月7日～20日	
	堺市立平和と人権資料館（15）	オープン記念企画展「戦争と映画」	1994	7月1日～10月31日	
	堺市立平和と人権資料館（16）	第15回企画展「戦争と漫画―戦意高揚に利用されたマスメディア」	1994	11月1日～	
	堺市立平和と人権資料館（17）	戦後50周年企画「満州国」その光と影	1995	2月16日～3月1日	
	堺市立平和と人権資料館（18）	戦後50周年企画Ⅱ「戦争と少国民」	1995	7月7日～20日	
	堺市立平和と人権資料館（19）	第16回企画展「戦争と商業広告」	1995		
	堺市立平和と人権資料館（20）	第17回企画展「戦争と写真週報」	1995	8月29日～	
	堺市立平和と人権資料館（21）	戦後50周年企画Ⅲ「近くて遠い隣りの国・コリア」	1995	11月24日～12月8日	
	堺市立平和と人権資料館（22）	第18回企画展「戦争と子ども―戦意高揚に利用された絵本・雑誌・付録」	1996	1月～3月	
	堺市立平和と人権資料館（23）	第20回企画展「戦争と女性」	1996	4月～6月	
	堺市立平和と人権資料館（24）	夏の特別展「大阪にもあった中国人強制連行パネル展」	1996	7月10日～24日	
	堺市立平和と人権資料館（25）	第21回企画展「堺戦災遺跡ウォッチング」	1997		
	堺市立平和と人権資料館（26）	第22回企画展「青い目の人形は今…」	1997		
	堺市立平和と人権資料館（27）	第23回企画展「手を洗らひませう」	1997		
	堺市立平和と人権資料館（28）	特別展「シベリア―はるかなる異国の地で」	1997	11月15日～23日	
	堺市立平和と人権資料館（29）	特別展「広島・長崎原爆展」	2003	10月30日～11月9日	
	堺市立平和と人権資料館（30）	第45回企画展「中国からの引揚げ　少年たちの記憶」漫画展	2003	10月～12月	
	堺市立平和と人権資料館（31）	第49回企画展「沖縄戦と沖縄の人々」	2004	10月～12月	
	堺市立平和と人権資料館（32）	第51回企画展「「イマジン」反戦マンガ展」	2005	4月～7月	
	堺市立平和と人権資料館	リニューアル	2006	4月1日	
	堺市立平和と人権資料館（33）	第53回企画展「ななしのごんべさん」原画展	2006	4月～6月	
	堺市立平和と人権資料館（34）	第54回企画展「戦時下の市民のくらし」	2006	7月1日～9月29日	
	堺市立平和と人権資料館（35）	第56回企画展「6000人の命を救ったビザ―外交官　杉原千畝の決断」	2007	1月～3月	
	堺市立平和と人権資料館（36）	第57回企画展「紙しばいに見る日本―戦中・戦後のくらしと世相」	2007	4月1日～6月29日	
	堺市立平和と人権資料館（37）	第58回企画展「描かれた戦争体験」	2007	7月1日～9月29日	
	堺市立平和と人権資料館（38）	特別展「絵画が語る平和への願い―大田健一展」	2007	11月1日～11日	
	堺市立平和と人権資料館（39）	第62回企画展「ヒロシマ・ナガサキ原爆写真ポスター展」	2008	7月2日～9月28日	
	堺市立平和と人権資料館（40）	企画展示コーナー「「堺の戦時下のくらし」記録写真展」	2009	7月1日～8月30日	
	堺市立平和と人権資料館（41）	企画展示コーナー「「学童疎開」写真パネル展」	2009	9月1日～11月1日	
	堺市立平和と人権資料館（42）	企画展示コーナー「堺大空襲―体験画と記録写真を通して」	2010	6月1日～7月31日	
	堺市立平和と人権資料館（43）	企画展示コーナー「原爆展―広島・長崎の記録」	2010	8月～9月	

県	館　　名	展　示　会　名	年	会　　期	刊行物
大阪府	堺市立平和と人権資料館（44）	企画展示コーナー「ダモイ(帰国)まで―シベリア抑留者が描いた画と詠んだ句」	2011	4月～6月29日	
	堺市立平和と人権資料館（45）	企画展示コーナー「ミニミニ原爆展―広島・長崎の記録」	2011	7月1日～9月29日	
	堺市立平和と人権資料館（46）	特別展「ヒロシマ原爆展」	2011	8月4日～10日	
	堺市立平和と人権資料館（47）	企画展示コーナー「沖縄戦とひめゆり学徒」	2011	10月1日～12月28日	
	堺市立平和と人権資料館（48）	企画展示コーナー「原爆ポスター展」	2012	7月1日～9月29日	
	堺市立平和と人権資料館（49）	企画展示コーナー「原爆パネル展―広島・長崎」	2013	7月2日～9月30日	
	堺市立平和と人権資料館（50）	企画展示コーナー「沖縄戦とひめゆり学徒」	2013	10月2日～12月28日	
	堺市立平和と人権資料館（51）	企画展示コーナー「戦時下のくらしと堺空襲　模型と記録写真を通して」	2014	4月2日～6月29日	
	堺市立平和と人権資料館（52）	企画展示コーナー「絵画と手記で綴る大阪・堺大空襲」	2015	4月～6月	
	堺市立平和と人権資料館（53）	企画展示コーナー「知る沖縄戦―考える平和」	2015	7月～9月	
	堺市立平和と人権資料館（54）	特別展「広島・長崎原爆展」	2015	8月26日～9月6日	
	堺市立平和と人権資料館（55）	企画展示コーナー「女性と子どもに見る戦争」	2015	10月～12月	
	堺市立平和と人権資料館（56）	企画展示コーナー「収蔵品から見る戦争の記憶」	2016	1月～3月30日	
	堺市立平和と人権資料館（57）	企画展示コーナー「原爆ポスター展」	2016	7月～9月	
	堺市立平和と人権資料館（58）	企画展示コーナー「いまあしたへ沖縄戦展」	2017	4月～6月	
	堺市立平和と人権資料館（59）	企画展示コーナー「堺・戦時下のくらしを語るもの展」	2017	7月～9月29日	
	堺市立平和と人権資料館（60）	企画展示コーナー「わたしたちの街に戦争があった―堺の街、未来へつなぐ平和な暮らし」	2018	4月～6月	
	堺市立平和と人権資料館（61）	企画展示コーナー「戦時下の女性と子どもたち」	2019	4月～6月29日	
	堺市立平和と人権資料館（62）	企画展示コーナー「平和の風　沖縄から」	2019	7月2日～9月29日	
	堺市立平和と人権資料館（63）	企画展示コーナー「戦時法制下の市民のくらし」	2020	1月5日～3月29日	
	堺市立平和と人権資料館（64）	企画展示コーナー「絵画と写真で紡ぐ平和の心」	2020	5月26日～9月29日	
	堺市立平和と人権資料館（65）	企画展示コーナー「知る戦争　考える平和　―堺　ひと　まち」	2021	4月1日～6月29日	
	堺市立平和と人権資料館（66）	企画展示コーナー「堺大空襲から平和を考える」	2022	1月～3月30日	
	堺市立平和と人権資料館（67）	企画展示コーナー―収蔵品展「―戦後77年の証言者たち―そして戦場へ」	2022	4月1日～6月29日	
	堺市立平和と人権資料館（68）	企画展示コーナー―収蔵品展「―戦後77年の証言者たち―銃後の暮らし」	2022	7月1日～9月29日	
	吹田市平和祈念資料室	開室	1992	10月	
	吹田市平和祈念資料室（１）	企画展「中国侵略―日本は中国で何をしたか」	1994	11月1日～12月25日	
	吹田市平和祈念資料室（２）	'95非核平和資料展　写真と現物資料でみる15年戦争	1995	8月1日～7日	
	吹田市平和祈念資料室（３）	戦後50周年記念企画展「戦争と平和―戦中戦後の子どもたち」	1995	11月1日～12月23日	
	吹田市平和祈念資料室（４）	'96非核平和資料展	1996		
	吹田市平和祈念資料室（５）	'97非核平和資料展	1997		
	吹田市平和祈念資料室（６）	企画展「戦乱に散った青春―沖縄戦・ひめゆり学徒隊」	1997	11月5日～30日	
	吹田市平和祈念資料室（７）	'98非核平和資料展	1998		
	吹田市平和祈念資料室（８）	企画展「奪われし青春―戦いのなかの若人たち」	1998	10月20日～11月15日	

大阪府	吹田市平和祈念資料室（９）	'99非核平和資料展　大阪大空襲	1999	８月３日～９日	
	吹田市平和祈念資料室（10）	2000非核平和資料展	2000	８月３日～９日	
	吹田市平和祈念資料室（11）	企画展「写真パネル展　海底の鎮魂歌─太平洋に眠る沈没船に捧ぐ」	2003	８月24日～９月５日	
	吹田市平和祈念資料室（12）	企画展「写真展　海底の鎮魂歌─太平洋に眠る沈没船に捧ぐ」	2004	８月24日～９月５日	
	吹田市平和祈念資料室（13）	企画展「絵手紙が伝える戦争」	2005	11月１日～13日	
	吹田市平和祈念資料室（14）	企画展「漫画家たちが少年だったころ」	2006	８月23日～９月３日	
	吹田市平和祈念資料室（15）	企画展「こどもたちの戦争─絵日記でつづる学童疎開─絵手紙が伝える戦争」	2007	８月21日～９月２日	
	吹田市平和祈念資料室（16）	企画展「ヒロシマ・ナガサキ原爆写真パネル展」	2008	８月19日～31日	
	吹田市平和祈念資料室	移転	2009	２月４日	
	吹田市平和祈念資料室（17）	企画展「『サダコと折り鶴』ポスター展」	2009	８月18日～30日	
	吹田市平和祈念資料室（18）	2010非核平和資料展「戦争中の現物資料等の展示及びパネル展」	2010	８月３日～９日	
	吹田市平和祈念資料室（19）	企画展「オキナワ─90日間の死闘の島」	2010	８月17日～31日	
	吹田市平和祈念資料室（20）	企画展「来て　見て　知って　戦争と平和─夏休みの自由研究は“平和”について考えよう」	2011	８月２日～28日	
	吹田市平和祈念資料室（21）	2012年平和祈念資料室プレ企画展「戦争と動物園」「所蔵パネル展」	2012	８月１日～15日	
	吹田市立平和祈念資料館	移転・改称・開館	2012	９月３日	
	吹田市立平和祈念資料館（22）	オープニング企画展「戦争と動物園」	2012	９月３日～11月４日	
	吹田市立平和祈念資料館（23）	企画展「記憶のなかの神戸─私の育ったまちと戦争」豊田和子原画展	2014	７月29日～８月24日	
	吹田市立平和祈念資料館（24）	企画展「心で感じる「ヒロシマ」─８月６日の記憶」	2015	７月28日～８月16日	
	吹田市立平和祈念資料館（25）	企画展「杉原千畝～六千人の命を繋いだ勇気の人～」	2016	７月26日～８月21日	
	吹田市立平和祈念資料館（26）	ミニ企画展「軍隊漫画絵はがき」	2017	７月21日～８月24日	
	吹田市立平和祈念資料館（27）	企画展「長谷川義史絵本原画展─へいわってすてきだね」	2017	10月24日～11月26日	
	吹田市立平和祈念資料館（28）	企画展「薄れゆく引き揚げの記憶─「おかえりなさい」の港・舞鶴」	2018	７月24日～８月19日	
	吹田市立平和祈念資料館（29）	企画展「『この世界の片隅に』─すずさんの時代の暮らし」	2019	７月20日～９月15日	
	吹田市立平和祈念資料館（30）	2019非核平和資料展「戦時中の動物園」パネル展	2019	８月１日～15日	
	吹田市立平和祈念資料館（31）	企画展「戦時中のポスター展」	2021	３月２日～５月11日	
	吹田市立平和祈念資料館（32）	2021年度冬の企画展「ヒロシマ─復興と平和への誓い─」	2022	２月１日～27日	
	吹田市文化会館	非核平和資料展	2016	８月２日～８日	
	枚方市平和資料室	開館	2006	８月１日	
	枚方市平和資料室	特別展「ヒロシマ・ナガサキ原爆写真パネル展」	2009	８月15日～20日	
	寝屋川市平和祈念戦争資料展示コーナー	開館	2011		
	寝屋川市平和祈念戦争資料展示コーナー	戦争資料コーナー新収蔵品展	2013	７月30日～８月16日	
	寝屋川市平和祈念戦争資料展示コーナー	閉館	2018		
	人権平和センター豊中・平和展示室	開館	2020	４月	
	人権平和センター豊中・平和展示室	企画展「戦時中のポスター展」	2022	11月８日～12月５日	
	大阪国際平和センター（１）	特別展「戦時下の子供たち展」	1992	３月３日～４月12日	

県	館　　名	展　示　会　名	年	会　　期	刊行物
大阪府	大阪国際平和センター（2）	企画展「戦争と平和絵画展」	1993	1月5日～2月7日	
	大阪国際平和センター（3）	特別展「日本各地の空襲」	1993	3月3日～5月5日	
	大阪国際平和センター（4）	共催展「日本軍の収容所にいたオランダ人—1942から1945年収容所生活絵画展」	1993	5月11日～6月27日	
	大阪国際平和センター（5）	特別展「兵士の眼・庶民の眼」	1993	7月6日～9月15日	図録リバティ
	大阪国際平和センター（6）	特別展「世界平和ミュージアム交流展・中国編」	1994	2月8日～4月24日	
	大阪国際平和センター（7）	特別展「戦時下の女性たちーそのとき、母として、妻として、女として…」	1994		
	大阪国際平和センター（8）	特別展「世界平和ミュージアム交流展　韓国・朝鮮編」	1995	2月7日～4月23日	
	大阪国際平和センター（9）	協賛「写真展　ドキュメント・50年前の日本—捜そう50年前のあなた」	1995	4月27日～5月14日	
	大阪国際平和センター（10）	戦後50年・いま見つめよう　戦争と教科書展	1995	6月7日～14日	
	大阪国際平和センター（11）	アジアの子どもたちと戦争	1995	6月17日～7月2日	
	大阪国際平和センター（12）	特別展「戦後、廃墟の中から」	1995	7月7日～9月9日	
	大阪国際平和センター（13）	シベリア抑留絵画展絵画と慰霊墓参写真展	1995	9月12日～15日	
	大阪国際平和センター（14）	戦後50周年・ヒロシマ・ナガサキ原爆被災写真展	1995	9月19日～10月1日	
	大阪国際平和センター（15）	特別展「アジアのピースアート展—戦争と芸術 '95」	1995	10月8日～12月17日	
	大阪国際平和センター（16）	特別展「世界平和ミュージアム交流展　シンガポール・マレーシア編」	1996	2月9日～4月14日	
	大阪国際平和センター（17）	開館5周年記念「大阪大空襲体験画展」	1996	4月20日～5月26日	
	大阪国際平和センター（18）	共催展「命こそ宝—沖縄戦、そして戦後」	1996	6月1日～7月7日	
	大阪国際平和センター（19）	特別展「戦争と青春」	1996	7月18日～9月15日	
	大阪国際平和センター（20）	特別展「世界平和ミュージアム交流展　フィリピン・インドネシア編」	1996	10月12日～1997年1月19日	
	大阪国際平和センター（21）	企画展「収蔵品展」	1997	2月1日～4月20日	
	大阪国際平和センター（22）	後援事業「毒ガス大阪展」	1997	5月24日～6月8日	
	大阪国際平和センター（23）	特別展「戦時下の娯楽—遊びの世界から戦争が見える」	1997	7月26日～11月2日	
	大阪国際平和センター（24）	特別展「世界平和ミュージアム交流展　ベトナム・タイ・ミャンマー編」	1997	11月12日～1998年3月8日	
	大阪国際平和センター（25）	後援事業「沖縄展—伝えよう沖縄のこころ」	1998	3月22日～4月12日	
	大阪国際平和センター（26）	企画展「収蔵品展Ⅱ—絵画展」	1998	4月21日～5月24日	
	大阪国際平和センター（27）	「スポーツと戦争」	1998	8月8日～10月23日	
	大阪国際平和センター（28）	特別展「世界平和ミュージアム交流展　オーストラリア・パプアニューギニア編」	1998	11月1日～1999年2月7日	
	大阪国際平和センター（29）	杉原千畝展—6000人の命のビザ	1999	4月27日～6月29日	
	大阪国際平和センター（30）	黒田征太郎原画展　野坂昭如戦争童話集—忘れてはイケナイ物語り	1999	8月3日～9月5日	
	大阪国際平和センター（31）	学童疎開展　疎開は子どもたちのたたかい	1999	9月25日～11月23日	
	大阪国際平和センター（32）	イラストで描いた太平洋戦争—1兵士の記録	1999	11月27日～12月23日	
	大阪国際平和センター（33）	大田健一展～絵画で語る従軍記	2000	1月11日～2月20日	
	大阪国際平和センター（34）	企画展「戦争と平和の紙しばい展」	2000	2月26日～4月2日	
	大阪国際平和センター（35）	大田健一展Ⅱ—絵画で語る戦争の時代と平和	2000	7月29日～9月3日	

大阪府	大阪国際平和センター (36)	アジアの平和・戦争博物館紹介展	2000	9月2日～10月22日	
	大阪国際平和センター (37)	特別展「大阪に残る戦争の傷あと」	2000	11月1日～12月24日	
	大阪国際平和センター (38)	収蔵品展	2001	2月20日～3月18日	
	大阪国際平和センター (39)	特別展「中国引き揚げ漫画家たちの体験画展」	2002	1月8日～2月24日	
	大阪国際平和センター (40)	特別展「戦時下の大阪　砲兵工廠と大阪の町」	2002	3月13日～5月26日	
	大阪国際平和センター (41)	特別展「戦時下の大阪―失われた文化財」展	2003	3月25日～5月18日	
	大阪国際平和センター (42)	特別展「ヒロシマ・ナガサキ原爆」展	2003	7月22日～9月14日	
	大阪国際平和センター (43)	特別展「戦時下のおもちゃ」展	2003	9月25日～11月16日	
	大阪国際平和センター (44)	特別展「大阪大空襲―体験画が語る空襲の証言」	2004	3月13日～5月16日	
	大阪国際平和センター (45)	特別展「ヒロシマの祈り」第一部「サダコと折り鶴―時を超えた生命の伝言―」	2004	7月29日～8月11日	
	大阪国際平和センター (46)	特別展「ヒロシマの祈り」第二部「ヒロシマ原爆展」	2004	8月14日～9月12日	
	大阪国際平和センター (47)	特別展「イマジン―漫画家たちが描いた戦争・平和、愛、そして人間」	2004	11月25日～12月21日	
	大阪国際平和センター (48)	特別展『戦争』はどう描かれたか」	2004	12月7日～2005年2月10日	
	大阪国際平和センター (49)	戦争と博覧会	2005	2月22日～4月24日	
	大阪国際平和センター (50)	戦後60周年記念　収蔵品展「60年前の戦争モノ語り」	2005	7月12日～9月11日	
	大阪国際平和センター (51)	特別展「戦争で失われた船」	2006	7月19日～9月10日	
	大阪国際平和センター (52)	特別展「漫画家たちが描いた戦争体験―昭和二十年の絵手紙展」	2005	11月15日～12月27日	
	大阪国際平和センター (53)	特別展「戦争体験画展―兵士が見た太平洋戦争　少年が見た大阪大空襲」	2007	1月13日～4月10日	
	大阪国際平和センター (54)	特別展「戦時下の大阪ないないづくしの戦争展」	2007	7月5日～9月16日	
	大阪国際平和センター (55)	特別展「写真と絵で見る大阪―戦前・戦後・そして今」	2008	2月5日～6月8日	
	大阪国際平和センター (56)	収蔵品展「寄贈品で見る戦争中のくらし」	2008	6月17日～9月14日	
	大阪国際平和センター (57)	特別展「核の恐怖―ヒロシマ・ナガサキの原爆被害」	2008	9月25日～12月27日	
	大阪国際平和センター (58)	特別展『満州国』とシベリア抑留」	2009	1月15日～4月29日	
	大阪国際平和センター (59)	特別展「戦争と学校―教室から消えた自由」	2009	10月6日～2010年2月21日	
	大阪国際平和センター (60)	特別展「焦土大阪―写真で見る大空襲」	2010	3月11日～7月11日	
	大阪国際平和センター (61)	特別展「戦争の犠牲となった動物たち」	2010	12月5日～2011年2月20日	
	大阪国際平和センター (62)	収蔵品展「焦土大阪Ⅱ　絵で見る大空襲」	2011	3月10日～7月10日	
	大阪国際平和センター (63)	特別展「沖縄戦―住民を巻き込んだ戦い」	2011	7月26日～12月25日	
	大阪国際平和センター (64)	「収蔵品展」	2012	1月15日～7月17日	
	大阪国際平和センター (65)	「収蔵品展Ⅱ」	2012	8月1日～12月25日	
	大阪国際平和センター (66)	「収蔵品展Ⅲ」	2013	1月15日～3月31日	
	大阪国際平和センター (67)	「収蔵品展Ⅳ」	2013	4月16日～6月30日	
	大阪国際平和センター (68)	「収蔵品展Ⅴ」	2013	7月16日～9月29日	
	大阪国際平和センター (69)	「収蔵品展Ⅵ」	2013	10月29日～12月27日	
	大阪国際平和センター (70)	「収蔵品展Ⅶ」	2014	1月28日～4月	

県	館名	展示会名	年	会期	刊行物
大阪府	大阪国際平和センター（71）	「収蔵品展Ⅷ」	2014	4月29日～8月31日	
	大阪国際平和センター	リニューアルオープン	2015	4月15日	
	大阪国際平和センター（72）	収蔵品から見る大阪空襲と戦時下の暮らし	2015	6月16日～10月30日	
	大阪国際平和センター（73）	「学童疎開と子どもたち」	2016	1月29日～7月10日	
	大阪国際平和センター（74）	「戦時中の手紙～文字から伝わる人びとの思い」	2016	7月26日～12月27日	
	大阪国際平和センター（75）	「絵でみる戦争体験―早野朝子さんの終戦・占領・引揚」	2017	1月24日～3月30日	
	大阪国際平和センター（76）	「収蔵品展2017」	2017	4月18日～7月16日	
	大阪国際平和センター（77）	特別展「体験者が見た大阪空襲―空襲体験画が語るもの」	2017	8月1日～12月27日	
	大阪国際平和センター（78）	特別展「収蔵品展2018」	2018	5月2日～7月1日	
	大阪国際平和センター（79）	特別展「ミニミニ原爆展」	2018	7月17日～9月16日	
	大阪国際平和センター（80）	特別展「慰問からみる戦争」	2018	10月16日～12月27日	
	大阪国際平和センター（81）	特別展「未来に託す戦世（いくさゆ）の記憶」	2019	1月17日～2月14日	
	大阪国際平和センター（82）	特別展「収蔵品展2019～戦中・戦後“モノ”語り」	2019	6月1日～7月28日	
	大阪国際平和センター（83）	大空襲75年特別企画「大阪空襲体験画展」―未来に伝えたい人びとの記憶	2020	3月22日～7月19日	
	大阪国際平和センター（84）	特別展「被爆75年ひろしまから世界へ復興の歩みと平和へのメッセージ」	2020	8月21日～9月27日	
	大阪国際平和センター（85）	特別展「引揚港・舞鶴と大阪―ひとりの男が伝えたメッセージ」	2020	10月10日～12月27日	
	大阪国際平和センター（86）	特別展「収蔵品展2021―時代を語る資料たち―」	2021	4月17日～7月18日	
	大阪国際平和センター（87）	特別展「どうぶつのいのちとへいわ～戦時下の天王寺動物園とこれからの未来」	2021	9月1日～2022年3月30日	
	大阪国際平和センター（88）	特別展「収蔵品展2022「くらしと戦争」」	2022	4月16日～7月17日	
	大阪国際平和センター（89）	写真展「占領下の大阪・関西―焼け跡から復興まで」	2022	8月9日～2023年3月30日	
	大阪国際平和センター（90）	特別展「大阪の平和資料館」	2022	10月1日～2023年2月5日	
	大阪人権博物館（1）	特別公開「描かれた原爆」	2000	8月6日～15日	
	大阪人権博物館（2）	『ナヌム』の家絵画展―元日本軍『慰安婦』の記憶との対面	2001	11月20日～12月16日	
	大阪人権博物館（3）	企画展「アジア太平洋戦争と子ども」	2003	7月1日～8月31日	
	大阪人権博物館（4）	近代日本の性売買制度と廃娼運動	2004	1月14日～2月19日	
	大阪人権博物館（5）	特別展「つくられる日本国民―国籍・戦争・差別」	2004	4月13日～6月13日	図録111p
	大阪人権博物館（6）	企画展「一五年戦争を生きぬいた人々―館蔵資料を中心に」	2006	7月25日～8月27日	冊子24p
	大阪人権博物館（7）	収蔵資料展「戦争と国民総動員」	2008	7月1日～9月28日	
	大阪人権博物館（8）	写真展「20世紀負の遺産　沖縄―大阪在住の写真家が向き合う沖縄戦」	2009	8月1日～30日	
	大阪人権博物館（9）	企画展「とことん平和主義！」日本国憲法展シーズン2	2018	1月10日～6月28日	
	大阪人権博物館（10）	第74回特別展「近代日本と東アジア―収蔵資料にみる歴史像」	2019	7月4日～9月26日	
	大阪大学総合学術博物館	大阪大学創立80周年記念、総合学術博物館第13回企画展「阪大生・手塚治虫―医師か？　マンガ家か？」	2011	4月28日～6月30日	
	大阪大学総合学術博物館	第22回企画展「四国五郎展―シベリアからヒロシマへ」	2019	4月26日～7月20日	

大阪府	大阪市立博物館	刀匠たちの“終戦”	1995	9月19日～10月29日	
	大阪歴史博物館	特集展示「大阪消防の歴史」	2006	1月18日～3月13日	
	大阪歴史博物館	特集展示「あのころ、こんな子どもの本があった―戦中・戦後の絵本から教科書まで」	2006	6月14日～8月28日	
	大阪歴史博物館	こどもと戦争	2015	7月29日～2016年3月31日	
	大阪市公文書館	戦後復興期の大阪市政―廃墟からの甦生　苦しみをのり越えて	2005	10月31日～11月11日	
	天王寺動物園	特別企画展「戦時中の動物園」	2010	8月9日～24日	
	桃山学院大学学院史料展示コーナー	第二次世界大戦終結70年・日露戦争終結110年企画展「戦争が残したものもたらしたもの」	2015	6月24日～11月17日	
	柏原市立歴史資料館	春期企画展「戦争の記憶―2000年の歴史」	2006	3月25日～6月11日	
	日本民家集落博物館	企画展示「禁野火薬庫の調査」	2007	3月8日～21日	解説書
	八尾市立歴史民俗資料館	企画展「紙芝居と戦争」	2016	6月3日～7月25日	
	大阪狭山市立郷土資料館	コドモトセンソウ―狭山の学童疎開と戦時下のくらし―	2021	7月22日～8月29日	
	箕面市立郷土資料館（1）	戦時生活資料展	1989		
	箕面市立郷土資料館（2）	戦時生活資料展	1990		
	箕面市立郷土資料館（3）	戦時生活資料展	1991		
	箕面市立郷土資料館（4）	戦時生活資料展	1992		
	箕面市立郷土資料館（5）	戦時生活資料展	1993		
	箕面市立郷土資料館（6）	戦時生活資料展	1994		
	箕面市立郷土資料館（7）	戦時生活資料展	1995		
	箕面市立郷土資料館（8）	戦時生活資料展	1996		
	箕面市立郷土資料館（9）	戦時生活資料展	1997		
	箕面市立郷土資料館（10）	戦時生活資料展	1998		
	箕面市立郷土資料館（11）	戦時生活資料展	1999		
	箕面市立郷土資料館（12）	戦時生活資料展	2001		
	箕面市立郷土資料館（13）	戦時生活資料展	2002		
	箕面市立郷土資料館（14）	戦時生活資料展	2003	7月30日～8月31日	
	箕面市立郷土資料館（15）	戦時生活資料展	2004	7月28日～8月22日	
	箕面市立郷土資料館（16）	戦後60年平和推進事業　戦時生活資料展	2005	7月27日～8月28日	
	箕面市立郷土資料館（17）	企画展示「戦時生活資料展」	2007	8月	
	箕面市立郷土資料館（18）	企画展示「戦時生活資料展」	2008	8月	
	箕面市立郷土資料館（19）	企画展示「戦時生活資料展」	2009	8月7日～31日	
	箕面市立郷土資料館（20）	企画展示「戦時生活資料展」	2010	8月6日～30日	
	箕面市立郷土資料館（21）	企画展示「戦時生活資料展」	2011	8月5日～29日	展示リスト
	箕面市立郷土資料館（22）	企画展示「戦時生活資料展」	2012	8月3日～9月3日	
	箕面市立郷土資料館（23）	企画展示「戦時生活資料展」	2013	8月2日～9月2日	
	箕面市立郷土資料館（24）	企画展示「戦時生活資料展―忘れない、戦争の記憶と平和への願い」	2014	8月1日～9月8日	

県	館　　名	展　示　会　名	年	会　　期	刊行物
大阪府	箕面市立郷土資料館（25）	戦時生活資料展	2015	7月31日～9月13日	
	箕面市立郷土資料館（26）	企画展示「戦時生活資料展」	2016	7月13日～8月31日	
	箕面市立郷土資料館（27）	企画展示「戦時生活資料展」	2017	7月7日～9月6日	
	箕面市立郷土資料館（28）	企画展示「戦時生活資料展」	2018	7月20日～8月29日	
	箕面市立郷土資料館（29）	コーナー展示「戦時生活資料展」	2019	8月2日～9月4日	
	箕面市立郷土資料館（30）	コーナー展示「戦時生活資料展」	2020	7月31日～8月26日	
	箕面市立郷土資料館（31）	企画展示「戦時生活資料展」	2021	7月30日～9月15日	
	箕面市立郷土資料館（32）	企画展「戦時生活資料展」	2022	8月5日～9月14日	
	歴史館いずみさの（1）	ホール展示「戦争・平和資料展―戦時下のくらし」	2009	7月28日～8月30日	展示解説資料
	歴史館いずみさの（2）	ホール展示「戦争・平和資料展―戦時下のくらし」	2010	7月31日～8月29日	
	歴史館いずみさの（3）	ホール展示「戦争・平和資料展」	2011	7月30日～8月28日	展示リスト
	歴史館いずみさの（4）	2017年度夏季企画展「ちょっと昔の泉佐野―戦争といずみさの」	2017	7月22日～10月8日	
	泉佐野人権文化センター	第1回「戦争・平和　資料およびパネル展」	2010	8月4日～16日	
	いずみの国歴史館	戦後70年記念　戦争と和泉	2015	8月1日～9月27日	図録と展示リスト
	安中新田会所跡旧植田家住宅	「植田家に残る戦争資料展―戦時下のくらし」	2010	7月15日～8月29日	
	泉大津市立織編館	第二次世界大戦終結70年・日露戦争終結110年企画展「戦争が残したものもたらしたもの」	2015	7月16日～8月3日	
兵庫県	龍野市立歴史文化資料館	戦後50年―あの日の私たち	1995	8月11日～9月17日	図録125p
	たつの市立龍野歴史文化資料館	戦後70年　あの日の子どもたち	2015	8月1日～9月6日	展示リスト付き解説資料
	たつの市立龍野歴史文化資料館	戦後75年あの日を生きた先人たち	2020	8月1日～9月13日	
	たつの市立埋蔵文化財センター	大戦の記憶―写真ニュースにみるアジア太平洋戦争	2015	7月18日～9月23日	図録と展示資料リスト
	伊丹市立博物館	戦後50年　平和資料展	1995	7月22日～9月5日	
	伊丹市立博物館	常設展の中に「戦争と伊丹の人びと」	2003	7月20日～8月30日	
	伊丹市立博物館	戦争と伊丹の人々	2005	7月9日～8月30日	
	市立伊丹ミュージアム	柿衛文庫コレクション「戦場から妻への絵手紙展」	2022	7月15日～8月28日	
	柿衛文庫（1）	特別展「いのちを考える―戦場から妻への絵手紙」	2003	8月9日～9月7日	
	柿衛文庫（2）	小企画展「戦時下の絵手紙」	2009	7月25日～9月23日	展示資料を翻刻した冊子
	柿衛文庫（3）	夏季特別展「戦後65年　愛する妻へ―戦場から900通の絵手紙」	2010	7月10日～8月29日	図録
	柿衛文庫（4）	小企画展「前田美千雄の画業―妻に絵手紙を遺して戦場に散った日本画家」	2011	6月12日～26日	
	柿衛文庫（5）	戦後70年　戦地からの絵手紙　絵と句に込められた妻への想い	2015	7月11日～8月30日	
	伊丹市立図書館「ことば蔵」	パネル展「戦争　沖縄の記憶―沖縄戦と集団自決―世界の戦場」	2022	7月19日～24日	
	小野市立好古館（1）	戦時のくらし	1995	7月21日～9月3日	パンフレット8p
	小野市立好古館（2）	特別展「青野原俘虜収容所の世界」	2005	10月1日～11月27日	
	小野市立好古館（3）	企画展「青野原収容所俘虜が見た日本―新発見の俘虜撮影写真から」	2011	10月1日～30日	
	小野市立好古館（4）	太平洋戦争と戦時下のくらし	2015	7月11日～9月27日	鑑賞の手引き

兵庫県	戦没した船と船員の資料館	開設	2000	8月15日	
	神戸ゆかりの美術館	特別展「無言館　遺（のこ）された絵画からのメッセージ」	2020	9月12日～11月29日	
	神戸市立小磯記念美術館	「終戦75年　従軍画家・小磯良平が見たもの」展	2020	7月18日～9月22日	
	神戸市立中央図書館	戦災関連資料展	2013	8月13日～18日	
	神戸市立中央図書館	戦災関連資料展	2020	8月5日～21日	
	神戸大学海事博物館	ミニ企画展「戦後七五年―太平洋戦争と海員」	2020	11月20日～2021年5月28日	
	神戸大学附属図書館大学文書史料室	神戸大学史・特別展・戦時下の神戸大学―戦後70年記念	2015	10月26日～11月6日	
	神戸文学館	企画展「空襲と文学・神戸」Ⅰ	2009	3月17日～6月5日	
	神戸文学館	企画展「空襲と文学」Ⅱ神戸・明石	2009	6月11日～8月31日	
	西宮市平和資料館	開館	2002	12月12日	
	西宮市立郷土資料館	第6回戦時生活資料展　戦争と教育	1995	8月8日～20日	リーフレット
	赤穂市民俗資料館	戦中・終戦時の資料展	1995	7月23日～8月20日	
	赤穂市立有年考古館	企画展「戦地からの便り―有年村と戦争」	2019	4月17日～7月1日	
	尼崎市立文化財収蔵庫	企画展「夏季学習展こどもたちの戦中戦後」	2014	7月19日～8月31日	
	尼崎市立文化財収蔵庫	兵隊に行く・銃後を守る	2015	7月18日～8月30日	図録
	姫路市平和資料館（1）	スポーツと戦争展	2001	10月6日～12月23日	
	姫路市平和資料館（2）	収蔵品展「資料は語る」	2002	1月8日～4月7日	
	姫路市平和資料館（3）	学童疎開展　現代の日本にもこんな時代がありました	2002	4月14日～7月14日	
	姫路市平和資料館（4）	非核平和展	2002	7月20日～9月1日	
	姫路市平和資料館（5）	ニュース映画にみる昭和史―太平洋戦争前後	2002	10月6日～12月23日	
	姫路市平和資料館（6）	収蔵品展「資料は語るⅡ」	2003	1月8日～3月30日	
	姫路市平和資料館（7）	企画展「子どもたちと戦争」	2003	4月5日～7月13日	
	姫路市平和資料館（8）	非核平和展	2003	7月19日～8月31日	
	姫路市平和資料館（9）	企画展「空襲から引揚げへ」	2003	10月5日～12月23日	
	姫路市平和資料館（10）	収蔵品展「資料は語るⅢ」	2004	1月9日～3月28日	
	姫路市平和資料館（11）	企画展「絵に見る戦時下のくらし」	2004	4月11日～7月4日	
	姫路市平和資料館（12）	非核平和展	2004	7月19日～8月29日	
	姫路市平和資料館（13）	企画展「戦時下に生きた女性たち」	2004	10月8日～12月23日	
	姫路市平和資料館（14）	収蔵品展「資料に見る戦時下の国内生活」	2005	1月12日～3月27日	
	姫路市平和資料館（15）	太平洋戦争下の子どもたちのくらし	2005	4月8日～7月3日	
	姫路市平和資料館（16）	非核平和展	2005	7月17日～8月31日	
	姫路市平和資料館（17）	戦時下の青春群像―父母たちへのメッセージを中心に	2005	10月8日～12月23日	
	姫路市平和資料館（18）	収蔵品展「資料に見る戦時下の国内生活Ⅱ」	2006	1月12日～3月26日	
	姫路市平和資料館（19）	企画展「母たちの太平洋戦争」	2006	4月8日～7月2日	
	姫路市平和資料館（20）	非核平和展	2006	7月16日～8月31日	

県	館　　名	展　示　会　名	年	会　　期	刊行物
兵庫県	姫路市平和資料館（21）	秋季企画展「伝えよう！戦争の記憶を子や孫へ」	2006	10月1日～12月20日	
	姫路市平和資料館（22）	収蔵品展「戦時下を語る資料たち」	2007	1月16日～3月25日	
	姫路市平和資料館（23）	春季企画展「子どもたちが記録した『日常』―戦時下の小学生日記から」	2007	4月6日～7月1日	
	姫路市平和資料館（24）	非核平和展	2007	7月15日～8月31日	
	姫路市平和資料館（25）	秋季企画展「『学び』を奪った戦争―学徒勤労動員の日々」	2007	10月5日～12月24日	
	姫路市平和資料館（26）	収蔵品展「戦時下を語る資料たち」	2008	1月16日～3月23日	
	姫路市平和資料館（27）	春季企画展「絵で見る学童疎開」	2008	4月11日～7月6日	
	姫路市平和資料館（28）	非核平和展	2008	7月17日～8月25日	
	姫路市平和資料館（29）	秋季企画展「戦地からの手紙―妻を想い子を想う」	2008	10月4日～12月23日	
	姫路市平和資料館（30）	収蔵品展「戦時下の暮らしと姫路空襲」	2009	1月16日～3月31日	
	姫路市平和資料館（31）	春季企画展「戦前・戦後の『食』を知り、『食』に学ぶ」	2009	4月10日～7月5日	
	姫路市平和資料館（32）	非核平和展	2009	7月17日～8月30日	
	姫路市平和資料館（33）	秋季企画展「姫路空襲とその復興」	2009	10月3日～12月23日	
	姫路市平和資料館（34）	収蔵品展「手作りのお守り」	2010	1月9日～3月28日	
	姫路市平和資料館（35）	春季企画展「庶民の娯楽」	2010	4月10日～7月4日	
	姫路市平和資料館（36）	非核平和展	2010		
	姫路市平和資料館（37）	秋季企画展「戦前・戦後の学校生活」	2010	10月2日～12月23日	
	姫路市平和資料館（38）	収蔵品展「出征兵士と見送る家族」	2011	1月8日～3月27日	
	姫路市平和資料館（39）	春季企画展「衣服が語る戦争の記憶」	2011	4月9日～7月3日	
	姫路市平和資料館（40）	非核平和展	2011	7月16日～8月31日	
	姫路市平和資料館（41）	収蔵品展「戦時を生き抜いた女性たち」	2012	1月7日～3月25日	
	姫路市平和資料館（42）	春季企画展「子どもと戦争」	2012	4月14日～7月8日	
	姫路市平和資料館（43）	非核平和展	2012	7月14日～8月31日	
	姫路市平和資料館（44）	秋季企画展「本土空襲と手柄山慰霊塔　慰霊塔に込められた平和へのデザイン」	2012	9月29日～12月24日	展示資料リスト
	姫路市平和資料館（45）	収蔵品展「姫路空襲・復興と姫路のまつり」	2013	1月12日～3月24日	
	姫路市平和資料館（46）	春季企画展「戦時下の学園」	2013	4月13日～7月7日	
	姫路市平和資料館（47）	非核平和展	2013	7月13日～8月31日	
	姫路市平和資料館（48）	秋季企画展「戦時下の芸術活動」	2013	10月5日～12月23日	
	姫路市平和資料館（49）	「収蔵品展―満州事変から終戦そして姫路の復興」	2014	1月11日～3月30日	
	姫路市平和資料館（50）	春季企画展「戦時下の看護活動」	2014	4月12日～7月6日	
	姫路市平和資料館（51）	「非核平和展」	2014		
	姫路市平和資料館（52）	秋季企画展「戦争で傷ついた子どもたちの心と体」	2014	10月4日～12月21日	
	姫路市平和資料館（53）	収蔵品展	2015	1月10日～3月29日	
	姫路市平和資料館（54）	姫路城の戦前・戦中・戦後	2015	4月11日～7月5日	

兵庫県	姫路市平和資料館（55）	非核平和展	2015	7月11日～8月30日	
	姫路市平和資料館（56）	駅前開発からみた戦前・戦中・戦後の姫路	2015	10月3日～12月20日	
	姫路市平和資料館（57）	収蔵品展「資料が語る世相」	2016	1月9日～3月27日	
	姫路市平和資料館（58）	開館20周年記念春季企画展「姫路の戦後、平和へのあゆみ」	2016	4月9日～7月3日	
	姫路市平和資料館（59）	非核平和展	2016	7月9日～8月31日	
	姫路市平和資料館（60）	秋季企画展「戦争と押しつぶされた学園生活」	2016	10月1日～12月25日	
	姫路市平和資料館（61）	収蔵品展「寄贈資料にみる戦争の記録」	2017	1月13日～4月15日	
	姫路市平和資料館（62）	春季企画展「南の空に散った若者たち」	2017	4月22日～7月3日	
	姫路市平和資料館（63）	非核平和展	2017	7月3日～8月31日	
	姫路市平和資料館（64）	秋季企画展「昭和20年7月3・4日の大空襲―姫路・徳島・高知・高松、同じ日の恐怖」	2017	10月7日～12月24日	
	姫路市平和資料館（65）	収蔵品展「戦争へ向かった人、見送った人」	2018	1月13日～4月15日	
	姫路市平和資料館（66）	春季企画展「写真が語る戦前から戦後の姫路―高橋秀吉コレクションにみる戦争の記録」	2018	4月21日～7月8日	
	姫路市平和資料館（67）	非核平和展	2018	7月14日～8月31日	
	姫路市平和資料館（68）	秋季企画展「兵庫の空襲」	2018	10月6日～12月24日	
	姫路市平和資料館（69）	収蔵品展	2019	1月21日～4月14日	
	姫路市平和資料館（70）	春季企画展「写真が語る戦前から戦後の姫路2」	2019	4月20日～7月7日	
	姫路市平和資料館（71）	非核平和展	2019	7月13日～8月31日	
	姫路市平和資料館（72）	秋季企画展「戦地から帰って来た人・想い」	2019	10月5日～12月27日	
	姫路市平和資料館（73）	2019年度収蔵品展―戦時下の衣服と新着資料	2020	1月11日～4月19日	
	姫路市平和資料館（74）	春季企画展「姫路大空襲」	2020	4月25日～7月5日	
	姫路市平和資料館（75）	「非核平和展」	2020	7月11日～8月30日	
	姫路市平和資料館（76）	秋季企画展「姫路　空襲からの復興」	2020	10月3日～12月27日	
	姫路市平和資料館（77）	「収蔵品展」	2021	1月9日～4月18日	
	姫路市平和資料館（78）	春季企画展「姫路城と手柄山慰霊塔―平和への祈りを込めて」	2021	4月24日～7月4日	
	姫路市平和資料館（79）	「非核平和展」	2021	7月10日～8月29日	
	姫路市平和資料館（80）	秋季企画展「空がつなぐ　平和への願い」	2021	10月9日～12月19日	
	姫路市平和資料館（81）	「収蔵品展」	2022	3月5日～4月17日	
	姫路市平和資料館（82）	春季企画展「刻まれた戦争の記憶―姫路城周辺と名古山の石碑めぐり」	2022	4月23日～7月3日	
	姫路市平和資料館（83）	「非核平和展」	2022	7月9日～8月31日	
	姫路市平和資料館（84）	秋季企画展「戦時下の女性たち」	2022	10月1日～12月18日	
	福崎町立神崎郡歴史民俗資料館	戦後70年　福崎と戦争の記憶	2015	7月25日～11月23日	
	兵庫県公館県政資料館	兵庫県と戦争	2005	10月14日～12月24日	
	宝塚市立手塚治虫記念館	アドルフに告ぐ―ぼくは戦争の語り部になりたい展	2015	3月1日～6月29日	
	明石市平和資料室	開館	2021	1月19日	

県	館　　名	展示会名	年	会　　期	刊行物
兵庫県	明石市立文化博物館	戦後50年　明石のあゆみ展	1995	7月29日～9月10日	
	明石市立文化博物館	くらしのうつりかわり展　戦時下のくらしと復興	2015	2月15日～3月22日	図録20p
	鳴尾図書館	戦後70年　西宮・戦争の記憶―空襲の記憶を伝える	2015	8月7日～9月2日	
奈良県	水平社博物館	戦争の中の水平社運動	2005	5月1日～8月31日	
	水平社博物館	第10回企画展「丹波マンガン記念館」展	2009	12月10日～2010年3月28日	
	大淀町文化会館	夏休み mini 企画展示戦争の記憶・2020	2020	8月7日～17日	
	大淀町文化会館	企画展「戦争の記憶・2021」	2021	8月5日～16日	
	奈良県立図書情報館（1）	戦争体験文庫企画展示「戦時下の国民生活徴兵される青年たち」	2006	2月1日～3月30日	解説資料
	奈良県立図書情報館（2）	戦争体験文庫企画展示「戦時下の国民生活銃後の生活」	2006	4月1日～5月30日	解説資料
	奈良県立図書情報館（3）	戦争体験文庫企画展示「戦時下の国民生活占領下の生活」	2006	6月1日～7月30日	解説資料
	奈良県立図書情報館（4）	戦争体験文庫企画展示「戦争と教育1―ある教育実習生の日誌を中心に」	2006	8月1日～9月30日	解説資料
	奈良県立図書情報館（5）	戦争体験文庫企画展示「戦争と教育2―学童疎開」	2006	10月1日～11月29日	解説資料
	奈良県立図書情報館（6）	戦争体験文庫企画展示「軍隊と地域1―戦地・占領地での軍隊　ビラと軍票」	2006	12月1日～2007年1月30日	解説資料
	奈良県立図書情報館（7）	戦争体験文庫企画展示「軍隊と地域2村と軍隊―村役場／在郷軍人会」	2007	2月1日～3月29日	解説資料
	奈良県立図書情報館（8）	戦争体験文庫企画展示「軍隊と地域3村と軍隊2―勤労・増産・金属回収」	2007	3月31日～6月28日	解説資料
	奈良県立図書情報館（9）	戦争体験文庫企画展示「軍隊と地域4奈良の戦争遺跡―奈良聯隊奈良海軍航空隊ほか」	2007	6月30日～9月27日	解説資料
	奈良県立図書情報館（10）	戦争体験文庫企画展示「戦争と手紙1出征」	2007	9月29日～12月27日	解説資料
	奈良県立図書情報館（11）	戦争体験文庫企画展示「戦争と手紙2戦地からの手紙」	2008	1月5日～3月27日	解説資料
	奈良県立図書情報館（12）	戦争体験文庫企画展示「戦争と手紙3戦地への手紙」	2008	3月29日～6月26日	解説資料
	奈良県立図書情報館（13）	戦争体験文庫企画展示「戦争と手紙4帰還」	2008	6月28日～9月28日	解説資料
	奈良県立図書情報館（14）	戦争体験文庫企画展示「子どもたちが見た満州1満州修学旅行」	2008	10月1日～12月27日	解説資料
	奈良県立図書情報館（15）	戦争体験文庫企画展示「子どもたちが見た満州2満州建設勤労奉仕隊・満蒙開拓青少年義勇軍」	2009	1月6日～3月29日	解説資料
	奈良県立図書情報館（16）	戦争体験文庫企画展示「戦争と食べもの1米の配給と供出」	2009	4月1日～6月28日	解説資料
	奈良県立図書情報館（17）	戦争体験文庫企画展示「戦争と食べもの2野菜」	2009	7月1日～9月29日	解説資料
	奈良県立図書情報館（18）	戦争体験文庫企画展示「戦争と食べもの3調味料」	2009	10月1日～12月27日	解説資料
	奈良県立図書情報館（19）	戦争体験文庫企画展示「戦争と食べもの4代用食」	2010	1月5日～3月30日	解説資料
	奈良県立図書情報館（20）	戦争体験文庫企画展示「就職先としての軍隊―海軍志願兵」	2010	4月1日～6月29日	解説資料
	奈良県立図書情報館（21）	戦争体験文庫企画展示「進学先としての軍隊―陸軍士官学校、海軍兵学校」	2010	7月1日～10月7日	解説資料
	奈良県立図書情報館（22）	戦争体験文庫企画展示「工廠国営兵器工場」	2010	10月8日～12月26日	解説資料
	奈良県立図書情報館（23）	戦争体験文庫企画展示「貯蓄報国」	2011	1月5日～3月30日	解説資料
	奈良県立図書情報館（24）	戦争体験文庫企画展示「大和の隣組戦争を支えた地域組織」	2011	4月19日～6月29日	解説資料
	奈良県立図書情報館（25）	戦争体験文庫企画展示「『大和錦』在郷軍人会奈良支部の活動」	2011	7月1日～9月29日	解説資料

奈良県	奈良県立図書情報館（26）	戦争体験文庫企画展示「産業組合から農協へ―戦時・戦後期の協同組合の再編」	2011	10月1日～12月27日	解説資料
	奈良県立図書情報館（27）	戦争体験文庫企画展示「赤十字―その成り立ちと展開」	2012	1月4日～3月22日	解説資料
	奈良県立図書情報館（28）	戦争体験文庫企画展示「8.15で終わらなかった戦争―日赤奈良班看護婦の手記から1」	2012	4月1日～6月28日	解説資料
	奈良県立図書情報館（29）	戦争体験文庫企画展示「灼熱の陽の光の下で―日赤奈良班看護婦の手記から2」	2012	6月30日～9月27日	解説資料
	奈良県立図書情報館（30）	戦争体験文庫企画展示「病院船の上で―日赤奈良班看護婦の手記から3」	2012	9月29日～12月27日	解説資料
	奈良県立図書情報館（31）	戦争体験文庫企画展示「原爆の惨禍を目のあたりにして―日赤奈良班看護婦の手記から4」	2013	1月5日～3月28日	解説資料
	奈良県立図書情報館（32）	戦争体験文庫企画展示「かるたで読む「戦陣訓」」	2013	3月30日～6月27日	解説資料
	奈良県立図書情報館（33）	戦争体験文庫企画展示「小学生国史受験かるたの世界」	2013	6月29日～9月29日	解説資料
	奈良県立図書情報館（34）	戦争体験文庫企画展示「大淀町学校支援地域本部戦争カルタの世界」	2013	10月3日～12月27日	解説資料
	奈良県立図書情報館（35）	戦争体験文庫資料展示「愛国百人一首を読む」	2014	1月5日～3月27日	
	奈良県立図書情報館（36）	戦争体験文庫資料展示「日本統治下サイパンの日常から戦争へ　須藤ヨシエ氏の「サイパン島戦争体験記」を読む1」	2014	3月29日～6月26日	
	奈良県立図書情報館（37）	戦争体験文庫企画展示「爆撃の中の逃避行須藤ヨシエ氏の「サイパン島戦争体験記」を読む2」	2014	6月28日～9月28日	
	奈良県立図書情報館（38）	戦争体験文庫企画展示「壕からかいまみた日本兵と米兵たち須藤ヨシエ氏の「サイパン島戦争体験記」を読む3」	2014	10月1日～12月27日	
	奈良県立図書情報館（39）	戦争体験文庫企画展示「極限の日々から須藤ヨシエ氏の「サイパン島戦争体験記」を読む4」	2015	1月6日～3月29日	
	奈良県立図書情報館（40）	戦争体験文庫企画展示「あの日から70年―追想の8.15」	2015	4月1日～9月27日	
	奈良県立図書情報館（41）	戦争体験文庫資料展示「進駐軍と奈良」	2015	10月1日～2016年3月30日	
	奈良県立図書情報館（42）	戦争体験文庫資料展示「昭和15(1940)年、紀元2600年祭―あなたは知っていますか?」	2016	4月1日～6月29日	解説資料
	奈良県立図書情報館（43）	戦争体験文庫資料展示「「奈良連隊」のいた光景―歩兵第38連隊の出征、帰還」	2016	7月20日～11月29日	
	奈良県立図書情報館（44）	第45回戦争体験文庫資料展示「陸軍少年兵」	2016	12月1日～2017年3月30日	解説資料
	奈良県立図書情報館（45）	第46回戦争体験文庫資料展示「戦勝記念図書館の記憶／記録」	2017	4月1日～7月27日	解説資料
	奈良県立図書情報館（46）	第47回戦争体験文庫資料展示「鉄道聯隊」	2017	7月29日～11月29日	解説資料
	奈良県立図書情報館（47）	第48回戦争体験文庫資料展示「民博所蔵「戦時債券」の世界」	2018	1月5日～3月29日	解説資料
	奈良県立図書情報館（48）	第49回戦争体験文庫資料展示「昭和7年陸軍特別大演習　於奈良・大阪」	2018	3月31日～8月30日	解説資料
	奈良県立図書情報館（49）	第51回戦争体験文庫資料展示「昭和8年12月23日「祝皇太子殿下御降誕」の時代」	2018	1月5日～4月25日	図録
	奈良県立図書情報館（50）	第52回戦争体験文庫資料展示「墨塗り教科書」	2019	5月1日～8月29日	図録
	奈良県立図書情報館（51）	第53回戦争体験文庫資料展示「聯隊区司令部」	2019	9月18日～2020年2月27日	図録
	奈良県立図書情報館（52）	第54回戦争体験文庫資料展示「日中戦争」	2020	2月29日～9月29日	図録
	奈良県立図書情報館（53）	第55回戦争体験文庫資料展示「昭和13年の第3機関銃中隊(1)　―部隊陣中日誌から」	2020	10月1日～2021年1月28日	図録
	奈良県立図書情報館（54）	第56回戦争体験文庫資料展示「昭和13年の第3機関銃中隊(2)　―部隊陣中日誌から」	2021	1月30日～5月27日	図録
	奈良県立図書情報館（55）	第57回戦争体験文庫資料展示「愛国と国防の相克～国防婦人会奈良本部と『大和婦人』」	2021	7月1日～10月28日	図録
	奈良県立図書情報館（56）	第58回戦争体験文庫資料展示「昭和13年の第3機関銃中隊(3)　―部隊陣中日誌から」	2021	10月30日～2022年2月24日	図録
	奈良県立図書情報館（57）	第59回戦争体験文庫資料展示「「奉祝国民歌紀元二千六百年」を“読む”」	2022	2月26日～6月29日	図録
	奈良県立図書情報館（58）	第60回戦争体験文庫資料展示「山口甚佐久撮影昭和十年代橿原周辺大和史蹟等アルバムより」	2022	7月1日～10月27日	図録

県	館名	展示会名	年	会期	刊行物
奈良県	奈良県立民俗博物館（1）	「戦時下のくらし」展	2013	8月3日～9月1日	
	奈良県立民俗博物館（2）	コーナー展「戦時下のくらし」	2014	8月2日～9月7日	
	奈良県立民俗博物館（3）	戦時下のくらし	2015	8月1日～9月6日	
	奈良県立民俗博物館（4）	コーナー展「戦時下のくらし」展	2016	8月6日～28日	
	奈良県立民俗博物館（5）	コーナー展「戦時下のくらし」展	2017	8月5日～27日	
	奈良県立民俗博物館（6）	コーナー展「戦時下のくらし」展	2018	8月4日～9月2日	
	奈良県立民俗博物館（7）	コーナー展「戦時下のくらし」展	2019	8月3日～9月1日	
	奈良県立民俗博物館（8）	「夏の道具と戦時下のくらし」展	2020	8月1日～30日	
	奈良県立民俗博物館（9）	スポット展「戦時下のくらし」	2021	8月7日～29日	
	奈良県立民俗博物館（10）	スポット展「戦時下のくらし」	2022	8月2日～28日	
	奈良市美術館	原爆と戦争展―長崎の記録	2012	8月22日～26日	
	奈良市史料保存館	企画展示「史料が語る戦時下の奈良町」	2019	7月23日～10月6日	
和歌山県	和歌山市立博物館（1）	和歌山大空襲の時代	1995	7月9日～8月20日	図録64p
	和歌山市立博物館（2）	和歌山大空襲60年展　併設石の記憶―ヒロシマ・ナガサキ	2005	7月2日～8月7日	
	和歌山市立博物館（3）	石の記憶―ヒロシマ・ナガサキ	2005	7月2日～8月7日	
	和歌山市立博物館（4）	特別展「写真にみる戦後和歌山―復興と人々のくらし」	2009	7月18日～9月6日	
	和歌山市立博物館（5）	ホール展示　開戦と敗戦―いま戦争を考える	2009	8月1日～30日	
	和歌山市立博物館（6）	コーナー展示「戦時下の和歌山」	2012	8月7日～9月30日	解説シート
	和歌山市立博物館（7）	ホール展示「描かれ写された和歌山大空襲」	2014	7月5日～13日	
	和歌山市立博物館（8）	コーナー展示「ヘンリー杉本と日系人収容所」	2014	8月5日～9月28日	
	和歌山市立博物館（9）	コーナー展示・戦時下の人々／中筋家のくらしと美	2015	6月2日～8月2日	
	和歌山市立博物館（10）	ホール展示2「戦争と和歌山―和歌山大空襲から70年―」	2015	7月9日～8月16日	
	和歌山市立博物館（11）	ホール展示「戦時下の和歌山」	2016	7月9日～8月21日	
	和歌山市立博物館（12）	ホール展示「昭和20年7月9日和歌山大空襲―伝えたいあの時の記憶」	2017	7月8日～8月20日	
	和歌山市立博物館（13）	ホール展示「描かれ写された和歌山大空襲」	2018	7月7日～8月19日	
	和歌山市立博物館（14）	春季企画展「写真にみる和歌山市の歩み1889－2019」	2019	4月27日～6月9日	
	和歌山市立博物館（15）	ホール展示「昭和20年7月9日和歌山大空襲―（続）伝えたいあのときの記憶」	2019	7月6日～8月4日	
	和歌山市立博物館（16）	夏季企画展「ヘンリー杉本の世界」	2020	7月4日～8月23日	
	和歌山市立博物館（17）	ホール展示「和歌山大空襲」	2021	7月6日～23日	
	和歌山城天守閣	企画展「空襲前後の和歌山城」	2012	7月1日～9月2日	
鳥取県	鳥取県立博物館（1）	戦後50年・戦争と美術	1995	7月20日～8月20日	
	鳥取県立博物館（2）	戦争中のくらし―アジア・太平洋戦争と鳥取の人々	2005	8月6日～9月3日	
	鳥取県立博物館（3）	戦後70年　鳥取と戦争	2015	12月5日～2016年1月11日	図録
	鳥取県立博物館（4）	開館50周年記念企画展「すべてみせます！収蔵庫の資料たち」	2022	10月29日～12月11日	

鳥取県	鳥取県立公文書館	戦後70年記念事業・子どもたちの戦闘配置	2015	8月11日～末日	
	鳥取市歴史博物館やまびこ館	70年目の夏　昭和の戦争と鳥取　戦艦武蔵・風船爆弾・歩兵第四十連隊・特攻	2015	7月18日～8月30日	
	鳥取市歴史博物館やまびこ館	「非核平和ヒロシマ原爆展」	2019	8月4日～18日	
	日南町美術館	私の八月十五日―漫画家たちの終戦の記録	2012	7月21日～8月26日	
	日南町美術館	戦争の記憶―戦没画学生の遺作から小早川秋声まで	2013	8月9日～10月6日	
	日南町美術館	戦争の証言者たち　従軍画家小早川秋聲と従軍カメラマン小柳次一がみた戦争	2015	7月10日～8月30日	
	米子市立山陰歴史館（1）	終戦50年記念戦時資料展	1995	7月8日～9月25日	
	米子市立山陰歴史館（2）	特別企画展「戦争の記録展」	2009	7月18日～8月31日	
	米子市立山陰歴史館（3）	企画展「戦争の記憶展」	2011	8月6日～19日	
	米子市立山陰歴史館（4）	戦後70年　戦争の記憶―次世代に語り継ぐ	2015	7月18日～8月30日	
	米子市立山陰歴史館（5）	企画展「太平洋戦争と戦中・戦後の暮らし」	2016	7月23日～8月28日	
	米子市立山陰歴史館（6）	企画展「昭和のよなご―其の一」	2017	9月24日～11月26日	
	米子市立山陰歴史館（7）	館蔵品展「平和のために学ぶ～日中戦争から太平洋戦争まで」	2022	7月23日～9月19日	
	倉吉博物館・倉吉歴史民俗資料館	貸館展「水木しげるの戦争と新聞報道」	2013	7月13日～24日	
	祐生出会いの館	戦後75年／歴史の記憶／満州国資料展	2020	8月8日～10月5日	
島根県	荒神谷博物館	写真展「埋もれた戦争遺跡」	2020	～8月31日	
	安来市加納美術館	長谷川義史絵本原画展　へいわってすてきだね	2020	4月11日～7月13日	
	益田市立歴史民俗資料館	戦後70年記念企画展・戦時下のくらし展	2015	8月1日～9月27日	
	荒神谷博物館	ホール展示　沖縄本土復帰50周年　「忘れられた戦争～松の油で特攻機は飛ぶのか～」	2022	8月6日～9月5日	
	出雲弥生の森博物館	ギャラリー展・発掘された戦争遺跡―地下の遺構やモノが語る戦争	2015	9月30日～2016年2月1日	
	出雲弥生の森博物館	秋季企画展・いつまでも戦後でありたい―出雲市民と戦争	2015	10月31日～12月21日	
	出雲弥生の森博物館	ギャラリー展「いつまでも戦後でありたい2022　旧大社基地の調査速報」	2022	7月6日～10月31日	
岡山県	岡山空襲平和資料館	閉館	2012	9月	
	岡山空襲展示室	開館	2012	10月1日	
	岡山空襲展示室	「否定される酒、肯定される酒―戦時下のくらしの中で」	2016	12月16日～2017年2月5日	
	岡山空襲展示室	特別展「托したもの　届かぬ思い」	2018	12月5日～2019年2月11日	リーフレット
	岡山市デジタルミュージアム（1）	企画展第29回「岡山戦災の記録と写真展」	2006	6月2日～7月2日	
	岡山市デジタルミュージアム（2）	企画展第30回「岡山戦災の記録と写真展」	2007	6月26日～7月8日	
	岡山市デジタルミュージアム（3）	企画展第31回「岡山戦災の記録と写真展」	2008	6月19日～7月3日	
	岡山市デジタルミュージアム（4）	企画展第32回「岡山戦災の記録と写真展」	2009	6月19日～7月5日	
	岡山市デジタルミュージアム（5）	企画展第33回「岡山戦災の記録と写真展」	2010	6月4日～30日	
	岡山市デジタルミュージアム（6）	企画展第34回「岡山戦災の記録と写真展」	2011	6月4日～30日	
	岡山市デジタルミュージアム（7）	企画展第35回「岡山戦災の記録と写真展」	2012	6月15日～7月16日	
	岡山シティミュージアム（8）	企画展第36回「岡山戦災の記録と写真展」	2013	6月14日～7月7日	

県	館　　名	展示会名	年	会　　期	刊行物
岡山県	岡山シティミュージアム（９）	企画展「第37回岡山戦災の記録と写真展―戦争の中の岡山市民の備え」	2014	６月19日～７月６日	
	岡山シティミュージアム（10）	企画展「第38回岡山戦災の記録と写真展―つないでいく記録と記憶」	2015	６月12日～７月５日	
	岡山シティミュージアム（11）	企画展「第39回岡山戦災の記録と写真展―空襲とわたしのまち岡山」	2016	６月10日～30日	図録
	岡山シティミュージアム（12）	企画展「第40回岡山戦災の記録と写真展―平和への思い、40年」	2017	６月16日～７月２日	図録
	岡山シティミュージアム（13）	企画展「第41回岡山戦災の記録と写真展―空襲はいかにして行われたか1941－1945」	2018	６月８日～７月１日	図録
	岡山シティミュージアム（14）	企画展「第42回岡山戦災の記録と写真展―復興期岡山の人々」	2019	５月31日～６月30日	図録
	岡山シティミュージアム（15）	企画展「第43回岡山戦災の記録と写真展」	2020	６月９日～７月５日	
	岡山シティミュージアム（16）	企画展「第44回岡山戦災の記録と写真展」	2021	７月16日～８月15日	
	岡山シティミュージアム（17）	企画展「第45回岡山戦災の記録と写真展―岡山空襲展示室開設10周年記念　今、見つめなおす戦争・空襲・平和」	2022	６月３日～30日	図録
	岡山映像ライブラリーセンター	企画展「戦争が奪ったもの」	2019	７月21日～８月23日	
	備前市歴史民俗資料館	第38回企画展「なぎさの記憶・瀬戸内の太平洋戦争」	2009	７月４日～８月23日	
	備前市歴史民俗資料館	戦時と日常	2015	７月31日～８月30日	
広島県	おのみち街かど文化館	「戦時下ノ尾道―回覧板が語る戦争の記憶」展	2010	７月31日～８月31日	
	広島大学医学部医学資料館	赤レンガの医学資料館―陸軍兵器補給廠だった医学資料館で見る広島とヒロシマの医学史	2022	２月21日～３月23日	
	ふくやま文学館	被爆60周年　８月６日の波紋　井伏鱒二と小山祐士	2005	７月１日～８月31日	
	ふくやま文学館	被爆70年―文学に描かれた８月６日	2015	８月１日～10月12日	
	広島県立美術館	戦争と美術	2008	７月８日～10月５日	
	広島県立美術館	特別展「廣島から広島―ドームが見つめ続けた街展―広島県産業奨励館と原爆ドームの95年」	2010	８月５日～９月20日	図録
	広島県立美術館	広島・長崎被爆70周年・戦争と平和展	2015	７月25日～９月13日	図録
	広島県立文書館	被爆60年記念展示　さまざまな原爆資料	2005	７月１日～８月31日	
	広島市郷土資料館（１）	母の記録―被爆その後	1995	７月１日～９月30日	
	広島市郷土資料館（２）	特別展「糧秣支廠と被服支廠展」	2003	10月４日～11月３日	図録
	広島市郷土資料館（３）	被爆・戦後60周年記念企画展「戦中・戦後の市民生活展―よみがえる戦争の記憶・はじめて知る苦難の時代」	2005	４月23日～９月11日	
	広島市郷土資料館（４）	広島市民と戦争	2015	10月17日～2016年１月11日	
	広島市郷土資料館（５）	漫画「この世界の片隅に」に見る戦時下の暮らし	2018	４月14日～７月８日	
	広島市郷土資料館（６）	特別展「似島と金輪島―軍用港を支えた二つの島―」	2021	12月４日～2022年２月６日	
	広島市公文書館	描かれた HIROSHIMA 展	2005	６月６日～９月30日	
	広島城	企画展「広島城壊滅！―原爆被害の実態」	2010	７月16日～９月５日	
	広島城	被爆70周年記念展示・広島城と陸軍	2015	７月18日～９月６日	
	広島平和記念資料館（１）	開館記念収蔵資料展―平和の回廊	1994	６月１日～30日	
	広島平和記念資料館（２）	写真展―あのとき広島は	1995	３月１日～４月20日	
	広島平和記念資料館（３）	被爆50周年資料館開館40周年記念―ヒロシマの軌跡	1995	７月15日～８月27日	

広島県	広島平和記念資料館（4）	原爆ドーム世界遺産化展—（ユネスコへの登録申請時）	1995	10月1日～13日	
	広島平和記念資料館（5）	収蔵資料展—あの日、そして灼けついた記憶	1996	7月20日～9月1日	
	広島平和記念資料館（6）	原爆ドーム世界遺産化展—（ユネスコへの登録決定時）	1997	1月29日～2月28日	
	広島平和記念資料館（7）	きのこ雲の下に子どもたちがいた—おじいちゃん、おばあちゃんに聞く戦争のころのはなし	1997	7月19日～8月31日	
	広島平和記念資料館（8）	公園の下に眠る街、爆心地・中島地区	1997	11月1日～30日	
	広島平和記念資料館（9）	子どもたちの戦場—集団疎開、おとうさんおかあさんと離れて	1998	7月17日～9月30日	
	広島平和記念資料館（10）	1998年度第2回企画展「銃後を支える力となって　女性と戦争」	1999	2月1日～4月30日	
	広島平和記念資料館（11）	広島平和記念都市建設法制定50周年記念焼け跡に響く子どもたちの声—焦土から平和都市へ	1999	7月7日～9月30日	
	広島平和記念資料館（12）	1999度第2回企画展「ヒロシマを切り撮った眼」：第1会場カメラで訴える—壊滅のとき：第2会場5人がみつめたヒロシマ	2000	3月1日～7月9日	
	広島平和記念資料館（13）	質問でつづるふしぎ発見原爆—見えない放射線の被害	2000	7月19日～10月16日	
	広島平和記念資料館（14）	2000年度第2回企画展「一瞬に消え去った爆心の町：よみがえる歴史の記憶」	2001	3月16日～7月9日	
	広島平和記念資料館（15）	2001年度第1回企画展「サダコと折り鶴—時を越えた生命の伝言」	2001	7月19日～12月16日	
	広島平和記念資料館（16）	2001年度第2回企画展「ヒロシマの証言—奪われた街・残されたもの」	2002	3月1日～7月10日	
	広島平和記念資料館（17）	新たに寄贈された資料展	2002	5月23日～2003年5月	
	広島平和記念資料館（18）	2002年度第1回企画展「焼け野原に人々を助けて—薬も食べ物もない中で続けられた救援活動」	2002	7月18日～12月1日	
	広島平和記念資料館（19）	2002年度第2回企画展「原爆の絵—市民によるヒロシマの記憶」	2003	3月5日～7月6日	
	広島平和記念資料館（20）	2003年度第1回企画展「原子爆弾ナリト認ム」—原爆投下後に行われた被爆調査の軌跡を追う	2003	7月25日～12月15日	
	広島平和記念資料館（21）	展示会「路面電車がかたるヒロシマ—市民が描いたあの日の記憶」	2003	8月8日～2004年7月末	
	広島平和記念資料館（22）	2003年度第2回企画展「似島が伝える原爆被害—犠牲者たちの眠った島」	2004	3月3日～7月11日	
	広島平和記念資料館（23）	2004年度第1回企画展「動員学徒—失われた子どもたちの明日」	2004	7月16日～12月15日	
	広島平和記念資料館（24）	開館50周年記念　廃墟の中に立ち上がる—平和記念資料館とヒロシマの歩み	2005	7月11日～12月18日	
	広島平和記念資料館（25）	2005年度第2回企画展「宮武甫・松本栄一写真展—被爆直後のヒロシマを撮る」	2006	3月15日～9月28日	図録
	広島平和記念資料館（26）	2006年度第1回企画展「託された過去と未来—被爆資料・遺影・体験記全国募集　新着資料より」	2006	7月20日～2007年7月10日	
	広島平和記念資料館（27）	2006年度第2回企画展「林重男写真展」	2007	2月15日～7月17日	図録
	広島平和記念資料館（28）	2007年度第1回企画展「海外からの支援—被爆者への援助と込められた再建への願い」	2007	7月25日～10月31日	
	広島平和記念資料館（29）	2007年度第2回企画展「菊池俊吉写真展—昭和20年秋・昭和22年夏」	2008	2月14日～7月15日	図録
	広島平和記念資料館（30）	2008年度第1回企画展「被爆建造物は語る」	2008	7月24日～12月15日	
	広島平和記念資料館（31）	2008年度第2回企画展「廃虚にフィルムを回す—原爆被災記録映画の軌跡」	2009	2月25日～7月15日	図録
	広島平和記念資料館（32）	2009年度第1回企画展「佐々木雄一郎写真展　第1部　平和を築く」	2009	7月18日～12月15日	図録
	広島平和記念資料館（33）	2009年度第2回企画展「佐々木雄一郎写真展　第2部　平和を誓う」	2010	2月3日～7月12日	図録
	広島平和記念資料館（34）	広島平和記念資料館・国立広島原爆死没者追悼記念館共同企画展「国民義勇隊—原爆被害を大きくした広島市の建物疎開」	2010	7月16日～12月15日	図録
	広島平和記念資料館（35）	企画展「こどもたちの見た戦争　はだしのゲンとともに」	2011	2月4日～7月11日	図録

県	館　　名	展　示　会　名	年	会　　期	刊行物
広島県	広島平和記念資料館（36）	2011年度第１回企画展「生きる―1945.8.6　その日からの私」	2011	７月15日～12月14日	図録
	広島平和記念資料館（37）	2011年度第２回企画展「広島、1945―写真が伝える原爆被害」	2012	２月３日～７月９日	図録
	広島平和記念資料館（38）	資料展「被爆直後の報告書」	2012	３月１日～30日	
	広島平和記念資料館（39）	2012年度第１回企画展「基町―姿を変える広島開基の地」	2012	７月13日～12月12日	
	広島平和記念資料館（40）	2012年度第２回企画展「君を想う　―あのときピカがなかったら」	2013	２月８日～７月15日	
	広島平和記念資料館（41）	2013年度第１回企画展「はだしのゲン原画展―生きて生きて生きぬいて」	2013	７月19日～９月１日	
	広島平和記念資料館（42）	新着資料展「2015年度に寄贈された被爆資料等を展示」	2017	３月16日～2018年３月25日	
	広島平和記念資料館（43）	情報資料室資料展「被爆詩人・峠三吉　日記からみる1945年」	2017	３月30日～７月17日	
	広島平和記念資料館（44）	1945年８月６日―原子爆弾による被害の概要	2017	４月26日～2019年４月24日	
	広島平和記念資料館（45）	情報資料室資料展「単行本未収録　はだしのゲン扉絵展」	2017	７月21日～2018年３月25日	
	広島平和記念資料館（46）	収蔵資料展　〈旧日本銀行広島支店にて展示〉	2017	７月28日～2019年１月28日	
	広島平和記念資料館（47）	特別展示「８Ｋスーパーハイビジョンで見る“原爆の絵”」	2017	８月１日～16日	
	広島平和記念資料館（48）	情報資料室資料展「ドーム誕生！」―写真と資料で読み解く被爆前のドーム	2018	３月30日～９月10日	
	広島平和記念資料館（49）	新着資料展（2016年度寄贈資料）	2018	３月30日～2019年３月24日	
	広島平和記念資料館（50）	特別展「広島赤十字病院」	2018	７月20日～2019年３月31日	
	広島平和記念資料館（51）	情報資料室資料展「こうの史代『夕凪の街』複製原画展」	2018	９月12日～2019年２月28日	
	広島平和記念資料館（52）	情報資料室資料展レストハウス竣工90周年記念「広島市中島本町53番地　大正屋呉服店」	2019	３月20日～９月30日	
	広島平和記念資料館（53）	新着資料展（2017年度寄贈資料）	2019	３月29日～2020年３月１日	
	広島平和記念資料館	本館　リニューアルオープン	2019	４月25日	
	広島平和記念資料館（54）	企画展「市民が描いた原爆の絵　記憶と向き合う」	2019	４月25日～12月26日	
	広島平和記念資料館（55）	「収蔵資料の紹介」コーナー　「ある一家の原爆」	2019	５月30日～2020年１月23日	
	広島平和記念資料館（56）	広島平和記念都市建設法制定70周年記念企画展「平和への思いの共有」	2019	７月13日～９月１日	
	広島平和記念資料館（57）	企画展「海外収集資料から見る広島の原爆被害と復興	2019	12月27日～2020年７月20日	
	広島平和記念資料館（58）	収蔵資料の紹介コーナー「レプリカ―遺品の語り部」	2020	１月24日～６月30日	図録
	広島平和記念資料館（59）	新着資料展（2018年度寄贈資料）	2020	６月１日～2021年３月23日	
	広島平和記念資料館（60）	情報資料室資料展この世界の（さらにいくつもの）片隅に　広島のすずさん展	2020	６月１日～2021年３月24日	
	広島平和記念資料館（61）	企画展　被爆75年企画展広島平和記念資料館のあゆみ第一部　礎を築く―初代館長　長岡省吾の足跡	2020	７月22日～2021年２月23日	
	広島平和記念資料館（62）	被爆75年企画展「広島平和記念資料館のあゆみ第二部　８月６日へのまなざし―資料を守り伝え続ける」	2021	２月27日～７月18日	
	広島平和記念資料館（63）	新着資料展　2019年度寄贈資料	2021	３月26日～2022年３月	
	広島平和記念資料館（64）	情報資料室資料展　紙芝居　はだしのゲン　複製原画展	2021	３月31日～７月中旬	
	広島平和記念資料館（65）	情報資料室資料展　青葉したたる　平和大通りのできるまで	2021	３月31日～７月中旬	
	広島平和記念資料館（66）	2021年度第１回企画展「焼け跡もの語り」	2021	10月１日～2022年２月13日	

広島県	広島平和記念資料館（67）	情報資料室資料展「原爆ドームの軌跡　世界遺産登録から25年」	2021	10月22日～2022年３月31日	
	広島平和記念資料館（68）	新着資料展（2020年度寄贈資料）	2022	３月17日～2023年１月	
	広島平和記念資料館（69）	2021年度第２回企画展「原爆と医療―救護活動から医学調査へ」	2022	３月25日～９月12日	
	国立広島原爆死没者追悼平和祈念館	開館	2002	８月１日	
	国立広島原爆死没者追悼平和祈念館（１）	企画展「しまってはいけない記憶―肉親を奪われて」	2003	４月１日～2004年３月31日	
	国立広島原爆死没者追悼平和祈念館（２）	企画展「しまってはいけない記憶―体験記にみる被爆の実相」	2005	７月８日～９月30日	
	国立広島原爆死没者追悼平和祈念館（３）	企画展「しまってはいけない記憶　―焦土をさまよう」	2006	４月１日～2007年３月31日	
	国立広島原爆死没者追悼平和祈念館（４）	企画展「しまってはいけない記憶　―助けを求める声を後にして」	2007	４月１日～2008年３月31日	
	国立広島原爆死没者追悼平和祈念館（５）	企画展「しまってはいけない記憶　―水を求められて」	2008	４月１日～2009年３月31日	
	国立広島原爆死没者追悼平和祈念館（６）	企画展「しまってはいけない記憶　―救護の場所を求めて	2009	４月１日～2010年３月31日	
	国立広島原爆死没者追悼平和祈念館（７）	企画展「しまってはいけない記憶―国民義勇隊と建物疎開」	2010	４月１日～12月28日	
	国立広島原爆死没者追悼平和祈念館（８）	企画展「しまってはいけない記憶―さし出された救いの手」	2011	１月２日～12月28日	
	国立広島原爆死没者追悼平和祈念館（９）	企画展「しまってはいけない記憶―家族への思い」	2012	１月２日～12月28日	
	国立広島原爆死没者追悼平和祈念館（10）	企画展「ヒロシマ復興への歩み―被爆後の混乱を生き抜く」	2013	１月１日～12月28日	
	国立広島原爆死没者追悼平和祈念館（11）	企画展　原爆の子　広島の少年少女のうったえ	2014	１月１日～12月28日	
	国立広島原爆死没者追悼平和祈念館（12）	原爆の子　広島の少年少女のうったえ	2015	１月１日～12月28日	
	国立広島原爆死没者追悼平和祈念館（13）	企画展「原爆体験記―ヒロシマ原点の記録」	2016	１月１日～12月29日	
	国立広島原爆死没者追悼平和祈念館（14）	企画展「原爆体験記―ヒロシマ原点の記録―その２」	2017	１月１日～12月29日	
	国立広島原爆死没者追悼平和祈念館（15）	企画展「星は見ている―全滅した広島一中一年生父母の手記集」	2018	１月１日～12月29日	
	国立広島原爆死没者追悼平和祈念館（16）	企画展「流燈　広島市女原爆追憶の記　最も多くの犠牲を出した女学校の記録」	2019	１月１日～12月29日	
	国立広島原爆死没者追悼平和祈念館（17）	企画展「時を超えた兄弟の対話―ヒロシマを描き続けた四国五郎と死の床でつづった直登の日記」	2020	１月１日～2021年２月28日	
	国立広島原爆死没者追悼平和祈念館（18）	企画展「わが命つきるとも―神父たちのヒロシマと復活への道」	2021	３月１日～2022年２月28日	
	国立広島原爆死没者追悼平和祈念館（19）	企画展「震えるまなざし―撮影者たちが残したことば」	2022	３月１日～12月29日	
	世羅町大田庄歴史館	企画展示会「平和への証言―終戦65周年記念展示会」	2010	７月30日～９月12日	
	清鈴園の平和資料室	開館	2022	９月23日	
	泉美術館	被爆70年記念写真展・復興の記憶　ヒロシマを見つめた写真家たち	2015	７月16日～９月６日	
	被爆遺構展示館	開館	2022	３月26日	
	福山市しんいち歴史民俗博物館	企画展「戦争と民衆」	2009	７月７日～９月６日	解説資料
	福山市人権平和資料館（１）	戦後50年企画展「オキナワ」	1995	４月25日～６月23日	
	福山市人権平和資料館（２）	戦後50年企画展「証言・大久野島」	1995	７月５日～16日	
	福山市人権平和資料館（３）	戦後50年企画展「ヒロシマ・ナガサキ」	1995	７月18日～８月９日	
	福山市人権平和資料館（４）	戦後50年企画展「それぞれの戦争」	1995	８月15日～９月10日	
	福山市人権平和資料館（５）	共催企画展「戦争と原爆展」	1996	３月１日～10日	

県	館　　名	展示会名	年	会　　期	刊行物
広島県	福山市人権平和資料館（６）	企画展「51年目のオキナワ」	1996	４月24日～６月２日	
	福山市人権平和資料館（７）	企画展「反核・平和運動に生きて—ある被爆者の生きざまに学ぶ」	1996	７月13日～８月４日	
	福山市人権平和資料館（８）	企画展「戦争と少国民」	1996	８月17日～31日	
	福山市人権平和資料館（９）	企画展「女子動員学徒が見た戦争」	1997	７月16日～８月10日	
	福山市人権平和資料館（10）	企画展「戦争と子どもたち—学童疎開の実態」	1998	７月15日～８月９日	
	福山市人権平和資料館（11）	企画展「今なお残る戦争の傷跡—ある写真家が見た戦争と平和」	1999	７月７日～８月15日	
	福山市人権平和資料館（12）	福山市人権平和資料館開館５周年記念企画展「収蔵資料展」	1999	８月20日～９月５日	
	福山市人権平和資料館（13）	企画展「ワシらは鉱山で生きてきた—丹波マンガン鉱山の記録」	1999	９月８日～10月11日	
	福山市人権平和資料館（14）	企画展「55年目のオキナワ」	2000	６月15日～８月２日	
	福山市人権平和資料館（15）	企画展「原爆展—21世紀に語り継ぐヒロシマの実相」	2001	６月13日～７月29日	
	福山市人権平和資料館（16）	企画展「被爆画家の絵画展　増田勉の伝言—原爆を許すな」	2001	９月21日～10月25日	
	福山市人権平和資料館（17）	企画展「福山の戦争遺跡」	2003	６月13日～７月31日	図録
	福山市人権平和資料館（18）	企画展「全国巡回原爆展」	2003	８月12日～31日	
	福山市人権平和資料館（19）	企画展「ヒロシマ平和カレンダー展」	2004	７月12日～18日	
	福山市人権平和資料館（20）	戦後60年企画展「子どもの日記からみた学童疎開」	2005	６月21日～７月31日	図録
	福山市人権平和資料館（21）	戦後60年企画展「福山空襲」	2005	８月４日～９月30日	図録
	福山市人権平和資料館（22）	戦後60年企画展「戦時体制のなかの学徒動員」	2005	10月12日～12月18日	
	福山市人権平和資料館（23）	企画展「少年たちの記憶—中国から引揚げてきた漫画家12人の体験画集」	2007	４月25日～６月24日	
	福山市人権平和資料館（24）	企画展「福山空襲と戦時下のくらし」	2007	６月27日～８月31日	図録
	福山市人権平和資料館（25）	企画展「福山の戦争遺跡（Ⅱ）—石碑は語る　命の尊さ」	2008	７月８日～８月31日	図録
	福山市人権平和資料館（26）	企画展「福山空襲遺跡」	2009	７月７日～10月４日	図録
	福山市人権平和資料館（27）	企画展「漫画家百二十二名の八月十五日」	2010	９月19日～11月28日	
	福山市人権平和資料館（28）	企画展「福山空襲と戦時下のくらし Part Ⅱ」	2011	６月７日～８月28日	図録
	福山市人権平和資料館（29）	企画展「ヒロシマ・ナガサキ写真展」	2012	８月１日～31日	
	福山市人権平和資料館（30）	企画展「はだしのゲン」	2013	８月３日～31日	
	福山市人権平和資料館（31）	企画展「絵で語る　子どもたちの太平洋戦争」（岡田黎子画集より）	2014	６月６日～７月31日	
	福山市人権平和資料館（32）	企画展「ノーモア！ヒロシマ・ナガサキ原爆と人間」	2014	８月１日～31日	
	福山市人権平和資料館（33）	「収蔵庫展」	2014	９月13日～11月30日	
	福山市人権平和資料館（34）	原爆・福山空襲70周年事業企画展『原爆を許すな—被爆画家・増田勉作品展』	2015	６月10日～７月20日	
	福山市人権平和資料館（35）	企画展「福山空襲と戦時下のくらし」	2015	７月23日～８月30日	
	福山市人権平和資料館（36）	企画展「シベリア抑留の記録・原画展」	2016	６月４日～７月18日	
	福山市人権平和資料館（37）	企画展「語り継ぐ福山空襲」	2016	７月22日～９月４日	
	福山市人権平和資料館（38）	企画展「オキナワと戦争」	2017	６月７日～７月17日	
	福山市人権平和資料館（39）	企画展「地図から消された島・大久野島—大久野島・動員学徒の語り」	2018	６月１日～７月８日	

広島県	福山市人権平和資料館（40）	企画展「『福山海軍航空隊』―その誕生から特攻作戦まで」	2018	7月13日～8月31日	
	福山市人権平和資料館（41）	企画展「『ツルブからの手紙』―軍事郵便が届けた一兵士の愛」	2019	6月25日～9月1日	
	福山市人権平和資料館（42）	福山市人権平和資料館開館25周年記念　収蔵品展	2019	9月6日～10月6日	
	福山市人権平和資料館（43）	企画展「反戦画家四国五郎の世界―第一部シベリア抑留編～」	2020	1月17日～3月25日	
	福山市人権平和資料館（44）	企画展「反戦詩画人四国五郎の世界―第二部「絵本　おこりじぞう」編」	2022	7月3日～9月25日	
山口県	ルネッサながと	海外引揚75年忘れてはいけない大切な記憶引揚港・仙崎展	2020	8月15日～9月6日	
	山口県立山口図書館	ふるさと山口文学ギャラリー企画展・ふるさとの文学者たちの終戦―「戦争」と「平和」のはざまで	2015	5月1日～8月27日	
	山陽小野田市歴史民俗資料館	常設特設コーナー「戦争資料」を開設	2020	7月22日～8月30日	
	太翔館（下関市立豊北歴史民俗資料館）	企画展「軍事郵便展―親子の絆」	2014	7月19日～8月31日	
	太翔館（下関市立豊北歴史民俗資料館）	原爆と戦争展	2015	7月11日～8月30日	
	松茂町歴史民俗資料館・人形浄瑠璃芝居資料館	写真でつづる戦前・戦中の松茂	1995	10月7日～12月27日	
徳島県	徳島県立 21 世紀館	沖縄戦全国巡回展	1996	7月16日～21日	
	徳島県立博物館（1）	戦争から豊かな未来へ	1995	10月17日～11月19日	図録76p
	徳島県立博物館（2）	特別陳列「海を渡った人形と戦争の時代」	2010	7月17日～9月5日	図録
	徳島県立博物館（3）	部門展示「兵士たちの戦争」	2012	7月10日～10月8日	解説シート
	徳島県立博物館（4）	部門展示・戦争の時代と徳島	2015	6月23日～8月30日	
	徳島県立文学書道館	戦後70年文学に描かれた戦争―徳島ゆかりの作品を中心に	2015	8月7日～9月23日	
	徳島県立文書館	戦後60年のメッセージ―伝えたいあの時を…	2005	8月2日～10月30日	図録
	徳島県立文書館	終戦70周年記念　民衆が見た戦争	2015	8月5日～10月25日	
	徳島市立徳島城博物館	飯原一夫絵画展・追憶の昭和徳島―戦争の惨禍と戦後復興	2015	6月20日～8月16日	
香川県	丸亀市立資料館	「次世代に伝えたい　戦争の記憶展」	2018	7月21日～9月17日	
	観音寺市大野原町丸井のふるさと学芸館	『戦争の記憶―未来への伝言』発行記念　戦時資料　特別展	2018	8月1日～8月31日	
	観音寺市大野原町丸井のふるさと学芸館	企画展「生きる～平和だからこその新時代」	2019	～9月1日	
	香川県立ミュージアム	語り継ぐ戦争の記憶	2015	7月25日～9月13日	
	高松市市民文化センター平和記念室	開館	1995	7月4日	
	高松市市民文化センター平和記念室（1）	「高松空襲写真・パネル展」	1996	7月2日～7日	
	高松市市民文化センター平和記念室（2）	「高松空襲写真・パネル展」	1997	7月1日～6日	
	高松市市民文化センター平和記念室（3）	「高松空襲写真・パネル展」	1998	6月30日～7月5日	
	高松市市民文化センター平和記念室（4）	「高松空襲写真・パネル展」	1999	6月29日～7月4日	
	高松市市民文化センター平和記念室（5）	「高松空襲写真・パネル展」	2000	7月4日～9日	
	高松市市民文化センター平和記念室（6）	「高松空襲写真・パネル展」	2001	7月3日～8日	
	高松市市民文化センター平和記念室（7）	「高松空襲写真・パネル展」	2002	7月2日～7日	
	高松市市民文化センター平和記念室（8）	平和記念室収蔵品展	2002	11月19日～24日	

県	館名	展示会名	年	会期	刊行物
香川県	高松市市民文化センター平和記念室（9）	「高松空襲写真・パネル展」	2003	7月1日～6日	
	高松市市民文化センター平和記念室（10）	平和記念室収蔵品展	2003	11月18日～24日	
	高松市市民文化センター平和記念室（11）	「高松空襲写真・パネル展」	2004	6月29日～7月4日	
	高松市市民文化センター平和記念室（12）	高松空襲写真展	2005	6月28日～7月10日	
	高松市市民文化センター平和記念室（13）	ヒロシマ原爆展	2005	8月23日～28日	
	高松市市民文化センター平和記念室（14）	平和祈念ラバウル絵画展	2005	11月17日～30日	
	高松市市民文化センター平和記念室（15）	最近の収蔵品コーナー	2006	6月1日～9月30日	
	高松市市民文化センター平和記念室（16）	高松空襲写真展	2006	6月27日～7月9日	
	高松市市民文化センター平和記念室（17）	収蔵品展	2006	8月23日～31日	
	高松市市民文化センター平和記念室（18）	高松空襲写真展	2007		
	高松市市民文化センター平和記念室（19）	企画展	2007	8月22日～9月2日	
	高松市市民文化センター平和記念室（20）	高松空襲写真展	2008	6月28日～7月13日	
	高松市市民文化センター平和記念室（21）	収蔵品展	2008		
	高松市市民文化センター平和記念室（22）	企画展「平和学習のために—沖縄戦と高松空襲を語り継ぐ—建物を中心に」	2008	8月23日～9月7日	
	高松市市民文化センター平和記念室（23）	収蔵品コーナー特集展示「将校と兵」	2008	10月1日～2009年1月31日	
	高松市市民文化センター平和記念室（24）	収蔵品コーナー特集展示　最近の収蔵品	2009	2月1日～5月31日	
	高松市市民文化センター平和記念室（25）	収蔵品コーナー特集展示　戦時下の日用品	2009	6月2日～9月30日	
	高松市市民文化センター平和記念室（26）	高松空襲写真展	2009	6月27日～7月12日	
	高松市市民文化センター平和記念室（27）	企画展「平和学習のために—戦時中の学校教育を中心に」	2009	8月21日～9月6日	
	高松市市民文化センター平和記念室（28）	高松空襲写真展	2010	6月26日～7月11日	
	高松市市民文化センター平和記念室（29）	企画展「平和学習のために—戦時中のくらしを中心に」	2010	8月20日～9月5日	
	高松市市民文化センター平和記念室（30）	収蔵品コーナー特集展示　資料が語る戦時下の総動員　資源確保　の記憶	2011	2月1日～5月31日	
	高松市市民文化センター平和記念室（31）	収蔵品コーナー特集展示　満期記念の品々と軍人用の食器等	2011	6月1日～9月30日	
	高松市市民文化センター平和記念室（32）	高松空襲写真展	2011	6月25日～7月10日	
	高松市市民文化センター平和記念室（33）	企画展「平和学習のために—戦時中の暮らしを中心に」	2011	8月19日～9月4日	
	高松市市民文化センター平和記念室（34）	収蔵品コーナー「戦前・戦時下の人々が使用した医療関係の品々」	2011	12月20日～2012年3月11日	
	高松市市民文化センター平和記念室	閉館	2012	3月11日	
	高松市平和記念館	開館	2016	11月23日	
	高松市平和記念館（35）	開館記念パネル展	2016	12月17日～21日	
	高松市平和記念館（36）	「高松空襲写真展」	2017	7月1日～10日	
	高松市平和記念館（37）	開館1周年記念事業「写真展戦争と海を渡った人形たち」	2017	11月18日～26日	
	高松市平和記念館（38）	「高松空襲写真展」	2018	6月29日～7月9日	
	高松市平和記念館（39）	「高松空襲写真展」	2019	6月28日～7月8日	
	高松市平和記念館（40）	高松空襲写真展	2020	6月27日～7月6日	

香川県	高松市平和記念館（41）	高松空襲写真展	2021	6月25日～7月5日	
	高松市平和記念館（42）	高松空襲展	2022	6月25日～7月4日	
	三豊市文書館	戦後70年〈終戦から復興へ〉	2015	7月11日～8月30日	
	三豊市文書館	夏期企画展　終戦75年「あの年の夏、昭和20年～戦時下の三豊」	2020	8月15日～9月27日	
	多度津町立資料館（1）	「戦争資料展」日露戦争から大東亜戦争まで	2003	～8月24日	
	多度津町立資料館（2）	「戦争資料展」	2004	7月15日～8月22日	
	多度津町立資料館（3）	「戦争資料展」	2005		
	多度津町立資料館（4）	「戦争資料展」―遠き日の記憶―	2006	8月5日～31日	
	多度津町立資料館（5）	「戦争資料展」2007　2冊の手帳と手書きの教科書	2007	8月5日～31日	
	多度津町立資料館（6）	「戦争資料展」従軍画家の描いた肉筆漫画	2008	7月31日～8月31日	
	多度津町立資料館（7）	「戦争資料展2009　代用品の時代」	2009	8月1日～30日	
	多度津町立資料館（8）	「戦争資料展2010」	2010	8月1日～29日	
	多度津町立資料館（9）	「戦争資料展」	2011	8月2日～31日	
	多度津町立資料館（10）	夏季企画展「戦争資料展2012」	2012	8月1日～31日	
	多度津町立資料館（11）	夏季企画展「戦争資料展2013」日露戦争資料	2013	8月1日～31日	
	多度津町立資料館（12）	夏季企画展「戦争資料展」2014日露戦争から大東亜戦争まで	2014	8月1日～31日	
	多度津町立資料館（13）	夏季企画展「戦争資料展」2015　大東亜戦争資料	2015	8月1日～30日	
	多度津町立資料館（14）	夏季企画展「戦争資料展」2016	2016	8月2日～31日	
	多度津町立資料館（15）	夏季企画展「戦争資料展」2017　「手書き教科書」その後	2017	8月1日～31日	
	多度津町立資料館（16）	夏季企画展「戦争資料展」2018―あのとき	2018	8月1日～31日	
	多度津町立資料館（17）	夏季企画展「戦争資料展」2019	2019	8月1日～31日	
	多度津町立資料館（18）	戦争資料展～戦時下のこども達は	2022	8月2日～31日	
愛媛県	愛媛県歴史文化博物館	「愛媛と戦争―伝えたい戦争の記憶・平和な未来へ」	2008	7月9日～9月7日	図録
	愛媛県歴史文化博物館	テーマ展「戦時下に生きた人々」	2017	7月15日～9月3日	
	愛媛県歴史文化博物館	テーマ展「戦後75年伝えたい10代の記憶」	2020	9月12日～10月25日	
	宇和民具館	企画展「戦時下の子どもたち」	2022	6月11日～2023年1月15日	
	松山市子規記念博物館	特集コーナー「水野広徳―海軍大佐から平和主義者へ」	2010	9月7日～2011年3月27日	
	松山市子規記念博物館	特別展「水野広徳―軍服を脱いだ平和主義者」	2012	12月15日～2013年2月11日	
高知県	オーテピア高知図書館	企画展「子どもと戦争」	2022	8月4日～7日	
	高知県立歴史民俗資料館	女子青年団	1995	4月1日～6月30日	
	高知県立歴史民俗資料館	高知大空襲展	1995	7月1日～9月30日	
	高知県立歴史民俗資料館	コーナー展「陸軍歩兵第44連隊とその時代」	2019	8月1日～10月14日	
	高知市立自由民権記念館	企画展「没後90年　濱口雄幸」	2021	10月2日～11月21日	

県	館　　名	展　示　会　名	年	会　　期	刊行物
福岡県	関門海峡ミュージアム	企画展「平和を願う　戦争映画展」	2010	8月14日～9月12日	
	ゼンリン地図の資料館	戦後70年企画・地図に刻んだ戦災、地図に描いた希望	2015	7月21日～2016年3月31日	
	ゼンリン地図の資料館	特別展示　時代さんぽ―資料でたどる大正・昭和・平成・令和	2019	7月22日～8月30日	
	直方市美術館	一日本兵が撮った日中戦争―村瀬守保写真パネル展示会	2017	10月17日～22日	
	のこのしまアイランドパーク	家族への愛の手紙―家族の絆を考える戦後70年のメッセージ	2015	8月～通年	
	碓井平和祈念館（1）	「戦時下の心をつなぐ軍事郵便と慰問文」展	2011	7月30日～9月4日	
	碓井平和祈念館（2）	企画展「戦争体験者が伝えるもの」展	2012	7月31日～8月22日	
	碓井平和祈念館（3）	「子どもたちと戦争」展	2013	7月20日～9月1日	
	碓井平和祈念館（4）	企画展示「伊藤半次　戦地からの絵手紙～満州そして沖縄」	2020	8月1日～30日	
	甘木歴史資料館	夏休みミニ企画展「日常の中の戦争」	2019	7月17日～9月1日	
	久留米市立草野歴史資料館	企画展「昭和の記憶久留米・福岡まんが日記が語る戦時下の暮らし」	2014	7月5日～8月31日	
	久留米市六ツ門図書館	戦後70年平和資料展・少年が見た久留米の戦争	2015	7月4日～9月6日	
	久留米市六ツ門図書館展示コーナー	「軍都久留米の風景とくらし」展	2017	7月8日～9月24日	
	九州歴史資料館	調査成果展「出土品から見た『福岡県の戦争遺跡』」	2020	7月14日～9月13日	
	古賀市立歴史資料館	ミニギャラリー展「戦争とくらし」	2022	12月1日～11日	
	松永文庫（1）	平和を願う　戦争映画資料展	2016	7月8日～8月31日	
	松永文庫（2）	平和を願う　戦争映画資料展	2017	7月22日～10月18日	
	松永文庫（3）	平和を願う　戦争映画資料展	2018	7月11日～10月14日	
	松永文庫（4）	平和を願う　戦争映画資料展	2019	7月10日～10月6日	
	松永文庫（5）	映画ポスターから見る戦争	2019	～10月6日	
	松永文庫（6）	平和を願う　戦争映画資料展	2020	8月5日～10月4日	
	松永文庫（7）	平和を願う　戦争映画資料展	2021	7月7日～10月3日	
	松永文庫（8）	平和を願う　戦争映画資料展	2022	7月6日～10月2日	
	船迫窯跡公園体験学習館	夏の企画展「戦争の時代―古写真から読み解く戦時のくらし」	2020	8月4日～9月13日	
	船迫窯跡公園体験学習館	夏の企画展「戦争の時代―戦地と戦時のくらし」	2021	7月27日～8月9日	
	船迫窯跡公園体験学習館	夏の企画展「戦争の時代―動員された若者たち」	2022	7月20日～9月4日	
	築上町の役場ロビー	外国籍初の大相撲関取“豊錦”―築上町の米国移民二世力士の生涯	2022	11月9日～29日	
	太宰府市いきいき情報センター（1）	平和記念展	2018	8月3日～15日	
	太宰府市いきいき情報センター（2）	戦争と平和を考える写真展	2019	8月4日～10日	
	太宰府市いきいき情報センター（3）	戦争と平和を考える写真展	2020	7月16日～28日	
	太宰府市いきいき情報センター（4）	平和記念展	2020	8月5日～17日	
	大牟田市立三池カルタ・歴史資料館（1）	私たちの平和展―世界に広げる平和の輪	2008	6月3日～8月31日	
	大牟田市立三池カルタ・歴史資料館（2）	平和展「戦争と生活―子どもたちに伝えたい銃後のくらし」	2009	6月7日～8月9日	
	大牟田市立三池カルタ・歴史資料館（3）	平和展2010「戦時資料は語る」	2010	6月8日～8月29日	

福岡県	大牟田市立三池カルタ・歴史資料館（4）	平和展2011「写真でみる大牟田の空襲」	2011	6月7日～8月28日	
	大牟田市立三池カルタ・歴史資料館（5）	平和展2012「戦中の生活と荒尾二造」	2012	7月3日～9月23日	
	大牟田市立三池カルタ・歴史資料館（6）	平和展2013「戦中・戦後の教科書とカルタ」	2013	7月2日～9月23日	
	大牟田市立三池カルタ・歴史資料館（7）	平和展2014「カルタが伝える戦争と平和」	2014	7月1日～9月21日	
	大牟田市立三池カルタ・歴史資料館（8）	平和展2015「戦争の記録—大牟田空襲から70年」	2015	6月9日～8月30日	
	大牟田市立三池カルタ・歴史資料館（9）	平和展2016「カルタでたどる戦後復興」	2016	7月5日～9月25日	
	大牟田市立三池カルタ・歴史資料館（10）	平和展2017「戦争と銃後のくらし」	2017	7月4日～9月24日	
	大牟田市立三池カルタ・歴史資料館（11）	平和展2018「戦争と学校　大牟田の国民学校」	2018	7月3日～9月24日	
	大牟田市立三池カルタ・歴史資料館（12）	平和展2019「カルタでみる戦争とスポーツ」	2019	7月2日～9月23日	
	大牟田市立三池カルタ・歴史資料館（13）	夏の平和展2020「教科書とカルタでみる戦中・戦後」	2020	7月7日～9月27日	
	大牟田市立三池カルタ・歴史資料館（14）	平和展2021「愛国いろはカルタに見る太平洋戦争」	2021	7月6日～9月26日	
	大牟田市立三池カルタ・歴史資料館（15）	平和展2022「大牟田空襲と戦争」	2022	7月5日～9月25日	
	大野城心のふるさと館	戦争の記憶展	2021	7月13日～9月26日	
	筑後市中央公民館（1）	筑後市寄贈戦時資料展「戦場と銃後のくらし」	2017		
	筑後市中央公民館（2）	筑後市寄贈戦時資料展「戦場と銃後のくらし」	2018	7月1日～8月12日	
	筑後市中央公民館（3）	筑後市寄贈戦時資料展「戦場と銃後のくらし」	2019	7月6日～8月16日	
	筑後市中央公民館（4）	筑後市寄贈戦時資料展「戦場と銃後のくらし」	2020	7月6日～8月16日	
	筑後市中央公民館（5）	筑後市寄贈戦時資料展「戦場と銃後のくらし」	2021	7月6日～8月15日	
	筑後市中央公民館（6）	筑後市寄贈戦時資料展「戦場と銃後のくらし」	2022	7月6日～8月15日	
	筑紫野市歴史博物館	戦後60年・ふるさとの戦時資料展	2005	8月6日～31日	
	筑紫野市歴史博物館	戦後70年　ふるさとの戦時資料展	2015	7月11日～9月6日	
	津屋崎千軒なごみ（1）	戦時下のつやざき展	2021	12月1日～21日	
	津屋崎千軒民俗館　藍の家（2）	戦時下の津屋崎	2021	12月1日～10日	
	津屋崎千軒民俗館　藍の家（3）	戦時下の津屋崎	2022	8月8日～30日	
	津屋崎千軒民俗館　藍の家（4）	戦時下のつやざき展	2022	12月2日～16日	
	八女民俗資料館	戦後75年戦時資料展—八女で地上戦!? 墜落した B29—	2020	8月1日～16日	
	飯塚市歴史資料館（1）	企画展「戦争と人々のくらし展」	2010	8月5日～29日	
	飯塚市歴史資料館（2）	企画展「戦争と人々のくらし展」	2011	8月4日～29日	
	飯塚市歴史資料館（3）	企画展「戦争と人々のくらし展」	2012	8月2日～29日	
	飯塚市歴史資料館（4）	企画展「戦争と人々のくらし展」	2013	7月26日～8月8日	
	飯塚市歴史資料館（5）	企画展「戦争とくらし展」	2014	7月31日～8月26日	
	飯塚市歴史資料館（6）	戦争と昭和のくらし展	2015	7月31日～8月26日	
	飯塚市歴史資料館（7）	「戦いと人々のくらし—古代から近代まで」	2016	7月28日～8月30日	
	飯塚市歴史資料館（8）	「戦争と人々のくらし展」	2017	～8月29日	

県	館　名	展示会名	年	会　期	刊行物
福岡県	飯塚市歴史資料館（９）	「昭和のくらしと戦争展」	2018	７月26日～８月28日	
	飯塚市歴史資料館（10）	「戦争と人々のくらし展」	2019	７月25日～８月27日	
	飯塚市歴史資料館（11）	企画展「戦争と人々のくらし展」	2021	７月22日～８月24日	
	飯塚市歴史資料館（12）	企画展「戦争と人々のくらし展」	2022	７月21日～８月23日	
	福岡共同公文書館	百道松風園―終戦と子どもたち	2015	７月22日～９月27日	
	福岡県立図書館	映画資料展示・映画に見る太平洋戦争	2015	６月２日～21日	
	福岡県立図書館	郷土資料室ミニ展示・福岡大空襲と県立図書館	2015	５月１日～６月28日	
	福岡県立図書館	郷土資料室ミニ展示・福岡の終戦	2015	７月１日～８月30日	
	福岡市博物館（１）	「戦争とわたしたちのくらし１」	1991	５月14日～７月14日	解説シート
	福岡市博物館（２）	「戦争とわたしたちのくらし２」	1992	６月２日～７月12日	解説シート
	福岡市博物館（３）	「戦争とわたしたちのくらし３」	1993	５月11日～７月18日	解説シート
	福岡市博物館（４）	「戦争とわたしたちのくらし４」	1994	６月14日～８月７日	解説シート
	福岡市博物館（５）	「戦争とわたしたちのくらし５」	1995	５月16日～７月16日	解説シート
	福岡市博物館（６）	「戦争とわたしたちのくらし６」	1996	５月28日～７月21日	解説シート
	福岡市博物館（７）	「戦争とわたしたちのくらし７」	1997	５月20日～７月６日	解説シート
	福岡市博物館（８）	「戦争とわたしたちのくらし８」	1998	５月12日～７月12日	解説シート
	福岡市博物館（９）	「戦争とわたしたちのくらし９」	1999	５月18日～７月11日	解説シート
	福岡市博物館（10）	「戦争とわたしたちのくらし10」	2001	５月15日～７月29日	解説シート
	福岡市博物館（11）	「戦争とわたしたちのくらし11」	2002	６月10日～７月21日	解説シート
	福岡市博物館（12）	「戦争とわたしたちのくらし12」	2003	５月27日～７月27日	解説シート
	福岡市博物館（13）	「戦争とわたしたちのくらし13」	2004	６月８日～７月11日	解説シート
	福岡市博物館（14）	「戦争とわたしたちのくらし14」	2005	５月24日～７月18日	解説シート
	福岡市博物館（15）	「戦争とわたしたちのくらし15」	2006	５月23日～７月17日	解説シート
	福岡市博物館（16）	「戦争とわたしたちのくらし16」	2007	５月29日～７月22日	解説シート
	福岡市博物館（17）	「戦争とわたしたちのくらし17」	2008	５月20日～７月13日	解説シート
	福岡市博物館（18）	「戦争とわたしたちのくらし18」	2009	４月21日～６月21日	解説シート
	福岡市博物館（19）	「戦争とわたしたちのくらし19」	2010	６月15日～８月15日	解説シート
	福岡市博物館（20）	「戦争とわたしたちのくらし20」　戦時下の教育	2011	６月７日～７月24日	解説シート
	福岡市博物館（21）	「戦争とわたしたちのくらし21」	2012	６月５日～８月12日	解説シート
	福岡市博物館（22）	「戦争とわたしたちのくらし22」	2013	６月11日～８月18日	解説シート
	福岡市博物館（23）	企画展示「戦争とわたしたちのくらし23―戦争時代の子どもたち」	2014	６月３日～７月27日	解説シート
	福岡市博物館（24）	戦争とわたしたちのくらし24	2015	６月16日～８月16日	解説シート
	福岡市博物館（25）	「戦争とわたしたちのくらし25」	2016	６月14日～８月21日	解説シート
	福岡市博物館（26）	「戦争とわたしたちのくらし26」	2017	６月13日～８月20日	解説シート

福岡県	福岡市博物館（27）	「戦争とわたしたちのくらし27」	2018	6月12日～8月26日	解説シート
	福岡市博物館（28）	「戦争とわたしたちのくらし28」	2019	6月18日～8月18日	解説シート
	福岡市博物館（29）	企画展示537「戦争とわたしたちのくらし29」	2020	6月16日～8月10日	解説シート
	福岡市博物館（30）	企画展示559「発掘された戦争の痕跡」	2020	8月12日～9月13日	解説シート
	福岡市博物館（31）	企画展示「戦争とわたしたちのくらし30」	2021	6月15日～9月5日	解説シート
	福岡市博物館（32）	戦争とわたしたちのくらし31	2022	6月14日～8月21日	解説シート
	兵士・庶民の戦争資料館（1）	将軍遠藤三郎不戦の思想	1999	5月1日～31日	
	兵士・庶民の戦争資料館（2）	日本は朝鮮に何をしたか	1999	10月1日～3日	
	兵士・庶民の戦争資料館（3）	日本は中国に何をしたか	2000	2月7日～3月31日	
	兵士・庶民の戦争資料館（4）	遺品が語る戦争展	2000	6月1日～8月31日	
	兵士・庶民の戦争資料館（5）	かかる兵士ありき、木下敏郎戦中日記展	2001	1月10日～2月28日	
	兵士・庶民の戦争資料館（6）	軍事郵便ハガキ展	2001	3月1日～31日	
	兵士・庶民の戦争資料館（7）	将軍遠藤三郎不戦の思想展	2001	5月6日～6月3日	
	兵士・庶民の戦争資料館（8）	日本は朝鮮に何をしたか	2001	7月1日～31日	
	兵士・庶民の戦争資料館（9）	パネル歴史資料・朝鮮からの証言展	2002	4月1日～5月31日	
	兵士・庶民の戦争資料館（10）	遺品が語る戦争展	2002	7月20日～8月31日	
	兵士・庶民の戦争資料館（11）	兵士の見た戦場展	2002	11月1日～12月25日	
	兵士・庶民の戦争資料館（12）	将軍遠藤三郎不戦の思想展	2003	5月6日～6月3日	
	兵士・庶民の戦争資料館（13）	洞山感恨嘆賦展	2003	7月7日～31日	
	兵士・庶民の戦争資料館（14）	回顧・武富登巳男（一周忌記念）	2003	10月26日～11月30日	
	兵士・庶民の戦争資料館（15）	将軍遠藤三郎不戦の思想展	2004	5月6日～6月3日	
	兵士・庶民の戦争資料館（16）	軍事郵便はがき展	2004	7月21日～8月31日	
	兵士・庶民の戦争資料館（17）	回顧・武富登巳男（三回忌記念）	2004	10月26日～11月30日	
	兵士・庶民の戦争資料館（18）	将軍遠藤三郎不戦の思想展	2005	5月1日～31日	
	兵士・庶民の戦争資料館（19）	遺品が訴える兵士・庶民の戦争展	2005	8月1日～30日	
	兵士・庶民の戦争資料館（20）	レイテ島遺品展	2005	10月1日～31日	
	兵士・庶民の戦争資料館（21）	将軍遠藤三郎不戦の思想展	2006	4月18日～5月30日	
	兵士・庶民の戦争資料館（22）	レンパン島抑留生活とシベリア抑留生活展	2006	6月23日～7月30日	
	兵士・庶民の戦争資料館（23）	遺品が語る戦争展	2006	8月18日～9月18日	
	兵士・庶民の戦争資料館（24）	レイテ島遺品展	2006	10月1日～31日	
	兵士・庶民の戦争資料館（25）	軍事郵便ハガキ展	2007	1月19日～3月18日	
	兵士・庶民の戦争資料館（26）	軍隊とババル島住民虐殺事件展	2007	4月13日～30日	
	兵士・庶民の戦争資料館（27）	将軍遠藤三郎不戦の思想展	2007	5月6日～29日	
	兵士・庶民の戦争資料館（28）	遺品が語る兵士・庶民の戦争展	2007	7月21日～8月31日	
	兵士・庶民の戦争資料館（29）	レイテ島遺品展	2007	10月1日～11月30日	

県	館　名	展示会名	年	会　期	刊行物
福岡県	兵士・庶民の戦争資料館（30）	兵士の見た戦場展	2008	1月15日～2月29日	
	兵士・庶民の戦争資料館（31）	将軍遠藤三郎不戦の思想展	2008	4月18日～5月31日	
	兵士・庶民の戦争資料館（32）	戦地の兵隊さんへ…慰問文集展	2008	7月20日～8月31日	
	兵士・庶民の戦争資料館（33）	レイテ島遺品展	2008	10月3日～31日	
	兵士・庶民の戦争資料館（34）	「回顧・武富登巳男」展（七周忌記念）	2008	11月18日～12月21日	
	兵士・庶民の戦争資料館（35）	軍事郵便ハガキ展	2009	1月15日～3月22日	
	兵士・庶民の戦争資料館（36）	憲法九条と将軍遠藤三郎展	2009	4月18日～5月31日	
	兵士・庶民の戦争資料館（37）	遺品が語る兵士・庶民の戦争展	2009	7月21日～8月31日	
	兵士・庶民の戦争資料館（38）	レイテ島遺品展	2009	10月2日～31日	
	兵士・庶民の戦争資料館（39）	レンパン島抑留生活とシベリア抑留生活展	2009	11月20日～12月27日	
	兵士・庶民の戦争資料館（40）	兵士の見た戦場・マレー・シンガポール編	2010	1月22日～2月28日	
	兵士・庶民の戦争資料館（41）	朝鮮からの証言展	2010	4月3日～30日	
	兵士・庶民の戦争資料館（42）	憲法九条と将軍遠藤三郎不戦の思想展	2010	5月3日～6月5日	
	兵士・庶民の戦争資料館（43）	遺品が語る戦争展	2010	7月20日～8月31日	
	兵士・庶民の戦争資料館（44）	レイテ島遺品展	2010	10月1日～31日	
	兵士・庶民の戦争資料館（45）	かかる兵士ありき展	2010	12月3日～31日	
	兵士・庶民の戦争資料館（46）	軍事郵便はがき展	2011	1月16日～2月27日	
	兵士・庶民の戦争資料館（47）	かかる兵士ありき展	2011	3月18日～4月24日	
	兵士・庶民の戦争資料館（48）	憲法九条と将軍遠藤三郎不戦の思想展	2011	5月3日～6月5日	
	兵士・庶民の戦争資料館（49）	かかる兵士ありき展	2011	7月18日～8月30日	
	兵士・庶民の戦争資料館（50）	レイテ島遺品展	2011	10月1日～31日	
	兵士・庶民の戦争資料館（51）	手紙で見る学童疎開展	2011	12月2日～31日	
	兵士・庶民の戦争資料館（52）	兵士の見た戦場展	2012	1月21日～3月20日	
	兵士・庶民の戦争資料館（53）	憲法九条と将軍遠藤三郎展	2012	4月22日～6月3日	
	兵士・庶民の戦争資料館（54）	戦地で作ったガリ版戦記展	2012	7月7日～8月31日	
	兵士・庶民の戦争資料館（55）	レイテ島遺品展	2012	10月1日～11月10日	
	兵士・庶民の戦争資料館（56）	かかる兵士ありき展	2012	12月1日～28日	
	兵士・庶民の戦争資料館（57）	軍事郵便はがき展	2013	1月25日～3月24日	
	兵士・庶民の戦争資料館（58）	憲法九条と将軍遠藤三郎不戦の思想展	2013	4月30日～5月31日	
	兵士・庶民の戦争資料館（59）	洞山感恨嘆賦展	2013	7月1日～30日	
	兵士・庶民の戦争資料館（60）	かかる兵士ありき展	2013	8月9日～9月10日	
	兵士・庶民の戦争資料館（61）	レイテ島遺品展	2013	10月1日～29日	
	兵士・庶民の戦争資料館（62）	ソ連空軍情報展	2013	12月6日～29日	
	兵士・庶民の戦争資料館（63）	戦争画で見る戦争展	2014	2月1日～28日	

福岡県	兵士・庶民の戦争資料館（64）	伝単で見るノモンハン事件展	2014	4月4日～29日	
	兵士・庶民の戦争資料館（65）	将軍遠藤三郎不戦の思想展	2014	5月2日～31日	
	兵士・庶民の戦争資料館（66）	無名兵士たちの肖像展	2014	7月1日～8月31日	
	兵士・庶民の戦争資料館（67）	レイテ島遺品展	2014	10月3日～31日	
	兵士・庶民の戦争資料館（68）	回顧・武富登巳男展（十三回忌記念）	2014	11月10日～12月23日	
	兵士・庶民の戦争資料館（69）	肉弾三勇士展	2015	2月6日～3月15日	
	兵士・庶民の戦争資料館（70）	憲法九条と将軍遠藤三郎不戦の思想展	2015	4月13日～5月31日	
	兵士・庶民の戦争資料館（71）	朝鮮からの証言・日本は朝鮮に何をしたか展	2015	7月3日～31日	
	兵士・庶民の戦争資料館（72）	赤紙と徴兵展	2015	8月3日～9月13日	
	兵士・庶民の戦争資料館（73）	レイテ島遺品展	2015	10月2日～31日	
	兵士・庶民の戦争資料館（74）	戦地の兵隊さんへ…慰問文集展	2015	12月5日～29日	
	兵士・庶民の戦争資料館（75）	かかる兵士ありき展	2016	2月1日～3月29日	
	兵士・庶民の戦争資料館（76）	将軍遠藤三郎不戦の思想展	2016	5月1日～6月4日	
	兵士・庶民の戦争資料館（77）	洞山感恨嘆賦展	2016	7月4日～31日	
	兵士・庶民の戦争資料館（78）	遺品が語る兵士・庶民の戦争展	2016	8月8日～9月11日	
	兵士・庶民の戦争資料館（79）	レイテ島遺品展	2016	10月1日～31日	
	兵士・庶民の戦争資料館（80）	死の島レンパン島抑留展	2016	11月21日～12月27日	
	兵士・庶民の戦争資料館（81）	軍票で見る大東亜共栄圏展	2017	2月20日～3月31日	
	兵士・庶民の戦争資料館（82）	将軍遠藤三郎不戦の思想展	2017	5月1日～6月4日	
	兵士・庶民の戦争資料館（83）	戦地の兵隊さんへ…慰問文集展	2017	7月14日～8月29日	
	兵士・庶民の戦争資料館（84）	レイテ島遺品展	2017	10月2日～31日	
	兵士・庶民の戦争資料館（85）	上海戦線写真帳展	2017	12月5日～26日	
	兵士・庶民の戦争資料館（86）	かかる兵士ありき展	2018	1月26日～2月26日	
	兵士・庶民の戦争資料館（87）	憲法九条と将軍遠藤三郎不戦の思想展	2018	4月21日～6月4日	
	兵士・庶民の戦争資料館（88）	軍隊とババル島住民虐殺事件展	2018	7月13日～8月31日	
	兵士・庶民の戦争資料館（89）	レイテ島遺品展	2018	9月24日～10月30日	
	兵士・庶民の戦争資料館（90）	回顧・武富登巳男展（十七回忌記念）	2018	11月5日～12月25日	
	兵士・庶民の戦争資料館（91）	絵葉書で見る即位の礼展	2019	3月1日～4月28日	
	兵士・庶民の戦争資料館（92）	憲法九条と遠藤三郎不戦の思想展	2019	4月21日～6月4日	
	兵士・庶民の戦争資料館（93）	戦地の兵隊さんへ・慰問文集展	2019	7月1日～31日	
	兵士・庶民の戦争資料館（94）	少国民新聞の中の戦争展	2019	8月3日～9月8日	
	兵士・庶民の戦争資料館（95）	韓国からの証言展	2020	2月1日～3月6日	
	兵士・庶民の戦争資料館（96）	遺品が語る戦争展	2020	7月3日～8月31日	
	兵士・庶民の戦争資料館（97）	憲法九条と将軍遠藤三郎不戦の思想展	2020	10月3日～11月22日	

県	館　名	展示会名	年	会　期	刊行物
福岡県	兵士庶民の戦争資料館（98）	軍隊生活スケッチ帳展	2021	3月5日～4月10日	
	兵士庶民の戦争資料館（99）	兵士の写した戦場原風景展	2021	7月3日～26日	
	兵士庶民の戦争資料館（100）	絵葉書の中の満州事変展	2021	10月3日～24日	
	兵士庶民の戦争資料館（101）	無名兵士たちの肖像展	2022	2月26日～3月26日	
	兵士庶民の戦争資料館（102）	大東亜戦争陸軍記録画展	2022	4月2日～5月15日	
	兵士庶民の戦争資料館（103）	手紙で見る学童疎開展	2022	7月22日～8月28日	
	兵士庶民の戦争資料館（104）	レイテ島遺品展	2022	10月1日～11月12日	
	兵士庶民の戦争資料館（105）	徴兵と赤紙展	2022	12月2日～27日	
	北九州平和資料館準備室	開館	1996	2月17日	
	北九州平和資料館準備室	閉館	2004	1月21日	
	北九州市埋蔵文化財センター内に戦時資料常設展示コーナー開設		2004	8月1日	
	北九州平和資料館	開館	2013	11月2日	
	北九州平和資料館	閉館	2022	8月25日	
	北九州市平和のまちミュージアム	開館	2022	4月19日	
	北九州市平和のまちミュージアム	開館記念企画展「原子爆弾と模擬爆弾“パンプキン”」	2022	4月19日～8月28日	
	北九州市平和のまちミュージアム	企画展「“軍都”北九州の歩みとその痕跡」	2022	9月3日～10月30日	
	北九州市平和のまちミュージアム	企画展「2022年度収蔵品展」	2022	11月11日～2023年1月22日	
	北九州市立歴史博物館（1）	企画展「戦争と人々の暮らし展」	1980	11月1日～30日	
	北九州市立歴史博物館（2）	戦後50周年記念・北九州平和資料展―戦時下の市民のくらし	1995	8月1日～10月1日	図鑑82p
	北九州市立自然史歴史博物館（3）	ポケット企画展　満州・日中戦争前夜―片山正信氏の版画作品から	2005	11月26日～2006年2月7日	
	北九州市立いのちのたび博物館（4）	ぽけっと企画展「一兵士の日中戦争」	2010	7月31日～10月25日	
	北九州市立いのちのたび博物館（5）	「北九州の空襲」展	2013	7月1日～	
	北九州市立松本清張記念館	戦後70年特別企画展・清張と戦争―読み継がれる体験と記憶	2015	8月1日～12月23日	図録
	北九州市立文学館	企画展「昭和20年8月9日は〈小倉原爆〉だった」	2011	7月20日～8月31日	
佐賀県	佐賀市役所（1）	1回「佐賀市平和展」	1992	8月13日～19日	
	佐賀市役所（2）	2回「佐賀市平和展」	1993	8月15日～20日	
	佐賀市文化会館（3）	3回「佐賀市平和展」	1994	8月3日～6日	
	佐賀市民会館（4）	4回「佐賀市平和展」	1995	8月11日～14日	
	佐賀市役所（5）	5回「佐賀市平和展」	1996	8月6日～9日	
	佐賀市役所（6）	6回「佐賀市平和展」	1997	8月5日～8日	
	佐賀市役所（7）	7回「佐賀市平和展」	1998	8月4日～7日	
	佐賀市交流センター（8）	8回「佐賀市平和展」	1999	8月19日～29日	
	佐賀市交流センター（9）	9回「佐賀市平和展」	2000	8月3日～6日	
	佐賀市文化会館（10）	10回「佐賀市平和展」	2001	8月7日～9日と12日	

	佐賀市交流センター（11）	11回「佐賀市平和展」	2002	8月1日～4日	
	佐賀市立図書館（12）	12回「佐賀市平和展」	2003	8月9日～10日と12日	
	佐賀市立図書館（13）	13回「佐賀市平和展」語り継ごう、平和の尊さ	2004	8月11日～14日	
	佐賀市立図書館（14）	14回「佐賀市平和展」戦時下の佐賀と人々の生活	2005	8月10日～14日	
	佐賀市立図書館（15）	15回「佐賀市平和展」原爆と平和　佐賀から広島へのメッセージ	2006	8月2日～6日	
	佐賀市立図書館（16）	16回「佐賀市平和展」平和のリレー　語り継ごう、戦争を知らない世代へ	2007	8月2日～5日	
	佐賀市立図書館（17）	17回「佐賀市平和展」語り継ごう、平和の尊さ	2008	8月7日～10日	
	佐賀市立図書館（18）	18回「佐賀市平和展」語り継ごう、平和の尊さ	2009	8月6日～9日	
	佐賀市立図書館（19）	19回「佐賀市平和展」語り継ごう、平和の尊さ	2010	8月5日～8日	
	佐賀市立図書館（20）	20回「佐賀市平和展」語り継ごう、平和の尊さ	2011	8月4日～7日	
	佐賀市立図書館（21）	21回「佐賀市平和展」語り継ごう、平和の尊さ	2012	8月9日～12日	
	佐賀市立図書館（22）	22回「佐賀市平和展」語り継ごう、平和の尊さ	2013	8月8日～11日	
	佐賀市立図書館（23）	23回「佐賀市平和展」語り継ごう、平和の尊さ	2014	8月7日～10日	
	佐賀市立図書館（24）	24回「佐賀市平和展」語り継ごう、平和の尊さ	2015	8月6日～9日	
	佐賀市立図書館（25）	25回「佐賀市平和展」語り継ごう、平和の尊さ	2016	8月4日～7日	
	佐賀市立図書館（26）	26回「佐賀市平和展」語り継ごう、平和の尊さ	2017	8月3日～6日	
	佐賀市立図書館（27）	27回「佐賀市平和展」語り継ごう、平和の尊さ	2018	8月9日～12日	
	佐賀市立図書館（28）	28回「佐賀市平和展」記憶に刻み、次代につなぐ	2019	8月9日～12日	
	佐賀市立図書館（29）	29回「佐賀市平和展」語り継ごう、平和の尊さ	2020	8月6日～9日	
	佐賀市立図書館（30）	30回「佐賀市平和展」語り継ごう、平和の尊さ	2021	8月6日～9日	
	佐賀市立図書館（31）	31回「佐賀市平和展」語り継ごう、平和の尊さ	2022	8月5日～9日	
	小城市立歴史資料館	小城の戦時資料展	2015	7月11日～9月6日	
	有田町歴史民俗資料館	テーマ展「戦争と有田」	2015	8月1日～31日	
	有田町歴史民俗資料館	ミニ企画展「戦場からの手紙」	2016	8月1日～31日	
	有田町歴史民俗資料館	テーマ展「戦争の時代—70年前の暮らし」	2017	8月1日～31日	
長崎県	長崎国際文化会館	原爆写真展（山端庸介氏写真展）	1995	8月5日～17日	
	長崎原爆資料館	開館	1996	4月1日	
	長崎原爆資料館（1）	東松照明写真展長崎	1996	4月1日～9月30日	
	長崎原爆資料館（2）	エドワード・ロジャース写真展	1996	10月1日～1997年3月31日	
	長崎原爆資料館（3）	池松経興浦上天主堂写真展	1997	5月1日～9月30日	
	長崎原爆資料館（4）	沢田教一写真展	1997	10月1日～31日	
	長崎原爆資料館（5）	原爆資料館収蔵絵画展（前期）	1997	11月10日～1998年1月18日	
	長崎原爆資料館（6）	原爆資料館所蔵資料展（後期）	1998	1月26日～3月31日	
	長崎原爆資料館（7）	戦中・戦後の長崎写真展—写真で見る原爆前後—	1998	4月21日～9月30日	

県	館　名	展示会名	年	会　期	刊行物
長崎県	長崎原爆資料館（8）	頓珍漢人形展―久保田馨の世界	1998	10月13日～1999年3月31日	
	長崎原爆資料館（9）	山田栄二絵画展―原子野スケッチ―	1999	4月13日～9月30日	
	長崎原爆資料館（10）	増田勉作品展―魂の叫び・花―	1999	10月14日～12月20日	
	長崎原爆資料館（11）	はだしのゲン原画展	2000	5月17日～8月31日	
	長崎原爆資料館（12）	小崎侃展	2000	10月3日～12月25日	
	長崎原爆資料館（13）	原爆資料館所蔵資料展	2001	1月24日～3月29日	
	長崎原爆資料館（14）	原爆資料館所蔵絵画展（1期）	2001	5月9日～6月14日	
	長崎原爆資料館（15）	原爆資料館所蔵絵画展（2期）	2001	6月16日～7月24日	
	長崎原爆資料館（16）	原爆資料館所蔵絵画展（3期）	2001	7月26日～9月2日	
	長崎原爆資料館（17）	H.J. ピーターソン写真展	2001	10月11日～12月20日	
	長崎原爆資料館（18）	原爆資料館所蔵資料展	2002	1月24日～3月28日	
	長崎原爆資料館（19）	小川虎彦写真展	2002	5月9日～9月1日	
	長崎原爆資料館（20）	被爆者が描く原爆の絵展	2002	10月17日～11月13日	
	長崎原爆資料館（21）	被爆者が描く原爆の絵展	2002	11月15日～12月12日	
	長崎原爆資料館（22）	被爆者が描く原爆の絵展	2002	12月14日～2003年1月14日	
	長崎原爆資料館（23）	原爆資料館所蔵資料展	2003	2月4日～3月27日	
	長崎原爆資料館（24）	林重男写真展	2003	5月9日～8月31日	
	長崎原爆資料館（25）	企画展「浦上天主堂展」	2003	10月10日～12月17日	
	長崎原爆資料館（26）	原爆資料館所蔵資料展	2004	2月4日～3月30日	
	長崎原爆資料館（27）	「よう子ちゃん人形展―原爆で子どもをなくした夫婦の物語―」	2004	5月25日～8月31日	
	長崎原爆資料館（28）	石田寿写真展	2004	10月5日～12月26日	
	長崎原爆資料館（29）	原爆資料館所蔵資料展	2005	2月4日～3月29日	
	長崎原爆資料館（30）	松本栄一写真展	2005	5月13日～8月31日	
	長崎原爆資料館（31）	「原爆資料館所蔵資料展」	2006	2月3日～3月23日	
	長崎原爆資料館（32）	特別展「石の記憶―ヒロシマ・ナガサキ」	2006	5月20日～6月19日	
	長崎原爆資料館（33）	原爆資料館開館10周年特別企画展「原爆資料館の歩み」	2006	6月28日～8月31日	
	長崎原爆資料館（34）	「60年という歳月を越えて資料が語る被爆の実相（長崎編第一部）」	2006	10月4日～11月27日	
	長崎原爆資料館（35）	「60年という歳月を越えて資料が語る被爆の実相（長崎編第二部）」	2006	11月29日～2007年1月22日	
	長崎原爆資料館（36）	企画展「60年という歳月を越えて資料が語る被爆の実相（広島編）」	2007	1月24日～3月19日	
	長崎原爆資料館（37）	「原爆資料館所蔵絵画展」	2007	5月16日～7月12日	
	長崎原爆資料館（38）	「森末太郎写真展」	2007	7月20日～9月3日	
	長崎原爆資料館（39）	「原爆資料館所蔵資料展」	2007	11月22日～2008年1月15日	
	長崎原爆資料館（40）	「山頭範之写真展」	2008	4月25日～7月14日	
	長崎原爆資料館（41）	「東松照明写真展」	2008	7月25日～9月30日	

長崎県	長崎原爆資料館（42）	「原爆資料館収蔵資料展」	2008	11月５日～2009年１月15日	
	長崎原爆資料館（43）	2009年度第１回企画展「被爆国民学校展」	2009	４月24日～７月９日	
	長崎原爆資料館（44）	2009年度第２回企画展「原爆資料館所蔵絵画展」	2009	７月16日～９月30日	
	長崎原爆資料館（45）	2009年度第３回企画展「原爆資料館収蔵資料展」	2010	３月２日～５月10日	
	長崎原爆資料館（46）	2010年度第１回企画展「相原秀二写真展」	2010	６月15日～９月30日	
	長崎原爆資料館（47）	2010年度第２回企画展「原爆を記録する―相原秀二資料展」	2010	12月１日～2011年２月28日	
	長崎原爆資料館（48）	2010－2011年度第３回企画展「受難の歴史を越えて―浦上天主堂遺品展」	2011	３月16日～５月10日	
	長崎原爆資料館（49）	2011年度第１回企画展「永井隆のまなざし」展	2011	５月16日～７月25日	
	長崎原爆資料館（50）	2011年度第２回企画展「原爆資料館収蔵資料展」	2011	７月28日～９月15日	
	長崎原爆資料館（51）	2011年度第３回企画展「8.10　ナガサキ展」	2011	11月30日～2012年３月６日	
	長崎原爆資料館（52）	2011年度第4回企画展「原爆を伝える―世代を超えて―いまも残る被爆樹木」	2012	３月28日～６月20日	
	長崎原爆資料館（53）	2012年度第１回企画展「原爆資料館収蔵資料展」	2012	７月４日～９月２日	
	長崎原爆資料館（54）	2012年度第２回企画展「軍需工場での青春―動員学徒と原爆」展	2012	９月13日～2013年１月30日	
	長崎原爆資料館（55）	2012年度第３回企画展「長崎 <11：02>　東松照明写真展」	2013	２月14日～５月６日	
	長崎原爆資料館（56）	生と死のはざまで―被爆者救援列車展	2013	３月26日～2014年６月30日	
	長崎原爆資料館（57）	2013年度第１回企画展「原爆資料館収蔵資料展」	2013	７月10日～８月28日	
	長崎原爆資料館（58）	2013年度第２回企画展「「復興・長崎」―被爆から６年後の旅」	2013	９月５日～2014年１月30日	
	長崎原爆資料館（59）	2014年度第１回企画展「原爆資料館収蔵資料展」	2014	７月23日～９月28日	
	長崎原爆資料館（60）	原爆資料館収蔵資料展	2016	８月２日～10月２日	
	長崎原爆資料館（61）	長崎原爆遺跡史跡指定記念展	2016	11月25日～2017年３月30日	
	長崎原爆資料館（62）	長崎市収集米国国立公文書館原爆写真展	2016	11月30日～12月５日	
	長崎原爆資料館（63）	原爆資料館収蔵資料展	2017	８月１日～10月２日	
	長崎原爆資料館（64）	山端庸介生誕100年記念写真展	2017	８月２日～７日	
	長崎原爆資料館（65）	企画展示「長崎原爆遺跡―被爆の継承のために」	2017	11月１日～2018年３月１日	
	長崎原爆資料館（66）	ビクター・デルノア展	2018	３月９日～７月31日	
	長崎原爆資料館（67）	原爆資料館収蔵資料展	2018	８月３日～2019年３月５日	
	長崎原爆資料館（68）	企画展示：米軍が見た爆心地―米国国立公文書館原爆写真展	2019	３月15日～７月30日	
	長崎原爆資料館（69）	原爆資料館収蔵資料展	2019	８月２日～10月27日	
	長崎原爆資料館（70）	ローマ法王からの平和のメッセージ ― ジョー・オダネル氏撮影写真とともに	2019	11月16日～2020年３月31日	
	長崎原爆資料館（71）	ふりかえる県外原爆展	2020	７月16日～27日	
	長崎原爆資料館（72）	復興の息吹―被爆後10年の歩み	2021	２月１日～６月30日	
	長崎原爆資料館（73）	「未来へつなぐ　令和　原爆の絵（第２期）」展	2022	６月１日～2023年２月28日	
	国立長崎原爆死没者追悼平和祈念館	開館	2003	７月５日	
	国立長崎原爆死没者追悼平和祈念館（１）	追憶　時代を超えた願い―体験記と写真が語るあの夏の日	2005	７月８日～９月30日	

県	館名	展示会名	年	会期	刊行物
長崎県	国立長崎原爆死没者追悼平和記念館（2）	原爆写真展「長崎原爆を撮ったカメラマン」	2010	8月2日～8日	
	国立長崎原爆死没者追悼平和記念館（3）	第1回企画展「私の被爆体験記」	2013	9月14日～11月4日	
	国立長崎原爆死没者追悼平和記念館（4）	第2回企画展「数行の憶（おも）い」	2013	11月29日～2014年6月30日	
	国立長崎原爆死没者追悼平和記念館（5）	第3回被爆体験記企画展「家族を憶う」	2014	7月1日～12月22日	
	国立長崎原爆死没者追悼平和祈念館（6）	被爆70周年関連企画第4回被爆体験記企画展・児童と原爆	2015	1月1日～6月30日	
	国立長崎原爆死没者追悼平和祈念館（7）	第5回被爆70周年企画展「原子雲の下に生きて」	2015		
	国立長崎原爆死没者追悼平和記念館（8）	第6回企画展「十代の原爆」	2016	1月20日～12月28日	
	国立長崎原爆死没者追悼平和記念館（9）	第6回企画展（関連企画）「少年たちの戦争」	2016	9月20日～12月25日	
	国立長崎原爆死没者追悼平和記念館（10）	第7回企画展「原爆の記憶」	2017	1月30日～12月25日	
	国立長崎原爆死没者追悼平和記念館（11）	第7回企画展（関連企画）「原爆の記憶」―英中韓で読む被爆体験記―	2017	4月17日～12月25日	
	国立長崎原爆死没者追悼平和記念館（12）	第8回体験記企画展『「原爆と救護」―新興善救護所より―』	2018	1月30日～12月25日	
	国立長崎原爆死没者追悼平和記念館（13）	第9回企画展「女性たちの原爆」	2019	1月30日～2020年3月31日	
	国立長崎原爆死没者追悼平和記念館（14）	第10回被爆75周年企画展「残したいあの日の記憶―執筆補助体験記より―」	2020	8月9日～12月9日	ホームページで開催
	国立長崎原爆死没者追悼平和祈念館（15）	第11回体験記企画展「浦上の記憶」	2021	11月19日～28日	
	国立長崎原爆死没者追悼平和祈念館（16）	「被爆77年　ナガサキ原爆写真展」	2022	7月25日～8月5日	
	ナガサキピースミュージアム（1）	企画展示「東京大学所蔵被爆資料展　狛犬は浦上天主堂の獅子頭だった」	2008	7月15日～8月3日	
	ナガサキピースミュージアム（2）	「ポーレ・サヴィアーノ写真展 FromAbove(上空より)inNagasaki」	2010	6月29日～7月19日	
	ナガサキピースミュージアム（3）	終戦・被爆66周年記念企画展「原爆教師まっしぐら」	2011	7月26日～8月14日	
	ナガサキピースミュージアム（4）	企画展「昭和20年8月9日の天気図」	2012	7月24日～8月12日	
	ナガサキピースミュージアム（5）	「紙芝居「嘉代子桜」イラストレーター岡本典子原画展」	2014	7月8日～8月3日	
	ナガサキピースミュージアム（6）	国松実写真展「長崎原爆ドーム・旧浦上天主堂を撮る」	2014	8月5日～31日	
	ナガサキピースミュージアム（7）	「馬たちの戦争―軍馬慰霊碑に見る“戦争と平和”」	2014	12月2日～2015年1月25日	
	ナガサキピースミュージアム（8）	「戦場体験聞き取りキャラバン報告展」	2018	8月14日～9月9日	
	ナガサキピースミュージアム（9）	被爆75年特別企画　爆心地公園で発掘し、見つけたもの「爆心地の記憶」展―埋もれた暮らしを掘り起こす―	2020	1月28日～2月24日	
	ナガサキピースミュージアム（10）	被爆75年特別企画「証言の会50年～原点を見つめる」展	2020	3月25日～4月18日	
	ナガサキピースミュージアム（11）	「閃光の記憶―被爆75年 NAGASAKI」松村明写真展	2021	3月23日～4月18日	
	ナガサキピースミュージアム（12）	企画展「忘れないプロジェクト写真展」	2021	10月26日～11月14日	
	ナガサキピースミュージアム（13）	終戦直後の原爆絵葉書・プラス展	2022	2月1日～3月6日	
	ナガサキピースミュージアム（14）	忘れないプロジェクト写真展―8月9日午前11時2分にシャッターを切ろう	2022	9月13日～10月2日	
	岡まさはる記念長崎平和資料館	731部隊展	2006	7月7日～17日	
	長崎市歴史民俗資料館（1）	企画展「戦時中のくらし展」	2011	6月23日～8月28日	
	長崎市歴史民俗資料館（2）	企画展「戦時中のくらし展」	2012	6月21日～8月26日	
	長崎市歴史民俗資料館（3）	企画展「戦時中のくらし展」	2013	6月20日～8月25日	
	長崎市歴史民俗資料館（4）	企画展「戦時中のくらし展」	2014	6月19日～8月24日	

長崎県	長崎市歴史民俗資料館（5）	企画展「戦後70年を振り返る―戦時中のくらし展」	2015	6月18日～8月23日	
	長崎市歴史民俗資料館（6）	企画展「戦時中のくらし展」	2016	6月16日～8月21日	
	長崎市歴史民俗資料館（7）	企画展「戦時中のくらし展」	2017	6月15日～8月20日	
	長崎市歴史民俗資料館（8）	企画展「戦時中のくらし展」	2018	6月14日～8月19日	
	長崎市歴史民俗資料館（9）	企画展「戦時中のくらし展」	2019	6月13日～8月18日	
	長崎市歴史民俗資料館（10）	企画展「戦時中のくらし展」	2020	6月11日～8月16日	
	長崎市歴史民俗資料館（11）	企画展【戦時中のくらし展】	2021	6月10日～8月15日	
	長崎市歴史民俗資料館（12）	企画展【戦時中のくらし展】	2022	6月9日～8月21日	
	長崎歴史文化博物館	写真展「写真家が捉えた昭和のこども」	2022	12月24日～2023年2月12日	
	長崎純心大学博物館	企画展示「『長崎と原爆』展」	2011	6月27日～8月30日	
	長崎県美術館	広島・長崎被爆70周年・戦争と平和展	2015	9月20日～10月25日	
	佐世保空襲資料室	開館	2006	12月8日	
	平戸市生月町博物館・島の館	企画展「日本が戦争をしていた頃―『同盟写真特報』が語る第二次世界大戦」	2022	～9月4日	
	壱岐市立一支国博物館	第10回特別企画展「私の八月十五日展」	2012	7月13日～8月5日	
熊本県	天草市立本渡歴史民俗資料館	コーナー展示「天草市楠浦墜落の米軍機と本渡（楠浦）空襲」	2022	7月23日～10月2日	
	本渡市歴史民俗資料館	親と子の夏休み学習室　戦時中の暮らし展	1995	7月21日～8月31日	
	玉名市立歴史博物館	昭和20年の玉名	1995	7月15日～9月30日	
	玉名市立歴史博物館こころピア	戦後70年　私たちはなぜ戦いを繰り返すのか	2015	7月25日～10月18日	
	熊本県立装飾古墳館	企画展「平和への誓約（うけい）」	2021	8月11日～9月12日	
	熊本大学五高記念館	戦後70年特別企画展・五高と戦争―戦時体制下の五高生たち	2015	8月6日～12月21日	
	天草アーカイブズ	戦争と天草	2015	9月30日～10月7日	
大分県	大分県立美術館	生誕110年記念　糸園和三郎展―魂の祈り、沈黙のメッセージ―	2021	9月18日～10月31日	
	大分県立歴史博物館	戦後70周年記念　戦争と文化	2015	7月24日～9月23日	図録と展示リストと解説シート
	大分市歴史資料館	歩兵47連隊　日中戦争写真展	2005	7月9日～10月16日	
	大分市歴史資料館	テーマ展示第2回「戦時下のくらしと戦後復興―銃後を生きた子どもたち」	2015	7月18日～9月27日	資料館ニュースが解説資料
	大分市歴史資料館	テーマ展示「戦争の記憶」	2022	7月9日～9月5日	
	中津市歴史博物館	テーマ展示　戦争の記憶	2020	7月23日～8月30日	
宮崎県	みやざき歴史文化館	戦後のくらし展	1995	7月29日～9月17日	
	宮崎県文書センター	忘れまい戦後70年―遺跡と資料にみる戦禍の中の宮崎	2015	7月21日	
	宮崎県立図書館	戦後70年記念　戦争の証言	2015	7月7日～8月16日	
	宮崎大学付属図書館	宮崎基地特攻資料展「僕等の生きた証」	2020	8月19日～10月15日	
	都城歴史資料館	戦後70年企画展・近代戦争と都城	2015	7月23日～11月29日	
	都城市都城歴史資料館	戦後75年展「あの日々をわすれない―太平洋戦争と都城―」	2020	7月4日～10月11日	
	宮崎県立総合博物館	宮崎の戦時と戦後のくらし	1995	8月5日～20日	

県	館名	展示会名	年	会期	刊行物
鹿児島県	始良市加治木郷土館	写真が語る太平洋戦争と加治木	2015	7月25日～8月30日	
	薩摩川内市川内歴史資料館（1）	ミニ企画展「終戦記念展」	2007	8月7日～26日	
	薩摩川内市川内歴史資料館（2）	ミニ企画展「終戦記念展示」	2008	8月5日～24日	
	薩摩川内市川内歴史資料館（3）	ミニ企画展「終戦記念展示」	2009	8月4日～23日	
	薩摩川内市川内歴史資料館（4）	ミニ企画コーナー「終戦記念展示」	2010	8月3日～29日	
	薩摩川内市川内歴史資料館（5）	ミニ企画コーナー「終戦記念展示―戦争と鉄道」	2011	8月2日～9月4日	
	薩摩川内市川内歴史資料館（6）	ミニ企画コーナー「終戦記念展示　それぞれの戦争」	2012	8月7日～9月2日	
	薩摩川内市川内歴史資料館（7）	終戦記念展示コーナー「終戦から戦後の復興」	2013	7月30日～9月29日	
	薩摩川内市川内歴史資料館（8）	終戦記念展示コーナー「薩摩川内と空襲」	2014	8月5日～9月7日	
	薩摩川内市川内歴史資料館（9）	戦後70年企画展・語り継ぐ戦争の記憶	2015	7月28日～10月4日	
	薩摩川内市川内歴史資料館（10）	トピック展示「記憶をたどる戦時下のくらし」	2016	7月5日～9月4日	
	薩摩川内市川内歴史資料館（11）	終戦記念展示コーナー「戦中から戦後復興への道」	2017	7月19日～9月24日	
	薩摩川内市川内歴史資料館（12）	終戦記念展示コーナー「資料から見る戦中・戦後の暮らし」	2018	7月18日～10月14日	
	薩摩川内市川内歴史資料館（13）	終戦記念展示コーナー「記憶をつなぐ―戦争と郷土」	2019	7月23日～9月23日	
	薩摩川内市川内歴史資料館（14）	戦後75年企画展「資料でたどる戦争の記憶」	2020	7月28日～10月11日	
	薩摩川内市川内歴史資料館（15）	終戦記念展示コーナー「戦争への想い―兵隊と残された人たち―」	2021	7月20日～10月10日	
	薩摩川内市川内歴史資料館（16）	終戦記念展示コーナー「資料に見る郷土の戦争」	2022	7月20日～10月16日	
	種子島開発総合センター「鉄砲館」	戦後70年展―失う前に聞かしょーか	2015	8月1日～31日	
	霧島市立隼人歴史民俗資料館	戦後70年　霧島市の戦争遺跡	2015	8月11日～9月30日	
	鹿児島県歴史資料センター黎明館	戦後50年の歩み写真展	1995	8月11日～17日	
	鹿児島県立図書館	終戦から60年展	2005	8月3日～9月11日	
沖縄県	沖縄県立平和祈念資料館（1）	第1回慰霊の日特別展	1984		
	沖縄県立平和祈念資料館（2）	第2回慰霊の日特別展	1985		
	沖縄県立平和祈念資料館（3）	第3回慰霊の日特別展「県民遺骨収集」展	1986	6月20日～23日	
	沖縄県立平和祈念資料館（4）	第4回慰霊の日特別展	1987		
	沖縄県立平和祈念資料館（5）	第5回慰霊の日特別展	1988		
	沖縄県立平和祈念資料館（6）	第6回慰霊の日特別展「沖縄戦関連図書・新収蔵品」展	1989	6月16日～23日	
	沖縄県立平和祈念資料館（7）	第6回慰霊の日特別展「移動平和記念資料館」	1989	6月5日～10日　会場は県庁	
	沖縄県立平和祈念資料館（8）	開館15周年記念「移動平和資料館　那覇の街が消えた日…そして…」新里堅進の原画展	1990	6月1日～4日　会場は那覇市・ダイハナ	
	沖縄県立平和祈念資料館（9）	開館15周年記念「移動平和資料館　戦争　そして復興への道」写真パネル展	1990	6月20日～24日　会場は具志川市復帰記念会館	
	沖縄県立平和祈念資料館（10）	開館15周年記念「移動平和資料館　名護・山原の沖縄戦」写真パネルと戦争発掘コーナー	1990	6月27日～7月1日　会場は名護市民会館	
	沖縄県立平和祈念資料館（11）	第2回移動平和資料館	1990		
	沖縄県立平和祈念資料館（12）	第3回移動平和資料館	1991	6月12日～16日　会場は石垣市民会館	
	沖縄県立平和祈念資料館（13）	第4回移動平和資料館	1992	6月10日～14日　会場は平良市中央公民館	

沖縄県	沖縄県立平和祈念資料館（14）	第５回移動平和資料館	1993		
	沖縄県立平和祈念資料館（15）	第６回移動平和資料館	1994		
	沖縄県立平和祈念資料館（16）	第７回移動平和資料館	1995	6月12日～14日　会場は伊是名村離島振興総合センター	
	沖縄県立平和祈念資料館（17）	特別展「元兵士が描いた沖縄戦―久保直人絵画展」	1995	６月21日～７月２日	
	沖縄県立平和祈念資料館（18）	新収蔵品展	1996	６月18日～30日	
	沖縄県立平和祈念資料館（19）	特別展「元アメリカ兵から返還された資料展」	1996	６月８日～７月２日	
	沖縄県平和祈念資料館	開館	2000	４月１日	
	沖縄県平和祈念資料館（20）	第１回企画展「寄贈・寄託品展」	2000	６月23日～12月20日	図録47ｐ
	沖縄県平和祈念資料館（21）	ミニ企画展「子どもたちと沖縄戦」	2000	６月６日～７月９日	
	沖縄県平和祈念資料館（22）	ヒロシマ・ナガサキ原爆展	2000	７月14日～27日	
	沖縄県平和祈念資料館（23）	第２回企画展「収蔵品」	2001	10月10日～11月30日	図録49p
	沖縄県平和祈念資料館（24）	ミニ企画展「子どもたちと沖縄戦」	2001	６月15日～７月15日	
	沖縄県平和祈念資料館（25）	ミニ企画展「子どもたちと沖縄戦」	2002	６月７日～７月14日	
	沖縄県平和祈念資料館（26）	第４回特別企画展「銃後を守れ―戦時下のくらしと情報統制」	2003	10月10日～11月30日	図録49p
	沖縄県平和祈念資料館（27）	ミニ企画展「子どもたちと沖縄戦」	2003	６月４日～７月20日	
	沖縄県平和祈念資料館（28）	第５回特別企画展「寄贈・寄託品展―語りかける歴史の証言者たち」	2004	10月１日～12月19日	図録70p
	沖縄県平和祈念資料館（29）	子ども・プロセス企画展「子どもたちと沖縄戦」	2004	６月３日～７月18日	
	沖縄県平和祈念資料館（30）	第６回特別企画展「沖縄戦と疎開―引き裂かれた戦時下の家族」	2005	10月10日～12月18日	図録50p
	沖縄県平和祈念資料館（31）	子ども・プロセス企画展「子どもたちと沖縄戦」	2005	６月18日～７月	
	沖縄県平和祈念資料館（32）	体験者が描く沖縄戦の絵	2005	６月11日～７月３日	
	沖縄県平和祈念資料館（33）	第７回特別企画展「沖縄戦における住民動員―戦時下の根こそぎ動員」	2006	10月10日～12月17日	図録60p
	沖縄県平和祈念資料館（34）	子ども・プロセス企画展「子どもたちと沖縄戦」	2006	５月９日～７月17日	
	沖縄県平和祈念資料館（35）	第８回特別企画展「沖縄戦と戦争遺跡―戦世の真実を伝えるために」	2007	10月21日～12月24日	図録69p
	沖縄県平和祈念資料館（36）	「2007年度　新収蔵品展」	2007	６月20日～７月31日	
	沖縄県平和祈念資料館（37）	子ども・プロセス企画展「子どもたちと沖縄戦」	2007	６月８日～７月17日	
	沖縄県平和祈念資料館（38）	第９回特別企画展「カンポーヌクエヌクサー　―沖縄戦後の混乱から復興へ」	2008	10月10日～12月21日	図録
	沖縄県平和祈念資料館（39）	「2008年度　新収蔵品展」	2008	６月20日～７月31日	
	沖縄県平和祈念資料館（40）	子ども・プロセス企画展「子どもたちと沖縄戦―絵本『オジイの海』」	2008	６月１日～30日	
	沖縄県平和祈念資料館（41）	第10回特別企画展「イクサユーヌワラビ（戦世の子ども）―戦時下の教育と子どもたち」	2009	10月10日～12月13日	図録
	沖縄県平和祈念資料館（42）	「新収蔵品展2008年分」	2009	６月16日～７月31日	
	沖縄県平和祈念資料館（43）	2009年度第２回子ども・プロセス企画展「子どもたちと沖縄戦」	2009	６月１日～７月10日	
	沖縄県平和祈念資料館（44）	2009年度第５回子ども・プロセス企画展「県庁、警察部壕―県民の命を守る島田知事と荒井警察部長」	2009	11月29日～	
	沖縄県平和祈念資料館（45）	開館10周年記念特別企画展「沖縄のこころを世界へ」	2010	10月10日～12月28日	
	沖縄県平和祈念資料館（46）	「新収蔵品展2009年分」	2010	６月15日～７月31日	

県	館　　名	展　示　会　名	年	会　　期	刊行物
沖縄県	沖縄県平和祈念資料館 (47)	第12回特別企画展「アメリカ(ユー)の沖縄　琉米文化会館を通して」	2011	10月10日～12月11日	図録60p
	沖縄県平和祈念資料館 (48)	「新収蔵品展2010年分」	2011	6月14日～7月31日	
	沖縄県平和祈念資料館 (49)	2011年度第1回子ども・プロセス企画展「子どもたちと沖縄戦―廃墟からの復興」	2011	6月10日～7月11日	
	沖縄県平和祈念資料館 (50)	2011年度第4回子ども・プロセス企画展「太平洋戦争開戦70年―戦争中の人びとのくらし」	2011	12月1日～2012年1月31日	
	沖縄県平和祈念資料館 (51)	第13回特別企画展「沖縄人が見た戦世とアメリカ世」	2012	10月10日～12月9日	図録
	沖縄県平和祈念資料館 (52)	「絵本が語りつぐ戦世」	2012	6月18日～8月5日	
	沖縄県平和祈念資料館 (53)	2012年度第1回子ども・プロセス企画展「子どもたちが見た沖縄戦」	2012	6月13日～7月16日	
	沖縄県平和祈念資料館 (54)	2012年度第2回子ども・プロセス企画展「夏休み自由研究―沖縄戦について調べてみよう」	2012	8月1日～31日	
	沖縄県平和祈念資料館 (55)	2012年度第3回子ども・プロセス企画展「太平洋戦争と学童疎開―ふるさとを遠く離れて」	2012	10月17日～11月30日	
	沖縄県平和祈念資料館 (56)	第14回特別企画展「日系ハワイ移民が見た戦争と沖縄」	2013	10月10日～12月11日	図録63p
	沖縄県平和祈念資料館 (57)	企画展「新収蔵品展―2011年度・2012年度新収蔵資料」	2013	6月13日～7月31日	
	沖縄県平和祈念資料館 (58)	2013年度第1回子ども・プロセス企画展「戦争と教科書」	2013	6月3日～7月7日	
	沖縄県平和祈念資料館 (59)	2013年度子ども・プロセス企画展「夏休み自由研究―沖縄戦について調べてみよう」	2013	7月20日～9月1日	
	沖縄県平和祈念資料館 (60)	2013年度子ども・プロセス企画展「戦争と人々の暮らし」	2013	9月20日～11月20日	
	沖縄県平和祈念資料館 (61)	第15回特別企画展「南洋の群星が見た理想郷と戦:70年の時を超えて旧南洋群島ウチナーンチュの汗と血そして涙」	2014	10月9日～12月11日	図録76p
	沖縄県平和祈念資料館 (62)	2013年度子ども・プロセス企画展「沖縄へ命（運命・命令）承けて～沖縄戦の中の二人の知事」	2014	3月7日～5月24日	
	沖縄県平和祈念資料館 (63)	2014年度第1回子ども・プロセス企画展「沖縄戦への道―70年前、その時何が、…」	2014	6月2日～7月7日	
	沖縄県平和祈念資料館 (64)	2014年度第2回子ども・プロセス企画展「チャレンジ！夏休み自由研究」	2014	7月19日～8月31日	
	沖縄県平和祈念資料館 (65)	2014年度第3回子ども・プロセス企画展「沖縄戦への道2　70年前、その時、何が…10・10空襲、そして県民総動員へ」	2014	9月19日～11月20日	
	沖縄県平和祈念資料館 (66)	第16回特別企画展・戦後70年伝え残す記憶　ウチナーンチュが見た戦前・戦時下の台湾・フィリピン	2015	10月9日～12月10日	図録68p
	沖縄県平和祈念資料館 (67)	企画展「新収蔵品展―2013年度・2014年度新収蔵資料」	2015	7月9日～9月17日	
	沖縄県平和祈念資料館 (68)	戦時中の手紙・手記からみる家族の絆展	2015	8月1日～31日	
	沖縄県平和祈念資料館 (69)	日系米国人版戦争体験収録事業成果報告展・日系二世が見た戦中・戦後―母国と祖国の間で	2015	3月21日～6月30日	
	沖縄県平和祈念資料館 (70)	2014年度子ども・プロセス企画展「沖縄戦の絵―体験者が描く地獄の戦場」	2015	3月7日～5月17日	
	沖縄県平和祈念資料館 (71)	2015年度第1回こども・プロセス企画展「沖縄戦と本土決戦―捨て石にされた沖縄」	2015	5月28日～7月7日	
	沖縄県平和祈念資料館 (72)	2015年度第2回こども・プロセス企画展「チャレンジ―夏休み自由研究―沖縄戦について調べてみよう」	2015	7月18日～8月23日	
	沖縄県平和祈念資料館 (73)	2015年度第3回こども・プロセス企画展・敗戦と収容所生活	2015	9月7日～11月23日	
	沖縄県平和祈念資料館 (74)	第17回特別企画展「ウチナーンチュが見た満州～『旧満州国』・『偽満州国』」	2016	10月5日～12月11日	
	沖縄県平和祈念資料館 (75)	2015年度第5回子ども・プロセス企画展「摩文仁と学徒隊」	2016	3月1日～5月15日	

沖縄県	沖縄県平和祈念資料館（76）	2016年度第１回子ども・プロセス企画展「沖縄の戦争孤児」	2016	５月26日～７月10日	
	沖縄県平和祈念資料館（77）	2016年度第２回こども・プロセス企画展「チャレンジ―夏休み自由研究―沖縄戦について調べてみよう」	2016	７月21日～８月31日	
	沖縄県平和祈念資料館（78）	2016年度第３回子ども・プロセス企画展「戦争と人々の暮らし」	2016	９月21日～11月30日	
	沖縄県平和祈念資料館（79）	第18回特別企画展「戦世と沖縄芝居―夢に見る沖縄　元姿やしが」	2017	10月５日～12月10日	図録74p
	沖縄県平和祈念資料館（80）	ギャラリー展2017年度第１回「72年前の子ども達が見た沖縄戦」	2017	６月１日～７月31日	
	沖縄県平和祈念資料館（81）	ギャラリー展2017年度第4回「ファインダー越しの笑顔―収容所から始まった戦後」	2017	12月１日～2018年１月31日	
	沖縄県平和祈念資料館（82）	2017年度第１回子ども・プロセス企画展「戦時下の教育と沖縄戦」	2017	５月30日～７月10日	
	沖縄県平和祈念資料館（83）	2017年度第２回こども・プロセス企画展「チャレンジ―夏休み自由研究―沖縄戦について調べてみよう」	2017	７月21日～８月31日	
	沖縄県平和祈念資料館（84）	第19回特別企画展「沖縄県民の戦争被害と次代への継承」	2018	10月４日～12月９日	図録60p
	沖縄県平和祈念資料館（85）	新収蔵品展（2015・2016年度）―モノからつなぐ記憶	2018	２月１日～４月10日	
	沖縄県平和祈念資料館（86）	2017年度第５回ギャラリー展「平和のメッセージで繋ぐ戦世の記憶」	2018	３月１日～６月６日	
	沖縄県平和祈念資料館（87）	2018年度第１回ギャラリー展「戦世の“記憶”と“記録”」	2018	６月７日～８月29日	
	沖縄県平和祈念資料館（88）	2018年度第１回子ども・プロセス企画展「母と子が見た沖縄戦」	2018	５月28日～７月10日	
	沖縄県平和祈念資料館（89）	2018年度第２回こども・プロセス企画展「チャレンジ―夏休み自由研究―沖縄戦について調べてみよう」	2018	７月21日～８月31日	
	沖縄県平和祈念資料館（90）	2018年度第３回子ども・プロセス企画展「戦争と人々のくらし」	2018	９月14日～2019年１月31日	
	沖縄県平和祈念資料館（91）	2019年度特別展「武田美通・鉄の造形戦死者たちからのメッセージ」	2019	11月１日～12月15日	図録14p
	沖縄県平和祈念資料館（92）	2019年度第１回ギャラリー展「体験者が描く沖縄戦の絵」展	2019	７月11日～９月18日	
	沖縄県平和祈念資料館（93）	2019年度第1回子ども・プロセス企画展「1944年、沖縄戦前夜―75年前、その時、何が…」前期	2019	５月27日～７月10日	
	沖縄県平和祈念資料館（94）	2019年度第1回子ども・プロセス企画展「1944年、沖縄戦前夜―75年前、その時、何が…」後期	2019	９月３日～10月31日	
	沖縄県平和祈念資料館（95）	2019年度第２回こども・プロセス企画展「チャレンジ―夏休み自由研究―沖縄戦について調べてみよう」	2019	７月20日～８月31日	
	沖縄県平和祈念資料館（96）	2019年度第3回子ども・プロセス企画展「第二次世界大戦開戦80年―戦時下の報道、宣伝、教育」	2019	11月13日～2020年２月24日	
	沖縄県平和祈念資料館（97）	企画展「新収蔵品展（2017・2018年度）～モノからつなぐ記憶」	2020	３月19日～５月27日	
	沖縄県平和祈念資料館（98）	2019年度第4回子ども・プロセス企画展「沖縄戦の絵―子どもたちに伝える戦争の記憶」	2020	３月４日～５月15日	
	沖縄県平和祈念資料館（99）	2020年度第１回子ども・プロセス企画展「沖縄戦と第二次世界大戦の終結」	2020	６月10日～10月31日	
	沖縄県平和祈念資料館（100）	2020年度第２回子ども・プロセス企画展「戦争と人々の暮らし」	2020	９月10日～11月23日	
	沖縄県平和祈念資料館（101）	2020年度第３回子ども・プロセス企画展「沖縄の民間人収容所―米軍に捕らわれた30万余の人びと」	2020	12月３日～2021年３月７日	
	沖縄県平和祈念資料館（102）	2020年度特別展「戦時中の少女たちがつづった「学級日誌」～滋賀県瀬田国民学校五年智組　1944―1945」	2021	２月13日～３月28日	図録９ｐ
	沖縄県平和祈念資料館（103）	2021年度第20回特別企画展「戦時体制下の国民生活―制限下の庶民のくらし」	2021	10月８日～12月19日	図録22p
	沖縄県平和祈念資料館（104）	2021年度第１回ギャラリー展「八重山諸島の沖縄戦　戦争マラリア」	2021	５月18日～10月12日	
	沖縄県平和祈念資料館（105）	2021年度第２回ギャラリー展「あの日の沖縄―戦前編」	2021	10月15日～2022年２月15日	

県	館名	展示会名	年	会期	刊行物
沖縄県	沖縄県平和祈念資料館（106）	2020年度第4回子ども・プロセス企画展「戦時下の子どもたち―小学校から国民学校へ」	2021	3月17日～5月22日	
	沖縄県平和祈念資料館（107）	2021年度第1回子ども・プロセス企画展「沖縄戦をとらえた100枚の写真」	2021	7月12日～8月9日と10月1日～31日	
	沖縄県平和祈念資料館（108）	2021年度第2回子ども・プロセス企画展「太平洋戦争と沖縄県の学童疎開―家族との再会を夢見て」	2021	11月10日～2022年2月20日	
	沖縄県平和祈念資料館（109）	2021年度企画展「新収蔵品展」2019・2020年度寄贈資料	2022	3月14日～6月10日	
	沖縄県平和祈念資料館（110）	2021年度第3回ギャラリー展「あの日の沖縄―戦後編」	2022	2月25日～5月12日	
	沖縄県平和祈念資料館（111）	第2回ギャラリー展　戦争体験者からのメッセージ～今わたしたちへ伝えたい残したいことばがある	2022		
	沖縄県平和祈念資料館（112）	2021年度第3回子ども・プロセス企画展「切り離された沖縄―クイズで学ぶ27年間のアメリカ統治―」	2022	3月1日～5月31日	
	沖縄県平和祈念資料館（113）	2022年度第1回子ども・プロセス企画展	2022	6月～7月	
	沖縄県平和祈念資料館（115）	2022年度第2回子ども・プロセス企画展「チャレンジ！夏休み自由研究―沖縄戦からアメリカ統治下の沖縄まで調べてみよう」	2022	7月22日～8月31日	
	沖縄県平和祈念資料館（116）	第3回子ども・プロセス企画展太平洋戦争と少年兵	2022	9月15日～11月30日	
	ひめゆり平和祈念資料館（1）	開館10周年記念特別展「沖縄戦の全学徒たち」	1999	6月20日～7月4日	報告書
	ひめゆり平和祈念資料館	リニューアルオープン	2004	4月13日	
	ひめゆり平和祈念資料館（2）	2005年度企画展「沖縄陸軍病院の看護婦たち」	2005	8月1日～9月30日	図録
	ひめゆり平和祈念資料館（3）	「ひめゆり学園の歩み」	2009	6月1日～2010年3月31日	図録
	ひめゆり平和祈念資料館（4）	県外巡回展「ひめゆり平和への祈り―沖縄戦から65年」・高浜市やきものの里かわら美術館	2010	4月3日～5月16日	
	ひめゆり平和祈念資料館（5）	県外巡回展「ひめゆり平和への祈り―沖縄戦から65年」・長野県立歴史館	2010	5月29日～7月11日	
	ひめゆり平和祈念資料館（6）	県外巡回展「ひめゆり平和への祈り―沖縄戦から65年」・四日市市立博物館	2010	7月21日～9月5日	
	ひめゆり平和祈念資料館（7）	県外巡回展「ひめゆり平和への祈り―沖縄戦から65年」・水戸市立博物館	2010	9月19日～10月24日	
	ひめゆり平和祈念資料館（8）	県外巡回展「ひめゆり平和への祈り―沖縄戦から65年」・大阪人権博物館	2010	11月16日～12月26日	
	ひめゆり平和祈念資料館（9）	2012年度企画展　「生き残ったひめゆり学徒たち―収容所から帰郷へ」	2012	11月1日～2013年	
	ひめゆり平和祈念資料館（10）	2013年度企画展「絵で見るひめゆりの証言」	2013	12月16日～2014年3月31日	
	ひめゆり平和祈念資料館（11）	開館25周年記念特別展「ひめゆりの証言員たち―沖縄戦を伝えてきた25年」	2014	7月18日～2015年3月31日	
	ひめゆり平和祈念資料館（12）	戦後70年特別展・ひめゆり学徒隊の引率教師たち	2015	12月22日～2016年3月31日	
	ひめゆり平和祈念資料館（13）	2017年度企画展「戦争体験を未来につなぐ」	2017	12月1日～2019年3月31日	
	ひめゆり平和祈念資料館（14）	開館30周年記念ロビー展「ひめゆり平和祈念資料館の30年」	2019	1月1日～12月31日	
	ひめゆり平和祈念資料館（15）	特別展「ひめゆりとハワイ」	2021	10月11日～2022年2月27日	
	八重山平和祈念館（1）	第1回企画展「寄贈・寄託品展」	2001		
	八重山平和祈念館（2）	第2回企画展「収蔵品」	2002		
	八重山平和祈念館（3）	第4回特別企画展「銃後を守れ―戦時下のくらしと情報統制」	2004	1月13日～2月13日	
	八重山平和祈念館（4）	第1回八重山平和祈念館収蔵品―戦中・戦後の八重山の暮らし	2005	11月23日～12月15日	
	八重山平和祈念館（5）	第5回特別企画展「寄贈・寄託品展―語りかける歴史の証言者たち」	2005	1月11日～2月27日	

沖縄県	八重山平和祈念館（6）	第６回特別企画展「沖縄戦と疎開—引き裂かれた戦時下の家族」	2006	１月17日～２月26日	
	八重山平和祈念館（7）	第７回特別企画展「沖縄戦における住民動員—戦時下の根こそぎ動員」	2007	１月16日～２月25日	
	八重山平和祈念館（8）	「戦争体験者が描く沖縄戦の絵」展	2007	６月１日～30日	
	八重山平和祈念館（9）	第８回特別企画展「沖縄戦と戦争遺跡—戦世の真実を伝えるために」	2008	１月16日～２月24日	
	八重山平和祈念館（10）	企画展「戦争と子どもたち」	2008	６月１日～７月４日	
	八重山平和祈念館（11）	第9回特別企画展「カンポーヌクエヌクサー　—沖縄戦後の混乱から復興へ」	2009	１月16日～２月24日	
	八重山平和祈念館（12）	八重山平和祈念館開館10周年記念企画展「マラリアと戦争マラリア」展	2009	５月28日～７月２日	
	八重山平和祈念館（13）	第10回特別企画展「イクサユーヌワラビ（戦世の子ども）—戦時下の教育と子どもたち」	2010	１月19日～２月26日	
	八重山平和祈念館（14）	企画展「戦跡からみる八重山の戦争」展	2010	６月１日～７月４日	
	八重山平和祈念館（15）	2010年開館10周年記念特別企画展「沖縄のこころを世界へ」	2011	１月19日～２月26日	
	八重山平和祈念館（16）	「後世へ語り継ぐ平和への証言」展	2011	６月１日～７月３日	
	八重山平和祈念館（17）	「八重山とマラリアの歴史」展	2011	10月４日～23日	
	八重山平和祈念館（18）	第13回特別企画展「沖縄人が見た戦世とアメリカ世」	2013	１月18日～２月24日	
	八重山平和祈念館（19）	第２回「戦争と子どもたち」展	2013	６月８日～７月７日	
	八重山平和祈念館（20）	「絵と絵本で語り継ぐ沖縄戦」展	2013	10月25日～11月24日	
	八重山平和祈念館（21）	第14回特別企画展「日系ハワイ移民が見た戦争と沖縄」	2014	１月16日～２月26日	
	八重山平和祈念館（22）	「旧南洋群島へ渡った沖縄県人—楽園から玉砕の島へ70年の時を超えて—」展	2014	５月31日～６月29日	
	八重山平和祈念館（23）	第15回特別企画展「南洋の群星が見た理想郷と戦：70年の時を超えて旧南洋群島ウチナーンチュの汗と血そして涙」	2015	１月17日～２月26日	
	八重山平和祈念館（24）	「八重山の戦争マラリア」展	2015	５月30日～６月28日	
	八重山平和祈念館（25）	第16回特別企画展・戦後70年伝え残す記憶　ウチナーンチュが見た戦前・戦時下の台湾・フィリピン	2016	１月16日～２月25日	
	八重山平和祈念館（26）	第３回収蔵品展—収蔵品から見る当時の暮らし	2016	５月28日～６月26日	
	八重山平和祈念館（27）	「沖縄の戦時船と尖閣列島戦時遭難事件」展	2016	10月29日～11月27日	
	八重山平和祈念館（28）	第17回特別企画展「ウチナーンチュが見た満州—『旧満州国』・『偽満州国』」	2017	１月21日～２月23日	
	八重山平和祈念館（29）	第18回特別企画展「戦世と沖縄芝居—夢に見る沖縄　元姿やしが」	2018	１月20日～２月22日	
	八重山平和祈念館（30）	「しまの戦争の記憶—悲しみを乗り越えて」	2018	６月２日～７月１日	
	八重山平和祈念館（31）	企画展「こどもと戦争—愛され、護られるべき小さき人たち」	2018	11月１日～30日	
	八重山平和祈念館（32）	第19回特別企画展「沖縄県民の戦争被害と次代への継承」	2019	１月19日～２月24日	
	八重山平和祈念館（33）	「八重山の戦跡～たどる島の記憶」	2019	６月１日～30日	
	八重山平和祈念館（34）	夏休みこども企画	2019	８月３日～９月８日	
	八重山平和祈念館（35）	「開館20周年記念企画展第１弾　八重山平和祈念館20年のあゆみ」	2019	11月22日～12月13日	
	八重山平和祈念館（36）	「開館20周年記念企画展第２弾　第４回　収蔵品展」	2019	12月20日～2020年１月26日	
	八重山平和祈念館（37）	企画展「体験者が描く沖縄戦」	2020	６月19日～７月19日	
	八重山平和祈念館（38）	戦後75年企画展「写真・映像・証言で見る　八重山の戦争」	2020	12月16日～2021年１月31日	

県	館名	展示会名	年	会期	刊行物
沖縄県	八重山平和祈念館（39）	2021年度特別企画展「戦世の始まりから未来の平和世を考える—戦争は突然やって来ない」	2021	12月15日～2022年１月30日	
	八重山平和祈念館（40）	2022年度6月企画展「戦争を『自分事』として考える—時を超えて、国を超えて」	2022	６月10日～７月10日	
	対馬丸記念館	開館	2004	８月22日	
	対馬丸記念館（１）	第２回企画展「石田壽長崎原爆写真展」	2005	３月１日～31日	
	対馬丸記念館（２）	第３回特別展「対馬丸調査と深海の神秘展」	2005	６月23日～８月31日	
	対馬丸記念館（３）	第４回特別展「沖縄戦後の復興展 Part １」	2006	３月１日～４月30日	
	対馬丸記念館（４）	第5回特別展「沖縄戦後の復興展Part2—私たちはこのようにして立ち上がった」	2006	６月23日～８月30日	
	対馬丸記念館（５）	第８回特別展「沖縄戦時下の住民—かくして沖縄は戦場となった」	2007	６月23日～８月29日	
	対馬丸記念館（６）	第10回特別展「対馬丸と疎開—やーさん・ひーさん・しからーさん展」	2008	７月20日～９月15日	
	対馬丸記念館（７）	第12回対馬丸記念会特別展「対馬丸と疎開—対馬丸の航跡と疎開資料展」	2009	10月４日～11月23日	
	対馬丸記念館（８）	第17回対馬丸記念会特別展「昭和の暮らし—激動の時代、人々は何を思い何を感じたのか」	2011	８月19日～26日	
	対馬丸記念館（９）	第18回対馬丸記念会特別展「絵日記に見る戦時疎開の子供たち—東京の子供たちの600日の記録」	2012	８月18日～25日	
	対馬丸記念館（10）	第20回対馬丸記念会特別展示「戦争と動物たち」	2013	８月10日～９月10日	
	対馬丸記念館（11）	対馬丸の遭難者を救助した船員の手記の特別公開	2014	６月１日～８月31日	
	対馬丸記念館（12）	第22回対馬丸記念会特別展示「収集資料が語る「対馬丸」と「小桜の塔」Part１—新聞資料から、事件70年と慰霊碑建立60年をたどる」	2014	８月22日～９月30日	
	対馬丸記念館（13）	第24回対馬丸記念会特別展示「収集資料が語る「対馬丸」と「遺族たち」Part２—新聞資料から、対馬丸船体発見から、対馬丸記念館開館までをたどる」	2015	８月22日～９月30日	
	対馬丸記念館（14）	第26回対馬丸記念会特別展「奄美大島と対馬丸」	2016	８月22日～10月10日	
	対馬丸記念館（15）	第28回対馬丸記念会特別展「ヒロシマ・ナガサキ原爆パネル展」	2017	８月11日～９月３日	
	対馬丸記念館（16）	第30回対馬丸記念会特別展「かくして沖縄は戦場になった」	2018	８月15日～９月９日	
	対馬丸記念館（17）	第32回対馬丸記念会特別展「対馬丸75年の想い　対馬丸撃沈—対馬丸記念館開館—そして現在」	2019	８月22日～９月29日	
	沖縄県公文書館	公文書等の記録資料に見る沖縄戦	2005	８月２日～10月２日	
	沖縄県公文書館	ミニパネル展「海の沖縄戦展」	2011	６月17日～７月20日	
	沖縄県公文書館	新規公開写真展「1944サイパンの夏」	2011		
	沖縄県立博物館	甦る沖縄—戦災文化財と戦時生活資料展	1995	６月20日～７月30日	
	沖縄県立博物館・美術館	報道カメラマン大城弘明・山城博明写真展	2015	３月28日～４月19日	
	沖縄県立埋蔵文化財センター	海から見た沖縄戦—USS エモンズと日本軍特攻機の戦闘	2021	10月12日～11月28日	
	沖縄市戦後文化資料展示館ヒストリート	企画展「沖縄市の沖縄戦　市民が語り伝える戦さ世」	2020	６月２日～９月27日	
	沖縄戦・ホロコースト写真展示館	開館	2012	３月５日	
	南風原文化センター（１）	第３回企画展「6.23　平和展　津嘉山の戦争」	1990	６月22日～26日	
	南風原文化センター（２）	第７回企画展「6.23　平和展　南風原の学童疎開」	1991	６月16日～25日	
	南風原文化センター（３）	第13回企画展「ヒロシマ原爆展」	1992	６月11日～30日	

沖縄県	南風原文化センター（4）	第22回企画展「壕が語る沖縄戦」	1995	6月14日～23日	
	南風原文化センター（5）	第25回企画展「南風原が語る沖縄戦―戦災調査を終えて」	1996	6月15日～29日	
	南風原文化センター（6）	第29回企画展「こどもたちの戦争」	1997	6月15日～30日	
	南風原文化センター（7）	第33回企画展「聞け！黙するモノの叫びを　今に語る戦争遺跡展」	1998	6月1日～30日	
	南風原文化センター（8）	第36回企画展「発掘される南風原陸軍病院壕群」	1999	6月1日～30日	
	南風原文化センター（9）	第39回企画展「検証6.23　いま語る満州開拓団―もうひとつの南風原・沖縄」	2000	6月18日～7月23日	
	南風原文化センター（10）	第48回企画展「壕が語る沖縄戦」	2004	6月6日～30日	
	南風原文化センター（11）	第58回企画展「全国戦争遺跡写真展」	2010	6月14日～23日	
	南風原文化センター（12）	第59回企画展「遺跡が語る沖縄戦―戦跡の写真と遺品から沖縄戦の実相を読む～杉山英一　写真」	2011	6月27日～7月15日	
	南風原文化センター（13）	第63回企画展「モノに見る南風原の沖縄戦」	2012	6月14日～30日	
	南風原文化センター（14）	第69回企画展「検証6.23あれから70年　南風原の学童疎開」	2014	6月8日～30日	
	南風原文化センター（15）	第72回企画展「受け継がれる記憶―ヒトからモノへ　モノからヒトへ」	2015	6月4日～30日	
	南風原文化センター（16）	第74回企画展「検証6.23シリーズ　戦場の子どもたち―失った命と生きのびる命」	2016	6月4日～28日	
	南風原文化センター（17）	第81回企画展「海外に残る日本軍の足跡」	2018	6月7日～26日	
	南風原文化センター（18）	第84回慰霊の日の企画展「戦争と平和を考えた南風原のあゆみ」	2019	6月6日～30日	
	南風原文化センター（19）	ミニパネル展　検証6.23シリーズ「モノがつなぐ沖縄戦」	2021	6月22日～7月9日	会場は町役場
	南風原文化センター（20）	第90回企画展　検証6.23シリーズ「声をひろう人―モノを通した戦死者との対話」	2022	6月9日～28日	
	石川市立歴史民俗資料館（1）	新館開館特別展「終戦直後の石川」	1992	7月22日～9月21日	
	石川市立歴史民俗資料館（2）	石川市制50周年記念写真展「戦前・戦後の石川」	1995	8月23日～10月30日	
	石川市立歴史民俗資料館（3）	「平和資料展＝航空写真に見る石川＝」	1998	6月17日～29日	
	石川市立歴史民俗資料館（4）	平和資料展「宮森小学校ジェット機墜落事故」	1999	6月24日～8月1日	
	石川市立歴史民俗資料館（5）	沖縄平和祈念事業'99　平和特別企画展「子どもたちのメッセージ」	1999	8月9日～13日	
	石川市立歴史民俗資料館（6）	平和資料展「ウルマ新報に見る終戦直後の石川」	2000	6月21日～7月3日	
	石川市立歴史民俗資料館（7）	2000年度企画展「1950年代の沖縄―小野田正欣撮影貴重写真展―」	2001	3月1日～19日	
	石川市立歴史民俗資料館（8）	平和資料展「フォトジャーナリスト石川文洋　戦争と人間―ベトナム・カンボジア・沖縄写真展」	2001	6月20日～7月2日	
	石川市立歴史民俗資料館（9）	2001年度企画展「旧南洋群島と沖縄県人―テニアン―展」	2001	10月24日～11月12日	
	石川市立歴史民俗資料館（10）	平和資料展「米兵の見た戦後オキナワ写真展」	2002	6月19日～7月8日	
	石川市立歴史民俗資料館（11）	第6回平和資料展「シマの戦争（いくさ）」	2003	6月18日～30日	
	石川市立歴史民俗資料館（12）	平和資料展「『戦後沖縄の復興』―それは石川からはじまった―」	2004	6月16日～7月31日	
	うるま市立石川歴史民俗資料館（13）	平和資料展「ハワイの日本語新聞に見る沖縄戦―ある移民者の新聞スクラップより」	2007	6月12日～7月8日	
	うるま市立石川歴史民俗資料館（14）	平和資料展「沖縄戦の絵―うるま市民が見た沖縄戦―」	2008	7月15日～8月31日	
	うるま市立石川歴史民俗資料館（15）	平和資料展「あれから50年―石川ジェット機墜落事故―」	2009	6月16日～7月12日	
	うるま市立石川歴史民俗資料館（16）	沖縄県公文書館移動展「写真と映像にみるうるま市の戦後」	2010	2月2日～14日	

県	館　　名	展　示　会　名	年	会　　期	刊行物
沖縄県	うるま市立石川歴史民俗資料館（17）	平和資料展「青い海の沖縄戦—海の中の遺物・異物たち—」	2010	6月15日～7月11日	
	うるま市立石川歴史民俗資料館（18）	うるま市非核平和都市宣言5周年記念「原爆写真展」	2010	10月7日～20日	
	うるま市立石川歴史民俗資料館（19）	平和資料展「毒ガス…沖縄にあった見えない兵器…」	2011	6月14日～7月10日	
	うるま市立石川歴史民俗資料館（20）	特別展「宮森小ジェット機墜落事故移動展」	2011	7月20日～27日	
	うるま市立石川歴史民俗資料館（21）	第21回　児童・生徒の平和メッセージ展	2011	8月2日～7日	
	うるま市立石川歴史民俗資料館（22）	戦後沖縄教育の歩みと『伊波常雄教育資料』展	2011	8月23日～9月25日	
	うるま市立石川歴史民俗資料館（23）	平和資料展「戦争（いくさ）の記憶と今」	2012	6月22日～7月1日	
	うるま市立石川歴史民俗資料館（24）	第22回　児童・生徒の平和メッセージ展	2012	8月7日～12日	
	うるま市立石川歴史民俗資料館（25）	平和資料展「うるま市の戦争（イクサ）—激動の時代の教育とたくましく生きた子どもたち」	2013	6月21日～30日	
	うるま市立石川歴史民俗資料館（26）	平和資料展「與衆偕楽—志喜屋孝信という男—」	2014	5月16日～6月29日	
	うるま市立石川歴史民俗資料館（27）	ミニ展示会「ライオン先生と沖縄のチャップリン—戦後復興を支えた偉人〔志喜屋孝信・小那覇全孝（舞天）〕—」	2015	2月6日～3月8日	
	うるま市立石川歴史民俗資料館（28）	合併10周年特別企画平和資料展「戦後復興の地うるま市—その時人々は立ち上がった」	2015	5月15日～6月28日	
	うるま市立石川歴史民俗資料館（29）	平和資料展「戦後復興の記憶—民間人収容所と捕虜収容所からみる人々の生活—」	2017	6月9日～8月31日	
	うるま市立石川歴史民俗資料館（30）	平和資料展「津堅島—語り継ぐうるま市の沖縄戦（いくさ）—」	2018	6月1日～8月31日	
	うるま市立石川歴史民俗資料館（31）	平和資料展「宮森小学校ジェット機墜落事故～あれから60年～」	2019	6月1日～7月31日	
	うるま市立石川歴史民俗資料館（32）	平和資料展「戦後復興75年目のうるま市—うるま市の戦争遺跡と収容所から誕生した市—」	2020	6月2日～9月13日	
	うるま市立石川歴史民俗資料館（33）	平和資料展「手記が語る戦争の記憶　—サイパン島での暮らし—」	2021	7月13日～10月3日	
	うるま市立石川歴史民俗資料館（34）	企画展「女性と復興とミシン」	2021	11月16日～2月27日	
	うるま市立石川歴史民俗資料館（35）	平和資料展「手記が語る戦争の記憶　—サイパン島での暮らし—」	2022	3月8日～4月24日	
	うるま市立海の文化資料館	パネル展「原爆と戦争展」	2011	5月31日～6月5日	
	宜野湾市立博物館（1）	企画展「沖縄戦—戦場イクサバになった宜野湾」	2010	6月16日～7月4日	
	宜野湾市立博物館（2）	企画展「沖縄戦と基地」	2011	6月15日～7月3日	
	宜野湾市立博物館（3）	慰霊の日写真パネル展「沖縄戦と宜野湾」	2012	6月13日～7月1日	
	宜野湾市立博物館（4）	慰霊の日写真パネル展「イクサユーヌ　じのーん（戦世の宜野湾）」	2013	6月19日～30日	
	宜野湾市立博物館（5）	慰霊の日写真パネル展　戦世の宜野湾	2014	6月18日～7月13日	
	宜野湾市立博物館（6）	戦後70年企画展（1）沖縄戦から70年—戦場の宜野湾	2015	6月7日～7月5日	
	宜野湾市立博物館（7）	戦後70年企画展（2）宜野湾、戦後の復興とくらし	2015	7月15日～9月6日	
	宜野湾市立博物館（8）	慰霊の日写真パネル展「沖縄戦の中の宜野湾—戦争で失われたムラ・命」	2016	6月15日～7月3日	
	宜野湾市立博物館（9）	慰霊の日写真パネル展「沖縄戦の中の宜野湾—巻き込まれた子ども達」	2017	6月14日～7月2日	
	宜野湾市立博物館（10）	慰霊の日写真パネル展「沖縄戦の中の宜野湾」	2018	6月13日～7月2日	
	宜野湾市立博物館（11）	慰霊の日写真パネル展「沖縄戦の中の宜野湾」	2019	6月12日～7月7日	
	宜野湾市立博物館（12）	戦後75周年・慰霊の日写真パネル展「沖縄戦の中の宜野湾」	2020	6月13日～7月12日	
	宜野湾市立博物館（13）	慰霊の日写真パネル展「沖縄戦の中の宜野湾」	2021	6月16日～7月11日	

	宜野湾市立博物館（14）	「沖縄戦の中の宜野湾」	2022	6月15日～7月10日	
	那覇市立壺屋焼物博物館	「やきものにみる暮らしのなかの戦争」	2009	6月16日～28日	
	那覇市立壺屋焼物博物館	合同企画展「那覇の壊滅と壺屋からの復興」	2010	5月14日～6月30日	
	那覇市歴史博物館（1）	企画展「10・10空襲」	2006	9月5日～11月1日	
	那覇市歴史博物館（2）	企画展「沖縄戦―那覇での戦闘」	2007	6月1日～27日	
	那覇市歴史博物館（3）	企画展「那覇大綱挽と10・10空襲」展	2008	10月3日～29日	
	那覇市歴史博物館（4）	「沖縄戦展　戦後を生きる」	2009	5月15日～6月30日	
	那覇市歴史博物館（5）	合同企画展「那覇の壊滅と壺屋からの復興」	2010	5月14日～6月30日	
	那覇市歴史博物館（6）	企画展「沖縄戦と日本軍「慰安婦」展」	2012	6月15日～27日	
	那覇市歴史博物館（7）	「沖縄戦―そして学校がなくなった」	2013	6月8日～7月3日	
	那覇市歴史博物館（8）	企画展「戦時体制下の沖縄―沖縄戦への道」	2014	5月31日～7月2日	
	那覇市歴史博物館（9）	企画展「那覇のまつりと10・10空襲」	2014	9月6日～10月29日	
	那覇市歴史博物館（10）	戦後70周年記念展・沖縄戦、そして米軍統治―那覇の街　復興・発展物語	2015	5月30日～7月28日	
	那覇市歴史博物館（11）	那覇市制施行95周年記念那覇の誕生祭「那覇の港と沖縄戦」	2016	5月20日～7月3日	
	那覇市歴史博物館（12）	企画展「戦地からの便り：伊藤半次の絵手紙と沖縄戦」	2017	4月28日～6月27日	図録
	那覇市歴史博物館（13）	企画展【常設展】「10・10空襲」	2018	9月28日～10月29日	
	那覇市歴史博物館（14）	企画展2019年度【常設展】「10・10空襲」	2019	9月6日～10月28日	
	那覇市歴史博物館（15）	トピック展示「戦後75年沖縄戦」	2020	6月1日～8月31日	
	那覇市歴史博物館（16）	2020年東京オリンピック・パラリンピック開催記念企画展「那覇で行われた戦前・戦後のスポーツ・競技大会」	2021	7月22日～9月27日	
	八重瀬町中央公民館	2006年平和事業戦争資料展「戦場となった八重瀬町」	2006	6月9日～18日	
	八重瀬町東風平改善センター	戦争資料展	2007	6月16日～24日	
	八重瀬町立具志頭歴史民俗資料館（1）	2007年度八重瀬町平和事業戦後資料展「空き缶が奏でる唄から戦後復興」	2007	6月4日～8月18日	
	八重瀬町立具志頭歴史民俗資料館（2）	平和資料展　戦争資料展	2008	6月11日～27日	
	八重瀬町立具志頭歴史民俗資料館（3）	2009年度八重瀬町平和事業企画展　戦争資料展「ガマ」	2009	6月9日～28日	
	八重瀬町立具志頭歴史民俗資料館（4）	2010年度八重瀬町平和事業戦争企画展　戦争資料展「八重瀬の戦争」	2010	6月8日～27日	
	八重瀬町立具志頭歴史民俗資料館（5）	2013年度戦争資料展「白梅学徒隊の沖縄戦」	2013	6月4日～8月18日	
	八重瀬町立具志頭歴史民俗資料館（6）	2014年度八重瀬町平和事業戦争資料展「ここには白梅学徒隊がいた」	2014	6月3日～7月6日	
	八重瀬町立具志頭歴史民俗資料館（7）	戦争資料展「―70年前のこと―住民が残した沖縄戦の証言と記録1」	2015	6月9日～7月5日	
	八重瀬町立具志頭歴史民俗博物館（8）	2016年度八重瀬町平和事業　戦争資料展「鉄の暴風と八重瀬町」	2016	6月7日～26日	
	八重瀬町立具志頭歴史民俗博物館（9）	2017年度八重瀬町平和事業　戦争資料展　特別企画展「子どもと戦争」	2017	6月6日～7月2日	
	八重瀬町立具志頭歴史民俗博物館（10）	2018年度八重瀬町平和事業　戦争資料展「はじめて語る。今だから語る。戦争のこと。―『八重瀬町史　戦争編』編集事業中間報告」	2018	6月5日～7月1日	
	八重瀬町立具志頭歴史民俗博物館（11）	2019年度八重瀬町平和事業「戦前・戦中・戦後写真パネル展」	2019	6月11日～30日	
	八重瀬町立具志頭歴史民俗博物館（12）	戦後75年平和企画展「史料から見る八重瀬の沖縄戦」	2020	8月15日～27日	

県	館名	展示会名	年	会期	刊行物
沖縄県	八重瀬町立具志頭歴史民俗博物館（13）	見て。感じて。語り継ぐ　戦(いくさ)―2021年度―平和企画展　米軍記録からみる戦場	2021	6月15日～8月1日	
	八重瀬町立具志頭歴史民俗資料館（14）	2022年度平和企画展「八重瀬の戦争遺跡―残されたものから見えるもの」	2022	6月14日～7月31日	
	豊見城市立歴史民俗資料展示室	1945年の豊見城っ子―75年前の子どもたちがみた戦争	2020	8月3日～31日	
	豊見城市立歴史民俗資料展示室	2021年度　慰霊の日関連企画展移民の戦世―「トミグスクンチュ」の戦争記憶	2021	6月22日～8月22日	
	豊見城市立歴史民俗資料展示室	企画展「戦後・とみぐすく～アメリカ世とその前後の時代の豊見城村」	2022	8月2日～9月11日	
	名護博物館（1）	名護やんばるの沖縄戦	1995	8月15日～9月17日	
	名護博物館（2）	企画展「名護・やんばるの慰霊の塔」	2010	6月12日～27日	
	名護博物館（3）	沖縄復帰40周年記念事業企画展「やんばるの戦争と三高女」	2012	6月8日～24日	
	名護博物館（4）	開館30周年記念企画展「名護・やんばるの戦争展―収容所から」	2013	6月14日～30日	
	名護博物館（5）	企画展「名護・やんばるの戦争展～10・10空襲」	2014	6月13日～22日	
	名護博物館（6）	戦後70周年記念企画展・名護・やんばるの戦争展―沖縄県立第三中学校の戦争	2015	～7月5日	
	名護博物館（7）	企画展「名護・やんばるの戦争展―71年前・6月・中学生」	2016	6月10日～26日	図録
	名護博物館（8）	企画展「名護・やんばるの戦争展―今と昔の写真を比べて」	2017	6月9日～7月9日	
	名護博物館（9）	企画展「名護・やんばるの戦争展―太平洋戦争までの道のりとその後」	2018	6月15日～7月15日	
	佐喜真美術館	丸木位里・丸木俊　命どぅ宝　沖縄戦の図全14部展	2021	6月17日～2022年2月20日	
	諸見民芸館	戦争企画展「遺品が語る」	2015	～8月15日	
	読谷村立歴史民俗資料館	平和郷喜名村を奪われた宮平良秀・佐久川政徳の旅	1995	5月2日～10月31日	
	本部町立博物館	沖縄戦と本部	1995	8月15日～10月1日	
	伊江村郷土資料館	太平洋戦争と伊江島	2010	～6月25日	
	平良市総合博物館（1）	よみがえる戦前の沖縄	1995	5月2日～14日	
	宮古島市総合博物館（2）	慰霊の日特別企画展「沖縄戦からみる宮古―今一度、平和について考える」	2010	6月15日～24日	
	宮古島市総合博物館（3）	慰霊の日関連特別展「今に残る戦争遺跡」	2011	6月16日～26日	
	宮古島市総合博物館（4）	慰霊の日関連特別展「復帰40年と沖縄戦」	2012	6月20日～29日	
	宮古島市総合博物館（5）	慰霊の日関連特別展「戦争と子どもたち」	2013	6月19日～30日	
	宮古島市総合博物館（6）	「慰霊の日」特別展「戦争とは何か―モノから考える」	2014	6月6日～27日	
	宮古島市総合博物館（7）	慰霊の日関連特別展示	2015	5月29日～6月30日	
	宮古島市総合博物館（8）	慰霊の日・平和展「宮古における日本軍の展開」	2016	5月27日～6月26日	
	宮古島市総合博物館（9）	平和展「沖縄返還から45年復帰への歩み」	2017	5月19日～6月25日	
	宮古島市総合博物館（10）	平和展「米軍撮影空中写真からみる戦中の宮古」	2018	5月25日～6月24日	
	宮古島市総合博物館（11）	平和展「特攻艇と宮古―知られざる特攻作戦」	2022	5月25日～6月26日	
	宮古島市平良図書館北分館	平和資料展「與衆偕楽―志喜屋孝信という男」	2013	6月16日～29日	
	久米島自然文化センター（1）	企画展「09平和展」	2009	6月19日～26日	
	久米島博物館（2）	「平和展」2011	2011	6月22日～30日	

沖縄県	久米島博物館（３）	「平和展」2012	2012	６月９日～24日	
	久米島博物館（４）	「平和展」2013	2013	６月８日～23日	
	久米島博物館（５）	「平和展」2014「二度と戦争をおこさないために・ヌチドゥ宝！」	2014	６月７日～22日	
	久米島博物館（６）	「平和展」2016	2016	６月11日～26日	
	久米島博物館（７）	「平和展」2017	2017	６月10日～25日	
	久米島博物館（８）	「平和展」2018	2018	６月９日～24日	
	久米島博物館（９）	「平和展」2019	2019	６月８日～23日	

〈資料編[3]〉2023年平和のための博物館　企画展・特別展リスト

表３－１　2023年平和のための博物館　企画展・特別展

県	館　名	展　示　会　名	年	会　　期
北海道	北海道立近代美術館	近美コレクション　戦時下の北海道美術―画家たちは戦地で何を見たのか―	2023	２月11日～４月９日
	本別町歴史民俗資料館	７月15日本別空襲を伝える―根室空襲の記録	2023	７月１日～８月31日
	足寄町民センター	「本別町歴史民俗資料館『平和展』」	2023	１月25日～２月５日
	小川原脩記念美術館	「従軍画家」小川原脩の「戦地スケッチ展」	2023	２月11日～４月16日
宮城県	吉野作造記念館	企画展「我が町おおさきの歴史・文化　第１回戦争篇」	2023	１月29日～３月26日
福島県	須賀川市歴史民俗資料館	夏季企画展「資料からみる戦争」	2023	７月３日～９月１日
栃木県	宇都宮城址公園清明館	うつのみやの戦災展	2023	７月７日～８月31日
	栃木県立博物館	戦争の記憶を引き継ぐ	2023	２月18日～４月２日
埼玉県	埼玉県平和資料館	テーマ展「戦争と学校―子供たちのたたかい―」	2023	１月21日～３月12日
	埼玉県平和資料館	テーマ展「昭和の暮らし―戦前・戦中・戦後―」	2023	６月24日～９月３日
	埼玉県平和資料館	平和資料館の30年―これまでとこれから	2023	９月16日～12月10日
	蕨市立歴史民俗資料館	第34回平和祈念展「魅惑のプロパガンダ～虚構まみれの世界～」	2023	７月８日～９月18日
千葉県	袖ケ浦市郷土博物館	企画展「井出先生の写真館　キミ、シニタマフコトナカレ」	2023	４月29日～７月９日
東京都	すみだ郷土文化資料館	常設展「東京空襲体験画展」	2023	７月15日～ 2024年３月31日
	江東図書館	平和祈念特別展示「東京大空襲と学童集団疎開」	2023	２月18日～３月５日
	日本近代文学館	秋季特別展「プロレタリア文化運動の光芒」	2023	９月16日～11月25日
	世田谷区立平和資料館	企画展「沖縄戦」	2023	２月１日～27日
	世田谷区立平和資料館	企画展「世田谷区民が送った兵営生活―栗林一路さんを例に」	2023	３月３日～４月30日
	世田谷区立平和資料館	企画展「学徒出陣 80 年」	2023	12月15日～ 2024年１月31日
	聖心女子大学４号館グローバル共生研究所	企画展「子どもと戦争」	2023	５月15日～10月23日
	わだつみのこえ記念館	平和のための遺書・遺品展―「学徒出陣」80周年	2023	10月20日～24日
	早稲田大学歴史館	秋季企画展　学徒出陣80年	2023	10月13日～11月12日
	八王子博物館	戦時下の生活	2023	７月22日～10月１日
	武蔵野ふるさと歴史館	戦争と武蔵野Ⅸ	2023	７月29日～９月28日
神奈川	川崎市平和館	2023年度川崎大空襲記録展「戦時下の市民生活と川崎大空襲」	2023	３月11日～５月７日
	明治大学平和教育登戸研究所資料館	日本が戦争になったとき	2023	11月22日～ 2024年５月25日
	横浜市史資料室	学童疎開と横浜大空襲	2023	４月22日～７月15日
	横浜市史資料室	戦中・戦後の横浜の女性とファッション	2023	12月13日～23日
	平塚市博物館	平塚空襲展	2023	６月17日～７月23日
新潟県	長岡戦災資料館	長岡空襲体験画展	2023	５月13日～６月18日
	長岡戦災資料館	長岡空襲殉難者遺影展・戦災住宅焼失地図展	2023	７月１日～８月31日
	長岡戦災資料館（会場アオーレ長岡）	20周年記念特別展	2023	７月１日～９日
	新潟大学旭町学術資料展示館	企画展「戦争を考える」	2023	６月17日～７月30日
長野県	駒ケ根市立博物館	信州長野における戦争遺跡と登戸研究所の疎開	2023	６月15日～８月20日

表3－1つづき

県	館　　名	展 示 会 名	年	会　　期
岐阜県	岐阜市平和資料室	子どもたちに伝える平和のための資料展	2023	7月3日～13日
	揖斐川歴史民俗資料館	企画展「戦争とふるさとの暮らし」	2023	7月22日～8月20日
愛知県	名古屋市博物館	企画展「戦前を生きる～収蔵品が伝えるココロ～」	2023	1月21日～3月5日
	ピースあいち	企画展「地図と写真でみる名古屋と戦争展」	2023	3月7日～5月6日
	ピースあいち	企画展「沖縄から平和を考える―ウチナーとヤマトの架け橋に」	2023	5月11日～7月8日
	ピースあいち	企画展「戦争の中の子どもたち」「戦争と動物たち」	2023	10月3日～11月25日
	ピースあいち	第11回寄贈品展「戦争が遺したモノたち」	2023	12月5日～2024年2月24日
	みよし市立歴史民俗資料館	秋季特別展「みよしと戦争」	2023	11月11日～12月24日
	愛知教育大学付属図書館	企画展「青い目の人形・あいちの会」と本学の合同特別企画展	2023	10月23日～11月23日
三重県	三重総合博物館	特集展示「戦争と三重」	2023	7月22日～8月27日
	四日市市博物館	学習支援展示「四日市空襲と戦時下のくらし」	2023	6月13日～9月3日
滋賀県	滋賀県平和祈念館	第32回企画展示『戦争と女学生 ―戦時下の学校生活と進路―』	2023	1月5日～6月25日
	滋賀県平和祈念館	第33回企画展示「滋賀県民が見た中国の戦場」	2023	7月1日～12月17日
	栗東歴史民俗博物館	特集展示「平和のいしずえ2023 ―アジア太平洋戦争と地域の人びと」	2023	7月29日～9月3日
	浅井歴史民俗資料館	描かれた戦争―絵に託した思い	2023	7月25日～9月3日
京都府	宇治市歴史資料館	企画展「戦争遺品展　戦時下のくらし」	2023	7月8日～9月3日
	向日市文化資料館	くらしの中の戦争展	2023	8月5日～9月18日
大阪府	大阪国際平和センター	特別展むかしのくらし ―昭和・戦時期の人々のせいかつ―	2023	3月1日～7月16日
	堺市立平和と人権資料館	特別展　1945　今に伝えたい想い　大阪大空襲	2023	1月5日～3月30日
兵庫県	姫路市平和資料館	2022年度収蔵品展「収蔵資料に見る戦時中の鞄や収納道具」	2023	1月7日～4月16日
	姫路市平和資料館	2023年度春季企画展「写真でみる姫路今昔物語―空襲直後と現在の街並み―」	2023	4月22日～7月3日
	姫路市平和資料館	2023年度秋季企画展「戦争と若者たち」	2023	9月30日～12月19日
和歌山県	和歌山市立博物館	企画展「ヘンリー杉本の描いた日系収容所」	2023	9月16日～10月9日
島根県	出雲弥生の森博物館	ギャラリー展「いつまでも戦後でありたい2023 旧大社基地滑走路に残る作業者の足あと」	2023	7月5日～10月30日
岡山県	岡山シティミュージアム	第44回　岡山戦災の記録と写真展―つないでいく記憶と記録―	2023	7月16日～8月15日
広島県	広島平和記念資料館	2022年度第2回企画展「広島戦災児育成所―子どもたちと山下義信」	2023	3月24日～9月11日
	広島平和記念資料館	2023年度第1回企画展「新着資料展― 2021年度寄贈資料」	2023	9月14日～2024年2月27日
	国立広島原爆死没者追悼平和祈念館	企画展「空白の天気図 ―気象台員たちのヒロシマ―」	2023	3月15日～2024年2月29日
	福山市人権平和資料館	企画展「戦時体制のなかの学徒動員」	2023	1月15日～3月26日
	福山市人権平和資料館	「原爆の絵」の複製画展	2023	4月16日～6月30日
香川県	高松市平和記念館	高松空襲展	2023	6月24日～7月5日
愛媛県	今治市中央図書館	「発掘された今治の戦災」	2023	4月22日～8月27日
高知県	平和資料館・草の家が企画　会場：自由民権記念館	夏季企画展「資料からみる戦争」	2023	6月30日～7月9日

表３－１つづき

県	館　名	展 示 会 名	年	会　期
福岡県	福岡市博物館	企画展「戦争とわたしたちのくらし32」	2023	５月30日～７月９日
	飯塚市歴史資料館	戦争と人々のくらし―海軍飛行予科練習生の回顧録	2023	７月20日～８月22日
	三池カルタ・歴史資料館	平和展2023「戦時下の子どもたち―松山強コレクション―」	2023	７月４日～９月18日
	兵士・庶民の戦争資料館	企画展「憲法九条と将軍遠藤三郎不戦の思想展」	2023	１月20日～２月28日
	兵士・庶民の戦争資料館	企画展「かかる兵士ありき―陸軍兵長竹野国広の戦争―展」	2023	３月24日～４月30日
	兵士・庶民の戦争資料館	企画展「憲法九条と将軍遠藤三郎不戦の思想展」	2023	５月６日～６月10日
	西南学院大学博物館	2023年度特別展「戦争と学院 ――戦時下を生き抜いた福岡のキリスト教主義学校――」	2023	５月29日～７月29日
長崎県	国立長崎原爆死没者追悼平和祈念館	第12回企画展「ご遺影は語る」	2023	２月23日～３月３日
	長崎市歴史民俗資料館	戦時中のくらし展	2023	６月８日～８月20日
鹿児島県	薩摩川内市川内歴史資料館	終戦記念展示コーナー	2023	７月19日～10月１日
沖縄県	沖縄県平和祈念資料館	第１回ギャラリー展―体験者が描いた「沖縄戦の絵」	2023	５月１日～11月６日
	沖縄県平和祈念資料館	2023年度第１回子どもプロセス展「沖縄が戦場になった日」	2023	６月８日～７月９日 ９月６日～10月９日
	沖縄県平和祈念資料館	2023年度第２回子どもプロセス展「チャレンジ！夏休み自由研究―沖縄戦について調べてみよう―」	2023	７月22日～８月30日
	沖縄県平和祈念資料館	2023年度第３回子どもプロセス展「戦争と人びとの暮らし」	2023	10月19日～2024年１月21日
	沖縄県平和祈念資料館	2023年度特別企画展「沖縄島北部の戦争遺跡・跡地」	2023	10月13日～2024年１月24日
	宮古島市総合博物館	2023年度平和展―遺されたモノが語る戦争―」	2023	５月17日～６月25日
	宜野湾市立博物館	慰霊の日　写真パネル展　「沖縄戦の中の宜野湾」	2023	６月17日～７月９日

〈資料編④〉平和博物館の15年戦争関係研究紀要論文リスト

表４－１　立命館大学国際平和ミュージアム紀要

『立命館平和研究』第１号（2000年）	
特集　第３回世界平和博物館会議歴史教科書問題ワークショップ報告	
アメリカの教科書に見る真珠湾攻撃と原爆投下についての記述の変遷	深山やよい
日本の教科書制度の問題点	高嶋伸欣
歴史研究者の視角から見た中国の歴史教育	蔡　錦松
現代史教育における戦争責任問題の取り上げ方	荒井信一
過去との折り合いをどうつけるか	ウラジミール・ボロジーイ
韓国と日本の歴史教科書研究と改善のための提言	鄭　在貞
戦争を語り伝える	ローズマリー・バイヤー=デ・ハーン
国民義勇隊と国民義勇戦闘隊	中山知華子
中国での日本人反戦運動における天皇制認識について	山辺昌彦
『立命館平和研究』第２号（2001年）	
特集１　戦争と芸能	
戦時下の芸能	木津川　計
戦争と演芸	竹本浩三
戦時下の音楽家・映画人の価値観を考える	安斎育郎
戦時下における大衆芸能に関する考察	相原　進
戦争中の能楽	河村隆司
戦中戦後の箏曲界と戦争体験―箏屋「琴伝」畑伝兵衛氏の記憶	畑　伝兵衛
特集２　日本とオランダのインドネシア支配を考える	
展示会「オランダ人・日本人・インドネシア人」の意義と評価	エリック・ソーメルズ
インドネシアにおける日本統治と「南方徴用作家」―阿部知二を中心に	木村一信
日本・オランダ・インドネシア三国間のわだかまり	中尾知代
『立命館平和研究』第３号（2002年）	
特集　手塚治虫―世紀をつなぐ作品とメッセージ	
手塚治虫を語る―「手塚治虫展」記念講演	松谷孝征
「手塚治虫展」記念鼎談	松谷孝征・牧野圭一・安斎育郎
手塚治虫の「思想」―いま、語ることの意義と課題	吉村和真
過去に誠実に向き合う―和解と共生をめざして	安斎育郎
消し去られた文字―「満州国」における検閲の実相	岡田英樹
学童集団疎開が人員疎開政策中に占めた位置と役割	飯田美季子
『立命館平和研究』第４号（2003年）	
特集　平和のための博物館・市民ネットワーク第２回全国交流会報告	
平和博物館をめぐる現状について―特集にあたって	山辺昌彦
平和博物館、平和博物館建設運動の現状と課題	山根和代
学生の戦争観・平和意識と立命館大学国際平和ミュージアム	森下　徹
東京大空襲・戦災資料センター建設までの経過と建設後の反響と課題	梶慶一郎

表4－1つづき

「教科書が伝える戦争」を軸に次世代へ継承	吉岡数子
特集2　舞鶴市明倫国民学校梅田学級児童画	
軍港舞鶴の児童画	吉田ちづゑ
梅田作次郎先生の思い出	布川　昊
『立命館平和研究』第5号（2004年）	
国際平和ミュージアムへの提言―地域社会と世界へ向けて―&特別展「影山光洋写真展」学生参加に関する報告	冨岡与志子
『立命館平和研究』第6号（2005年）	
特集　国際シンポジウム「アジアにおける平和博物館の交流と協力」	
日本の平和博物館はアジア・太平洋戦争をいかに展示しているか	山辺昌彦
平和博物館が国際平和交流のなかで占める位置とその影響について ―中日両国青年の南京大虐殺事件に対する歴史認識から	朱　成山
リニューアル課題を通して平和博物館のあり方を考える	岡田英樹
原爆被爆者集団訴訟の争点とその背景	安斎育郎・清水雅美
「知里真志保と詩人たち」を論じるために	佐藤＝ロスベアグ・ナナ
知覧特攻平和会館をめぐる人々の戦後史	岡野紘子
『立命館平和研究』第7号（2006年）	
資料紹介	
「若人の広場」旧蔵・戦没勤労動員学徒関係資料 （文書）記録類2	
川田文子さんの生活帳	
豊橋松操高等女学校の豊川海軍工廠勤務日誌	
飯田中学殉職学徒追悼録	
『立命館平和研究』第8号（2007年）	
原爆の体験学習・対話・参画が日米の学生をどう変えたか ―日米2大学が開発した「平和の旅」12年の教訓	藤岡　惇
平和博物館と／の来歴の問い方 ―立命館大学国際平和ミュージアムが背負い込んだもの	福島在行
『立命館平和研究』第9号（2008年）	
歴史教科書問題の脱構築	角田将士
「平和のための博物館」の条件―日中両国の平和的・共生的関係の発展のために	安斎育郎
「被爆者」という言葉がもつ政治性　法律上の規定を踏まえて	竹峰誠一郎
『立命館平和研究』第10号（2010年）	
広島高等裁判所における原爆症認定集団訴訟のための証言	安斎育郎
報告：ひめゆり平和記念資料館開館20周年 ―ひめゆり同窓会の平和運動の軌跡と次世代への継承と取り組み	普天間朝佳
資料：「昭和20年の中学生展」	兼清順子
『立命館平和研究』別冊（2010年）	
〈平和博物館研究〉に向けて―日本における平和博物館研究史とこれから―	福島在行・岩間優希
『立命館平和研究』第11号（2011年）	
「沖縄戦」の戦後史―「軍隊の論理」と「住民の論理」のはざま―	櫻澤　誠

表4－1つづき

『立命館平和研究』第13号（2013年）	
立命館大学国際平和ミュージアムにおける資料整理の概要	兼清順子
『立命館平和研究』第16号（2016年）	
「人貴キカ、物貴キカ」─防空法制から診る戦前の国家と社会	水島朝穂
「大東亜共栄圏」と鉄鋼業	長島　修
沖縄－中国－日本との関係を考える	劉　成・池尾靖志
書評　内海愛子・大沼保昭・田中宏・加藤陽子 『戦後責任──アジアのまなざしに応えて』	土野瑞穂
『立命館平和研究』第17号（2017年）	
加害と被害の重層構造 ─日本人の戦争体験をとらえ直す	林　博史
『立命館平和研究』第18号（2018年）	
日本軍政下のジャワにおける歌曲募集─《八重潮》の成立に着目して─	丸山彩　織田康孝
立命館大学国際平和ミュージアム鹿地亘資料に於ける軍事委員会政治部第三庁の対日伝単について	篠田裕介
シベリア抑留者資料としての身上申告書の制度とその記録機能─第一復員省期・厚生省期・引揚援護庁期を中心に─	近藤貴明
『立命館平和研究』第19号（2019年）	
「西脇家資料」（西脇安吉、西脇りか、西脇安家族関係資料）について	番匠健一
《八重潮》の成立と展開─日本軍政下のジャワにおける公募歌曲─	丸山彩・織田康孝
「西陣空襲」における記憶の継承─空襲体験者の語りを手がかりに─	井上力省
『立命館平和研究』第20号（2020年）	
アジアの平和創造のために博物館は何ができるのか	
記憶の場所　平和の橋 ─侵華日軍南京大屠殺遭難同胞紀念館の発展の道─	王　鶴
朝鮮戦争中に起こったノグンリ虐殺事件の歴史的真実の究明と人権回復と平和のための活動の経過と意義	鄭　求燾
戦争から平和へ ─南京国際平和都市建設におけるラーベ記念館の役割を例に─	楊　善友
アジアの平和博物館の協力関係の発展に向けて	安斎育郎
戦争証跡博物館とその平和教育活動	トラン・スアン・タオ グエン・トゥイ・ヴァン
「慰安婦」問題の真の解決と戦時性暴力の根絶のために	池田恵理子
被害者の痛みを心に刻み戦後補償の実現と非戦の誓いを ─岡まさはる記念長崎平和資料館案内─	崎山　昇
フィリピンの日本人戦犯の記録について─横山静雄元中将資料を中心に─	永井　均

表４－２　戦争と平和：大阪国際平和研究所紀要

『大阪国際平和研究所紀要』　Vol.1（1992年）〈論文〉	
アメリカ戦略爆撃調査団面接記録にみる日本人の天皇観	広川禎秀
大和川航空機製作所の用地買収と朝鮮人労働者	横山篤夫
15年戦争下の在阪朝鮮人の生活	辛　基秀
日中戦争初期・職業婦人グループの抵抗	小山仁示
『大阪国際平和研究所紀要』　Vol.2（1993年）〈論文〉	
太平洋戦争末期における大阪市学童の集団疎開――準備過程を中心に	赤塚康雄
商業学校の工業学校への転換――太平洋戦争末期の大阪の中等教育	小山仁示
戦時下都市における食糧難・配給・闇――大阪市の事例を中心に	佐賀　朝
関一と息子秀雄の治安維持法違反事件	広川禎秀
1945.8.15. 在日朝鮮人	辛　基秀
戦前の在阪朝鮮人の住宅問題と財団法人大阪啓明会	横山篤夫
自治体平和施策の現状と課題（２）大阪府下自治体の平和施策	森　祐二
『大阪国際平和研究所紀要』　Vol.3（1994年）〈論文〉	
日本の無条件降伏と原爆	勝部　元
原爆とポツダム宣言	北村喜義
終戦と天皇制――遅すぎた聖断	捧　堅二
戦前の大阪における朝鮮人子女の教育事情	梁　永厚
地車も焼いた岸和田の空襲――48年後の聞きとりと文献の検討	横山篤夫
『大阪国際平和研究所紀要』　Vol.4（1995年）〈論文〉	
「本土決戦」と「高槻地下倉庫」――幻の「タチソ作戦」考	坂本悠一
「本土決戦」と北摂地域――地下軍事施設の実態	塚崎昌之
「慰安婦」への性的強制をめぐって――「慰安婦」は公娼制の延長か	上杉　聰
太平洋戦争期のアメリカ空軍資料：注釈付きファイル目録（１）	森　祐二
書評――原爆関係資料紹介	堀　一郎
『大阪国際平和研究所紀要』　Vol.5（1996年）〈論文〉	
特集戦後50年―回顧と展望	
大阪湾岸地域に対する空襲	小山仁示
太平洋戦争期のアメリカ空軍資料：注釈付きファイル目録（２）	森　祐二
『大阪国際平和研究所紀要』　Vol.6（1997年）〈論文〉	
沖縄戦とは何だったか――沖縄戦の特徴と米軍のじゅうたん爆撃	石原昌家
木津川岸壁での金星丸爆発事件	山口泰人
大阪築港への中国人強制連行	桜井秀一
『大阪国際平和研究所紀要』　Vol.7（1998年）〈論文〉	
原爆神話の形成――日本の降伏をめぐって	勝部　元
自由主義者・恒藤恭の戦中・戦後	広川禎秀
日本の敗戦と民衆――大阪を中心にして	田中はるみ
日本の平和博物館	Terence Duffy

『大阪国際平和研究所紀要』 Vol.8（1999年）〈論文〉	
特集「第3回世界平和博物館会議報告書」	
1.平和博物館とは何か	
日本とアジアの平和博物館	安斎育郎
「平和博物館」の定義と類別化――平和博物館国際会議のさらなる発展のための提案	坪井主税
平和博物館が果たすべき役割	村上登司文
戦争に反対する戦争――エルンスト・フリードリヒの反戦博物館	トミー スプリ
ピース・アニメ『つるにのって』と平和の表現法	美帆シボ
2.平和のための博物館の経験	
人権博物館が平和に果たす役割	朝治　武
歴史民俗資料館と平和展示――戦争展示から平和展示へ、そして「戦争の民俗」から「平和の民俗」へ	佐藤雅也
核戦争の真実の展示――ヒロシマの経験から	畑口　実
長崎原爆資料館の展望	小泉　勝
ピースおおさかの現状と展望	中北龍太郎
民立民営の平和資料館の意義と可能性	西森茂夫
3.平和のための博物館・関連施設の建設	
東京の平和博物館運動の課題とある小さな街の経験	岩倉　務
「ピース・ミュージアムよこはま」――建設を求める運動をめぐって	寺田貞治
松代大本営平和祈念館構想と建設運動	大日方悦夫
5.戦争の認識をめぐって	
中国第2歴史档案館について――1990年以来の活動を中心に	郭　必強
南京大虐殺祈念慰霊――翁抗日反戦美術館設立の趣旨と経過報告	翁　秀岳
平和文化の創造――中国における細菌戦をめぐる日中の交流	山根和代
歴史の責任――戦争を認識し、平和を擁護すること	張　承鈞
日本軍中国侵略暴行文書資料とその活用状況	王　道智
過去の戦争の真実とその展示をめぐって	林　功三
記憶の中のインドネシア占領――日本、オランダ、インドネシア各国の個人の証言と社会の記憶	エリック・L.M. ソーメルズ
6.平和の学習と教育	
大阪・堺における戦争の歴史を伝える拠点づくり	吉岡数子
7.平和博物館の新たな潮流	
神奈川県立地球市民かながわプラザの開館と経験	塩野　茂
『大阪国際平和研究所紀要』 Vol.9（2000年）〈論文〉	
1930年代の在阪朝鮮人のジャーナリズム（1）『民衆時報』を中心に	梁　永厚

表4-2つづき

『大阪国際平和研究所紀要』 Vol.10（2001年）〈論文〉	
ポートモレスビー攻略戦の戦況報道――従軍記者・直木賞作家としての岡田誠三を通して	村上大輔
第20航空軍・第21爆撃機軍団戦記史料の目録記述の試み――記録史料学からみたピースおおさか史料	佐々木和子
『大阪国際平和研究所紀要』 Vol.11（2002年）〈論文〉	
平和祈念戦争資料室からピースおおさかへ――調査・研究の歩みをふりかえる	小山仁示
ピースおおさかと世界変動の10年――ポスト冷戦とグローバル化のなかで	本多健吉
米捕虜飛行士殺害に関する中部軍・中部憲兵隊事件	福林　徹
「ミ号」船団史――海上護衛戦の実態を探る	岩重多四郎
1930年代の在阪朝鮮人のジャーナリズム（２）『民衆時報』を中心に	梁　永厚
『大阪国際平和研究所紀要』 Vol.12（2003年）〈論文〉	
砲兵工廠と大阪	三宅宏司
植民地期における朝鮮政財界の工業化認識と戦時経済体制――日中戦争前後を中心に	名田　勲
南洋群島における神社の実態とその展開	曽根地之
大阪地域における15年戦争期の戦意高揚展示会	山辺昌彦
『大阪国際平和研究所紀要』 Vol.13（2004年）〈論文〉	
太平洋戦争末期の日本の航空燃料――代用燃料としての松根油	廣瀬　聡
B29による大阪への初期爆撃――1944年12月～1945年３月	佐々木和子
「本土決戦」準備と近畿地方――航空特攻作戦指揮と天皇の大和「動座」計画	塚崎昌之
『大阪国際平和研究所紀要』 Vol.14（2005年）〈論文〉	
恒藤恭の平和主義思想――1930年代を中心に	広川禎秀
不発弾による犠牲者の記録	大谷　渡
大阪の建物疎開――展開と地区指定	石原佳子
太平洋戦争末期の日本軍の対空砲火――マリアナ基地の米軍資料	浅田利器
空襲を語り継ぐために――大阪空襲死没者名簿編纂事業をおえて	佐々木和子
『大阪国際平和研究所紀要』 Vol.15（2006年）〈論文〉	
自治体史における空襲・戦災の叙述について――『姫路市史』の場合	小山仁示
15年戦争期の日本による医学犯罪	土屋貴志
『大阪国際平和研究所紀要』 Vol.16（2007年）〈論文〉	
大阪の忠霊塔建設	横山篤夫
第２次大戦時の大阪俘虜収容所について	福林　徹
１・19明石大空襲をめぐって	小山仁示
B29部隊によるリーフレット（伝単）作戦	佐々木和子
『大阪国際平和研究所紀要』 Vol.17（2008年）〈論文〉	
自治体史の編纂と戦争の記述――和歌山県旧粉河町の事例から	小田康徳
大阪の学徒動員――府立泉尾高女など高等女学校を中心に	石原佳子
銃後奉公会体制の地域的実態――兵庫県武庫郡大庄村の史料紹介	佐賀　朝
空襲を伝えるために――ピースおおさか所蔵資料の活用をめぐって、神戸空襲の場合	佐々木和子

表4－3　『広島平和記念資料館資料調査研究会研究報告』

論文名	号数・発行年	著者
『市民が描いた原爆の絵』における橋―画中の説明を中心に	第2号（2007年）	横山昭正
林重男氏寄託写真の調査	第2号（2007年）	井手三千男
『市民が描いた原爆の絵』における防火水槽―画中の説明を中心に	第3号（2008年）	横山昭正
菊池俊吉撮影写真―2ヵ月後と2年後のヒロシマ	第4号（2009年）	宇多田寿子
原爆記録写真～埋もれた史実を検証する	第4号（2009年）	西本雅実
「市民が描いた原爆の絵」作者聴きとりに関する調査研究	第5号（2010年）	直野章子
『市民が描いた原爆の絵』における防火水槽 ―画中の説明を中心に（その2）	第6号（2011年）	横山昭正
「市民が描いた原爆の絵」の特質と意義	第7号（2012年）	横山昭正
『市民が描いた原爆の絵』に刻まれた被爆者の最後の姿 ―8月6日から11日まで	第9号（2014年）	横山昭正
「原爆体験記」の刊行と原爆体験の形成―集合的記憶の視点から	第12号（2017年）	直野章子
「トラウマ」からみる原爆体験―概念の系譜と応用可能性について	第14号（2019年）	直野章子
リニューアルオープンした本館の展示環境	第16号（2020年）	高妻洋成
長崎の原爆被害における基礎知識	第16号（2020年）	四條知恵
「原爆の絵」にみる被爆の記憶	第17号（2021年）	直野章子

〈資料編5〉 歴史博物館の15年戦争関係研究紀要論文リスト

表5－1　仙台市歴史民俗資料館　調査報告書『足元から見る民俗』

第17集『足元からみる民俗（7）』1998年	
戦争の民俗―仙台地方にみる戦争と庶民のくらし―	佐藤雅也
第19集『足元からみる民俗（9）』2001年	
社会教育施設としての博物館のあり方を考える	早坂春
資料紹介 ―「仙台師管区経理部『各部隊配置図・国有財産台帳附図』」について―	佐藤雅也
第20集『足元からみる民俗（10）』2002年	
戦争の民俗（２） ―戦争体験とその後の人生をめぐる民衆・常民の心意とは―	佐藤雅也
宮城県における「青い目の人形」―人形のたどった道をさぐる―	佐藤雅也
十五年戦争と宮城の戦時資料（１） ―「みやぎの近現代史を考える会」の研究報告―	一戸富士雄
資料紹介―仙台市の帝国在郷軍人会関係資料について（１）―	佐藤雅也
第22集『足元からみる民俗（12）』2004年	
戦争と庶民のくらし～十五年戦争と庶民の戦争責任～	岩井忠熊
戦争と宮城～地域社会と軍隊～	一戸富士雄
戦争と女性～軍都仙台の女性動員～	菊池慶子
語りつぐ昭和～少国民のつづり方を通じて～	逸見英夫
日清・日露戦争で近代日本がどうかわったか？～文化・宗教を中心に～	高木博志
戦没者追悼について～軍用墓地の役割を中心に～	原田敬一
満州移民と日本の農村	我孫子麟
宮城県の戦争史跡・戦争遺跡に関する基礎的調査（１）	一戸富士雄／熊谷鉄治／手代木彰雄
第23集『足元からみる民俗（13）』2005年	
戦争の民俗（３）～日本の博物館・資料館における戦争展示について～	佐藤雅也
宮城県の戦争史跡・戦争遺跡に関する基礎的調査（２）	一戸富士雄／熊谷鉄治／手代木彰雄
研究ノート「博物館展示」について（１）	伊藤優
第27集『足元からみる民俗（17）』2009年	
近代仙台の慰霊と招魂―戦死者祭祀の変遷―	佐藤雅也
宮城県における「友情人形」（青い目の人形）その二 ―人形のたどった道をさぐる―	佐藤雅也
第29集『足元からみる民俗（19）』2011年	
軍隊と都市―第２師団の出動・帰還時の対応―	畑井洋樹
資料紹介　満洲事変の『陣中日誌』について ―野砲兵第２連隊第１大隊本部『陣中日誌』より（中間報告１）―	一戸富士雄／熊谷富代子／熊谷鉄治／斎藤孝子／猪股輝男／手代木彰雄／渡部八郎／佐藤雅也

第30集『足元からみる民俗（20）』2012年	
資料紹介　満洲事変の『陣中日誌』について 　―野砲兵第２連隊第１大隊本部『陣中日誌』より（中間報告２）―	一戸富士雄／熊谷富代子／熊谷鉄治／斎藤孝子／猪股輝男／手代木彰雄／渡部八郎／佐藤雅也
第31集『足元からみる民俗（21）』2013年	
戦時体制下の東北振興政策（１） 　―準戦時体制下の東北大凶作と農村疲弊問題―	一戸富士雄
宮城県における「友情人形（青い目の人形）」と「新友情の人形」の東日本大震災による被害状況調査の報告	佐藤雅也
資料紹介　満洲事変の『陣中日誌』について 　―野砲兵第２連隊第１大隊本部『陣中日誌』より（中間報告３）―	一戸富士雄／熊谷富代子／熊谷鉄治、斎藤孝子／猪股輝男／手代木彰雄／渡部八郎／佐藤雅也
第32集『足元からみる民俗（22）』2014年	
戦時体制下の東北振興政策（２）	一戸富士雄
戦争と庶民のくらし（１）―仙台市歴史民俗資料館の所蔵資料を中心に―	佐藤雅也
資料紹介　満洲事変の『陣中日誌』について 　―野砲兵第２連隊第１大隊本部『陣中日誌』より（中間報告４）―	一戸富士雄／熊谷富代子／熊谷鉄治、斎藤孝子／猪股輝男／渡部八郎／中川正人／佐藤雅也
第33集『足元からみる民俗（23）』2015年	
戦時体制下の東北振興政策（３）―東北振興調査会の論議とその答申―	一戸富士雄
日本空襲をいま改めて考える―空襲の実相と空襲後の諸問題―	山辺昌彦
「満州事変」と宮城の人びと	我孫子麟
資料紹介　満洲事変の『陣中日誌』について 　―野砲兵第２連隊第１大隊本部『陣中日誌』より（中間報告５）―	一戸富士雄／熊谷富代子／熊谷鉄治、斎藤孝子／猪股輝男／渡部八郎／中川正人／長谷川栄子、佐藤雅也
第34集『足元からみる民俗（24）』2016年	
戦時体制下の東北振興政策（４）―日中戦争期の生産力拡充政策との関連―	一戸富士雄
おかえりなさい「ミス宮城」―答礼人形と友情人形（青い目の人形）―	佐藤雅也
資料紹介　満洲事変の『陣中日誌』について 　―野砲兵第２連隊第１大隊本部『陣中日誌』より（中間報告６）―	一戸富士雄／熊谷富代子／熊谷鉄治、斎藤孝子／猪股輝男／渡部八郎／中川正人／長谷川栄子、佐藤雅也
近代仙台の慰霊と招魂（２）―誰が戦死者を祀るのか―	佐藤雅也
第35集『足元からみる民俗（25）』2017年	
戦時体制下の東北振興政策（５） 　―アジア・太平洋戦争期の軍需生産への重点化―	一戸富士雄
資料紹介　日中戦争の『陣中日誌』について（１） 　―第２師団第１架橋材料中隊『陣中日誌（其１）』より―	一戸富士雄／熊谷豊代子／熊谷鉄治／斎藤孝子／猪股輝男／渡部八郎／中川正人／長谷川栄子／佐藤雅也

表5－1つづき

第36集『足元からみる民俗（26）』2018年	
青葉神社の創建期および社格昇格運動と瑞鳳殿への奉祀運動等について	佐藤雅也
戦時体制下の東北振興政策（６） ―東北振興政策の変容とその終焉―	一戸富士雄
満洲事変における軍馬について―第２師団を中心に―	長谷川栄子
満洲事変時における野砲兵第２連隊第１大隊の作戦遂行に当たっての困難点 ―野砲兵第２連隊第１大隊本部の『陣中日誌』に見る事態への対処のしかた―	渡部八郎
第２師団野砲兵第２連隊第１大隊本部『陣中日誌』に記された兵の戦死について	熊谷富代子
仙台市歴史民俗資料館における出前授業の方法について	畑井洋樹
日中戦争の『陣中日誌』について（２） ―第２師団第１架橋材料中隊『陣中日誌（其２）』より―	一戸富士雄／熊谷富代子／熊谷鉄治、斎藤孝子／猪股輝男／渡部八郎／中川正人／佐藤雅也
第37集『足元からみる民俗（27）』2019年	
日中戦争の『陣中日誌』について（３） ―第２師団第１架橋材料中隊『陣中日誌（其３）』前半より―	一戸富士雄／熊谷富代子／熊谷鉄治、斎藤孝子／猪股輝男／渡部八郎／中川正人／佐藤雅也
第38集『足元からみる民俗（28）』2020年	
近代日本の戦争と軍馬―第２師団を中心に	長谷川栄子
近代仙台の戦争と庶民のくらし	佐藤雅也
書簡にみる仙台空襲直前の市民生活	畑井洋樹
日中戦争の『陣中日誌』について（４） ―第２師団第１架橋材料中隊『陣中日誌（其３）』後半・同『陣中日誌（其４）』より―	一戸富士雄／熊谷豊代子／熊谷鉄治／斎藤孝子／猪股輝男／渡部八郎／中川正人／長谷川栄子／佐藤雅也
第39集『足元からみる民俗（29）』2021年	
昭和13年１月『初年兵内務教育予定表』に見る石原莞爾の歩兵第４連隊改革の影響	長谷川栄子
昭和13（1938）年１月『初年兵内務教育予定表』について	熊谷富代子／熊谷鉄治／齋藤孝子／渡部八郎／中川正人／長谷川栄子／佐藤雅也
第40集『足元からみる民俗（30）』2022年	
資料紹介『昭和十四年自十一月二十三日 至十二月二十五日間輸送ニ関スル綴』について	熊谷富代子／熊谷鉄治／齋藤孝子／渡部八郎／中川正人／長谷川栄子／佐藤雅也
第41集『足元からみる民俗（31）』2023年	
教科書でたどる仙台の教育文化～江戸・明治から現代～	佐藤雅也
資料紹介：昭和12年12月教育総監部『事変ノ教訓』第１号について	熊谷富代子／熊谷鉄治／齋藤孝子／渡部八郎／中川正人／長谷川栄子／佐藤雅也

表5－2　蕨市歴史民俗資料館「研究紀要」

論　文　名	号数・刊行年	著者
蕨における奉安室と奉安殿の変遷	第10号（2013年3月）	高松　敬
蕨における奉安室と奉安殿の変遷　補遺（1）	第11号（2014年2月）	高松　敬
【史料紹介】昭和20年　蕨空襲の日記	第13号（2016年3月）	竹田真依子

表5－3　すみだ郷土文化館「研究紀要」

論　文　名	号数・刊行年	著者
東京空襲研究と米軍資料―松浦総三を中心として	第2号（2015年）	石橋星志
墨田区のヤミ市	第4号（2017年）	石橋星志

表5－4　豊島区立郷土資料館研究紀要『生活と文化』

論　文　名	号数・刊行年	著者
学童集団疎開（12）	第32号（2023年）	青木哲夫連載
学童集団疎開（11）	第31号（2022年）	
「学童集団疎開（10）本土決戦体勢づくりの進行」	第30号（2021年）	
「学童集団疎開（9）再疎開期の諸問題」	第29号（2020年）	
「学童集団疎開（8）再疎開の続行」	第28号（2019年）	
「学童集団疎開（7）連続する大空襲、帰る者・行く者・移る者」	第27号（2018年）	
「学童集団疎開（6）熾烈化する空襲、疎開延長・皇后の菓子・進学問題」	第26号（2017年）	
「学童集団疎開（5）マリアナ発空襲の始まりと冬の疎開地」	第25号（2016年）	
「学童集団疎開（4）疎開生活の日常化と戦局の終末化」	第24号（2015年）	
「学童集団疎開―疎開地の生活と改善策をめぐる諸議論」	第23号（2014年）	
「学童集団疎開―到着から冬物送付まで」	第22号（2013年）	
「学童集団疎開―決定から出発まで」	第21号（2012年）	
一九四五年八月九・一〇日山形県神町・楯山への艦上機攻撃 ―疎開学童の見た空襲とは何であったか―	第19号（2010年）	青木哲夫連載以外
「一九四五年二月二五日東京空襲（雪天の大空襲）小論」	第17号（2008年）	
「無差別空襲開始後の人員疎開の状況と問題点 ―社会事業研究所『疎開者世帯状況調査報告書』（1945年6月）」	第16号（2007年）	
「1945年4月13―14日東京空襲の目標と損害実態 ―米軍資料を用いて―」	第15号（2005年）	
桐生悠々「関東防空大演習を嗤う」の論理と歴史的意味	第14号（2004年）	
「戦時下豊島区時代の柳原白蓮」	第13号（2003年）	
「人員疎開と家族・家族主義」	第12号（2002年）	
研究ノート　「疎開という語について」	年報第15号 1999年度(2001年)	
「再疎開を追ったもの（続）」	年報第14号 1998年度(2000年)	

表5－4つづき

論　文　名	号数・刊行年	著者
「再疎開を迫ったもの」	年報第13号 1997年度(1999年)	青木哲夫 連載以外
「疎開させる側の論理」	第8号（1994年）	
「集団学童疎開実施過程の一断面」	第7号（1993年）	
「“現代において戦争と平和を考える”ための素材としての集団学童疎開・序説」	第4号（1990年）	
		青木哲夫以外
「戦前戦中期の目白・南長崎の暮らし―玉蟲和子氏聞き取り調査報告―」	第29号（2020年）	井坂　綾 岩崎　茜
「戦前から戦後までの鉄兜・鉄帽について」	第28号（2019年）	山本昂伯
「東京癈兵院での生活」	第27号（2018年）	山本昂伯
「吉井忠と東北―戦争がもたらした表現の差異について―」	第26号（2017年）	清水智世
「千人針の形状的特徴と製作方法―郷土資料館所蔵資料を中心に―」	第25号（2016年）	岩崎　茜 上田真紀
「戦時下につくられた国民服儀礼章」	第25号（2016年）	山本昂伯
「豊島区立郷土資料館所蔵戦時下の代用品―陶磁器を中心として―」	第23号（2014年）	広瀬　純 三村宜敬
「試論・画家と戦争記憶―今井繁三郎氏の従軍体験を手がかりに―」	第17号（2008年）	黒尾和久
「隣組記録に見る豊島区内隣組の活動状況」	第16号（2007年）	伊藤暢直
「地域博物館と戦争展示」	第11号（1997年）	伊藤暢直
特集・アジア太平洋戦争と豊島区	第10号（1996年）	
「戦争と豊島区をみて」	第10号（1996年）	板谷敏弘
「戦争と豊島区を見て」	第10号（1996年）	松井かおる
「日米開戦と立教学院―立教大学アメリカ研究所の活動を中心として―」	第10号（1996年）	永井均
「東京市における町内会と政党から選挙粛正運動 ―翼賛体制へ・豊島区を例にして―」	第10号（1996年）	波田永実
「戦時下の私立工業専門学校―電波科学専門学校いち教授の記録から―」	第10号（1996年）	日露野好章
「巣鴨二丁目町会第三部第一部隣組に関する若干の考察」	第10号（1996年）	伊藤暢直
「学童疎開、『地方』からの解題」	第9号（1995年）	一条三子
「戦争体験継承講座の課題と展望」	第6号（1992年）	伊藤暢直
「集団学童疎開ある典型」	第4号（1990年）	長谷幸江
「戦争下における秋田雨雀と雑司が谷地域」	第4号（1990年）	山辺昌彦
「雑司が谷地域における文化運動と秋田雨雀」	第2号（1986年）	山辺昌彦
「戦時下国民学校教育実践の構造」	第2号（1986年）	前田一男

表5－5　八王子市郷土資料館研究紀要『八王子の歴史と文化』

論　文　名	号数・刊行年	著者
「特別展「戦後70年　昭和の戦争と八王子」を振り返って」	第29号（2017年）	美甘由紀子
「体験談　戦時下の生活と八王子空襲」	第28号（2015年）	美甘由紀子

表5－6　『横浜市史資料室紀要』

論　文　名	号数・刊行年	著者
横浜市史資料室所蔵日記について―戦中戦後の民衆意識解明のために	第３号（2013年）	吉見義明
横浜空襲に関する日米の記録	第５号（2015年）	羽田博昭
「空襲に関する日米」の記録と体験記・証言	第６号（2016年）	羽田博昭
空襲記録としての写真	第６号（2016年）	山辺昌彦
兵士となった市民の戦争体験―都市横浜の戦争	第７号（2017年）	羽田博昭
軍事郵便・手記から見た戦争―横浜の兵士の戦争体験	第８号（2018年）	羽田博昭
兵士と家族の暮らし―横浜の銃後	第９号（2019年）	羽田博昭
日記に見る戦後横浜市民の歩み	第11号（2021年）	羽田博昭
戦前期都市横浜における市民のくらしと意識	第12号（2022年）	羽田博昭
戦時から戦後に向かう市民のくらしと意識	第13号（2023年）	羽田博昭

表5－7　平塚市博物館紀要『自然と文化』

論　文　名	号数・刊行年	著者
戦争末期における平塚防空砲台とその役割	第45号（2022年）	工藤洋三
米軍のコロネット作戦に対する第53軍の本土防衛 ～終戦時における平塚地区の部隊配置～	第45号（2022年）	市原　誠
米軍のコロネット作戦に対する第53軍の本土防衛 ～相模湾正面の対上陸防御～	第44号（2021年）	市原　誠
米軍のコロネット作戦に対する日本軍の防衛 ～大磯地区の本土決戦態勢Ⅱ～	第43号（2020年）	市原　誠
米軍のコロネット作戦に対する日本軍の防衛 ～鷹取山に構築された本土決戦陣地遺構群Ⅲ	第42号（2019年）	市原　誠
米軍のコロネット作戦に対する第53軍の本土防衛 ―鷹取山に構築された本土決戦陣地遺構群Ⅱ―	第41号（2018年）	市原　誠
米軍のコロネット作戦に対する第53軍の本土防衛 ―鷹取山に構築された本土決戦陣地遺構群―	第40号（2017年）	市原　誠
米軍のコロネット作戦に対する第53軍の本土防衛 ―二宮町における特殊地下壕Ⅳ―	第39号（2016年）	市原　誠
米軍のコロネット作戦に対する第53軍の本土防衛 ―二宮町における特殊地下壕Ⅲ―	第38号（2015年）	市原　誠
米軍のコロネット作戦に対する第53軍の本土防衛 ～二宮町における特殊地下壕Ⅱ～	第37号（2014年）	市原　誠
米軍のコロネット作戦に対する第53軍の本土防衛 ～二宮町における特殊地下壕～	第36号（2013年）	市原　誠
米軍の日本本土空襲に対する横須賀海軍警備隊の本土防空 ～平塚地区周辺の防空態勢～	第35号（2012年）	市原　誠
米軍のコロネット作戦に対する第53軍の本土防衛 ―大磯地区の本土決戦準備態勢―	第34号（2011年）	市原　誠

表５－８　『小田原市郷土文化館研究報告』

論　文　名	号数・刊行年	著者
軍事郵便に見る日本軍兵士の実像 ―譲原純一郎が家族へ送った軍事郵便から―	第55号（2019年）	井上　弘

表５－９　『長野県立歴史館研究紀要』

論　文　名	著者
『長野県立歴史館研究紀要』第26号（2020年刊行）	
【済南事件と長野県】	
新出史料の紹介と若干の論点の提示	大串潤児
『長野県立歴史館研究紀要』第22号（2016年刊行）	
【特集】「長野県民の1945」	
太平洋戦争開戦以降の長野県への陸軍航空部隊・機関の展開 ―陸軍松本飛行場を中心として	原　明芳
米軍の空襲目標調査と長野県への空襲―調査された長野県の情報の検討	金澤大典
上原良司年譜の作成	徳嵩隆治
上原良司と軍用機―陸軍三式戦闘機キ61「飛燕」を中心に	林　誠

表５－10　『栗東歴史民俗博物館紀要』

論　文　名	号数・刊行年	著者
《研究ノート》栗東市域の忠魂碑・奉安殿について	第28号（2022年）	大西稔子
《資料紹介》栗東歴史民俗博物館所蔵平和資料より「入営／応召幟」	第24号（2018年）	本夛桂
《資料紹介》栗東地域に残る戦争遺跡 ―松根油・松脂採取の痕跡調査から―	第22号（2016年）	本夛　桂 真田善之
《資料紹介》栗東歴史民俗博物館が所蔵する凱旋・除隊等記念品について	第20号（2014年）	大西稔子
大日本国防婦人会　治田村分会記録	第16号（2010年）	田中明雄 大西稔子
芦原国民学校の学童集団疎開生活について ―滋賀県下における学童集団疎開の一事例―	第11号（2005年）	大西稔子

〈資料編6〉平和博物館の15年戦争関係刊行物リスト

表6－1　東京大空襲・戦災資料センター刊行物

書　名	編者	出版社	刊行年
東京大空襲・戦災資料センター図録―いのちと平和のバトンを	東京大空襲・戦災資料センター編	合同出版	2023年
あのとき子どもだった―東京大空襲21人の記録	東京大空襲・戦災資料センター編	績文堂出版	2019年
戦災資料センターから東京大空襲を歩く	友の会		2005年
学び・調べ・考えよう　フィールドワーク　東京大空襲	東京大空襲・戦災資料センター編		2014年
岩波ＤＶＤブック　Peace Archives　東京・ゲルニカ・重慶―空襲から平和を考える	東京大空襲・戦災資料センター編	岩波書店	2009年
語り伝える東京大空襲ビジュアルブック　第１巻～５館	東京大空襲・戦災資料センター編	新日本出版社	2009年
決定版　東京空襲写真集―アメリカ軍の無差別爆撃による被害記録	東京大空襲・戦災資料センター編	勉誠出版	2015年
東京復興写真集1945～46―文化社がみた焼跡からの再起	山辺昌彦 井上祐子	勉誠出版	2016年
シンポジウム「無差別爆撃の源流―ゲルニカ・中国都市爆撃を検証する―」報告書	戦争災害研究室		
国際シンポジウム「世界の被災都市は空襲をどう伝えてきたのか―ゲルニカ・重慶・東京の博物館における展示／記憶継承活動の現在―」報告書	戦争災害研究室		
第３回シンポジウム「『無差別爆撃』の転回点―ドイツ・日本の都市空襲の位置づけを問う―」報告書	戦争災害研究室		
空襲・戦災を記録する会全国連絡会議第40回東京大会シンポジウム「空襲・戦災を記録する会40年の歴史と今後の展望」報告書	戦争災害研究室		
第４回シンポジウム「帝国と空襲―イギリス・台湾空襲を検証する―」報告書	戦争災害研究室		
アメリカ軍無差別爆撃の写真記録―東方社と国防写真隊―	戦争災害研究室		
東方社と日本写真公社の防空・空襲被害写真	戦争災害研究室		
東京大空襲・戦災資料センター　2013年第２回特別展「東方社カメラマンがとらえた市民の暮らし―戦時下の日本・中国・東南アジア―」図録	戦争災害研究室		
戦中・戦後の記録写真―「東方社コレクション」の全貌―	戦争災害研究室		
空襲被害を撮影したカメラマンたち―東京空襲を中心に―	戦争災害研究室		
戦中・戦後の記録写真Ⅱ―林重男・菊池俊吉・別所弥八郎所蔵ネガの整理と考察―	戦争災害研究室		
空襲被災者運動関連資料目録１	戦争災害研究室		
空襲被災者運動関連資料目録２　全国戦災傷害者連絡会『傷痕』記事総目録	戦争災害研究室		
空襲被災者運動関連資料目録３　杉山千佐子・全国戦災傷害者連絡会関係資料目録	戦争災害研究室		
空襲被災者運動関連資料目録４　福島啓氏名古屋空襲訴訟関係資料・大竹正春資料・木津正男資料目録	戦争災害研究室		
東京大空襲・戦災資料センター　2017年特別展「空襲被災者と戦後日本」展示図録	戦争災害研究室		

表6－2　明治大学平和教育登戸研究所資料館刊行物

館　名	書　名	刊行年
明治大学平和教育登戸研究所資料館	開館10周年記念誌　10年の歩み	2020年

表6－3　静岡平和資料センター刊行物

書　名	刊行年
静岡市空襲を記録する会	
『静岡市空襲の記録』	1974年
静岡市平和を考える市民の会	
『画集・街が燃える人が燃える』	1985年
『体験集・瓦礫』	1986年
静岡・平和資料館の設立をすすめる市民の会	
『体験集・劫火２輯』	1993年
『体験集・劫火３輯』	1995年
『ドキュメント静岡の空襲』	1995年
静岡平和資料館をつくる会	
『静岡・清水空襲体験画集―あの時を忘れない』	2005年
『静岡・清水空襲の記録―2350余人へのレクイエム』	2007年
『風船爆弾と静岡』	2010年
『戦後六十五年の追憶～戦地からの手紙・静岡空襲・戦争中の暮らし』	2010年
『「満州開拓」展の記録』	2011年
『「満州開拓」展の記録（補遺）』	2015年
『静岡平和資料センター図録　未来に託す　モノが語る静岡の戦争』	2016年
『戦後70年記念　未来につなぐわたしの戦争と平和への想い』	2020年
『本土決戦と静岡　（調査研究部報告書）』	2021年
『戦後75年オンラインミュージアム「戦争と静岡」展　ガイドブック』	2021年

表6－4　滋賀県平和祈念館刊行物

館　名	書　名	刊行年
滋賀県平和祈念館	滋賀で学ぶ戦争の記録	2012年
滋賀県平和祈念館	一部改訂	2018年

表６－５　立命館大学国際平和ミュージアム刊行物

書　名	出版社	刊行年
立命館大学国際平和ミュージアム展示案内		1992年
立命館大学国際平和ミュージアム常設展示詳細解説		1997年
CD-ROM 岩波平和ミュージアム／立命館大学国際平和ミュージアム監修	岩波書店	2001年
平和ミュージアム　立命館大学国際平和ミュージアム：常設展図録	岩波書店	2005年
立命館大学国際平和ミュージアム20年の歩み：過去・現在、そして未来［本編］		2012年
立命館大学国際平和ミュージアム20年の歩み：過去・現在、そして未来［資料編］20年間の事業記録1992年５月－2012年３月		2012年
立命館大学国際平和ミュージアム資料目録　第１集		1998年
立命館大学国際平和ミュージアム資料目録　第２集		2004年
立命館大学国際平和ミュージアム資料研究報告（国際平和ミュージアム平和教育研究センター）		
立命館大学国際平和ミュージアム資料研究報告　（１）		2017年
立命館大学国際平和ミュージアム資料研究報告　（２）		2018年
立命館大学国際平和ミュージアム資料研究報告　（３）		2019年
立命館大学国際平和ミュージアム資料研究報告　（４）		2020年
立命館大学国際平和ミュージアム資料研究報告　（５）		2021年
立命館平和研究　立命館大学国際平和ミュージアム紀要		
立命館大学国際平和ミュージアム紀要　第１号		2000年
立命館大学国際平和ミュージアム紀要　第２号		2001年
立命館大学国際平和ミュージアム紀要　第３号		2002年
立命館大学国際平和ミュージアム紀要　第４号		2003年
立命館大学国際平和ミュージアム紀要　第５号		2004年
立命館大学国際平和ミュージアム紀要　第６号		2005年
立命館大学国際平和ミュージアム紀要　第７号		2006年
立命館大学国際平和ミュージアム紀要　第８号		2007年
立命館大学国際平和ミュージアム紀要　第９号		2008年
立命館大学国際平和ミュージアム紀要　第10号		2009年
立命館大学国際平和ミュージアム紀要　別冊		2009年
立命館大学国際平和ミュージアム紀要　第11号		2010年
立命館大学国際平和ミュージアム紀要　第12号		2011年
立命館大学国際平和ミュージアム紀要　第13号		2012年
立命館大学国際平和ミュージアム紀要　第14号		2013年
立命館大学国際平和ミュージアム紀要　第15号		2014年
立命館大学国際平和ミュージアム紀要　第16号		2015年
立命館大学国際平和ミュージアム紀要　第17号		2016年
立命館大学国際平和ミュージアム紀要　第18号		2017年
立命館大学国際平和ミュージアム紀要　第19号		2018年
立命館大学国際平和ミュージアム紀要　第20号		2019年
立命館大学国際平和ミュージアム紀要　第21号		2020年
立命館大学国際平和ミュージアム紀要　第22号		2021年
立命館大学国際平和ミュージアム紀要　第23号		2022年

表６－６　広島平和記念館常設展図録など

書　名	刊行年
広島平和記念資料館総合図録―ヒロシマをつなぐ―	2021年
広島平和記念資料館　展示ガイドブック	2019年
旧公式図録　ヒロシマを世界に	2019年

研究報告
研究報告第１号
研究報告第２号
研究報告第３号
研究報告第４号
研究報告第５号
研究報告第６号
研究報告第７号
研究報告第８号
研究報告第９号
研究報告第10号
研究報告第11号
研究報告第12号
研究報告第13号

表６－７　福山市人権平和資料館　開館周年記念誌

書　名	編　者	発行者	刊行年
平和を求めて：福山市人権平和資料館開館20周年記念誌	福山市人権平和資料館編	福山市人権平和資料館	2015年
福山空襲と戦時下のくらし：平和を求めて：福山市人権平和資料館開館15周年記念誌	福山市人権平和資料館編	福山市人権平和資料館	2010年
人権と平和を求めて：遺跡は語る命の尊さ：福山市人権平和資料館開館十周年記念誌	福山市人権平和資料館編	福山市人権平和資料館	2005年
心豊かな社会をめざして：福山市人権平和資料館開館五周年記念誌	福山市人権平和資料館編	福山市人権平和資料館	2000年

表６－８　長崎原爆資料館刊行物

館　名	書　名	刊行年
長崎原爆資料館	長崎原爆資料館学習ハンドブック（ホームページに掲載）	2019年

表6－9　沖縄県平和記念資料館刊行物

書　名	刊行年
■その他	
平和への証言―体験者が語る戦争	2006年
平和への証言―沖縄県立平和記念資料館ガイドブック　改訂版	1991年
企画展図録　寄贈・寄託品展	2000年
企画展図録　収蔵品	2001年
■特別企画展図録	
第4回特別企画展図録「銃後を守れ―戦時下のくらしと情報統制」	2003年
第5回特別企画展図録「寄贈・寄託品展―語りかける歴史の証言者たち」	2004年
第6回特別企画展図録「沖縄戦と疎開―引き裂かれた戦時下の家族」	2005年
第7回特別企画展図録「沖縄戦における住民動員：戦時下の根こそぎ動員と失われた明日」	2006年
第8回特別企画展図録「沖縄戦と戦争遺跡：戦世の真実を伝えるために」	2007年
第9回特別企画展図録「カンポーヌクエヌクサー：沖縄戦後の混乱から復興へ：艦砲射撃の喰い残し」	2008年
第10回特別企画展図録「イクサユーヌワラビ：戦時下の教育と子どもたち」	2009年
開館10周年記念特別企画展図録「沖縄のこころを世界へ」	2010年
第12回特別企画展図録「アメリカ世（ユー）の沖縄：逞しくしたたかに生きてきたウチナーンチュ」	2011年
第13回特別企画展図録「沖縄人が見た戦世とアメリカ世」	2012年
第14回特別企画展図録「ハワイ日系移民が見た戦争（イクサ）と沖縄（ウチナー）：ハワイウチナーンチュの沖縄へのウムイ」	2013年
第15回特別企画展図録「南洋の群星（ムリブシ）が見た理想郷と戦：70年の時を超えて旧南洋群島ウチナーンチュの汗と血そして涙」	2014年
第16回特別企画展図録「ウチナーンチュが見た戦前・戦時下の台湾・フィリピン：戦後70年伝え残す記憶」	2015年
第17回特別企画展図録「ウチナーンチュが見た満州：「旧満州国」・「偽満州国」」	2016年
第18回特別企画展図録「戦世（いくさゆ）と沖縄（うちなー）芝居：夢に見る沖縄元姿やしが」	2017年
第19回特別企画展図録「沖縄県民の戦争被害と次代への継承」	2018年
特別企画展図録「戦死者たちからのメッセージ：武田美通・鉄の造形全30作品展」	2019年
特別企画展図録「戦時中の少女たちがつづった『学級日誌』：瀬田国民学校五年智組：1944－1945」	2020年
第20回特別企画展図録「戦時体制下の国民生活：制限下の庶民のくらし」	2021年
第21回特別企画展図録「アメリカ世の記憶：復帰50周年記念特別企画展」	2022年
第22回特別企画展図録「沖縄島北部の戦争遺跡・跡地」	2023年

表６－10　ひめゆり平和祈念資料館刊行物

書　名	刊行年
■ガイドブック	
ひめゆり平和祈念資料館ガイドブック　展示と証言	2023年
ひめゆり平和祈念資料館　ブックレット	2021年
ひめゆり平和祈念資料館　ガイドブック（展示・証言）　日本語版	2004年［初版］
ひめゆり　ひめゆり平和祈念資料館	2004年
ひめゆり平和祈念資料館　公式ガイドブック	1989年［初版］
■資料集	
ひめゆりの戦後　ひめゆり平和祈念資料館　資料集１	2000年
ひめゆり学園　ひめゆり平和祈念資料館　資料集２	2002年
ひめゆり学徒隊　ひめゆり平和祈念資料館　資料集３	2004年
沖縄戦の全学徒隊　ひめゆり平和祈念資料館　資料集４	2020年［３版／新装版］
生き残ったひめゆり学徒たち―収容所から帰郷へ―　ひめゆり平和祈念資料館　資料集５	2015年［２版］
館の宝物『感想文集　ひめゆり』を開く　ひめゆり平和祈念資料館　資料集６	2018年
■定期刊行物	
感想文集　ひめゆり　［年１回発行］	
年報・館報　［年１回発行］	
資料館だより　［年２回発行］	
Himeyuri Newsletter	
■平和研究所の刊行物	
2021年度「沖縄戦・ひめゆり学徒隊の歴史を海外に伝える展示プロジェクト」報告書	2022年
2022年度“ひめゆり”を伝えるワークショップ開発・実践プロジェクト　報告書	2023年
■企画展図録	
「沖縄戦の全学徒たち」展　報告書　ひめゆり平和祈念資料館開館10周年記念イベント	2000年
仲宗根政善　浄魂を抱いた生涯　2001年度ひめゆり平和祈念資料館企画展	2002年
ひめゆり学徒の戦後　2003年度ひめゆり平和祈念資料館企画展	2004年
沖縄陸軍病院看護婦たちの沖縄戦　2005年ひめゆり平和祈念資料館企画展	2005年
ひめゆり学園（女師・一高女）の歩み　ひめゆり平和祈念資料館開館20周年記念特別企画展	2009年
ひめゆり　平和への祈り［沖縄戦から65年］　ひめゆり平和祈念資料館巡回展ガイドブック	2010年
ひめゆり学徒隊の引率教師たち　戦後70年特別展	2015年
特別展　ひめゆりとハワイ	2021年
■その他	
墓碑銘―亡き師、亡き友に捧ぐ―	2014年［改訂／８版］
絵本　ひめゆり	2011年
アニメ　ひめゆり　［ＤＶＤ］30分	2012年
未来へつなぐひめゆりの心　ひめゆり平和祈念資料館20周年記念誌	2010年

表6 －10つづき

書　　名	刊行年
青山学院高等部入試問題に関する特集	2006年
ひめゆり―女師一高女沿革誌―	1987年
ひめゆり　女師・一高女写真集	1991年
ひめゆり平和祈念資料館―開館とその後の歩み―	2002年
続ひめゆり―女師・一高女沿革誌続編―	2004年

表6 －11　対馬丸記念館刊行物

館　　名	書　　名	刊行年
対馬丸記念館	対馬丸記念館ワークブック	2014

〈資料編7〉歴史博物館の15年戦争関係刊行物リスト

表7－1　仙台市歴史民俗資料館刊行物

書　名	刊行年
■資料集	
資料集　第1冊	2003年
「祭礼と年中行事1」「戦争と庶民のくらし1」	
資料集　第2冊	2004年
「産業と庶民のくらし1」「戦争と庶民のくらし2」	
資料集　第3冊	2005年
写真資料1「宮城県写真帖（明治41年）」「仙台風景集（昭和12年）」	
「戦争と庶民のくらし3」	
■年報	
年報2002	
年報2003	
年報2004	
年報2005	
年報2006	
年報2007	
年報2008	
年報2009	
年報2010	
年報2011	
年報2012	
年報2013	
■調査報告書	
第11集　足元からみる民俗	
第12集　足元からみる民俗（2）	
第13集　足元からみる民俗（3）	
第14集　足元からみる民俗（4）	
第15集　足元からみる民俗（5）	
第16集　足元からみる民俗（6）	
第17集　足元からみる民俗（7）	
第18集　足元からみる民俗（8）	
第19集　足元からみる民俗（9）	
第20集　足元からみる民俗（10）	
第21集　足元からみる民俗（11）	
第22集　足元からみる民俗（12）	
第23集　足元からみる民俗（13）	
第24集　足元からみる民俗（14）	
第25集　足元からみる民俗（15）	
第26集　足元からみる民俗（16）	

表7－1つづき

第27集　足元からみる民俗（17）	
第28集　足元からみる民俗（18）	
第29集　足元からみる民俗（19）	
第30集　足元からみる民俗（20）	
第31集　足元からみる民俗（21）	
第32集　足元からみる民俗（22）	
第33集　足元からみる民俗（23）	
第34集　足元からみる民俗（24）	
第35集　足元からみる民俗（25）	
第36集　足元からみる民俗（26）	
第37集　足元からみる民俗（27）	
第38集　足元からみる民俗（28）	
第39集　足元からみる民俗（29）	
第40集　足元からみる民俗（30）	
第41集　足元からみる民俗（31）	

表7－2　睦沢町立歴史民俗資料館刊行物（戦争体験）

書　名	編　者	刊行年
睦沢町民の戦争体験［第1集］（睦沢町史研究別冊；睦沢町立歴史民俗資料館調査研究事業；1998年）	睦沢町立歴史民俗資料館編	1999年
睦沢町民の戦争体験［第2集］（睦沢町史研究別冊；睦沢町立歴史民俗資料館調査研究事業；1999年）	睦沢町立歴史民俗資料館編	1999年
睦沢町民の戦争体験［第3集］	睦沢町立歴史民俗資料館編	2003年
睦沢町民の戦争体験：あの戦争の歴史の事実を事実として：企画展	睦沢町立歴史民俗資料館編	2000年

表7－3　すみだ郷土文化資料館刊行物

書　名	刊行年	発　行
描かれた東京大空襲　体験画図録	2016	
企画展「教育紙芝居の誕生」展示図録	2015	
語りつごう平和への願い　学童疎開墨田体験記録集	2005	
体験画図録集「あの日を忘れない　描かれた東京大空襲」	2005	柏書房

表7－4　豊島区立郷土資料館刊行物

書　名	刊行年
■調査報告書	
第５集　集団学童疎開資料集（１）　時習	1990年
第６集　集団学童疎開資料集（２）　長崎第５（１）	1991年
第７集　集団学童疎開資料（３）　長崎第２（１）	1992年
第９集　集団学童疎開資料集（４）　高田第３・高田第５	
第10集　集団学童疎開資料集（５）　高田第５（続）	1993年
第13集　集団学童疎開資料集（６）　西巣鴨第１・池袋第２	1995年
第14集　集団学童疎開資料集（７）　東京第二師範付属	2001年
第16集　集団学童疎開資料集（８）　仰高・池袋第５	2004年
第20集　集団学童疎開資料集（９）　長崎第２（２）・長崎第３	2008年
第21集　集団学童疎開資料集（10）　仰高（続）	2010年
第17集　戦地からの手紙　Ⅰ	2005年
■図録	
戦中・戦後の区民生活　1985年11月　2018年11月	1995年
第２回　戦中・戦後の区民生活　1986年７月	1996年
さやうなら帝都　勝つ日まで―豊島の学童疎開―　1987年７月	1997年
子どもたちの出征　―豊島の学童疎開・２―　1988年７月	1988年
第３回　戦中・戦後の区民生活　1989年12月	1989年
戦争と豊島区　1995年７月	1995年
豊島の空襲　―戦時下の区民生活―　2003年１月	2003年
東京空襲60年　―空襲の記憶と記録―　2005年７月	2005年
■紀要	
生活と文化　第１号　郷土資料館研究紀要	1985年
生活と文化　第２号　郷土資料館研究紀要	1986年
生活と文化　第３号　郷土資料館研究紀要	1988年
生活と文化　第４号　郷土資料館研究紀要	1990年
生活と文化　第５号　郷土資料館研究紀要	1991年
生活と文化　第６号　郷土資料館研究紀要	1992年
生活と文化　第７号　郷土資料館研究紀要	1993年
生活と文化　第８号　郷土資料館研究紀要	1994年
生活と文化　第９号　郷土資料館研究紀要	1995年
生活と文化　第10号　郷土資料館研究紀要	1996年
生活と文化　第11号　郷土資料館研究紀要	2001年
生活と文化　第12号　郷土資料館研究紀要	2002年
生活と文化　第13号　郷土資料館研究紀要	2003年
生活と文化　第14号　郷土資料館研究紀要	2004年
生活と文化　第15号　郷土資料館研究紀要	2005年
生活と文化　第16号　郷土資料館研究紀要	2007年
生活と文化　第17号　郷土資料館研究紀要	2008年
生活と文化　第18号　郷土資料館研究紀要	2009年

表7－4つづき

書　　名	刊行年
生活と文化　第19号　郷土資料館研究紀要	2010年
生活と文化　第20号　郷土資料館研究紀要	2011年
生活と文化　第21号　郷土資料館研究紀要	2012年
生活と文化　第22号　郷土資料館研究紀要	2013年
生活と文化　第23号　郷土資料館研究紀要	2014年
生活と文化　第24号　郷土資料館研究紀要	2015年
生活と文化　第25号　郷土資料館研究紀要	2016年
生活と文化　第26号　郷土資料館研究紀要	2017年
生活と文化　第27号　郷土資料館研究紀要	2018年
生活と文化　第28号　郷土資料館研究紀要	2019年
生活と文化　第29号　郷土資料館研究紀要	2020年
生活と文化　第30号　郷土資料館研究紀要	2021年
生活と文化　第31号　郷土資料館研究紀要	2022年
生活と文化　第32号　郷土資料館研究紀要	2023年
■目録	
豊島区立郷土資料館収蔵資料目録　第２集　文献資料目録	1987年
豊島区立郷土資料館収蔵資料目録　第３集　旧長崎町地区歴史生活資料目録	1988年
豊島区立郷土資料館収蔵資料目録　第４集　豊島区集団学童疎開関係資料目録ほか	1990年
豊島区立郷土資料館収蔵資料目録　第５集　池袋地区歴史生活資料目録ほか	1992年
豊島区立郷土資料館収蔵資料目録　第６集　池袋地区歴史生活資料目録	1993年
豊島区立郷土資料館収蔵資料目録　第７集　郷土関係図書目録	1994年
豊島区立郷土資料館収蔵資料目録　第８集　郷土関係図書目録	1996年

表７－５　八王子博物館刊行物

書　　名	内　　容	発行年
ブックレット八王子空襲	アメリカ軍の爆撃機・Ｂ29が、1,600トンの焼夷弾を落とした八王子空襲。八王子市は、旧市街地の大部分を焼失し、死者400名を超える被害を受けました。地域の重要な歴史としての八王子空襲を明らかにするとともに、市民生活が戦争へと進んでいく過程や戦時下の具体的な生活をより多くの皆さんに知ってもらうため手軽に読める本を刊行しました。	2005年

表7－6　横浜市史資料室刊行物

書　　名	刊行年
■報告書	
横浜の戦争―市民と兵士の記録	2017年

表7－7　平塚市博物館刊行物

書　　名	刊行年
ガイドブック 18　平塚の戦争遺跡	2001年
図録　44万7716本の軌跡―平塚の空襲と戦災	1995年
図録　市民が探る平塚空襲―65年目の検証	2010年
図録　平塚空襲　その時、それまで、それから	2021年
■市民が探る平塚空襲	
資料編 1	2003年
資料編 2	2004年
資料編 3	2006年
証言編	1998年
通史編 1	2015年

炎の証言（発行年）	
第1号（1992年刊）	第12号（2007年刊）
第2号（1993年刊）	第13号（2010年刊）
第3号（1994年刊）	第14号（2011年刊）
第4号（1994年刊）	第15号（2013年刊）
第5号（1995年刊）	第16号（2014年刊）
第6号（1999年刊）	第17号（2016年刊）
第7号（2000年刊）	第18号（2017年刊）
第8号（2001年刊）	第19号（2018年刊）
第9号（2002年刊）	第20号（2019年刊）
第9号（2004年刊）	第21号（2020年刊）
第10号（2005年刊）	第22号（2022年刊）
第11号（2006年刊）	

年報（発行年）	
第1号（1978年刊）	第9号（1986年刊）
第2号（1979年刊）	第10号（1987年刊）
第3号（1980年刊）	第11号（1988年刊）
第4号（1981年刊）	第12号（1989年刊）
第5号（1982年刊）	第13号（1990年刊）
第6号（1983年刊）	第14号（1991年刊）
第7号（1984年刊）	第15号（1992年刊）
第8号（1985年刊）	第16号（1993年3月刊）

表7－7　年報つづき

第17号（1994年 3 月刊）	第32号（2009年 3 月刊）
第18号（1995年 3 月刊）	第33号（2010年 3 月刊）
第19号（1996年 3 月刊）	第34号（2012年 9 月刊）
第20号（1997年 3 月刊）	第35号（2013年 3 月刊）
第21号（1998年 3 月刊）	第36号（2013年 9 月刊）
第22号（1999年 3 月刊）	第37号（2014年 2 月刊）
第23号（2000年 3 月刊）	第38号（2014年11月刊）
第24号（2001年 3 月刊）	第39号（2016年 3 月刊）
第25号（2002年 3 月刊）	第40号（2017年 3 月刊）
第26号（2003年 3 月刊）	第41号（2018年 3 月刊）
第27号（2004年 3 月刊）	第42号（2019年 3 月刊）
第28号（2004年10月刊）	第43号（2019年 9 月刊）
第29号（2006年 4 月刊）	第44号（2021年 3 月刊）
第30号（2007年 1 月刊）	第45号（2022年 3 月刊）
第31号（2007年10月刊）	第46号（2023年 2 月刊）
自然と文化（発行年）	
第 1 号（1978年刊）	第24号（2001年 3 月刊）
第 2 号（1979年 3 月刊）	第25号（2002年 3 月刊）
第 3 号（1980年 3 月刊）	第26号（2003年 3 月刊）
第 4 号（1981年 3 月刊）	第27号（2004年 3 月刊）
第 5 号（1982年 3 月刊）	第28号（2005年 3 月刊）
第 6 号（1983年 3 月刊）	第29号（2006年 4 月刊）
第 7 号（1984年 3 月刊）	第30号（2007年 4 月刊）
第 8 号（1985年 3 月刊）	第31号（2008年 4 月刊）
第 9 号（1986年 3 月刊）	第32号（2009年 3 月刊）
第10号（1987年 3 月刊）	第33号（2010年 3 月刊）
第11号（1988年 3 月刊）	第34号（2011年 3 月刊）
第12号（1989年 3 月刊）	第35号（2012年 3 月刊）
第13号（1990年 3 月刊）	第36号（2013年 3 月刊）
第14号（1991年 3 月刊）	第37号（2014年 3 月刊）
第15号（1992年 3 月刊）	第38号（2015年 3 月刊）
第16号（1993年 3 月刊）	第39号（2016年 3 月刊）
第17号（1994年 3 月刊）	第40号（2017年 3 月刊）
第18号（1995年 3 月刊）	第41号（2018年 3 月刊）
第19号（1996年 3 月刊）	第42号（2019年 3 月刊）
第20号（1997年 3 月刊）	第43号（2020年 3 月刊）
第21号（1998年 3 月刊）	第44号（2021年 3 月刊）
第22号（1999年 3 月刊）	第45号（2022年 3 月刊）
第23号（2000年 3 月刊）	第46号（2023年 3 月刊）

表７－８　各務原市歴史民俗資料館刊行物（戦時体験）

書　　名	編／刊行	刊行年
各務原市民の戦時体験：平和な21世紀をめざして	各務原市戦時記録編集委員会編／各務原市教育委員会	1996年
各務原市民の戦時写真：平和な21世紀をめざして	各務原市戦時記録編集委員会編／各務原市教育委員会	1998年
各務原市民の戦時記録：平和な21世紀をめざして	各務原市戦時記録編集委員会編／各務原市教育委員会	1999年
各務原の戦前・戦中・戦後	各務原市歴史民俗資料館編／各務原市教育委員会	2016年

表７－９　栗東歴史民俗博物館刊行物

書　　名	刊行年
■図録	
栗東歴史民俗博物館展示案内	1990年
■パンフレット	
テーマ展「平和のいしずえ2002」	2002年
テーマ展「平和のいしずえ2003」	2003年
テーマ展「平和のいしずえ2005」	2005年
平和のいしずえ2008	2008年
■年報	
栗東歴史民俗博物館年報　令和元年度（2019年度）	2019年
栗東歴史民俗博物館年報　平成23年度（2011年度）	2011年
栗東歴史民俗博物館年報　平成22年度（2010年度）	2010年
栗東歴史民俗博物館年報　平成21年度（2009年度）	2009年
栗東歴史民俗博物館年報　平成20年度（2008年度）	2008年
栗東歴史民俗博物館年報　平成19年度（2007年度）	2007年
栗東歴史民俗博物館年報　平成18年度（2006年度）	2006年
栗東歴史民俗博物館年報　平成17年度（2005年度）	2005年
栗東歴史民俗博物館年報　平成16年度（2004年度）	2004年
栗東歴史民俗博物館年報　平成15年度（2003年度）	2003年
栗東歴史民俗博物館年報　平成14年度（2002年度）	2002年
■紀要	
栗東歴史民俗博物館紀要　第１号	1995年
栗東歴史民俗博物館紀要　第２号	1996年
栗東歴史民俗博物館紀要　第３号	1997年
栗東歴史民俗博物館紀要　第４号	1998年
栗東歴史民俗博物館紀要　第５号	1999年
栗東歴史民俗博物館紀要　第６号	2000年
栗東歴史民俗博物館紀要　第７号	2001年

表7－9つづき

栗東歴史民俗博物館紀要　第８号	2002年
栗東歴史民俗博物館紀要　第９号	2003年
栗東歴史民俗博物館紀要　第10号	2004年
栗東歴史民俗博物館紀要　第11号	2005年
栗東歴史民俗博物館紀要　第12号	2006年
栗東歴史民俗博物館紀要　第13号	2007年
栗東歴史民俗博物館紀要　第14号	2008年
栗東歴史民俗博物館紀要　第15号	2009年
栗東歴史民俗博物館紀要　第16号	2010年
栗東歴史民俗博物館紀要　第17号	2011年
栗東歴史民俗博物館紀要　第18号	2012年
栗東歴史民俗博物館紀要　第19号	2013年
栗東歴史民俗博物館紀要　第20号	2014年
栗東歴史民俗博物館紀要　第21号	2015年
栗東歴史民俗博物館紀要　第22号	2016年
栗東歴史民俗博物館紀要　第23号	2017年
栗東歴史民俗博物館紀要　第24号	2018年
栗東歴史民俗博物館紀要　第25号	2019年
栗東歴史民俗博物館紀要　第26号	2020年
栗東歴史民俗博物館紀要　第27号	2021年
栗東歴史民俗博物館紀要　第28号	2022年

表7－10　南風原文化センター刊行物

書　名	刊行年
Okinawa Haebaru Town Museum : GUIDE	2012年
南風原町立南風原文化センターハンドブック：文化の泉掘り起こそう	2011年
沖縄陸軍病院南風原壕群	2007年
クサティの森：足元から世界へ　世界から足元へ：南風原町立南風原文化センター10年のあゆみ	2000年
戦争遺跡（壕）の保存活用を考える：南風原町平和ウィークの記録	1995年
■紀要	
南風原文化センター紀要／南風の杜	
南風原文化センター紀要／南風の杜　第１号	1991年
南風原文化センター紀要／南風の杜　第２号	1996年
南風原文化センター紀要／南風の杜　第３号	1997年
南風原文化センター紀要／南風の杜　第４号	1998年
南風原文化センター紀要／南風の杜　第５号	1999年
南風原文化センター紀要／南風の杜　第６号	2000年
南風原文化センター紀要／南風の杜　第７号	2001年
南風原文化センター紀要／南風の杜　第８号	2002年
南風原文化センター紀要／南風の杜　第９号	2003年
南風原文化センター紀要／南風の杜　第10号	2004年
南風原文化センター紀要／南風の杜　第11号	2005年
南風原文化センター紀要／南風の杜　第12号	2006年
南風原文化センター紀要／南風の杜　第13号	2007年
南風原文化センター紀要／南風の杜　第14号	2008年
南風原文化センター紀要／南風の杜　第15号	2009年
南風原文化センター紀要／南風の杜　第16号	2010年
南風原文化センター紀要／南風の杜　第17号	2011年
南風原文化センター紀要／南風の杜　第18号	2012年
南風原文化センター紀要／南風の杜　第19号	2016年
南風原文化センター紀要／南風の杜　第20号	2017年

表7－11　歴史博物館の常設展図録

書　　名	刊行年
仙台市歴史民俗資料館常設展示図録	2021年
江戸東京博物館常設展示総合図録３版	2016年
港区立郷土歴史館常設展示図録	2021年
新宿歴史博物館　常設展示図録　「新宿の歴史と文化」（新装版）	2013年
中野区立歴史民俗資料館　常設展示図録「武蔵野における中野の風土と人びとのくらし」	2021年
豊島区立郷土資料館常設展示案内	2017年
板橋区立郷土資料館常設展示図録	2020年
荒川ふるさと文化館常設展示図録	2000年
東村山ふるさと歴史館常設展示図録　改訂版	2021年
新潟県立歴史博物館常設展示図録	2015年
名古屋市博物館常設展「尾張の歴史」ガイドブック	2003年
香川県立ミュージアム総合案内図録「かがわ今昔」	2003年
鹿児島市歴史資料センター黎明館図録　常設展示総合案内	2020年

あとがき

今まで、学会誌や博物館の雑誌などに執筆してきた主なものを本にまとめることに取り組み、その第一集として本書『15年戦争展示にみる平和博物館の経緯と課題』について刊行出来ました。編集、刊行していただいたアテネ出版社にお礼申し上げます。また出版することを許して下さいました家族に感謝いたします。つづけて、東京空襲に関する第二集、文化活動や兵士に関する第三集を刊行したいと思っております。

山辺昌彦（やまべ　まさひこ）
1945年９月　東京都杉並区生まれ
1969年３月　東京都立大学人文学部人文科学科史学専攻卒業
1975年３月　早稲田大学大学院文学研究科史学専攻日本史専修博士課程所定単位取得、博士候補検定合格
1981年３月　早稲田大学大学院文学研究科史学専攻日本史専修博士課程退学
〈職歴〉
1983年10月　豊島区役所職員（学芸研究）（豊島区立郷土資料館開設準備担当から豊島区立郷土資料館に勤務）
1990年４月～2006年３月　立命館大学職員（学芸員）（国際平和ミュージアム設立準備室から立命館大学国際平和ミュージアムに勤務）
2006年４月～2019年６月　政治経済研究所付属東京大空襲・戦災資料センター学芸員
2006年９月～2022年１月　わだつみのこえ記念館学芸員
〈その他〉
1982年～1990年　法政大学第一教養部兼任講師
1996年～2001年　国立歴史民俗博物館共同研究員
2005年～現在　政治経済研究所主任研究員
2009年～2011年　専修大学文学部兼任講師
2010年～2011年　早稲田大学文学学術院非常勤講師

山辺昌彦15年戦争関係論文集 ①
15年戦争展示にみる平和博物館の経緯と課題

発行日　　2024年２月20日　初版発行

著　者　　山辺 昌彦

発　行　　アテネ出版社
〒101－0061
東京都千代田区神田三崎町2-11-13-301
電話03－3239－7466　fax03－3239－7468
https://www.atene-co.com　info@atene-co.com

印　刷　　日本ハイコム

ISBN978-4-908342-10-3　C3036